「千年合浦郡」系列

汉港珠郡

海上丝绸之路始发港的历史文化符号

范翔宇　主编

合浦县旅游发展局　编

GUANGXI NORMAL UNIVERSITY PRESS
广西师范大学出版社
·桂林·

图书在版编目（CIP）数据

汉港珠郡：海上丝绸之路始发港的历史文化符号 / 范翔宇主编．一桂林：广西师范大学出版社，2018.10
ISBN 978-7-5598-0789-2

Ⅰ．①汉… Ⅱ．①范… Ⅲ．①合浦县一概况 Ⅳ．①K926.74

中国版本图书馆 CIP 数据核字（2018）第 063853 号

广西师范大学出版社出版发行
（广西桂林市五里店路 9 号 邮政编码：541004
网址：http://www.bbtpress.com）
出版人：张艺兵
全国新华书店经销
广西广大印务有限责任公司印刷
（桂林市临桂区秧塘工业园西城大道北侧广西师范大学出版社集团有限公司创意产业园内 邮政编码：541100）
开本：787 mm × 1 092 mm 1/16
印张：40.75 字数：728 千字
2018 年 10 月第 1 版 2018 年 10 月第 1 次印刷
定价：120.00 元

汉港珠郡·向海华章（代序）

吴彩珍

由合浦县旅游发展局组织编著的《汉港珠郡》一书完稿付梓之际，应编者邀约，为之作序。甫翻开书页，就感受到两千年的珠光瑞彩，“海上丝绸之路”的桨声帆影，在秦风汉韵中蔚然而起，强烈地吸引着人们，让人们通过字里行间去追寻南珠故郡沧桑岁月里的光荣与梦想，走进那个充满创造活力和追求梦想的年代。

合浦是我长期工作过的地方，这里是我的第二故乡。在合浦这块土地上，凝聚了我们这一代人进行改革开放的使命担当和理想激情，承载着我们这一代人的报国赤诚和乡愁情怀，激励着我们这一代人同心同德去奋力拼搏，敢为人先地书写新时代“珠还合浦”的辉煌篇章。

我在合浦县担任县委、县政府领导职务期间，欣逢国务院于 1988 年 3 月 18 日批准合浦县列为沿海对外经济开放县，合浦因此迎来了千载难逢的发展机遇，进入了最好的发展时期，我也得以有机会与全县人民一起共同努力，为实现合浦的跨越式发展留下了美好记忆：“稻蛋基地”的精彩掌故，曾经传为一时佳话；著名的“岭南油仓”“全国四大炮竹之乡”“全国三大高岭土矿藏”等美誉，曾经令珠乡儿女自豪振奋；合浦盆地的石油储藏量在全国的 24 个石油开发区中排第七位，在长江以南的省（市）中排第一位，400 万吨储量的钛铁矿、1.4 亿吨储量的石灰矿、4000 多万吨的石英砂、2.7 亿吨储量的石膏矿等 30 多种矿藏，丰富的资源存量令珠乡儿女对家乡发展的无限期待；2.7 万公顷海滩涂面积，37万亩的海水养殖面积；连片面积达800公顷、有“海底森林”之称的红树林；面积达9000亩、被称为“海底牧场”的成片海草；中国最大的“美人鱼”群体之一在这里栖息繁殖，为珠乡赢得了“美人鱼故乡”的赞誉；还有国家重点文物保护单位万座汉墓群、大浪汉城遗址、草鞋村汉窑群遗址、廉州惠爱桥、山口大士阁等国家级文物保护单位；湖水面积达400平方千米、共有1026个岛屿的合浦星岛湖，是中央电视台《水浒传》的剧组外景基地之一；库区面积2万亩的六湖水库，是客家人文史迹的重要见证；廉州古城的三十六书院、三亭五寺十三庵七十二庙，还在焕发出唐风宋韵的魅力，牵绊着珠乡儿女同心同德振兴家乡的情怀。

乘着改革开放的强劲东风，合浦以“全国平原绿化先进县”、“全国食品卫生示范县”、中国“田径之乡”、“全国多渠道筹措教育经费，改善办学条件先进单位”、“广西经济实力十强县”之首、“全国农林牧渔部产值最高的百强县”第32位、“邮电通信全国百强县”、“广西邮电第一县”、“全国文化工作先进单位”的骄人业绩，一度跻身于全国改革开放经济发展先进地区的前列。

独特的地理区域优势、得天独厚的物产资源、悠久的行政区域建制历史（合浦自汉武帝设郡至今，已有2129年行政区域建制史），提供了合浦蕴含特色文化的时代元素和社会基础，合浦因此形成六大历史文化现象:“海上丝绸之路”始发港文化、南珠文化、岭南汉文化（汉港、汉墓、汉窑、汉建筑遗址）、唐宋古城（廉州）文化、滨海客家文化、佛教海路南传文化等，具有鲜明的区域文化特征和特定的历史文化内涵，某些文化具有不可复制的唯一性。这在县级行政区域中极为罕见，更是区域社会经济发展中极其宝贵、最具竞争力、最活跃的推动力和资源。

合浦的六大历史文化资源是在特定的时代背景、历史条件和社会环境下，以特定的区域范围为依托而产生形成的，是合浦社会发展史上各个阶段的物质和精神创造的集中表现，具有开放、吸纳、兼收包容的多元化性质。因此有着广阔的区域性、时代的延续性。在生动、准确地反映出当时的时代特征和社会概貌的同时，也为后世留下了丰富多彩、极其珍贵的遗产，是区域社会经济发展中的一座潜能巨大的资源宝库。

就其地理区域优势而言，合浦以南流江连通中原出海黄金水路的区位优势，扼江海之交，而“南滨大海，西距交趾，固两粤之藩篱，控蛮夷之襟要。珠官之富，盐池之饶，雄于南服”（明·顾祖禹《读史方舆纪要》），由此成为中华民族最早通向大海的桥头堡之一。就其区域物质条件而言，独步天下的古珠池孕育了举世无双、被称为“国之瑞祥”的合浦珍珠，因此形成的珍珠产业圈，为“海上丝绸之路”始发港的建立打下了坚实的物产基础；就其社会发展形态而言，从秦立岭南三郡时的“越汉杂处”，到“声明文物之盛，媲美中朝，岿然东南一大都会也”（清·《廉州府志》）的唐宋盛世时期的“俗有四民”，积淀了丰富厚重的历史人文资源和多元精彩的民俗风情；就其历史文化特征而言，从“珠还合浦”申引出的中国廉吏文化，以及因珠市文化凝聚形成的“海上丝绸之路”始发港文化等，都是中国历史文化史册中最具标志性的篇章。

正是因为有了以合浦为始发港的“海上丝绸之路”航线的开辟，构成了“先有珠（合浦珍珠）——形成市（合浦珠市）——引来丝（中原丝绸）——开通路（贸易商路）——建港口（始发港）”这样一条安全便捷的海上对外经贸文化交流航线，即“海上丝绸之路”。“海上丝绸之路”促进了中国与东南亚各国及印度洋周边国家的经济发展和科技文化交流，促进了航海业的空前发展，形成了国际的第一次区域大合作，推动了世界经济格局大变革。今天，当人们高度瞩目世界航海史上最伟大的两次航行——中国的郑和七下西洋和哥伦布美洲探险的时候，当人们千方百计地去争取“海上丝绸之路”始发港冠名荣誉的时候，当举世瞩目“中国—东盟自由贸易区”不断发展的时候，总能深刻而又真切地体会到两千多年前从合浦启航的这条“海上丝绸之路”的伟大意义和影响。

合浦“海上丝绸之路”始发港文化作为一种独具优势的文化遗产，其影响是多领域的，既对当地的社会发展产生深远影响，也将为当地的文化旅游产业发挥巨大的凝聚作用。充分挖掘、发挥“海上丝绸之路”始发港文化资源的潜力，科学合理地进行有效的保护、开发、科研、利用，加快构建区域文化旅游产业聚集平台，创新、壮大区域文化旅游产业的效益景区，增强区域文化旅游产业的经济总量，是一项时代使命。合浦作为汉代“海上丝绸之路”始发港所在地，在打造汉代“海上丝绸之路”始发港的区域文化品牌、树立汉代“海上丝绸之路”始发港区域形象、增强“海上丝绸之路”文化旅游产业的区域综合实力和竞争力方面，前景宽广，任重道远。

优秀的历史文化资源在一定条件的作用下，产生的向心力往往是惊人的，因而产生的效应、效益也是巨大的。近年来，全国各地开展的公祭黄帝、祭孔，以及天妃纪念活动中的祭海神等，都体现了历史文化资源所具有的向心力。这种基于中华民族文化根源的向心力，具有强大的凝聚感召作用，也有着深厚的民众基础、悠长的历史源头、长久的社会作用。合浦历史文化资源所具备的特色优势，其蕴含的发展潜力是无可估量的。

因此，如何对合浦六大历史文化资源进行深入挖掘，科学运用，优化组合，打造“秦汉名郡”“‘海上丝绸之路’始发港第一郡城”“汉风珠韵”“唐风宋韵（廉州古城）”“骑楼老街风情”“南珠之乡”“佛教海路南传通道”等区域文化品牌，树立优良的区域形象，提高区域知名度，增强区域社会经济发展的合力和竞争力，从而最大限度、最快速度地将区域的优势文化资源转化为文化旅游产业实力，为合浦的社会经济发展全面提速提供巨大的凝聚作用和推动力，是一项紧迫的任务。

于此，《汉港珠郡》一书的编辑出版，为展示合浦优良的、独具特色的历史文化资源提供了一个全景式窗口，将在宣传、普及合浦的历史文化知识，为合浦文化旅游产业的建设发展提供参考线索、形成共识、聚成合力等方面，发挥积极的作用。

是以序之。

2018 年 9 月

（吴彩珍，广西钦州人，现任北海市革命老区建设促进会会长。历任合浦西场糖厂党委书记、合浦县常务副县长、中共合浦县委副书记、合浦县县长、北海市人大常委会副主任。著有随笔集《人生与使命》，由中国社会出版社出版发行。主编长篇纪实著作《热血春秋》，由广西师范大学出版社出版发行。）

“央视走进合浦”掠影

合浦作为汉代“海上丝绸之路”始发港所在的秦汉故郡，积淀了丰富厚重的历史文化资源，引起了全国各大媒体的关注。中央电视台大型电视连续剧《水浒传》在合浦星岛湖建立了占地 11 公顷的外景拍摄基地。近年来，中央电视台相关频道的摄制组也多次走进合浦，先后拍摄了十多部电视专题片。主要有：

《走遍世界·边陲汉墓遗事》

《走遍世界·海门传奇》

《走遍世界·南珠涅槃》

《国宝档案·汉代青铜马》

《国宝档案·汉代陶器》

《国宝档案·汉文化博物馆》

《劳义家乡的过年故事》

《客家足迹行·古树参天》

《华人世界·客家古镇公馆》

《客家足迹行·山歌悠扬》

《珠乡古韵长》

《寻找海丝路》

《“发现之旅”·珠还合浦》

《一带一路·北海始发港》

《远方的家·沿海行——合浦》

《最美丝路行·珠乡合浦》

《国宝档案·海丝传奇——汉代良港》

《国宝档案·海上丝路——港口》

《黄炳权的南珠梦》

《南珠之乡合浦》

《民族和谐之路·大浪古城》

《美丽中国乡村行·星岛湖神奇之旅》

《美丽中国乡村行·南流江寻宝之旅》

以下选录是本书的编者陪同中央电视台在合浦拍摄的部分照片。

中央电视台专题片摄制组在拍摄合浦客家制作的大笼粑（当地年糕）

中央电视台专题片摄制组在合浦汉墓发掘现场拍摄

中央电视台专题片摄制组在乌泥古珠池采访、拍摄

中央电视台专题片摄制组在合浦客家山村六甘拍摄、采访

中央电视台专题片摄制组在合浦海角亭拍摄、采访

中央电视台专题片摄制组在拍摄合浦过年时的情景

中央电视台专题片摄制组在西场拍摄舞狮表演

中央电视台专题片摄制组在乾江古圩拍摄

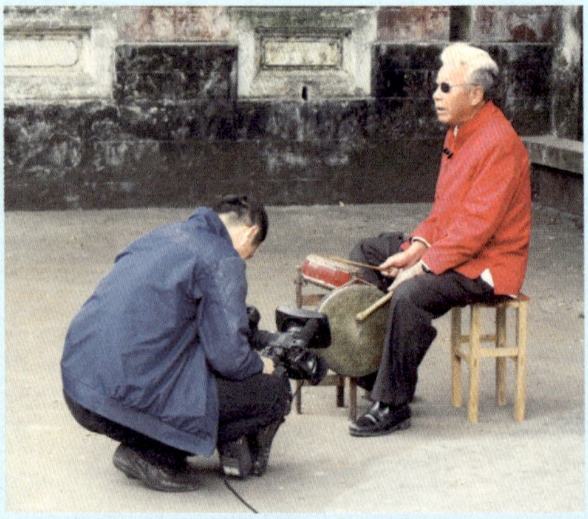

中央电视台专题片摄制组在拍摄合浦民间曲艺演奏者

中央电视台专题片摄制组在拍摄客家民俗活动

中央电视台专题片摄制组在拍摄廉州山歌表演《老杨公》

中央电视台专题片摄制组在拍摄公馆木鱼表演

中央电视台专题片摄制组在拍摄合浦乌泥古珠池

中央电视台专题片摄制组在拍摄、采访合浦南珠加工

中央电视台专题片摄制组在廉州埠民街考察、拍摄

中央电视台专题片摄制组在南流江入海口拍摄

中央电视台专题片摄制组在合浦汉墓发掘现场拍摄

中央电视台专题片摄制组在拍摄合浦客家秋祭活动

中央电视台专题片摄制组在乾江古圩拍摄民间手艺人

中央电视台专题片摄制组在公馆拍摄客家民俗活动

中央电视台专题片摄制组在合浦还珠广场拍摄群众文化活动

中央电视台专题片摄制组在曲樟曲木村采访合浦客家迁移的历程

中央电视台专题片摄制组在劳义的家乡拍摄

中央电视台专题片摄制组在曲樟采访、拍摄时的情景

目　录

第三篇：千古风雅说廉州……123

第五篇：人文风采展华章……285

第六篇：民俗风情绽异彩……331

开 篇

古越珠光 秦汉名郡

* 开篇辞
* 『合浦』释名
* 合浦向中央王朝进贡的最早记录
* 合浦郡、县沿革及设置
* 历史上设在合浦的中央、省直机构
* 古籍中记述的合浦山川形胜
* 廉州『俗有四民』释义
* 合浦岁时习俗
* 千秋神韵古珠池
* 历史上合浦郡境地先后设置的州郡县

开篇辞

合浦，江河诸水汇合入海的地方。奔腾了 287 千米的南流江在这里冲开了六大入海口的同时，也造就了面积达 550 平方千米、广西最大的三角洲——南流江三角洲，以及面积达 854 平方千米、广西第二大的平原——南流江冲积平原。

合浦，水怀珠而川媚之地。天造地设的十大古珠池在这片海域创造了历史的传奇，演绎着传奇的历史。在几千年的岁月轮回中，合浦不停地谱写着“国步清，合浦珠生，此实国家宝瑞”（《南越志》）的辉煌史诗，寄托着深远热烈的期待，积淀着丰富厚重的历史文化。

在这片古老的土地上，兼济包容，融合孕育了百越文化、珍珠文化、“海上丝绸之路”文化、岭南汉文化、疍家文化、客家文化、佛传文化和吏治文化。古越珠光的千秋神韵，秦汉古郡的百世书香，唐宋雅姿，明清韵律，在这里卷涌传扬。

已发现的六处新石器时代遗址，见证合浦早在六千年前就有人类居住，并能制作简单的工具，由此翻开了社会文明的新篇章。

3600 多年前，这里出产的珍珠就引起了商王朝创立者的青睐，商汤为此下达四方令——以珠玑为献。

2000 多年前，开岭南三郡的秦始皇，指挥金戈铁马在这里踏开了“与越人战”的运粮水道，因此开通了中原入海的黄金水道。

南越王赵佗建在这里的行宫——东山寺成为广西最早的寺庙，相传达摩祖师到此留下了“即事多欣”的题词。

汉武帝立郡时的楼船鼓角，带来了中原漕运的桨声帆影，引来了东南亚商贾的贸易船队。浑圆如脂的合浦珍珠、细柔似雪的中原丝绸、晶莹剔透的琉璃、血色胭红的玛瑙，随着南流江日夜奔流，往返于中原京城与北部湾之间，流向印度洋沿岸，连接起“海上丝绸之路”，创造了“珠还合浦”的辉煌盛世，谱写了中华民族走向海洋、走向世界的不朽史诗。

始发港畔，南流江边，海门之滨，南珠故郡，存留有费贻“廉山留名”的山川胜景，伏波将军安疆定邦的功勋业绩，孟尝珠还合浦的传世风范，孙权分治珠官的雄才谋略，唐宋三宰相的沧桑履痕，“海门屯兵”的靖边铁骑，苏东坡“万

诸水汇合入海之处为“浦”，南流江入海口形成的滩涂沙洲是合浦海岸的独特景观

里瞻天”的坦荡豪气，异邦朝见进贡的鼓乐笙歌，抗倭要塞的号角烽烟，乾体水师的战舰帅旗。还有汤显祖探访珠池的足迹，屈大均探访珠市的身影，齐白石“管领珠官”的墨韵，赵声海角亭抒怀的呐喊，陈铭枢廉山在望的豪情……

在这 2380 平方千米的土地上，“稻蛋基地”的精彩掌故曾传为一时佳话；“著名的岭南油仓”“全国四大炮竹之乡”“全国三大高岭土矿藏”等美誉，曾令珠乡儿女自豪振奋；合浦盆地的石油储藏量在全国的 24 个石油开发区中排第七位，在长江以南的 13 个省（市）中排第一位，丰富的资源存量引起了珠乡儿女对家乡发展的无限期待；400 万吨储量的钛铁矿、1.4 亿吨储量的石灰矿、4000 多万吨的石英砂、2.7 亿吨储量的石膏矿等 30 多种矿藏，吸引着珠乡儿女同心同德振兴家乡的情怀。

307 千米海岸沿线中，有 2.7 万公顷海滩涂面积，247 平方千米的海水养殖面积；有“海底森林”之称，面积 800 公顷的红树林；有“海底牧场”之称，面积达 6 平方千米的成片海草；中国最大的“美人鱼”群体之一，就在这里栖息繁殖，为珠乡赢得了“美人鱼故乡”的赞誉。

这里还有国家重点文物保护单位如万座汉墓群、大浪汉城遗址、草鞋村汉窑群遗址、廉州惠爱桥、山口大士阁等；湖水面积 400 平方千米、共有 1026 个岛屿的合浦星岛湖是中央电视台《水浒传》剧组外景基地之一；库区面积约 14 平方千米的六湖水库是客家人文史迹的重要见证；廉州古城的三十六书院、三亭五寺十三庵七十二庙，还在焕发出唐风宋韵的气息。

周恩来总理专门指示：要把南珠生产搞上去。

陈毅元帅为此题诗：“看今朝，合浦果珠还，真无价。”

李鹏总理、温家宝总理、邹家华副委员长、程思远副委员长等都曾为合浦题词励志。

“太守昔称廉，千载还珠传盛事；使君重起废，一亭流水喻澄怀。”沧海桑田，斗转星移，汉港珠郡，华章永续。这就是“水怀珠而川媚”的合浦，山传廉风立名的合浦，人杰地灵的合浦，南珠之乡的合浦。

“合浦”释名

“合浦”得名的源起，通常的说法是：汉元鼎六年（前 111 年），汉武帝平定岭南，将原属南越王国的桂林、象郡、南海三郡分设为南海、苍梧、郁林、合浦（合浦时属象郡）、交趾、九真、日南、儋耳、珠崖等九郡，“合浦”因此得名，用志书的说法是由此而入“职方”，即列入国家管理区域的档案记载。汉武帝为什么要冠“合浦”作郡名呢？据 1983 年编的《广西壮族自治区合浦县地名志》和 1994 年编的《合浦县志》等书的注释大意是，合浦，意为江河汇集于海的地方。就字义来解释是不错的。

从汉元鼎六年推算至今，地方史志典籍多称，合浦已有 2100 多年的历史。然而，准确的说法应该是，合浦作为行政区域建制的历史及得名，是因汉元鼎六年，汉武帝设立合浦郡而来，至今已有 2100 多年。

如此说来，公元前 111 年以前，合浦是以什么样的地域形态存在的呢？换言之，汉元鼎六年合浦没设郡以前，这块拥有 78980 口人（据《汉书・地理志》）的广阔地域，是以什么名称记载于史籍的呢？这是需要考证补缺的。

合浦特有的马氏珠母贝孕育而出的珍珠是最早的贡品

这里，首先要考证的是合浦在汉元鼎六年以前的古属地位。

《汉书·地理志》中记述："粤地，牵牛、婺女之分野也。今之苍梧、郁林、合浦、交阯、九真、南海、日南，皆粤分也。"这里的"粤"与"越"在古代通假使用。"越"就是族群的称呼，即越族。越族泛指古东南沿海及岭南地区的居住族群。由此可知，合浦的地域范围在秦汉以前是越族居住的地方。《吕氏春秋》中也有记述："扬、汉之南，百越之际，敝凯诸、夫风、余靡之地，缚娄、阳禺、驩兜之国，多无君。"这里是说，早在春秋战国以前，"百越之际"就有缚娄、阳禺、驩兜这类的部落，这些部落都没有建立国家行政机构，处于无政府状态。直至秦始皇"南取百越之地，以为桂林、象郡"（《贾谊·过秦论》）之后，才建立了国家机器，此时合浦属象郡。也就是说，汉武帝之前，合浦的地域范围肯定已经在特定的政权行政管辖之下了，而不是到了汉武帝元鼎六年立郡时，才突然间"冒"出一个"合浦"来。

如上所述，合浦古属百越。但百越支系庞杂，正如《汉书·地理志》所称："百越杂处，各有种姓。"合浦又属于哪一个"种姓"呢？贾谊在《过秦论》的引述是："百越非一种，若今言之百蛮也。"循此线索查找，《后汉书·南蛮传》中说："南蛮，今乌浒人是也。"这里是说，百蛮中的南蛮，即是汉朝时的乌浒人。再循此线索查找得知，"交广之界民曰乌浒"（《太平御览》）。"交"，即交州。"广"，即广州。而"交广之界"，根据《三国志·吴书·士燮传》中记述："权（孙权）以交趾县远，乃分合浦以北为广州。"这里说明两个问题：一是孙权将交州划分交、广两州前，合浦原属交州，将合浦以北划为广州后，合浦属广州；二是自此以后，合浦成为交、广两州的分界地区，即乌浒居住的"交广之界"。《后汉书·南蛮传》中也记载："光和元年，交趾、合浦乌浒蛮反叛。"凡此种种足可证明，合浦在秦汉之前是百越族群中乌浒族的居住地。

再探乌浒族的社会形态。据《壮族通史》考证，乌浒族是百越族群中最强大的支系，秦始皇南取百越，汉武帝平定岭南都遭到乌浒人的强烈反抗，使得秦王朝的几十万大军"三年不解甲弛弩"。《后汉书》中也屡有合浦乌浒"反叛"的记载。如“光和元年，交趾、合浦乌浒蛮反叛，招诱九真、日南，合数万人，攻没郡县”“灵帝建宁三年，郁林太守谷永以恩信招降乌浒人十余万内属，皆受冠带，开置七县”“交趾女子征侧及女弟征贰反，攻没其郡，九真、日南、合浦蛮夷皆应之，寇略岭外六十余城”。由此可见，乌浒族势力之强大。

那么，乌浒族是一个什么样的族群呢？《壮族通史》的考证是，乌浒属百越西瓯部族，是壮族的直系先民，在壮语中，乌、瓯同音，而西瓯、乌浒居住地相同，语言相同，都说壮语。《越史丛考》也考证了西瓯包括汉代的苍梧、郁林、合浦三郡。这与《壮族通史》中考证的仓吾、西瓯、乌浒是壮语字面的演变相一致。

明确了乌浒人是壮族直系先民之后，合浦在壮语中的称呼也就容易考证了。原来在壮语发音中，“瓯”与“乌浒”是为“合浦”（《壮族通史》）。乌浒人在战国末期已颇具实力，屡见诸当时史籍，由此说明，合浦的区域范围起码在战国末期就以“乌浒”这一壮族读音及书写形式存在。到了汉元鼎六年设立中央管辖的地方行政区时，由壮语的“乌浒”读音，音译成“合浦”汉语读音，并以汉字“合浦”代替壮语中的“乌浒”为郡名。这就是“合浦”区域一词的来由。先有壮语“乌浒”“合浦”区域地名，后有汉语“合浦”郡名。“合浦”在设郡之前，以“乌浒”的壮语读音存在于秦汉之前的社会环境。到了汉元鼎六年才以汉语汉字化的“合浦”作郡名，而不是汉元鼎六年设立了合浦郡之后，才有合浦的出现。因此，我们在记述“合浦”一词的文化内涵时，要准确地把握好两方面的概念定义：一是合浦地域形态存在的历史，始于商周，有文字记载至今已有 3700 多年；二是作为行政区域建立的历史，从汉元鼎六年至今，已有 2100 多年。

合浦向中央王朝进贡的最早记录

虽然在志书的记述中称，合浦在秦以前“未入职方”[①]，但作为盛产珍珠的地方，早在商代就成为中央政权指定进贡的区域之一。

先秦古籍《逸周书·王会解·伊尹朝献·商书》如此记述：

① 见明崇祯年《廉州府志》：“廉州府三代以前为百粤地，在禹贡之外，未入职方。秦置合浦郡隶象郡，汉置合浦郡。”

汤问伊尹曰："诸侯来献，或无马牛之所生，而献远方之物，事实相反，不利。今吾欲因其地势所有献之，必易得而不贵。其为四方献令！"伊殷受命，于是为四方令曰：

"臣请正东符娄、仇州、伊虑、沤深、九夷、十蛮、越、沤，剪文身，请令以鱼皮之鞞，乌鲗之酱，鲛瞂、利剑为献。正南瓯、邓、桂国、损子、产里、百濮、九菌，请令以珠玑、瑇瑁、象齿、文犀、翠羽、菌鹤、短狗为献。正西昆仑、狗国、鬼亲、枳已、闟耳、贯胸、雕题、离丘、漆齿，请令以丹青、白旄、纰罽、江历、龙角、神龟为献。正北空同、大夏、莎车、姑他、旦略、貌胡、戎翟，匈奴、楼烦、月氏、孅犁、其龙、东胡，请令以橐驼、白玉、野马、騊駼、駃騠、良弓为献。"

汤曰："善。"

这段记述翻译成白话文就是：

伊尹朝拜向商汤献书，商汤对伊尹说："诸侯来进贡，有的没有土产而贡献远方的物品，事与实相反，不方便。现今我想依据土地所出作贡物，一定要容易到手又不珍贵。你就制定四方进献的法令吧！"

伊尹接受了命令，于是就制定了《四方令》颁发："我请求正东的符娄、仇州、伊虑、沤深、九夷、十蛮、越、瓯及断发纹身的部族，命令他们以鱼皮制的刀鞘、乌贼鱼酱、鲨鱼皮制的盾牌、利剑作为贡物；正南方的瓯骆、邓国、桂国、损子、产里、百濮、九菌等国，要命令他们以珍珠、玳瑁、象牙、犀牛角、翠鸟羽毛、菌地的鹤、矮脚狗作为贡物；正西方的昆仑、犬戎、鬼方、枳巳、闟耳、贯胸、刺额、离身、黑齿等方国，命令他们以朱砂、白旄牛尾、毛毡、江历、龙角、神龟为贡物；正北方的崆峒、大夏、莎车、姑他、旦略、貊胡、代狄、匈奴、楼烦、月氏、新犁、其龙、东胡等方国，要命令他们用骆驼、白玉、野马、騊駼、駃騠、良弓作为贡物。"

商汤道："好！"

书中记述的时间约在公元前17世纪初。伊尹是商朝的第一任大臣，曾助商汤攻夏，建商，是一个有功重臣。他还是三朝重臣，是商朝的栋梁之臣。《伊尹朝献·商书》中这段记录是伊尹秉承商汤的旨意向天下发布诏会（四方令），征集各地的贡品。

《逸周书·王会解·伊尹朝献·商书》中所提到的蛮扬、仓吾、九夷、十蛮等地名，就包括了古合浦地域在内的百越族群聚居地。其范围相当于今天的江、浙、闽、桂、粤、琼及西南地区。根据《壮族通史》，伊尹说的“沤深”“越沤”（即“瓯越”），及正南的瓯、邓、桂国、损子、产里、百濮、九菌等古国，均为百越地名，或分支族名，在不同程度上同壮族先民及壮侗语族的先民有着不可分割的联系，为岭南分布区域，包括了合浦。这些地区被指定以珍珠、玳瑁、象牙、犀牛角、翠鸟羽毛、菌地的鹤、矮脚狗为贡物。

《逸周书·王会解》的记述为立郡前的合浦地域与中央政权之间的关系，提供了珍贵的文字考证资料。

合浦郡、县沿革及设置

秦始皇三十三年（前 214 年），岭南统一，置南海、桂林、象郡。今合浦县境属象郡辖地。

南越王国时期，南越王赵佗在合浦设立行宫。汉武帝时，派遣伏波将军路博德讨越王。路博德将军率军到合浦时，越王命令负责交趾、九真事务的官员为使者，带着赍牛百头、酒千钟及二郡民户口簿，向路博德将军归降纳贡。路博德将军接受交趾、九真的归降纳贡后，仍然指定该二名使者代理交趾、九真的政务，于是，今合浦县境属南越国辖地。

元鼎六年（前 111 年），汉武帝平南越，划出南海、象郡交界地方置合浦郡，辖五县：徐闻、高凉（琮）、合浦、临允、朱卢。合浦县辖地为今合浦、浦北、北海、灵山、钦州、博白、廉江、容县、北流以及邕宁、横县的一部分。

西汉末年，王莽专政时曾一度改合浦县为桓合县。

东汉时期，合浦郡所辖五县：合浦、徐闻、高凉、临允、朱崖。

三国时期，汉献帝建安十五年（210 年），孙权派步骘任交州刺史，合浦属孙吴辖地。吴黄武五年（226 年），分合浦以北设广州，合浦为广州辖地。黄武七年（228 年），合浦郡改称珠官郡，同年划分出合浦县南境，设置珠官县，与合浦县同属珠官郡。

孙吴太元二年至太平三年（252—258 年），复称合浦郡。永安三年（260 年），划出合浦县西北部设置昌平县（今横县），隶属合浦郡。

西晋太康元年（280 年），撤珠崖郡并入合浦郡，同年划出合浦县东北部设荡昌县（今容县）。建武元年（304 年）以后，又析合浦县地置新安县。合浦郡隶属交州。

南朝宋永初元年（420 年），合浦郡属交州。元嘉九年至大明八年（432—464 年），划出合浦县东北部置临漳郡，属广州。泰始七年（471 年），划出广州临漳郡和交州的合浦、宋寿二郡，同时增设百梁、龙苏、安昌、南流、永宁、富昌六郡，统称越州。越州和临漳郡驻地在今浦北县泉水乡境内。合浦郡管辖合浦、徐闻、荡昌、朱官、朱卢、晋始、新安六县。郡治在合浦县城。

南朝齐建元元年（479 年），合浦郡治迁徐闻县。合浦郡辖徐闻、合浦、朱卢、新安、晋始、荡昌、朱丰、宋丰、宋广等九县。永明六年（488 年），划出合浦县东北部置北流郡，属越州。合浦郡治驻地由徐闻迁合浦县城。此时，越州管辖的郡增至二十个。梁天监元年（502 年）后，撤销临漳郡及其属县，并归合浦县。越州治所迁合浦县城。

隋开皇九年（589 年），合浦郡并入越州。大业元年（605 年），越州改称禄州。大业三年（607 年），禄州与合州（今雷州半岛）合并，称合州。同年，合州改称合浦郡，隶属扬州。郡治在合浦县，辖合浦、封山、定川、南昌、北流、海康、龙苏、抱成、隋康、扇沙、铁耙十一个县。其间，又分设有廉昌、合州、南合州、高州、齐康、椹县、龙苏七县。其中，合浦、龙苏、封山三县在今合浦、浦北县境内。

唐武德五年（622 年），合浦郡改称越州。同年析合浦县部分辖地设置安昌、高城、大廉、大都四县，与合浦县同属越州。贞观六年（632 年），再增设珠池县，划出大都县隶属白州（今博白县）。唐贞观八年（634 年），越州改称廉州。贞观十二年（638 年），撤销安昌、珠池二县并归合浦县。天宝元年（742 年），廉州改称合浦郡。乾元元年（758 年）复称廉州，辖合浦、封山、蔡龙、大廉四县。驻地在合浦县城。

五代南汉乾亨元年（917 年），在今常乐一带设置常乐州，并划出合浦县部分辖地，新设博电、零绿、盐场三县为常乐州辖地。是时，廉州辖合浦、封山、蔡龙、大廉四县，廉州驻地在合浦县城。南汉大宝五年（962 年），南汉后主刘𬬮在海门镇（今廉州镇）设置媚川都，专管采珠。

北宋开宝四年（971 年），撤销媚川都。开宝五年（972 年），将封山、蔡龙、大廉三县并入合浦县。同年撤销常乐州，将其所属博电、零绿、盐场三县合并置石康县（在今石康镇境内），隶属廉州。太平兴国八年（983 年），撤销廉州，改设太平军，驻地海门镇（廉州）。同年撤销合浦县，并入石康县。太平军仅辖石

廉州府署衙门布局示意图（根据历代《廉州府志》《合浦县志》中的图经、营缮及建置等史料文字整理绘制）

康县。咸平元年（998年），撤销太平军，复设廉州，称廉州合浦郡。同时复设合浦县。廉州合浦郡和合浦县驻地均在海门镇。廉州合浦郡辖合浦、石康二县。

元至元十四年（1277年），廉州合浦郡改为廉州路安抚司。至元十七年（1280年），改为廉州总管府，至元二十八年（1291年），廉州路辖合浦、石康二县，驻地在合浦县城。

明洪武元年（1368年），改廉州路为廉州府，辖合浦、石康二县，属广东布政司。洪武七年（1374年），廉州府降为州，撤销合浦县，廉州辖石康一县。洪武十四年（1381年），廉州升为府，复置合浦县，钦县复为州。廉州府治驻地在合浦县城。廉州府辖钦州和合浦、灵山、石康三县。明成化七年（1471年），将石康县并入合浦县。廉州府辖钦州和合浦、灵山二县。

清顺治元年（1644年），廉州府辖钦州和合浦、灵山二县，府城驻地合浦县城，隶属广东行省。光绪十四年（1888 年），钦州升为直隶州。廉州府辖合浦、灵山二县。光绪二十年（1894 年）以后，划出遂溪县的涠洲岛隶属合浦县。光绪三十二年（1906 年），廉州府隶属廉钦道。宣统三年（1911 年）八月，将廉钦道改称钦廉军政府。廉州府属钦廉军政府，仍辖合浦、灵山二县，驻地合浦县城。

中华民国元年（1912 年），撤销廉州府。合浦县直属钦廉军政府辖。同年，钦廉军政府改称钦廉绥靖处（驻地今钦州市），合浦县隶属钦廉绥靖处。民国三年（1914 年），撤销钦廉绥靖处，改设钦廉道，合浦县隶属钦廉道。民国九年，撤销钦廉道，合浦县直属广东省。民国十九年（1930 年），合浦县隶属广东省南区绥靖公署（驻地在今茂名市）。民国二十五年（1936 年），合浦县隶属广东省第八区行政督察专员公署，驻地在合浦县。1949 年，合浦县隶属广东省南路专区。

1950 年，合浦县改属广东省钦廉专区。1951 年，合浦县隶属广东省钦州专区。同年 5 月 10 日，将合浦县辖的北海东镇、西镇、高德乡、涠洲乡设为北海市。1952 年，合浦县隶属广西省钦州专区。同年 5 月 31 日，将合浦县北部析置浦北县。

1953 年，钦州专署迁合浦县廉州镇。1955 年，钦州专区划归广东省，改称合浦专区，合浦县属合浦专区。1958 年，撤合浦专区，将所属县市并入广东省湛江专区，合浦县属湛江专区，同时将北海市和浦北县并归合浦县。1959 年 6 月，设北海镇（县级）。1965 年，复设浦北县，同属广西壮族自治区钦州专区。1970 年，钦州专区改称钦州地区，合浦县属钦州地区。1987 年 7 月，合浦县划归北海市管辖。

历史上设在合浦的中央、省直机构

合浦历史上初设的行政建制为郡，是汉代十三刺史部州的一百零三郡之一，属交州刺史辖。此后一直都是郡、州治所，也就是省会（郡治所），大行政区（州治所）驻地。这里要说明的是，汉的州与唐以后的州是不同的行政区域。汉代的州辖郡，唐代的州是道的辖区。汉合浦郡属交州辖，唐廉州是邕管道辖，属安南都护府辖区。由于行政区域管辖的变更，历史上合浦除了是州、郡治所之外，还

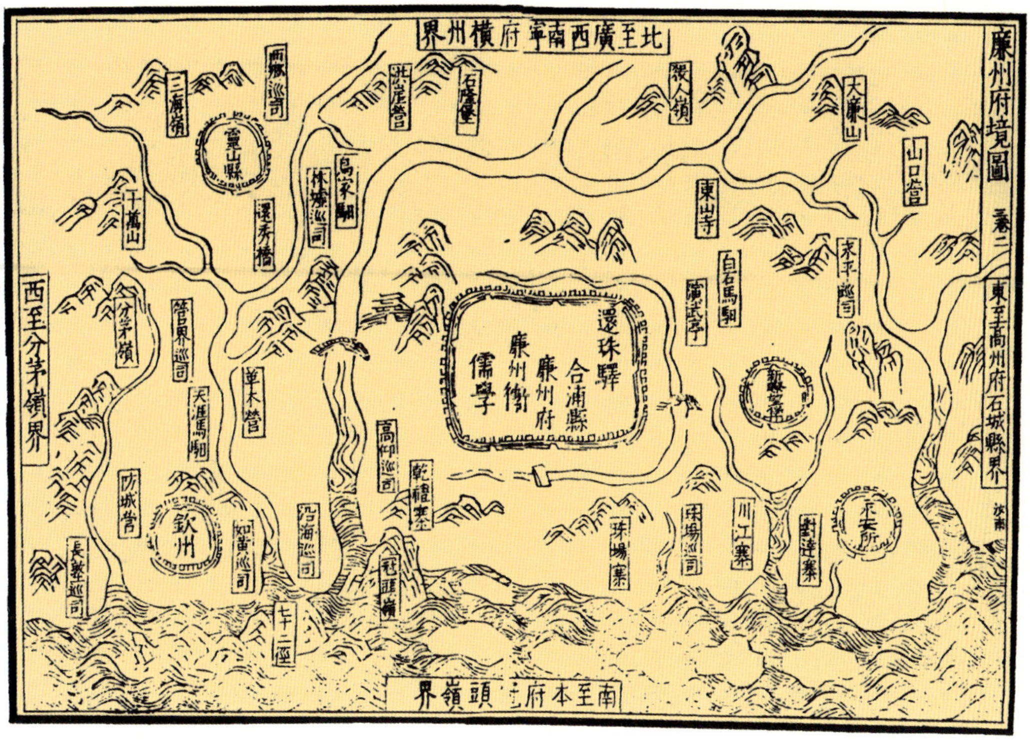

《筹海图编》中描绘的廉州府形胜

设置过许多中央或省直机构，今选重要者略述之。

秦汉之间的南越王行宫。秦末，时任南海尉的赵佗趁机用武力合并了南海、桂林、象郡等岭南三郡，自立南越王国。赵佗即位为南越国王。赵佗能以南海尉之力吞并三郡，与当时的建制设置有关。秦始皇统一中国后在岭南设置南海、桂林、象郡，却只在南海设置一个军事长官来管理三郡，时称“东南一尉”。赵佗就是三郡的长官。后来蜀国发兵侵入越南领地，赵佗率军反击，来到合浦驻军时，发现合浦水陆交通方便，于是设置南越王行宫，以作指挥大本营。这相当于中央直辖的军事机构了。到了西晋，人们在南越王行宫旧址建起了一座寺庙，取名为灵觉寺，即今东山寺。

汉武帝时，路博德在合浦驻扎，设立办事机构，具有处理归降纳贡事务的权力，也应属中央军事部门的派出机构。

西晋初，司马炎诏兵定珠禁，即对合浦采珠业实施军事管理，由此派出的机构也属中央政权直属。

唐咸通年间，唐王朝已显衰落之兆，边境战事不断。唐王朝在全国设置的六个都护府几乎都有战事警报。其中最严重的是安南都护府。当时，南诏军队二次

山脉连绵的合浦东部客家山村

攻占安南都护府，还进逼围攻邕州等地，朝廷只好撤销安南都护府，在廉州设置安南都护府行营，任命岭南节度使①高骈为安南经略征讨节度使，驻廉州行营，统一调遣指挥八道兵马，仅三个月便打败南诏军队，收复了安南、邕州等失地。在廉州设置的安南都护府行营应该也是中央直属的前敌指挥部了。

宋初，合浦县一度并入石康县，廉州改为太平军，这个设置只有十五年时间，后来又改置州辖郡，称廉州合浦郡。这时，廉州出产的海盐负责供应地包含今天的南宁、梧州、贺州、玉林、来宾。时称："庶一水可散于诸州。"廉州出产的海盐"八分归漕司，二分归本州"，专卖程度已经相当高了。有史料记载，当时廉州盐税收入主要用于买马，此一款项占了朝廷买马费用的三分之一。朝廷为此专门在廉州设置了盐仓专管，设盐署衙门，相当于今天商务部直属机构。

元王朝统治时间虽然只有九十七年，但对合浦社会发展产生的影响是巨大的。一是撤销了疍家不得上岸居住的禁令。二是派出官员巡视合浦，重建了淹

① 相当于大军区司令，时唐王朝在全国设十五个道，道长官为节度使。

没已久的海角亭。三是在合浦设置了市舶提举司。市舶提举司相当于现在的海关，始设于唐，时仅在广州设衙门，宋时扩大到泉州、明州（今浙江宁波）、杭州、密州（今山东胶县）。元朝设泉州、宁波、上海、澉浦（今浙江海盐）四处，增设温州、廉州，时为六大市舶提举司，官秩正五品，相当于现在部直辖的厅局级机构。

明代因采珠之需，朝廷仍然在廉州设市舶提举司。洪武七年（1374 年），廉州府降为州，七年后又恢复为府，属广东布政司行政。后来廉州市舶司被撤销，采珠业归海北兵备道派员兼管。于是，廉州府官衙又增设了指挥同知、指挥佥事，官秩从四品或正五品。这些官职是纯军事性质的，专用来管理采珠，由此可见明朝对合浦采珠业的重视。明代还在合浦设置了专门管理盐务的机构——海北盐课提举司。此外，还设有海北兵备道、布政分司、按察分司等部属机构。

清代在合浦设置的省、部级中央直属机构有：顺治四年（1647 年），以户部副理事官为采珠使，户部理事是掌管宗室的官员，相当于半个钦差。顺治十一年，设廉州总兵官，这是绿营兵高级武官，正二品。此后，廉州总兵府设置成定例。康熙元年（1662 年），设北海镇标及城守营在廉州府城，固定为总兵官衙门。康熙九年，设乾体水师营。康熙十三年，设广东分巡雷廉道，驻廉州府，辖雷州、廉州二府，属于监察部的派出机构。康熙二十二年，设廉州盐场署。康熙二十五年，设廉州口海关。雍正十一年（1733 年），设两广盐运使司运判，是盐运使（三品官秩）的属官，从六品，比县太爷高半级。乾隆初年，设廉州府粮仓，至光绪年间改设高廉粮道署衙门。粮道官从四品，直属于总督与巡抚。这是清朝最后一个设在廉州府的省部级中央直属衙门。

民国二十五年（1936 年），广东省第八区行政督察专员公署驻地设在合浦。

1953—1959 年，广东湛江专区行政公署驻地设在合浦。

古籍中记述的合浦山川形胜

元范梈《海角亭记》："钦、廉、雷在百粤，距中国万里而远，郡南皆岸大洋，而廉又居其折，故曰海角也。有亭在城西南隅，昔人以是名之。"

元伯颜《海角亭记》："古合浦，汉名郡也，地属南海，乃百粤之分。韶广以西，朱崖以东，水万折而归之。故以海角名□□涘未易量也。”

元代推官吴礼《七贤太守祠记》：“郡以廉名，太守所致也。古有廉山廉泉，故自东汉以来，皆选廉士为郡，名实相应，遂改合浦为廉郡焉。”

明崇祯《廉州府志》：“廉以犬牙势孤错于粤西，左瀚海，右梧郁，福处日南，以封域论，则全省藩卫也。以华夷大界论，则垓埏藩卫也。关全省则重，关垓埏则尤重。

“廉州府岭表遐郡，山势起伏，川流湾回，龙门跨其东，州江绕其西，南有冠头岭拱其前，北有五黄岭拥其后，大廉镇于东北，巨海环于西南，而府治中据当平衍之地，此一郡之形胜也。

“廉郡自大廉作祖于艮方，逶迤百余里，环抱起伏，结为郡城。”

《大明一统志》：“大廉峙于东，巨海环于南。”

清道光《廉州府志》：“廉州古南越地，自秦汉置郡至今，涵濡渐繁，声明文物之盛，媲美中朝，岿然东南一大都会也。”

《大清一统志》：“大廉镇其东北，巨海环于西南，南滨大海，西距交趾，为两粤之藩篱。”

《广东海防汇览》：“高、雷、廉三郡斗入海中，西界钦州，控连交趾，杂处罗旁，南面巨海，绾毂琼山，而占白鸽、涠洲两水营游徼之外，是为西路。

“至于廉州之境，尤为全广重险。

“高、雷、廉海面，惟廉州接近安南、占城，为重地焉。廉州东，水路自榕根大廉港一日至永安，一日至凌禄。半日至雷州。少南，二日到琼州。

“合浦，岭表遐邑，山势起伏，川流湾回，龙门跨其东，州江绕其西，而县治中所据，当平衍之地，此一邑之形势也。”

《广东通志》：“廉为岭表遐郡，山势逶迤，川流潆曲，附郭邑曰合浦。南拱冠头，北拥五黄，大廉镇于东北，巨浸涌于西南，西辖钦州，濒海而治。诸山合抱结为龙门，锁钥襟喉，钦江渔洪二水，夹流左右，会于猫尾，由龙门以入海，中州之地至此而尽。西北之邑曰灵山，居万山之中，罗阳东蟠石六西耸洵为扼要，此廉郡形势之大略也。

“大廉山，在城东北一百里（各旧志一百五十里误），高百余丈，为廉之镇山。东汉费贻为郡守，有廉名，去日百姓追送至此，遂名。上有大廉洞，唐置大廉县于此，郡因此名，其阴为六湖山，又名母鸡山。

“廉江，即合浦江，又名南流江，源出广西容县大容山。南至本府界，至石康曰晏江，至石湾渡曰石湾江，至州江口曰州江。查旧志载，自州江分而为五，曰州江、曰陈屋江（今俱呼为王屋屯江）、曰白沙塘江、曰大桥江、曰新村江、环流郡西南入于海。今查自州江实分四水，其州江、新村俱从南流江分绕城之西，即廉江也。王屋屯江即第二渡；白沙塘江又名猛水江，即第三渡；大桥江即上洋渡也，以上诸水俱由三汊港入于海。”

《广东图说》：“廉州府岭表遐郡，山势起伏，川流湾回，龙门跨其东，州江绕其西，南有冠头岭拱其前，北有五黄岭拥其后，大廉镇于东北，巨溟浸于西南，合浦珠池一望汪洋，西辖钦州，地接越南，山海交错，王光十万崇山峻岭，列迤交出，结为龙门天涯，锁钥钦江渔洪二水，夹流左右，会于猫尾，于龙门以入海，北辖灵山，居万山之中，罗阳东蟠石六西耸，最为险隘，全郡形势，此其大略也。”

明顾祖禹《读史方舆纪要》：“南滨大海，西距交趾，固两粤之藩篱，控蛮夷之襟要。珠官之富，盐池之饶，雄于南服。”

明五部尚书秦金《建合浦县学记》：“广东列郡十，独廉处边塞接交趾。”

明廉州知府饶秉鉴《廉州府记》：“廉州古合浦之地，僻在遐方，与交趾接境，盖岭南之边郡也。”

明成化九年《廉州郡城记》：“廉州古合浦郡，南接交趾，北连西粤，陆有瑶[1]，水有倭，为东南至极边之地。”

明知县包易《水田亭记》：“石康为粤东边郡，濒海负山，层峦叠嶂，故高阜之地多，原隰之地少。”

清廉州知府张堉春《州江记》：“廉为海疆一大都会，灌溉近郊田亩。引盐挽运关饷，输江商贾百物之流，同浮于海，逮于琼惠潮，惟此江是赖。

“廉州负山临海，号称泽国。而言水利者，必溯源于江先后河海之义也，江水发源于西，自广西郁林博白汇张黄武利，诸水合为廉江。至府城之北析支为四，其第一支曰州江，引廉江水下洼折入城之西偏，水势至此潆洄环绕，渟畜浩淼之观，由廉入海之要津也。”

清廉州知府康基田《廉州纪事》：“廉州治东十里青牛城，古越州城也。秦为象郡地，三国吴易治珠官。州之名廉，以大廉山得名。宋咸平初，始建今治于廉江东岸，扼塞海北，远镇交南，岭外诸郡之莞枢也。山自大廉左旋，水由郁林右折，大海涌其前，山平土沃。农桑鱼盐之利，甲於他郡。唐宋以来，夙称繁富。”

---

① 原文“猺”，古代统治者对少数民族的歧视用字，现已不用。

清乾隆合浦训导黄河源《重修文庙记》:“廉阳府县和为一学，其来旧矣。左大廉，右五黄，山环水秀，蔚焉人文。”

清乾隆高廉道道员富明安《廉州府城开小南门碑记》:“廉州东粤极边郡，其祖脉自大廉山从龙门江东南起步，少祖折入而结为郡基。其全郡之水则由乾体口入海，乾体有塔，层累七级，高十丈有奇，巍然独峙，以镇水口，与郡城小南门遥相对照，形家之所谓文笔峰也。”

合浦贡生苏启寅《重修钟鼓楼记》:“合浦故名区，山海环胜，人物秀出，诚边海之具瞻。而府治崇宏壮丽，古称海北雄藩。”

廉州“俗有四民”释义

明代王士性在其所著《广志绎》中记述:“廉州中国穷处，其俗有四民：一曰客户，居城郭，解汉音，业商贾；二曰东人，杂处乡村，解闽语，业耕种；三曰俚人，深居远村，不解汉语，惟耕垦为活；四曰疍户，舟居穴处，仅同水族，亦解汉音，以采海为生。”

王士性是与徐霞客齐名的明代地理学家，因他对人文地理学科有突出贡献，而被一些现代学者称为我国古代人文地理学的开拓者。《广志绎》是一部全国性的地理笔记，记述了各地山川、关隘、物产、赋税、民情及民族关系。书中对明代广西的史地做了相当详细的记录，不少记载补充了正史之不足，特别是对政治、经济方面的记录更有价值。

王士性在《广志绎》中记述的“客户”就是商人，其特征是解汉语，业商贾，也就是讲中原话的商人；“东人”就是从福建迁移而来、又会讲闽南话的客家人，职业特征是农耕；“俚人”就是本土越人的后裔，不会说“汉音”，过着刀耕火种的生活。“疍户”，就是疍家人。

在廉州的“俗有四民”中，“客户”是一个最早开发廉州的群体。自秦汉以来，这个群体随着秦皇的军队、汉武的兵车来到了廉州。但他们并没有被坎坷的命运压倒，而是在这块土地上，勇敢地拼搏、坚强地生活，不屈不挠地续写人生的篇章，在廉州的史册中留下了精彩片段。

在众多的“客户”之中，广府人是最活跃、最主要的力量。广府人指当时广

廉州“俗有四民”之一的俚民山民

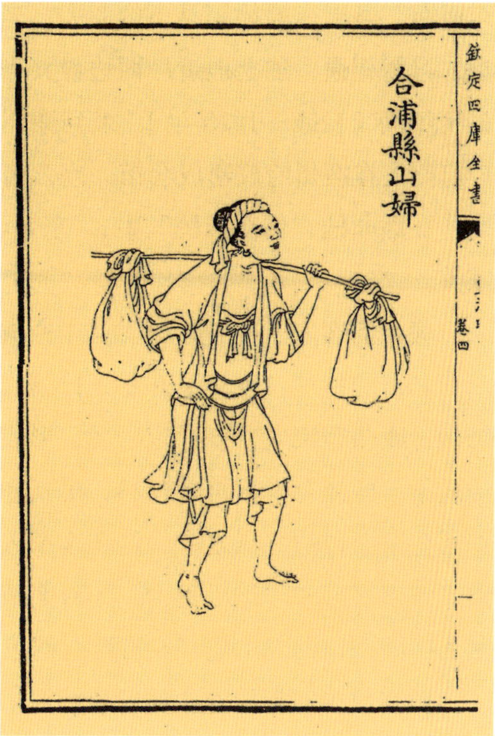

廉州“俗有四民”之一的俚民山妇

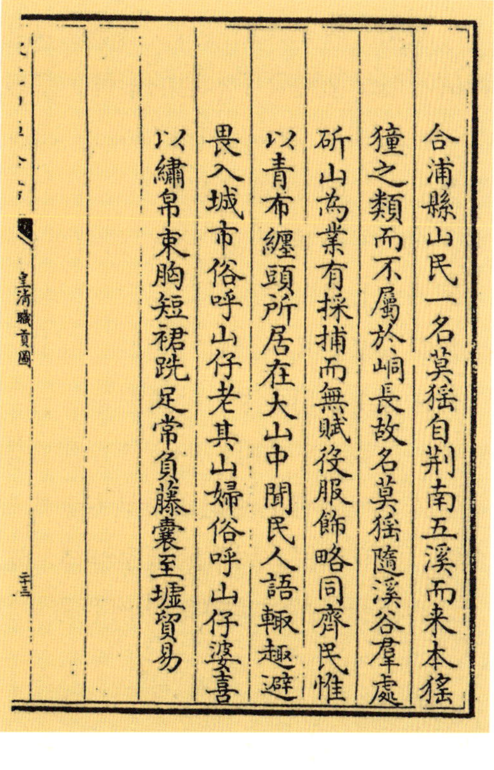
合浦縣山民一名莫猺自荆南五溪而來本猺
獞之類而不屬於峒長故名莫猺隨溪谷羣處
斫山為業有採捕而無賦役服飾略同齊民惟
以青布纏頭所居在大山中聞民人語輒趣避
畏入城市俗呼山仔老其山婦俗呼山仔婆喜
以繡帛束胸短裙跣足常負藤囊至墟貿易
皇清職貢圖

《钦定四库全书》中对“合浦县山民”的记载

东南海、番禺、顺德等县市的商人，当时属广东下四府，也即广东辖地，语言相近，习俗相通，加上地近广西边界，当然是广府商人“开发西部”的中转站。清嘉庆年间（1796—1820 年），来到廉州府城经商的广府人已超过三百户。为此，广府商人在廉州府成建成会馆一座，名“广州会馆”，作为广府商人的代表机构。

在廉州的“俗有四民”中，“东人，杂处乡村，解闽语，业耕种”，这就是客家人。

廉州府客家人（“东人”）从中原辗转闽、赣迁徙而来，带来了先进的农耕技术和丰富的物种，改变了珠乡人口结构，也改变了南珠古郡千百年间单一的物产结构。廉州客家人在合浦定居后，形成了长期稳定的状态，极少有再向他方迁移的现象。即使有少数再度迁移，也不超出合浦郡区域。在一定意义上说，廉州是中原客家流布的终点之一，这在客家人的迁移史上，是一个值得探讨、关注的现象。廉州客家的迁徙历程中，还有明清之间因“禁海”而出现的第二次迁移。和因支持国家建设而出现“水浸区”的第三次迁移。

廉州府客家保留着中原特色的风情礼俗，如敬祖崇宗习俗。崇敬祖宗是廉州客家民俗中最鲜明的特色，许多民俗活动都是围绕着崇敬祖宗而开展的。客家人十分注重修谱，每个姓氏都有姓氏族谱，每个宗支都有宗族家谱。廉州府客家人兴学重教，这种文化现象还在饮食文化中得到体现，那就是珠乡客家人吃“开嘴粑[①]”的古俗，寓意子弟到学校之后，勤开口读书，多学知识。

廉州府客家人的崇拜（宗教）文化既保留了中原祖地崇佛道、重儒术、信鬼神的习俗，又融合了本地的崇拜（宗教）文化元素。

在廉州的“俗有四民”中，“疍户，舟居穴处，仅同水族，亦解汉音，以采海为生”。这就是疍家人。

“疍户”，即疍家，是对在沿海港湾和内河上从事渔业及水上运输，并以船为家的水上居民的称呼。“疍”之得名，因其居以为家的舟楫外形酷似蛋壳而称。廉州府疍家是其中最具特色的一部分，因为廉州府疍家的独特之处，就在于其组成体系是由沙田疍家、地角疍家、乾江疍家、涠洲疍家等四个不同的群体板块构成。一是具有广西唯一的有纯疍家群体的建制镇；二是具有由客家人为主体的疍家群体；三是有史籍记载中最古老的疍家群体；四是有既保存疍家风俗，又兼容合浦“俗有四民”风俗的疍家群体。这就是千秋焕彩的廉州疍家。

沙田疍家的方言在廉州府疍家方言体系中独具一格，既不像涠洲疍家那样，

---

① 粑，北海方言，指一种地方糕点。

由迁徙客家转变而以客家话为主体；也不像乾江疍家那样，由于历史上作为廉州府城的一部分，受府城方言的影响，以廉州话为主；更不像地角疍家，作为乾江疍家的传承外延，得北海港近代对外开放的影响而兼有多种语言（本土白话、廉州话、客家话）。沙田疍家方言的独特性就在于以海边官话为主，而这种海边官话又带有黎话的色彩。沙田疍家方言之所以出现这种状态，除了与沙田疍家的历史传承有关之外，也与长期采海为生，与海南、广东疍家的语言交流有关，是一个值得关注的民俗文化现象。

在廉州府的“俗有四民”中，“俚人，深居远村，不解汉语，惟耕垦为活”。这就是本土越人后裔，即是壮族先民。

据《壮族通史》记述，直至元明时期，合浦一直是壮族人口的重要分布地区（如唐代廉州壮族人口为 13029 人）。元、明以后，大量中原移民（客家人）迁徙定居岭南，进入合浦，才改变了合浦人口的民族结构。到了清代，合浦境内还有大量的壮、瑶族居民并有固定的壮、瑶田。乾隆十九年（1754 年）二月，两广总督班第就为解决合浦境内的壮瑶问题向朝廷提出了建议：“广东合浦且永平司巡检地方，为瑶、壮出没之所。明成化年间，曾设有分守要隘之（壮）兵、瑶兵及供其耕食之田地。至本朝初年，尚存（壮）、瑶田 14418 亩。”由于这些专供壮、瑶人耕食之田地“多被诱骗典当”。这位两广总督建议朝廷制定章程，“如确贫不能守业者，只准本族，本地之壮、瑶承买，不得外售于民人”。由此可见，合浦曾是汉、壮、瑶族人民杂处而居之地。

除此之外，作为俚人（壮族）生活的文化遗存，合浦的歌圩就是最好的见证。

雍正十年（1732 年）三月，官府衙门下了一道禁令，严禁在合浦歌圩上进行“互歌婚配”，违禁者将以“伤风化”处理，重者甚至被充军流放及至处死。

合浦歌圩上的互歌婚配现象并不是偶然或孤立的现象，也不受外来文化元素的影响，而是本生本土的土著文化根源。据地方史志资料记述，合浦山歌始于明末，唱腔是以当地的“俚歌”为主，可见俚歌是由壮族民歌演变过来的。而廉州山歌《老杨公》，就明显带有俚戏的文化元素。

“俗有四民”，代表了四种生活习俗及职业特征截然不同的居民群体，由此而形成的民俗形态、人文形态及其传承表现、物质反映是丰富多彩的，是珠乡一定社会历史时期生产力发展的见证，包含了生活器皿、生产工具、商贸计量、交通运输、技艺传承、民居建筑、岁时祭祀、艺文风物、人文景观等类别，极具文化旅游景观开发价值。

合浦岁时习俗

珠乡合浦，俗有四民。千秋岁月里，积淀了悠久厚重、丰富多彩的岁时习俗文化。这些岁时习俗文化都是社会生活形态的集中表现，其中相当一部分源自生产劳动行为。因此，岁时习俗在世代相传中，其实也是某一种劳动生活技能和人情伦理的传承，这也许就是古人“寓教于俗”的凝聚力吧。近年来，许多传统年俗被忽略、甚至被摒弃了，一些正处于加剧消逝的状态之中，人们领略不到这些传统年俗乐趣的同时，也渐渐地淡忘了传统民俗所蕴含的教化要素。许多有意义的年俗就只成了凝固在老一辈人记忆中的喜乐守望。

正月初一春节，俗称大年初一、过年。清早起来吃汤圆，寓意家人团圆，生活甜蜜。从初一开始，亲友间相互拜年，互发封包（利是），以示开年大吉大利。

正月十五元宵节，俗称小年。是日吃汤圆，搭灯棚建元宵灯市，放烟火、“偷青”。民间例俗，上一年添丁人家，要在元宵前后到祖祠上用花灯酬恩，谓之“挂灯”，宴请宾客，谓之“吃灯酒”。客家地区从正月十五起开始“拜土地”祈福。

农历二月初二，民间认为此日是土地公生日，于是在这一天拜土地公，祈求土地公在玉皇大帝前为民间讲好话，以赐是年风调雨顺、五谷丰登。

农历二月十九日是观音诞，民间习俗煮糯米糖以饭拜观音。

农历三月三，上巳节。合浦民间吃鸡屎糖的习俗相传至今，据说有驱虫之功。

清明节，春分过后的第十五天为清明节，此后至谷雨，家家户户开始扫墓。廉州方言谓祭祖为“拜山”；客家人称扫墓作“挂纸”，客家人清明时的联宗祭祖，是重大的祭祀活动，举族参与，谓之“春祭”。

农历五月初五日是端午节，端午节有包粽子、赛龙船的民俗活动，民间用香茅、黄皮果叶、柚子叶煮水洗身，用彩色绒线制作三角形香包，包内裹樟脑、雄黄，挂于儿童颈上，据说有驱邪消毒之效。

农历七月初七日，乞巧节。民间盛传当天是牛郎织女相会的日子，织女与牛郎久别重逢时痛哭流泪，泪水洒向人间化成雨水，家家用器具接雨水后，将之装进瓮里，放入整只冬瓜，用泥膏密封瓮口，埋入地下，久藏不腐，俗称七月七水，用于调药。古时，廉州妇女于夜间以果品祭七仙女，穿乞巧针，以求良缘。

农历七月十四日，中元节。俗称七月十四“鬼节”。民间相传此日是地府鬼门大开，让阴间的亲人返回阳间与家人团聚。为此，家家用牲品祭祖，并烧纸衣、纸鞋、纸钱等冥品。古时候，入夜后还用葛茹丝、绿豆芽祭无主孤魂，祭后用祭

岁时节庆民俗活动精彩纷呈

品撒于地上，谓之“施幽”。

农历八月十五日，中秋节。民间习俗有吃月饼、拜月亮，用剥下的芋壳、柚子皮做柚子灯、烧番塔。烧番塔就是在空地上用瓦片、碎石砌成小塔，然后将柴、木屑放进塔内燃烧，边烧边向塔身撒生盐，使其助长火势并发出哔哔剥剥声，非常壮观。中秋节烧番塔是为了驱去污秽之气。剥芋壳据传能清除小儿的癞渣。插柚香、做柚皮灯是为先贤照路。

农历九月初九日，重阳节，亦为敬老节。民间有重阳登高的俗例。客家人则在重阳节修建祖坟，移藏先人骨殖。

冬至，是岁时节令的二十四节气之一，民间有“做冬大过年”的说法。民间视冬至为一年节气的起点，一年的开端和生命萌发的元始，每年冬至到来之日，家家户户用牲品祭神，谓之“做冬”。还制作白糍粑、煮糯米饭等应节美食。客家人视冬至为祭天祈福的好日子，冬祭是客家祭祀的重大祭礼，与春祭并称“春秋二祭”。

农历十二月二十四日，送灶君。民间相传，各家各户供奉的灶君是玉皇大帝派到人间、监督人间的善恶之神。这一天，灶君要返天庭向玉帝禀告人间之事。民间在灶君上天之日，设宴送行，希望灶君“上天言好事，下界降吉祥”。是日群众用酒食、饴糖祭灶君，俗谓送灶公上天。

农历十二月三十日，除夕，俗称年三十夜。当天要贴春联、拜祖先、守岁。午夜 12 时正，家家户户鞭炮齐鸣，烟花竞放，迎接新春的到来。

千秋神韵古珠池

合浦因“还珠”而立名。合浦珍珠名重天下，得益于独步天下的古珠池。

《后汉书·郡国志》曰：“合浦海曲出珠，号曰珠池。”

合浦古有七大珠池：平江、青婴、杨梅、乌泥、断网、永安、白龙。珠池所出美珠，世称南珠，钟秀毓奇，名冠中西，自商即为贡品，汉有“珠还合浦”，唐传珠池之名，宋扬媚川雅韵，至明登峰造极。明弘治十二年（1499 年），合浦珠池采珠二万八千两，惊世绝伦。

七大古珠池是古代对分布在合浦海域中，生长着合浦珠母贝的珠池的统称。其实，自古以来存名的合浦古珠池有十七个之多，只不过能存名至今的只有这七大古珠池罢了，这七个古珠池是：青莺、断望、杨梅、乌泥、白沙、平江、乐民。此外，还有永安、白龙、望断、猪沙、海诸、对达、手巾、海猪沙、竹林、独揽沙等。在这十七个珠池中，除了乐民池在广东石城（古属合浦，今廉江）外，其他都在今北海合浦县内的海域，乌泥池则是合浦古珠池中，唯一一个存名存址至今的千年古珠池。

珠池孕育了珍珠，珍珠成就了合浦，合浦因此有了珠市，珠市招来八方贾客，诸夷商贩，带动了一片商机，催生了以合浦为始发港之一的“海上丝绸之路”航线。于是就有“先有珠（合浦珍珠），形成市（合浦珠市），引来丝（中原丝绸），开通路（贸易商路），建港口（始发港）”这样一个“海上丝绸之路”始发港的产业链。

合浦珠池的分布地域，见诸历代志书的图经志，大致可以确定为：东起雷州，西至东兴。珠池的区域面积覆盖了从广东雷州半岛到广西防城港—东兴一带古属合浦郡的北部湾海域，由此而形成的合浦珍珠捕捞产业圈也应该包括了这些地区。正因为有了那些广阔的以合浦珠池为依托的珍珠捕捞圈，才产生了巨大的经济效应，才能引起朝廷的关注及管理。随着合浦珠池捕捞业的发展，珠市应运而生，成为著名的“东粤四市”（广州花市、东莞香市、合浦珠市、罗浮药市）之一。它以巨大的市场辐射力和凝聚力，带动珠池区域内外的货殖流通，成为朝廷贡品的主要供应地和拓展海上对外贸易的主打商品，是“海上丝绸之路”贸易链中重要的一环。

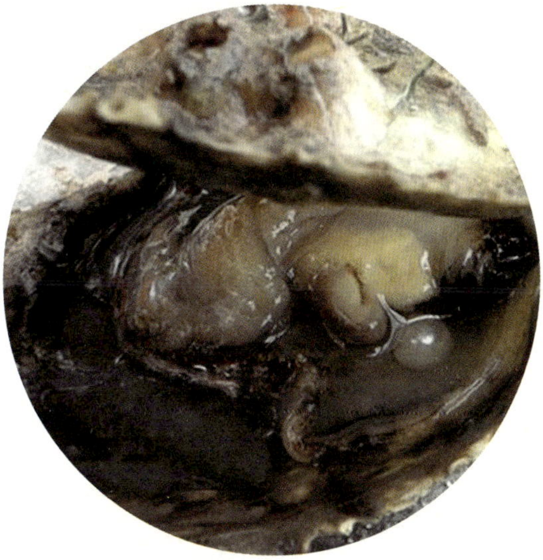

乌泥古珠池中，难得一见的野生合浦马氏珠母贝

最早记述合浦珠池采珠的是三国时期的丹阳太守万震，他在《南州异物志》中记述：“合浦有民善游，采珠儿年十余，便教入水求珠。官禁民采珠，巧盗者蹲水底剖蚌，得好珠吞之而出。”

最早把合浦珠池纳入中央管理体制的是西晋司马炎。他在公元265年消灭曹魏政权建立西晋王朝之后，于公元280年又消灭了东吴政权（合浦时属东吴政权范围），统一了中国。当年，司马炎就下令撤销珠崖、儋耳两郡，并入合浦。第二年，司马炎即“诏定兵防珠禁”，也就是设置固定的军事编制单位去驻守、管理珠池，不准民间到珠池去采珠。为此，时任武昌都督的陶璜上书晋帝司马炎称述：合浦郡“百姓唯以采珠为业，商贾去来，以珠贸米。而吴时珠禁甚严，虑百姓私散为珠，禁绝来去，人以饥困。又所调猥多，限每不充，今请上珠三分输二，次者输一，粗者蠲除。自十月讫二月，非采上珠之时，听商旅往来如旧”。（《晋书·陶璜传》）司马炎看了陶璜的上书之后，“并从之”。这是说，司马炎听了陶璜的劝谏，开放珠池，让珠民能采珠为生。

合浦珠池曾被寄寓深切的国运期待，南北朝沈怀远所著《南越志》中称：“国步清，合浦珠生。”

奇特的乌泥古珠池海滩地貌

合浦珠池所产珍珠被称为“国家宝瑞”。唐广德二年（764 年）二月，合浦珠池出现了珍珠回归之景，时任镇南副都护的宁龄先上书给唐代宗说：“合浦县海内珠池自天宝元年以来，官吏无政，珠逃不见，二十年间阙于进奉。今年二月十五日珠还旧浦。臣按《南越志》云：‘国步清，合浦珠生’此实国家宝瑞。”

唐代刘恂的《岭表录异》最早、最完整地记述了合浦珠池的状况：“廉州边海中有洲岛，岛上有大池，每年太守修贡，自监珠户入池。池在海上，疑其底与海通。又池水极深，莫测也。如豌豆大者，常珠；如弹丸者，亦时有得；径寸照室，不可遇也。又取小蚌肉，贯之以篾，晒干，谓之珠母。容桂人率将烧之，以荐酒也。肉中有细珠如粟，乃知蚌随小大，胎中有珠。”这段关于廉珠池记述极为经典，为后世所广泛引用。

由于珠池所具有的影响力，贞观六年（632 年），唐太宗专门在合浦设置了一个珠池县。

咸通四年（863 年）七月，唐懿宗下旨：“廉州珠池与人共利。近闻本道禁断，遂绝通商，宜令本州任百姓采取，不得止约。”

合浦珠池就这样紧密地与国运民生大计连在一起。

南汉后主刘𬬮在合浦专门设置了媚川都，派出士兵八千，采珠以供他享受。

史称刘铱是一个爱珠如命的皇帝："珠充积内库，所居殿宇，梁栋帘箔，率以珠为饰，穷极华丽。"他还将所得合浦珍珠"作殿于内宫，曰昭阳殿，殿下设水渠，浸以真珠"。即在宫殿里建立了人工珠池，供其玩乐，可称"人工养珠第一人"。

宋代静江（今桂林）知府兼广西经略安抚使范成大，是南宋"中兴四大家"之一，他写了一本详细记录广西风土民情的著作《桂海虞衡志》，该书的"志虫鱼"篇中记述："珠出合浦，海中有珠池，蜑户没水探蚌取之，岁有丰耗，多得谓之珠熟。相传海底有处所，如城郭大，蚌居其中，有怪物守之，不可近。蚌之细碎蔓延于外者，始得而采。"

又："合浦珠池蚌蛤，惟蜑能没水探取，榜人以绳系其腰，绳动摇则引其上，先煮毳衲极热，出水急覆之，不然寒栗而死，或遇大鱼，鲛、鼍诸海怪，为鬐鬣所触，往往溃腹折支，人见血一缕浮水面，知蜑死矣。"

人沉到珠池底去探取珍珠，不是因为寒栗而死，就是被海怪所伤，溃腹折肢，生不见人，死不见尸，只见一缕血水浮出水面，这是一种多么惨烈的境况啊？正如明代廉州知府林兆珂在《采珠行》中的描述："鲛鳄磨牙竞相向，积血化作海水丹。"总之，在一些典籍的记述中，珠民在珠池中采珠是一件很惊险的事情。

明朝是官府逼采珍珠最紧迫的时期，由官府组织的大规模采珠就有二十余次，由原来的每十五六年颁诏开采一次，变成了每三年便再采："玺书三年两次降，骊龙赤蚌皆愁颜。"（顾梦圭《珠池叹》）在官府的逼采之下，珠民只能明知龙潭虎穴也要闯了。

明朝嘉靖八年（1529年）五月间，合浦珠池海面出现了惊心动魄的场景：六百多艘渔船，两千多兵民，开展了地毯式大规模采珠。这是继弘治十二年（1499年）动用船四百只、兵夫八千名、采得珍珠二千八百两（旧制）之后，朝廷要廉州府等参照"弘治十二年采珠旧例"的又一次大采珠。根据时任两广总督林富上书报称："今次各池螺蚌稀少，且又嫩小，以致得珠不比往年。""自八月二十八日开采以来，各夫船在海，忍饥饿，涉风涛，已经三月有余，寒苦殊堪悯恻。据委官同知章诤等查勘，病故军壮船夫三百余名，溺死军壮船夫二百八十余名，及风浪打坏船大小七十六只，又飘流无着人船三十只。"经过明朝弘治、嘉靖（嘉靖年间采珠九次）以来的大折腾，合浦珠池大伤元气，此后难以恢复往日的盛况。

明代著名科学家宋应星在他的《天工开物》中，记述了几种在珠池采珠的改良方法：扬帆采珠法、竹笆沉底采珠法、没水采珠法、掷荐御漩采珠法等。

清人屈大均在考察廉州珠市和珠池后，在《广东新语》中写道：

明代《天工开物》中描绘的古代合浦采珠情景和方法

蚌有一珠者、数珠者、有绝无珠者，有仅得珊瑚碎枝及五色文石金银者，盖有数焉。珠身以圆白光莹、细无丝络者为精珠，半明半暗者为褪光珠、次肉珠、次糙珠、药珠。大而稍扁者曰珰珠，所谓南海之明珰也。其曰走珠、滑珠、磥珠、官雨珠、税珠、葸符珠、稗珠。古有此名，今莫能尽辨。但以精珠龙睛粉白，重一分者银六倒，二分者四十倒，肉珠二分重者四倒，合八百颗而成一两者曰八百子，则十倒，合千颗而成一两者曰正千，八倒。其重七分者为珍，八分者为宝，故曰七珍八宝。

合浦珠名曰南珠，其出西洋者曰西珠，出东洋者曰东珠。东珠豆青白色，其光润不如西珠，西珠又不如南珠。南珠自雷、廉至交趾，千里间六池，出断望者上，次竹林，次杨梅，次平山，至乌泥为下，然皆美于洋珠。宓山云：洋珠大如豆者，竟似夜光。但易碎又轻，一名玻璃珠。其中空故轻，凡珠有生珠，有养珠。生珠者以蚌晒之日中，其口自开，则珠光莹，谓之生珠。若剖蚌出珠，则黯黯矣，是谓死珠。养珠者，以大蚌浸水盆中，而以蚌质车作圆珠，俟大蚌口开而投之，频易清水，乘夜置月中。大蚌采玩月华，数月即成真珠，是谓养珠。养成与生珠如一，蚌不知其出于人也。蚌之精神，盖月之精神也。

这就是南珠定名的起源。

历史上合浦郡境地先后设置的州郡县

今广西壮族自治区境内的：

三国时——

平山县：三国吴置，南朝宋、齐因之，属合浦北部都尉治所。

宁浦郡：三国吴合浦北部都尉，晋太康改宁浦郡，郡治在今广西横县。

珠官县：三国吴置，南朝废，今合浦县南。

合浦北部都尉：三国吴分合浦郡置，领平山、兴道、宁浦三县，治所在今横县。

两晋时——

兴道县：晋太康元年以合浦北部营之连道县置，南朝因之，治所在今横县。

安沂县：晋以汉合浦郡地置，今合浦县南。

昌平县：晋以汉合浦郡地置，治所在今横县南。

荡昌县：晋以汉合浦郡地置，治所在今容县。

新安县：晋以汉合浦郡地置，治所在今合浦县。

南朝时——

龙苏县：南朝·齐以汉合浦郡地置，治所在今合浦县东北。

石秋县：南朝·齐以汉合浦郡地置，治所在今合浦县北。

安昌郡：南朝·齐以汉合浦郡地置，治所在今合浦北。

朱丰县：南朝·齐以汉合浦郡地置，治所在今合浦县南。

百梁县：南朝·齐以汉合浦郡地置，治所在今合浦县东。

百梁郡：南朝·齐以汉合浦郡地置，治所在今合浦县东。

宋广县：南朝·齐以汉合浦郡地置，治所在旧廉州府境。

宋丰郡：南朝·齐以汉合浦郡地置，治所在旧廉州府境。

宋西县：南相·齐以汉合浦郡地置，治所在今合浦县东。

武桑县：南朝·齐以汉合浦郡地置，治所在今合浦县北。

始昌县：南朝·齐以汉合浦郡地置，治所在今合浦县东。

龙苏郡：南朝·宋以汉合浦郡地置，治所在今合浦县东北。

盐田郡：南朝·宋以汉合浦郡地置，治所在今北海市东南。

封山县：南朝·齐以汉合浦郡地置，梁废郡设县，治所在今合浦县西北。

封山郡：南朝·齐以汉合浦郡地置，治所在今合浦县西北。

南昌县：南朝·梁以汉合浦郡地置，治所在今博白县南。

临漳县：南朝·宋以汉合浦郡地置，治所在今合浦县东北八十里。

都并县：南朝·齐以汉合浦郡地置，治所在旧廉州府境。

容城县：南朝·齐以汉合浦郡地置，治所在旧廉州府境。

越州：南朝·宋划以汉合浦郡北部设，治所临漳，今合浦县东北八十里。

廉昌县：南朝·梁以汉合浦郡地置，治所在今合浦西南百二十里。

漳平县：南朝·齐以汉合浦郡地置，治所在今合浦县东。

隋朝时——

合浦郡领：合浦、封山、定川、南昌、北流、海康、龙苏、抱成、隋康、扇沙、铁耙十一个县。其间又分设有廉昌、合州、南合州、高州、齐康、椹县、龙苏七县。

唐至五代时——

大都县：唐武德五年（622 年）置，属廉州，治所在今博白县。

大廉县：唐武德五年（622 年）置，属廉州，治所在今合浦县南六十里。

内亭县：南朝·梁置，以汉合浦郡地置宋广郡，隋废郡，598 年改内亭县，唐因之，治所在今灵山县西九十里。

龙苏县：南朝置，唐因之后废，治所在今合浦县东北。

宁浦郡：三国吴划汉合浦郡地设，唐改横州，天宝元年（742 年）改为宁浦郡，治所在横县两南六十里。

东罗县：唐武德五年（622 年）置，属姜州，后属廉州，治所在今合浦县南。

白州：唐武德四年（621 年）以汉合浦郡之合浦县地置州，治所在今博白县。

北流县：南朝置，隋属合浦郡，治所在今北流县。

安京县：汉合浦县地，南朝·梁置安京郡，唐改安京县，治所在今钦州市。

安昌县：汉合浦县郡地，唐武德五年（622 年）置，属廉州，故地在今藤县南百二十里。

灵山县：汉合浦郡地，隋分置南宾县，唐改为灵山县，即今灵山县。

宋广郡：汉合浦郡地，见“内亭县”条。

新化县：汉合浦郡地，见“内亭县”条。

定川县：南朝以汉合浦郡地置定川郡，隋废郡设县，唐、五代均因之，治所在今郁林西南三十里。

定川郡：见“定川县”条。

南州：唐武德四年（621 年），以汉合浦郡之合浦县地置，六年改为白州，治所在今博白县。

封山县：南朝·齐置，隋属合浦郡，唐先属姜州，后属廉州，治所在今合浦县西北。

封山郡：南朝·齐置，隋改为县，治所在今合浦县西北。

钦江县：汉合浦县地，南朝·宋置宋寿郡及宋寿县。隋废，唐、五代十国因之，治所在今钦州东北五十里。

宋寿郡：见“钦江县”条。

宋寿县：见“钦江县”条。

姜州：唐武德五年（622 年）置，贞观十年（636 年）废，治所在今合浦西北。

禺州：隋合浦郡之定川县，唐武德四年（621 年）置南岩州，后改为禺州，治所在今北流县东南。

容州：唐武德四年（621年），以合浦郡之北流、普宁二县置铜州，贞观六年（632年）改容州，治所在今容县。

容州都督府：唐以汉合浦郡地设容州，开元中升为容州都督府，辖廉州等十一州，治所在今北流县。

珠池县：唐贞观六年（632年）置，属廉州，治所在今合浦县南。

高城县：唐武德五年（622年）置，属廉州，治所在今玉林市境内。

铜州：见“容州”条。

博白县：汉合浦县地，唐武德五年（622年）析合浦县置白州，治所在今博白县。

越州：南朝·宋泰始七年（471年）析合浦郡地置。唐武德五年（622年）复置。贞观一年（627年）改为廉州，治所临漳县，治所在今合浦县东北八十里。

禄州：南朝·宋置之越州，隋改为禄州，唐改为廉州，治所在今合浦东北。

廉昌县：南朝·宋置之越州，隋省入封山县，治所在今合浦县西南百二十里。

遵化县：汉合浦县地，隋开皇十二年（592年）置，唐因之，治所在今灵山县西南。

蔡龙县：唐武德五年（622年）置，属廉州，治所在今合浦县西北面五十里。

宋、元时——

大廉县：唐武德五年（622年）置，宋因之，开宝五年（972年）废，治所在今合浦县南六十里。

上思州：汉合浦郡地，唐置上思州，宋因之，治所在今上思县。

内亭县：汉合浦郡地，南朝·梁置宋广郡，隋设内亭县，唐、宋因之，开宝五年（972年）废。治所在今灵山县。

宁浦县：三国吴属合浦北部都尉，南朝·宋属宋浦郡，宋为横州州治，治所在今横县西南。

石康县：五代南汉置，宋因之，属廉州，治所在今合浦县东北。

白州：唐武德四年（621年），以合浦郡之合浦县地置南州。武德六年（623年），改白州，宋政和元年（1111年）废州，入玉林，治所在今博白。

安远县：汉合浦郡地，隋为安京县，唐为保京县，宋改安京县后改安远县，治所在今钦州。

灵山县：汉合浦郡地，隋置南完县，唐改灵山县、宋因之，治所在今灵山县。

陆川县：汉合浦郡地，南朝·宋置。宋因之。治所在今陆川县。

封山县：南朝·齐置封山郡，陈废郡为县，隋属合浦郡，唐、宋属廉州。开宝五年（972年）废，治所在今合浦西北。

南昌县：南朝·梁置，属合浦郡，宋因之，开宝五年（972年）废，治所在今博白县。

禺州：隋合浦郡定川县，唐、宋因之。开宝元年（968年）废治所在今北流县。

钦州：汉合浦郡地，隋置钦州，唐、宋因之，今钦州市。

钦江县：汉合浦县地，南朝·宋析宋寿郡，隋废改钦江县，唐、宋因之，开宝五年（972年）废。治所在今钦州东北五十里。

容州：汉合浦郡地，晋析荡昌县，南朝·梁改为阴石郡，唐武德四年（621年）以合浦郡之北流，普宁二县置铜州后改容州，宋因之，今容县。

海门镇：唐咸通四年（863年）置交州行营和安南都护府于海门镇，今廉州。

常乐州：汉合浦县地，五代南汉置，宋开宝五年（972年）省入石康县，治所在今合浦县东北。

博白县：汉合浦县地，唐武德五年（622年）析置博白县，宋因之，治所在今博白县。

普宁县：汉合浦郡地，晋析荡昌县，南朝·梁改为阴石县。隋改普宁，唐、宋因之，治所在今容县。

遵化县：汉合浦县地，隋析置遵化县，唐、宋因之，开宝五年（972年）废，治所在今灵山县。

明代时——

置上思州、大廉县、北流县、石康县、陆川县、灵山县、钦州县、容县、普宁县、博白县、横州、海门镇、合浦县。

新宁州：汉合浦郡地，隋属宣化县，明设新宁州，治所在今扶绥县。

今广东省境内的：

新兴（今新兴）	索庐（今新兴境内）	阳春（今阳春）
春州（今阳春境内）	杜陵（今阳江境内）	高州（今高州）
良德（今高州境内）	铜陵（今阳江境内）	从化（今从化）
乐山（今从化境内）	石龙（今化州）	辩州（今化州境内）
石城（今廉江）	山州（今廉江境内）	罗州（今廉江境内）

潘州（今茂名境内）	茂名（今茂名）	定川（今茂名境内）
铁耙（今湛江境内）	雷州（今雷州）	南陵（今阳春境内）
春州（今阳春境内）	南恩州（今恩平境内）	新州（今新兴境内）

第一篇

地理景观证史迹

* 新石器时代遗址
* 镇郡名山——大廉山
* 大廉垌
* 大廉港
* 六湖垌
* 糠头山
* 铜船湖
* 大风江入海口
* 府城第一渡——西门古渡
* 府城第二渡——总江口
* 府城第三渡——上洋江
* 州江口
* 三汊港入海口
* 海门
* 还珠岭
* 冠头岭

新石器时代遗址

新石器时代遗址是考证约公元前6000—前4000年社会发展状况的物质基础。在这个时期里，原始社会从繁荣时期向阶级社会过渡，社会性的农业耕种和渔猎饲养开始出现，古人类能够使用和制作简单的工具。这是人类文化发展的重要标志。根据现有的资料，北海市辖区范围内的新石器时代遗址有：

1. 牛屎环塘沙丘遗址，位于铁山港区营盘镇红沙田村向西百余米的沙丘上。1957年出土有夹砂陶片、陶网坠等新石器时代遗物，是五六千年前原始公社的人类居住地。

2. 大坡岭山岗遗址，位于合浦县沙田镇对达村大坡岭。1959年出土有新石器时代的石器、夹砂陶器和陶制渔网坠等物，是四五千年前人们生活的地方。

3. 二埠水山岗遗址，位于合浦县石康水库二埠水，即石康圩镇东南约500米处。于1959年发现。

4. 清水江山岗遗址，位于合浦县清水江水库西岸和南岸的山岗上，距离合浦县城约3千米。1978年发现有砺石、石锛、石铲、青铜碎片等器物。

5. 石头岭新石器遗址，位于合浦县城东郊约5千米处，1972年在合浦龙门江遗址出土石戈一件。

6. 西沙坡新石器时期遗址，位于高德至海边一带。

7. 高高墩新石器时期遗址，位于北海咸田白虎头村冯家江入海口一带，1959年在该村北约500米的高高墩采集到夹砂陶片。

在这些新石器时期遗址中，牛屎环塘沙丘遗址出土了丰富的陶片，其中以夹砂粗陶较多，也有几何纹软陶和硬陶，以及石器、骨器、蚌器、陶器和动物遗骸等；在清水江山岗遗址，发掘有石锛、石铲、砺石、石器、几何形纹硬陶片，以及夹砂粗陶和青铜片；大坡岭山岗遗址发掘数件石器、陶片和几何形纹硬陶，也有夹砂粗陶；西沙坡新石器遗址是北海目前所发现的面积最大的遗址，遗物散布面积达9万平方米，采集的遗物有磨制而成的肩石斧、石锛、石刀及夹砂红褐陶。

除此之外，北海新石器时期遗址还出土有骨锥、骨镞、穿孔骨饼、蚌铲、蚶

合浦清水江水库，新石器时代遗址所在地之一

壳网坠和蚌环，以及鹿、象、兔、鱼、龟、鸟等的化石。值得一提的是蚌环，它属于饰物，应是珍珠的副产品，因此可以想象，北海合浦居民发现了珍珠，并开始重视珍珠及珍珠副产品的饰物加工。

镇郡名山——大廉山

大廉山，位于合浦县公馆镇东北部与博白县交界处。东汉初，合浦太守费贻以清廉勤政、德泽珠乡而著称，奉召还京之日，郡民不忍离别，挽辕相送百里至此山下，是以“廉山”命名，以纪费贻清廉勤政之功德。所以明代崇祯年《廉州府志》记称“合浦江山皆以廉名者，以贻之故也”。

历代方志对大廉山都有精彩记述。

明崇祯年《廉州府志·山川篇》记：“大廉山在府治东一百里，郡因此名。……大廉山山形秀拔，林木葱郁，盘旋数十里，与博白县磻磷山相连，实为廉郡之镇。东汉时费贻为合浦太守，有廉名。去之日，道经山下，百姓送至此，遂以名山。大廉垌出其阳，唐置大廉县于此。陆湖垌出其阴。”

清道光年《廉州府志·山脉篇》记：“大廉山府治东一百里，高百余丈，为廉郡镇山。绵亘三十余里，周约六七里。山有五径：曰乘马径，通大廉、六湖两垌；曰罗村径，通公馆、清湖、石涌等圩；曰高村径、曰牛钻径、曰人头径，俱通博白地方。博白县磻磷山相连。东汉合浦太守费贻有廉名。去之日，路经山下，百姓追送至此，遂以名山”。

民国《合浦县志》记：“大廉山脉则自博白东南来，即句头嶂东北出之，干山余脉绕入者，其始峰曰马子嶂。自是西行作并行，脉构成六湖垌。诸山山势崎岖，仅有秀村径、乘马径、陈屋径、高村径、牛钻径、人头径等要道育公馆、闸口、石涌及博白。交通皆羊肠鸟道，往来不易。北出者为白墊岭、白头岭，止于常乐江之滨。偏南之脉为福禄岭、天塘岭，止于闸口江之滨；偏北之脉之大陂头，折而西南行为佛子岭、火通岭等，复折而南为青山、大岭、梯齿岭等直趋南下，则为冠头岭与涠洲之八村山隔海相望，由马子嶂东南行为白石嶂，亦作并行，脉构成箕形之香草江；其偏东之脉经羊耳峡复入博白；偏西之脉如白莲山、望海岭等，循白沙江以抵于海。至西部若乌家之云露山、大王岭等，则自钦州西南来，亦泗洲山之余脉绕回也。”

以上方志从不同的角度清晰地勾画出大廉山的山势走向和山峰分布：从大廉山的主峰马子嶂向南伸延至冠头岭，都是大廉山的山脉所在。

唐贞观八年（634年），朝廷把合浦改为廉州，就是因为“以其地有大廉山，故名廉州。”（唐李吉甫《元和郡县图志》）“大廉山府东百里。上有大廉峒，唐以此名州。”（明顾祖禹《读史方舆纪要》）

层峦叠翠的大廉山

自此以后，人们吟诵大廉山的诗词，莫不以费贻清廉勤政的政绩作激励。

其中以明代吴廷举的七律《大廉山》最为后人传诵，其诗曰：

危途疲马信间关，合浦埋轮十日间。
国有仁贤惟宝在，家无担石比珠还。
秋声近与江声接，景色宜兼曙色看。
行李纷纷游宦子，几人不愧大廉山。

明代甘泽的《孟太守祠》：

为官合浦去珠还，万古流芳天地间。
富贵心轻犹敝屣，贞廉名重并高山。
来时岭外神明惧，去日辕前父老攀。
自是仁民恩到骨，至今祠屋祀天南。

甘泽的这首诗写的是孟尝祠，却用廉山借喻。清道光年《廉州府志》记称："大廉山府治东一百里，高百余丈，为廉郡镇山。"把一座山作为镇郡之山，由此可见，由费贻而起的廉山吏风在人们心中的深远影响与期待。

晋人刘欣期写过一本《交州记》，里面记载了一个关于大廉山的神话：大廉山上有一株参天大树，每年的秋天，大树的叶子能够飘落到洛阳皇宫，引起汉王的惊异。汉王请来风水先生廉盛为之解疑。谁知廉盛信口开河，胡说这是合浦当出皇者的征兆，要砍掉才能保平安，汉王听了廉盛的鬼话之后，就派兵前来大廉山，把这株参天大树砍了。此后，文人骚客、贬徙官员大都以大廉山的树叶为喻

大廉山全景

体，诉说自己的委屈和期待——

隋朝江总：

传闻合浦叶，远向洛阳飞。
北风尚嘶马，南冠独不归。
去云目徒送，离琴手自挥。
秋蓬失处所，春草屡芳菲。
太息关山月，风尘客子衣。

唐代宋之问：

逐伴谁怜合浦叶，思归岂食桂江鱼。
不求汉使金囊赠，愿得佳人锦字书。

唐代沈佺期：

去岁投荒客，今春肆眚归。
律通幽谷暖，盆举太阳辉。
喜气迎冤气，青衣报白衣。
还将合浦叶，俱向洛城飞。

唐代皇甫冉：

多士从芳饵，唯君识祸机。
心同合浦叶，命寄首阳薇。

古往今来众多文人骚客为大廉山留下了瑰丽多彩的诗章，既保留了大量的物产风情，也积淀了深厚的历史人文内涵。人们通过这些诗歌探视到大廉山的历史概貌，为后人考证大廉山的历史文化提供了重要依据。

大廉垌

大廉垌位于大廉山下，泛指大廉山主峰山脉下以南地区，包括白沙、公馆、曲樟、闸口等乡镇，是客家人聚居的地方，有着独特的客家农耕景色。

清代卜宪义有《大廉杂吟》一组，其中的描述生动细致、形象贴切：

其一

大廉山下旧为家，年去年来玩物华。

一掬旗枪初采得，轻敲火石试新茶。

卜宪义在这首诗的前两句，似乎是漫不经心地说，在大廉山下久住，已经见惯了四时山色的转换。但是后两句一转，道出了无限的情趣：到山中的茶园或是山上野生的茶林里去，随兴采回一掬旗枪茶[①]，然后回到家中“轻敲火石试新茶”。“轻敲火石”四字显示出作者悠闲的心情，因为心情悠闲了才会“轻敲火石”，心急了就不是“轻敲”，而是乱敲、猛敲来取火了。正是这个“轻敲火石”才体现出“试新茶”的优雅品味。这首诗除了向读者展示作者对大廉山的情感之外，还告诉人们一个重要的信息：自古以来，大廉山就是出产好茶的地方。这不禁使人联想到，至今廉山下的创村所产的“创村茶”，是否就是当年那“一掬旗枪”的品种呢?

其二

薄暮归来十里程，山妻稚子候柴荆。

圩余常乐人争趁，传说风流旧地名。

暮色霞影中的大廉山下的大廉垌。又是一番景象：赶圩的人回来了，山脚下的村子里，妻子和子女们倚着门口等候翘盼，而赶圩的人（家中的男人）似乎并不急于赶路，而是一路的谈古论今，而他们最津津乐道的还是在费贻大廉山留名

① 浙江的特种茶类之一，扁形炒青绿茶之一。产于浙江省杭州市西湖区和余杭、富阳、萧山等县市。因该茶经开水冲泡后，叶如旗，芽似枪，故名“旗枪茶”，这里特指上等的嫩茶芽。

群峰叠翠的大廉山

的故事。由此可见，费贻清廉勤政的官德是如此的深入人心。即使是今天，当你走进大廉山下的客家祠堂里，就会发现里面的许多楹联、堂联都是以廉山吏风入题的，这时你就会深刻感受到，人们对清廉吏治仍旧有着如此长远的期待。

其三

庚岭花传十月魁，山村不道信先催。
极南地势春来早，黄菊花时已放梅。

这首诗告诉了读者大廉山的物候特征："黄菊花时已放梅。"也就是说，菊花还在盛放中，梅花已经悄悄地含苞待放了。这体现出大廉山及大廉垌中，四季气温相差不大，适宜各种花草树木的生长。这"黄菊花时已放梅"的景象，则是大廉山的特色所在。而大廉山下还有一个物产特色：

其四

未识州衙与县衙，土墙茅屋竹篱笆。

蓝园一带多春水，只灌蓝根不灌花。

诗中“蓝园一带多春水，只灌蓝根不灌花”指的是大廉山下种植的一种染料植物——蓝靛，这种蓝靛可以熬成蓝色的染料。在古代，也是朝廷指定廉州府进贡的特产之一。大廉山脉的石康、闸口、公馆，白沙一带都曾有过熬制蓝靛的作坊。其中，石康的作坊保存基本完整，是合浦县重点文物保护单位，见证大廉山下曾经的蓝靛产业化生产。

大廉港

大廉古港即今北海铁山港，因港口周边有铁矿蕴藏，古代村民到此挖矿炼铁，岁月久远，铁渣堆积如山而名铁山。后来，客家人相继移民聚居于此，形成村落，取名为铁山村。20 世纪 50、60 年代，国家有关部门勘查港口资源时，以铁山为港名称之，此即是铁山港通称的开始，大廉古港的名称从此渐渐隐退。

大廉古港的形成与其历史地理环境密切相关。古时候，作为“海上丝绸之路”内陆黄金水道的南流江流经合浦时，分有多条支流入海，其中闸口的新寮闸江、曲樟的鸭嫲江汇入公馆的铁山河入海，形成了大廉古港港口宽约 9 千米，港内宽 3—10 千米，深入内陆主轴长度约 30 千米，面积近 120 平方千米的内港海湾。

大廉古港的东侧是大廉山延伸至博白的山脉，西侧是大廉山延伸至青山岭、冠头岭的山脉，大廉山的这两条东、西山脉形成了拱卫大廉港的两道天然屏障，由此形成了大廉古港独具山海江河地貌特色的内陆港湾，在军事、交通上有重要价值，古有“合浦左腋”之称。明代崇祯年《廉州府志》因此记称：“大廉港一日至永安，一日至凌禄，半日到雷州”“溯江而上，帆船可达白沙塘之河头，水涨时则直达博白。”由此可见当时大廉古港的交通优势是非常明显的。

宋代以来，廉州是朝廷重要的海盐基地，大廉古港由此成为重要的盐运通道之一。原来，南流江流经合浦的入海分支共有四处：一是在今石湾江段分三条江流入海，其中之一经廉州府城入海，石湾的州江地名由此而来；而在今石康江段分两条支流，一是鸭嫲江经闸口新寮闸江（源自母鸡山）流入大廉港入海，二是

大廉古港

大廉古港的榄梢岛

流入六湖垌转经铁山江入大廉港。由于石康在宋代就是朝廷重要的盐务基地，大廉港由此成为主要的盐运通道，为了配合盐务运输管理的需要，自宋代以来，朝廷加强了大廉港的开发建设，在公馆修建了盐田，设置了大廉驿站，开辟了雷（州）廉（州）古道，修筑了大廉港至石康盐仓的运盐驿道。到了明代，公馆的白石铺、平鸭铺、白沙铺，山口的海川铺及后来达、沙田所产的海盐，也通过大廉港运到闸口后，再走大廉驿路运送至石康盐仓。

由于大廉古港历史上的重要地位，今天在大廉古港的港湾内及岸线两侧，还存有大量的自然生态景观和历史人文景观遗址。著名的景观有：

1. 钓鱼台及碉楼，古代大廉港海防墩台（烽火台）遗址，位于大廉港入海口北端，面积 4500 平方米，海拔 11.6 米，碉楼遗址犹在。

2. 老鸦洲墩，位于铁山港跨海大桥北侧，岛略呈三角形，南北向稍长，约 100 米，面积约 5000 平方米，海拔 17.5 米。岛上建有三婆庙。老鸦洲因古时候有万鸦群集而得名。

3. 榄梢岛，原是港湾内的沙洲，位于老鸦洲墩西北约 300 米处，因沙洲上全部生长着红树林，而当地客家人称红树林作“榄梢”而得名。海潮退时，洲岛显露，红树林下鱼虾蟹鹤栖息其间；海潮涨时，红树林被淹于潮下而仅露树冠随浪起伏，别具景致。

此外，还有海拔 565 米的大廉山主峰和 3000 米的跨海大桥，这都是旅游观光的好去处。

六湖垌

六湖垌位于大廉山主峰西侧。六湖垌的得名来自当地的六个湖泊，这六个湖泊是：官塘湖、养珠湖、黄泥湖、深湖、青湖、赤子湖。民间的俗称为：锅督湖、垌亭湖、黄泥湖、板桥湖、芒头湖、赤子湖。民间俗称虽然与史籍记载的有出入，但从中可以认识到六湖得名的由来及湖名的大致含义。

如“官塘湖”，以客家话的含义去诠释，应该是官府所建的水利工程。对应的民间俗称中是“锅督湖”，从“锅督湖”到“官塘湖”，这是两个不同的概念：“锅督湖”是天然湖泊，“官塘湖”是由官府改造过的水利工程。客家话中的

“塘”，多含有水利工程之义，如“山塘”是指人工依山筑坝建成的微型小水库，“陂塘”则是人工拦截水沟或小溪形成的水塘。

又如，“养珠湖”和对应的民间俗称“垌亭湖”，不管是“养珠湖”还是“垌亭湖”，都有人工开发之义：如果养珠湖当年曾养过珍珠，就必然会有人工痕迹。那么，垌亭湖里的“亭”，是否可以解释为是专为养珠而建的呢？如果这个因果关系成立，就应该先有“养珠湖”这个官方名称，后有“垌亭湖”这个民间俗称。

再如，史籍记称的“深湖”“青湖”与民间俗称的“板桥湖”“芒头湖”也是有一定关联的。深湖是因为水深，才需要搭板桥而过；“青湖”是因为其水青色而与湖边芒箕相衬相映，民间因而以“芒头”谓之。这也许就是六个湖泊名称存有差异的解释吧。

1958 年，政府要修建合浦水库，六湖垌一带是水浸区，一万多客家人背井离乡。1960 年水库建成，六湖垌一带成了一个大水库，于是便有了六湖水库的景区风光，有了 62 千米长的湖海运河。

如今，走进六湖水库周围的山水间，那淡淡的山岚仿佛是六湖的婚纱，而那峰峦叠翠的大廉山就是六湖的凤冠。烟雨笼罩中的六湖，湖光隐约，山色迷茫，

六湖垌因修建水库而被淹没，水中的客家土围城碉楼是当年六湖垌富饶的见证

云水飘渺，雾影缭绕。似梦境，似仙踪，撩人情思，惹人流连，引人陶醉。

轻风吹过，湖面上飘起淡淡的岚气，悠悠地掠过水波，带来了一股田野的芬芳，给人以一种洁净脱俗的感觉，直沁肺腑。这种感受对于长期置身在水泥森林和汽车污染环境中的都市人来说，简直是梦中的胜地。

湖水是清润透彻的，用“冰清玉洁”去形容六湖的水质，最恰当不过。从大廉山中流出的山泉，经过了千折百曲的冲荡，带着深山野岭的清新和纯朴汇入库区，形成了六湖的宽容兼济，与世无争，憩静清幽。因此有人说，六湖水蒸腾的岚气中也饱含大廉山厚重的历史气息，给人悠久深远的回味，勾起人们的无穷遐思：猜想那山水深处到底蕴藏着多少历史谜团和人间传奇，那已经消失了的村庄和地名，还在传递着哪些鲜为人知的信息？

正是历史的风云烟雨与时代的变革大潮，造成了六湖的多彩灿烂，青山碧水间，常存英雄浩气，烟波浩渺里，最忆先贤勋业。这就是六湖的魅力所在吧！

糠头山

糠头山位于合浦石湾与灵山交界处的南流江畔。具体遗址无考。

据《太平寰宇记》《元和郡县图志》《读史方舆纪要》等史籍称，秦朝末年，南越王赵佗屯兵合浦时，为了解决军粮之需，发动军民舂谷取米，由于需求量大，舂谷取米所剩的糠头堆积成山，合浦的糠头山因此而得名。同时，为了方便指挥打仗，还在合浦建了行宫。该行宫到了晋代被后人改建为灵觉寺，即今合浦东山寺，成为两广最早的两间晋代寺庙之一。

“糠头山”最早见于史籍记载的是晋代刘欣期所著《交州记》：“合浦海口有糠头山，相传越王舂米于此，积糠而成。”《交州记》所记的糠头山在“合浦海口”，这是符合石湾的地理位置的。《交州记》是专记交州风物的典籍，其中所记，被后世广泛引用转述，影响很大。

南朝梁孝元帝编撰的《金楼子》一书也记：“合浦有康（通‘糠’）头山，山上有一头鹿，额上戴科藤一枚，四条直上，各长丈许。”《金楼子》的记述被唐代段成式在《酉阳杂俎》中引用。此后，历代经典史籍都引用转述。

宋李昉等编纂《太平御览》记：“糠头山在合浦海口。传云越王舂米于此，

南流江石湾河段。南越王赵佗驻军合浦时，曾在此江边舂谷取米以供军粮，糠头堆积如山，因此留下了“糠头山”的传说

欽定四庫全書　　廣東通志

糠頭山　在城西北一百二十里各舊志一百四十里誤一名狼頭山一名軍頭山趙佗常駐軍於此

畫山　在城東一百五十里峯巒秀麗如畫又東十里爲百良山林木葱鬱

五黄山　在城北一百五十里高五百餘丈綿亘數十里相傳昔有樵者迷路遇黄衣五人指示始得歸俗呼爲五皇嶺上有五皇廟白鶴觀

水廉江　即合浦江又名南流江源出廣西容縣大容山南至本府界至石康曰晏江至石灣渡曰石灣江至州江口曰州江查舊志載自州江分而爲五曰州江曰陳屋江今俱呼爲王屋屯江曰白沙塘江曰大橋江曰新村江環流郡西南入于海今查自州江實分四水其州江新村俱從南流江分派繞城之西即廉江也王屋屯江即第二渡白沙塘江又名猛水江即第三渡大橋江即上洋渡也以上諸水俱由三汊港入于海

《广东通史》中关于合浦糠头山的记述

积糠所成。”

明代顾祖禹编著的《读史方舆纪要》中记述：“北峨山府西北百里。峰势嵯峨。又西北四十里有糠头山，一名军头山，相传秦尉陀（佗）尝驻军于此，偶乏粮，以糠头散给，因名。俗呼狼头山。”

明代崇祯年《廉州府志·地里（通“理”）志》中记：“糠头山，西北一百五十里，秦尉佗常（通‘曾’）驻军于此。”

南越王赵佗为什么要兵临合浦留下这个糠头山典故呢？

公元前204年，南海郡龙川令赵佗趁秦末战乱兵祸之际，起兵兼并了秦岭南三郡（南海、象、桂林），建立了南越王国，自立为武王，建都于番禺（即今广州市）。而蜀国也想趁赵佗根基未稳，把势力向岭南扩张，蜀国王子亲率军队一路打来，攻占到了合浦边界。合浦此时虽然没有独立设郡，但地理位置极为重要。特别是灵渠凿通，连接了南流江（时称瘴江）之后，控制了合浦就等于控制了岭南西部。赵佗当然明白这是个要害之处，而且，他本就是割据称王的高手，敢于从秦王朝手中割据岭南三郡立国，又岂容他人在眼皮下放肆？于是他亲率大军西征讨伐，驻军合浦，还在合浦设立了行宫作指挥部。为了筹备军粮，就令士兵役夫日夜舂谷取米，时间长了，剩下的谷糠堆积如山，后人就将此地称为“糠头山”。当年赵佗的兵马有多少？缺乏具体的数字记录，但从舂谷取米所剩的糠头堆积成山来看，此战的规模肯定很大，这就是赵佗兵临合浦留下糠头山这一典故的历史背景。

铜船湖

珠乡的石康境内有一历史遗址，叫铜船湖。据民间传说，每当天阴下雨的时候，湖面上泛起袅袅烟雾，烟雾中会隐隐约约地出现铜船的影子，有时还会听到战鼓声。据说是汉代伏波大将军马援征交趾，进击九真、日南（今越南境内）时，于合浦集结军队，训练水师，在湖边铸造铜船供北方军士学习划桨掌舵，后人为了纪念马援的功绩，便把这个湖称为“铜船湖”。

铜船湖今已湮没，只留在史籍的记录中了。铜船和战鼓也只是传说。但是，马援驻军合浦、训练水师真有其事。

南流江石康河段，史传东汉伏波将军马援征交趾时，曾在此驻军造铜船训练水军，留下“铜船湖”

据《后汉书·马援列传》记载，建武十七年（41年），“交趾女子征侧及女弟征贰反，攻没其郡，九真、日南、合浦蛮夷皆应之，寇略岭外六十城，侧自立为王。于是玺书释援伏波将军，以扶乐候刘隆为副，督楼船将军段志等南击交趾。军至合浦而志病卒，诏援并将其兵”。这里明确记载了马援军至合浦的时间、地点、作战任务和职务。马援到合浦后，接管了段志的军队，稍作休整训练，便在合浦石康集结军队，训练水师。

关于马援在合浦留下铜船湖之事，史籍多有记述。

最早见于史籍的是晋代刘欣期的《交州记》：“有一湖去合浦四十里，每阴雨日，百姓见有铜船出水。又有一牛在湖中，以鸡酒为祭便大获鱼；若此礼不设，惟得牛粪而已。”

南唐徐锴的《方舆记》：“铜船湖，马援铸铜船五只，一留此湖中，四只将过海征林邑。”林邑，古国名，“象林之邑”的简称，故地在今越南中部。秦汉时为象郡象林县地。

《读史方舆纪要》中记：“铜船湖，在废石康县治东登高山下，俗传马援尝铸铜船于此。”说明了铜船湖所在的位置。

屈大均《广东新语》：“伏波既平交趾，或尽收其兵销镕，既铸铜柱五以表汉疆。又为铜船五、铜鼓数百枚，遍藏于山川瘴险之间，以为镇蛮大器。而伏波善别名马，又尝以铜铸马式上于朝，而合浦之北铜船湖，复有一大铜牛，时浮出水。横州乌蛮滩，亦有铜船，每风雨晦冥，有铜蒿、铜桨冲波而出，声若震雷，舟人往往见之，是皆铜之物也。伏波故有神灵，为徼外蛮酋所畏，自汉至今，恪遵约束，岁时膢腊。”

清代李调元《南越笔记》：“铜船，在合浦，相传马援铸铜船五，以其四往征林邑，留一于此。天阴雨，浮出湖面。樵浦者常得见之，因名湖曰铜船湖。”从此记述中可知，乡民们认为铜船湖是伏波将军马援的神灵所在，便约定俗成，岁时祭祀。

大风江入海口

大风江古称大观港，是廉州湾连接钦州湾海路进入交趾的咽喉水道，历代均为合浦海防重地。西场大风江古港之所以历代被重视，处于军备边防重要基地，是因为东汉伏波大将军马援远征交趾时，以大风江港口为中转兵站，从而起了开拓性的作用。

据《廉州府志》记载：“合浦大观港有潮西通名九河江，江口有即赤羊墩，疍人取蠔于此，又名赤蠔墩。父老相传马伏波征交趾山，合浦外海运粮恒苦乌雷风涛之险，并患海寇抢夺，遂以昼夜凿白皮蜂腰处，以通粮艘。乃束羊于鼓，系铃于乌，置墩上令互相摇击有声以疑寇。此河直通龙门七十二径，其开凿处约长七八里，宽五六丈，深三四尺，两头潮水尚通，但中间木植丛生耳，此水通实为钦、廉舟楫之利。”

这里记述的是，东汉伏波大将军马援先后三次以合浦为基地，集结军队对交趾、日南等地用兵，收复被分裂势力割据的城池。最后一次就是从大风江古港起航的。当时大风港江阔波汹，加上台风时常刮过，造成江面运输不安全，北方士卒很不习惯。而一些海盗趁机抢掠运粮的船队，常常因此阻误军事行动。为了消除这个祸患，马援决定调动人力，在大风江入海口的赤蚝墩一带开凿一条能使海路、水路相通、运粮船只能绕过海浪险阻的海域而直达钦州县城的人工运河，这

大风江入海口

样既可缩短海上航行的路程，又可以有效防备海盗的掠夺，更重要的是，减轻了士兵因晕船引起的疲劳，增强了部队的战斗力，保障了粮饷的供给安全。于是，经过了几个月紧张的日夜施工之后，一条长约 8 里、宽约 6 丈①、深约 4 尺②的人工运河开凿出来了。运河两端均通海潮，河水随海潮上涨而延伸扩展，这是一个非常奇妙的构思，完全解决了安全运粮的问题。为了纪念马援的功绩，后人就把这条运河称为“伏波运道”，又称“运粮遗道”。这条“伏波运道”开通后，马援凭借其实行海、水、陆路并进，直捣交趾，很快就平定了“二征之乱”，维护了汉朝的统一。从此以后，大风江古港就成了一个重要的海、水联运港口码头，并在“海上丝绸之路”的对外贸易交往中发挥了中转港口的作用。

明清期间，朝廷在合浦沿海一带设置了五大炮台，其中规模最大的东炮台就设置在大观港，大观港东炮台建于清康熙五十六年（1717 年）。炮台高 1 丈、周长 44 丈，装有 2000 斤大炮二位、1000 斤大炮二位、500 斤大炮四位，由一名千总率领 38 名士兵常年驻防。清代的千总官秩正六品，相当于如今的军分区司令职级。由此可见东炮台规格之高、地位之重要，大风江港口成了威震一时的海防军事要塞。

① 1 丈约等于 3.33 米。
② 1 尺约等于 0.33 米。

府城第一渡——西门古渡

西门古渡，泛指其包括西门江府城河段的渡口和桥梁。古时西门江府城河段建有多个渡口码头，其中较为大型、郡民集中通行的有四个，故称“四码头渡”。这一河段上先后建有三座桥：登龙桥（上新桥）、惠爱桥（西门桥、旧桥）、下新桥（文蔚桥）。

西门古渡自宋代朝廷在廉州设置太平军传舍以来，就成了朝廷对交趾及东南亚一带海外交往的主要官路。廉州西门江同时又是朝廷重要的海盐运销通道。宋代周去非在《岭外代答》中记述：“盐场滨海，以舟运于廉州石康仓。客贩西盐者，自廉州陆运至郁林州，而后可以舟运。斤两重于东盐，而商人犹艰之。自改行官卖，运使姚孝资颐重，实当是任。乃置十万仓于郁林州，官以牛车自廉州石康仓运盐贮之，庶一水可散于诸州。”

据此，西门古渡有文字记载的航运历史距今已有 1000 多年，因其蕴含悠久的历史文化，而被列为古代“廉阳八景”之一。

府城西门第一古渡——惠爱桥

明代朱勤《西门古渡》如此描述：

门启城西瞰碧流，渡当门外几经秋。
水通海角潮声急，路接天涯地理修。
堤畔驻鞍人倚马，岸边系缆客停舟。
晚来吏散黄堂静，犹听渔歌起岸头。

从中可以了解到西门古渡的大致情况：渡口在古城西门外。古城西门即金肃门，在今县城西华路与中山路交合处。“水通海角”即是海角亭，也属古“廉阳八景”之一，这个“水”就是西门江。“路接天涯地理修”，“路”指钦廉古道。古代陆路是进出交趾的主要通道。堤畔、岸边、黄堂、渔歌则是描述西门古渡美丽的景象，有如一幅优美的风景画。

西门古渡南流入海，曾是玉林、浦北（时属合浦）经南流江沿线入海的航运要道，西与总江口相通，是走水路去钦州的航运枢纽。古时候，西门江平时水深10多米，江面宽100多米，江面可行驶百吨大船。20世纪50年代中期，由于西门江上游大搞围河造田，张黄江、武利江的河水被堵塞，不能再流入西门江，西门古渡也就湮没废弃了。

府城第二渡——总江口

南流江在流经距合浦县城北部约5千米的地方，分成五条主要的支流入海，在这五大支流之间，形成许多古渡口，其中著名的有“廉州郡城三渡”。这“廉州郡城三渡”分别是：第一渡西门江、第二渡总江口、第三渡上洋江。在古籍的记载中，“廉州郡城三渡”是古代合浦“西距交趾，固两粤之藩篱，控蛮夷之襟要”。总江口，因有西门江支流在内的多条河流在这里汇集入海而得名。在历史上，总江口不但是廉州郡城陆路通往钦州、邕州的咽喉渡口，同时也是抗倭固边的重要关隘。因此，历朝历代都非常重视总江古渡的建设。总江古渡以下的入海干流长约5千米，近海河段宽800—1000米。河道两岸风光优美，物产丰富，被清人陈葆昌称赞：“大江流日夜，清气满乾坤。两岸鸡豚市，千家橘柚村。”

府城第二渡——总江口

府城第三渡——上洋江渡

府城第三渡——上洋江

合浦县城廉州西北 9 千米处的上洋江，是南流江入海的六大支流，也是古代廉州府对外交通的第三渡。明代《廉州府志》“河流篇”记载：“廉江城北三十里即合浦江，源出广西容县大容山，经郁林、博白至黄丙江入合浦界，南流至府城州江口，分支为五，曰州江、王屋屯江、白沙江、大桥江、新村江，环流郡南入于海。按江州实分为四水，其州江、新村江俱从南流，分派绕城之西即廉江也。王屋屯江为第二渡，白沙塘江即猛水江为第三渡，大桥江即上洋渡，以上诸水俱由三汊港入于海。”其中“大桥江即上洋渡”，就是指今之上洋江渡。

上洋古渡在历史上被称作“由廉入海之要津”，发挥过“灌溉近郊田亩。引盐挽运关饷，输江商贾百物之流”的重要作用。但上洋江入海口积沙阻塞江流的现象十分严重，每当上洋江水一涨，合浦县城就有洪灾之忧。新中国成立后，政府投入了大量人力、财力，进行了长期的固堤维修，使之有效地减少了洪灾。

州江口

州江口位于南流江石湾河段，南流江汇入西门江（廉州江）的过程中，在这里分成五个支流，第一支流称州江，州江直接通过廉州的西门江入海，这个分流口因此被称为州江口。方志史籍对州江口多有记述。

《明史·地理志》中记：“东南滨海，亦曰珠母海，以海中有珠池也。又城北有廉江，亦曰合浦江，自广西容县流入，径州，江口分为五，西南注于海。”是说，发源自广西容县的合浦江，也即是南流江，流到合浦（廉州）境地后，分为五条支流流入大海。

明代《廉州府志》“河流篇”记：“按江州实分为四水，其州江、新村江俱从南流，分派绕城之西即廉江也。……石湾江城北二十里又曰大湾江，源出牛四岭西流绕城汇州江。”

《读史方舆纪要》中记：“合浦江，亦名南流江，又名晏江。源出广西容县大容山，南流入府界，地名州江口，分为五江：曰州江，曰王屋屯江，曰白沙塘江，

州江口上游的南流江石湾河段流入北部湾

曰大桥江，曰新村江，环流至府城西南入海。又府北二十里有石湾江，府北十里有猛水江，皆廉江支流也。”

由此可知，州江直接流经西门江入海，成为灌溉农田、盐务运输、朝廷重要物资和贡品输送、商业物流南北聚集交流的主要通道，同时也是朝廷通过水路连接海南、惠州、潮汕的主要航线。因此，历朝历代对州江口的管理都十分重视。

但有利必有弊，州江口泥沙淤积也曾成为一个“老大难”问题。到了明代，州江口屡次出现“江口已沙积成埠，近口五六里之地，弥望皆沙，无所为计”①的现象。每当上游江水一涨，廉州城就有洪灾之忧。为此，明代正统年间（1436—1449 年）和嘉靖年间（1522—1566 年），都对州江口进行了治理。“前明正统间屡濬屡淤。嘉靖时辟东岸以宽其上流之势，两垒石矶，一时江水其为畅达，后亦淤塞至今。”②到了清代，从乾隆至道光的 100 余年，朝廷就先后三次进行大规模的清淤除沙通渠分流工程。其中，以道光年间的廉州知府张堉春主持的州江口修建工程最为庞大。完工后，他专门为之写了一篇《州江记》，详述其间情形，为后人留下了完整、详尽、详实的第一手关于州江口历史地理的珍贵资料。其中

①② 见清张堉春《州江记》。

记述："道光十年秋，复经其地邑绅沈义文建议，以为筹度经费，择人虑事，筮日量功，于是年冬十一月兴工，越明年三月渠成，役丁以万计，费制钱四千贯有奇。是役也，得力在辟土岸为口，以避沙渍，又于横江垒石矶若千丈，畜廉江水入口，逼水势使之悍迅沙不得停足，为此江亿万年无疆之休抑，余更有说焉。"

由于历朝历代的廉州知府不遗余力地治理江州口，西门江才有了千百年来"灌溉近郊田亩。引盐挽运关饷，输江商贾百物之流，同浮于海，逮于琼惠潮，惟此江是赖"的功能。今天，当我们面对南流江日益干涸、州江口入西门江分支已断流的现状，古人治理州江口的精神和方法还是值得认真传承、借鉴的。

三汊港入海口

三汊港是南流江的三条支流（泥江、丫拢江和乾江）汇入廉州湾形成港口的总称，古称合浦港。而在这三汊之中，由西门江汇入乾江后入海的江流被称作第一汊。这第一汊直接与西门江相通，紧挨郡治，是合浦的南大门，历来为兵家必

争要地。自秦汉以来，各朝均以此作军港，其中著名的有汉代马援征战水道、唐代高骈海门屯兵、宋代的盐政水路、明代抗倭要塞、清康熙的乾体军港等。乾体港通过南流江航线，与漓江、湘江、珠江水系连接，进入中原漕运网络，历代从未间断过。东南亚各国的商船大多在此靠泊交易。因此，通常把三汉港又称为乾体港。

乾体港西与大观港互为海门犄角之势，是北部湾进入廉州府城的重要屏障之一。从乾体港出海，可经北海直通海南、广州、香港和越南；沿乾江入西门江经廉州府城北上，可抵达南流江流域的浦北、灵山、博白、玉林等地。古人因此认为，“合浦全郡之水，皆从乾体港人海”。《合浦地名志》记述：“乾体海口，是廉州门户，扼江海之交。秦汉至明朝，此港是中国对外交通贸易要地。”

明洪武二十七年（1394 年），为了防止海盗的侵扰，明廷在乾体设水师驻防，置有战船 24 艘，乾体港一度成为军港。正德十一年（1516 年），明朝水师在乾体港击败入侵海盗。清康熙年间，清廷在乾体港设乾体水师营和炮台，防止外敌入侵。乾体港最强盛时，驻扎水师士兵逾千，战船 30 多艘，还建有八字山炮台、乾体炮台、烟楼烽火台和禁山烽火台。

在关于汉代“海上丝绸之路”的理论研究成果中，学术界达成共识，一致认为“海上丝绸之路”始发港所在地之一是合浦古港，即三汉港。

海门

唐贞观八年（634 年），朝廷以弘扬廉山风范之故，改合浦为廉州，到了咸通年间（860—874 年），廉州又有了一个新名称“海门”，以其左有冠头岭为犄角，右有西场大风江港口为拱手，进入廉州府城的海面形状有如门户而称之。

廉州古称“海门”起于何时，没有准确的年代可查。史籍一般记载，唐咸通三年（862 年），因南诏兵侵安南，朝廷任命湖南观察使蔡袭出任安南经略使救急，南诏兵又攻交趾，为解交趾之危，朝廷又调蔡袭屯兵海门，结果蔡袭战败。

由于安南屡被南诏兵攻占，朝廷于咸通四年（863 年）废止了安南都护府，把行营设在廉州府治的海门镇，这是史籍中首次明确地把海门镇与廉州府治连在一起的记载。安南都护府是唐代为加强边防而在全国设立的六大都护府之一。就

冠头岭与大风江出海口构成的海门形态

海门镇出现的历史环境而言，都是与军事战争紧密相连的。可以确切地说，当时的海门镇是非常重要的海防和边防重镇。

说到海门，就不能不说著名的高骈海门屯兵。

咸通五年（864 年），交州战事未定，安南兵祸又起，朝廷在海门镇屯兵已经达到两万五千名。但是，南诏兵集结却超过了六万。负责领军的经略使张茵因畏敌而不敢进军攻击，朝廷任命骁卫将军高骈代替张茵，并任安南都护（从二品官秩），于咸通六年（865 年）"治兵于海门"，即是整编训练军队的意思。高骈以五千精兵深入敌阵，与近五万敌兵激战，获得大胜，收复了安南（今越南北部，当时属唐朝交州）。第二年（866 年），又从海门发兵围交趾，十天便攻克了交趾。"上得奏，即加骈检校工部尚书（从一品官秩）复镇安南。骈至海门而还。"（《资治通鉴》）高骈屯兵海门，攻克交趾，收复安南，是古代以少胜多的典型战例，有着重要的传世意义和示范作用。"高骈海门屯兵"常见于经典著作中，为廉州与海门称谓关系的确定提供了准确的佐证资料。

五代十国时期，盘踞在岭南的南汉后主刘𬬮在海门设立了媚川都，置兵两千，专事采珠。媚川作为合浦古时的别称由此而来，取"水怀珠而川媚"之义。"媚川都"之"都"是军事机构，每百兵为一都。

《宋史·地理志》中记"太平兴国八年，改太平军移治海门镇"。这是说，廉州改为太平军后，把衙门移到了海门镇。太平兴国八年（983 年），是北宋王朝建立的第 23 个年头。由此可见，海门镇的设置在宋代还是存在的。

还珠岭

合浦县城廉州东北郊，有还珠岭。还珠岭的得名，源于廉州一个清廉知府归途还珠的故事。

沈纶，浙江仁和人，明代正德年间任廉州知府。据《廉州府志》记载，其在任期间，敢于抵制采珠的虐民暴行，有“爱民如子”之美称，因此郡民建“爱民亭”纪念他。

沈纶任廉州知府时，正是明代珠禁被太监把持最严酷的时期，太监为了向珠民逼索珍珠，常以盗珠的罪名把珠民抓进监牢，从中勒索，一时间，许多无辜的珠民被抓进牢房。沈纶上任后即着手深入调查，依法依据清理案情，顶着太监的压力，释放了无辜坐牢的珠民。他还带领军民大力兴修水利，消除水患，在任三年，政治廉明，国泰民安。据《廉州府志》记述，当时廉州府学生出了一株五色

位于东山寺西北侧的还珠岭上的还珠亭遗址

的灵芝，一时传为嘉奖沈纶知府政绩的祥瑞之兆，官府为之建了瑞芝亭以示纪念。

沈纶任廉州知府期满离去之日，廉州府城的吏民将他送至五里亭，正要分别时，突然天昏地暗，大风突作，飞沙走石，暴雨倾盆。沈纶心中顿起疑惑，他认为自己在任三年，两袖清风，没有做过半点于民不利的事，自问无愧，为何离任之日，天色巨变，莫非是老天在向自己发出警示？于是，他就逐一责问家人及僮仆，是否收受别人什么钱物，以致老天有此发怒阻行之举？这时，只见夫人从怀里拿出一颗珍珠，跪在丈夫面前说："前几天，家中来了几位珠民，他们知道老爷要离任，于是就专门派代表送来了一些珍珠给老爷作纪念。我虽然再三推辞不受，但珠民哭诉：老爷是他们救命恩人，一定要我代老爷收下他们的心意。如不收下，就是老爷看不起珠民们的心意。看着珠民心意坚决不肯离府，我只好收下了其中一颗珍珠。因怕你责骂，至今未敢向老爷禀报。"沈纶听了夫人的叙说后，不禁大怒斥道："你怎能因为一颗珍珠险些毁了我的清廉名声，我们万万不能把珍珠带离合浦啊！"说完就从夫人手中接过珍珠，来到长亭外的山坡上，把珍珠安放在草丛里，并向天祈祷表明心迹。之后，顷时雨止风收，天气晴朗。沈纶顺利再上归途。后来，人们为了纪念沈纶归途还珠的事迹，将沈纶安放珍珠的小山坡称作还珠岭。

冠头岭

冠头岭位于北海市西，海拔 120 米，全长 3 千米，由望楼岭、风门岭、丫髻岭、天马岭等组成山脉，东北延伸入海。因其山形"穹窿如冠"而得名冠头岭。

据明代崇祯年《廉州府志》中记载，冠头岭"穹窿如冠，西南临海，南北皆澳，海船舣焉，潮长撼石如雷。相传交趾黎王薨此，交趾人每南望海祭之"。

明顾祖禹《读史方舆纪要》中记："冠头岭，在府南八十里，形势穹窿，山石皆黑如冠，亦曰冠山。自此涉海，北风顺利，一二日可抵交之海东府。"其中还记，冠头岭下有古洞。据史籍记载，明代洪武八年（1375 年）在冠头岭下建有一座镇海庙。镇海庙与王龙岩相邻，王龙岩位于冠头岭主峰的西南麓峭壁之下，岩下有洞，称"廉阳古洞"。

清杜臻在《粤闽巡视纪略》中惊叹："冠头岭，蛟龙水怪之所窟！"

明万历二十八年（1600年），涠洲游击移永安，巡道张经国以距离廉州府城太远，难以呼应之故，提出移驻冠头岭，理由是“冠头岭俯看六池，为廉州门户”。

嘉靖年间（1522—1566年），廉州官府开辟从冠头岭至安南海东府、海阳府、新兴府的不定期直达航线。明代《廉州府志》“海路篇”中是这样记的：交趾的商船“自廉郡西桥下舟，沿海而东至永安千户所，则历乾体、高德港、冠头岭……”而往广东。

到了清代，冠头岭列入合浦内外洋巡海水师的据点之一，担负起白龙城汛和永安城汛与廉州府之间联络的作用①。

康熙五十六年（1717年）四月，广东沿海巡防分为三路，廉州府为两路。是年广东省沿海建炮台116座，廉州府内建冠头岭、八字山、大观港、香炉、墩牙山、石龟岭等炮台。其中冠头岭炮台和乾体的八字山炮台、大观港炮台一起合称为“合浦南路三炮台”。冠头岭炮台置兵13名，并筑炮台高一丈，周围八丈，门楼一座，兵防五间，火药局一间，安放一千斤大炮一位，七百斤大炮一位，五百斤大炮三位。冠头岭炮台的军事辖区为四个村庄。

嘉庆十年（1805年）六月，海盗进犯冠头岭，朝廷从三汊港调兵围剿，全歼海盗。嘉庆十一年（1806年）五月，海盗乌鸦二又率众进攻冠头岭网埠，大肆掠夺渔民的财物，合浦知县闻报即与千总带兵救援。由此可见当时冠头岭防务系统之状况。

道光十三年（1833年）三月，廉州府出动水师生擒越南国巨盗陈加海（阮保）及海盗共70余名，斩杀多名。其中有在廉州冠头岭外洋面游弋窥伺的海盗主谋林致云等。又在钦州竹山洋而捕获10余名，洋面肃清。

光绪九年（1883年）六月，两广总督张之洞以越南事急，派兵驻防北海，并修筑冠头岭等炮台。炮台共三座，用天然石块、三合土构筑。主峰炮台呈匙羹形，三炮台分别位于地角岭主峰及其左右两翼，形成三足鼎立之势，俯控北海航道。

光绪十一年（1885年）二月，法国军舰泊冠头岭下的南澫，向北海岸上开炮。廉州府城戒严，朝廷令总兵梁正源率军进驻北海，并自冠头岭起，修筑至乾江的战垒。还在乾江圩建红坭城、白坭城与战垒相连御敌。由此可见冠头岭在军事上的重要地位。

① 清代千总、把总、所统帅的绿营兵均称“汛”，其驻防巡逻的地区称“汛地”。

雄踞海门之滨的冠头岭

站在冠头岭之巅，不但可以俯瞰合浦古珠池，天气晴朗的时候，还能遥望海天深处的涠洲岛。

清代乾隆年间曾任天津知县、开州知州的廉州人李符清，写了两首有关冠头岭的诗，其一《登冠头岭炮台观海》曰：

我官北海家南海，居海今初上海门。
大壑有时跳日月，洪波终古荡乾坤。
炮訇天半蛟龙舞，网集沙滩鸟雀喧。
安得仙槎浮我去，直穷牛斗问仙源。

李符清是乾隆四十八年（1783 年）举人。史称其“选直隶满城县知县，寻宰天津，两宰获鹿，皆有治声。迁开州知州，卒于官”。李符清著有《海门诗钞》《清史列传》传世。这两首冠头岭诗是其回乡时所作。这首《登冠头岭炮台观海》中，李符清面对波澜壮阔的大壑（大海），联想到日月升沉间的岁月流逝；虽然海面上是蛟龙翻滚般的冲天巨浪，但沙洲上晒网的渔家和成群喧戏的海鸟却是如此悠闲。冠头岭下的“大壑有时跳日月”，霞光里的“炮訇天半蛟龙舞”，波光浪影中的“网集沙滩鸟雀喧”，在诗人的笔下组成了一幅波澜壮阔的风情画，不禁使人产生了像古人那样乘舟出海、上到九天银河求仙的想象。

其二《登冠头岭呈李幼文总戎》曰：

中原南徼尽廉州，南到冠头更尽头。
明月五池疑甓社，青天一发是涠洲。
渔人网晒高沙树，卤户家移断港舟。
万里氛元波浪静，始知边帅足权谋。

在这首诗里，李符清首先抒发了对家乡的思念之情，“中原南徼尽廉州，南到冠头更尽头”中，一句一个“尽”字，真切地表达了远离家乡的游宦情怀。不直写自己离家乡远，而是一再强调家乡离中原远，这正是史称李符清“诗思竣逸”之处。李符清登上冠头岭，看见“明月五池疑甓社”，五个古珠池像明月般环绕着冠头岭，这只能是诗人的想象。想象中，诗人联想起“甓社珠光”的传说。

“甓社珠光”的传说记载在宋代沈括所著《梦溪笔谈》中，说的是北宋嘉祐年间，扬州有一颗很大的珠子，后转入高邮甓社湖。这颗珠子在天色晦暗时就会放光。放光时，它微开蚌房，从壳中放出光来，如横一条金线。俄而，忽张开壳，身大如半张床席，壳中白光如银，珠大如拳，灿烂得不可近视，周围十余里的林木皆有影，犹如旭日所照，远处的天空红如野火。尔后，忽然远去，其行如飞，浮于波中，明亮如日。有了这颗珠子在黑暗中放光，当地的民众都非常受益，因此称之为“甓社珠光”。

“青天一发是涠洲”句，是说诗人站在冠头岭上眺望，涠洲岛就像青天边的一条发丝。冠头岭下，“渔人网晒高沙树”。高沙，海中的沙洲，该句指疍家正在沙洲上把渔网晒到树上。“卤户家移断港舟”，晒盐的卤户们正在盐田里收盐装上小舟。诗人面对着这种“万里氛元波浪静”的国泰民安景象，不由得称赞“始知边帅足权谋”。这和诗人所引“甓社珠光”结合在一起，可以看出他是在抒发“珠还合浦”的情意。

冠头岭由于其独具特色的地理地貌环境：大海奔于前而卓然挺立，地角曲回处而巍巍海天，自古便是诗家词客泼洒笔墨、抒怀寄情之处，并以“冠岭秋霁”之名列入“廉阳八景”之中。

第二篇

汉风珠韵诉沧桑

* 南越王国遗迹在合浦
* 汉代珠乡名士佳话
* 汉代贬徙合浦的官员
* 汉朝中山王太后贬徙合浦之谜
* 海南岛两度并入合浦郡
* 王章妻合浦贩珠传奇
* 费贻留名大廉山
* 马援与合浦珍珠
* 廉州铜鼓塘
* 孟尝珠还合浦
* 汉朝贡品——合浦荔枝、龙眼
* 合浦草鞋村汉窑群
* 合浦汉墓葬群
* 草鞋村汉代建筑遗址
* 大浪汉遗址
* 汉代合浦的造船业
* 汉代合浦采珠业的记述
* 汉代合浦郡
* 三国合浦纪事

南越王国遗迹在合浦

中国历史上最早在岭南地区建立封建割据王国的，就是南越王国。南越王宫建在今广州市。千里之外的珠乡合浦也留有南越王国的遗迹：一是南越王行宫，旧址在今合浦县城廉州东山寺内；一是糠头山，在今合浦石湾镇境内。

南越王国的创建者赵佗，原是秦始皇平定岭南后，设岭南三郡（南海、桂林、象）时的南海郡龙川县县令。南海郡尉任嚣死后，赵佗继任其位，他趁秦末农民大起义之机，割据了岭南三郡，建立了南越王国。时间约在公元前 204 年至公元前 111 年之间，共历 93 年，传五世而亡。

当时的合浦属象郡，处象郡与南海郡之中，是兵家必争的枢纽要地，也是越族支系力量最强大的乌浒蛮族居住地之一，赵佗为什么要在合浦设立行宫，这与赵佗征战合浦的历史有关。

据《合浦地名志》转引的有关古籍的记述，赵佗到合浦征战，是因为秦末天下大乱，蜀国王子乘乱攻占南越王国境地。赵佗领兵讨伐，驻军合浦，并把行宫设在合浦，以利于指挥作战。因缺乏粮食，舂谷取米以供将士食用，糠头堆积如山，糠头山因而得名。

此事从晋代开始，各代史料均有记载。

赵佗在合浦驻军期间设立的行宫，后来在战火中损毁荒废了。到了晋代，人们在行宫旧址建起了一座寺庙，取名为灵觉寺。到了宋代重建时，取名为东山寺，一直沿用至今。这就是合浦存留的两处南越王国遗迹。

南越王赵佗合浦留行宫

第二篇：汉风珠韵诉沧桑

汉代珠乡名士佳话

合浦自古是怀珠川媚之地，自然也人杰地灵。汉代多有名士风流佳话，如“珠还合浦”的孟尝、“廉州留名”的费贻、“铜柱封疆”的马援等，都是史书典故人物。除此之外，汉代合浦名士还大有人在，虽然他们的名气并没有像孟尝、费贻、马援三位先贤那样能够产生巨大的时代作用和社会影响，但他们的事迹依然能载于史册，为后世所称颂。据明代欧大任《百越先贤志》等传记文集及《廉州府志》等史籍记述，汉代的珠乡名士有：

姚文式，合浦人。史称其“雅好诵读，博通古今”。东汉建安年间（201—211 年），他因才学被举荐为茂才，后来官至交州治中，这是刺史府中一个属官。姚文式随交州刺史步骘到南海巡视，初到南海时，步骘登上山岗，遍览地形，感叹：南海土地丰腴，无怪乎南越王赵佗选择这里作都城。随即又问同行的属员，有谁知道当年赵佗的都城在什么地方。同行的属员没有人能回答，只有姚文式从容答道：秦二世时，南海尉任嚣病危，召龙川县令赵佗委以兵权，任嚣病卒后，赵佗自任南海尉，起兵占据岭南三郡，设南越国，并在番禺建都城，方向即在今州城东北三十里处，那里还建有一个朝台，表示归汉后朝拜汉王的意思。步骘听了姚文式的回答后，派人去搜寻，果如姚文式所言。于是就在赵佗故都原址“遂直城廓，以建州治，绥和百粤”。这就是广州城的初建。史书因此称之为“文式之功也”。即是说，广州城能在南越王故宫故址建成，是姚文式的功劳最大。

汉明帝时的合浦人张重也是名重一时的人物。张重，字仲笃，史称其“笃学善言，为岭表望士”。即张重是一个饱学之士，且才思敏捷，善于辩论，是岭南一带的知名人士。当时由交州刺史推荐，在日南太守府中做一名从事之类的属官。有一次，张重写了一份奏章送到洛阳王宫，汉明帝见张重身材矮小，于是就开玩笑说：“你是哪个郡的小吏呀？”张重听了之后大声说：“我是南郡官吏，而不是小吏，皇帝用人是量才能而用呢，还是按他的骨肉重量来使用？”汉明帝听了，心中暗自称许张重的善辩之才。

第二天上朝，汉明帝与群臣论议完朝政之后，想起了张重的善辩，于是又问张重：“你们日南郡的人，都是向北边看太阳的吗？”张重马上回答：“大汉朝有雁门郡，也有金城郡。但雁门并不是把大雁堆起来作城门，金城也不是用金砖砌城墙，只是一个地名方位而已。臣居住在日南，也是一个地名，并不是在太阳的南边，也不用从北边看太阳呀！”汉明帝听了张重的回答之后，更加赞许他的才思敏捷，赐给他大量的财宝。此后，每逢有什么疑难之事，汉明帝都会召张重上殿应对，对张重多加倚重。

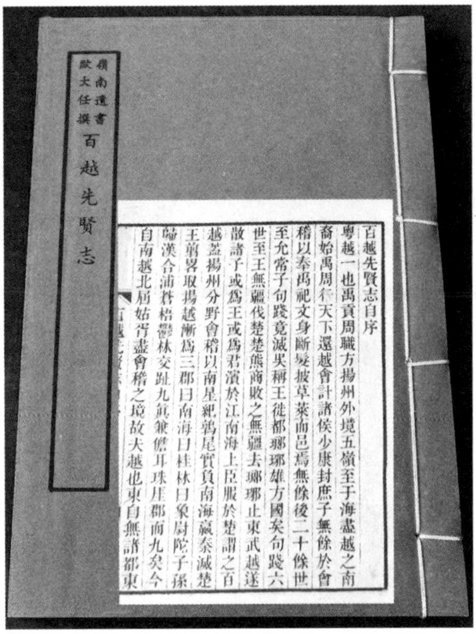

《百越先贤志》

除了仕途上的名士之外，以忠勇报恩而名的尹牙也是合浦人。尹牙是凭自己的才能从下级官吏做起，一直升至郡主簿。汉代郡的主簿参与机要，总领府事，相当于 ·郡的副职，也是太守的助手。尹牙在任期间，深得太守的信任，府衙事务都全权委托尹牙处理，尹牙因此对太守常存有感恩之心。一天，尹牙见太守在府中悲叹，于是就问：“太守你如何悲叹，是不是有什么为难的事解不开心结呢？”太守告诉尹牙，自己的父亲被朝中权奸张太尉迫害致死，杀父之仇未报，因此惭愧悲伤。尹牙听了之后，穿起佣人的衣服，去张太尉府中应征当杂役，经过三年的潜伏，终于找到机会杀了张太尉，尹牙因此被捕入狱待斩。尹牙忠勇报恩之事后来被皇帝知道了，皇帝被尹牙的忠勇感动，便赦免了他的死罪。

在史籍记载中，还有因慈孝廉谦让而名的李祖仁，因他的品行高尚，郡人将他住所附近的江命名为慈廉江。而丁茂则因孝行被郡中吏民敬重，他为母亲守孝筑坟，坟台四周有白鹿陪伴左右，成为千古美谈。

汉代贬徙合浦的官员

汉代贬徙合浦的官员众多，据不完全统计，其中有王太后一名，国丈两名，封侯者十二名，驸马都尉一名，尚书、京兆尹至太守以上高级官员八名，郡功曹、黄门郎、郎中令各一名，还有一人是王莽之子的大舅父。

造成他们贬徙合浦的原因有三：一是朝廷内部帝后党之争，排斥异己；二是在权力倾轧中失势；三是王莽篡汉前后为建立个人势力而弄权逐臣。他们是：

王章，官居京兆尹，因忠直敢言，奏陈宠臣王凤专权，被王凤陷害入狱，严刑至死，妻子徙合浦，时公元前 24 年。

淳于长，汉成帝时宠臣，封定陵侯。时称“贵倾公卿”，因与王莽有矛盾，以谋立左皇后大逆罪致死狱中，妻子徙合浦。时公元前 8 年。

傅晏，大司马、封孔乡侯，哀帝傅皇后之父，与王莽争权失败，全家流放合浦，时在公元前 1 年。

董恭，哀帝时封关内侯，与王莽争权失败，被抄没家产（史载董氏家财四十三万）后，全家流徙合浦，时在公元前 1 年。

董宽信，董恭之子，时任驸马都尉，与其父同时被贬，流放合浦。

赵昌，哀帝时河内太守、尚书，因结党陷害忠良，被免官后流放合浦。

董贤，哀帝时封高安侯、大司马，董恭之子。与王莽争权失败，被贬合浦，董贤夫妇自杀，其家属徙合浦。

孙宠，哀帝时封方阳侯，因与宠臣结党造作奸谋，陷害大臣，免官流徙合浦，时公元前 1 年。

右师谭，哀帝时封关内侯，与孙宠结党作奸，同时免官徙合浦。

息夫躬，哀帝时封宜陵侯，因结党作奸，被斩于市，其妻子流徙合浦。

丁明，汉平帝时封安阳安侯、大司马，后贬官徙合浦。

吕宽，汉平帝时参与王莽争权之斗，被流放合浦，王莽当政后，获赦并与王莽结成宗舅之亲。

张由，哀帝时封关内侯，因陷害大臣被免官流徙合浦。

杜业，哀帝时封建平侯，王莽当权后，对杜业的言论不满，将其免官流徙合浦。

史立，平帝时任太仆，王莽当权时免官流徙合浦。

丁言，平帝时任泰山太守，王莽当权时免官流徙合浦。

泠褒，平帝时任郎中令，王莽当权时排除异已，被免官徙合浦。

段犹，平帝时任黄门郎，王莽当权时排除异已，被免官徙合浦。

卫宝，汉平帝国丈，王莽当权时被排斥贬徙合浦。

卫姬，汉平帝生母，时为中山王太后，王莽弄权尽诛卫氏支属，将卫后免去后位贬徙合浦。

郭璜，东汉和帝时为长乐少府，因株连案被杀，家属流徙合浦。

郭举，郭璜之子，时为侍中兼射声校尉，因株连案被杀，家属流徙合浦。

桓晔，东汉献帝时任郡功曹，为当时名士，因被陷害死于合浦狱中。

除上述人物之外，尚有一些官员被降免职后议流合浦的，但这些官员宁愿自杀也不肯到合浦。如东汉时的郅寿，为官清廉刚正有直声，由举孝廉升刺史、尚书令、京兆尹至尚书仆射。因不肯附和权贵枉法被陷入狱欲置死，后得同僚营救改流徙合浦，郅寿出狱后自杀而不愿做流放之臣。

以上这些都是太守以上职级的朝廷官员，除个别外，食禄都在两千石以上，相当于后世的三品官阶。他们流徙合浦，必然对合浦的社会形态产生相应的影响。除极个别有机会重返中原（如吕宽依附王莽），他们绝大部分只能魂断珠乡。因此，合浦境内的一万座汉墓群中是否也隐藏着他们的墓葬，是一个值得关注的问题。

汉朝中山王太后贬徙合浦之谜

西汉元始年间（1—5 年），王莽专权，把持朝政，排斥异已，一口气连贬了四位皇后、皇太后。捧出年仅九岁的刘衎登基，即汉平帝。平帝登基后不能亲政，由太皇太后临朝，王莽以首辅自居，更肆无忌惮地导演了一出出篡位乱政的闹剧，被贬徙合浦的汉平帝生母中山王太后就是其中之一。

事情得从汉元帝的继嗣世系说起。汉元帝刘奭在位十六年，共有三子——刘康、刘骜、刘兴。刘康为傅昭仪所生，封定陶王。刘骜为皇后王氏所生，立为太子。刘兴为冯昭仪所生，封中山王。元帝死后，刘骜继位为汉成帝。汉成帝在位二十六年却没有子嗣，只好过继刘康的儿子刘欣为太子。汉成帝死后，刘欣继位为汉哀帝，汉哀帝在位六年即死，也没有子嗣，于是将中山王刘兴的儿子刘箕子过继为太子，改名刘衎，即位为汉平帝。时汉平帝仅九岁，就被迫娶王莽的女儿为后。汉平帝在位五年后，被王莽用毒药害死，年仅十四岁，当然也没有后代，因此造成汉元帝后嗣至此已绝。于是由王莽操纵，从汉元帝的父亲汉宣帝的旁支中选择了一个两岁的楚王孙立为太子，是为孺子婴。西汉由此结束，王莽篡汉另立新朝，改年号元始。

话说回来，汉平帝登基后，生母卫姬本应母凭子贵，封后享福。怎奈王莽一手把持朝政，怕卫姬入宫封后会削弱自己的权势，于是想了一个歪点子，只按平帝未过继为太子时的中山王王位，册封卫姬为中山孝王后，又将卫姬的两兄弟封

汉朝中山王太后卫姬贬徙合浦

为关内侯，只准在中山居留，不得进京。此举引起朝中忠直大臣的反对，不少大臣联名上书，要求按汉例册封卫姬为皇太后，并迎之进宫与平帝母子相聚，以尽孝慈。谁知，众大臣此举反而加重了王莽对卫姬的猜疑和妒忌，加剧王莽对卫姬的限制和逼害。卫姬在王莽的淫威下，也只能忍气吞声，但求偏安。

天有不测风云，把卫姬引上贬徙之路的不是别人，正是王莽的长子王宇，而王宇则是好心办了坏事。

原来，王宇见平帝即位后，卫姬仍被王莽排斥在外不得册封为太后，且被逼母子分离，对这些不近情理的做法，王宇也时有劝说其父，让平帝母子团聚。何况卫姬只有平帝一个儿子，这种亲情是无法隔绝的。此外，王宇也有顾虑，担心平帝长大后必有怨恨，到时将会留有后患，与其日后遗祸，倒不如早有筹谋，及时化解这些恩怨，也算是为王氏一族预留后路。主意打定，王宇就将想法向老师吴章、大舅吕宽提出，以期共谋良策。

吴章在当时也算是一个响当当的人物，虽然只是一个博士的官职，但门下的生徒逾千。吴章深知王莽是一个不可理喻的人，却又非常迷信鬼神，只有用迷信的方法，才能使王莽改变行为。于是生出一计，叫吕宽深夜将狗血倒在王莽的门口，以天降警兆来劝说王莽。谁知吕宽深夜前往王莽门口刚倒狗血时就被发现了，当即被扭送到王莽处严刑逼问幕后主使。吕宽原以为王宇是王莽的长子，直说或可免一死罪，于是就把王宇主谋之事供了出来。岂料王莽已是权欲遮眼、六亲不认了，不但把王宇、吴章、吕宽三人一并处死，就连已经怀孕了的儿媳妇吕马也不放过，关在狱中待生下小孩后也予以处死了。

王莽杀死了自己的长子、儿媳后犹不解恨，又以串谋造反之名，将卫姬家族全部诛杀，只因碍于平帝在位而不便诛杀卫姬。对此，王莽大不甘心，借机将昔日对自己有意见的文武百官一概都以与卫氏通谋的罪名处死，公主、王侯至太守以上官员因此丧生者十五人。甚至连王莽的叔父红阳侯王立、堂弟平阿侯王仁、乐昌侯王安因平日与王莽意见不合，也在此案中牵连被杀。不久，王莽更是以铲除乱党、维护朝廷安定为借口，假传圣旨（时由太皇太后王氏临朝），免去卫姬中山王太后的封号，贬徙合浦。

卫姬贬徙合浦的第二年，王莽便用毒酒害死了汉平帝，自己当起了皇帝，改汉为新莽（9—23 年）。卫姬在合浦的遭遇再也无人提起，渐渐就成了千古之谜。

海南岛两度并入合浦郡

汉代合浦郡辖地广阔，建郡时辖 5 县，户数 15398，人口为 78980。时在汉武元鼎六年（前 111 年），史称汉武开郡或立郡。到了后汉，合浦郡依然辖 5 县，户数 23121，人口为 86617。[①]合浦郡的辖县除以上所记，还两度管辖海南岛。

一是汉昭帝始元五年（前 82 年），朝廷因儋耳郡“二十余年间，凡六反叛，至其五年，罢儋耳郡并属珠崖”，珠崖由此成为海南的代称。到了汉元帝初元三年（前 46 年），珠崖“诸县更叛，连年不定”，汉元帝“博谋群臣。待诏贾捐之以宜弃珠崖”，“上乃从之……珠崖由是罢”。由此可知儋耳、珠崖自元鼎六年设郡至汉元帝初元年，历时 65 年，两郡因反叛元帝而被罢之。

之后，儋耳、珠崖被并入合浦郡，设都尉治之。这就成了《汉书·地理志》中所记述的合浦郡辖下的朱崖县。都尉则是掌管武事的官职。《后汉书·百官志》中记述：“唯边郡往往置都尉及属国都尉，稍有分县，治民比郡。”就是说，当时的珠崖建制只是合浦郡辖下的“都尉治所”，即军事派出机构驻地。

三国时期，合浦属东吴势力范围。为了扩大领地，孙权在占有合浦之后，有意派兵南下“权欲遣偏师取夷州及朱崖”。但遭到了大将陆逊的反对，陆逊认为“四海未定，当须民力，以济时务……又珠崖绝险，得其民不足济事，得其兵不足亏众”（《三国志·陆逊传》）。孙权听从陆逊的建议，暂时不兴谋图珠崖之兵，却划出合浦北部与南海郡境地设广州，即广州之始（此前称番禺）。以合浦南部与交趾设交州，又将合浦部分辖地划设珠官郡。这时的合浦郡领六县：合浦、南平、荡昌、徐闻、毒质、珠官。珠崖不再是一个独立的行政建制，只是由“都尉领之”的边郡军事管制地区。直到赤乌三年（240 年），孙权派陆凯进军海南岛，

① 均据《汉书》《后汉书》“地理志”。

重设朱崖郡。

司马炎建立西晋王朝后，虽然统一了中国，但各地割据战乱不已，司马氏能力有限，鞭长莫及，对岭南等地只能用“遥领”或“代领”的方式去管辖。咸宁六年（280 年）晋灭吴后，又把珠崖郡建制撤销，“省珠崖入合浦”，就是说把珠崖再度并入合浦。珠崖郡自孙权复设至晋代刚好 40 年。此后，魏晋南北朝均相沿此制，直至隋唐，合浦辖地进入了大分化、泛设郡县的时期，汉代合浦郡地最多时被划设 30 多个州、郡、县，再也不辖珠崖了。

王章妻合浦贩珠传奇

提到合浦珠市的历史影响，人们首先会想起一个人——王章妻。王章妻在珠市的奇特经历，在很大程度上提高了合浦珍珠的知名度，增加合浦珠市的传奇色彩。

王章妻何许人也?

据《汉书 · 王章传》记载：王章，泰山人。由于直言而被权贵陷害，被免去官职。元帝死后，成帝（前 32—前 6 年）继位，又把王章召回，先是担任谏大夫，不久又升为司隶校尉。司隶校尉是监督京师和地方的监察官，有权劾奏公卿贵戚，还负责督察三辅（京兆、左冯翊、右扶风）和河东、河南、河内、弘农等七郡的京师地区，起到和刺史相同的作用，但它比刺史地位高，故为百僚所畏惮。不久又升任京兆尹。京兆尹职位相当于今日首都的市长。王章在京兆尹任上，刚直不阿，不附权贵。如，王章虽然曾得到辅政、大将军帝舅王凤的举荐，但面对王凤的专权骄横、营私舞弊、结党乱政，王章并没有因此盲从附和，而是直接上书汉成帝，直言对王凤不可放纵任用。王章的直谏虽然引起了汉成帝的重视，汉成帝也一度想接受王章的建议，但一时又不忍心将王凤免职。后来，王凤知道了王章的直谏，就设计陷害王章，以大逆罪将其收监。王章的妻子和十二岁的女儿也被关进了监狱。

王章向汉成帝上书直谏前，王章妻曾劝告过他，要记住当年“牛衣对泣”时的遭遇，凡事应量力而行，不要强出头。但王章不听妻子的劝告，反而呵责妻子不识大体，要坚持上述直谏，结果如妻子所料。王章妻在狱中的时候，有一天晚上听到狱卒对囚犯点名时，比前一天少了一个数，她当时就大哭起来，说：“我的夫君性情刚强，少的这一个人必定是他啊！”第二天一问，果然王章已被处死。

王章妻合浦贩珠留传奇

王章妻劝告丈夫要记住当年“牛衣对泣”的遭遇，是指早年王章求学长安时，家徒四壁，生活十分清苦。有一年冬天，王章得了重病，天气寒冷，王章夫妻只得在地上铺一层草作床，身上盖的是乱麻和草编成的“牛衣”。在这饥寒交迫的困境中，王章曾一度失去了生存的信心，躺在牛衣中哭了起来。他一面哭，一面和妻子诀别。王章妻面对丈夫的软弱，大声激励说：“我们虽然很穷，只要你养好身体，发奋读书，目前的困境是可以改变的，为什么要这样绝望呢？”王章听后，很受感动，决心生存下去。在妻子的照顾下，他的身体果然一天天好起来。后来功成名就。这就是成语“牛衣对泣”的由来。由此可见，王章妻是一个很有胆识和才干的女人。

王章被处死后，他的妻子、儿女也受牵连，被流放到合浦。

王章妻携子女来到流放地合浦之后，并没有怨天尤人，而是凭着她的勤劳耐苦和远见卓识，充分利用王章当京兆尹时积累的人际关系，在合浦开展珍珠贸易。由于善于经营，数年之后，她就获得了数百万的资产。后来，王凤死了，王章冤案平反，王章妻和子女们得以回到故乡，在泰山太守的帮助下，她用在合浦经营珍珠所得的巨款赎回了被没收变卖的家产。王章妻被贬合浦经营珍珠、致产数百万的经历，在当时及后世都产生了影响，对提高合浦珍珠的知名度、推动合浦珍珠的市场经营都有积极的意义。

从王章妻的传奇中可以看出，合浦珠市起码在西汉就具备了相当的规模和市场辐射力。这比《后汉书·孟尝传》中记载合浦“郡不产谷实，而海出珠宝，与交趾比境，常通商贩，贸籴粮食”的珠市交易状况早了150多年。从该记载中又可知，当时珠民们在珠市“常通商贩，贸籴粮食”，可见，珠市与民生是息息相关的。

费贻留名大廉山

合浦是秦汉名郡，历史文化深厚悠久，人文历史精彩绚丽，古有“六廉”之誉。这“六廉”是：廉山、廉垌、廉江、廉港、廉泉、廉州。而合浦“六廉”美誉的由来，则全在于一位著名的清廉名臣，他就是被史书称为“节义至仁”的东汉合浦太守费贻。

费贻，四川南安人，他在乡中以操守著名，有南安“清廉节义五杰”之誉，与李业、谯玄、王皓、王加等俱为刘秀（汉光武帝）敬重的名士。两汉之际，公孙述据有四川，割据称帝：也想借重这一批名士的声望来巩固自己的地位，但这些名士都不愿为公孙述所用，或以死明志，或被逼死。只有费贻躲进深山，把漆树汁涂在身上，造成患皮肤病的假象。还装起癫狂以避开公孙述的纠缠与迫害。刘秀统一中国后，立即派人去寻找费贻等人回来为国效力，并多次派遣特使去邀请费贻入朝。据《华阳国志》等史籍记载，费贻随特使朝见汉光武时，光武帝说：“寡人思卿久矣，未能得见，今幸屈至，喜跃弗胜。”费贻答说：“臣恨无才佐事陛下，既蒙恩诏，敢自违乎。”汉光武帝“大喜。遂封费贻为合浦太守”。“于是咸悦，莫不归心。”由此可见，费贻在当时具有一定影响力，汉光武帝“遣使复征”，也是有眼光的。事实证明，费贻来到合浦任太守后，果然不负所望。

费贻来到合浦后，针对合浦郡民多以采珠为业，农田荒芜，粮食缺乏，珠民为了换取粮食，深受奸商欺诈，“尽为黠民以升酒斗粟，一易数两”的状况，大力推广农耕，采取多种措施，奖励郡民开垦荒地，种植五谷杂粮和瓜果蔬菜。他还亲自到农村去劝农，引进中原制造的竹筒水车、织麻养蚕等技术，带领农民修筑山塘、坡坝、水渠。由于修筑了水利工程，使水稻种植得以在合浦郡推广，费贻功不可没。

费贻在合浦太守任上，大力推行“政清刑简”，“政清”就是执政清廉公

费贻廉山留名

正，勤政有为，施德惠民。“刑简”就是各种规章制度都要符合百姓的利益，不能让不必要的规程扰民而成为老百姓的负担。他在任期上更是身体力行，为合浦的民众做了大量有益于民生的业绩，志书因此记称：“民感其德。”费贻在任满离职之日，合浦郡民攀辕百里相送，一直送至县界的一座大山下方洒泪惜别。费贻离开合浦后，老百姓感念他的功德，便将洒泪惜别之处的大山称为廉山[①]，山下的田垌称为大廉垌。后世又将南流江称为廉江，城中的水井称为廉泉井，到了唐代，合浦又因廉山吏风之德，而名廉州。明崇祯年《廉州府志》记述，“合浦江山皆名廉者，以贻故也”。费贻故乡的民众称其：“节义至仁费奉君，不仕乱世，不避恶君。”合浦府学孔庙的三贤祠为之塑像祭祀，以传政德。四川荣州文庙的乡贤祠立有费贻神位。《华阳国志》等史籍称费贻“修身于蜀，纪名交趾”，也是记述费贻在合浦清廉勤政的事迹。

因为有了费贻，合浦有了“六廉”之美名，清廉勤政的官德吏风更是在千秋万代中传颂不已。

马援与合浦珍珠

提起东汉伏波大将军马援，人们就会想起珠乡的铜柱、铜船湖。这些都是马援奉旨南征交趾，在合浦准备军事粮草及平叛班师留下的遗迹。马援与费贻、孟尝同处于汉朝，都与合浦关系密切，三人之中，马援地位最高、权势最大，授伏波大将军，封为新息侯，食邑三千户，后来还做了国丈爷。最后却差点因为合浦珍珠盛名之累，险遭焚尸之祸。

汉建武年间，交趾有征侧、征贰两姐妹起兵反汉，很快便攻掠了合浦等60多座城池，并自封为王。朝廷先后派兵征剿均失利，最后任命马援为伏波大将军，一举剿平了叛乱。

马援出征岭南，平叛安边，维护了国家统一、民族团结，战功卓著。但他从不居功自傲，更不以位高权重去谋私利。他在交趾作战时，士兵因瘴疫之害，十

① 即今合浦公馆六湖至南山一带山脉的主峰望海峰、梅嶂。此山脉下的田垌为大廉垌。《读史方舆纪要》记述，廉山又因廉垌而名。

马援在合浦事典

之四五病死于此，马援深入民间，了解到用薏苡果实煮水当茶，可以轻身省欲，战胜瘴气。马援按此方试用，果然奏效。马援班师回朝时，当地吏民送了很多合浦珍珠等特产给他，他都不要，因看重当地的薏苡果实大，就想把它作为种子，于是拉了一车准备回中原推广种植。回京后，很多人都以为车上装的是合浦珍珠等珍奇之物，权贵们都猜疑他，但惧于马援的声威，没有人敢就此拨弄是非。等到马援病逝，有人就上书诬告马援，说他先前从交趾运回来的都是明珠文犀，还在奏章中描绘那些东西的样子，据此指称马援征交趾时，在合浦取得了一大车上品珍珠，却私自藏匿，不敬皇上，是看不起皇帝，由此可见其野心及搜刮民财之罪，因此惹得龙颜大怒，下令查办治罪。

为此，马援的侄儿马严等及朝中正直之臣前后六次上书为马援诉说冤屈，但皇帝始终不听。马援的妻子和儿子深感恐惧，不敢把马援的灵柩埋入祖坟，仅仅在城西买了几亩地草草埋葬。宾客旧友没有人敢去吊丧。马援的妻子和儿子把自己用草绳捆在一起，到朝廷请罪。皇帝拿出权贵们的状告给他们看，才知被虎贲中郎将梁松诬害。

原来，梁松早就对马援怀恨在心。那时的梁松还是一个黄门小官，很喜欢要官威、摆架子。在一次聚会中，梁松又在装腔作势抢风头，马援见了就劝他说，做官和做人都一样，要实在低调，不要总是夸夸其谈，这样容易摔跟头的。梁松听了之后表面唯唯诺诺，心里却很不高兴。后来，梁松升任虎贲中郎将，还被指派为马援的监军。有一次马援病了，梁松去马援家中探病，马援因病在身，见又是同僚，就躺在病榻上与梁松相见。谁知梁松认为这是马援故意冷落他，就在心里积下了怨恨。马援因薏苡事件引起权贵猜疑，梁松借马援病逝后权贵就此发难之机，暗中向皇帝参了马援一本，引起皇帝的愤怒，要治马援的罪。梁松刻意挟嫌诬陷马援的行径败露后，引起朝中正直官员的强烈反对，纷纷要求为马援平反，皇帝派人核查后，才知实情，恢复了马援的名誉。

马援在合浦还留有“伏波滩”“伏波庙”“铜鼓塘”“铜船湖”“马留人”“马留话”等典故、遗迹。合浦民众将马援列为孔庙名宦祠中供奉的第一人。历代编修的《廉州府志》均为之作传。

廉州铜鼓塘

鼓是中国历史上用于祭祀的器物之一，也是军队用于激励士气的工具，《周礼》中就有关于鼓的记载。不同的鼓有不同的作用，鼓发展到后来成为一种权力和财富的象征。在中国，各民族都有自己的鼓，因此产生了鼓文化，壮族的铜鼓就是其中最有特色的一种。

张穆《异闻录》云：“昔马伏波征蛮，以山溪易雨，制铜鼓。粤人亦谓雷、廉至交趾，海滨卑湿，革鼓多痹缓不鸣，无以振威，故伏波铸铜为之，状亦类鼓，名曰骆越之鼓。此又一说也。”

据史书记载，合浦是铜鼓最早的原产地之一。事情得从汉马援征交趾，驻军合浦训练水师说起。

东汉建武十八年（42 年）春，交趾女子征侧、征贰姐妹因不服太守对其父的惩罚而起兵造反。汉光武帝就任命马援为伏波大将军征战交趾，平定叛乱。马援率两千多楼船、两万余战士来到合浦后，开始布阵操练、擂鼓助威，却发现鼓声沉闷，甚至声音不振。大家还以为是有什么东西在作怪，致使战士们操练的情绪受到影响。马援为了解开这个谜团，一方面派人到民间去查访，一方面对军队中的战鼓进行检查。结果发现这批随军战鼓敲起来声音都是沉闷的。马援急忙请求朝廷再调一批新鼓来合浦应急，结果用了一段时间之后，鼓声又“痺缓不鸣”。正当马援为战鼓问题头痛之际，到民间查访的士兵把一些老人带回军中，据这些老人家称，他们知道造成鼓声不振的原因是什么。马援立即把这些老人家请入军中大堂，以礼相待细问情由。这些老人家仔细观察了军中的战鼓后告诉马援，战鼓声音不振，是因为受潮。原来，合浦属瘴烟之地，又加上濒海饶湿，水汽充足，鼓面的皮革受潮后松弛，而鼓身的木质也因潮湿含有大量水分难以产生共振，这样，受潮后的鼓敲起来当然是声音不振了。

马援听了老人家的一番解释之后，心中顿悟。于是就想办法对战鼓进行改造。

经过反复的观察勘探之后，他发现合浦一带多铜，而且当地居民又有用铜制成器皿、敲打作祭祀击乐或驱逐海怪及野兽的习俗，于是就决定仿照民间工艺以铜铸鼓。这就是史料中所称的“伏波始制铜为之，状亦类鼓，而稍埤，缩腹下杀，周以繁纹，面上八角，皆缀以坐蛙，名为骆越之鼓”。蛙是青蛙，青蛙是壮族先民的崇拜图腾，壮族先民认为青蛙是上天派下来的神，专司巡田之职，有青蛙神保护就会五谷丰登。以蛙为图腾，象征风调雨顺。马援把壮族先民崇拜的图腾青蛙神铸在铜鼓上面，既结合了战鼓的特点，也融合了壮族的民俗特色，很快便在岭南地区传开，成为当地祭祀镇邪的主要法器。

马援铸铜鼓成功后，“鼓声镗镗，皆声闻十余里”，战士操练时士气大振。一天，郡中长老来报，说近日郡城西的廉江[①]出现了凶蛟，一日内连吃五羊，郡民十分恐慌，请马援派出军士剿杀。马援听了长老的讲述之后，立即派军士前往捕杀，但凶蛟十分狡猾，见有军士便潜伏不出，军士一走开便上岸猎杀禽畜，防不胜防。马援设计在廉江边挖一大塘，塘中以猪羊作诱，铸铜鼓置于塘中，并根据

合浦出土的汉代铜鼓

① 合浦江，又称瘴江，后因合浦郡有一李姓青年以慈廉孝义事亲，朝廷便下令将合浦江改为廉江。

凶蛟属木，取金克木之道相制。果然，凶蛟窜入塘中猎食猪羊时，被铜鼓镇住，无法动弹，郡民便将此塘称为“铜鼓塘”。因铜鼓塘在廉州府城西门江之外，后世又称廉州铜鼓塘。此后，汉代合浦的其他郡地纷纷效马援以铜鼓取金克木之道，用铜鼓来镇压凶邪之物，计有钦州的铜鼓村、灵山的铜鼓岭、博白的铜鼓潭、雷州的铜鼓山等。

孟尝珠还合浦

在中国成语词典中，以同一个区域的地名和物产同时列放作成语的不多见，“合浦珠还”就是其中之一。“合浦珠还”（亦称“珠还合浦”）被喻为失而复得的事物，同时又是廉洁勤政吏风的标志，“合浦珠还”的起源者是东汉合浦太守孟尝。

《后汉书·孟尝传》第六十六中记载：“孟尝字伯周，会稽上虞人也。其先三世为郡吏，并伏节死难。尝少修操行，仕郡为曹史。……尝后策孝廉，举茂才，拜徐令。州郡表其能，迁合浦太守。郡不产谷实，而海出珠宝，与交趾比境，常通商贩，贸籴粮食。先时宰守并多贪秽，诡人采求，不知纪极，珠遂渐徙于交趾郡界。于是行旅不至，人物无资。贫者饿死于道。尝到官，革易前弊，求民病利。曾未逾岁。去珠复还，百姓皆返其业，商货流通，称为神明。”

这一段记述为后世留下了珠还合浦的传说，人们为此赞美，同时也为孟尝的高风亮节所感动。

“州郡表其能”，是指孟尝的同乡，东汉著名的经学家、史学家綦母俊。綦母俊于东汉安帝元初三年（116年），随御史任卓督兵来到合浦，在平定边患的战争中屡立战功而被升任为左校令，后为交州刺史。汉代全国设十三部州监察全国政事，合浦属交州监察部。綦母俊在合浦时间较长，必然对合浦珍珠的生产及珠民生活状况较为了解，对合浦郡守贪赃枉法、逼索珍珠的状况也知情。由于孟尝有很好的口碑和德能，綦母俊力荐孟尝到合浦任太守。由此可见，孟尝是因才能和德政被推荐任用的。

“革易前弊，求民病利”是孟尝施政成功的关键。这里有两方面的因素，一是清廉，二是勤政。清廉才能“革易前弊”，勤政才能“求民病利”。这就是合浦还珠的价值核心，也是千百年间口碑传颂，青史流芳的期待与寄托所在。

孟尝珠还合浦

合浦因孟尝而有“还珠故郡”之誉。郡境内有许多纪念孟尝的历史遗迹和典故，如还珠亭、还珠岭、孟尝祠、孟尝衣冠冢、孟尝流风坊、孟太守庙、海角亭、还珠桥、还珠街等。而在孟尝的家乡至今还流传着有关还珠桥的故事。

那是孟尝因病辞官归乡、隐居山泽之后，合浦的吏民并没有忘记这位恩德在民的还珠太守。有一次，孟尝生病的消息传到了合浦，合浦的吏民立即派代表给孟尝送去合浦珍珠一升，以作养病之资。孟尝在百般推辞不得收下了这升珍珠后，立即把它捐了出来，并发动当地的乡绅百姓修建了一座桥，并在桥下建了一座水闸，使得长期以来受水患或干旱侵扰的状况得到了改善，农业生产有了保障，百姓安居乐业，于是就把这座桥命名为“还珠桥”。宋代诗人华镇作《还珠桥》一诗记之：“溪上还珠太守家，小桥斜跨碧流沙。清风不共门墙改，长与寒泉起浪花。”

除了还珠桥，孟尝故里还有孟尝乡、还珠林、还珠门、孟尝祠、孟尝闸、孟尝闸桥和孟尝桥亭。孟尝桥亭的对联“还珠合浦韵事流传，亭旁孟尝仁风广被”与合浦还珠亭对联“孟尝何处去了，珍珠几时飞回”互为呼应，深切地寄托人们对孟尝的思忆。

“合浦珠还”所寄寓的廉政吏治思想，在历史上产生了深远而巨大的影响，成为吏治文化的一个坐标。古往今来，以“合浦珠还”作为题材，产生了一大批优秀的文艺作品，以“合浦珠还”为激励、鞭策，产生了一大批廉吏良臣。

汉朝贡品——合浦荔枝、龙眼

提起荔枝，人们自然会想起唐朝诗人杜牧的名句：“一骑红尘妃子笑，无人知是荔枝来。”因为这首《过华清宫》，岭南荔枝自后便多了一个新品种“妃子笑”。杜牧后约 150 年，又一位惊世骇俗的人物吟唱“日啖荔枝三百颗，不辞长作岭南人”。此公来到合浦廉州，品尝了廉州龙眼之后，惊叹“廉州龙眼，质味殊绝，可敌荔枝”，感慨“蛮荒非汝辱，幸免妃子污”，此君便是宋朝礼部尚书龙图阁大学士苏轼。

岭南的荔枝、龙眼就是这样千古扬名，叫人牵肠挂肚。

合浦古属岭南，古人笔下吟唱的岭南佳果传奇，合浦自然也份属其中，而且年代上溯久远，早在汉代，合浦荔枝、龙眼就作为贡品，记于史籍。

据《后汉书·孝和孝殇帝纪第四》中记载："旧南海献龙眼，荔枝，十里一置，五里一候，奔腾阻险，死者继路。”这是最早描述岭南荔枝、龙眼进贡京城的旅途状况。时在汉永元元年（89 年）。

“旧南海”是岭南三郡的泛指。秦始皇平定百越，以百越之地设南海、桂林、象郡，即后世所称的岭南三郡。秦始皇设郡后，仅置南海一尉来代管三郡，多以“东南一尉”或“南海一尉”来代称岭南三郡政事。合浦处象郡与南海郡交界之间，属象郡辖，当然也是“旧南海”进贡荔枝、龙眼的区域。

永元十五年（103 年），与南海交界的临武长[①]唐羌上书朝廷，向皇帝陈述了南海传送荔枝、龙眼的艰险及劳民伤财，引起了皇帝刘肇的关注，于是下诏曰：“远国珍羞（通“馐”），本以荐奉宗庙，苟有伤害，岂爱民之本。其敕太官勿受

合浦香山荔获农业部颁发国家地理标志产品证书

① 汉时，万户以上的县设县令，万户以下的县设长。

献。”由于皇帝的反省，认为如此进贡荔枝、龙眼“岂是爱民之本”，下诏终止“由是遂省焉”。这里可知“十里一置，五里一候，奔腾阻险”的进贡荔枝、龙眼，不是皇帝的本意，而是太守（太官）们邀功的举动。

汉朝时，合浦就进贡荔枝、龙眼，在宋司马光《资治通鉴》中引述较为详细：“岭南旧献生龙眼、荔枝，十里一置，五里一侯，昼夜传送。临武长汝南唐羌上书曰：‘臣闻上不以滋味为德，下不以贡膳为功。伏见交趾七郡献生龙眼等，鸟惊风发。南州土地炎热，恶虫猛兽，不绝于路。至于触犯死亡之害，死者不可复生，来者犹可救也。此二物升殿，未必延年益寿，以荐奉宗庙，苟有伤害，岂爱民之本。其敕太官勿复受献。’”

这里的“交趾七郡”，即汉武帝平定南越王之后，将其属地岭南三郡划置九郡中的南海、苍梧、郁林、合浦、交趾、九真、日南①。此外，全国共设十三部作为监察机构，交趾部是十三部之一，因此交趾七郡即交州七郡。合浦居于其中，是交趾、九真、日南到中原的必经之路，更是向朝廷进贡荔枝、龙眼等特产首选的交通和主产地。

合浦草鞋村汉窑群

在汉代“海上丝绸之路”合浦始发港文化形态中，“三汉文化”是其中最辉煌的篇章。这“三汉”就是：汉墓文化、汉窑文化、汉港文化。汉墓文化反映的是人文形态，汉窑文化反映的是产业形态，汉港文化反映的是交流形态。这三种汉代文化形态构成了汉代“海上丝绸之路”合浦始发港的文化主体。尤其是汉窑文化，近年来随着合浦汉窑群的挖掘、考古工作的不断深入，汉窑中蕴含的文化元素日益突现，与之相关的“海上丝绸之路”贸易、合浦汉代郡城所在、岭南汉代陶业生产状况等问题的考证也愈来愈突显并引起考古界的关注。合浦汉窑成为继合浦汉墓、合浦古珠池、合浦汉代港口、合浦古珠市之后，考证合浦汉代社会生产状况的又一文化现象。同时，也是研究“海上丝绸之路”与陶瓷之路的形成和发展关系的重要物证。

① 时属交州的珠崖、儋耳，时有撤立，后从交州划出。

合浦汉窑群遗址位于合浦县城西南郊的草鞋村。1989 年，草鞋村的村民在挖鱼塘时，发现了大量瓦砾及红陶片堆积层。由于合浦自古以来盛产陶瓷，村民们对这些“缸瓦”碎片并不在意。后经合浦县博物馆工作人员实地考察后，初步认定这些瓦砾及红陶堆积层是汉代的砖瓦与陶器残片。接着，又经相关专家进一步考察，又先后发现了多个馒头窑和十余个马蹄窑，经确认均属汉窑遗址。1993 年 5 月，合浦县政府将草鞋村汉窑群遗址公布为县级文物保护单位。

2007 年 10 月，经国家文物局的批准，由广西文物考古研究所、合浦县博物馆以及厦门大学考古专业实习学生组成了联合考古队，对草鞋村汉窑群遗址进行第一次发掘。经发掘证实，草鞋村汉窑址群遗址面积共 18000 多平方米，从中发掘出 2 座半倒焰马蹄形窑，以及围绕在四周的 20 余座砖窑、陶窑。至 2008 年 3 月，草鞋村汉代窑群遗址终于向世人展示出真面目。

2013 年 5 月，草鞋村汉窑群遗址被国务院公布为第七批全国文物保护单位。

合浦草鞋村汉窑群遗址的发掘，创造了中国古代陶瓷产业生产史上的多项奇迹，也留下了众多不解谜团。

一、出土的生产流水线，震惊考古界

经过 2007 年对草鞋村的第一次发掘，2008 年 3 月，合浦汉代窑址群以拥有一个完整展现汉代制陶工业的生产流水线而“震动中国考古界”。

由于村民们多在窑址群范围内修筑鱼塘，因此考古活动发掘的地点都是在鱼塘，勘明的窑址遗迹大都分布在鱼塘底部，为此清理的鱼塘面积达 1000 平方米，从中发掘出 2 座半倒焰马蹄形窑，规则地排列着灰沟、水井、建筑遗址、贮泥坑、工作坑、灶坑、淘洗池、沉淀池等 50 多处较为完整的遗迹。顺着一条长 50 多米、宽 7 米的水沟，有一排间隔 3 米左右的柱础石和柱洞。在发掘现场的干栏式建筑遗址地面上，分布大量的木建筑构件，且木柱底端基本保存完好。作坊中心区共发现四种形质不同的水井，其中一砖砌水井的底部自下而上铺设木炭、竹木等过滤结构，最上部再覆盖一层石头。作坊四周还围绕着 20 余座砖窑、陶窑。从现场发掘的情况推定，这是一个大型的干栏式建筑作坊，几乎涵盖了当时制陶手工业从取泥、制坯到烧制的全部过程，是一条完整的制陶流水线，规模之大、功能之系统、形质之完整在我国汉代考古及历代窑址考古上都十分罕见。

挖掘出来的遗址展现了汉代人烧制陶器的如下过程：

第一道工序是炼泥。把白膏泥放入炼泥坑中，加水搅动，泥浆就分为三层，上层是浮起的草根螺壳，下层是沉淀的沙子，中间就是较为纯净的白膏泥浆了。

第二道工序是贮泥。把提纯的泥浆引入与炼泥坑相邻的沉淀池中，用筛子捞出泥，放入一旁的贮泥坑，制陶的原料就准备好了。

第三道工序是拉坯。工匠们把白泥搬进直径约 90 厘米、深约 70 厘米的工作坑。坑底有个深 60 厘米的小洞，正好插进一根圆木轴。据推断，轴上应该有个转盘，工匠就在转盘上制坯，一边转动，一边把黏土做成圆形的缸、罐、瓮等泥坯。这和现代的手工制陶基本一样。

最后一道工序是烧陶。泥坯晾干后，就可以搬进马蹄形的窑里用柴草烧了。两座较为完整的古窑与现在在许多农村还能看见的土窑极为相似，由窑门、火膛、窑床、烟道等构成。窑后壁有弧形凸出以扩大烟道体积，从而提高烟囱抽力和窑温。

二、发现了神奇的水井群

在工场遗址的中心区，考古队员发现了四口水井，其中一口砖砌井直径为 1.7 米，深 3.9 米，井壁全部都用汉砖错缝叠砌而成。这些水井底部自下而上铺设着两层木炭和竹木，以此产生过滤的作用。而这种利用木炭过滤井水的方法，

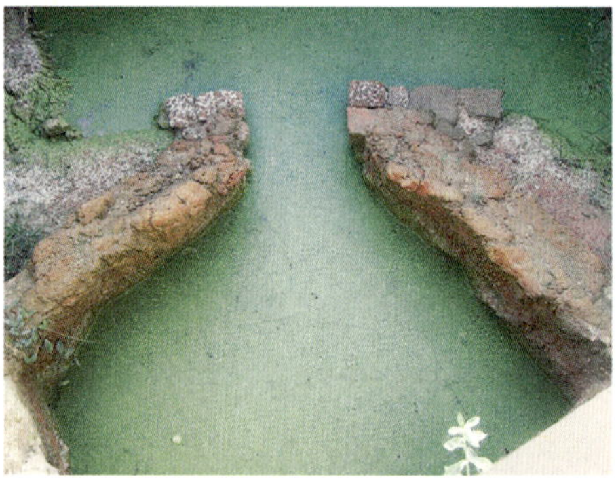

水井群

至今在农村挖井中还经常采用。草鞋村汉窑群遗址水井的挖掘考证，证明了早在两千多年前，合浦人的祖先就懂得用过滤的方式来保护水质。由此说明，早在汉代，中国就开始用活性炭过滤饮水，这是一个让人惊叹的了不起的文明标志。

三、出土多样珍贵物件

考古人员在现场还发现了一截长约 60 厘米乌黑的大象腿骨。古时岭南多有驯服大象代工具的记载，而这个大象是宠物，是重要人物的坐骑，还是训练用作生产陶器的运载工具或炼（踩）泥之用呢？这引起了人们的广泛联想。

考古人员在现场还发现了一只较为完整的制作陶器用的木泥棰。这只木泥棰和现在民间砖瓦窑中常用的棰泥形状基本相似，但经历了两千多年之后，依然质地坚固没有腐烂，木纹清晰可见，让考古工作者惊叹不已。

草鞋村汉窑遗址挖掘中，最引人注目的出土文物就是云树纹瓦当。瓦当即筒瓦之头，主要起着庇护屋檐、防风雨侵蚀的作用；同时，又富有装饰效果，使建筑物更加绚丽辉煌。云树纹云代表天，树代表地。在汉代，瓦当不是普通老百姓房屋能使用的，基本上用于楼堂宫阁或庙宇。草鞋村汉窑群挖掘发现的瓦当是典型的“豪宅”用品。有研究人员认为，这很有可能就是为汉代合浦郡城的建设而配套生产的。1988 年，同样的瓦当在广州南越王墓的挖掘中，也有发现。合浦草鞋村汉窑遗址挖掘出土的云树纹瓦当与广州南越王宫署挖掘发现的云树纹瓦

草鞋村汉窑群遗址出土的陶片

当，在形制和工艺上基本一致。这里就给人们一个思考或提示：二者是否有着相关的历史元素？

草鞋村汉窑群发掘现场还发现大量的绳纹板瓦和筒瓦残片，也有米字纹、方格纹和方格带戳印纹陶罐，以及水波纹陶钵、瓦当、陶垫、陶拍、网坠、葫芦、狗头骨、竹篮。其中一块残缺的板瓦胎型极薄，宽达 40 厘米，从筒瓦、板瓦的质地及纹饰风格看，应是西汉前期之物。

四、考古意义重大

专家们根据草鞋村汉窑群遗址现场发掘的情况，认定这里是一个

草鞋村汉窑群遗址出土的制陶工具，上为窑群工场大型设备的配件，下为木泥槌

大型的干栏式建筑作坊，包括了陶器生产从取泥、制坯到烧制的完整流水线。工艺流程几乎涵盖了当时制陶手工业的全部过程，是一个规模巨大、功能系统完善、形制保存完整，在我国汉代考古及历代窑址考古上都十分罕见的“制陶作业的完整流水线”，堪称“震动中国考古界的完整展现汉代制陶工业流程”。著名考古学家麦英豪先生把草鞋村窑址考古的价值概括为“历史价值、科学价值和唯一性”。

草鞋村汉窑群遗址出土的马蹄窑。据考证，下图的窑在唐代又被重新启用过。

草鞋村汉窑群遗址的发掘，在中国汉窑考古史上创下了多个第一，为以合浦为始发港之一的汉代“海上丝绸之路”的贸易交流，提供了大量的、难得的实物和考古线索，为全面考证合浦作为始发港的时代概貌及在海上陶瓷之路中的地位与作用，揭开了新的一页。草鞋村遗址汉窑群中所蕴含的多元文化要素，必将随着发掘考古的深入发展，焕发出“海上丝绸之路”始发港的灿烂文明之光。

草鞋村汉窑群遗址出土的瓦当

合浦汉墓葬群

一、重点保护区

1994年3月3日，广西壮族自治区人民政府发布将合浦县四方岭定为汉墓保护区的通知。全文如下：

我区合浦县是岭南古郡，历史悠久，文物古迹遍布全境，明显封土竖标的汉墓就有二千多座，特别是城郊四方岭一带的汉墓更为集中，内有封土堆可见的汉墓达一百三十四座，占地面积八百二十九亩，过去曾配合国家建设，清理发掘了大批汉墓，出土大批的珍贵文物，声名传于海内外。近年来，由于开发建设，不少单位和个人在该地域进行大面积征地开发，兴建房屋，同时，盗墓现象也时有发生，致使文物古迹受到严重破坏。根据《中华人民共和国文物保护法》的有关规定，为确保国家文物安全，经研究，决定将合浦县四方岭划定为汉墓保护区。现就有关问题通知如下：

一、根据汉墓的分布情况，汉墓特别保护区具体划为A、B、C三区：

A区：东至汉墓博物馆，西至合浦县煤气站对面的旱坡地，长五百米；南至南宁至北海二级公路界，北至洗鱼河，宽一百二十五米；总面积约六万二千五百平方米，内有封土堆的汉墓五座、复原性保护汉墓十二座。

B区：东至四方岭脚小道，西至合浦至乾江公路界，宽六百米；南至罗屋村，北至南宁至北海二级公路界长八百米的椭圆形地带；总面积约四十五万平方米，内有封土堆的汉墓一百零二座。

C区：东至合浦至乾江公路界，西至文昌塔，保护界桩二百四十米；南至合浦县生产资料仓库，北至南宁至北海二级公路界，宽一百四十五米；总面积约三万四千八百平方米，内有汉墓十五座。

二、合浦县要将该区域的保护纳入城市发展总体规划，在保护区范围内，不得兴建工厂、民房以及任何有碍于文物风貌的建筑、构筑物；严禁在保护区内进行挖沟、取土、烧砖瓦、垦植、埋葬等破坏性活动。

三、合浦县人民政府要根据《中华人民共和国文物保护法》和《广西壮族自治区文物保护管理条例》的有关规定，负责汉墓特别保护区的管理和保护工作，并在自治区文物部门的指导下，认真对该区域进行全面规划，把它建设成为别具特色的游览胜地，使其充分发挥出社会效益和经济效益。

根据，广西壮族自治区人民政府对合浦县四方岭汉墓保护区的划定，保护区内确定有四方岭、狮子岭、金鸡岭、风门岭、狼狗岭、大沙洲、上高岭、上禁山等8个汉墓分布较密集的重点保护区，分布范围包括廉州镇的清江、廉北、排堂、冲口、廉东、中站、平田、杨家山、廉南、禁山等10个行政村。

二、挖掘保护

合浦汉墓葬群于1962年被公布为合浦县文物保护单位。1971年发掘望牛岭1、2号墓，1975年发掘堂排汉墓后，社会各界引起了极大关注，广西考古类专业刊物连续刊发了研究论文。1981年被公布为广西壮族自治区文物保护单位。1983年、1987年对合浦汉墓葬群进行了两次大普查。在此基础上，于1987年、1999年先后两次对汉墓葬群进行复查，建立了较为系统的保护管理档案。1988年，广西壮族自治区政府决定建广西合浦汉墓博物馆，并于当年8月动工建设。1993年完成了合浦汉墓博物馆的总体规划，同年5月开始修建一号汉墓保护棚，并于当年7月底完成主体工程。1994年3月3日，广西壮族自治区人民政府将合浦县四方岭定为汉墓保护区。1995年12月，经广西壮族自治区党委、广西壮族自治区人民政府同意，命名为广西壮族自治区爱国主义教育基地。

1996年11月，国务院公布其为全国重点文物保护单位。

2002年10月，合浦县政府编写《合浦汉墓群大遗址保护规划》，并于同年11月上报自治区文化厅报请国家文物局审批。2004年9月26日，《北海日报》在头版头条以大半版篇幅发表介绍汉墓研究的长篇专稿《汉墓无语诉沧桑》，这是第一次系统地公开介绍合浦汉墓葬群的存在及其产生的历史背景因素。该文引起广泛关注，一些媒体也转载或引用。2006年，一号汉墓保护棚、二号汉墓保护棚完工通过验收。同年，合浦汉墓群被国家列入了“十一五”期间重点大遗址保护项目。2008年12月30日，占地面积约80000平方米的合浦汉墓博物馆在四方岭汉墓发掘遗址上竣工、对外开放，是迄今为止我国规模最大的汉墓博物馆。

三、墓葬分布状况

合浦汉墓葬群以合浦县城为中心，南北长12.5千米，东西宽5.5千米，分布面积达68.75平方千米。

自1971年发掘望牛岭1、2号汉墓以来，根据多年来对合浦汉墓研究得出的数据，同一地段的可见封土堆汉墓葬与地下未可见的汉墓葬比例约为1：8，即1座地上可见的封土堆汉墓葬，其周边会有8座地下未可见的汉墓葬与之相连。现已查明、并立有标志桩的可见封土堆为1056座，据此，已探明的合浦汉墓葬群8500多座。但是，在实际勘探发掘中，可见封土堆的数量不时增加，而且，可见封土堆汉墓葬与地下未可见汉墓葬数量的比例往往有大于预计数据的现象，因此，合浦汉墓葬群的墓葬数量超过10000座，被称为万座汉墓葬。

四、墓葬形制类别

汉代的墓葬制度是非常严格的，据《后汉书·礼仪下》中记载，汉代自上而下的墓葬制度极其烦琐严格。用什么样的棺木，漆什么样的饰纹，陪葬品的规格数量，甚至棺木上盖什么样的布幔，都有明确的限制。这些规定一直规范至二百石以下的官员。除此之外，墓葬的形制也有严格的制度。但是，合浦汉墓葬的形制却大大超过了官方制度，这又是一个有待考究的千古之谜。

从已发掘的来划分，合浦汉墓葬的形制基本有四种：一是土坑竖穴木椁墓；二是土坑竖穴墓；三是砖木合构墓；四是砖室墓。

1971年发掘的望牛岭1号墓，木椁墓（墓穴内双层棺木）。该墓地面坟丘底径为40米，高5米。墓葬由主室、甬道、南北耳室和斜坡墓道构成。全长25.8米，最宽处14米。主室陈放漆棺一具，室内随葬大量铜器、漆器，北耳室有车马器。随葬品各类有铜器、铁器、陶器、漆器、金饼、金珠、水晶、玛瑙、琉璃、琥珀等饰物，共计245件。其中，铜器占显著位置。如凤凰形烛灯、提梁壶、长颈壶、人面纹三足四蒂纹盘、龙首柄魁、铜仓模型器等，造型精美，制作精致，器身多錾刻有纤细、匀称、精美的各种花纹，属西汉中、晚期地方官吏墓。

1984—1999年，发掘了19座凸鬼岭汉墓，其中有土坑墓、砖木合构墓和砖室墓。墓中多有墓道。随葬品有陶器、铜器（鼎、壶、炉、盘、剑、矛、镜）等，还有滑石器、五铢钱、“宝贵”印章等。20号墓随葬品中还有一件罕见的马面形托灯陶俑，这种托灯俑座在广东广州、顺德，广西贵港、梧州等地都是男、女形象，从脸部特征看属所谓“昆仑奴”或“胡人”，但马面和兽爪的似未见过。凸鬼岭的19座汉墓，出有随葬品273件。其中铜器多达42件，拥有铁器13件、滑石器12件，还有铜镜10面和金戒指、珠饰若干。属西汉晚期至东汉。

1990年，发掘黄泥岗1号墓。该墓属东汉早期墓，是一座有斜坡墓道的砖木合构墓。墓室为长方形，分前、后两室。随葬品共96件。铜器出土有剑、壶、釜、碗、蒸酒器、灯、镜、捣药臼和杵，明器仓、灶、井等；陶器有壶、罐、和明器屋；玉器有圆形蒲谷纹壁、出廓带字玉璧、字母形带钩、玉塞、玉蝉、玻璃纹玉佩和玉剑饰；还有玻璃杯（碗）、玻璃串珠、玛瑙、琥珀串珠、金带钩、金花球串饰和“货泉”钱币。其中，“宜子孙日益昌”玉璧顶部出廓的部分，透雕龙凤对舞装饰图案，中下部镂刻出“宜子孙日益昌”六字篆体吉祥语，连外廓通高 27 厘米。还有悬山顶铜仓，瓦面、门面、墙壁均錾刻精细美观花纹，底部附四根柱子作为支撑，为国内汉墓所罕见。

2003 年 11 月，发掘风门岭 26 号墓。这是一座大型土坑木椁墓。随葬的青铜器有高颈提梁壶、双耳广腹壶、钫、釜、鼎、甑、三足盘、天足格盒等，明器灶、井、仓（室）以及牛、马、狗、鸡等家畜家禽类造型铜件。陶器种类、数量也不少，如底部附有三个矮足的盒、罐，变体目光纹小铜镜和约 100 枚五铢钱。各类随葬品有近 200 件。特别引人注目的是，琉璃、玛瑙、水晶、琥珀之类的珠饰有近 2000 颗。

五、汉墓出土文物

近年来，为了加强对合浦汉墓葬群的科研、保护，当地政府在考古部门的指导支持下，先后对汉墓葬群进行了保护性挖掘。已发现 1000 多座汉墓封土堆，顶高 10 多米，底宽二三十米，最大的封土堆底宽 70 多米。从中出土随葬文物 10000 余件，其中一级文物 21 件，二级文物 230 件，其余大部分为三级文物。合浦汉墓出土文物中，有 11 件文物入选“中华人民共和国出土文物展”“中国古代金、银器展”“中国文物精品荟萃展”，先后到过日本、罗马尼亚等国家展出。

合浦汉墓出土文物的种类有陶瓷器、青铜器、铁器、金银器、玻璃器、玉石器、玛瑙、水晶、琥珀、漆器等。合浦汉墓出土文物的形状有农具、日用品、房屋、兵器。此外，还有大量舶来品。

合浦汉墓出土文物是我们了解、研究岭南地区社会政治、经济、文化、军事，研究汉代中国与外国开展商贸往来、文化交流，特别是见证汉代“海上丝绸之路”的形成以及合浦成为汉代“海上丝绸之路”始发港之一的重要考证实物。

合浦汉墓中发掘出来的 10000 余件出土文物，生动而又确切地展现了合浦汉代社会生活的各种层面，同时也反映出合浦汉代“海上丝绸之路”所具有的军事、经济、文化、政治多元化功能。正是这些多元化的社会效应，为南珠文化深厚丰富的积累，提供了时代条件和社会基础。因此，有专家称之为“岭南汉文化第一品牌”。

汉代青铜器：合浦汉墓出土的青铜器反映了岭南地区青铜制造业的生产水平和工艺特点。在这里，我们可以看到造型精美的铜凤灯、神态生动的“岭南第一马车”——青铜母马拉车、憨态可掬的实心雌雄青铜牛、青铜水井中的青铜水桶、

铜釜（M4：27）

铜锅（M4：27）

铜壶（M4：26）

B 型铜碗（M4：39）

玉璏（M4：90）

铜镜（M4：94）

金串饰（M4：96）

陶仓（M4：22）

陶灶（M4：21）

铜洗（M4：18）

铜带流壶（M4：33）

A 型铜耳杯（M4：42）、铜箸（M4：43）

铜灯（M4：40）（1 套）

A 型四系罐（M4：68）

C 型四系罐（M4：55）

C 型四系罐（M4：69）

D 型四系罐（M4：85）

广口罐（M4：16）

盂（M4：29）

合浦汉墓出土的青铜器

合浦汉墓出土的珍贵青铜器：左上为铜凤灯，右上为青铜谷仓，左下为跪俑足铜盘，右下为铜墓镇

錾刻纹饰图案的青铜谷仓以及装有千年美酒的铜提梁壶等。这些青铜器具有鲜明的地方特色，种类繁多，工艺精美，堪称汉代岭南青铜器的代表作，不但生动、形象地反映了汉代合浦郡的社会状况、手工业生产水平，也反映了骆越文化与中原文化的融合以及中外经济文化的交流。在历史典籍记载中，汉代合浦地区还没有本土的采矿冶铜业和铸造器手工业作坊，合浦汉墓出土那么多的青铜器从哪里来？是一个值得关注的问题。

螭龙纹青玉璧广西合浦县九只岭汉墓出土

汉代舶来品：《汉书·地理志》有这样的记载："自合浦、徐闻南入海……有黄支国，民俗略与珠崖相类，其州广大，户口多，多异物，自武帝以来皆献见。有译长，属黄门，与应募者入海市明珠，壁琉璃、奇石异物……亦利交易。"由此可知，至少在汉武帝时期，海外出产的壁琉璃等舶来品就通过合浦进入中国市场了。根据考古资料显示，合浦汉墓出土的带着明显异域色彩的水晶、玛瑙、

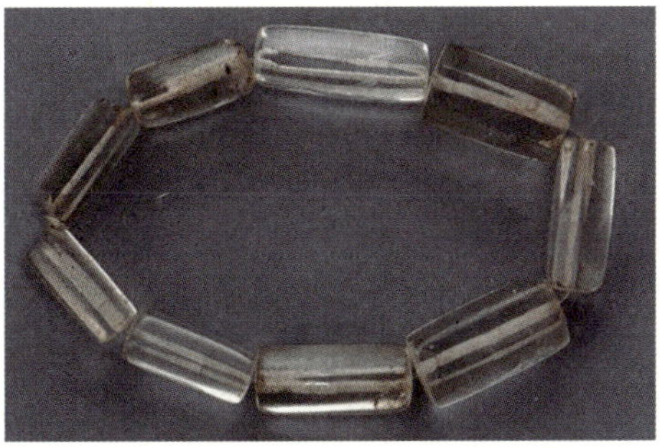

合浦汉墓出土的舶来品：左上琉璃串珠、右上"阮"铭金饼、左下琉璃缸、右下六棱柱形水晶穿珠

合浦汉墓出土的陶器：左为“九真府”款陶提筒、右上为陶屋、右下为陶井台

玻璃、琥珀等饰物与器皿等数量巨大。而在瓯、骆地区汉墓出土的琉璃、玛瑙、水晶、玻璃珠等，共有1965颗；而合浦博物馆中现藏的汉墓出土的水晶、玻璃、玛瑙、琉璃等穿珠就有1075颗，且其中三条串珠的856颗属于一级品。可以确切地说，早在汉代，合浦就是以舶来品进出口的主要集散地了。由此也展现了以合浦为始发港之一的汉代“海上丝绸之路”对外贸易的兴盛面貌。

1999年，出土于广西合浦县凸鬼岭汉墓的双眼滑石灶

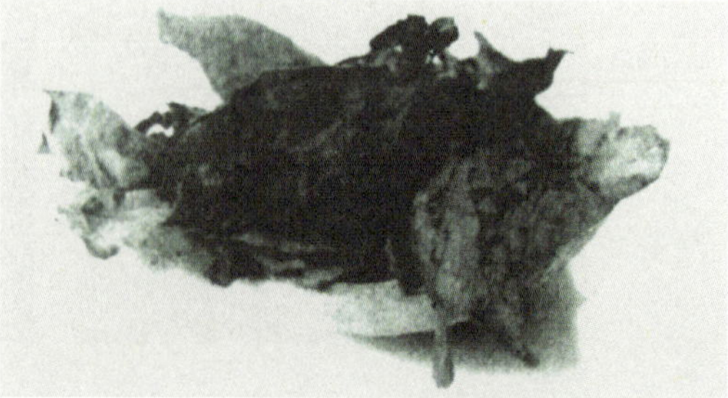

1972年，合浦汉墓出土的铁冬青

汉代瓷器：在合浦汉墓已出土的文物中，陶器所占数目最大合浦汉文化博物馆陶瓷馆展出的汉代陶器有陶屋、陶水井、陶罐、陶动物、

陶灶、陶仓等，具有浓厚的岭南风格。这些陶器在反映岭南百越民族传统硬陶制作技术的同时，也体现了汉代合浦地区在中原文化的牵引带动下，由刀耕火种的原始自然生存状态，进入了适应环境、利用环境、改造环境的农业生产社会，这是一个非常重要的文明进步的社会标志。

汉代农耕器物：近年来，随着合浦汉墓发掘考古科研的不断深入，越来越多的稀世珍宝展现于世，向现代人揭示了新的科研课题，但也有一些难解的谜团不断出现，等待人们去认识、去破解。合浦汉文化博物馆珍藏的合浦汉墓出土的稻谷种子，见证了汉代合浦农耕经济的转化进程、稻谷在当时是珍贵物品的事实；而汉墓出土的忍冬花，见证了合浦早在汉代就能利用中草药治病的事实；还有合浦汉墓出土的荔枝，印证了荔枝在汉代属于珍品水果，曾经作为贡品的事实；汉墓出土藤编镂花套子在经历近 2000 年土埋水渍之后依然纹质如初，展示了当时合浦地区的编织工艺水平；特别令人关注的是，汉墓出土的 2000 多年前的人的头发，将有可能揭开 2000 多年前的人与现代人的某种差别。

汉代玉器：合浦汉墓出土的玉器不但质地坚密润泽，洁白华美，而且数量大、种类多、级别高，具有极高的研究价值和鉴赏价值。如谷纹玉璧、出廓六字玉璧，是典型的中国礼器；蟠螭纹玉佩、子母带钩，玉制的鸠首、鹅头、龙头形带钩，是中国的传统饰品；而 1986 年发掘风门岭 10 号汉墓出土的猪形玉握、玉蝉、杏形眼盖、六棱柱形鼻塞和肛门塞、圆柱形耳塞等，则是一套较完整的葬玉。由此可见，合浦汉墓出土的玉器是研究当时文化、工艺、生活和风俗不可多得的珍贵资料，从侧面反映了汉代时期合浦一带的繁荣景象。玉在中国是一种带有神秘色彩和享有崇高地位的物品，如此众多的精美玉器，它们主人的神秘身份是什么？这又是一个神秘课题。

六、汉墓文物缘何多

合浦汉墓出土的一万多件文物涉及了社会发展的各个层面，如此丰富庞大的汉墓出土文物，也给人们带来了种种猜想和思考：这里面蕴藏着哪些重大的历史文化信息呢？

据《汉书·地理志》记述，合浦及至岭南地区“处近海、多犀、象、玳、珠、银、铜、果、布之凑，中国往商者多取富”。这是指汉代合浦及至岭南的物产，从中原来的商客都是靠经营这些岭南特产而致富的。而当时，合浦及岭南均没有出产玻璃、琉璃、水晶、玛瑙、琥珀等物品。

那么，这些物品是什么时候、通过什么渠道进入中国市场并成为一种时尚贵

汉墓发掘现场

重物品的呢？通过《汉书·地理志》的记述可知，起码在汉武之时，壁琉璃（古时玻璃的称呼）等舶来品就通过合浦进入中国市场了。

众所周知，汉代“海上丝绸之路”的贸易特征就是外国商人（主要是通过东南亚诸国转运）拿玻璃、琉璃、水晶、玛瑙等工艺品换走中国的丝绸和青铜铁器等金铁田器（即农具）。合浦汉墓出土文物中的大量舶来品，有力地证实了合浦在汉代“海上丝绸之路”贸易中的活跃程度及促进作用，也确立了合浦的始发港地位。

在当时的交通环境中，进出口市场必须具备两个条件，一是对外贸易运输沿线地区，二是对外贸易运输沿线主要的港口、码头所在地。换言之，舶来品的贮放流通地点就是今天国际贸易市场中的通商口岸。考古中的许多重大出土文物都证实了这一点。如窑址证实官窑所在地，城基遗址证实某个城市（郡县）的所在地一样，合浦汉墓中出土的大量舶来品也能证实合浦在“海上丝绸之路”对外贸易通道中的始发港地位。

以“海上丝绸之路”贸易通道为特征的对外贸易由官方掌握经营，绝大多数进口商品都是被官员或地方权贵富豪占有。所以输入的珍奇商品只能作为朝廷贡品或被王公贵族、地方的富豪官宦使用玩赏，不是普通百姓家所能平常持有的。这些珍奇物品作为权力与地位的象征，在拥有者死后也随之葬于坟墓之中。合浦汉墓中出土的大量舶来品，从另一个层面揭示了汉代合浦的社会生活状况。与此同时，合浦除了是“海上丝绸之路”始发港之一，日益成为边防重镇、对外贸易的桥头堡，大批官员也随之进入合浦，成为官宦们的活动聚散地。官宦们对外来珍奇商品的占有欲望，刺激了这些珍奇舶来品的进口流通；而这些舶来品的进口流通量的不断扩大，又膨胀了官宦们的占有欲望。当这些官宦死后，他们抱着大量的珍宝躺进棺材，深进墓冢，这也就形成了合浦汉墓中存留有大量珍贵文物的现象。

据不完全统计，汉代贬徙合浦的高级官员（即将军太守级以上的）有二十余名。其中包括定陵侯淳于长，大司马、孔乡侯、哀帝傅皇后之父傅晏，关内侯董恭，驸马都尉董宽信，大司马、高安侯董贤，方阳侯孙宠，关内侯右师谭，宜陵侯息夫躬的妻室，大司马、安阳侯丁明，关内侯吕宽，关内侯张由，建平侯杜业，太仆史立，郎中令泠褒，黄门郎段犹，长乐少府郭璜，侍中兼射声校尉郭举父子二人的家属等。此外，还有汉平帝的岳父卫宝、平帝的太后卫姬，这二位更是显赫的皇亲国戚，是被王莽弄权时贬斥离京的。他们之中，傅氏、董氏、卫氏都是皇亲国戚，且举族迁徙合浦，以这些人的身份，如在合浦做了异乡鬼，最能安抚灵魂、弥补生前权势失落感的，莫过于用厚葬的方式来补偿了。

由于他们是贬斥之臣，客死珠乡后不可堂堂皇皇地扶柩回乡或在当地风光大葬、立碑传世，只能隐姓埋名的长眠在珠乡的土地深处，伴着与之生前身份相称的“宫中二十四物”。庞大的汉墓葬群中，有多少是这些官员的葬身之处？墓冢之中，又有多少进口珍奇商品成了这些官员的随葬品？

事实如此，继 2003 年合浦挖掘的三国古墓中出土的陪葬品考证了死者是贵妇人的身份后，2004 年初，风门岭汉墓又出土了铜马、铜凤凰、铜鸳鸯等珍贵文物，显示出死者生前的地位非同一般，都勾起人们对合浦汉代“海上丝绸之路”地位与合浦作为汉代官员聚散地之间相互关系的联想和探究，而这种关系的结合点就是汉墓葬群的成因及汉墓中的出土文物，其象征性实物就是如上所述大量出土的琉璃、水晶、玛瑙、玻璃饰品等物品。合浦的地理环境及区位特征，正好为这种社会现象提供了载体，并因此为后世留下了许多合浦汉墓的千古之谜。

七、留下精彩的猜想

合浦汉墓出土的上万件文物，充分反映了合浦社会经济的发展及岭南手工业生产技术的精湛，展现了合浦作为“海上丝绸之路”始发港的兴盛概貌，给人们留下了深刻的感观印象，也让人从中感受到了合浦汉文化的精彩魅力，同时，也因目前尚未揭开的谜团而留下了许多精彩的猜想。

1971 年在合浦县望牛岭一号汉墓出土的一对铜凤灯，是最令人们津津乐道的文物。这对铜凤灯高 33 厘米、长 42 厘米、宽 15 厘米，外形仿凤鸟，双足并立，昂头回望，尾羽后曳下垂与足共同支撑全身，通体细刻羽毛，头、冠、颈、翅、尾、足，比例匀称，轮廓清晰，栩栩如生。铜凤的背部留有一圆圈，圈中放置灯盘。铜凤的颈内空由两节套管相连，可以拆开和转动，腹腔可以盛水，铜凤的嘴衔喇叭状灯罩，喇叭口正好对准灯盘上方，当点燃灯芯时，燃烧的烟灰通过凤嘴进入颈部进入灯的腹腔，落入水中，因此不会产生烟尘污染。如此设计精巧、造型逼真的器物，什么样的人家才能使用呢？

2003 年从 11 月上旬，广西文物工作队在对合浦县罗屋村汉墓葬的抢救性发掘中，发现了一座豪华的小孩墓。

这座小孩墓南北朝向，外长 2 米、宽 0.52 米；内长 1.77 米、宽 0.28 米、高 0.3 米，有前后室，还有一小节墓道。墓穴只能放下一个小孩，虽然没有发现棺材的痕迹，却采取厚葬的方式，放有随葬品。既然采取了厚葬，却为什么没有棺材呢？小孩的墓葬很完整，属于整个岭南地区的首次发现。这个被厚葬的小孩是

上图为 1985 年《人民画报》刊登的合浦汉墓葬群封土堆，下二图为合浦汉墓葬群挖掘现场的封土堆

什么身份呢？

神奇的青铜狗“夫妇”，在 2003 年的合浦风门岭古汉墓考古中出土。这对青铜狗均呈站姿，各高约 10 厘米，长约 15 厘米。实心铸造，铸工精美，除狗尾巴有一点点破损之外，其余部分均完好无损。这对青铜狗的性别分明，腹下的生殖器清晰可辨，是一对青铜狗“夫妇”。它们立即引起了考古界的广泛关注，人们不由得猜想，这与合浦古代狗图腾崇拜及民俗传说有关吗？

神秘的盘龙钮圆形铜墓镇，是合浦汉文化博物馆陈列大厅最早的设计图案原型。专家们为什么会最先选择龙钮铜镇墓兽作设计参考呢？

根据史料记述，镇墓兽是古代人们想象中的驱邪镇恶之神，存放在墓葬中，起着保护死者灵魂和守护随葬明器的作用。两汉三国时期的翼兽、独角兽、怪兽均为单体走兽式。在汉代，身份较高者的墓葬中才有镇墓兽。因此，迄今汉墓出土的镇墓兽并不多见。然而，合浦汉墓中出土的一对镇墓兽却不是面孔狰狞可怖的怪兽，而是一对盘龙钮圆形铜墓镇。墓镇的底座是一个圆盘，圆盘上是一条盘坐的龙，龙身上刻有云纹，龙头高抬，面目威严中带有慈祥，与其他地区汉墓出土的镇墓兽有着明显的差异。如此造型的龙纹镇墓兽在全国极为罕见。因此专家们推测，该墓中人物的身份很不一般。

查史料得知，两汉之交被贬斥流放到合浦安置的官员中，包括皇亲国戚、太守以上的高级官员共有25名，其中有西汉元始年间（1—5年）的中山王太后卫姬。汉哀帝时有傅皇后之父、大司马、孔乡候傅晏及全家。封侯者被贬斥合浦安置的有八名之多，合浦汉墓出土的这对盘龙钮圆形铜墓镇，是否与他们有关呢？只好立此存照，以待后来吧。

男女同棺者是谁？合浦汉墓发掘中多有夫妇合葬墓的现象，这也是合浦汉墓葬中一个引起关注的特殊现象。

在2001年8月和2002年4月的两次合浦汉墓发掘中，都发现了夫妇合葬墓。其中一穴是两人同棺而葬，这是迄今为止，在汉墓挖掘中的首次发现。考古人员认为，死者如属夫妻，死亡应有先后，不会同棺埋葬，而即使因某种原因同时死亡，合穴而葬，也应该一尸一棺。这对同棺合葬者是谁，为何同棺合葬呢？而另一穴则是双墓室夫妇合葬，两个墓室相距约两米，墓葬中出土了80余件珍贵文物。女墓室出土了此前从未发现的蚌壳饰品，男室中有直径达0.25米的玉璧，还有一柄一米长的铁剑也十分罕见。这个双墓室中合葬的夫妇又是谁？合浦汉墓中的同棺合葬、双墓室合葬之谜还有解开的那一天吗？

2006年12月，在对风门岭23号墓的挖掘中，也发现了一座夫妻合葬墓，该墓的右边是男墓室，左边是女墓室，两边均有独立的墓道。两座墓紧挨在一起，墓坑和墓道结构相似，在两座墓比邻的墓室中间，有一堵隔墙。23号夫妻合葬墓为西汉晚期汉墓，随葬品相当丰富，有大量青铜品、滑石器和琉璃珠等珍贵文物。这座夫妻合葬墓创下了广西汉墓考古的两个“第一”：广西第一次发现汉代土坑木椁这种形式的墓葬；第一次发现完整的滑石器具。这座汉墓中的夫妻是何等人物？

2003年12月12日下午，风门岭汉墓文物考古专家们在清点已出土的文物时，发现了一口直径约20厘米的青铜井，井中放置有一只直径七八厘米的圆形青铜吊桶，吊桶外套着一个藤编镂花套子，该套子编织得十分精致，网格清晰可辨，两边有两个耳朵，整个藤编完好如初。现场的文物考古专家们莫不惊叹：汉墓年代久远，出土的青铜器、银器、陶器等均已受损，在所有植物纤维均荡然无存的情况下，这个藤编套子为何能完好如初?

这些印章为何埋在合浦? 1975 年秋在堂排 1 号汉墓的发掘中，出土了一颗边长 2.3 厘米，高 2.1 厘米的“劳邑执□”琥珀印，为全国考古首见。这颗“劳邑执□”印缺了最后一个字，因此引起人们的种种考究，至今也无法得知，这是什么官员的印。1990 年在黄泥岗 1 号墓的发掘中，也出土了一颗“徐闻令印”。“令”当是县令，是一县的最高长官。徐闻县令的官印为什么葬在合浦的汉墓中?

草鞋村汉代建筑遗址

一、施工挖出古河道

2010 年 4、5 月间，合浦县在开展整治西门江工程施工的过程中，当挖掘机在草鞋村老盐仓南侧挖开了距地表约 2.5 米的土层时，突然挖出一些汉砖，经过半个多月的抢救性发掘后，考古队不仅发现了汉砖所在地的建筑遗址，还发掘出宽约 46 米的古代河道遗迹，中间距地表最深处约 3.6 米。当时已经开挖的这个汉代遗址为南北走向，全长约 70 米。开挖的遗址明显呈现出两个遗址痕迹：一是墙基痕迹，二是古河道痕迹。挖掘现场的遗址分布状况是：北段长约 25 米为墙基遗址，在挖掘现场可以清楚地看到，墙基的土质不但与周边的土质明显不同，而且有明显的人工夯实的迹象，这是能够确认为墙基遗址的。与墙基遗址向南延伸处相接的，是长约 50 米的古河道遗址。之所以说是古河道，是因为在挖开表层土之后，从古河道遗址离地面约 2 米下挖出的都是沙子，沙子层下面挖出的黑土呈胶质状，应属于河道的淤泥沉积层。

专家们根据挖掘出来的古河道和建筑遗址状况推测，如果这一段古代河道能够确定是护城河，那么这个城的周长约为 1200 米，这就与宋代以前的廉州古泥城的面积基本相当。这样一个推测立即引发了更大的期待，甚至有报道称：随着旧盐仓汉遗址的出土，“汉代合浦郡郡治所在地的位置究竟在哪? 这个一直困扰着广西考古界的问题的答案越来越近了”。一时间，汉代合浦郡城所在地即将真相大白的消息见之于全国主要媒体，被传播得沸沸扬扬。人们都在深切期待着奇迹最终出现的时刻。

二、发现汉代建筑

接着，广西文物考古研究所又在草鞋村汉窑群遗址东侧的人工河边发掘出连片的汉代建筑遗迹。这个遗迹的发掘现场面积约有 450 平方米，有长约 60 米铺着瓷砖的地面，最宽处约有 1.8 米。这段铺瓷砖的地下还有一条笔直的排水暗沟，沟底也铺着同样的瓷砖。这些瓷砖多为 34 厘米见方，厚度为 5 厘米，表面平整，呈“工”字形铺贴，砖与砖的接合处严密合缝。砖的颜色为白色或淡红，烧制的火候较高，被掩埋几千年依然保持较高硬度，大部分砖没有裂痕，仍然能承受相当于一名成年人体重的压力。经检测，确定为汉代制作。

三、大型磉墩透露重大信息

在砖地的一侧，均匀排列着五个夯筑的建筑物柱础的基座，这是汉代用作建筑物柱础地基的磉墩。这五个磉墩每一个的直径都有 1.5 米左右，足以证明该建筑的宏伟壮观。砖地的东侧还有同时期的一口水井，直径约 1 米，用弧形的井砖围砌。整个遗址现场稍加想象，就仿佛看到一座幽深的建筑庭院，有粗大的立柱、铺着地砖的回廊以及砖砌井栏。考古人员据此认为，在汉代，铺地砖属于非常奢华的装修，尤其是这种统一烧制、规格齐整、铺贴严密的方砖，一般来说只有官署、宫殿才会使用。可以肯定，这是一处高等级的建筑，极有可能是汉代合浦官署衙门建筑的一部分。因为，汉代合浦的民居大多数正处于干栏式建筑逐步向砖瓦房过渡的阶段，这从合浦汉墓出土的陶屋形制中可以得到验证。因此，能够铺地砖的住房当属于非常豪华的装饰和享受，绝非一般的平民百姓能拥有，只有贵族官宦或衙门才能使用。由此，有人又自然而然地把这一汉代建筑遗址与汉代合浦郡衙门联想在一起，认为这里应该是一处大型的汉代建筑遗址。

对此，媒体转引有关人士的话称：“由于草鞋村这个大型的汉建筑遗址的发现，为确定汉代合浦郡郡治所在地提供了很好的实物考证。同时，有了城才有港，确定了城的位置再想确定港口的位置就相对容易了。为解开被困扰了多年的难题寻到了突破点……为了寻找合浦汉郡的城址，广西考古人付出了几十年的努力，可谓是踏破铁鞋。如今，终于在合浦县草鞋村崭露的汉代大型建筑遗址让广西考古人点燃了一圆多年夙愿的希望。”

有媒体甚至称：“这意味着广西考古界追寻了几十年的汉代合浦郡郡治之谜，有可能水落石出。”

草鞋村汉代建筑遗址发掘现场

草鞋村汉代建筑遗址挖方

四、汉代水井再现

专家们据现场分析，如此大型的汉代建筑，在当时不可能是一般人所拥有，而且其中也发现了汉代水井遗址。在汉代合浦，水井的设置大都与官府衙门机构所在地有关。如先前在草鞋村汉窑群水井，在很大程度上是为了监管陶瓷生产的官员们的需要而设置的。在此之前，在廉州府城内发现存世的唯一一口汉代古井——甘露井，其所在位置就是在府衙仪门旁。合浦历史上曾有过的采珠、盐政、粮库、铜矿等专业的官府职能机构衙门所在地，也都设置有专门水井，如白龙城的白龙古井等。因为，只有这些人才有资格享受专用水井的权利。由此也见证了合浦汉代水井所具有的特殊文化内涵。

接下来，在这处连片的汉代建筑遗迹上发掘出土的汉代遗物，更是让人们充满了信心。

现场出土了陶提筒、陶罐、陶纺轮、铜箭头、筒瓦、板瓦、瓦当等，均为汉代常见的器物。而草鞋村汉建筑遗址出土的陶网坠和在白龙珍珠城考古搜集到的汉代陶网坠形制相近，而两地相隔百里。由此可见，早在汉代，陶网坠在合浦地区的海洋渔业生产中的应用，已经相当广泛了。

五、绿釉陶瓶非同一般

合浦廉州镇草鞋村汉代城址出土的东汉时期的绿釉陶瓶，引起了人们的高

草鞋村汉代建筑遗址水井

草鞋村汉代建筑遗址出土的地砖长廊

度关注。据参与现场考古的工作人员称，这种绿釉陶瓶在国内还是首次发现。该陶瓶的绿釉色泽鲜艳深厚，与当地的汉窑产品有较大的区别，具有明显的异域色彩。因此，有人推测这是由波斯湾商人沿着“海上丝绸之路”带进合浦的。但也有人把这个绿釉陶瓶与汉代的相关陶瓶比较之后认为，这个器皿的形制基本上与中国两汉时期的陶瓶形制大同小异，特别是瓶身和瓶口，是人首口瓶与鸡首口瓶的变形。汉代陶瓷生产工艺与造型方面的技术已经很成熟，很符合当时中国陶瓷

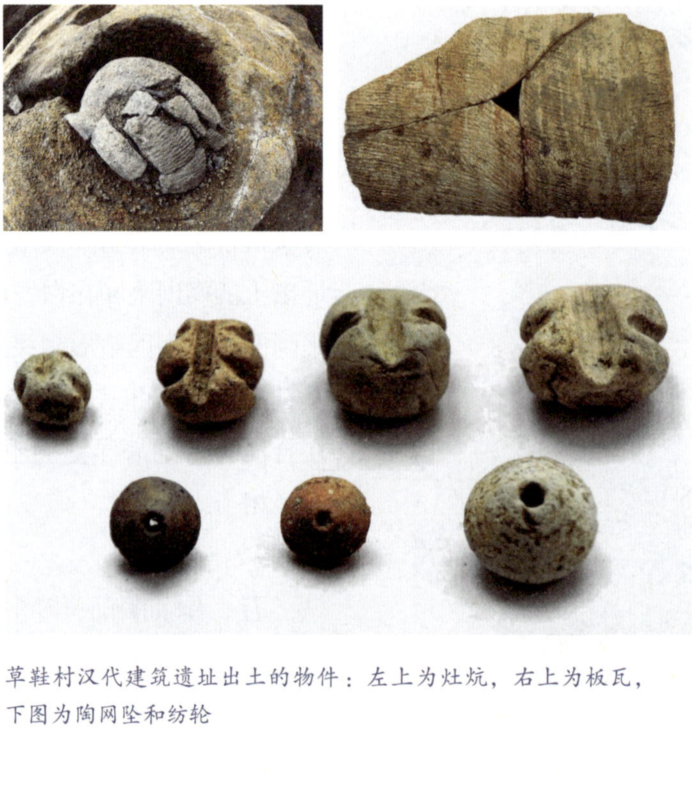

草鞋村汉代建筑遗址出土的物件：左上为灶炕，右上为板瓦，下图为陶网坠和纺轮

技术的发展特征。而当时波斯湾一带未必能生产出工艺如此成熟的彩釉陶器，很大的可能性是，当时中国专为出口波斯湾而定制的。虽然两种看法各有道理，但由此可以肯定，当时合浦对波斯湾一带的陶瓷商品交易是活跃的，这是合浦作为“海上丝绸之路”始发港的重要见证之一。

六、寄托深切期待

寻觅汉代合浦郡城遗址，一直都是考古人员心里压抑着的强烈愿望。多少年来，每出土一个汉代遗物或遗址，都会引起人们对汉代合浦郡城的无边猜想。从旧州遗址、石湾遗址、草鞋村汉窑遗址到草鞋村汉代建筑遗址和合浦旧盐仓旁的墙基遗址和古河道遗址，任何一个物件都让人们和汉代合浦郡城的话题联系起来想象。因为，汉代合浦郡城遗址的诱惑力实在太大了。曾经有一位长期在合浦进行田野考古研究的老考古工作者在退休后无不遗憾地叹息：几十年间无怨无悔的工作，没有留下遗憾，最大的愿望就是希望在他的有生之年里，还能看到汉代合浦郡城遗址的出现。

事实如此，草鞋村汉代建筑遗址和汉窑群遗址的发掘，在合浦汉文化考古史上创下了多个“第一”，并且为汉代“海上丝绸之路”合浦始发港的贸易交流、

草鞋村汉代建筑遗址出土的墙基

草鞋村汉代建筑遗址出土的古河道

合浦汉代郡城的考究，提供了大量的、难得的实物和考古线索，也为进一步考究汉代合浦郡城的方位提供了参考数据，揭开了全面考证汉代合浦郡城的时代概貌及在“海上陶瓷之路”中的地位与作用，更是人们发现合浦汉代郡城梦想最接近的一次探究。相信草鞋村汉代建筑遗址和汉窑群中所蕴含的多元文化要素，必将随着发掘考古的深入发展，焕发出“海上丝绸之路”始发港的千秋文明之光。寻觅合浦郡城遗址之梦虽仍遥远，但好在梦境不再虚无缥缈，并且已在一步一步地向现实走来。期待着“众里寻他千百度”的合浦汉代郡城，终有一天在人们的蓦然回首间出现……

大浪汉遗址

位于合浦石湾大浪古城村的汉代遗址，自 2002 年 3 月至 2003 年 5 月间进行挖掘考证，发现相当于西汉早中期的建筑遗址以来，就一直成为人们关注的焦点。

大浪古城村汉遗址是在 2002 年 9 月 4 日正式开始第一阶段的考古开挖工作，于 9 月 25 日结束的。第一阶段发掘面积 76 平方米，有两处发掘点。第一处在北城墙布一条 33 米的探沟，跨护城河、城墙和城内，其中护城河探沟的宽度为 2 米，其余为 1 米。第二处在城内布 4×4 平方米的探方各一个。此次考古工作主要对遗址的规模和出土的瓦片、青花瓷片、粮坛、瓮等残件进行考证。通过考究

大浪汉遗址挖方

大浪汉遗址保护棚

大浪汉遗址北门旧址

分析，初步认为遗址城基呈正方形，长宽均约 220 米。为了保护开挖后的夯土船埠遗址，政府专门建了一个保护棚用以覆盖遗址。

简易保护棚覆盖下的遗址，已经看不到当时挖掘出土的墙基、阶梯、柱洞和建筑石构件、陶罐残片等。据当时的考古报告，这个汉代遗址在古城遗址西边，是一个往北走的弧形平台，平台北有台阶连着船埠（供停靠船舶、装卸货物用，也称步头），船埠长约 8 米，为夯土筑成，东与城墙边相接处宽 3 米，最宽处为 5 米，有三级台阶下水。平台出土的陶片有水波纹、米字纹、几何纹、方格纹等 10 多种，木柱的柱洞 20 多个。台阶被认为相当于西汉早中期的夯土船埠，船埠上的柱洞是木柱腐化后形成的，木柱是作为固定船只时使用的。柱洞内保存的木屑经北京大学作年代测试，其年代与古城（汉代）年代相吻合。

虽然未能从简易保护棚覆盖下的遗址看到更多直观的信息，但从现存的大浪古城遗址及周边的环境状态，还能看出古城遗址与夯土船埠遗址之间的关联。

夯土船埠遗址处于古城遗址西门。据村中的老人介绍，西门前古时候有一条江流过，其源头就来自南流江名叫花江的分支。花江经古城遗址的西南角流过西城墙，然后绕北城墙入南流江。也就是说，古城护城河是利用花江流水走向，绕过北面和西面城墙而修建的，南面和东面的护城河则是人工开挖的。现在的花江古河道，虽然已经全部种上了农作物，但古河道的河床痕迹还是明显可见。据老人们回忆说，童年时的他们，还可以看见滔滔江水流过古城西北角后，一股分流向西汇入古代的入海大江，一股向北流入南流江大浪段，绕过北面的河流就成为天然的护城河。每当廉州江海水上涨的时候，就会把江水顶上来，白花花的大浪翻滚着铺天盖地而来，大浪村就这样得名了。老人家还特别告知，这种景象是听他爷爷说的，而他的爷爷也是听上一辈说的。

由此看来，当时西门是古城出入的主要通道，船埠建在西门就是充分利用花江绕城流通的优势，从船埠上船向西就可以顺流直达合浦郡城，沿花江绕城东南可以进入南流江，北上石康、常乐至博白。据此推测，这个船埠遗址很可能就是大浪古城西门对廉州府城交通的专用船埠。这样，就与大浪古城的规模、格局相符合了。

汉代合浦的造船业

《廉州府志》记述，清代同治年间，廉州府乾江的乡民在九头岭（原合浦县氮肥厂侧门）一带挖土时，挖出了一批木板和方木，其中方木长达十丈（约 33 米）。据考证，这方木就是船的龙骨，此处应是一个造船厂的遗址。可惜的是，当时的乡民觉得“置之无用”，于是又复土填之。《合浦县志》也记载，在乾江水儿（原合浦县造船厂）曾挖掘出战国时期的造船厂遗址。而在史料记述中，汉伏波大将军马援征伐交趾叛将时，曾在合浦驻军训练水师，为了使北方的兵士能适应风浪的起伏升腾，马援专门在南流江边建了一个造船厂，还专门造了一艘铜船供士兵训练用，于是，合浦便有了关于铜船湖的传奇故事，铜船湖遗址就在合浦石康镇。由此可见，北海的造船业起码发端于汉代。当然，当时造船业的出现首先是为军事目的服务的。

秦汉之际，合浦沿海一带就有了船舶航运的记录。《史记·平津侯主父列传》中记载：秦始皇“又使尉（赵佗）屠睢将楼船之士南攻百越，使监禄凿渠运粮。深入越”。秦始皇开通的这条运粮水道，后来成为“海上丝绸之路”的黄金水道，促进了北海、合浦的造船业发展。又如《史记·平准书》中记“是时越欲与汉用船战逐，乃大修昆明池，列观环之，治楼船，高十余丈、旗帜加其上，甚壮”。这里的“越”是指南越王国，合浦有南越王行宫，遗址就是今东山寺，从这句话中可看出，包括北海在内的“越”地，已经具备了造大船的技术和材料。南越王

合浦水儿码头造船工场。因其位于合浦郡城西门江入海口，自古至今，历代都在此地建造船厂。史传汉伏波将军马援也曾在此建造船厂

赵佗把行宫设在合浦，是为了指挥抗击入侵的军队，由此可见合浦一带战略地位的重要。至于书中记述的“高十余丈，旗帜加其上，甚壮”的楼船，是否也是在合浦建造呢？《汉书·地理志》中有“合浦船行可五月，有都元国”的“海上丝绸之路”航线记录，但这些船从何来，其中的“为蛮夷贾船”，说明当时已有外国商船来合浦一带做生意。有如此众多关于合浦船舶航运的往来信息，造船厂是少不了的，起码也应该有修船厂吧。由于缺乏具体的文字确认，秦至西汉期间北海造船业情况如何，不好猜测，只好留待后人考证。

到了东汉，合浦的造船业发展情况就有了明确的文字记录，《后汉书·南蛮西南夷传》中是这样记述的：“光武帝十六年（40年），交趾女子……侧忿故反，于是九真、日南、合浦蛮是皆应之，凡略六十五城，自立为王……光武乃诏长沙、合浦、交趾具车船，修道路、通障溪、储粮谷。”合浦等地经过了两年的备战之后，“十八年（42年），遣伏诐将军马援、楼船将军段志，发长沙、桂阳、零陵、苍梧兵万余人之众讨之”。从这段话中可以看出，合浦当时主要的备战任务是“具车船”，其他地方是出人、出力、出粮草的。马援率师收复合浦等地后，又将楼船大小两千余艘，战士两万余人，进击九真等地及征侧余党。这两千艘楼船不可能都是马援从长沙带来的，其中绝大部分是按光武帝的诏令在合浦沿海一带建造

合浦出土的古代独木舟

的，这是史书上最早关于北海、合浦造船业的文字记录，由此印证《廉州府志》《合浦县志》关于北海、合浦沿海有汉代造船厂遗址的记录是准确的，而且已具有一定规模。

三国、两晋间，战乱纷争不断，割据局面并存，社会生产力遭受了严重的破坏。此时合浦却出现了偏安局面，造船业的发展得到了明显发展，主要原因是孙权占据合浦一带时间长，先后有六十余年，为了扩张实力，大力发展航海业的同时，也加强采珠业的管理。《三国志・吴主传》记：黄武七年（228 年），“是岁，改合浦为珠官郡”。把合浦改为珠官郡，由此可见孙权对采珠的重视，船只是采珠的主要工具，优先发展造船业成了势在必行的支柱产业。据史书记载，孙权曾一次组织了三百多艘船出海航行，以示威德，但中途因台风阻滞无功而返。孙权辖治岭南时，主要有两个出海口——广州和合浦，造船业的布局不外乎也在这两个地方。合浦除了珠池采珠之需外，又是孙吴政权与曹魏政权争夺的军事重地。从宝鼎三年（268 年）至建衡三年（271 年），东吴与曹魏发生了四次争夺战事，都是以合浦为大本营，其中从海路攻击的有两次，没有强大的造船力量作支持，是不可能进行如此频繁的大规模战争的。

汉代合浦采珠业的记述

合浦的采珠业在汉代已经有了相当规模，可以说进入了常态化的产业形态。但由于历史原因，记诸史籍的并不多，人们因此对汉代合浦的采珠状况知之甚少，这是需要深入探讨研究的。

就目前掌握的史料而言，最早记述汉代合浦采珠状况的是三国时期的万震。他在所著的《南州异物志》中记述："合浦民善游，采珠儿年十余岁，便教入水。官禁民采珠，巧盗者蹲水底，刮蚌，得好珠，吞而出。"万震是三国孙吴政权时人，曾为孙吴丹阳太守。史书称"震在丹阳，接近国都，见闻较近，故有《南州异物志》之作，以志殊方异物。虽以异物名书，所述多海南诸国方物风俗，无异一地理书也"。他的这一记述是生动准确的，没有亲身体验，是写不出其中情景的。

《后汉书·孟尝传》中记述："迁合浦太守。郡不产谷实，而海出珠宝，与交趾比境，常通商贩，贸籴粮食。先时宰守并多贪秽，诡人采求，不知纪极，珠遂渐徙于交趾郡界。"其中的"先时宰守并多贪秽，诡人采求，不知纪极"反映了官员贪婪无度、逼索滥采的状况。但《后汉书》成书的时间是在南朝，作者是南朝宋时的范晔（398—445 年），在时间上比万震晚了两百年，因此是后人记前事。

西晋初年陈寿著的《三国志》中，也有合浦采珠业的相关记载。

一是三国吴嘉禾四年（235 年），魏明帝曹叡派使者向孙权提出用马匹换珍珠的要求。当时有大臣建议，不要用珍珠去换不值钱的马匹。孙权回答说，我用存放在仓库里用不上的珍珠去换取急需的战马，这样的交易何乐而不为呢！于是扩大了采珠量，以适应换马之需。而当时的东吴政权辖地，合浦是主要的采珠产地，孙权为此一度改设珠官，以加强对采珠业的管理。由此可见，孙权对合浦采珠业的了解。

清代乾隆年间画家黄慎的《采珠图》

二是士燮家族统领交州时期，为了向朝廷争取合浦及交州地区的偏安状态，士燮定期向每孙贡“杂香细葛，辄以千数，明珠、大贝、流离、翡翠、玳瑁、犀、象之珍，奇物异果，蕉、邪、龙眼之属，无岁不至。壹时贡马凡数百匹”。孙权也“辄为书，厚加宠赐，以答慰之”。这里的“壹”，就是士燮的弟弟，时任合浦太守的士壹。珍珠需求量的增大，伴之而来的就是采珠量的扩大和专管。因此才有了后来陶璜上书司马炎请求开放合浦珠禁时所称的“吴时珠禁甚严”。

陶璜是三国时期东吴的将领，官至交州刺史。280 年，吴主孙皓降晋，东吴灭亡。孙皓写信给陶璜，希望他能随之归晋，陶璜听从孙皓的劝告归顺了司马炎，并得了司马炎的重用，仍任交州刺史一职。司马炎统一三国后，一方面削减军队以减少开支，一方面加强合浦采珠业的专管以增加财政收入，并采取军队介入管理的措施。陶璜为此专门上书司马炎，为合浦珠民请命。他在书中直言陈述：“合浦郡土地硗确，无有田农，百姓唯以采珠为业，商贾去来，以珠贸米。而吴时珠禁甚严，虑百姓私散好珠，禁绝来去，人以饥困。又所调猥多，限每不充。今请上珠三分输二，次者输一，粗者蠲除。自十月讫二月，非采上珠之时，听商旅往来如旧。”（《晋书·陶璜传》）司马炎看了陶璜的上书后，认为有道理，就对珠民开放了珠禁。

据晋代刘欣期所著的《交州记》所记述：“去合浦八十里有涠洲，周回百里。”“合浦涠洲有石室，其里一石如鼓形。见榴杖倚着石壁，采珠人常祭之。”从这些记述中可知，在晋代（265—420 年）以前，涠洲岛上就有采珠人聚居谋生了。从“采珠人常祭之”的情形来看，此前珠人的祭祀活动在当时已很频繁。

汉代合浦郡

合浦郡处于九郡的中部，东部是南海郡，北部是苍梧、郁林郡，西部及西南部是交趾、九真、日南郡，南部是儋耳、珠崖郡。儋耳、珠崖曾一度划入合浦郡辖地。

合浦郡辖区东起今广东的开平至新兴一带，北起今广西容县至横县一带，西起今广西防城至邕宁一带，南达今广东徐闻至阳江一带，曾一度辖今海南省全境（即儋耳、珠崖），辖区面积约 10 万平方千米，其中今广东省内约 3.5 万平方千

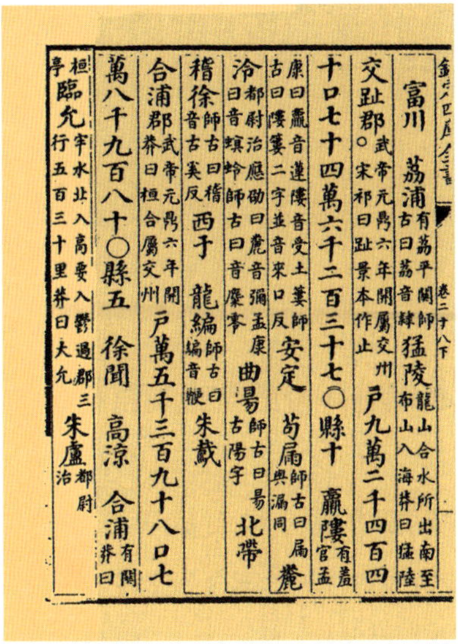

富川　荔浦有荔平關師古曰荔音隸　猛陵龍山合水所出南至布山入海莽曰猛陸
交趾郡武帝元鼎六年開屬交州○宋祁曰趾景本作止　戶九萬二千四百四
十口七十四萬六千二百三十七○縣十　羸𨻻有羞官孟
康曰羸音蓮𨻻音受土簍師古曰𨻻簍二字並音來口反　安定　苟屚師古曰屚與漏同　麊
泠都尉治應劭曰麊音彌孟康曰音螟蛉師古曰音零　曲昜師古曰昜古陽字　北帶
稽徐師古曰稽音古奚反　西于　龍編師古曰編音鞭　朱䳒
合浦郡武帝元鼎六年開莽曰桓合屬交州　戶萬五千三百九十八口七
萬八千九百八十○縣五　徐聞　高涼　合浦有關莽曰
桓亭　臨允牢水北入高要入鬱過郡三行五百三十里莽曰大允　朱盧都尉治

《汉书》中关于合浦郡区域的记载

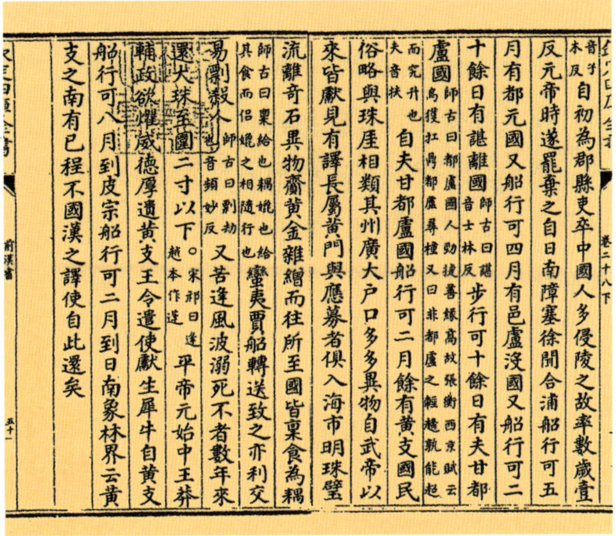

音子木反　自初為郡縣吏卒中國人多侵陵之故率數歲壹
反元帝時遂罷棄之自日南障塞徐聞合浦船行可五
月有都元國又船行可四月有邑盧沒國又船行可二
十餘日有諶離國師古曰諶音士林反　步行可十餘日有夫甘都
盧國師古曰都盧國人勁捷善緣高故張衡西京賦云烏獲扛鼎都盧尋橦又曰非都盧之輕趫孰能超
而究升也夫音扶　自夫甘都盧國船行可二月餘有黃支國民
俗略與珠厓相類其州廣大戶口多多異物自武帝以
來皆獻見有譯長屬黃門與應募者俱入海市明珠璧
流離奇石異物齎黃金雜繒而往所至國皆稟食為耦
師古曰稟給也耦媲也給具食而侶媲之相隨行也　蠻夷賈船轉送致之亦利交
易剽殺人師古曰剽劫也音頻妙反　又苦逢風波溺死不者數年來
還大珠至圍二寸以下○宋祁曰逢越本作遂　平帝元始中王莽
輔政欲燿威德厚遺黃支王令遣使獻生犀牛自黃支
船行可八月到皮宗船行可二月到日南象林界云黃
支之南有已程不國漢之譯使自此還矣

《汉书》中关于合浦郡“海上丝绸之路”始发的记述

米，今广西区内约 3.5 万平方千米，今海南省 3.54 万平方千米。郡境北倚丘陵山区，南临大海，海路可直接与东南亚各国交往，陆路有南流江入海通道，连接漓江、湘江、珠江水系进入中原水运网络。南流江水系流经合浦郡境入海形成的多个入海口，组成了极为便捷的出海港口郡。汉合浦郡港口群包括今天的防城港、钦州港、北海港、合浦三汉港、海口港、三亚港、榆林港、湛江港、徐闻港、电白港、阳江港，是西汉沿海十八郡中，出海港口最多的郡。特别是今合浦境内的上洋江、总江、乾江港、三汉港、永安港、英罗港、白龙港，因为采珠、珠市贸易的繁荣，港口功能早趋完备。又有以由南流江为纽带而组成的出海通道水运网络，使合浦郡成为汉王朝唯一一个有内陆水路直通大海的岭南重镇。

在《汉书·地理志》的记载中，合浦郡属交州，户一万五千三百九十八，口七万八千九百八十。五县：徐闻、高琮、合浦、临允、朱卢、都尉治。

在《后汉书·郡国志四》记载中，合浦郡、洛阳九千一百九十一里，五城，户二万三千一百二十，口八万六千六百一十七。合浦、徐闻、高凉、临元、朱崖。

合浦郡郡治设在合浦县，所领的五县地望是：

徐闻，今广东徐闻；

高琮，后汉称高凉，今广东高州、化州茂一带；

临允（临元），今广东新兴一带；

朱卢，地望无考；

朱崖，今海南岛；

桓亭，西汉末年，王莽专权，改换国号，建立新朝，把合浦改称桓亭。

汉代在合浦设立的机构有：

都尉，汉代设在边郡都尉，负责边郡的治安、民政、少数民族事务及盐、铁、水利、建造等的管理。合浦有设。

关，汉代的关是指关隘，专门用于治安、防盗。合浦有设。

汉代，朝廷在合浦设有陶瓷生产管理机构，建有制造陶瓷的庞大的窑群，各种窑体 20 多座。

三国时期，合浦属吴政权范围，也曾一度被曹魏占据。吴黄武五年（226 年），孙权以交趾县远，乃分合浦以北为广州。黄武七年（228 年），孙权改合浦县为珠官郡。永安三年（260 年），分合浦立为合浦北都尉，领平山、兴道、宁浦三县，三县的地望约在今广西玉林、横县、贵县一带。三县晋为宁浦郡。

珠官郡，治所今在合浦县。

三国吴在合浦建有古城，地址无考。

三国合浦纪事

汉献帝建安十五年（210 年），孙权趁两年前赤壁之战（建安十三年）的余威，又得到董督七郡的交趾太守士燮及其三个弟弟的依附（士燮的三个弟弟当时分别担任合浦太守、九真太守、南海太守），一举攻占岭南。这就是史书所称的“由是岭南始服属于权”（《资治通鉴》第六十六卷），也是说合浦此时就纳入了孙权的势力范围，属于东吴辖地。从这时候起，至孙权的孙子孙皓投降晋武帝司马炎止，刚好七十年。这七十年间，是合浦汉武设郡 321 年后，行政区域开始分化的重要时期，此间发生的许多重大历史事件，对后世产生了重大影响。孙权占据岭南之后，对士燮兄弟优厚有加，不但对士燮加封左将军、卫将军、龙编侯，还任士燮的儿子为武昌太守，士燮的弟弟士壹不但留任合浦太守，还加封中郎将、偏将军、都乡侯，使得士燮兄弟更加为孙权效力。据《三国志·吴书》记载，“燮每遣使诣权，致杂香细葛，辄以千数，明珠、大贝、流离、翡翠、玳瑁、犀、象之珍，奇物异果，蕉、邪、龙眼之属，无岁不至。壹时贡马数百匹。权辄为书，厚加宠赐，以答慰之”。从这段记述中可知士燮与孙权的关系是很密切的。而时任合浦太守的士壹也经常向孙权进贡马匹。由于有了这种关系，士燮及士壹等就能够顺利地保持原有的地位与权势。直至士燮九十岁去世，时在黄武五年（226年）。

士燮去世后，“权以交趾县远，乃分合浦以北为广州，吕岱为刺史。交趾以南为交州，戴良为刺史，又遣陈时代燮为交趾太守”（《三国志·吴书》）。这样一来，实际上全部削除了士燮家族的势力。因此引起了士燮之子士微的不满，士微就自己署为交趾太守，还带领家丁族兵，拦截戴良，不让戴良上任。而这时戴良与广州刺史吕岱都已同时到达合浦，却无法按期上任。吕岱只好赶到广州，连夜发兵从海上出发到合浦与戴良会合，共同进攻交趾，不但杀了士微，还将士壹父子共六人诱杀。这是合浦归属东吴后的第一场战争，在这场战争中，一个在岭南经营了四十多年的士宦望族就这样灭亡了。广州的设置也撤销了，合浦郡又恢复了原来的辖地。

黄武七年（228年），孙权将合浦改为珠官郡，这次合浦改名的时间虽然很短，但这是合浦设郡后的第一次更名。孙亮在258年被孙休夺位，孙休去世，孙权二十三岁的孙子孙皓继位，改年号为元兴。而在上一年，交趾守将叛吴投魏。交趾成为曹魏的属地。汉蜀后主刘禅投降了曹魏，汉蜀灭亡。合浦成为孙吴与司马炎相争的前沿阵地和主战场，连续发生了几次大的战事。

宝鼎三年（268年），孙皓派交州刺史刘俊率军向交趾发起了三次进攻，要收回时属晋武帝司马炎的交趾（曹魏政权于265年灭亡归晋），但由于郁林太守、九真太守都依附于交趾太守杨稷，刘俊不但无法收复交趾，反而被杨稷派出的军队围攻合浦，在古城开展激战，刘俊战死，剩下的军队只好退守合浦城。孙皓这次收复交趾之战，虽然失败了，但他并没有失去信心，而是起用一批能干的老臣及其有才干的后人，其中包括合浦原太守薛琮的儿子薛莹等，并召集了威南将军薛羽、苍梧太守陶璜、监军李勖、督军徐存等汇集合浦，先后于建衡元年（269年）、建衡三年（271年）向司马炎军队发起攻击，收复了交趾。

天纪三年（279年）夏天，合浦太守修允的部下郭马造反，太守修允调任桂林太守。郭马率军一路追杀，攻入广州，自命都督，号称都督交州、广州军事，并继续攻占苍梧、始兴等地，形势十分危急。孙皓命交趾牧陶璜收复合浦后，率领合浦、玉林诸郡兵马向广州出发，打败了郭马，收复了广州。这一仗是孙吴政权大获全胜的一仗，但也是最后一仗。第二年（280年）三月，孙皓战败投降，孙吴政权在曹魏、汉蜀灭亡之后，与司马炎西晋王朝继续对抗了十六年，是三国之中存在时间最长的政权。晋灭吴后，撤销了珠崖（今海南省），并入合浦。合浦辖珠崖之外，还辖六县。这六县是合浦、南平、荡昌、徐闻、毒质、珠官（今徐闻一带）。六县的区域面积相当于今天的徐闻、海康、湛江、遂溪、廉江、博白、容县、玉林、灵山、浦北、钦州、防城、北海、横县（吴时为合浦北部都尉，晋时为宁浦合浦属国）。

第三篇

千 古 风 雅 说 廉 州

天涯埠市说廉州

合浦自秦汉珠市开埠，一直都是中原商贾与东南亚交往的重要集散地。合浦郡治所在地廉州自唐宋建城以来，史书称之为“声明文物之盛，媲美中朝，岿然东南一大都会也”。到了明清，府城不断扩大，“周迎千丈有余”，也就是说，廉州城的周长已超过千丈，即有三四千米长了。

据史籍记载，当时廉州古城内的店铺商号保有量在1300间左右，由此可见廉州街道的繁华。外地商客还在廉州建有各种各样的会馆等贸易机构。“牛圩”、“缸瓦街”、“蒌行街”、“槟榔街”（今西华路）等专业市场和街道如雨后春笋般在今阜民路、中山路、西华路一带冒了出来。廉州城成为盛极一时的“天涯埠市”。以西门江水运枢纽为集结的贸易带空前繁荣，“天涯埠市”的商旅景观因此被评为“廉阳八景”之一，被历代诗家词客称颂不已。

宋人陶弼写道：“商夸合浦珠胎贱，民乐占城稻谷丰。”合浦的珍珠丰收了，商家来到廉州府城内的珠市，看到珍珠的价格后感到高兴。而珠民也对占城（今越南）商人运来交易的大米感到满意。这是宋代朝廷在廉州开辟对安南人的民间贸市，廉州商贸繁荣的真实写照。

明代廉州知府朱勤的《廉州八景》诗中，就有两首是描述廉州古城商贸的繁荣景象的。

其一《天涯驿路》：

天涯有驿枕遐方，南望交州去路长。
地接殊方山不断，境连边塞草偏黄。
来人络绎无虚日，行旅充盈有裹粮。
最喜华夷归一统，共沾圣化乐虞唐。

在诗人的笔下，地处边塞的廉州城，“来人络绎无虚日，行旅充盈有裹粮”。在当政者眼中，这就是人们所期待的“虞唐”盛世。虽有夸张饰美之意，但廉州的商贸兴旺是事实。

其二《阜市人烟》：

廉州骑楼老街：左上图为 1932 年埠民路，右上图为中山路；左下图为现在的埠民北路，右下图是埠民南路

市廛杂逻物交陈，更喜居民庶且殷。
扑地阁闾相上下，连城烟火自朝昏。
饭炊山稻无饥士，酒酌村醪有醉人。
自是圣朝多德化，熙熙民俗自还淳。

诗中给人描述了这样一种景象：商铺和民居相杂差在一起，呈现出高低参差的城区布局，当早晚炊烟升起的时候，城内弥漫着大米饭的芳香和自制米酒的醇香，不时还会见到去祭祀的居民路过，好一派安居乐业的社会环境。“扑地阁间相上下，连城烟火自朝昏”正是廉州古城规模的写照。

明代描述廉州古城繁荣兴盛的诗歌有很多，与朱勤异曲同工的还有廉州知府饶秉鉴的《阜市人烟》：

阜市东来接海涯，市中烟火起楼台。
几家峻宇相高下，无数征商自去来。
民俗喜从今日厚，柴门应为故人开。
圣朝自是多丰年，常听欢声动六街。

西门古渡边，天涯驿路上，来人络绎，行旅充盈，阜市人烟中更见“扑地阁间相上下，连城烟火自朝昏”。阜市东来，海门连城，“几家峻宇相高下，无数征商自去来”。东来西就、南去北往的商贾行旅们不再是倚树摆摊，而是在“常听欢声动六街”中做生意了。

廉州府城的门楼

廉州古城作为唐、宋、元、明、清历代的治所所在，“扼塞海北，远镇交南，岭外诸郡之莞枢也”（清·知府康基田《廉州纪事》）。“周迎千丈有奇，环以二濠，丽淮四峙，串楼千间，畜众容民，崇民宣武”（明·廉州教谕巫铎《廉郡修城记》）。从古人描述中可知，当年廉州城的雄伟壮奇。

明清时期的廉州古城，城墙高约 12 米，城墙周长超过 3000 米。城墙最宽处约 6 米。护城河周长 3200 米，宽 9 米。古城面积南起今解放路，北至今城基西路，东至今城基东路，西至今西华路、上街，而这些街道就是在原来的古城墙基上建起来的。古城街区面积约 0.8 平方千米。

有城便有门，有门便有门楼，廉州古城也不例外。廉州府城旧有五门，这些城门处都建有相应的门楼——东门（朝阳门）钟鼓楼、西门（金肃门）门楼、大南门（定海门）门楼、小南门（文明门）门楼、北门（北大楼）门楼。

廉州古城东门原为朝天门，后又改为朝阳门，门楼称钟鼓楼，地址在今廉州中山路、奎文路、水洞口、小北街（师范路口）四条街巷交界的十字街口，与廉州府衙门（今体育场至中山公园一带）紧紧相倚。在古代城池建筑中，一般钟楼和鼓楼是分开的，廉州古城的东门门楼却是钟楼和鼓楼连在一起的，因此称为钟鼓楼。据相关资料记载，廉州古城东门钟鼓楼是参照西安古城的钟鼓楼设计建筑的，在全国古城钟鼓楼景观中极具价值。廉州钟鼓楼一度作为合浦县广播站，1973 年被拆除，殊为可惜。

1932 年廉州古城的钟鼓楼

清代廉州府城的钟鼓楼大门

南门楼称定海门，又称南大门，地址在今定海北路、解放路交叉处，即还珠宾馆北侧，取名定海，寓意海不扬波，国泰民安。定海门楼前是护城河入海河段，也是前往北海的陆路通道，门前有定海桥、攀龙桥、龙门桥、云龙桥。登上城门，可听海潮波声，可见桥带相映，是寄情抒怀的好去处。南门楼西去百米之隔，有小南门。小南门址在今百货大楼旁的青云路路口，是乾隆年间重修廉州城墙时，知府以风水之故增设此小南门，时称文明门。这就是廉州城墙开两个南门的原因。风水之说虽然滑稽，但小南门的开辟方便了交通，有利于城郊的发展。今天的廉州城区基本上是向南扩展，由此可见古人的先见之明。抗日战争时期，为了便于疏散城中民众，定海门被拆除。

西门楼位于中山路与西华路交界，古称金肃门，这是以地理方位、五行来取名的。金肃门前的惠爱桥原名就因金肃门而称金肃桥。金肃门靠近西门江，是海防的重点，为了防御海盗及外敌侵扰，西门楼外建月城作拱卫，城楼上又设置敌台、望墩和串楼。到了康熙二十二年（1683 年）重修廉州古城墙时，又把西门楼增高三尺，添置窝铺。金肃门因此成为古城四门中最高的门楼。西门楼前有广州会馆、天后宫、华光庙、三圣宫，是人们祭祀、演戏聚集的地方。西门楼于 1958 年扩建西华路时被拆除。

北门楼古称北大楼，位于体育场北面，今城基路西路东头。北大楼面对雁湖（今北河塘），又有龙江故道河水灌入护城河。与北大楼隔护城河相望有孟尝祠、还珠亭和孟太守风流坊，孟尝衣冠墓，东北侧即是千年古刹东山寺，别有一番风景。

在五个城门之中，最高的是西城门，比东门和南门高三尺，主要是为加强沿江防务。城门上都建有月楼、敌楼和谯楼，分别作为瞭望敌情、观察城内动静及拉警报之用。如朝天门的钟鼓楼就有报时（打更击鼓）的功能。为了便于联络，门楼上又设有小楼、串楼、窝铺、墩台、望墩等设施，如遇敌情就能相互接应。

自唐至清，有史籍记载围城攻门的大战役共有 13 次，民国时期城中军民闭门严守最长的时间竟达 33 天，后因粮尽水缺而开门。廉州古城的城门经历了多次战乱的考验，均能固若金汤。抗日战争时期，日寇先后 11 次派飞机轰炸廉州城，给古城造成了极大危害，为了便于城内居民及时疏散，当时将东、南、北三处城墙拆毁，以扩大通道，只存西门楼（金肃门）和东门楼（钟鼓楼），一直存留到新中国成立。可惜的是，西门（金肃门）在 1958 年拆除，东门（钟鼓楼）在 1973 年拆毁。后人再也看不到廉州古城的城门，更不知古城门是何模样、在何方位了。

廉州府衙的机构布局

明代廉州知府朱勤曾在《西门古渡》一诗中描述：

门启西城瞰碧流，渡当门外几经秋。
水通海角潮声急，路接天涯地理修。
堤畔驻鞍人倚马，柳边系缆客停舟。
晚来吏散黄堂静，犹听渔歌起岸头。

诗中写的是西门古渡人来人往的景象，其中也包括“下班一族”：“堤畔驻鞍人倚马，柳边系缆客停舟。晚来吏散黄堂静，犹听渔歌起岸头。”诗中的“吏散”，就是指在衙门上班的官员已经回家了。“黄堂”指的是廉州府衙，古代知府办公的地方设在府衙的正厅，而正厅又涂作黄色，因此叫作黄堂，由于知府的官秩一般是四品，所以，知府又称“四品黄堂”或“四品正堂”。

那么，古代廉州府衙门有多少办公机构，其机构布局又是怎样安置呢？廉州府衙门的主要办公机构包括：

巡道，相当于中央特派员公署，与知府同四品官秩，根据朝廷对当地州府的设置要求，巡道也有不同监察职责。廉州府衙就先后有盐道、粮道、提学道、采

1905 年前后的廉州府署仪门，府署吏在门前合影

珠道等。

知府，一府的最高长官。知府以下是同知，是协助知府工作的官职，分掌督粮、捕盗、防务、水利等，分驻指定地点。一般来说官秩要比同政区的长官低一级，正五品。还有通判，通判由皇帝直接委派，辅佐郡政，可视为知州副职，但有直接向皇帝报告的权力。知州向下属发布的命令必须要通判一起署名方能生效，通判之名因上、下公文均与知州联署而得名。通判的差选，初由朝廷选京官任职，后改由转运使、制置使及提举司等监司奏辟。通判之掌除监州外，凡兵民、钱谷、户口、赋役、狱讼听断之事，皆可裁决，但须与知州通签文书施行。通判是兼行政与监察于一身的中央官吏。但通判的官秩不高，比知府要低二三品。知府、同知、通判是州府的主要长官，属于一级机关。

二级机关：推官，掌书记、推勾狱讼之事，品秩为从六品或正七品。经历，都察院、通政使司、布政使司、按察使司等派驻州府的部门官职，职掌出纳文书，官秩六、七品不等。照磨，掌管磨勘和审计工作，官秩正八品。此外还有典吏（吏员的通称）、教授、教谕、训导、大使等办公场所。由于合浦县衙门也附在廉州府衙办公机构场所范围内，因此又有知县、县丞（知县的副职）主簿（县里掌勾检、监印及部分司法职能的官员）等机构。

在军事方面，则有总兵、守备、参将、游击、都司、千户、捕厅等。

朝廷派驻机关有布政司、监察司等特派办事机构。

大概了解廉州府衙门的机构设置之后，再来看廉州府衙门机构的分布状况。

廉州府衙门机构分布在中山路的北面，方位范围大略是西起上仓街，经体育场、中山公园、合浦师范记、实验小学，北以城基西路为界。这里，有几个分布点是明确的：一是廉州府衙门的仪门在体育场廉泉井方位；二是游击署衙门在东坡井方位；三是捕厅位于今公安局；四是府学位于青云路孔庙；五是县学位于今学宫街旧县委；六是合浦县衙在中山公园方位。

仪门是旧时官府衙门在大门之内设立的门，也称官署的旁门、辕门，是为了衬托正门的威仪，故称仪门。以仪门作导向，廉州府衙门机构的分布也就容易找出头绪了。

廉州府衙门是坐北朝南的。府衙黄堂是知府坐镇的官署，在仪门后面。府衙黄堂包括办事厅（官廨）、串堂（后堂）、库房、退省轩（书房、休息室）、左右宴厅（个人餐室和接待餐室）、避暑亭（也作议事之处）。黄堂的东面依次为经历官廨、同知官廨。黄堂的西面依次是照磨的官廨、推官官廨、府司狱官廨、府储仓大使官廨。黄堂的配套建筑有思政楼、谯楼、土地祠、榜房、吏房。如果把府衙黄堂比作今天的政府办公大院，那么，府衙黄堂大院的范围相当于今天整个体育场的面积。府衙黄堂大院的东面是布政司分司官廨，后又设有试院，府衙黄堂大院的西面是监察司分司官廨，府衙黄堂大院的南面先后设过察院行台、采珠太监官廨。

明代廉州府衙内的日晷

游击署衙门在东坡井方位，西边依次是中军守备署官廨、都司署官廨、军装库、火药局。

合浦县衙在中山公园方位，除了知县的官廨之外，县衙的其他机构也设于此。计有：县丞署、典吏署、高廉运判署（负责朝廷粮、盐专卖管理的机构）、主簿署、教谕训导署（后分别搬至府、县学宫办公）等。

以上是常规的机构设置，还有一些临时机构，但不设在廉州府衙门范围内，此不列名。

廉州府城的古桥

廉州府城中的古桥，以建设年限来分，属于明代建的桥有十五座，属于清代建的桥有二十七座。这些桥的造型及建筑风格各不相同，但就建筑材料而言，无非就是三种：石桥、木桥和石木混合建筑。就作用而言，则可分为城门桥、护城河桥、江渡桥、府城路桥、专用桥、标志性的桥等六种。由于这些桥大都有着各自不同的建设经历，因此又有各自有不同的故事，随之也产生了独具特色的廉州府城桥文化。

廉州府城因护城河之故，城门都建有桥与外界交通，这就是"四门五桥"，即东门的朝阳桥、大南门的定海桥、小南门的文明桥、西门的永济桥、北门的北河桥。这"四门五桥"都建于明代或更早。

廉州古城护城河上，建于明代的桥还有：青云桥，因其在小南门外，与府学相近，取平步青云、蟾宫折桂之意而名。玉带桥，因建于南门外护城河上，取护城河如玉带绕城而过之意。龙津桥，位于府城东护城河上，河边有东岳庙，因桥建在引龙门江水入护城河的河段上而名。清康熙六十年（1721 年）、乾隆三十九年（1774 年）重修，知府康基田在《廉州纪事》中所述"寻龙江故道，引源头水自龙津桥西流"即指此桥。冠带桥，以此桥建于护城河上，造型如冠带而称，嘉庆十九年（1814 年）由商人捐款重修。

建于清代的有：云龙桥，因其建在护城河入海口处（今合浦还珠戏院南侧水沟），此处原有一取泥建城墙时而形成的湖，桥建于湖旁，故又称望湖桥，道光四年（1824 年）建；接龙桥，位于府城南门护城河段，因桥在接龙庵旁而名。

建于西门江上的桥有：明代的西门桥，又称金肃桥、永济桥，明成化年间建。清宣统元年（1909 年）重建后称惠爱桥。登龙桥，又称上新桥，因永济桥一度移建于此，而此为永济桥上游，意为建于上游的新桥，故名。嘉庆二年（1797 年）由知府常格发起民众捐资重建。卖鱼桥，因建于卖鱼街而名，屈大均《广东新语》中记，其探访廉州珠市时，于此桥头下船。地址在今还珠桥一带。文蔚桥，乾隆二年（1737 年）建，又称下新桥，因永济桥一度移建于此，而此为永济桥下游，

廉州惠爱桥，原名金肃桥，始建于明代，因其在古城西门而名，现为国家级保护文物

廉州西门江的永济桥，又名上新桥，始建于明代，因其在金肃门桥（今惠爱桥）上游而得名

意为建于下游的新桥，故名。

为配套廉州府城交通而建的主要桥梁有：明代天顺六年（1462年）的武成桥，位于南门外，因由守备指挥徐宁重建，故名；成化六年（1470年）的化龙桥，因知府林锦开通龙门江水至府学（今孔庙）而建此桥，故名；演武桥，位于东门外，因为通往演武场而建，故名。

清代的攀龙桥（位于沙窝街口），因其与县学宫相近，寓意科举得近水楼台之先，一朝成名，攀龙附凤，故名；老人桥，位于东较场路口，据传深夜常见一老人坐于桥上纳凉，为人指路，故名；龙门桥，位于府城东龙门江绕城河段上，故称，建于道光八年（1828年），由知府张堉春发起民众捐建；云塘口桥，位于廉州府城西北龙江支流入护城河的入西门江口，因其流水湍急，流入西门江时冲起层层浪花如白云，故名；登龙桥，因建于府城西龙江入西门江河段上，故称；洗鱼水桥，因建于府城南门廉乾官道洗鱼河而名；奎文桥，清乾隆时建，位于府城东门内，因近奎星（又称魁星）阁而名。

标志性的桥：朝阳桥，因建于府城朝阳门（即钟鼓楼，明代府城东门，又称朝阳门）外而名，知府巡城出入专用；泮池状元桥，位于府学孔庙内泮池之上，据传，只有科举中进士者才能经此桥；这就是廉州古城的桥，五花八门名堂多，坊间流传的精彩事典也多。

媚川都

五代十国时（907—960年），合浦属南汉政权势力范围。南汉的地盘不大，相当于今广东与今广西东南部。但由于拥有珠池之利，也算是一个富庶小国。因此，在宋王朝建立以后，南汉是五代十国中最后一个灭亡的政权。南汉政权存续的时间不长，从刘隐至刘𬬮亡国，南汉的君主个个嗜珠如命，奇招百出。

为了获得更多的珍珠，南汉后主刘𬬮想出了一个军事化的采珠管制方式，专门在合浦设置了一个“媚川都”。“媚川”作为合浦的别称，取“水怀珠而川媚”之意。都是古代的军事建制，每都士兵二百或不等。刘𬬮在合浦设媚川都后，派出士兵八千多名，由此开辟了以军队采珠的先例。刘𬬮在合浦设媚川都，派兵八千驻扎合浦珠池，逼索珠民下珠池采珠，其行径之暴虐，令人发指。

在宋人的记载中，刘鋹逼迫珠民下珠池采珠的手段是非常残忍的。首先“每以石锤其足”，也就是说用石锤绑在珠民的脚上，然后“以小绳击诸蛋腰，蛋乃闭气，随大绳直下数百丈，舍绳而摸取珠母。曾未移时，然气已迫，则亟撼小绳。绳动，舶人觉，乃绞取。人缘大绳上，出辄大叫，因倒死，久之始苏。下遇大寒天，既出而叫，必又急沃，苦酒可升许，饮之，于是七窍为出血，久复活。其苦如是，世且弗知也”。这段记述出自《铁围山丛谈》，描述了刘鋹置兵逼索珠民采珠的惨况，使人读之惊心惨然。这与范成大《桂海虞衡志》中讲述的合浦珠民采珠的情景大致相同，应该是真实可信的。而在另一部宋人笔记《渑水燕谈录》中则记载：“刘鋹据岭南，置兵八千人专以采珠为事……每以石锤其足，入海至五七百尺，溺而死者相属也。久之，珠玑充库内。所居殿宇梁栋帘箔，率以珠为饰，穷极华丽。乃王师入城，一火而尽。太祖废媚川都，黥其壮者为军，老者放归田里，仍诏百姓不得以珠为业。于是俗知务农矣。”从这段话中可知，当时采珠过甚，连农务都荒废了。民不聊生之际，以生命换取的珍珠，却被统治者当作玩乐品物。南汉政权就是这样在嗜珠如命、贪婪无度中亡国的。

刘鋹媚川采珠

南汉政权在合浦设媚川都，以八千军士采珠，到底逼索了多少合浦珍珠呢？如上所说的“珠玑充积库内”，又在昭阳殿下挖珠“浸以真珠”，无所不及。据《五国故事》记述，“鋹为天兵所败，其下乃燔热府库。宝货之外，其真珠至美者，凡四十有六瓮焉”。也就是说，经过精选收藏的上等极品珍珠就有四十六瓮，而散放于他处及用作饰物的，更是不计其数了。

刘鋹统治合浦时，将逼索所得的相当一部分珍珠送给宋太祖，以求偏安。因此，南汉政权不但是五代十国中最后被宋太祖消灭的，刘鋹也受到宋太祖的优待，被封为恩赦侯、彭城郡公、卫国公，死后还被追封为南越王。刘鋹投降宋太祖后，被押往京师居住。此时他还沉迷在珍珠的嗜好中。在被管制居住期间，他还有心情用精挑细选合浦珍珠，亲手编织一个龙凤珍珠鞍靶贡献给宋太祖。宋太祖收到了这副龙凤珍珠鞍靶之后，感慨地对群臣说："刘鋹在这个时候，还有心情编织珍珠，看来他的本事也就是偏爱珍珠了吧。这样的人治国，不作亡国奴还能干什么呢？"

刘鋹从其父亲手中接过南汉政权称王，不到五年就当了亡国奴，时间虽然短暂，但因他嗜爱合浦珍珠，合浦也因此多了一个媚川都的设置。

廉州府衙门的石狮子

清代廉州府衙门前有两只石狮子，至今还摆在县城体育场大门口。这两只石狮子，左雄右雌，雄狮蹄下踩球，象征一统天下的无上权力；雌狮蹄下踩着幼狮，象征子孙连绵。遗憾的是，雌狮蹄下的幼狮已被人为损坏，幼狮的模样已看不清楚了。这对狮子的石座四面分别刻有凤凰和牡丹，因为凤凰是鸟中之王，牡丹是花中之王，而狮子又是百兽之王，因此，在中国狮文化的含义中，清代廉州府衙门前的这两只石狮子就称为"三王之狮"。

狮子石座四面雕刻的图案除了"三王之狮"的象征外，还与中国的官服文化密切相关，从中可以深切地感受、触摸到中国狮文化的精彩纷呈。

雄狮石座四面雕刻的图案分别是：

正面的图案是一个弄潮的海马，海马在明清官服中代表的官阶是九品武官。九品在古代未入流制，能居之于前，是因为前面的面积很窄，也有要为上司开路的意思吧。石座后面的图案是暗八仙，是铁拐李的拐杖和曹国舅的奏章。石座东面的图案是鸳鸯荷花，鸳鸯在古代象征夫妻结合长久美满。和荷花在一起成图，取"荷"谐音"和"，就是国泰民安、美满幸福、长久和谐之意。石座西面的图案是狮子、锦鸡和菊花，这是文武二品官员的补图，狮子代表二品武官，锦鸡代表二品文官。而菊花的"菊"字谐科举的"举"，象征的是科举昌盛、人才辈出。

雌狮石座四面雕刻的图案分别是：

正面的图案是一个举着桃子的猴子。古人认为猴是吉祥物，而"猴"与"侯"谐音，在许多图画中猴的形象表示"封侯"的意思。如一只猴子爬在枫树上挂印，叫"封侯挂印"；一只猴子骑在马背上，叫"马上封侯"；两只猴子坐在一

清代廉州府衙大门前的石狮子（雄）

清代廉州府衙大门前的石狮子（雌）

棵树上或者一只猴子骑在另一只猴子背上叫“辈辈封侯”；举着桃子的猴子，其象征意义为：金猴献寿、玉猴捧寿、猴子猴孙代代封侯拜爵。石座后面的图案是暗八仙，是吕洞宾的尘拂和韩湘子的笛子。石座东面的图案是仙鹤，是文官一品的补图。石座西面的图案是麒麟、孔雀、牡丹和凤凰。麒麟是一品武官的补图，孔雀是三品文官的补图，牡丹是花中之王，凤凰是百鸟之王，再加上狮子这个百兽之王，就组成了清代廉州府衙门前的这对“三王之狮”。

石狮底座象征着科举入仕的菊花（中举）、锦鸡（二品）等雕塑图案

这对“三王之狮”的石座上，只有一、二、三品官员的补图，为什么没有四品及以下的补图呢？是因为廉州府的知府已是四品官秩了，补服上的图案是文官四品云雁，武官四品虎、豹。四品补服天天穿在身上，总得要有进步吧，再进一

级就是三品。所以，作为四品衙门象征的“三王之狮”的座下，就不必再刻三品以下的补图了。

清代廉州府衙门前的这对“三王之狮”，不但是官府的吉祥象征，也是民间的吉祥象征。在合浦古俗中，就有到廉州府衙前的这对石狮祈福还愿、消灾祛病的习俗。每年正月十五元宵时，府城中的妇女们都会结伴来到衙门前，一边抚摸着这对石狮子，一边祈祷早生贵子。这些行为能相约而成习俗，由此可见这对“三王之狮”在当时影响之大。

廉州古城的护城河

廉州古时有民谣云:“不怕廉州人，最怕廉州城。”这是指廉州古城易守难攻。廉州城难攻，坚固的城墙固然重要，但护城河在其中的作用也不可小看。

廉州古城始建于北宋中叶，依西江东岸而筑，故有“阜市东来接海涯”之说。据史料记述，当时的西门江最宽处数十丈，江面超过了百米，因此，古城就等于有了一道天然防线，也为护城河的修建提供了泄水导流的方便。

廉州古城护城河不是一次性完成的，大约是清早期，廉州知府康基田为了整治廉州城内的排洪工程，把北河塘、东坡塘、真君塘（今东坡商业街）、牛屎塘（今还珠广场）沟通，与原有的护城河连接起来。再加上水洞口工程，形成一个完整的护城河综合工程系统。这个护城河系统北起北河塘（今三中对面）城东门（今奎文路东），绕过东岳庙，南接古城定海门（今定海桥街口），承接水洞口、真君塘水势转入牛屎塘后，流入西门江。因此，环绕廉州古城的北、东、南三城门形成了一个大半圆形的防护圈，战时可御敌，平时又可蓄水导流，排涝防洪。至今，廉州城内的排水工程基本还是沿用这个护城河的线路。由此可见古人设计的精确巧妙。

护城河水从北河塘向南流，流入牛屎塘（原人工湖故址）后停留积蓄，排入西门江。不知什么原因，清朝的先辈们在这里建起了三座龙桥，今还珠戏院北边有云龙桥，原人工湖南边有龙门桥，原人工湖两边有攀龙桥。如果加上人工湖东边的定海桥，在这段不到两百米的护城河上，就有四座石桥，可谓蔚为大观。

有河便有桥。于是东门桥、定海桥、云龙桥、老人桥、奎文桥、攀龙桥、龙

廉州古城墙基遗址

廉州古城墙基遗址中的明代隆庆年间的廉州古城砖

门桥等桥梁便沿着护城河从北到南相邻接踵而建，形成了一道别具特色的古城景观。而景观最为独特的就是老人桥河段。

老人桥是古城东门通向东较长的一条石板桥，桥身东西跨护城河，从老人桥头的台阶中走进桥底，沿着绿荫掩藏的护城河道，可以直通南大门定海桥底，进入水洞口。

护城河的另一个精妙之处，就是十分科学地利用北河塘、牛屎塘的蓄水功能，使得整个结构布局的形状就像一条银带的两端，各系着一块巨大的玉璧，与十里江声下海隅的西门江相互辉照，兼容并流，日夜不停地接纳着珠乡的烟雨风云，沉积着古城的千年沧桑。

惠爱桥的前世今生

廉州惠爱桥是一座大家都非常熟悉的古桥。提起惠爱桥，人们都能引经据典去描述：惠爱桥呈东西走向，横跨西门江而过，跨度为 26 米，净跨度为 18.4 米，桥面宽 2.75 米，桥掩体高 5.64 米，桥顶覆盖瓦面，以防雨水从杆件的上端渗入。桥顶上还有盛油孔六个，内装生桐油，以保养上部结构的六根主要构件。整座桥梁设计独特，别出心裁，外观宏伟，浑厚古朴，巧夺天工。惠爱桥的结构在广西属于首创，在全国亦属罕见，对于桥梁建筑科学有重要研究价值。现为国家级文物保护单位。

但是，提起惠爱桥的得名，知道的人恐怕就不多了，至于惠爱桥曾经有过多少个名字及来由，知者更是少之又少。

惠爱桥最初的名字叫永济桥，建于明代成化十七年（1481 年），由太监韦昭建造的。正德二年（1507 年），廉州府对永济桥进行了维修。此后，又经过了嘉靖十二年（1533 年）廉州知府詹莹、嘉靖十七年（1538 年）廉州知府张岳、嘉靖二十八年（1549 年）推官林天德先后三次修建，永济桥的规模布局由是而定。嘉靖二十九年（1550 年），何御任廉州知府，在桥头增建门楼一座，在门楼上刻匾志曰“永济”。府学教谕巫铎为之作记。这就是惠爱桥的原名。

嘉靖三十四年（1555 年），廉州知府何御扩建廉州城时将西门扩大，时廉州古城西门外原是古代秋天处决犯人的地方，因秋天萧瑟杀气重，西门故称金肃门，因此，永济桥又称金肃桥，这是惠爱桥的第二个名字。

后来，有一位讲究风水的知府到廉州上任，他巡视了廉州府城的环境后，认为西门开在秋决之方位，桥建于此，有碍风水，于是就把金肃桥拆除，移建于上游，由于新桥建于金肃桥的上游而称为上新桥，即上游的新桥。

再后来，另一位新知府到廉州上任，这位知府又听风水家说，上新桥作为府城的主要通道，处于府城的西北角，是死门，不利仕途。于是，这位知府又在金肃桥的旧址上按原规模重建一桥。桥建成后，取桥名“旧桥”，这是惠爱桥的第三个名字。

此后，惠爱桥又经过了崇祯八年（1635 年）廉州知府郑抱素、乾隆二年（1737 年）知府张埥春、嘉庆二年（1797 年）廉州知府常格的多次重建重修，随着廉州古城的二十多次修建，一度称为西门桥，这是惠爱桥的第四个名字。

到了清光绪十三年（1887 年），西门桥西头的商铺发生大火，火烧连片，桥两边的二十四间商铺毁于大火，西门桥也不能幸免，毁于一旦。到了宣统元年（1909 年），廉州知府李经野捐出俸禄，牵头发起集资，得款一万多贯钱重建西门桥，宣统三年（1911 年）端午节，桥建成竣工。李经野将之命名为“惠爱桥”，意即惠泽珠乡、关爱百姓，并亲书“惠爱桥”三字，由郡民制匾额嵌于桥上的风雨亭，此匾额现仍嵌于桥顶。这就是惠爱桥得名的由来。惠爱桥建成后不久，李经野因政绩显著而被朝廷升任湖北造币总厂总办。这是一个肥差，但李经野辞职不就，称疾归里。廉州父老箪食壶浆，长途相送，并赠“万民伞”两把，“千人匾”一块。

抗战时期，爱国名将陈铭枢曾捐资维修惠爱桥，为了鼓舞合浦人民的抗日救国士气，将惠爱桥命名为“民族桥”，这是惠爱桥的第五个名字。

惠爱桥底至今还保存着廉州古城的地下水道，这条地下水道高约两米、宽一米多，直通府城中心的大北街，是难得的古城建筑遗迹。

廉州府学孔庙

府学是古代官府掌管的府一级教育行政机构，县学是县一级教育行政机构。廉州府学设置于唐、宋之间，府学办公场所设在孔庙，孔庙始建于北宋庆历年间（1041—1048 年），地址在今廉州青云路中心小学对面，由于孔庙的墙体涂朱红色，民间俗称为红庙。府学宫未建之前，廉州府学子参加科举考试中的乡试，要到外地赴考，廉州府学宫建成后，朝廷开始在廉州设置考场，廉州府的考生再不用长途跋涉，在家门口就能应考了。

廉州府学宫是府学的办公机构，相当于现在的教育厅，自然要有一定的格局。只要看一下廉州府学宫孔庙的现存规模，就可以想象到当年府学的衙门气势。光看外表不够，只有走进孔庙的时候，才知道其威严所在，才真切了解到为什么古人会有“万般皆下品，唯有读书高”的感叹了。

走进府学宫孔庙，首先见到的就是泮池，也称月池。泮池意即泮宫之池，泮宫是古代学宫的代称，因春秋时鲁国建宫于泮水之上，后为诸侯读书的地方，到了汉代，生员入学为入泮，泮宫也就成了学校的代称。府学宫中设泮池，意即有科举身份的人聚集之所。泮池上有状元桥，为圆拱石桥，只有考上状元的人才能从桥上通过。泮池旁还立有一块两米高的石碑，石碑上刻八个大字：“文武官员至此下马。”由此可见，府学宫孔庙不是什么人都可以进出自如的。

明代廉州府知府朱勤有吟孔庙泮池诗云：

泮池深夜水溶溶，月色澄来景自容。
莹澈岂殊水鉴洁，泓澄应与玉壶同。
楼台影倒波初动，河汉光侵露正浓。
此去广寒浑咫尺，好攀仙桂莫从容。

廉州孔庙，始建于宋代

廉州孔庙局部，棂星门和演舞台

朱知府是科举过来人，他深知考取功名对仕途的重要性，一句“此去广寒浑咫尺，好攀仙桂莫从容”，反映出应试科举的紧迫和艰辛。即便是官至知府的朱勤进了府学宫也不敢怠慢与松懈。府学宫的地位与权威在读书人乃至做官者的心中，分量轻重可见一斑。

既然是府学宫，当然是要尊崇孔孟之道，讲究程朱理学。廉州府学宫中除了名宦祠、乡贤祠之外，供奉孔子神位是最显要的。供奉孔子神位的是大成殿，大殿正面摆放着高达 2.5 米的孔子神位，神位旁有 2 米高的孔子石刻像及孔子的弟子曾参的神位，两侧分别祀奉孔子的七十二弟子。大殿东西两庑祭祀有七十七先贤、五十二先儒，真是洋洋大观，集合一堂。面对着这一百三十位多位先哲贤良，真是要打起十二分精神“吾日三省吾身”“好攀仙桂莫从容了”。廉州府学宫又是教授生徒、讲经论道的地方，大成殿后专门建有崇圣祠，这里是学子们夺取功名的前沿阵地。只要能从这里“毕业”，就是中举，便有了举人老爷的身份，随时都可以弄一个候补知县当当。

1960 年，合浦画家写生的孔庙棂星门

孔庙崇圣殿前的雕龙石柱

清王朝建立后，更加重视科举取士，各州府学更加被看重，责任和功能也增加了。廉州府学的职能也随之扩展。乾隆十五年（1750 年），朝廷令廉州府学施行三年二贡。乾隆二十八年（1763 年），朝廷又令廉州府学将生员的岁试、科试连接举行改为分年举行，这样有利减轻考生的应试压力，这也是一种“减负”吧。

光绪十四年（1888 年），钦州从廉州府出设直隶州，朝廷又从廉州府学中拨出学额一名给钦州、两名给防城港。光绪三十年（1904 年）五月，中国历史上最后一次科举考试结束。至此，延续了近千年的科举制度结束。光绪三十一年（1905 年）合浦县学务公所成立，这是新的教育机构，取代了府学的职能。廉州府学宫孔庙作为历史的见证成为县重点文物保护单位。

廉州古市场

廉州是汉代“海上丝绸之路”始发港之一所在地，又是岭南四大古市场之一珠市的所在地，商贸市场自古发达。早在南北朝及唐代，就有诗人作诗描述当时的盛况。自宋至明，阜市人烟、天涯驿路等街市胜景常见于文人骚客的歌咏描述中。时至今日，廉州城区内还存留不少古市场的痕迹，在人们的日常称呼中，“古市场”的名称还时而听之，一些新建的市场仍选择古市场旧址，由此可见廉州古市场对后世的影响。

早在宋代，朝廷就把廉州作为开放口岸与交趾进行边境贸易。既然有贸易往来，就有市场。可惜年代久远，廉州府志曾一度失落，缺乏明确的记述，但是，宋代廉州就有了边贸市场，这是史实。元代，朝廷又在廉州设市提举市舶司，就是一个专门掌管对外贸易的特派机构，相当于今天的海关。既有边贸，又有外贸，廉州当时的市场繁荣状况可想而知。

1932 年埠民老街，上一图为门前正在剥蛇皮晾晒的店铺，下二图为海味店

明代是廉州市场的鼎盛时期，并由此奠定了廉州古城市场布局。上了年纪的廉州老人们都知道“圩地街”这一街名。其实，圩地街并不是现在所指的街道，而只是圩地。早在明代，廉州就设有阜民圩、西门市、卫民圩等市场。初时，这些市场并没有固定日期，也没有固定的场所，只是一种货场式的交易场所。如阜民圩、西门市是靠近西门江而设的，既有河道航行的便利，又是钦廉古道的必经之路。每当水陆货运到期时，这一带便成了货物集散地，货物销完了，交易场所就只剩下一块空地。有货成圩，无货便是空地一块，用“圩地”称之，正是廉州方言的特色之处。后来随着货物集散交易的定期性，便有了约定俗成的圩日，或逢三逢五，或逢单双，有了定期的商贸交易，也就有了固定的市场。此后，除了阜民圩、西门市之外，在今阜民南崩坝口一带有卖鱼街。到了清中期，设有卫民圩，共有商铺两百余间，地址在今北河街口至东门口一带。

古代廉州的缸瓦街，因专卖陶瓷而名。曾是商家云集的地方，像这样的青砖大宅为数不少，是商贸繁荣的见证

到了民国初年，又在沙街尾设菜市场，在东较场设置了东安市场（今农垦大修厂北侧）、在大坟坡设置了西安市场，至此，廉州古城的东南西北四向都有了固定的市场。此外，还有一些专业市场分布在廉州古城的街巷里，如缸瓦街专营缸瓦（今惠爱东至北山村）；槟榔街专卖槟榔（今康乐街至水产琼脂厂）等。这些都是以古市场作街名流传至今的。

在廉州的古市场中，最值得一提的还有“牛圩”。廉州的牛圩始设于清代咸丰年间（1851—1861 年），地址在今东山寺南面，初时牛圩的面积不大，只有两亩地左右。但是，随着牛圩的固定及交易量不断增加，每个圩期牛市交易量增至 500 头。邻县耕牛交易也闻名往合浦牛圩集结，圩期也由初一、十五缩短为七天一期，后来缩短为逢农历初三、六、九日为定期牛圩，圩期交易耕牛上市量保持在 800 头。为了适应牛圩交易日趋扩大化和稳定化，合浦牛圩先后多次迁移扩建，最大时扩至十亩地，还珠村（东山土北侧）、云塘口（合浦二中西南角）等都曾作过牛圩市场，最后又复迁回初建牛圩时的市场，并一直使用至今。前后沿用了 150 年，这在岭南市场开发史中是不多见的。

每逢牛圩市场圩日，来自钦、廉、防、灵四属的牛贩、耕夫们便赶着牛群从四面八方进入合浦，那种牛气十足的盛况，真是令人难以忘怀。

廉州古珠市

合浦以珍珠立郡，以珍珠开市，以珍珠串起了汉代“海上丝绸之路”的对外贸易商路，并得益于“地处近海、多犀、象、玳、珠玑、银、铜、果、布之湊，中国往商者多取富”的地域优势和物产优越。这里的“果”即指龙眼、荔枝，“布”专指丝绸，“珠玑”是珍珠的统称。圆者谓之“珠”，不圆都谓之“玑”。汉时的珠市贸易主要有两条途径：一是民间贸易，以珠易米；一是官方贸易，以珠易其他商品，这种官方贸易带有“配额”性质，有翻译（译长），有专用的商船（为蛮夷贾船），有固定的客户（东南亚等国），有定期航班（数年来往）。由于官方贸易周期长、规模大、风险高（苦逢风波溺死）、要求严（大珠至围两寸[1]以下），因此，合浦汉代珠市贸易多为民间交易。

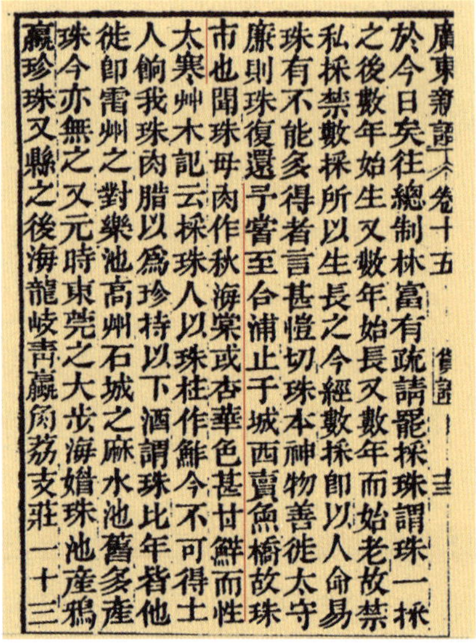
廣東新語卷十五 貨語
於今日矣往總制林富有疏請罷採珠謂珠一採
之後數年始生又數年始長又數年而始老故禁
私採禁數採所以生長之今經數採卽以人命易
珠有不能多得者言甚愷切珠本神物善徙太守
廉則珠復還予嘗至合浦止于城西賣魚橋故珠
市也聞珠母肉作秋海棠或杏華色甚甘鮮而性
太寒艸木記云採珠人以珠柱作鮓今不可得土
人餉我珠肉腊以爲珍持以下酒謂珠比年皆他
徙卽雷州之對樂池高州石城之麻水池舊多產
珠今亦無之又元時東莞之大步海蜑珠池產鴉
鬜珍珠又縣之後海龍岐靑鬜㕵荔支莊 一十三

屈大均《广东新语》中记述的廉州珠市所在

宋元时期，廉州设置了采珠市舶司，官营珠市正式开始于此时，为以后历代相沿。到了明代，朝廷派宦官直接控制珠市。著名的弘治十二年（1499 年）大采珠就发生在此时。清王朝建立之初，也屡次在廉州实施珠市专营，但都以劳而无功告终。

民间的珠市贸易却又是另外一种景象。由于汉时合浦不产谷米，以珠易米是最通常的贸易方式，而一些无良商贩趁机垄断珠市贸易，通过日南运进大米，每逢饥荒，便有“斗珠易米”的状况出现。珠民深受其害。三国时的合浦太守陶璜归晋后曾向朝廷上书，言及合浦珠民之苦及珠

① 一寸约等于 3.33 厘米。

市的凋零：“合浦郡土地硗确，无有田农，百姓唯以采珠为业，商贾来去，以珠贸米。而吴时珠禁甚严，虑百姓私散好珠，禁绝来去，人以饥困。”（《晋书·陶璜传》）由此可见，古代合浦珠市确实与民生息息相关。

廉州埠民南还珠桥头以北一带的街道，古称卖鱼街，屈大均在《广东新语》中所记的卖鱼桥古珠市即在此

民间珠市除了与民生密切相关之外，也是民俗风情的汇集之处。唐朝项斯有《蛮家》描写珠市盛况颇为传神：“领得卖珠钱，还归铜柱边。看儿调小象，打鼓试新船。醉后眠神树，耕时语瘴烟。不逢寒便老，相问莫知年。”这真是一幅生动的风俗画。卖了珍珠的珠民斜倚在马援纪功立威的铜柱边，一边喝酒，一边看杂技表演（调小象），一边观看新船下水的盛典。醉意之间，也忘了谈论农时耕种节气。心情好是因珍珠收成好，卖了珍珠领得钱可换酒喝，这种太平盛世的景象可慰藉终年劳作的辛劳，是难得的快意。

当然，也有另一种珠市景象令人耳目一新：“海上集珠市，城中尽竹房。居临鲛室近，望入象林长。”（屈大均《合浦珠市》）心急的珠商贾客等不及采珠舟靠岸，干脆租船出海收购或者直接到采珠疍户居住的水上艇屋去收购，如此一来，海上珠市便热闹起来，引得“一舟才过一舟呼”“依旧连筐献海人”。这又是一幅幅多么动人的珠市景象啊。

屈大均的《广东新语》中有关于廉州珠市的详细记述：

“珠市，在廉州城西卖鱼桥畔，盛平时，蚌壳堆积，有如玉阜。土人多以珠肉饷客，杂姜薤食之，味甚甘美，共细珠若粱粟者，变多实于腹中矣。”

“予尝至合浦，止于城西卖鱼桥，故珠市也。闻珠母肉作秋海棠或杏华色，甚甘鲜而性太寒。《草本记》云：采珠人以珠肉作鲊，今不可得。土人饷我珠肉，腊以为珍，持以下酒。”

“珠市西头近接城，客餐珠肉当琼英。廉州个个珠媚娘，只为珠池水色清。”

屈大均专程考察了廉州珠市后，做出了“东珠不如西珠，西珠不如南珠”的论断。

廉州府的海关设置

从史籍考证中了解到，宋朝开宝四年（971 年），朝廷始置广州提举市舶司（简称市舶司），掌管蕃货海舶征榷贸易之事。这个管理“蕃货海舶征榷贸易之事”的市舶司，就是以后海关的雏形。廉州最早设置市舶司是在元朝至元三十年（1293 年），但这个市舶司仅设置一年，至 1294 年便撤销了。宋朝至元朝期间，朝廷先后在全国范围仅设八个市舶司。廉州市舶司是八个市舶司之一，可见当时外贸通商的繁华发达。

撤销市舶司的 23 年后，即 1317 年，元朝又在合浦设置了提举采珠司，专门管理合浦珍珠的珠市交易，当然也包括珍珠的对外贸易。因为，自汉代“海上丝绸之路”开通起，合浦珠市就成为东南亚珠宝贸易的中转站之一，提举采珠司作为一个专门管理机构，也具有部分海关职能。如果从元朝至元三十年在廉州设置提举市舶司算起，至今已有 700 多年的历史。

明末清初，由于外寇侵扰以及为镇压沿海人民接济台湾郑成功的反清斗争，朝廷实施“海禁”“闭关”政策长达 200 年。沿海是“海禁”重点地区。康熙元年（1662 年），朝廷下“迁海”令，廉州府派官兵将海船全部烧毁，“寸板片帆不许下海”，强令沿海居民“徙内地五十里”，拆毁沿海村庄的圩市房舍，派驻重兵防范，凡抓获私自出海贸易者一律斩首。对外贸易和国际交往因此基本停顿，海关机构一再缩编、裁撤，已名存实亡。康熙二十二年（1683 年），清朝统一台湾后，为弥补庞大的军费开支，增加财政收入，于康熙二十五年（1686 年）设粤海关等四个海关，同年设廉州口海关，隶粤海关。康熙五十七年（1718 年），清政府进一步开放海禁，“准澳门外国商船往南洋贸易，中国商船往安南贸易”（《清实录·圣祖卷》）。乾隆元年（1736 年），在廉州口海关增设山口、钦州（时属廉州府辖）二小口和高德、西场、沙岗等海关分卡，廉州海关因此形成具有多种征管功能的口岸管理机构，海关衙门设在廉州西华路一带。

乾隆二十一年（1756 年）正月，清政府出于储备粮食的考虑，裁撤了山口圩关税。二月，又特批安南（越南）大米进口至廉州沿海一带，一律实行低税制，每石大米仅纳税银二厘左右。此举导致进口大米骤增，内地粮价大减。如此一来，谷贱伤农，朝廷很快又停止了在廉州海关施行的这一“优惠政策”。由此可见，海关征管的杠杆作用早在乾隆年间就在廉州府应用了。

同治二年（1863 年），清政府在英国殖民主义者的压力之下，增开了宜昌、

廉州沙街尾的青砖老屋，清代廉州海关旧址

芜湖、温州、北海等四个口岸供英国船只停泊、装卸货物。同治十年（1871 年），清政府设立了北海关（常关），归粤海关监督管理，并规定凡为外人运货之舢板赴香港者，须先在北海或广州报关。北海常关因此成为一个独立脱离于廉州口海关的机构。两年后，即同治十二年（1873 年），清政府正式设廉州北海关。同时也明确了廉州各口征管范围："近年雷、廉各口税收日绌，皆因北海地方无所稽查，易于绕漏，翻后以北海为总汇，设关征税。如有进、出口货物，按大关税则征收。并于钦州、电白水东、石城县暗铺、遂溪县赤坎、海康县雷州及吴川、石城、遂溪三县交界处之石门头六处设立北海分卡稽征，亦按大关税则征收。又于钦州平银、长墩、防城三处，设立北海稽查子卡。"（《续通考》）

光绪三年（1877 年）二月，北海正式开埠，并设立外国领事馆，税务司官员由英国人任命，北海口岸的关税经营权落入殖民主义者手中。廉州海关至此已名存实亡。廉州口海关从康熙二十四年（1685 年）设置，至光绪三年（1877 年）北海开埠，历时共 192 年。

廉州西门江

西门江是南流江的入海分支，因前从西流经廉州府城西门外而得名。其实西

廉州西门江，因南流江支流流经古城廉州西门而名

廉州西门江传统的撑龙舟民俗已有 300 多年历史

门江的最初名称并不是以“西门”称之，而是另有名堂。

史籍中最早记载廉州府城江河的是《旧唐书·地理》。该书称：唐置廉州，“州界有瘴江，名合浦江也”。古时候合浦是瘴疫流行之地，汉马援征伐交趾叛乱驻军合浦时，兵士“十之四五”死于瘴疫。由此可见，合浦江与瘴江同指。唐贞观八年（634 年），唐太宗因合浦有廉山而改合浦为廉州，而合浦江因廉州之名也改称为廉江。合浦江改名为廉江，寄寓了更多的政治含义与吏治期待，成为文学作品中吟物寄志的标志景物。明代诗人吟《廉江》诗云：“长江来浩浩，何事得廉名？自是源常洁，因之流亦清。浪浮云影动，波静月华明。寄语沧浪客，于兹好濯缨。”正是寄托了这样一种情怀。

西门江之称，据《合浦地名志》记述，是因为位于廉州古城西门外而称西门江。廉州古城有街城与城池之分。唐以前为街城，街城是指没有城墙的城。廉州古城墙建于宋 1076 年，完工于 1088 年，先后历时 12 年。有了城墙的城叫城池或城堡。廉州古城墙先后留有五座城市，西门又称金肃门，是规模最大的。西门又是古渡口所在，廉江因此又称“西门江”。对此，《明史·地理志》是这样描述的：“城北有廉江，亦曰合浦江，自广西容县流入，经州江口分为五，西南注于海。”由此可知，此时的合浦江还没有固定地称为“西江门”，而是以廉江、合浦江并称之。从上面引用的诗歌《廉江》中，也可以得到印证。

西门江的史载正名是在《清史稿·地理志》中。《清史稿·地理志》记述：“廉江在北，一名西门江。江自广西博白入，迤西流右，纳小江水，又西含张黄江，屈西南为罗成江。武利江自东北注入至府治，西北合洪潮江，又西南分流入海。”这里不但正式记录了西门江的名称，还详细地叙述了西门江的分支状况，从中可以大致看出古代西门江作为“海上丝绸之路”的内陆黄金水道，在当时漕运网络中的重要作用。无怪乎时人称西门江“庶一水而散数州”，也就是说西门江连接着几个州的水路运输。

虽然经典史书没有记录西门江名称由来的具体时间，但西门江的名称是在清代固定下来的已是没有异议了。

海角亭

海角亭始建于北宋年间，约成于 1004 年。

海角亭建成后的 1100 年，迎来了一位惊世骇俗的人物，他就是曾经高唱“大江东去浪淘尽，千古风流人物”、主宰宋代词坛的苏东坡。此时，他是奉诏获赦，从海南岛北归，路过廉州小住，应地方官绅之邀，登临海角亭，极目北望，在惊涛拍岸声中，挥笔写下了“万里瞻天”四字。才华惊世的苏东坡大学士，居海角亭胜景之中，仅以四字尽表心迹，寄托了他“九死蛮荒终不悔”的忠君报国梦破灭后，独自“芒鞋不踏利名场，一叶轻舟寄渺茫”的心境。千言万语之间，“万

建于宋代的合浦海角亭

里瞻天"正是最能表达他对皇帝这个"天"的失望与期待的心态。

从此，海角亭便有了"万里瞻天"这一深邃的意境，有了一块绝世珍贵的镇亭之宝，也收藏了苏东坡"但愿人长久，千里共婵娟"的情感世界。从此，海角亭自珠还合浦的律贪之义以外，又多了一层"万里瞻天"的遗憾。从此，海角亭便成了人们凭吊前贤的寻梦胜景。

合浦海角亭得以存留至今，得益于元代的修复。朝代更替，宋亡元立，海角亭早已毁于战乱之中而踪迹无存。到了延祐三年（1316 年）的秋天，元朝廷委派廉访使范梈到廉州路考察政务。对珠还合浦的故事早有耳闻的范梈希望能顺道游览一下海角亭。谁知到了廉州后大失所望，不但见不到海角亭，就连海角亭的故址也是知者甚少，范梈多方打探之后，才在城西南角的荒草水泽中找到废弃的亭址，由于时间紧迫，范梈来不及主持修复，于是就叮嘱郡吏尽快把海角亭修复起来。珠城的官吏们当然不敢怠慢这位廉访使大人，答应一定尽快修复，并请范梈为之题记。果然，第二年海角亭便竣工了。范梈如约为之写了《重修海角亭记》。

海角亭竣工的当年，即延祐四年（1317 年），时任同知枢密院（正二品官秩）兼统领河南诸行中书省并任廉州路总管的伯颜来到了廉州。伯颜虽然是蒙古人，但他长期在江南征战，深受汉文化影响。对汉族的历史典故、风土人情颇有研究。来到珠城廉州，当然要探访孟尝故事，游览珠城胜景。逢此海角亭修复之际，伯颜登亭抒怀，还欣然命笔写下了《海角亭记》。

伯颜在游览了重建的海角亭之后，还"访郡耆老，讲求还珠故事"。就是说深入到民间去，探访上了年纪的老人家，请老人家细说珠还合浦的故事和有关合浦珠事的传奇。他还了解珠城历史上的吏治廉风，推崇孟尝为珠城贤守之首，并且以孟尝的故事，鼓励珠城吏属"剔垢磨光，扬清激浊，宁悉正以报国，毋顾身以忘民"，要发扬孟尝精神，光大珠还美德。这里，有一个不可忽视的事实就是海角亭能修复，主要的原因恐怕还在于伯颜的"分治兹土"。

海角亭因为有了伯颜的亭记，在珠城的名胜古迹中，也就成了朝廷官员光临、题词作记的景点。作为一位少数民族朝廷大员，能够如此重视地方的风范礼仪及道德教化，在珠城历史上可算是独一无二。伯颜后来还当了元朝的宰相。如果以此任职而言，以宰相为州郡一亭作记，更属罕见。

古海角亭碑

正因为有了元代的这次修复海角亭，才有了此后明清两朝的十二次修复迁建，才有了今天的海角亭。

今天的海角亭呈长方形庭院建筑，坐西北向东南，面阔23.8米，进深27.1米，总占地面积约645平方米。主要建筑由天妃庙门楼、三开间琉璃砖牌楼和海角亭组成。海角亭正面石柱刻道光十年“海角虽偏，山辉川媚；亭名可久，汉孟宋苏”楹联。亭内存有元、明、清古碑10方。牌楼内有“鹅”字石刻等多方。现为自治区文物保护单位。

孟太守祠

因孟尝“革易前弊，求民病利”“去珠复还，百姓皆返其业”的历史功德，使得珠乡大地上因此有了“珠还合浦”的千古传奇，有了海角亭、还珠亭、孟太守祠等名胜古迹传世。

按史料记载，孟太守祠是与还珠亭、汉太守孟尝衣冠冢、孟尝风流坊连一起的，孟太守祠的规模颇大，曾经历了多次重修重建，均有迹可查，唯独始建于何时难以明确。据元代廉州路总管伯颜的《海角亭记》记述：“邦人爱慕立祠，岁祀至今不泯。”因此可推知，孟太守祠的建成时间应与海角建成时间相差不远。

有史料记载的、最大规模修建孟太守祠的是明代景泰五年（1454年），这次修建是由当时的廉州知府李逊主持。先修建还珠亭，后修建孟太守祠，地址是在原还珠亭旧址稍向南移，位于东山寺西南。孟太守祠后面建有孟太守衣冠墓，祠前还修建有孟尝风流坊，全坊均用石凿榫卯构成，雕龙刻凤极为精致，孟尝风流坊镶嵌有对联一副：“孟尝何处去了；珍珠几时飞回。”继李逊大规模修建完还珠亭和孟尝太守祠之后，万历十八年（1590 年），廉州知府林兆珂又一次进行修复。此后整整三百年，不知什么原因，一直都没有重建或修复孟太守祠的记录。到了光绪二十年（1894 年），廉州学使徐琪曾捐俸助修孟太守祠，由此可知孟太守祠至少存留到清末民初。

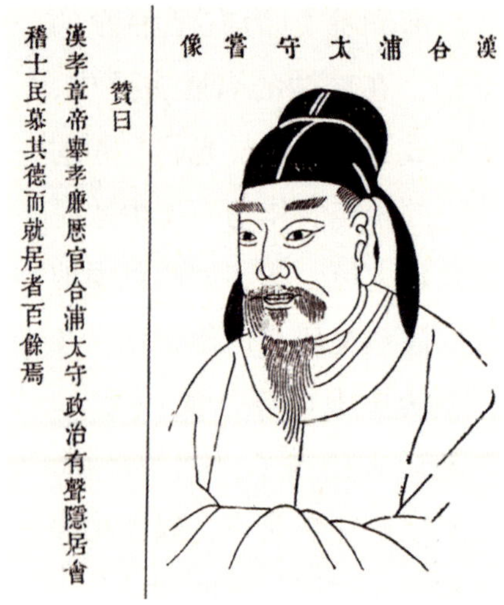

留下“珠还合浦”千古佳话汉代合浦太守孟尝

又，宋代陶弼有《题廉州孟太守祠》诗一首：“昔时孟太守，忠信行海隅。不贼蚌蛤胎，水底多还珠。”

陶弼是北宋时人，生于 1015 年，卒于 1078 年，由此可知，孟太守祠至少建于宋代。

东坡亭

东坡亭建于何时，没有准确具体记载。清代乾隆年间廉州知府康基田在《苏公遗迹记》一文中称：“宋元符三年，文忠自雷移廉，所居有清乐轩、长春亭，擅园池竹木之胜，与廉左藏及刘仲几诸人啸吟其中。今之亭与井是耶非耶？欲问其处而风流歇绝，荒烟漫草，寻访无由，盖胜迹之湮没久矣。”由此可知，至少在清代乾隆年间，东坡亭“湮没久矣”。康基田“顾念公所居不可澌灭，乃鸠工庀材，揉之度之，不三旬而告成”。此时是乾隆三十九年，公元 1774 年。

东坡亭由是得以在珠城廉州保留下来，虽然经过五六次重建修葺，在抗日战争中还被日寇飞机炸毁；但是，东坡亭作为一种历史文化象征和珠城历史人文景观的杰出代表作，吸纳着各个时代的沧桑风云、文化精神、社会民俗，成为一个人格化的象征。这从亭内的对联可见一斑：“沧海遗珠，品重南国；雪泥旧迹，人仰东坡。”“两朝政绩，一代文宗，人间威凤祥麟，浩气岂随春梦去；白浪珠江，绿波南浦，海南蛮烟瘴雨，谪星曾感夜光来。”人们把苏东坡视为“沧海遗珠”“一代文宗”和“威凤祥麟”，把东坡亭及其在珠城的事迹称为“仙吏遗踪”，表达了珠乡人对东坡翁的敬重和思忆。

有了东坡亭，接着又有了东坡井、东坡塘、东坡笠、东坡肉。多少年过去了，这些“仙吏遗踪”至今仍然紧密地与珠乡人的日常生活联系在一起，并没有因为时过境迁而淡薄，这就是“品重南国”的人格力量。东坡亭的墙壁上，镌刻有东坡先生在廉州时写下的部分诗歌，其中有赞美廉州龙眼“质味殊绝，可胜荔枝”的；有称赞廉州月饼“中有酥与饴”独特风味的；有与合浦僧人唱酬“孤云出岫岂求伴”以明心志的；有欣赏音乐演奏时发表评论见解“瓶中宫商自相庚，昭文无亏亦无成”的。总之，走进东坡亭，就会深刻地感受到东坡先生“万里瞻天”的情怀，“芒鞋不踏利名场”的孤忠坚贞，“蛮荒非汝辱，幸免妃子污”的慰藉。作为人生流放终结、重新迈入仕途的第一中转站，东坡先生在廉州抒发的这种心境，是吟物，更是言志。

与其说东坡亭是为了纪念一位先哲，不如说是为了树立起一种精神和品德。斯人远去，风范长存，人们至今还津津乐道地讲述着东坡先生当年在廉州的风韵雅事，把东坡亭与全国各地的东坡古迹联系在一起，“盖天地之正气，不容息灭；天理之在人心，无间岁时”，这就是东坡精神的体现。因此，古人在关于东坡亭的史籍中称：“廉之亭与井，直与惠之白鹤观，儋之桄榔庵，同一着美，山水为之生色也。”也许，这就是东坡亭留给后人的思考吧。

东坡亭西侧是扁舟亭，扁舟亭也是珠乡人为纪念苏东坡而建。亭名扁舟，寓意坡翁“芒鞋不踏利名场，一叶轻舟寄渺茫”的情怀。

“曾说东坡此地来，荷花今傍水亭开。”“登其亭，翼然而高明，树色波光，掩映于帘檐，几度间，为一郡胜概。”

东坡亭

1932 年的东坡亭景观

东坡亭当年的盛况可想而知。如今，东坡亭已无“鱼跃池深春渺渺，鸿飞天远路冥冥”的高远辽阔气概，四周都是遮目建筑，亭前的东坡塘也是死水一潭，东坡井已废之不用，孤亭孤臣更令人感慨万分。

还珠亭

廉州还珠亭是古代“廉阳八景”之一。

还珠亭建于明朝以前，这是有史料可查的，一般说法是始建于宋代，明代景泰五年（1454 年）重建，明万历年十八年（1590 年）重修，至清代康熙年间再次重修，这些史实都有当时重建或修复还珠亭的碑记查证，由此可见历代官府及珠城贤达对还珠亭的重视，也反映出人们对清廉吏治的深切渴望和期待。

当时的还珠亭规模颇大，景观壮丽，由四部分景点组成，其中包括孟尝风流坊、还珠亭、孟太守祠、孟尝衣冠冢。因为还珠亭居中并且建亭最早，故以还珠亭称之。据史籍记载，还珠亭在宋代刚建之时，只是一个单独的亭子，“屡见兵火，漫不可识”（明·李骏《合浦还珠亭记》）。可见还珠亭曾在战乱中湮没了。“景泰五年，郡守江右李君逊，构地于稍南而新作之，既建亭其中，又立祠其后。”（明·李骏《合浦还珠亭记》）这里是说，到了明代景泰五年（1454 年），廉州知府重建还珠亭时，在原址向南移建，并且还在亭后建有一祠，这个祠就是孟太守祠。因此，时人作诗云：“合浦还珠世所称，危亭移建事更新。”（明·林锦《还珠亭》）这就为今人考证还珠亭故址提供了旁证。

既然还珠亭是纪念孟尝功德的，重建时又在亭后增建了孟太守祠，为了彰显孟尝的高风亮节，人们在还珠亭前建起一个石雕牌坊，名曰“孟尝风流坊”。牌坊门柱镶嵌有一副对联：“孟尝何处去了；珍珠几时飞回？”孟尝风流坊极尽精工细雕，坊顶瓦檐上有镂空的双龙抢珠，翘檐角上雕有丹凤朝阳，从梁架到门柱甚至基石、瓦顶无一不是精工细刻的雕花或飞禽走兽图案。可以肯定地说，孟尝风流坊在当时应该就是一件精致绝伦的建筑精品。

民国时任合浦县长陈猛孙手书的还珠亭对联

穿过孟尝风流坊，走进还珠亭，来到孟太守祠。由于史料欠缺，无法了解到孟太守祠的建筑景观，但从明代诗人的诗歌中可见一斑：“祠古人犹仰，庭空雀自喧。柩衣重瞻拜，怀感思悠悠。”（明·饶秉鉴《孟太守祠》）从诗中可知当年孟太守祠香烛烟火之盛，同时从“柩衣重瞻拜”一句中还知道，孟太守祠后还有一座坟墓，“柩衣”就是孟尝的衣冠冢。据记述，合浦人民为了感念孟尝，专门为他建了一座衣冠冢每年春祀秋祭，焚香奠酒。衣冠冢为半球状，以花岗岩作基座，冢身以泥土堆起，冢前立有墓碑，篆书刻字“故汉孟尝太守衣冠墓”。置身于还珠亭景观环境中，不禁使人豁然产生“为官合浦去珠还，万古流芳天地间。富贵心轻如敝屣，贞廉名重并高山”（明·甘泽《孟太守祠》）的警醒顿悟。

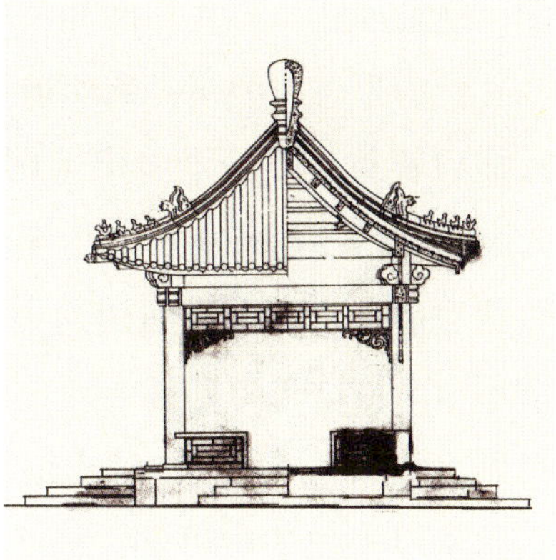
1945 年准备重建还珠亭时绘制的效果图

还珠亭毁于民国二十年（1931 年）。民国三十四年（1945 年），当时的县政府曾准备重建，并据时人记忆中的还珠亭绘制了施工图纸。后因抗日战争爆发而搁置。虽然建亭不成，却留下了珍贵的参考资料。

廉州府印之谜

1983 年 4 月初，柳州市河沙公司的职工黄健忠将自己十多天前在柳江中捞沙作业时捕捞到的一个铜印送给了柳州博物馆，经过专家证实，这方铜印是南明王朝廉州知府的官印，这方铜印印面是阳刻的“廉州府印”四个篆字，铜印通高 9.9 厘米，印面纵横 8.8 厘米，印钮高 9 厘米，铜印背面尚可辨认出“永历六年九月”的楷书款识。永历六年是 1652 年，即清顺治九年，是南明王朝建立的第七个年头，永历是南明王朝的第二个年号。“廉州府印”为什么会失落在柳江河中呢？

查史料得知，顺治四年（1647 年，南明永历元年）正月初一，南明永历帝刚到达梧州，正月十六日，清军李成栋部攻陷肇庆，南明两广总督弃城逃跑，永历帝率众奔走到平乐后，于二十一日抵达桂林。二十三日，清军李成栋部又攻下高州、雷州、廉州，廉州被清军占领。七月初一，南明镇国将军朱统鉴率军围攻廉州城，至十月十五日攻下了廉州城。此后，廉州在南明军队和清王朝军队的争夺中，一会儿属于南明王朝，一会儿又被清王朝占领。直到顺治九年（1652 年），清军耿继茂军队攻占廉州城。南明巡按，高、雷、廉、琼四府佥都御史张孝起被俘，绝食而死。不久，廉州又被南明王朝的军队占领。到了顺治十年（1653 年）二月，清军再占廉州，南明道员战死，周腾凤、曾仲宏、董履全等一批南明官员被捕后斩首。顺治十一年（1654 年）四月，南明西宁王李定国从柳州进发，攻入廉州城，并准备与郑成功部会师。十月二十九日，郑成功派出的五镇官兵分乘百艘战船从台湾前往廉州途中，因风向、海流不合，无法到达。十一月十八日，清军靖南将军与尚可喜会师合兵，攻占廉州，至此廉州被清军控制，以上史述均见唐志敬的《清代广西历史纪事》。

从以上史述中可知，清军与南明军队反复争夺廉州的战事，都是沿着南流江到柳州这一战线进行的。其中在两次大的战役中，南明王朝的廉州府官员几遭全军覆没。当时在廉州至柳州的战线中，南明王朝有两个重要的将领：一是南明宗室镇国将军朱统鉴，他率领的军队坚守在廉州一带与清军抗衡。顺治十一年（1654 年），南明王朝军队集中力量攻打柳州、梧州时，清军趁机围攻廉州、灵山等地，据守灵山的朱统鉴被清军擒杀，廉州千岁庙就是为纪念朱统鉴而建的。一是南明西宁王李定国，他是南明王朝中最重要的依靠力量，他率军队在廉州至柳州战线上反复冲杀，多次进出廉州和柳州，挽两城之危难。这枚永历六年

南明廉州府印正面

南明廉州府印侧面

（1652 年）的“廉州府印”就是在频繁的战乱中，随官员撤退而失落在柳江的，至于具体是哪一年、哪一次战事中失落柳江有待进一步查证考究，但“廉州府印”在柳江中发现，可以证实当时廉州至柳州之间是南明王朝军队与清王朝军队争夺最激烈的地带之一。由此也见证了以合浦为始发港的“海上丝绸之路”依托南流江水运的优势，在明末清初之间，还成为南明王朝军队和清王朝军队在广西开展争夺战的重要战线。南明“廉州府印”的出土就是最有力的物证之一。

历史上的合浦图书馆

清末科举废止，新学兴起，珠城廉州各类学堂如雨后春笋般建立，各种各样的新学书籍和课本也大量涌入，于是，就催生了珠城图书馆的建立。宣统二年（1910 年），由廉州府衙出资的第一座公办图书馆建立起来了，当时被称为“廉州府藏书楼”。该藏书楼是由廉州知府李经野监造的，地址就在府城余园故址，即廉州府衙后院，相当于今露天电影院一带。这就是珠城最早的图书馆了，当时只对衙门的官员及考生开放。

1929 年，合浦县政府想另觅地址建图书馆，找来找去，最后把城隍庙改建为“合浦平民图书馆”。这个“平民图书馆”倒是真正的“平民化”，有名无实，仅办了一年就夭折了。

1926 年，陈铭枢将军驻廉州，他热心家乡教育事业，除了捐建多家学校之

民国中山图书馆

外，还捐资在县城廉州创建了中山公园，并在公园内建了一座图书馆，公开对外开放，供珠城的群众自由游览或阅读书报。不久，中山公园图书馆改为民众教育馆，藏书也更为丰富了，这才是名副其实的图书馆。1935 年，民众教育馆内专门设置了图书阅览室。1949 年，新中国成立时，民众教育馆内的藏书已有三万余册。1956 年，合浦县人民政府另建合浦图书馆，民众教育馆馆址被用建合浦文化馆，即今合浦县文化馆馆址。

1931 年，陈济棠主粤期间，查处了合浦县县长李仲平的贪污案，查处的结果是要李仲平交罚款一万元。陈济棠直接指令用这一万元建图书馆，即今合浦师范旧图书馆，馆址就选在县城青公祠旧址，时东坡公园内（东坡亭北面池圹西北角）。

中山公园

廉州中山公园的修建，与爱国名将陈铭枢有着莫大的关系。

1927 年陈铭枢将军率军驻防合浦县城廉州时，看到廉州的民众缺乏休闲场所，于是就带头捐款，准备建一个公园。后来因战争影响，当时只是把地圈了起来，作为一个供游人游憩的公共场所。1929 年，蒋光鼐任南区行署主任后，即着手合浦中山公园的修建工程，专门向广东省政府申递了修建中山公园的报告。蒋在报告中建议合浦中山公园增加经营项目的收入来作日常维修之资，还提出要广种花木，设置教育机构，使人们在游憩时得到教化。为此，蒋光鼐将军除了与戴戟共同联名向省政府电陈之外，还组织了“中山公园募款委员会”，担任名誉委员。为此专门致电广东省政府请求拨款，电文如下：

广东省主席陈（铭枢）、总部参谋长邓（世增）均鉴：

廉城湫溢，市尘比栉，风气锢蔽，人狃数常。原有中山公园基地宏敞，惟瓦砾、荆榛，荒芜满目。拟从事经营、辟町畦，莳花木，设备通俗教育，俾教人士游息其间，一新耳目。设计震款，端赖输将，眷怀桑梓，谅荷赞同，谨以奉达，鹄候电拨修理。

中山公园募款委员会

名誉委员蒋光鼐、戴戟、张劢、张元民叩

民国十八年三月四日

时任广东省主席的陈铭枢接到蒋光鼐将军的联名电陈和修建方案后，不但拨款支持修建中山公园，还个人捐款在中山公园内建民众教育馆一座，供民众阅报读书，民众教育馆址即今合浦县图书馆。合浦县城中山公园由是得以建成。

公园建成后，陈铭枢将军在抗战时期捐资建了一个凉亭，取名为“民族亭”。亭为八角形，由八条朱红石柱撑起葫芦棚顶。底座由八级台阶组成，南北为亭门。亭门两边各安放有一对石狮子。20 世纪 90 年代石狮子被盗。据传曾有人愿

1930 年的合浦中山公园大门

中山公园内原有的民族亭，为陈铭枢将军捐建

出 20 万元一对回收，因此传得沸沸扬扬，但后来就不了了之了。大约是 2007 年后，民族亭被拆除，腾出的空地租给进行私人经营。

时任八区专员的邓世增，也在陈铭枢将军捐建的民族亭北侧出资建了一座亭阁。亭阁建成后，人们称之为“益能亭”。“益能”是邓世增的字号，故以“益能”命名。益能亭在 2015 年因年久失修拆除了。

魁星楼的由来

西门江畔，海角亭前，古书院旁，魁星楼耸峙挺立，经历了二百五十年的风雨洗刷，听惯了六百里入海江声，饱尝三百年书香熏陶，见证了海角沧桑变幻，魁星胜景，楼何巍哉。

据史书记载，最早的魁星楼并不是建在这里。清康熙六十一年（1722 年），廉州知府徐成栋为了振兴珠乡文运，专门在廉州古城小南门城上（今廉州解放路与青云路百货大楼路口）建起了一座小楼阁，并在小楼阁内供奉了两尊魁星菩萨，因此取名为魁星楼。为了显示魁星楼的庄重尊严，徐知府参照府学宫孔庙泮池上状元桥的规例（据称，不考中状元者，不得经此桥上过，官员过此桥要下马），行文公告，魁星楼内的菩萨只准得功名的人士进内拜祭，无科举功名者不得参拜。魁星楼从建成的第一天起，就是身份和地位的象征，威严不可轻慢，使珠城学子敬畏有加。

小南门楼上的魁星阁建好之后，廉州府的科举有了起色。这时，又有人请来相士考察。谁知，这位相士说小南门楼上的魁星阁里供奉的魁星君是北斗第一星中魁星，主兵，而文奎星君才是主文的。听此相士之言后，人们就在海门书院附近建了 座奎星阁，以正名份，这就是奎星楼的来历。奎星楼建成后，几经损毁重建，人们习惯于口头相传，也就称之为“魁星楼”了。

魁星楼建成后，与海角亭、海门书院、天妃庙一起，组成了独具珠乡历史文化氛围的景观群，成了文人雅士反复吟唱作赋、抒情寄意的地方，理所当然也成了“廉阳八景”之一。可惜的是，由于太近西门江，而这段西门江又是海潮上涨时，海水逆溯江而上的通道，魁星楼经不起风吹雨打，波撼潮涌，仅仅四十余年时间，使轰然裂塌了，时在乾隆六十年，即 1795 年。

二十六年后，道光元年（1821年），珠城一些有功名的乡贤发起重建魁星楼号召。重建后的魁星楼为方形尖顶三层亭阁式楼阁，高15米，底边长4.75米，占地面积约22.6米。建造更加精工细作，底层采用芝麻石（花岗岩）板材做基础，四边回廊，檐柱架构；三层重檐，方形尖顶；琉璃瓦，四角飞檐，檐顶安置坐狮。每层重檐分别设有立凤、鳌鱼，相互守望，楼顶以葫芦装饰。楼下南北圆形拱门对开，二楼窗户方正，三楼窗户圆形，寄寓求学做人、循方圆规制的道理。

位于廉中校园内，建于清代的魁星楼

后来，有钱人家便在海角亭、魁星楼一带的江岸，建起了亭阁台楼，据不完全统计，史籍记载者有凝碧轩、逝者亭、漾汇轩、浮碧榭、观海楼、砥柱亭等。这些亭阁台榭光听名字就充满了清幽雅致的气氛，从中可以想象当年魁星景观群的壮丽景色，遗憾的是这些亭台阁榭后来被用作学校、住房，缺乏保护维修，日渐在损毁中消失了。好在，魁星楼、海角亭得到了多次维修、重建，使之能够保存到今天，供后人瞻仰观光，在欣赏和思忆中追寻那曾经有过的海天胜景……

魁星楼现为合浦县文物保护单位。至今走进魁星楼，还可见两块石碑立于墙角，上刻海门书院及相关管理事宜，登上三楼，举目望去，海天胜景尽收眼底，好一番锦绣风光。

金肃门

金肃门位于今廉州中山西路口与西华路交叉处，是廉州古城五个城门之中，规模最大的，因其在城西，故又称西门。

1905 年，廉州古城西门金肃门楼

金肃门建于明代成化年间（1465—1487 年）。当时正是廉州古城成为抗倭军事塞之际，同时又是合浦“海上丝绸之路”始发港各种专业市场（街道）开始形成发展的时期。与金肃门一江相隔的陶瓷市场（缸瓦街），卖鱼街、盐街、珠市、竹器市场沿江设置。珠市、盐街是朝廷重点专管的市场，陶瓷又取代了丝绸产品成为“海上丝绸之路”的主打商品，各路商贾云集，南北货殖交流，这一带成了一个专业市场集中区，因而被称为“圩地街”。站在金肃门楼之上，眺望之中，但见“阜市东来接海涯，市中烟火起楼台。几家峻宇相高下。无数征商自去来”（明·饶秉鉴《阜市人烟》）。商贸往来之间“来人络绎无虚日，行旅充盈有裹粮”。“市廛杂遝物交陈，更喜居民庶且殷。扑地阁闾相上下，连城烟火自朝昏。饭饮山稻无饥士，酒酌村醪有醉人。”（明 · 朱勤《阜市人烟》）而金肃门外则有槟榔街（今西华路）、篓行街、广州会馆、考棚街（科举考试的地方，今中山路）、华光庙（今中心市场）、天妃庙（今中心市场附近）等，更是热闹非常。由于金肃门一带有如此景物民风，因此也就成为廉州古城六门之中入选“廉阳八景”的标志性景点。

金肃门门洞宽两丈五尺，高一丈有余。城门由两扇大门组成，为铁木制作，内外包铁皮，鼓钉。城外门楼上有一匾，上刻“金肃门”三字，匾上方又有一匾，上刻四字“观涛西门”。城内门楼上有一匾，上刻“西门”二字。西门上筑有月城作拱卫，还设置有敌楼、串楼、窝铺、墩台、望墩、垛口等军事建筑。战时便是壁垒雄关，平时就是观光览胜的好去处。

站在金肃门楼上，举目眺望，但见门楼下的入海江水碧波荡漾，直泻海际。渡口已见秋意正浓，在滚滚的江流之中，远天帆影，驿站酒旗，尽收眼底。江岸堤上，绿柳树下，远客归来，客贾乍到，或正信步遛马，或正停船系缆。而古城内正是暮鼓鸣响，衙门吏散。这时，西门江上传来了渔家的桨声号子，一派渔歌唱晚的景象。这不是古人刻意渲染的结果，而是金肃门所处环境的真实写照。

金肃门的另一个景观亮点就是与城西渡口的金肃桥（今惠爱桥）相连，桥上桥下，桥头两边又是另一番景致。

可惜，抗日战争爆发，日寇飞机多次轰炸廉州古城，当时为了便于群众疏散避险，拆除了古城东、南、北三处城墙，只留西门楼和钟鼓楼。1958 年扩建廉州街道，金肃门又被拆除了，“西门古渡”，由此只成了史料中的文字供人凭吊。

廉州街的坊和社

清末民初之前，廉州府城内的行政区域是以“坊”和“社”为基本单位的。坊下面辖社（神社）、街、保、里、牌，相互关联，连带责任，体现出封建社会宗法制度的社会结构。廉州府城内现存的坊、社已不多见，遗址也多损毁湮没，有址可寻者寥寥无几，仅存明代永济坊、三甲社。这种历史民俗文化现象的急剧消失，确实使人惋惜。

廉州南瑶坊

据有关史料记述，民国元年（1912 年），国民政府虽然撤销了廉州府的建制，但基层单位的行政区域设置基本不变，除了增设附城公局之外，把廉州府城的乡、保并归附城公局，设四个乡。这样，廉州府城的行政区域共有十坊四乡。十坊：宣化坊（今中山路一带)、振贤坊(今奎文路一带)、青云坊(今青云路一带)、康定坊(今西华路一带)、北闸坊(今娄行街一带)、富民坊(今头甲社至三甲社一带)、永济坊(今钦州巷、缸瓦街一带)、文蔚坊(今阜民南至廉中一带)、玑屯坊(今县染织厂至康乐街一带),太和坊(今学宫街至沙街尾一带)。四乡:蓝园乡(今廉东市场一带)、独岭乡(今瓦窑坡一带)、马江乡(今马江居委会一带)、埇口乡(今埇口居委会一带)。社原为神社,作为行政区域单位的有头甲社、二甲社、三甲社,这是廉州

合浦乡村的社坊大都就老榕树而建

乡间村头的老树往往也是社坛所在之地

府城内，至今仍然沿用的区域名称，其他的坊、社都被改为街道，分属于各个街委会管辖了。

现在廉州城区内有迹可寻的坊，年代最久远的要数永济坊了。当年的永济坊辖有崩坎口、横街、钦州巷、缸瓦街，与承宣街（中山路）、兴贤里（奎文路）同是廉州古城明代22条主要街巷。从现存的碑刻中可知，永济坊建于明嘉靖十五年（1536年），属于古城内元老级的行政区域单位。永济坊原建筑已经损毁，近年来街坊们自己集资在原址附近（惠爱西街口）重新建起一个简易平房，安置了社坛，平日里作为街坊们的文娱活动场所，逢四时节令才有一些简单的祭祀活动。

设置于明末清初的三甲社属富民坊辖区，也是至今廉州城区内唯一较完整的坊社。富民坊是廉州府城内祠庙庵堂最多的街区之一，宋代的慈云寺（今保子庵）、明代的北山庵、金家祠堂等都处在街区内。富民坊辖区内的圩地街（今阜民街）又是明代的圩市货场，处于“海上丝绸之路”内陆黄金水道西门江的出海口，街区建设当然早具规模，社会民俗活动也多集中于这一带，坊内古迹多且规模大就是最好的例证。

广州会馆

廉州自古是商贸繁荣之地，又兼有“海上丝绸之路”始发港连接内陆漕运通道的便利。唐汉以来，廉州就成为东南亚各国进入中国内陆的主要水道，据周去非《岭南代答》所记载：“廉之海，直通交趾”，“异时安南舟楫多至廉”。当时的盛况由此可见一班。古时交通条件不发达，水路海运是最经济的运输方式，廉州水路和海路兼备，货物聚散，自然是商贾货殖汇集经营之地。在众多商旅之中，广府人是最活跃、最主要的力量。广府商人在廉州设置的会馆则是他们的代表机构。清嘉庆年间（1796—1820年），广府商人在廉州府城建有会馆一座，名“广州会馆”。

广府人指广东的南海、番禺、顺德等县市的商人。廉州时属广东下辖四府之一，语言相近，习俗相通，加上临近广西边界，当然是广府商人“开发西部”的中转站，当时的广州会馆就西门江航运的便利，倚西古城的西门渡头而建，还建有一座码头。地址在今西华路合浦工艺美术公司（角雕厂）。

1932 年的合浦广州会馆大门

2017 年的合浦广州会馆大门

广州会馆砖

广州会馆成立后，除了作为广府商人的聚会议事场所之外，另外一个重要用途就是作为春秋二祭之所。广州会馆当时还建有一个长春旅所，这是专门为广府人而建的，属于公益福利慈善机构，用于停放棺柩，安放神位，只供广府人使用，地址在今下街，与广州会馆同在廉州古城西门江外，相隔不到百米。

到了清末民初，广府商人在廉州府城的经营规模已经相当庞大，主要的商业行口大多由广府商人经营，形成了商业贸易的绝对优势。广府商人在廉州府城的经营也开拓了新的商业领域，如廉州城内最早的庐山照相馆、生活照相馆等，都是广府商人创立的。廉州府城内最早的当铺也是由广府商人经营的。广府商人对廉州的商业发挥了开拓性的作用。到了抗日战争时期，广府商人为了躲避战祸，才逐渐迁徙他方。

广州会馆对廉州粤剧的兴起、引进也产生过重要的推动作用。粤剧传入廉州是在康熙年间，但能在廉州成为主要地方剧种，得益于广州会馆的春秋二祭。原来，康熙年间，广府商人虽然已经来廉州经商，但尚未形成群体。偶尔请广府粤剧班来廉州府城唱大戏[1]，也是酬神庆典之例。广州会馆建立后，广府商人有了固定的联络地点和固定的春秋二祭场所，岁时请粤剧班来廉州“唱大戏”[①]也就成了定例。在广州会馆的影响之下，廉州商绅及民众每逢有活动，也请广府班来唱大戏酬神。长此以往，一些广府粤剧班见廉州府城有广州会馆，又有一定的市场，于是便在廉州城内安营扎寨，长期定居。此后，廉州府城的粤剧演出规模越来越大，演出时间也越来越长，有时甚至可以连续演出十天半个月。演出场地也由广州会馆向寺庙庵堂伸展，到了1922年，开始有用竹篱笆搭起来的戏院，能容纳400个座位。1927年，又有了固定的戏院。粤剧引进廉州及其兴起发展，广府商人及广州会馆功不可没。

新中国成立后，广州会馆先后做过文化馆、溜冰场、角雕厂，原有的建筑已经被拆毁，广州会馆的模样至今已不可考，只剩下一个门楼作为工艺美术公司的大门而幸存下来，它孤单地挤在老房中间，无语地思忆往昔的繁华。

县学宫明伦堂

合浦是历代郡、府、州、县治所在，由于特殊的行政区域设置[②]，教育事业也随之发达，除了大量的院之外，府学、县学的设置也是重要的标志。府学是一府的教育行政机构，县学是一县的教育机构，府学是孔庙，县学是学宫。孔庙在今青云路北，学宫在青云路南，孔庙府学前有学前街，县学前有学宫街，相隔一里之地，南北呼应，由此可见当年府学、县学的规模。府学孔庙的建筑格局至今完整保留，县学宫却只剩下明伦堂了。

孔庙作为国家或各级地方的教育机构，由来已久，孔庙最早出现于春秋时期，鲁衰公为追悼孔子而建，以后遂成定例，孔庙的建筑规模也日趋定制，孔庙也成为各级地方教育机构所在。孔庙的建筑格局一般是由棂星门、奎文阁、碑亭（廊）、大成门、大成殿、杏坛、崇圣祠、明伦堂组成。根据府学、县学的不同，孔庙的建筑格局也会有相应的调整，如有的在大成殿后建崇圣祠，有的则在大成殿后建明伦堂。崇圣祠和明伦堂都是教授生徒、讲经论道、传扬人伦的场所。不

① 廉州方言，称广东粤剧为大戏。

② 合浦郡曾辖地包括今广东阳江、新兴，今广西博白、横县、防城、钦州。曾两度辖海南全境。

建于明代的合浦县学宫——明伦堂

同的是，崇圣祠中以供奉孔子为主，而明伦堂也同时供奉当地的忠烈先贤，因为，明伦堂注重讲经史的同时，也讲究人伦思想的传承，两者是不能混为一谈的，合浦廉州府学的格局属于前者，合浦县学的格局属于后者。

从搜寻史料中得知，合浦县学宫的建筑格局前部分基本与府学宫相同，只是棂星门内没有泮池的设置，也没有奎文阁、碑廊，这与县学的规格档次有关。此外，最大的差别就是县学宫大成殿之后建明伦堂，而府学大成殿之后建的是崇圣祠。合浦县学宫的基本格局是这样的：棂星门—大成门—大成殿—明伦堂。合浦县学宫坐北朝南，明伦堂建于大成殿之后，也就是在最北面。县学宫旁边曾建有武庙一座，与学宫相伴而立。武庙于 1927 年初改为戏院后被拆除，县学宫在岁月的冲刷中，只剩下明伦堂了。

合浦县学宫建于明嘉靖十五年（1536 年），主持建设县学宫的是中国历史上以勤政廉洁著名的“不持一珠知府”——张岳。

张岳是福建惠安人，是“泉州三杰”之一。他是明正德丁丑年（1517 年）进士入仕，先后担任过直谏、南监学正而升任广西提学，后因直言敢谏而被贬为盐课提举，嘉靖十四年（1535 年）升为廉州知府。他在来廉州府上任的途中，就一路深入民间“求民瘼”，即深入民间了解第一手民情。明崇祯年《廉州府志》

称其任上“凡苛条积蠹汰而去之”。提出“必使吏常劳而民常逸”，认为当政者应“必先去所以痛民者，二讲求利术以休养之”。他还大力开展水利工程建设，引进吊杆运水技术，广建陂塘水渠，改良农田灌溉条件，据史料记载，廉州的水利工程十之八九是张岳在任上所建。他还严禁吏属和亲属参与合浦珍珠及珠池的经营。在任上，张岳还大力发展教育事业，广开教化，扩建了府学孔庙，又增建县学宫，张岳由于治廉功绩卓著而升迁广东总督。离开廉州之前，他的夫人请求见一见合浦珍珠是什么样子，他只好从府库中借出来给夫人看后又立即归还。《明史》在记录此事时称“居廉四年，未持一珠”。张岳有一句治政名言：“用民一钱，如针刺吾体血，吾不忍也。”他回顾自己在廉州任上的经历时坦然剖白：“召莅廉三年，不持一珠，仿汉吏教民耕读，庶几无愧。”他离开廉州时，合浦吏民追送不止。他走后，合浦民众为他建东、西两祠，名“张岳公生祠”，又刻一惠田碑来纪念他的功德。张岳公生祠、惠田碑虽然湮没了，但其高风亮节、功德惠政不下于孟尝，幸有县学宫明伦堂为之作证，而与海角亭媲美。

廉州古城第一街——中山路

中山路在宋代称府前街，因其在廉州府衙前而名。明代曾称还珠街，是为了纪念孟尝还珠。后因为承宣布政司衙门设于此，又改称承宣街。到了清代称为考棚街（也称随考街），因科举考试的试棚在此搭建而得名。辛亥革命胜利，民国建立，改为中山路，是以纪念孙中山先生。从府前街到中山路，这里都是廉州府衙门办公机构的集中分布区。

中山路北面的体育场原是廉州府衙门办公机构所在：廉州府衙门的仪门就在今体育场廉泉井北侧，知府、总兵府、北海镇标城守营均驻于此；此外，府学即孔庙；都府衙门、供奉清代历朝皇帝灵位的万寿宫位于今公安局，捕厅位也位于今公安局；合浦县衙门则在中山公园。

朝廷派驻的机关在中山路北侧的有海北海南道、布政司、巡道（相当于中央特派员公署，有盐道、粮道、提学道、采珠）、监察司行台、采珠太监官廨等。

廉州府辖的经厅衙门是经历官的办公机关，专门负责文书、出纳，相当于现今的办公厅职级，经厅衙门址旁设有经厅街，即今体育场大门口西侧。

上图为现在的中山路东段，下图为 20 世纪 30 年代的中山路东段（钟鼓楼段）

廉州府衙门前又建有宾兴馆，即原日用厂。这是清代廉州府最大的助学机构，与廉州府学宫相邻，形成了系统的办事格局。

中山路东有钟鼓楼，横跨中山路，处于中山路口、水洞口、小北街、奎文路四条街巷的交界处，与中山公园相邻。站在钟鼓楼上，东望可见点将练兵的东较场，信众络绎不绝的武圣宫；举目西去，但见闹市人烟之中，峻宇楼台高低错落，时有帆影缓缓，那是西门江行船的踪迹；往南纵目，是人工湖的碧水翠柳，荷池菱塘间花开艳丽；北望之处，但见东坡亭犄角相对，亭边的凤凰树花开如燃。

钟鼓楼曾经做过合浦县广播站，由于年久失修，顶棚脱落，广播站搬走后，至 1973 年被拆毁。

中山路西有西门金肃门楼，位于中山西路口与西华路交叉处，倚西门城墙而筑，雄踞钦廉古道之天涯驿路，镇扼西门入海之江流波涛。

从钟鼓楼至金肃门的这段街道就是廉州古城第一街中山路。

考棚街出来

考棚街是清末廉州古城内、钟鼓楼下的一条街道，即今中山路东段。相传古时在这里举行乡试，专门为考生们搭起了临时的住宿之所，这临时住所便称为考棚，这条街也随之称作随考街或考棚街。光绪二十六年（1900 年），考棚街发生了震惊朝野、轰动中外的“教案”事件。

外国教会进入合浦，是清光绪初年的事，当时进入合浦传教的有英、美、德、法四国的传教士。他们各有各的地盘，各有各的神主。如英国有安立间教会，美国的是新约教会，德国的是长老教会，法国的称天主堂。据史料记述，光绪七年（1881 年）时，合浦的天主教徒已达 3500 人。除了廉州之外，西场、石湾、闸口等地还设有支堂。

传教士们设堂传教，需要在当地购地建教堂。因此，难免与当地民众产生摩擦。由于官府往往在处理这类纠纷时，一味偏袒传教士，常常惹起民怨积愤。如光绪十年（1884 年）就发生过两起纠纷，西场教堂还被官府“随将教堂什物点封，法教士在该处者定期出境”，这是当时的合浦县令“面见英领事官，通知法教士”的官府行为。这两次纠纷没有产生严重的后果。

但是，德国的传教士就没有这样的好运气了，光绪二十六年（1900 年），德国传教士巴顿来到廉州城内选择建教堂的地址。当他走到钟鼓楼下的考棚街时，看到这里不但商贸兴旺，住家密集，而且东边除了有钟鼓楼之外，还与武圣宫、东岳庙和东坡亭相连，西边有廉州府衙门、孔庙和金肃门为依托。于是他不问情由，就把教堂定址在考棚街，并通过官府强行购买民房建教堂。巴顿的做法当然引起了居民的群起反对。但巴顿自恃有官府撑腰，根本不把居民的反对放在心上，一意孤行地进行筹建。居民们愤而聚集在一起，把巴顿购买的房屋拆掉了。

珠城民众拆了巴顿购买的房屋后，德国当局马上派出军舰到北海停靠，口头上说是要进行交涉，其实是采取“军舰外交”实施武力恐吓。当时的廉州知府富纯慑于德国的军舰恐吓，为息事宁人，亲自与之议和，签订了屈辱条款，不但以考棚街东的同善堂作为赔偿，还赔偿 6000 银元作为德国军舰开到北海的损失补偿费。这就是有名的考棚街教案事件。第二年，即光绪二十七年（1901 年），巴顿终于在考棚街建起了德国长老教会教堂，设有牧师一人，传道主任一人，男女教徒百余人。此后，德国长老教会的势力也不断扩大，又附设德华学堂一间，并在南康、石康建有支堂。美国、法国也相继步其后尘，在廉州下街、西场、闸口等处设立教堂。

这些教堂为了缓和关系，都不同程度地附设有学校、医院之类的机构，但由于教徒中往往有恃教生事者，不时与当地民众发生纠纷，而又多得袒护，教民之间的冲突不断，激起民愤。如光绪三十年（1904 年），廉州城内因灾后饥荒，千余居民拥到县衙要求开仓平崇，街上有人贴出了“仇洋人，毁教堂”的帖子，得不到粮食的饥民们愤怒地捣毁了英国和德国的两家教会医院。这次，清廷又给英国赔款 4000 两白银，给德国赔款 1700 两白银。

大北街

大北街位于廉州西华路进入中山路北侧的几十米处。走进大北街，两边高狭的勾缝青砖墙首先给人以古色古香的感觉，那线条整齐的墙体仿佛是一张写满了岁月沧桑的方格稿纸，随时都会有传奇故事从中跃然而出。

走到一间青砖旧宅的大门前，适逢一位年逾古稀的老婆婆巍巍而出。一问之下，老婆婆告知此宅原为谢姓人家，是古时府城内的四大富户之一。谈起陈年旧事，老婆婆兴致勃勃地回忆起当年大北街的盛况：当年的大北街是大户人家聚居之地。除了谢姓之外，还有马姓、麦姓等。这些大户人家除了高屋大院之外，都有各自的祠堂。随着老人家的指的方向望去，这些青砖大院虽然经历了改朝换代的风雨洗练，但透过门楼和院子里的石柱朱梁，依然可以感受到当年的气派。

在一座大宅门前，有一只大石臼。这只大石臼的直径比 28 英寸的自行车轮还要大。用如此大的石臼舂米，一次可放进五六十斤谷子，能使用此石臼的家庭，人口肯定众多。老人家说，这只大石臼旁原来还有一只形状像菱角的、碾土布用的石碾，但已去向不明。从老人家的讲述中了解到，大北街院还建有一座牌坊，名为太平坊，是大北街的民众捐资建造的，为了祈祷永享太平、安居乐业。今天大北街的太平坊社因此得名。

廉州大北街因其街内有跨街建筑的北大楼而名

大北街尾曾建有一座龙王庙，据称，庙里的龙王很灵。每逢天旱，有求必应。清末之际，朝廷积弱，列强侵入，洋教也随之渗透，占龙王庙建教堂和教会学校，教堂的楼房跨街而建，颇具规模。现在这些浸透着酸甜苦辣的历史建筑都不存在了，只见太平坊社的袅袅香烛不熄，似乎还在忆想着悠远的往事……

廉州府城内古有五大名井：廉泉井、东坡井、让水井、双月井。其中让水井和双月井都在大北街。

让水井在大北街南。据老一辈人回忆，由于此井之水有酒度，用来酿酒出酒率特别高，因此称为“酿水井”，意即酿酒之井。后人相传图简单，便写作“让水”。当时城内的居民除了用此井酿酒之外，还用作镀镜。用让水井的水镀出来的镜面不但光滑整洁，而且经久不变质，也许井水中含有某些特殊的化学成分在内吧。让水井得到了很好的保护，大北街居民集资建了围墙，现为合浦县重点保护文物。

古代的大北街是大户人家聚居的街道，这是廉州大北街的家族青砖老宅

双月井位于大北街尾，井建于何时没有准确的日期记载，但从井址的位置位于清廉州府衙后，万灵寺边（即城基路五金公司仓库内），应是明清之间。双月井因人立在井边可看见井内有两个月亮的倒影而得名。双月井宽三尺，水深一十四尺，井水清冽，冬夏水位相差不大，泉涌如喷，任汲不竭，20世纪70年代尚是居民常用的水井。后因自来水普及，井水少人用，逐渐被世人遗忘，只有故址存留，引起人们的怀古思情而已，现为合浦县重点保护文物。

1938年底，广东武术界“南方五虎将”之一赖成己在合浦县城发起成立了珠光国术社，并担任社长兼总教练，合浦著名的太极拳师金承珍任副社长。珠光国术社设在县城大北街。珠光国术社自成立以来，开设有南拳、太极拳、剑、刀、棍等多种国术班。该社还经常组织武术队伍到农村表演，所得收入作为开设免费学习班的经费。赖成己传授武术，先讲武德后教武术，常常教导子弟说，习武以强身为主，不得逞强欺人，强调“未学功夫先学德，德重于艺”。由于珠光国术社办班传授武术的成绩显著，为家乡培养了一批武术人才。

这就是廉州的大北街，一条蕴藏着许多历史传奇故事的老街……

埠民路

廉州埠民老街形成于唐宋时期，最初被称为“圩地街”。当时这里只是一个临时的露天货场，每逢三天才形成贸易集市经营，因此以“圩地”称之，意即露天的定期圩场。在这里设立圩地街，有得天独厚的便利条件，这里是廉州府城的西门出口、西门古渡口所在，既有河道航行的便利，又是钦廉古道必经之路，水陆货运都集中到这里装卸分销转运，这一带便成了货物集散地。每一次的货物分销转运结束后，这里就只剩下一块空地。用“圩地”称之，有货成圩，无货便是空地一块，正是廉州方言的特色之处。

后来，随着货物集散交易的定期性，便有了约定俗成的圩日，或逢一三五，或逢二四六，有了定期的商贸交易，也就有了固定的市场。由于市场是靠着江边的埠口码头形成的，这里往来的多是行船经商之人，廉州方言称之为“埠民”，故以“埠民”为圩名而称“埠民圩”。

宋元之间，凭借南流江入海通道的多元化功能发展，这里出现了“缸瓦市场”、买盐市场、卖鱼市场等专业化经营的市场，著名的“东粤四市”（广州花市、东莞香市、罗浮药市和廉州珠市）之一廉州珠市也设在这里。专业化经营市场的形成和发展，促成了固定市场街道的建立，缸瓦街、买盐街、卖鱼街等专业化经营街道应运而生，并存续到今天，专业市场多，商店商户也多，一些有钱的商户为了方便，在建商店时干脆连装卸码头也一起规划建设。于是埠民圩除了西门江两岸公用码头之外，又增加了许多商店自备的小码头。埠民圩也就顺理成章称为埠民街，成为岭南著名的天涯埠市，名列“廉阳八景”之首。

廉州埠民街的骑楼

到了清末民初，埠民街发展成为钦廉四属的商贸中心及对东南亚一带开展贸易的市场。埠民街形成了烟花爆竹、棉纱布匹、烟丝加工、糖酒、珍珠、陶瓷等六大专业市场。这些市场行业拥有的企业群体庞大，多者的工厂有四五十家，而埠民街的商贸格局则向隔江的惠爱东、下街、新街、篓行街一带扩展。埠民街的产品远销两广港澳和东南亚一带，有些行业如烟花爆竹等还把企业办到了东南亚。据此，把廉州埠民街视作钦廉四属近代轻工业的发祥地，是有史据的。如今埠民街一带还存留着大量的近代轻工业创业时期的工厂或作坊遗址遗迹，这就是最好的见证，也是极为珍贵的文化旅游资源遗存。

廉州埠民街老房子

在革命战争年代，埠民街的“有生号”商铺，是1938年4月中共合浦特别支部成立的旧址；埠民街尾的儒家巷是1939年2月成立的中共合浦中心县委机关旧址；“永信号”烟庄，是1943年中共钦廉四属联络机关旧址；此外，中共合浦地下党还在埠民街一带设置了三个地下交通情报站，至今旧址犹在。

廉州埠民街商铺的窗趸铺

廉州埠民老街全长960米，骑楼商铺最多时达三百间，至今还保存有1928年扩建埠民街时的街道布局及店铺商号资料。今天，漫步在埠民老街，还可以在骑楼廊柱和墙体上找到这里商号的字迹，其中不乏有名家书法。如国民党元老于右任就曾为老街人家题写有“绪楼”的匾额。在老街的传统工艺行业中，保存至今的“协荣”“协和”商号，是已经传承了九代的传统手工珠宝银饰加工店，具有300多年的历史，堪称一绝，吸引了中央电视台、广西电视台前来采访拍摄。

走在埠民老街的骑楼下，不经意间会发现廊柱下的界至砖。这是古时候居民建造骑楼时，为了明确房产权限，就在砖块或石块上刻上屋主人的姓名、建设时间、规模四至等文字，以作后世继承见证的碑记。为了维持家族的繁衍，有的界至砖上面还专门刻有“分家者不得继承房产”的说明。这是埠民老街的又一人文特色。

学前街

学前街是古廉州文化教育兴旺发达的见证。

学前街，因位于宋代廉州府学孔庙东侧，故街道取其名为“学前”，真是名副其实。遥想当年，这里书院接踵，学子如云，钟鼓呼应，书声阵阵，书香飘溢。遗憾的是，如今的孔庙却成了卖彩票之所。红墙院落犹存，诗书经卷却无处寻觅。

学前街是古书院集中的地方，除了府学孔庙之外，还设有天禄书院、至德书院、南洲书院、述古书院、攀龙书院、随达书院、联珠书院、龙门书院（中心小学）等。此外，相邻的还有珠瀛书院，地址在今廉州白石场；味圣书院，地址在今廉州白石场；吟梅书院，地址在今廉州青云路。

学前街因其在廉州孔庙前而得名

其中，攀龙书院是辛亥时期革命志士的秘密联络点。当年的同盟会员苏乾初、罗侃廷受命从广州潜回廉州，就是在攀龙书院以教书为掩护，召集义士，于 1911 年 9 月 27 日发动武装起义，推翻了清政府。如今，几经沧桑兴废之后，这些书院都湮没了。但漫步其中，仍可发现一些建筑遗址。其中一间大屋至今依然保存完整，除了整体结构完整之外，雕梁窗格、彩绘犹存的画檐依稀可见。特别是大门前的滴水檐板，精雕花草、细刻鸟虫，近乎完好。可惜的是，整座大屋分租给好几户人家挤在一起居住。这座堪称廉州古城内唯一完整的旧大屋，

学前街的青砖老屋熏染着浓浓的书香，学前街因在府学孔庙前而名，曾是廉州府城书院的集中地，曾设有六七家书院

学前街书院旧址

如果得不到有效的保护，损毁湮没也只是弹指之间的事。廉州古城内诸如此类的历史陈迹遗址应当引起政府的重视，相关部门应及时采取有效的抢救保护措施。由于历史的原因，我们这一代手中损失的古遗址古文化比较多，因此，我们有责任为后代尽可能多地留传一些不可重生却又日益湮没的历史文化遗产。

下街和新街

廉州街城建城于唐朝，宋朝开始建筑城墙，宋代城墙经过明、清历代二十多次的维修扩建，形成了雄踞南疆的坚固城池，因此古有“不怕廉州人，最怕廉州城”之说，由此可见廉州城墙的宏伟。当年，廉州古城西门城墙外有两条很具特色的街道，就是下街和新街。

下街，顾名思义，就是城墙下的街道。由于廉州古城墙在 20 世纪 50 年代已被拆除，后人已不知道下街的得名来源于廉州古城墙，因此，“下街”的名称也就成了今人的疑问。下街全长 220 米，面对古城墙，背倚西门江，南与惠爱桥相接，北通古城护城河，别看这段 220 米的旧街老巷显得又窄又旧，其实这里曾经有过辉煌的历史。

走进下街，最引人注意的就是那青砖结构的老屋深宅，石板条铺垫的街道，用花岗岩作基石的商铺，还有那绘有画的门墙和悠长的担水巷。从这些岁月痕迹

廉州下街因建在古城墙下而得名，清代的会馆、酒楼、当铺多聚集在这里，北海最早的行业工会就诞生在这条街道的青砖老屋里

斑驳的老建筑中，人们可以想象出当年这条街的繁荣景象。当年的下街有廉州“一寺四庵七十二庙”之一的三圣宫。三圣宫不但是廉州主要的寺庙，还是廉州第一间职业实习学校所在地。民国初期成立的廉州商业小学就设在三圣宫。下街处于惠爱古桥和上新桥之间，惠爱桥始建于明正德年间（1506—1521 年），上新桥始建于清嘉庆三年（1798 年），两桥之间还有四个码头，作舟船停泊之用，下街依托西门江交通便利的优势，成为商业繁华的街道，其繁华甚至兴旺过城内的街道。广府人来廉州做生意，还专门在下街建了一个慈善机构——长春旅所，每年春秋两祀于此举行，与三圣宫相呼应，独具特色。光绪三十四年（1908 年）成立的廉州商会也设在下街。民国初年，廉州商会改名为合浦商会，会址直至解放初期都是在下街。民国时期的一些工会组织（如 1926 年成立的店员工会等），会址也都选择在下街。廉州最大的典当铺也设在下街。这里又是廉州商贾集中居住的街区，因此，下街保留的老屋大宅特别集中，也特别完整。“文革”时期，下街曾被改名为“新风街”，直至 1980 年恢复原名。今天的下街虽然已被挤成了一条小巷，但其历史内涵依然存在，它顽强地见证着廉州古城的历史和变迁。

与下街巷口相对的是新街。新街因何得名，至今已经很少有人知道了。面对着这样一条只有 190 米长又旧又窄的老街巷，人们对“新街”名称的质疑是最多的。其实，新街并不“新”，早在清末就开始建街了。建成之时，适逢辛亥革命爆发，推翻了几千年的封建帝制，人们为了纪念辛亥革命，取辛亥的“辛”，为谐音而取名“新街”，这就是新街得名的由来，可谓见证了一个新纪元的变迁。新街与下街一样，都是背倚西门江，面向古城墙，新街得傍古城西门金肃门之利，当年也是繁华兴盛之地。廉州最大的寺庙之一华光庙就在新街口南侧。广府人来廉州府城做生意，建立的广州会馆也在新街口，会馆旁的码头也给新街带来了勃勃生机。每年春秋之际，广府人请来粤剧戏班在华光庙通宵达旦唱大戏，红船子弟往返于斯，热闹非凡。新中国成立初，合浦文化馆、大戏院也曾设在新街，这里颇有文化中心的气息。

廉州古城墙下的下街和新街，这四百米长的两条街道在岁月的风烟中积淀了厚重的历史元素，存留的历史景观虽然已有一部分在沧桑变迁中湮没了，但是它们的存在价值并没有因此削弱。随着时代的发展，下街、新街与惠爱桥组成的历史景观群一定能够重焕光彩，为已经消失而又不可能重现的廉州古城作证。

定海路

定海路得名于廉州古城的南门楼——定海门。定海门又称南大门，地址在今定海北路与解放路交叉处，即还珠宾馆北侧。取名定海，寓意海不扬波、国泰民安。定海门楼前是护城河入海河段，又是雷、廉的主要出口通道，门前有定海桥。沿护城河依次有攀龙桥、龙门桥、云龙桥、登龙桥。登上城门，可听海潮波声、可见桥带相映，是寄情抒怀的好去处。

定海路南门外东侧，即今防疫站一带，原有天妃庙。据称清初海禁时期，涠洲居民被迁移入内地。有一天，妃神像随海潮飘到廉州附近。涠洲移民认得是原涠洲三婆庙的神像，于是就近建天妃庙祀之。此后，廉州府城内的商人和居民经常祭祀，凡有祈愿皆灵验。

天妃庙南侧有马王庙，地址约在今人民医院东面。在当时也是一座较有名气的庙宇。在当时，由于各种地方势力忙于争夺地盘，“八属（钦、廉、高、雷、琼、崖、罗、阳）军”占据廉州，意欲实行割据，无暇顾及地方治安，一些土匪武装趁机招兵买马，占地为王，势力较大的翁贵卿匪帮占领了马王庙和天妃庙一带，残害百姓。

1927 年 1 月，国民革命军第四军第十一师补充团教导营第二连对翁贵卿匪帮发起清剿。战斗从拂晓开始打响。由于翁贵卿匪帮利用马王庙和天妃庙的有利地形进行拼死抵抗，战斗非常激烈，一直打到第二天凌晨，第二连连长陈明珧带领敢死队发起猛烈的攻击，终于攻克了马王庙和天妃庙，陈连长在战斗中不幸被翁贵卿匪帮的炮弹击中，以身报国。是役，以消灭匪徒二百余名，翁贵卿匪帮败逃公馆、白沙而结束。国民革命军第四军第十一师补充团教导营第二连连长陈明珧以下二十余名军人以身报国。马王庙战役成为民国年间合浦三大剿匪战事之一。战事结束后，为了表彰连长陈明珧及以下二十余名军人的英勇事迹，当时的地方政府在马王庙附近对他们予以厚礼合葬，并立石碑以永志其功。后来，由于建设的需要，这座“国民革命军第四军第十一师剿匪阵亡（刻列战死军人名字）之墓”被铲除，剩下的石碑则被后来的生产队移到东较场古水井旁的晒场边作石凳。

定海路南门外西侧，有接龙庵，地址在今还珠宾馆至广场一带。据史籍记载，接龙庵建于宋代，是廉州名刹之一。接龙庵周边古木参天，浓荫蔽日。庵前有茶亭一座，茶亭柱上有楹联云：“坐坐松松力，谈谈饮饮茶。”由此可见，接龙庵是人们出入南门歇脚乘凉或踏春访友的聚会之处。

接龙庵与廉州古城南门护城河上道光年间建的云龙桥、龙门桥、攀龙桥相呼应，可谓“群龙云集”。接龙庵毁于民国年间，而定海门在抗日战争时期，为了便于疏散城中民众而遭拆除。定海桥西侧原有还珠奶店。星移斗转间，这一切都湮没了。

白石场

在宋代，朝廷对廉州的海盐生产经营采取了严格的管制措施。元丰三年（1080 年），朝廷规定廉州每年产盐 3 万石，以每石 110 斤计，年产量达 1650 吨，这是一个相当大的数字了，这 1650 吨海盐要供应广西的 19 个州，而北宋时的广西只有廉州府的白石和石康两个盐场。在海盐供应十分紧缺的情况下，绍兴七年（1137 年），时属廉州府辖的钦州新开了白皮盐场。到了绍兴三十年（1160 年），廉州府“每岁纳盐货”已达 3000 吨。有必要说明的是，这 3000 吨是指令性计划，必须按时纳贡。元明代，基本沿袭了宋代的盐业制度，但因为战争频起，廉州的盐业生产受到破坏，盐田残损，产盐量低，盐贵奇缺，导致以海盐为供应源的 19 个州中，出现了民不敢食盐，“十户九淡”的紧缺状态，这种状态一直延续到清代，才逐渐得到恢复发展。

清康熙十九年（1680 年），朝廷将白沙、白皮、白石三个盐场合并成立了白石场盐场。白石场盐场的辖区包括了北海、钦州、防城海域的生产区。康熙五十六年（1717 年），朝廷因为白石场辖区太广阔，又将之分为白石东场（合浦）、白石西场（钦、防）两个盐场。乾隆三十九年（1774 年），两盐场的产量达 2865 吨，基本上恢复了宋代的产量，但此时广西人口剧增，宋代时，海盐基本自给（时每人每年消费量达 2800 克），到了乾隆年间，廉州海盐的年产量为 2865 吨，而年需求量却达 17910 吨，自给率仅为 16%。于是，廉州的海盐专卖局面就愈加严峻，成为朝廷重点控制的特供产品，相关的措施制度也近乎苛刻。

为此，朝廷专门在廉州设立了白石场盐务管理机构，因署衙就设在水洞口至学前街之间，后人便把白石场盐务管理机构所在地称为白石场，白石场这一地名就这样沿称下来了。

上、下仓街逸事

清军入关之初，除了各种各样的抗清武装使清政府疲于奔命之外，还有一个至关民生的问题困扰清廷，那就粮食供应。不但老百姓的日常需求无着落，就连军队的粮食也无法保障，只能长线调运，顾此失彼。康熙十八年（1679 年）六月，康熙帝亲自下令各地要"多积米粮"，"以备凶荒"，并明文规定各地都要设立社仓、义仓，实行春借秋还制度，"春借一石，秋还一石一斗"，这一斗就是利息。康熙二十一年（1682 年）七月，康熙帝又再度下令，各州、县、卫、所都要设立常平仓，并具体制订了各级官员劝捐米粮的奖励办法。当时廉州是府治所在，按规定也要设立常平仓，而且设立了两处。因其位于廉州府衙门西侧，以衙门为方位，靠近衙门者为上仓，离衙门稍远者为下仓，于是，廉州城内便有了两条专业街道，这就是上仓街和下仓街。

上仓街位于廉州府衙门西侧，又在廉州古城北门口旁。在此设置粮仓，显然是为了运输方便。因为当年廉州古城北门口就是古雁湖所在，即今北河塘。当时北河塘直接与西门江相通，是最理想的运粮通道。此外，廉州游击营署衙门又设于古城北门侧，看守护卫更加有保障。由此可见古人选址的精明。

下仓街与上仓街仅隔一条马路，即今中山路，当年这一带是生员考试的地方，因每逢考试都搭有临时考棚，故又称为考棚街或考棚场。下仓街的场地要比上仓街宽阔，几乎延伸至廉州古城小南门（即今解放路），小南门前有护城河，古称牛屎塘（即人工湖后改为还珠广场），牛屎塘有水道直入西门江（即还珠戏院与工人文化宫之间的水沟），由此可见，清代廉州府的粮仓规模之大，布局之合理，南来北往都可借助水路来运输。

大概是由于粮仓的缘故，清代廉州府的书院大多与上、下仓街为邻。真可以说是五谷香处书香浓。在上、下仓街内行走，处处可见古代建筑的遗址，狭窄深幽的悠长曲巷，时时勾起人们的思古情怀。

按照当时的规定，谷仓设置以大、中、小三等州、县来确定规模。大州贮谷一万石，中州贮谷八千石，小州贮谷六千石，仓谷每年以三分之一的额度出旧纳新。廉州是大州，常年的贮谷数量均保持在一万石以上，这不但对缓解廉州府境内的“凶荒”起了重要的作用，也为朝廷的备战备荒做出了贡献。如康熙五十二年（1713 年）二月，廉州府属各地因水灾引发饥荒，粮价贵至每石二两（平时约 300 文），幸有廉州常平仓贮谷量足（部分从安南调入），得以及时解民饥困。又如乾隆七年（1742 年）八月，因龙门军事所需，清廷一次就从廉州府仓调运了一万石谷粮“以济兵民”(《清实录·高宗卷》)。

乾隆六年（1741 年），清廷加强了各州常平仓贮谷的数量，按规定，廉州常平仓的贮谷量已有五六万石。乾隆二十一年（1756 年）正月，清廷又开放合浦县山口圩关，以低税率的优惠政策吸引安南大米直接进口至廉州府城，这一措施有力地促进了廉州府仓的贮量，使得内地米价大减。乾隆三十年（1765 年）十一月，清廷把高州仓大使改为高廉道库大使。管仓官员也连升二级，从九品官秩提升至正八品官秩。库大使官衙就在上仓街，直属布政司使从二品领导，专管贮谷调运，相当于今天的国家粮食直属库吧！

三甲社兴仁坊

廉州三甲社的兴仁坊，是廉州古城现存的建成年代较早、规模较大、保存格局较为齐全的社坊合一的民间祭祀活动场所。

三甲社兴仁坊本身，是一个倒挂的称呼。为什么会出现这样的情况呢？这得从中国古代的社坊制度说起。

中国古代的社坊制度确立于汉代。当时为了管理方便，在一个城堡里设立若干封闭的居住区，每一个居住区就被称为“里”，即人在里面居住的意思。随着社会分工的发展，城堡里有了商业和生产的工场，为了保护城堡里的宫殿和衙署居有者的生活特权，统治者就把商业和生产的工场建墙分隔开来，进行分类管理。由于这种分隔是采取棋盘式的，城里的街道被分为大小不同的方格，四周设墙，中间设十字街，四面各开一门，晚上关闭门，这就是坊的最初形态。

廉州三甲社兴仁坊

在汉代，各级行政机构中都立有社。社，是祭祀的场所。乡以上的社由政府设置，官府致祭。里社则由居民自己组织祭祀，每年春二月、秋八月的上旬举行社祭，祭后在社下宴饮行乐，费用全由里社居民分摊，有时也采取捐献的办法。除去集体的祭祀外，个人也常向社神祈福、立誓、禳病。

唐代，朝廷下诏强调社祭，令民间普遍立社。春秋两次社日成了法定的民间祭祀。社的职能也因此增加了协助乡、里督催耕作，团保防盗，应官差遣等作用。

到了元代，颁布农村立社法令，社成为社会基层组织。农村社制以自然村为基础，原则上五十家立为一社，各种人户均须入社；社设社长，由社众推举年高、通晓农事、家有兼丁的人担任，免除本人杂役，专务督促农业生产，协调社与社之间的关系。城市社制，社设在坊下，一个坊的建制下往往会管几个社。

由此可见，按照社坊制度的行政管辖，三甲社兴仁坊应该称作“兴仁坊三甲社”才合乎体例。三甲社兴仁坊的称谓之所以如此约定俗成，与兴仁坊的存废有关。据有关史料记载，兴仁坊建于明代后期，康熙三十八年（1699 年）、乾隆四年（1739 年）、乾隆十八年（1753 年）至光绪二十九年（1903 年）均先后有过重修。

而在此期间，廉州府出了一名钟姓的二甲进士。该进士在兴仁坊附近建宅居住，繁衍成村。后来朝廷新增村社建制时，就以该二甲进士的住地命名，先命名的为头甲社，后命名的跟在二甲进士住地后为三甲社。这就是廉州一、二、三甲社的建制和称谓的来历。后来，兴仁坊屡遭兴废，而“坊”的行政建制功能也随着时代的变迁退出了社会舞台。三甲社的居民捐资在三甲社位置重建兴仁坊后，就顺着三甲社的地名而称“三甲社兴仁坊”，因此形成了文字上的倒序。随着时日递增，居民大都以三甲社称之，兴仁坊反而少人提起了。三甲社兴仁坊内现存乾隆十八年的碑刻一方，光绪二十九年重修的顶梁和兴仁坊的嵌名刻联石柱，其联曰：“兴起文才三甲冠裳并耀；仁胞庶姓一坊德泽均沾。”这些珍贵的历史证物为后人考究廉州的民俗文化提供了可靠的凭据。

三甲社兴仁坊重建后，成为廉州民俗活动的主要场所之一，后来又成为老人体育活动中心。自 1997 年在这里举办了迎接香港回归龙舟赛以来，三甲社一直都是廉州各种民俗活动的聚集点，特别是每年的二八月，三甲社依例举行了一年一度的春秋祭祀，在古坊古社依古礼进行，热烈庄重中更多几分古韵，使人更真切地领略到春秋二祭的历史文化内涵。

文昌塔

据《合浦县志》记载：“（合浦）郡城南隅无高岗，江流斜去，形家所忌，坟民无贮蓄，科目也廖廖，故建塔镇之，名‘文昌塔’，取丁火之义。”以寄寓文明昌盛之意。

文昌塔距郡城仅 3 千米，建于明万历四十一年（1613 年），文昌塔高七层，八角形，是一座叠涩出檐平座空心砖塔。其造型从底层向上逐层收拢，一层比一层窄，一层比一层小，并在塔心设阶梯逐层次第回旋往上，可登至顶部。塔身结构全用青砖对缝粘砌，表层抹灰浆，每层叠涩出檐上置平座，开着东西通风门，即坤门与凤门，其余是作装饰之用的假门，塔内有阶梯盘旋而上。塔身为白色，角边和拱门边为红色，红白鲜明，既朴素又美观。底座直径 8.1 米，空心内径 2.6 米，塔尖为葫芦宝顶。从底座至塔顶共 36 米，仰视弥高，确似一支巨笔直指云天，使人观之顿生蟾宫折桂的豪气。文昌塔巍然独峙案山之上，地处高阜，南襟禁山，西倚望洲岭，东北临府城。登塔眺望，海天胜景尽收眼底。合浦文昌塔对研究古代文化艺术及建筑力学都有较大的价值，因此有“南部宝塔之冠”的美称。

合浦的民间流传曾把合浦文昌塔与苏东坡拉上了关系。据说苏东坡在廉州时，也常到学宫去看望教师学子。有一次，一位督学到廉州后，因某事而对教谕产生不满，就以现场面试学生为名，行刁难之事。这位督学出的考题上联是："宝塔尖尖，七层四面八方。"而被抽去面考的学生大都是新生，看了这一考题后，都摇手示意对答不上。督学正要以此来嘲笑教谕，这时苏东坡走了进来为之解脱，说："这些学生都答对了啊！"督学见是苏东坡开口，也不好发脾气，就问，全部的考生都摇手示意答不上，怎么说是答对了呢？苏东坡笑着说，学生们摇手是因为大家都知道了答案，但谁都不愿说出来，怕被别人知道了，跟着答题。这些学生的答案是："玉手摇摇，五指三长两短。"考生们听了立即恍然大悟，欢呼应答，督学也无言以对。

建于明代的文昌塔

有风水家把文昌塔讹成康基田建的。他们言之凿凿地称，当年康基田建文昌塔就是要把廉州的风水镇住。其实这是以讹传讹。康基田是乾隆三十七年（1772年）来廉州当知府的。而文昌塔是万历四十一年（1613年）建的，二者相差了160年。建文昌塔的人是时任廉州知府的刘行义。

刘行义，号伊人，漳浦人，进士出身。明万历三十九年（1611年），任廉州府知府。刘知府任职期间，清风惠政，精明详审，爱民礼士。刘知府下车伊始，便深入民间，体察民情。

刘行义来合浦当官的时候，刚好碰上合浦连年灾难不断，先是万历三十八年（1610年）发生了虫灾，蝗虫把树叶、草皮都吃光了，只剩下石头没有吃。到了万历三十九年（1611年），廉州府又发生了大水灾，饥民遍地。刘行义的第一个措施就是打开朝廷设在廉州的粮仓，帮助廉州府居民安全度过饥荒。当时有部属劝他，先斩后奏动朝廷粮仓是要被杀头的。对此，刘行义坚定地表示，只要能解救灾民，一切后果自己承担。廉州府从宋代起就是朝廷的盐税基地，卖盐要有专卖证，古代叫"盐引"。有的不法盐商就和官场勾结，买卖"盐引"牟取暴利。刘行义坚决打击，把盐务经营纳入民生管理，经营所得，全部用于救灾。

刘行义还整理农耕、办书院、恢复珠市，使廉州府的经济迅速得到恢复。刘行义又带头捐款办学，修葺学宫。在当时，廉州府多年来没出过一个科举人才，对此，乡绅们都认为廉州府城周边的地势过于平坦，无法积聚文运才气，因此纷纷向刘行义提出许多整治风水运脉的建议。考虑到大家共同的心理需求，同时也是为了鼓励更多的学子勤奋读书应举，刘行义牵头捐资发起修建宝塔。宝塔建好后，就以文化发达昌盛之意，取名文昌塔，以培文运，象征地方文运昌盛，科举考试顺畅连捷。说也巧合，自从刘行义于万历四十一年（1613 年）捐资发起建成文昌塔后，合浦就连出了多名进士和举人。因为有了刘行义在廉州的清廉勤政作为，才有今天的文昌塔，这就是刘行义在合浦留下的事典和古迹。

海门书院

海门书院是廉州现存最老的书院。海门书院位于西门江边海角亭旁，其前身是明嘉靖元年（1522 年）创办的“还珠书院”，后又称“海天书院”。清康熙四十五年（1706 年），廉州府知府施世骥建于府城外西南砥柱矶，海门书院。书院于每年春初招县内士子 50 人入院，设科举制度三年一科，攻读三年毕业。海门书院的主持人（相当于今天的校长）名为山长。

清康熙五十九年（1720 年）知府徐成栋增建，置有学田。乾隆十六年（1751

海门书院海门书香

建于明代的海门书院

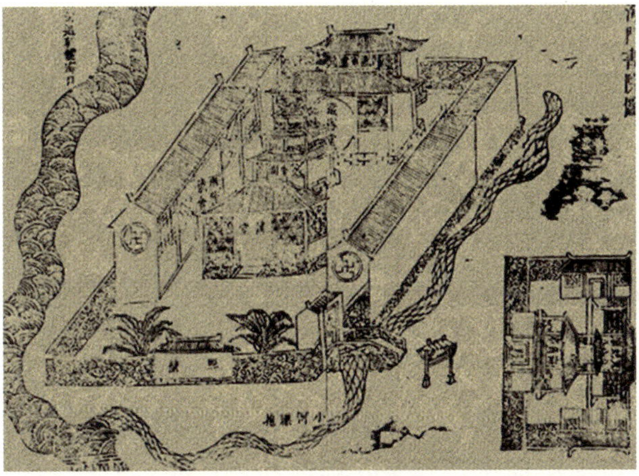

左上、下图为清代海门书院全图，右图为“海门书院”题匾

年）知府杨枝华把仅有院租充公，于是书院废止。乾隆十八年（1753 年）知府周硕勋改建，名“海门”，合浦知县廖佑龄前后拨上下乡南山等处田租作童生伙食费，拨冠头岭网地箔地租为掌教薪水银。此后，又先后经过嘉庆、道光、光绪年间的多次重修、改建扩建，加建漾江轩、浮碧榭亭、凝碧轩、奎文阁、讲堂及后座，增建两廊房舍，左右各九间，头门三间。左厨房、右小房各一间，前楼讲堂、堂下左右学舍各三间。建卷棚下左、右学舍各三间，三间卷棚接奎文阁，阁左、右厨房各一间，阁下右学舍三间，下建登龙场，外为头门三间，门外环短墙，又增加田租钱谷以助书院经费，并加正附课额。海门书院建成后一直是廉州府的重点学校。光绪三十年（1904 年），中国科举结束，海门书院改为廉州中学堂，屈指算来，从还珠书院到海门书院，再到廉州中学，共历数百年，后人称廉州中学建校百年，其实是指廉州中学改名百年，其建校历史应从康熙四十六年（1706 年）算起。

上新桥

廉州上新桥是一座大家都非常熟悉的古桥。但是，提起上新桥的前世今生，知道的人恐怕就不多了。上新桥最初的名字叫登龙桥，建于嘉庆三年（1798 年）。上新桥的修建与惠爱桥有着密切的关系。

惠爱桥最初的名字叫永济桥，建于明代成化十七年（1481 年）。嘉靖二十九年（1550 年），廉州知府何御在桥头增建门楼一座，在门楼上刻匾志曰“永济”。

嘉靖三十四年（1555 年），廉州知府何御扩建廉州城时将西门扩大，时廉州古城西门外原是古代秋天处决犯人的地方，因秋天萧飒杀气重，西门故称金肃门，因此，永济桥又称金肃桥，这是惠爱桥的第二个名字。

后来，有一位讲究风水的知府到廉州上任，他巡视了廉州府城的环境后，认为西门开在秋决之方位，桥建于此作为府城的主要出入通道，有碍风水，于是就把金肃桥拆除，移建于上游，由于新桥建于金肃桥的上游而称为上新桥，即上游的新桥之意。同时也用原名永济桥称之。这就是上新桥得名的由来。

再后来，另一位新知府到廉州上任，这位知府又听风水家说，上新桥作为府城的主要通道，处于府城的西北角，是死门，不利仕途。于是，这位知府又在金肃桥旧址按原规模重建一桥，桥建成后，因其在金肃桥旧址，故取桥名曰“旧

始建于明代的上新桥

桥”，这是惠爱桥的第三个名字。“上新桥”因此废弃不用。

到了清代嘉庆二年（1797 年），廉州知府常格认为廉州府城仅有西门一桥，不利于府城纳运聚势。于是发起捐资，第二年在上新桥旧址重建石桥一座。石桥建成后，取名为“登龙桥”。到了道光十年（1830 年），时任知府张堉春又发起捐资扩建，仍称“登龙桥”。而民间多以“上新桥”沿称。

上新桥的圆拱形桥墩

登龙桥的七个桥墩全部用石条建造，桥墩设计为橄榄形，橄榄形的两面尖头顺着江流而砌，这样就有利于借助两面尖头来削减江流的冲击力，特别是在上游洪水下泄或者是海潮上涨造成江水反逆的时候，就能有效地缩小激流对桥墩的冲击面，起到保护桥墩的作用，这是非常聪明的设计。桥墩上架石柱为梁，梁上铺厚木板为车马人行道。桥两端的第一个桥孔用青砖砌成圆拱形。登龙桥的建筑材料以石为主，以青砖为饰，横跨江面，古色古香，蔚为壮观。

1970 年重建时，基本保持了原有的形状与建材。只是桥面用了混凝土结构代替。重建后的桥长 50 米，桥面宽 5 米。中央电视台曾在上新桥取景，作为“海上丝绸之路”黄金水道的物质遗存播出。可惜，2010 年被拆除重建后，面目全非，已无古桥样貌。

东坡亭畔扁舟亭

扁舟亭位于东坡亭西，倚湖而立，是为了纪念苏东坡而建的。亭取名“扁舟”，也是出自苏东坡从海南渡海赶往廉州途中所作之诗中的句子。

公元 1101 年六月，苏东坡接到获赦量移廉州的诏令后，立即从海南启程北归，到达石城（古合浦郡地，今廉江）海岸时，因海上风高浪急无法行船，只好离船上岸在兴廉村净行院留宿。在客途阻滞中，苏东坡回顾近十年间的仕宦流放生涯，感慨之中，挥毫写下了《雨夜宿净行院》一诗：

芒鞋不踏利名场，一叶轻舟寄渺茫。

林下对床听夜雨，静无灯火照凄凉。

苏东坡一生遭际坎坷，宦途确如江上行舟，他的诗词中也多以江上行舟借喻。如“小舟从此逝，江海寄余生”“扁舟震泽定何时，满眼庐山觉又非”“舟行瞿塘口，两耳风鸣号，扁舟落中流，活如一叶飘”。

扁舟亭

苏东坡在《答李端叔书》中，更是无限感慨：“得罪以来，深自闭塞。扁舟草履，放浪山水间，与渔樵杂处，往往为醉人所推骂……”

苏东坡到了廉州后，得到了廉州吏民的热情款待，在廉州太守和石康县令的陪同下，他登上海角亭“万里瞻天”，在长春亭中尝廉州龙眼，于清乐轩里品合浦月饼，去东山寺访禅论佛，临荷花池听笙赋诗，使他一洗“静无灯火照凄凉”的孤寂失落，心境顿感开朗快慰，欣然作诗表谢意：“悬知合浦人，长诵东坡诗。”

苏东坡离开合浦后，珠乡人民建亭纪念，还在荷花池（即今东坡湖）建亭一座，以“扁舟”名之。后人又在东坡亭刻联记之曰：

岭峤归程颖滨归约，方以扁舟出世宜兴田好事心违；

惠州宅圮琼岛祠荒，只余万里瞻天海角亭高遗物在。

清廉州知府李经野《扁舟亭二首》

扁舟亭为四柱双檐小亭，是士子官宦暇日在湖面载酒、抒怀赋诗的好去处。如清知府李经野诗云："寂寂春亭晚，回环水竹幽。两年余宦迹，一叶此虚舟。廛市城边远，烟波槛外浮。当时弦诵地，怅望仰前修。""轩无清乐址，塘又属东坡。我有扁舟兴，亭宜载酒过。桥平通细草，水暖种新荷。久坐应垂钓，微躯愧笠蓑。"

辛亥革命时，廉州镇台衙门的火药局爆炸，东坡亭和扁舟亭夷为平地。民国七年（1918 年）重建东坡亭和扁舟亭。扁舟亭建成后，曾请广西大学校长马君武题匾额。抗日战争时，东坡亭和扁舟亭被日寇飞机炸毁。1944 年 10 月，珠乡名流士绅张国元、黄质文、邓世增、岑盛轩、许甘谱等发起集资重建东坡亭和扁舟亭，并将东坡湖一带辟为"东坡公园"，在今东坡亭东 20 米处建东坡公园门楼一座，门楼两侧有房。以建公园余资，在扁舟亭旧址复建扁舟亭。当时东坡公园内已有古亭三座，众议将扁舟亭改建为半中半西的现代建筑，一可作阅览室，二可作儿童游戏室。其面积为 300 多平方米，成长方形，四周有回廊。亭建成后初作中山图书馆阅览室，后又改作合浦电报局和茶室。亭内原有一联为：

绿柳飒飒赋歌好；扁舟悠悠可唱和。

1945 年，广东省第八区行政督察专员公署董煜将专员公署设在东坡公园内的味经书院。董煜将东坡亭前的东坡湖四周筑石，拓宽湖边四周的路，可通汽车，称环湖路。湖边四周植柳种花，并在东坡湖南边奎文路北侧增建东坡公园牌坊一座，牌坊为两柱单门，重檐建筑。牌坊内侧东坡湖通真君庙塘的出水处，建石拱桥一座，使环湖路四通无阻。东坡公园管理处曾置四只游艇供市民游湖。斯时，扁舟亭边泊舟，东坡亭旁赏花，东坡湖中听荷，别有一番景致。

1947 年，在扁舟亭东的镇台衙旧址（即今合浦师范）建合浦卫生院。新中国成立后，合浦卫生院改建合浦师范学校，扁舟亭改作合浦师范学生教室、音乐室或阅览室。1996 年扁舟亭被定为合浦县重点文物保护单位。

廉州城内的宋代寺庙

合浦是汉代"海上丝绸之路"始发港之一，又是古代佛教南传海路通道，从三国时期起就有佛教徒在合浦活动的记录，廉州古城内因此而留存的历代寺庙

合浦东山寺，据史传为南越王赵佗行宫遗址，晋代建灵觉寺，宋代重修后名东山寺至今。今东山寺为智梁法师于 2004 年重建

非常多，虽然这些寺庙在朝代更迭中屡经兴废，但仍有很多可以见诸史籍，宋代的五大寺庙就在其中，这五大寺庙是：东山寺、慈云寺、接龙庵、准提庵、元妙观。

东山寺是大家比较熟悉的。其原址是南越王赵佗的行宫，始建于秦汉之间。汉武帝征南越，平定岭南，南越王朝灭亡，后人在南越王行宫旧址上建灵觉寺，年代在西晋时期。后因战乱屡经兴废，到了宋朝，由宝山成禅师重建。寺曾取名为东山寺，意即源出东山法门正宗。此后，东山寺经过历朝历代的维修扩建，成为闻名四方的古刹，最鼎盛时，东山寺的用地面积达到近 200 亩。寺院的规模也越建越大，拥有四进两庑。四进即是第一进山门，山门有哼哈二将雕像守护，神像高丈余，脚踏恶鬼，造型极其逼真。民间传说东山寺山门的哼哈二将会转动，做了亏心事的人经过时会被二将捉住，其实这是心理作用，由此可见哼哈二将雕塑之生动。第二进是金刚殿，内有身高逾丈的四大金刚。四大金刚脚踏八大怪。第三进是大雄宝殿，殿中格局极为精致，四十六条格木大柱支撑起整个大殿。大雄宝殿供奉的是佛祖释迦牟尼和弟子阿难、迦叶。佛祖坐像连底座高五米以上，殿内还有十八罗汉雕塑。民间传说大雄宝殿是鲁班修建的，木料全部选用珍贵树种。但在设计时算少了一根行条，在架行条时才发现不够，于是鲁班就用木糠压成一条补够。这个传说虽然过于传奇，但东山寺的行条确有奇异。“文革”期间大破“四旧”，东山寺被拆毁，寺中的木料被用作学校的台椅和篮球架。木匠师傅在锯木板时，钢锯被木料中的硬物卡住，用斧头砍开时，里面有一颗白鸽蛋般大小的银白圆珠。这是笔者现场所见，当时的木匠师傅说这就是鲁班用木糠压成的行条。第四进是观音殿，供奉观音大士，观音殿前还有韦驮护法殿。两庑即南庑和北庑，分别作藏经楼、僧房、阅经房和安放历代住持圆寂后的灵位，还安放有几十尊大小不一的佛像。东山寺在“文革”中被毁坏，近年由珠城民众集资，修复了山门、金刚殿、观音殿、接引堂，大雄宝殿基础也完成了，可谓规模初成。

抗日战争时期，为避免日寇飞机轰炸，东山寺一度作为县政府所在地。

慈云寺即今保子庵，保子庵现在又是合浦佛教协会会址。慈云寺作为一方古刹，原有一定的规模，毁于战乱后，由准提庵的尼师来重建，于清初建成后取名为保子庵，沿用至今。据古代笔记丛书中记载，庵前的芒果树名“香芒子”，相传为达摩祖师在廉州时亲手所植，原树种于万灵寺，保子庵重建时，万灵寺遭毁，珠城民众便把此树移至庵前，屈指算来，已有几百年树龄，至今仍然生长旺盛。保子庵在慈云寺原址上重建的事迹，详见笔者拙作《重建保子庵记》《珠城名尼昙云法师》，此不复述。

廉州保子庵，原为宋代的慈云寺，明代重修后名称沿用至今

建于明代的北山庵

接龙庵，地址在今还珠宾馆至广场一带。还珠广场原为廉州古城南门护城河，又是古城排水泄洪工程的积水塘所在，古称牛屎塘。20世纪50年代后期，珠城民众义务劳动将此修筑成人工

湖，湖中建有两座湖心亭。2003年填平了人工湖，建还珠广场。南门护城河一带的古遗迹也就丝毫无存了。据民间传说，发源于大容山的西门江是廉州府的龙脉所在，龙头是大容山，仰视京都，龙尾盘于牛屎塘，作入海之态。接龙庵建成于此，以“接龙”为庵名，有聚集“龙脉”之意。与接龙庵相呼应，廉州古城南门护城河上有道光年间建的云龙桥、龙门桥、攀龙桥，自定海路口至还珠戏院排水沟沿河排开，可谓是“群龙云集”。可惜，星移斗转间，这一切都湮没了。

建于明代的廉州天妃庙门楼

敦煌石窟第323窟中的《合浦石佛浮江图》，见证了佛教传入中国的史迹

准提庵位于百货大楼青云路口至还珠桥头西华路口之间的解放路段，准提庵是规模较大的庵院，保存的时间也较长。1951年，廉州创建四育小学，校址就设在准提庵，至1961年才撤销了四育小学。此间，为了扩建西华路和建设解放路，大量拆除旧城墙，准提庵也被拆除，从此踪迹无存，仅存嵌名对联一副记于史籍，其联云：“准绳觉路；提醒迷途。”为清廉州知府李经野所题。

廉州古城内还建有一座北宋元祐四年（1089年）建成的道教院观，名叫元妙观，元妙观有自己的庙产以维持庙道观的日常开支，观中有道士、道姑主持香火、管理庙产，其规模仅次于东山寺。由于湮没年代久远，道观原址已无可考。

骑楼巷口的担水巷

走进廉州骑楼老街，相隔不远便可见一条条窄窄的胡同。这些胡同只有两米来宽，由于终日缺乏阳光，地面和胡同墙壁上长满了青苔，悠长的胡同向西门江伸延而去，这些胡同就是古时廉州居民挑水的专用通道，俗称“担水巷”。

廉州骑楼的担水巷都集中在西门江两岸的街道，西岸北起二甲社，南至埠民南；东岸北起篓行街，南至沙街尾。在这一千多米的街巷中，大大小小的担水巷、就像西门江伸出的抚摸古城的触角，探看着古城的世事沧桑。

每一条担水巷尽处都建有一座伸入江中的台阶，这些台阶是为了人们汲水方便而建的。台阶是青砖砌起来的，一级一级地进入江底，任凭江水起落，岿然不动，相互守望，就像古城贴附在江边的耳朵，在倾听着千里江流的历史回音。

要感谢不知名的那一位先哲，在廉州古城的修建扩展中，设计了这一条条与人方便的担水巷，为古城留下了一段段惹人探究、满载着情思的时光通道。因此，才有了西门江边，清晨晓月下的担水人影；才有了江花倒影中，绿柳翠荫下洗衣女子的笑语欢声；才有了孩童们跳水嬉戏的欢乐呼唤；才有了老翁垂钓、渔夫码头抛网的闲情逸致。

最撩人情思的，就是那黎明中的担水巷。鸡鸣残月中，烟绕楼台侧，担水巷中便响起了咯当咯当的木屐声，那是做早餐的女人们担水的脚步。当年的西门江江面宽 150 米，水深 6 米，水质清澈洁净，江岸两边的居民们都是直接饮用西门江的水。大清早起挑水，就是因为这时的水质最好。清晨中女人挑水的队伍也就成了一道别具一格的景观。

由于挑水巷又窄又深又长，古时候一早起来挑水，大都手提镜灯照路，这种四方形的镜灯结构别致，设计精巧。四面是玻璃镶成，留一面活动小门供点灯添油之用，镜灯顶上面做成喇叭形，顶端留有一定的空隙供气体流通，风吹不进，雨淋不到。晃晃悠悠的水桶，忽闪忽闪的镜灯，咯当咯当的木屐声，使担水巷充满神秘又而深幽的气氛。

担水巷夹在骑楼中间，木屐的响声显得特别清亮、悠扬。因此，只要有一户人家起来担水，左邻右舍都会被木屐声叫醒。一时间，深街曲巷里此起彼伏地回应着这呼唤新一天开始的节拍，是如此的动听、如此的真切，充满着强烈感召力的声音叩动着人的心房，呼唤着你精神抖擞、充满信心地去迎接新的一天，去开始新一轮的收获。

廉州老街的担水巷

暮色中的担水巷，是男人和孩童们的欢乐通道。父子相携，朋友相邀，一起来到担水巷的台阶码头。会游泳的跃扑水中，游向对岸；学游泳的双手叉住台阶，伸着双脚打水花；胆小的只好坐在码头的台阶上，半身浸着江水、泼着水花自乐。

月亮浸在江心，星星也加入人们戏水的阵营里，担水巷中响起了女人埋怨的声音、母亲急切的召唤，于是，担水巷里留下了水淋淋的脚印和女人教子的软语柔音，当然还有男人们掩饰失职而自我解嘲的、粗声大气的哈哈，哈哈……

第四篇

怀珠蕴玉媚山川

* 沙田，美人鱼的家园
* 山口，守望中的山海传奇
* 白沙，大廉港畔客韵长
* 公馆，千秋家园廉山情
* 曲樟，湖光山色亦传奇
* 闸口，走向大海写华章
* 常乐，南流江边家国梦
* 石康，南流江边古风存
* 石湾，江流入海诉沧桑
* 星岛湖，洪潮入海聚星岛
* 乌家，古驿门前兵车过
* 沙岗，天赐胜景聚七星
* 西场，大风江畔汉战场
* 党江，稻蛋基地美名扬
* 始发港畔军威壮

沙田，美人鱼的家园

沙田　沙田是广西唯一一个全疍家的建制镇，地处铁山港与英罗港之间，海滩平阔，沙柔水暖。加上有殿洲沙等沙洲作为屏障，挡住了海潮的急流，沙洲与海岸之间，也就成了鱼虾蟹鲎及各种贝类海产栖息的最好港湾，是渔家浅海作业的优良渔场。

这里是举世闻名的海洋珍稀动物“美人鱼”——儒艮的故乡；这里还有我国目前已发现最大、面积达 9000 亩的海草场；这个海草场是由联合国环境署主持，南中国海周边七国政府共同参加，全球环境基金提供资助的海草保护与管理示范区。海草场、红树林和珊瑚，被称为三大典型海洋生态系统，沙田在这三大典型海洋生态系统中，占有其二。

合浦沙田是国家级“美人鱼”儒艮的自然保护区，左图为保护区标碑，右上图为合浦海草场，右下图为儒艮

1983 年，沙田公社海战大队的一组照片

沙田的“美人鱼”景观，更胜于安徒生童话中的美人鱼传说。因为，安徒生笔下的美人鱼再优美，如今只是海岸边的一尊守海相望的雕像，沙田的“美人鱼”却是活生生的、带人进入梦幻境界的天生珍物。

20 世纪 60 年代，沙田经常可以看见成群的儒艮在海湾中嬉戏翻腾。由于儒艮跳起来的时候形成一个弧形，很像划出了大半个车轮，因此，沙田的渔民都称之为“翻车鱼”。也许是这“翻车鱼”的“翻”字犯了渔家“翻船”的大忌，当时的渔民，对儒艮是敬而远之。当有成群的儒艮出现在海湾的时候，老一辈的渔民还会到海岸边烧香祈祷，所以很少有渔民将之捕获。只有在海滩上发现死去的儒艮时，渔民们才取其皮制成手镯。据说带上儒艮皮制成的手镯会给渔民带来吉祥好运，因此，沙田港渔民也有戴鱼皮手镯作为吉祥物的传统。但是另一方面，老一辈的渔民们又不时牵挂着这种大海的精灵。因为有儒艮成群在海湾翻腾跳跃之时，往往就预示着天气会有变化，渔家就会根据这些征兆调整出海作业。20 世纪 70、80 年代间，由于对儒艮的认识不足，加上当时炸鱼和密网眼捕捞作业，还有围海插桩养殖，在很大程度上造成了儒艮资源的人为破坏，儒艮几乎绝迹。近年来，随着海洋生态保护意识的不断提高，儒艮又渐渐回归沙田港海湾，不时又可以见到它们嬉戏翻腾的身影。

沙田渔火　每当海潮将退，便是渔家出海之时。渔家乘着竹排小艇，借潮水退落之势，渡海来到沙洲之上，海湾之间，寻找捞虾、捕鱼、捉蟹、耙螺的好时机。这时，夜幕降临，海湾中，沙洲上，便有各种各样的渔火亮了起来。宽阔无垠的浪脚边，星星点点，飘飘忽忽，浮浮沉沉，辉映在波峰浪花之中，沙田港就像是戴上了一串串夜明珠项链般，方圆几十里的海滩，流光溢彩，好一幅灿烂精妙的渔火图。

那星星点点跳跃着的，是渔家小孩照沙蟹的电筒光；那时起时伏闪耀着的，是渔家女挖沙虫的小镜灯；那飘悠悠晃动着的，是渔家小伙钓腊鱼的马灯；还有那如小太阳般白灿灿的光辉，就是拖网船的作业灯光。各种各样的渔火，就这样在茫茫的大海中争辉，在浩渺的波涛中灿烂。犹如九天银河附落海湾，又似都市霓虹流光溢彩。沙田渔火的精妙之处，不只在于它构成了光彩辉映的景观，还在于它蕴含着创造的价值和收获的努力。

妇女服饰　海滩边，穿着阔袖大口、宽短裤脚的黑布斜襟衫，戴着东坡笠的沙田疍家妇女，或正在三五成群的织网，或正肩扛铁锄竹篓结伴而行去挖沙虫。沙田疍家妇女喜爱留长发，把头发结成不容易散开的五绞辫，发梢上缀红绒，未结婚的就让长辫摇晃着垂于腰间；结了婚的妇女把长辫在头顶上盘成髻。劳作时，把一块方格花纹的夹层方布包在头上，方巾的左右两角交结于下颊，“犹抱琵琶半遮面”。这种装束打扮有利于在海上作业时遮风避雨，便于步滩涉水中的劳作。正是这样一种为劳作而设计的装饰，成就了沙田疍家女人的古韵遗风。今天，许多人只能在影视镜头中看到的古韵遗风，在沙田却能完整地保留着，延续着……

顶起半边天的合浦沙田渔家妇女

煮薯莨染布浆网　在沙田，渔民获松闲的时候，常见疍家男子汉在海岸边搭起锅灶，这是在煮薯莨染布和浆渔网。疍家人常年在海上劳作，风吹雨打太阳晒，海水和汗水经常泡着身上的衣服，用薯莨熬成的浆液染布再制作的衣服，不但适宜四季穿着，更重要的是耐酸碱、耐磨损，是疍家人喜爱的布料。染布之后的浆液，再用作浆渔网。在没有化纤胶丝之前，都是用麻棉线织网的时代，用薯莨浆网，这一工艺的应用非常重要，能在最大程度上加强网丝的隔水性，增强了渔网的韧性。这种沙田疍家特有的染制布料和服装，是沙田疍家在劳动中的创造，也是中华民族服饰中的一个特色。

笼捕章鱼和墨鱼　沙田疍家有许多独特的捕鱼方式，这是他们劳动创造的成果，装捕章鱼和墨鱼就是其中最有趣的方式。在沙田，每当退潮之际，便见许多疍家男子汉挑着堆得不见人影的竹笼或大箩筐装着的特制瓷杯出海，这就是去装捕墨鱼和章鱼的。装墨鱼的笼呈长扁方形，约长一百厘米、高二十厘米，一侧开有一个倒喇叭形的口，墨鱼从这个倒喇叭形的口钻进去之后，就无法再出来，因此就成了疍家的渔获。用于装捕章鱼的特制瓷杯约有拳头大小，肚大口小，章鱼喜欢钻进去寄居。沙田疍家采取这样的方式去装捕章鱼和墨鱼，可以说是最生态环保的。用这样方式去装捕章鱼和墨鱼，这又是沙田疍家的捕鱼一绝。

沙洲耙螺　沙田疍家的渔获方式很多，耙螺又是其中之一。耙螺的工具很简单，一把特制的木耙、一只竹篓就可以了。耙螺的时候，把竹篓缚在腰间，人在前面走，双手用力压住木耙拖在后面走，就这样往返中，各种各样的贝类都会被耙齿拉出来，只要走一段就回头捡一次就行了。由于沙洲上有大大小小的水窝，总会有一些来不及随潮水撤退的鱼虾蟹留在里面，因此，耙螺作业中时常有令人惊喜的收获。每当耙螺的时候，大家聚集在相邻的沙洲上得到意外惊喜的收获时，就会相互呼唤。斯时，空旷的海空上飘起了欢声笑语，别有一番景致。由于耙螺作业近海，往返需时不多，这将是未来一个很有特色的原生态的疍家体验项目。

奇妙的踩鲎　七、八月间，正是踩鲎的好季节。每当海潮涨到最高潮位之际，潮水不再是一浪接一浪地扑向海岸，而是一起一伏地涌上涌下，海面也相对平静起来。这时就是踩鲎的好时机。

沙田渔家踩鲎，并不是要捕食卖钱，而是训练看海的眼力。在茫茫大海上，千顷波涛中，看海是渔家一种至关重要的看家本事。不但要在观察海水变幻中了解天气变化、海潮流向，还要在海水变幻中看到鱼群所在，因此，训练看海的眼力是每一个出色渔家必需的技能。以踩鲎训练看海眼力，这正是沙田渔家在向大海谋生积聚的经验。

原来，鲎是喜欢成双成对地栖息在一起的，而且都是公母成对，各有所配。鲎随着海潮的上涨而来到浪脚，在浪底的沙滩上爬行觅食，这时，公鲎就爬在母鲎的背上，由母鲎背着爬行。鲎在爬行的时候，腹部的软肋也随之摆动，形成了一圈又一圈的水晕泛出海面。有经验的渔家就根据水晕的大小，出现的频率来判断鲎的大小多少，然后就跳进海里，扎进浪底，把鲎托出海面，一般都是八九不离十的概率。而初学踩鲎者，没有老渔家的技巧章法，只是凭脚下感觉，因此，初学踩鲎者“捉”到最多的不是鲎，而各种各样的垃圾。好在，沙田的海岸浪脚长，只要肯一直练下去，熟能生巧，总会成为高手。

单体建在海中的沙田海大王庙，是沙田疍家信俗的见证

沙田方言　沙田疍家的方言独具一格，既不像涠洲疍家那样，由迁徙客家的转变而以客家话为主体；也不像乾江疍家那样，由于历史上作为廉州府城的一部分，受府城方言的影响，以廉州话为主；更不像地角疍家，作为乾江疍家的传承外延，又受到北海港近代对外开放的影响，具有多种语言的兼容性（本土白话、廉州话、客家话）。沙田疍家方言的独特性就在于以海边官话为主，而这种海边官话又带有黎话的色彩。因此，沙田疍家方言不但独立于涠洲疍家、乾江疍家、地角疍家的方言体系之中，就是在沙田疍家方言内部，也有不同的发音群体，分别是沙田（街）、海战、对达（含山寮、上新、淡水）。以“吃饭”发音为例，沙田（街）、海战（街）群体的发音是“沙挪（shā nuó）”；而对达群体的发音是“嗨挪（hāi nuó）”。在一些方言的发音上，海战则又介于沙田、对达之间，发音为“沙本（shā běn）”，这正是沙田疍家方言的独特之处。沙田疍家方言之所以出现这种状态，这除了与沙田疍家的历史传承有关之外，也与长期采海为生，与海南、广东疍家的语言交流有关，是一个值得关注的民俗文化现象。

风味美食　沙田疍家的风味美食也独具特色。年节的美食点心有糖条糕点。这种糕点是用糯米粉和黄糖搅和后，制成条状，用一种叶子包裹起来后，放进大锅里熬熟。每当年节到来之时，沙田疍家家家户户都会架起大锅，连夜熬制这种糖条糕点，袅袅炊烟，芳香飘绕，另有一番风情。

在沙田，熬鱼露也是疍家人的一种传统美味制作。每次远洋渔获回来卸完鱼产品之后，船舱里都会积留有大量的鱼汁水，而这些鱼汁就是最好的副产品。沙田疍家就把这些鱼汁水运回家中，放进锅里，加进八角、肉桂、茴香、陈皮之类的配料，慢火熬，直到把鱼汁水熬成金黄透明的液体，这就是鱼露了。由于沙田鱼露是直接用新鲜的鱼汁水熬制成的，色、香、味及营养成分极佳，是非常有名的调味佳品。还有沙田的沙蟹汁，也是极为美味的生态调味品。

山口，守望中的山海传奇

山口镇位于两省三市（北海、湛江、玉林）交界，古称鸡鸣三县[合浦、博白、石城（廉江）]之地，尽得地理环境之优势，山川灵秀，别具风情，在民间口碑相传中，甚多奇闻逸事。其中很多传奇故事是因永安古城而起。

永安古城

永安古城的建成年代没有确切、具体的年份记载。

据明崇祯年《廉州府志》卷六“备倭篇”中是这样记载的：“皇明洪武二十七年七月，始命安陆侯吴杰、永定张金宝率致仕武官往广东训练沿海卫所官军，以备倭寇[①]。天下镇守凡二十一处。广东曰备倭巡视海道副使一员，都指挥一员，卫指挥一员，专管巡视海道。副使备倭都指挥节制所辖永安、钦州二所，各官一员，督管军船三艘，旗兵三百名，各分工上下班出海巡哨，以防倭寇。”

由此可知，永安古城是为备倭而建的军事设置，名曰永安防御所，而且规模也不小，有“军船三艘，旗兵三百名”。管理永安城的官员叫千户，明代的千户属于正五品官阶，相当现军分区建制了。管理永安城的官职全称是永安防御所千户，职务级别相当于今天正厅级的军分区司令。在行政上要派一个县丞驻所去配合协调工作，这个县丞就是副县长。

明代的永安防御所是一个固定的军事机构，这个军事机构设在什么地方，这个地方往往也被后世称为“永安”。山口的永安地方，原来是海岸图（乡）所在地，到了明初，为了加强海防建设，朝廷将当时设在合浦石康（旧县）安仁里的永安防御所搬到合浦海岸图（乡），合浦海岸图（乡）因此改为永安，相沿至今。

① 原注：是时方有备倭之名。

永安防御所设置之初，其功能还是单一的军事防御，即备倭。到了嘉靖年间十六年（1537年），朝廷把设在涠洲岛的游击营官署撤销后，移驻永安城，永安防御所的地位和功能就日益突显。为了配套永安防御所的设施。朝廷还采取了一系列军事措施予以加强，在永安城周边建了烽火台（烟楼）、哨所、炮台、汛兵（站）等。在城内建有守备公馆、珠池公馆（为内使即太监专设）、社仓（粮仓）、和融书院等。驻在城内的官员也就多了，除了千户、县丞外，还有守备、指挥、太监及各等官员。为了解决军事、行政及民生之需，经廉州府核准，设立了永安圩，时为廉州府辖的四个官办圩市。至此，永安城由单一的军事防御机构，发展成为雄踞“高雷琼海道咽喉”的重要的军事要塞城堡和行政中心，辖区包括今山口永安以南及沙田镇全境。到了清代后期，又建有崇实初等小学堂，是合浦最早的现代学校之一。由此可见永安城的规模和功能所在。彼时的永安城，城高一丈八尺，周长四百六十一丈，城壕长五百丈，窝铺一十八，有四个城门，城门上有角楼、月城楼和敌楼，城内建有正厅、左右厢房、重门、鼓楼、文庙、武庙、城隍庙等。城内石板铺成街道纵横伸延，青砖木板商铺整然有序，俨然一海疆繁荣之城。可惜的是，永安古城及城内建筑除了大士阁经历代重建维修得以保存下来之外，其他的早已损毁，仅存南城墙西头和西城墙南头残垣。

大士阁

永安古城内的大士阁又名四排楼，位于永安古城的中心，因在阁楼上供奉观音大士而得名。

位于合浦山口永安村的大士阁，建于宋代，原是永安千户防御所城内的建筑，现为全国重点文物保护单位

大士阁的建成年代已无可考，有说建于明洪武年间（1368—1398 年），有说始于明万历四年（1576 年），也有称其建于宋代。

大士阁是两座敞开式亭阁相连的建筑，但其内部构造和上下层平面却是一个统一的整体。它采用具有南方建筑特点的穿斗式和抬梁式相结合的大木构架，整个建筑以后座的四柱厅为中心，全阁坐北向南，分前后两阁，后亭高 7.43 米，前亭高 6.38 米。建筑面积 248.5 平方米，底层建筑面积为 167.5 平方米，二层建筑面积为 81 平方米。面阔三间，进深六间，分前后两阁，上下两层，前后阁相连通，中无天井分隔。两阁相连，浑然一体。上层阁楼式，下层无围栏敞开式，整个楼阁采用穿斗式和抬梁式相结合大木构架，大木构件全部用南方铁木，主要承重结构为 36 根圆柱，柱基为雕刻宝莲花的石垫，其中 1 根立柱柱脚悬空，是全阁最精巧、最奇特的部分。

各柱间有 72 条牵梁联系着，有 108 个矮子顶，梁柱纵横交错，全用榫卯或穿枋连接，不用一钉一铁，角柱、柱头、梁架、托脚、攀间、出檐等部位的建筑格调有明显的宋元时期建筑风格。站在楼下仰望，木条上下左右穿插，最令人惊

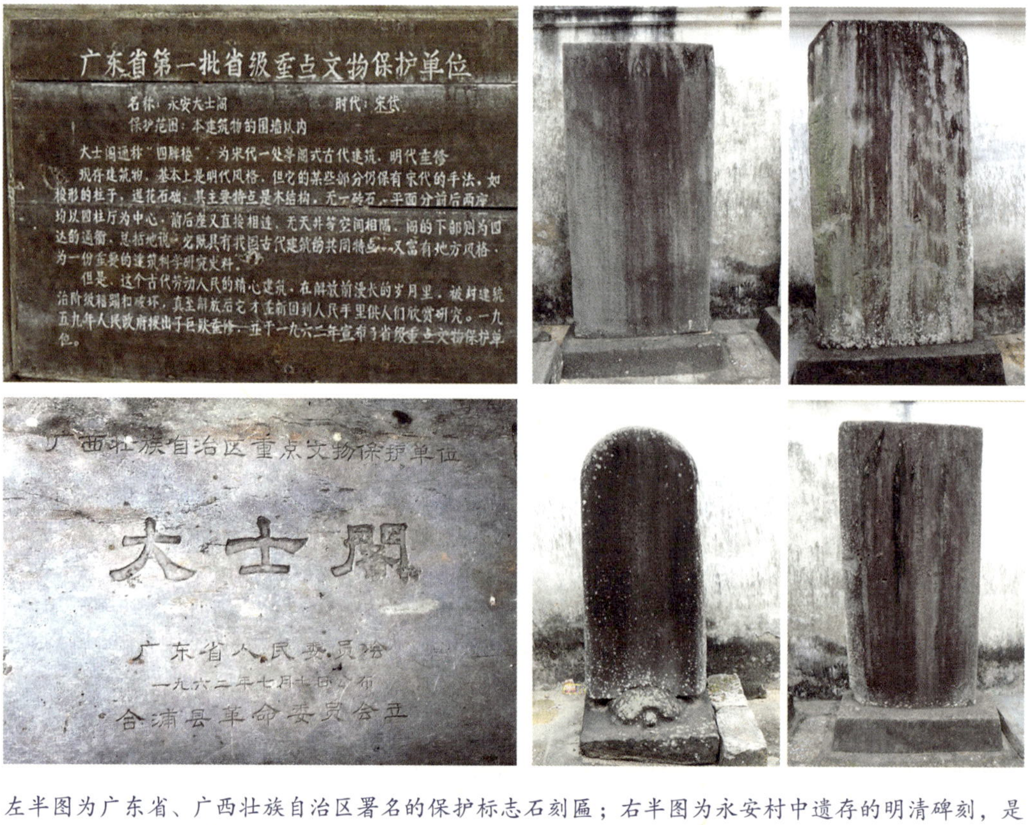

左半图为广东省、广西壮族自治区署名的保护标志石刻匾；右半图为永安村中遗存的明清碑刻，是考察古城的重要的见证

讶的是，36 根圆柱支撑在入土 10 厘米的宝莲花石垫上。石垫下没有任何人造基础，整个建筑布局精巧，结构严密，合理协调，艺术精湛，构成一个优美稳固的统一体。

屋檐有三级挑梁，每级均有木垫子承托，亭内各梁间也有木垫子作支撑。两亭檐部紧连，均为重檐歇山顶，屋顶用板瓦、筒瓦仰覆相扣。每顶有九脊，各条脊上都有精致的花纹装饰。前座的正脊正吻兽是一对展翅凌空的凤凰，脊正面中央是一幅二龙戏珠图，两条堆贴浮雕的游龙栩栩如生。

后座的正脊正吻兽则是一对鼓目圆睁的龙首鱼身怪兽，鳞、角分明，凶猛异常。各条垂脊、戗脊的装饰更为丰富多彩。有的垂脊兽是仰首欲腾的蛟龙，有的脊兽是雄狮戏金钱，还有各种形象生动的鸟、兽、果、树、百草花卉等浮雕，把各条脊的正反两面装饰得色彩斑斓，充满着浓厚的生活气息和民间艺术特色，艳丽壮观。大士阁在建筑学上有很大的科学艺术研究价值，也是研究南方古建筑的重要实物资料。自明代以来，合浦曾遭多次风暴袭击和地震摇撼，大士阁附近几百米内庐舍倒塌，该阁却岿然屹立，是合浦县保存最长久、最完整的古建筑物，现为全国重点文物保护单位。

而在当地的民间传说中，大士阁是村民们梦中一夜建成的。据说有一天晚上，永安城里的居民都做了一个梦，一个白衣仙人在问他们，要在城中建一座皇宫，问他们是否愿意参加。当时在梦中答应参加修建皇宫的人，都在梦中参加了建城的劳动，并且第二天一早起来都感到满身疲倦。令他们惊奇是，当他们来到梦中劳动的工地时，竟然真的看见一座金碧辉煌的宫殿出现在城中央。更使他们惊讶的是，在宫殿旁还建有一排碑廊，碑廊上刻着参加建设宫殿者的名字，凡是前天晚上在梦中报名参加修建宫殿的人，都有名字在上面。而没有报名参加修建宫殿的就不刻名字。于是，乡民们经过商议之后，根据前天晚上大家见到的白衣仙人的形象，认定是观音大士显圣在永安城修建了这座宫殿，就一致决定把这座宫殿作为观音法座的道场，即是大士阁了。据乡间传说，大士阁安放了观音大士法座后，一些当初没有在梦中报名参加修建宫殿的人觉得不好意思，就慢慢迁走了。

红树林

山口红树林是国家生态自然保护区，总面积 8000 平方千米，是中国第二个国家级红树林自然保护区。自然保护区内的红树林是我国大陆海岸红树林的典型代表，发育良好，结构独特，连片较大，保存较完整的天然红树林，有红树植物 15 种（真红树 10 种，包括木榄、秋茄、红海榄、桐花树、白骨壤、海桑、榄李、老鼠勒、银叶树、海漆；半红树 5 种，包括卤蕨、节槿、杨叶肖槿、水黄皮、海芒果）。还有浮游植物 96 种，底栖硅藻 158 种，鱼 82 种，贝 90 种，虾蟹 61 种，鸟类 132 种，昆虫 258 种，其他动物 26 种。

山口红树林生态自然保护区于 1990 年 9 月经国务院批准，成为我国首批（5 个）国家级海洋类型保护区之一，1993 年加入中国人与生物圈国家委员会，1994 年被列为中国重要湿地，2000 年 1 月加入联合国教科文组织世界生物圈保护区，2002 年被列入国际重要湿地。

红树林里有海鸟群集、鱼虾栖息、蟹类繁殖，这里就是一个富饶的物种王国，是一道永远的风景线，是一支温馨的摇篮曲，一座绿色的长城。

风起了，尽管外面是天摇地动的世界，红树林里依然是梦幻中的伊甸园。在枝茎横亘的水巷中，有绿荫的絮语，涟漪的吟唱，虫鸣鹤呼，鱼游虾跃。跳鱼怯生生爬上树茎偷窥，沙蟹慌张张地钻出沙窿觅食。“嗖”的一声响，偶尔一株红树林的幼苗从胎蕾中开落下来，直插入树根旁的泥浆里，又一棵小树扎根了。一只橙红色的蜻蜓轻轻地飞过来，款款地落在树苗顶上，像母亲在亲吻初生的婴儿。风声中的红树林里，是一座宁静而又温馨的产房，孕育着生命，孕育着希望。

潮涌了，气势磅礴的波涛席卷而来，呼啸奔腾，卷没了沙洲，拍打着堤岸，狂暴地摇撼着红树林，红树林里却是波光荡漾，水籁轻拍。青翠欲滴的枝叶间，倦飞的白鹭在闭目养神，贪嘴的“钓鱼郎（鸟）”在掠波捕鱼，浮游的虾蠓水蛭趁着潮势爬上树叶，附在叶片上嬉戏。波涛中的红树林洋溢着浓郁的绿韵，空气是绿色的，风是绿色的，就连树间传来的声音，也带着嫩滴滴的绿意。绿葱葱的天地间，蓝的海水映照绿的树冠，绿的海水拥抱着翠的枝叶，充盈着和谐完美的诗情画意。

红树林生在海中，长在海中，是大海的千缕情意，万种风情。日出日落，潮起潮落，在波涛与浪花一次又一次的约会中，红树林不嫌弃海滩的贫瘠，海水的苦涩，原谅了潮汛的喜怒无常，把根深扎在海岸边，而对着大海的情意和洗礼，长成了千年的铁枝、百年的绿叶，展示着大海的神奇风姿。

这就是山口红树林的魅力。

烟墩岭

烟墩岭原本是火山运动的结果，火山喷发时，喷火口在燃烧中还不断冒烟，因此，当地人将之称为“烟墩岭”。山顶上的天坑就是火山岩浆喷射时形成的，故称“山口”，这也是后来“山口”地名的由来。山顶上的天坑曾经是一年不断的凛冽清泉，20世纪60年代，由于地壳运动的原因，烟墩岭下突然裂开了一条宽十厘米、长一千多米的裂缝，引起了附近四乡八村的人们蜂拥参观，更引起了人们的许多猜想。

永安古城墙遗址，左上图是2000年前后的状况，主图是2016年拍摄的状况

然而，烟墩岭在民间故事家们的口中，却是另一种精彩的说法：永安城在初建时是要作为皇城的，皇城建成之后，各路神仙都赶着去各安神位。依照规矩，安神位之前，各路神仙先要向当地的土地爷打招呼，以免中途出什么麻烦。但其中一位神仙爷匆忙中忘记了向土地爷打“招呼”，匆匆忙忙就赶着给皇帝当贺礼的羊群就出发了。这可激恼了土地爷，认为这位神仙爷看不起自己，于是在这位神仙连夜赶着羊群路过烟墩岭休息时，土地爷就装扮起鸡叫，一下子就把那位神仙爷吓醒了，朦胧中以为三更已过，误了时辰无法进城安神位，只好一走了之。那位神仙爷走后，留下的羊群被土地爷变成了石头，挤在一起散落在烟墩岭上，于是就形成了烟墩岭上散落着许多小石堆的景象。民间故事家们对此言之有据：从山口到沙田方圆近百平方千米范围内都没有石头，为什么独见烟墩岭上有石头，而且这些石头确实酷似羊群，一堆堆抬头向永安城方向眺望，那就是羊群化成的。

在民间说中，还有另外一个神奇的传说。

传说，永安城原是玉皇大帝安排给珠乡的一座皇城，皇城建成后，将会有一个真命天子在这里建立新的王朝。因此，皇城是在一夜之间建成的。皇城建成之后，玉皇大帝命真命天子立即赶往永安城皇城赴任，创建新王朝。按规矩，真命天子在赴任前要拜过八方神灵，四方土地，以确保一路顺利。但是，这个粗心的真命天子却偏偏漏拜了珠乡的土地，珠乡土地爷对此很有意见，认为这个真命天子看不起自己，有意在诸方神仙面前使自己丢脸，于是刻意要为难这个真命天子。

却说这个真命天子领着百官和御林军马，要在三更鸡啼之前赶到皇城登基就位，由于赶得太急，在离永安城东南十里处的烟墩岭上稍作歇息时睡着了。谁知，人疲马倦间，被珠乡土地爷看见，土地爷终于找到一个报复的机会，他赶紧

合浦山口林家祠

爬上烟墩岭顶装起鸡啼，“喔喔喔”几番叫唤之后，把真命天子叫醒了，迷迷糊糊间，他以为是三更鸡啼，过了登基即位时辰，无法再做皇帝了，只好急忙赶回天庭交差。留下的百官和御林军马却没有回天庭的法术，只好挨到天亮，一个个都变成了石头。

土地爷和粗心天子斗法斗气，使得永安古城不能成为国都皇城，虽然成了一代又一代永安人的遗憾，但成就了一个传说与现实同存的千古佳话。

其实，山口烟墩岭火山口的形成距今 100 万—10 万年，与著名的涠洲岛同属我国最年轻的火山，是广西目前唯一发现的陆地火山地质遗迹。烟墩岭火山口是一座中心式喷发的小规模火山，由火山喷发物形成了长 260 米、宽 100 米、标高 70 米的长椭圆形山包。烟墩岭火山口的火山灰矿体面积 0.49 平方千米，厚 114 米，探明储量 4928.1 万吨，为大型矿床，可做水泥配料，但长期以来被无序地大量开采，沿火山口四周已挖成大坑。一个具有旅游开发价值的火山古遗址被搞得面目全非，令人叹息不已。

白沙，大廉港畔客韵长

白沙是一个客家人聚居住的乡镇，早在明代以前就有了行政建制设置，在明代分属海岸乡和新兴里，到了清代属永安团、永安区，设立乡一级的建制设置。

白沙自古是合浦重要的产业基地之一，其产盐的历史可追溯至宋代。据史籍记载，合浦所产的海盐被称为“廉盐”，早在宋期就引起了朝廷的重视，指定为专供产品。宋代元丰三年（1080 年），朝廷在廉州建立了白石场和石康盐署，每年要生产海盐 150 万斤供给朝廷调拨。据元代马端临所著的《文献通考》记载，宋代绍兴年间（1131—1149 年），廉州府每年定额向朝廷进盐 300 万斤，这些海盐要供应广西的 19 个州，而北宋时的广西只有廉州府的白石和石康两个盐场。在海盐供应十分紧缺的情况下，到了宋绍兴八年（1138 年），朝廷又规定产盐实行“九分法”，即上贡朝廷九成，产盐的州只能留一成。绍兴三十年（1160 年），廉州府“每岁纳盐货”已达 3000 吨。为此，朝廷增设了白沙盐场、白石盐场、丹兜盐场、西盐场（在今西场官井一带），白沙盐场属石康盐署管理。

到了明代，朝廷在白沙设置专门经营盐务的机构——白沙铺，负责将白沙所产贮的海盐通过海路运到大廉港，然后走大廉驿路送至石康长沙埠仓，再由官府分配供应到静江府及融、宜、邕、宾、横、柳、象、贵、郁林、昭、贺、梧、藤、浔、容各州。后来还一度设置了白沙场盐课司。

到了清康熙十九年（1680 年），朝廷将白沙、白皮、白石三个盐场合并成立了白石场盐场。白石场盐场的辖区包括了北海、钦州、防城海域的生产区。康熙五十六年（1717 年），朝廷因为白石场辖区太广阔，又将之分为白石东场（合浦）、白石西场（钦、防）两个盐场。白沙盐场属白石东场管辖。

至此，白沙沿海的盐灶（即民间煮盐的作坊），一般需三间房大小，有 79 座，收盐近 2000 包，按石康盐署规定的每包重量 169 斤计，年产盐达 3 万斤。而当时白沙由朝廷额定的盐丁，即（产盐工人）是 196 名，贮盐的盐仓有 74 间，由此可见白沙的产盐规模。

民国初年，合、钦、灵、防的所有盐场并入合浦白石场署统一管理，计有大岗、竹林、公馆、平山、石头埠、犀牛脚、江平、企沙、乌泥、车板（今广东廉江）、榄子根、福成武刀厂等 12 个盐场。原来白沙各产盐的灶、漏纳入榄子根盐场管理。白沙榄子根盐场所产的海盐洁白晶莹、质量优良，誉称“绿豆青”，远销至中国香港、东南亚一带。

新中国成立后，于 1954 年 9 月初，成立合浦县榄子根盐业生产合作社，场部设在猫儿岭，成为钦廉盐区第一个高级盐业社，1958 年转为合浦县地方国营制盐企业，是合浦县最早的地方国营盐场之一。榄子根盐场发展的最高峰时期，盐田总面积 7242 亩，其中有效生产面积 5857.5 亩，最高年产量为 49373 吨。由此可见白沙在合浦盐业发展历史中的地位。

白沙作为客家人聚居住的乡镇，在客家特色民居土围楼的建筑方面，也独领风骚，虎塘村土围楼就是其中之一。虎塘村土围楼与传统的客家土围城结构布局有着明显差异。在内门楼的布局方面，并没有设置客家土围城门楼常见的磨坊、更房（门卫）以及其他杂物之类的建筑，而是在门楼的两边建走廊作通道，走廊

合浦白沙沙尾村村民发展海养业致富，村中普遍建了新楼房

的拱券状半圆顶，砖柱上镶嵌着青釉花窗。从这一建筑设置来看，人们可以强烈感觉到城堡主人当时的开放意识，因为拱券状半圆顶走廊、青釉花窗都不是客家建筑的传统特色，而是在骑楼建筑中常见的装饰，由此可推想，城堡主人借鉴了具有南洋风格的骑楼建筑元素。

白沙虎塘村土围楼的内部建筑布局，也不是传统的回字形结构，即沿城墙的四周建房子，中间留出一个小广场，以便作晒场或集会之用。白沙虎塘村古城堡内部的建筑布局从现存的状况来看，分三进设置：一是门楼与前院的房屋建筑格局并列的；第二进与前院之间只留有一个门口作进出的通道；第三进与第二进虽然也有间墙分开，但第三进与第二进之间设置有重叠曲折的走廊和门口，而古堡内的房屋建筑都是走廊平房，每一进的房屋结构几乎一样，加上其间设置了众多重叠曲回的走廊和门口，外面的人初进里面，是不容易找到出口的。据村民介绍，这座古堡的主人在民国初期曾经当过师长，长期住在广州，在外发迹后，觉得是故乡的风水保佑，所以回来择地建这座城堡。风水之说仁者见仁，但从虎塘村古城堡的建筑格局而言，确实是有客（客家）洋（南洋）建筑元素结合在一起的风格，别具韵味，由此可见古堡的主人善于接纳新事物。

与白沙虎塘村土围楼相隔不远的陈氏城堡，则是一座近代建筑元素更加明显的客家土围楼。首先外墙的颜色就鲜明地体现了近代建筑的风格。它不是传统客家土围楼的土黄色，而是批上一层石灰膏，类似今天的“刮腻子”。在陈氏城堡的土围楼布局中，前门没有设置碉楼，土围楼的门洞开得也不大，从外观上看，似乎与整座土围楼不太协调，但是，当你走进大门里面的时候，才知道内里另藏乾坤。原来，土围楼的门窗几乎采用了圆拱拱券的设计，乍一看，好像身在近代骑楼老街之中。

白沙西部倚海通江，发源于博白县马子嶂白沙河，在那交村与山口镇山西、山角村之间分流，入丹兜海。在上游公馆铁山河的共同作用下，造就了风情独特的海湾景观，老鸦洲岛就是最好的标志景点。

老鸦洲是大廉港（今称铁山港）中的一个小岛。在《廉州府志》“古迹篇”的记述中：“鸦洲，东六十里大廉港中，石山载土，林木繁荫，海外周绕，万鸦集宿，故名。”而在民间口碑流传中，老鸦洲的形成又有另一番精彩传奇。

据说，在明清交替之际，合浦是清军和郑成功部队重点争夺的战略要地，又是日本倭寇时常袭扰的地方，大廉港（今称铁山港）处于连接陆路交通的重要枢

位于合浦白沙海岸被称为“不沉岛”的老鸦洲，因神奇的民间传说而得名

合浦白沙等客家乡镇元宵祈子酬灯现场

纽，因而成为倭寇海匪经常袭扰的前沿。为了抗击倭寇的侵扰，当地村民组成了抗倭保家的武装队伍。领头的是一位名叫珍娘的客家女子。珍娘善骑射，精刀剑，懂武功，多次率领众人抗击倭寇，取得胜利。有一次，倭寇与海匪勾结，趁海水涨潮之夜从海上偷袭村庄，珍娘奋勇当先，与倭寇、海匪激战，阻挡了倭寇、海匪的偷袭，保住了村庄。然而珍娘不幸被倭寇射中跌入海中失踪，乡民们为了寻找珍娘，划着船艇在铁山港找了三天三夜，都不见踪影。正当大家都在为珍娘悲痛时，忽见铁山港突现一小岛，岛上空乌云密集。乡民循踪来到岛上，只见岛中有一小屋，珍娘正端坐在屋中，乡民们进屋探视，珍娘已牺牲。抬头望处，小岛上空的乌云竟是成千上万只乌鸦集结而成，小岛就是乌鸦们叼树枝筑成的，后人便称此岛为老鸦洲岛，还在岛中筑庙祀奉珍娘，世代相传。老鸦洲有一神奇之处，就是任凭海潮涨退，小岛都是处于海平线上，堪称珠乡一绝。

白沙曾是抗日战争时期，中共合浦中心县委的驻地。1939 年 6 月，中共合浦中心县委机关驻地合浦县城儒家巷被国民党军队破坏，中共合浦地下党组织由此进入地下转向农村。1940 年 5 月，中共广东南路特委派黄其江前来重建合浦中心县委，决定中心县委机关设在白沙乡宏德小学，机关驻扎时间至 1943 年初。合浦中心县委机关在白沙宏德坚持了二年艰苦卓绝的斗争，团结广大民众开展抗日游击战，整顿和巩固了抗日阵营，扩大了抗日力量。党员队伍迅速扩大，由 1939 年的 395 名党员，发展至 1943 年的党员 619 名。

1944 年 5 月下旬，南路人民抗日游击队黄河大队马俊英中队长、二支队司令部参谋苏坚等 70 余人转移时，在白沙金花塘村被国民党山口自卫队袭击包围，马、苏负伤被俘，英勇就义，近 50 名战士牺牲、失踪。这是合浦抗日武装力量伤亡最重的一次战斗。

1949 年 12 月 2 日，一场空前的歼灭战在珠乡东部的白沙乡三角田海边打响。双方对阵的是：中国人民解放军第二野战军第四兵团第十三军第三十九师的两个团；国民党第六十三军所部和粤桂边“剿匪”总指挥部所部。战斗的结果是：国民党第六十三军副军长郭永镰及部下 800 余人被解放军俘虏。此役开展的第二天，即 12 月 3 日，中国人民解放军解放合浦县城廉州。

在抗日战争、解放战争中牺牲的有姓名可查的白沙籍烈士有 23 名，为国捐躯的无名将士难计其数。白沙人民为珠乡的解放和平事业献出了一批又一批优秀的儿女。白沙人民集资在战场遗址建立了白沙烈士纪念碑，永志先烈功勋。

公馆，千秋家园廉山情

公馆，古称大廉，因东汉名臣费贻在合浦太守任上清廉勤政爱民，任职期满离开合浦之日，民众挽辕送至此地的一座大山下。为纪念费贻的功德，就将此山称作大廉山，明崇祯年《廉州府志》记称大廉山：“实为廉郡之镇。”山下的田垌随之称大廉垌。

南北朝时期，朝廷欲在今公馆一带设立州县，而先就大廉山下的大廉垌择地建官舍作官员勘察办公居住之用，官员所居的官舍被称作“公馆”，这就是史籍所称的大廉公馆，也是“公馆”地名之始。

大廉山下的大廉垌是北海客家聚居的地方

公馆地区最早设置行政区域建制的是大廉县。据《隋书》“地理志”篇记：“合浦旧置合浦郡。平陈，郡废。大业初置郡。南昌北流大业初废，陆川县入。封山大业初废，廉昌县入。定川旧立定川郡。平陈，郡废。龙苏旧置龙苏郡。平陈，郡废。大业初又并大廉县入。”

在《隋书》的这段记述中，明确记载了大廉县并撤的时间是大业初。大业是隋炀帝执政的年号，隋炀帝执政只有十三年，即公元605年至617年。按“大业初并大廉县”的记述，大廉县的设置应当在公元610年以前。

另据《旧唐书》“地理志”篇中记：“廉州，隋合浦县。武德五年，置越州，领合浦、安昌、高城、大廉、大都五县。”

宋太宗时乐史所编的宋代地理总志《太平寰宇记》中的“太平军”篇记：“太平军，本廉州，皇朝开宝五年，自旧州理移西南四十里地名长沙置州，并封山、蔡龙、大廉三县为合浦一县。”

从以上的史籍记载中，我们可以了解到，大廉县的设置记录最早见于隋朝的大业初，在宋开宝五年（972年）并入合浦县。那么大廉县的存在时间起码有360年。而大廉县自唐武德五年（622年）在公馆地区设置至今，已有1390余年的历史。

由于史籍记载中都没有明确大廉县的地望，大廉县地望究在何方因此也就成了一个难解的谜团。

大廉县地望的难解之谜在于：一是在大廉县存续的时间段里，行政区域设置多变，导致大廉县的所属也变化不定。虽然前后有360年的设置历史，但先后经历了隋、唐、五代、北、南宋四个王朝，其中隋朝只有38年，五代时的南汉（后汉）65年，而在《隋书》的记载中，大廉县只有撤并的年代而无设置的年代和地望，因此造成大廉县地望的缺失；二是在大廉县续存的年代中，历朝历代的地理志也没有记述与大廉县相关的地望资料。这形成了大廉县地望考察的先天不足。要探究大廉县的地望，又应该从何处入手呢？这里，首先要找出与大廉县相关的地名。

首先是《舆地纪胜》的记述：“大廉县有大廉洞。”《舆地纪胜》是南宋的地理总志。后人以其详赡分明，体例严谨，考证极其核洽，因此誉之为南宋全国性总志中最善者，也为后世史家所推崇、借鉴。《舆地纪胜》中记述的“大廉县有大廉洞”无疑是一条很重要的线索，因为这是目前为止，在考察大廉县地望的资料中，最早指出了与大廉县有关的地名。

其次是以上提及的明代崇祯年《廉州府志》“山川篇”中记述的“大廉山山形秀拔，林木葱郁，盘旋数十里，与博白县磻礴山相连，实为廉郡之镇。东汉时费贻为合浦太守，有廉名。去之日，道经山下，百姓送至此，遂以名山。大廉垌

位于合浦公馆铁山河入海口的钓鱼台，是古代的海防营垒

出其阳，唐置大廉县于此。”因此，可推测大廉县的地望范围与大廉山脉及大廉垌（洞）地域范围密切相关，以公馆为中心，包括周边的博白、常乐、曲樟、闸口、白沙相邻地带。如谭其骧主编的《中国历史地图集》就把大廉县标注在今合浦县城西北。这是符合大廉山及大廉垌（洞）的历史地理区位的。

这与近年来有关学者对大廉县的地望探究认识基本吻合。

唐宋之际，为了配合盐务运输管理的需要，朝廷加强了大廉港的开发建设，在公馆修建了盐田，还修筑了大廉港至石康盐仓运盐驿道，设置了大廉驿站，开辟了雷（州）廉（州）古道。据明代崇祯年《廉州府志》记载，朝廷在大廉村建有白石驿，在牛角田村设有公馆，作为官府传递文书、管理盐运物资的中转站及办事机构。

明清之际，朝廷为了抗击倭寇在公馆设置了公馆汛，派把总一员领兵驻防。后又增加设置火烧桥汛，在廉州府的东路十汛中，公馆就占有二汛。巡防的范围南至海岸图（山口，今永安），北至石埇（今属浦北）。公馆的盐业生产规模也发展到了拥有盐厂四十一座，并在公馆圩和浪坡设有八所盐堡，朝廷派有司事驻公馆圩行使盐务管理职责。

公馆地区的区域地位日益突显，如明代崇祯年《廉州府志》记称：“大廉港一日至永安，一日至凌禄，半日到雷州。”“溯江而上，帆船可达白沙塘之河头，水涨时则直达博白。”公馆因此兼有水路和陆路的交通优势，以则扼雷廉咽喉，又得大廉驿路北接郁（林）梧（州）之利，成为“雷廉关隘”“郡东重镇”。

公馆是纯客家人建制镇，历史悠久，是合浦客家文化特征集中体现的区域。

香山鸡嘴荔

香山的鸡嘴荔无疑是合浦最富传奇色彩、最有吸引力的物产之一。关于香山鸡嘴荔的来源，坊间有多种说法。据相关史料记载，明代有一位官员到石康县上任，当时正值荔枝成熟季节，此官一路大饱口福。路过公馆时，将吃剩的荔枝果核弃于香山村马拉坡。后来，这些荔枝果核生根发芽，长成荔枝林。荔枝林长成的荔枝，个大皮薄，肉质厚，纤维细，色如凝脂，水分适中，甜而不腻，口感柔爽，有着一股独特的芳香。更奇特的是，鸡蛋般大小的荔枝，里面的核却只有鸡嘴般大小。由于产自香山，又具有独特的鸡嘴核特征，因此称为香山鸡嘴荔。

今天的香山鸡嘴荔枝之所以得以名声远播，并不是因为它的历史传奇，而是因为香山村一个名叫朱日道的普通老人，在 20 世纪 50 年代初，以感恩之心，给毛泽东主席寄去了 200 颗香山鸡嘴荔枝。朱日道因此收到了中共中央办公厅的回信及邮寄的 300 元，就这样造就了香山鸡嘴荔枝的新传奇。

香山村的老村委主任朱定彪是当年目睹中共中央办公厅回信的知情者之一。讲述起当年看到中共中央办公厅回信的情形，老人记忆犹新。20 世纪 50 年代初，当时他是村里的青年民兵骨干，也是村里的积极分子，经常在村公所值班，村里有什么事情，都会通知他参与。那年秋收将要结束的一天，他正在田里干活，有人跑来告诉他北京有信来了，于是他就跑到村公所去看。因此，北京的来信他也就先睹为快了。谈起当时的情景，朱定彪用手势比划着信封的大小说，那是一只牛皮纸质的信封，比一般信封要大，信中只有几句话，大意是说：朱日道寄来的荔枝收到了，谢谢老区人民的关怀，随信寄去 300 元，并祝健康进步等。提起朱日道烈士家属的身份及后人，朱定彪老主任告诉我们一个信息：朱日道过世后至今已无直系亲属。他的儿子是在白沙的一次战斗中牺牲的，具体名字虽不详，但在白沙龙江的革命烈士纪念碑座中刻有他的名字，应该是不难查找的，因为纪念碑座所刻的烈士名单中，在白沙战斗牺牲的香山朱姓烈士就只有他一个。

谈起香山鸡嘴荔的品质，朱定彪兴致勃勃地为我们演示：香山鸡嘴荔以老树的品质最好，把剥开壳的香山鸡嘴荔扔出去，果肉都不会破裂，果形也不会损坏。而其他品种的荔枝被这样试验过后，都会严重破损。采访者问起当年给毛主席选送荔枝的老树现在的情况时，朱定彪告诉说，当年的老树只剩下二三十棵，具体

荔枝树下，88 岁的朱老伯在讲述当年挑选荔枝寄给毛主席的传奇故事

是哪一棵他也说不准，他建议我们到老村去查找当年的知情者。这时，正好现任的村主任来电话告知，他已回到村委办公室，可以带我们到老村去寻找老树。

在村主任的带领下，采访者来到了老村的老荔枝树林。才到老树林边，大家就被一种奇异的景象吸引了：这里每一棵挂果的老荔枝树树干，都被用竹子扎成的篱笆围了起来，树下面还搭有凉棚，凉棚里也都摆着竹床。原来，这都是村民们用来守护荔枝的。

站在老荔枝林中，举目望去，这里连片的老荔枝树大约有二三十株，这些老荔枝树都是树干粗大，枝柯纵横伸展，形成了巨大的树冠，走进老荔枝林，顿时使人产生遮天蔽日的感觉。问起这些老树的年龄，村民们说，大多有是两三百年的历史了。一般来说，老树挂果的几率是不多的，但是在这片荔枝林里的老树，绝大部分都是果实累累，有的地方甚至是层层叠叠的荔枝挤在一起，令人瞩目，蔚为奇观。或者这就是香山荔枝能够几百年延续不衰的生命基因吧。

提起当年送给毛主席的荔枝是从哪棵树上摘下来的这一话题时，村民们兴致十足地提起中共中央办公厅回信后在村里引起的许多趣事，而不太愿意直接说明。经过了解之后才明白其中缘由：由于近年来香山鸡嘴荔名声大振，不少慕名而来的游客都喜欢到传说中的毛主席曾经吃过的荔枝树下参观。而有的游客出于好奇，不自觉地攀折树枝摘果，甚至出现过来偷树枝回去嫁接树苗的现象。因此村民们形成了防范戒备心理，不愿把老树的位置说得那么详细明白。

在一棵树干粗大的老树下，有一对老年夫妇正在纳凉，笔者走过去有意和他们拉起树龄的话题。

老人家名叫朱庆荣，他告诉笔者，他门前的这棵荔枝树已经有二百多年的历史了，现在还能挂果，每年都有两三千元的收入。当笔者趁机问起他这棵树是否与毛主席吃过的荔枝的树同一品种，他是否知道当年送给毛主席的荔枝是从哪棵树上摘下来的时候，老人家转身指着二十来米外的一株老荔枝树说："喏，那棵树就是了，都是同一样的，只不过那棵树的年龄更老，听上一辈的叔伯说起码有三百年了。"

听了老人家的话，笔者不禁喜出望外，立即接上话题问："那你知道给毛主席送荔枝的事吗？"老人家听了之后笑了起来说："我不但知道，还亲眼看见是用什么装着寄去的呢！"话题一拉起，老人家也就同意来到这棵老树下接受摄制组的采访，面对着摄像机的镜头，讲述起当年香山村民朱日道给毛主席送荔枝的事情：那是 20 世纪 50 年代初，刚刚解放，分到田地的村民们，都对党和人民政府有着感恩的心情。那年的荔枝长得特别好，荔枝熟了的时节，朱日道为了表达对毛主席的感恩之情，就在这片荔枝林专门挑选了 200 颗最好的荔枝，用火水油箱（火水油，即当地方言俗称煤油，煤油箱在当时也属一种难求的稀有物品）装好了才寄的，但到了邮所之后，因为包装不合格又回来重新包装过。朱庆荣老人还向摄制组提供了一个重要的信息：身边的这棵老荔枝树是在原来的老树头上重新长起来的。至于中共中央办公厅回信的内容，老人家遗憾地说，因为他不识字，没有看过，只是听村里的人提起有这么一回事。而且当时村里人都知道，中共中央办公厅的回信有着特殊的作用，朱日道凭着这封信可以买到凭证供应的食品，起到了购物证的作用。

合浦公馆的海养业发展迅速，大廉港成为重要的蚝业基地

正在这时，村主任为我们找来了一位与朱日道同房的宗亲——88 岁的朱新珑老人。朱新珑了解到我们的来意后，非常高兴地拉开话题，他滔滔不

第 24 届世界客属恳亲大会期间，广西电视台摄制组导演组在公馆拍摄专题片时，导演给文艺队说戏

广西师范大学考察组在考察公馆元宵节民俗活动

绝地告诉我们，他是朱日道唯一的同房宗亲，他的爷爷与朱日道的爷爷是亲兄弟，当年朱日道要给毛主席寄荔枝时，他还在一边帮助挑选。送给毛主席的荔枝不是只在一棵树上摘的，而是在这片荔枝树林里精心挑选的，当时挑选的荔枝都有鸡蛋般大小，一斤荔枝也就只有十四五颗。说到中共中央办公厅回信的内容，朱新珑老人仿佛又回到了当年的情景之中，越说越兴奋，禁不住手舞足蹈，恨不得把每一个细节都重现出来。以至于重复不断地讲诵信的内容，其中难免带有演义的成分，但可以从中了解到，信的内容和朱定彪老主任所说的基本相同。

为了核查朱日道儿子的名字，在结束香山的探访之后，摄制组又驱车前往白沙龙江村，来到耸立在村口路边的革命烈士碑前，在烈士名单中找到了朱日道儿子的名字：朱有福。朱有福是中国人民解放军粤桂边区纵队第四支队新六团战士，1949 年在白沙白莲寺战斗中牺牲。至此，香山鸡嘴荔及为之创造传奇的人，都有了一个完整、真实的结局。

公馆关帝庙探胜

公馆的历史名胜遗迹多，计有：建于清乾隆年间的关帝庙（县文物保护单位）；建于清嘉庆年间的文昌阁；建于清道光年间的鳌鱼寺（县文物保护单位）、建于清道光年间的费（贻）公祠、建于同治年间文治书院（真如院，今公馆中学内，县文物保护单位）。公馆境内还有一大批始建于明清时期、承载着厚重的公馆客家历史文化的古祠堂，如陂塍的彭氏祠堂、南山的凤鸣祖祠等，在这些保存完好的古祠堂里，那些古楹联、古匾额、古族谱、古木等物件，见证着客家人迁移公馆的历史，也反映出公馆客家的民俗特色。建于清乾隆年间的公馆关帝庙里就是其中之一。

公馆关帝庙位于公馆圩镇老街，据清《廉州府志》记载，公馆关帝庙建于清乾隆年间。乾隆十四年乡人陈玉瑛等出资购坡田十余石作庙产，租给农户收租谷以资日度开支，关帝庙因此香火旺盛，成一方胜景。但是，几十年后，陈玉瑛的后人见庙田租种收益颇丰，便生贪念，强行另招租户耕种，自收租谷，严重地影响了庙宇的运转。后来，几经波折终于收回庙田，并于道光二十二年立碑为记。公馆关帝庙灯火得以延续至今，确属不易。

来到公馆关帝庙大门口，门楼两边围墙顶上赫然雕塑着一对狮子。这对狮子一卧一扑，形状生动，各踞一边，这样的雕塑在别的庙宇是少见的，形成了庙宇独特景观的同时，也给庙宇增添了几分威严。为什么要在庙宇门楼两边雕塑着一对狮子，庙里的村民也说不出个根由，只说是保护神。不管说法如何，这也是公馆关帝庙的一种特色吧。

走进庙中，但见雕梁画壁古韵犹存，石刻碑记嵌墙陈列；关帝塑像威严，两侧是关平手捧《左氏春秋》，周仓手持青龙偃月刀，造型生动逼真，一切均符合关帝庙的体制设置，使人从中感受到客家人对关公的敬仰之情是这样的真诚。

在公馆关帝庙的雕塑中，有一组造像最引人注目，这就是村民所说的“马神”。在庙里的负责日常事务的老者自豪地告诉笔者，这不但是北部湾地区的关帝庙中最大的，也是制工最精美的“马神”。

“马神”雕塑的原型取自关平和周仓。关平和周仓都是关羽的大将。因为关羽先前在曹营里杀了河北名将颜良、文丑，刘备害怕袁绍因此事牵涉于他，所以借机离开了袁绍。当关羽得知刘备不在河北的消息后，便折回去往汝南寻找大哥，途中收了大将关平和周仓。关平为关羽托官印，在《三国演义》中说关平是关羽的义子，但《三国志》中记载他是关羽的亲生儿子。这是正史与演义之间的出入。周仓原为黄巾军余党，黄巾军起义失败后，他落草为寇。投靠关羽后，他为关羽扛大刀。由于周仓行走速度快，因此人们称他们两人为马前周仓、马后关平。

公馆关帝庙里的“马神”雕像，与真人般大小。赤兔马的造型都是一前蹄抬起，作欲奔跑状，而关平和周仓同是一手牵赤兔马，一手叉腰造型。由于马的造型是欲奔跑状，关平和周仓的造型是叉腰牵马状，因此这组雕塑不但要讲究空间结构组合的比例，更重要的是人物与欲奔跑的赤兔马造型之间的动态形象和造型层次不好把握，由此更需要精湛的工艺技术去雕塑制作。公馆关帝庙里的“马神”雕塑形神生动逼真，造型层次丰富，确实体现了较高的制作技艺，可谓一景。

曲樟，湖光山色亦传奇

走在曲樟六湖的山水间，看那淡淡的雾气山岚仿佛是六湖的婚纱，而那层峦叠翠的大廉山就是六湖的凤冠。烟雨笼罩中的六湖，湖光隐约，山色迷茫，云水飘渺，雾影重岚，缭绕升腾。似梦境，似仙踪，撩人情思，惹人流连，引人陶醉。

轻风吹过，湖面上飘起淡淡的岚气，悠悠地掠过水波，带来了一股田野的芬芳，给人以一种洁净脱俗的感觉，直沁肺腑。这种感受对于长期置身在水泥森林和汽车污染环境中的都市人来说，简直是梦想中的胜地。

湖水是清润透彻的，用“玉洁冰清”来形容六湖的水质是最恰当不过的了。从大廉山中流出的山泉，经过了千折百曲的冲荡，带着深山野岭的清新和纯朴汇入库区，组成了六湖的宽容兼济，与世无争，恬静清幽。因此有人说，六湖水蒸腾的岚气也饱含着大廉山厚重的历史气息，给人以悠久深远的回味，总勾起人们的无穷遐思，猜想那山水深处到底蕴藏着多少历史的谜团和人间的传奇，那已经消失了的村庄和地名，还在传递着哪些鲜为人知的信息？

六湖胜景自天成

探访曲樟，人们谈得最多的就是六湖，这不仅因为六湖水库的山光水色，也因为从六湖水库起源、长达 62 千米，至今还在发挥着重要灌溉作用的湖海运河。然而，人们知道得最少的也是六湖，因为提起六湖得名的来由，六湖由哪些湖组成，知道的人不多，能完整地说出名六湖名称的就更少。甚至在新编《合浦县志》中，也很难找到六湖的来由和全部湖名，在《合浦地名志》的索引中，竟然没有

美丽的六湖

“六湖”的名字。六湖似乎成了一个刻意“被忘记”的名字。

那么，六湖是如何得名的呢？

访诸乡间耄耋并查证相关史料得知，六湖的得名来自当地的六个湖泊，这六个湖泊的名称：官塘湖、养珠湖、黄泥湖、深湖、青湖、赤子湖。在民间的俗称中，又分别叫作锅督湖、垌亭湖、黄泥湖、板桥湖、芒头湖、赤子湖。民间俗称虽然与史籍记载的名称有出入，但从中可以了解并认识到六湖得名的由来及具体湖名的大致含义。

六湖风光成为旅游热点

如官塘湖，以客家话的含义去诠释，这应该是由官府建筑的水利工程。民间俗称“锅督湖”，从锅督湖到官塘湖的名称变更，由此可知这是两个不同的概念：锅督湖是天然的湖泊，官塘湖是由官府改造过了的水利工程。客家话中的“塘”，多含有水利工程的意思在内，如“山塘”是指人工依山筑坝建成的微型小水库；“陂塘”则是人工拦截水沟或小溪形成的水塘。

央视专题片摄制组在六湖拍摄采访

又如，从“养珠湖”和“垌亭湖”对同一个湖泊的两种不同称呼中，也可知，不管是养珠湖还是垌亭湖，都经过了人工的开发，而且二者之间都相关联：如果养珠湖当年曾养过珍珠，就必然会有痕迹。那么，垌亭湖里的“亭”，是否可以解释为专为养珠而建的呢？如果这个因果关系成立，就应该是先有“养珠湖”这个官方名称，后有“垌亭湖”这个民间俗称。

再如，史籍记称的“深湖”“青湖”与民间俗称的“板桥湖”“芒头湖”也是有一定关联的。深湖是因为水深，才需要搭板桥而过；青湖是因为其水呈青色，与湖边芒箕相衬相映，民间因而以“芒头”谓之。这也许就是六个湖泊名称差异的合理解释吧。

如今，官塘湖、养珠湖、深湖已被水库淹没，黄泥湖、青湖、赤子湖被开垦成了农田。只有黄泥塘村、青湖坜村、赤竹山村这些名称相同或相近的自然村还在依稀地勾起探访者的联想。

1958 年，政府要修建合浦水库，六湖一带是水浸区，一万多客家人背井离乡又一次迁移。1960 年水库建成，六湖一带便成了一个大水库，于是便有了六湖水库的景区风光，有了 62 千米长的湖海运河，还有一个几乎被遗忘的璋嘉隧洞。

璋嘉隧洞是合浦水库重要的引灌工程，因其在曲樟的璋嘉佛高山，穿山而建而得名。璋嘉隧洞于 1960 年开工，1962 年十月建成。璋嘉隧洞全长 650 米，高 3.5 米，宽 2.5 米，入水口的底高程为 43.16 米，设计的流量为每秒 15.1 立方，最高时可达每秒 25 立方。出水口设东西两干渠，东干渠流入公馆，西干渠流入白沙，20 多万人口和 10 多平方千米农田受益。这是北部湾最大的水利工程隧洞。

历史的风云烟雨与时代的变革大潮造成了六湖的多彩灿烂，青山碧水间，常存英雄浩气，烟波浩渺里，最忆先贤勋业。我想，这就是六湖的魅力所在吧！

璋嘉府、堂背院、豪沃殿

在一些不了解曲樟历史的探访者看来，曲樟远离县城，深藏于大廉山腹地，交通不便，商贸不通，农耕落后，历史上是一个贫瘠困苦的地方。其实不然，六湖地区曾经是肥田沃垌、五谷丰登、六畜兴旺的农耕家园。这主要得益于南流江分支灌溉六湖垌的便利。原来，南流江分流中的支流鸭嫲江入六湖垌后，水流的走向并不是向南直走、流入北海，而是绕着六湖垌转了大半个圈之后，向东流入榕根港（也称大廉港，即今铁山港），汇进北部湾，这样，六湖垌的田垌得到了充分的灌溉之利。客家人迁居六湖后，充分利用这一天然的灌溉条件，沿江开垦出大片田垌，筑起了层层梯田，虽然居于深山腹地，但可凭江河的舟楫之利出入，于与世无争中维持温饱日子。于是，六湖垌一带便有了“璋嘉府、堂背院、豪沃殿”的美誉。

“璋嘉府、堂背院、豪沃殿”是对六湖地区三个比较有代表性的客家城堡的规模及富裕的美誉，其中也包含了三个城堡周边的村落范围。

“璋嘉府”是比喻璋嘉城堡的规模可以和廉州府城里的官家府第建筑相比。这并不是夸张之辞。即使今天走进璋嘉老城堡，比较之下就会发现，如果在今天要建成这样规模的城堡，没有十分雄厚的财力，确实不容易做到。何况是两三百年前交通、机械等生产力的限制下，在远离府城百多里外的山区，能建成如此大规模的城堡，确实是富可敌郡了。然而，即便是如此大规模的“璋嘉府”城，也比不上“堂背院”城堡。

“堂背院”即堂背城堡。堂背位于曲樟市场东北方向，这里是张枚新的家乡，他不但出钱修建了堂背城堡，还出资在城堡内建了学校。由于堂背城堡内的各种设施齐备，故以院称之。堂背城在 1959 年水浸区移民搬迁时拆除，现在只剩下一座炮楼浸在水中，时时在游人面前无言相对，见证着当年的辉煌。

“豪沃殿”是三者之中规模最大的城堡。位于曲樟市场南两千米。把豪沃称之为殿，不单指位于豪沃村的直角城堡，而是包括周边的樟木山老城、高豪古城等多个城堡和学堂相连成片，颇具有宫殿的气势。直角城堡也是在 1959 年水浸区移民搬迁时拆除，现在还剩下两座炮楼浸在水中央，以及一段城墙没被水浸，像苍龙般爬在库区的水岸边，令人见之莫不生震撼。

现在的“豪沃殿”，山色如黛，湖水碧绿，古堡水中央，山花守望中。更有那映日荷花，一尘不染地绽放于通灵滴翠间。云霓倒影处，水中的城堡，岸边城墙，还有烂漫的山花中的鹤羽翩翩。岸边的城墙旁的旧宅峻肃，村里的古木交柯中袭人果香，一切还处于原生态之中。不经意间，三两声蛙鸣，一阵阵鸟啼，轻轻撩动着人的心扉，教人心怡神往间，恍然顿觉身在梦中……

从“豪沃殿”城堡到“璋嘉府”城堡约八千米的六湖库区两岸地段，分布的各种城堡就有直角城、高豪城、贝背城、东成乡古城、樟木山老城、曲木城、堂背城、井山城、山心城、璋嘉城等十多个客家城堡，虽然大部分不完整，但是作为一个客家城堡群落景观整合起来开发，还是非常有魅力、有前景的。

山心灵隐寺

在曲樟的奇山奇水中，还隐藏着不少古祠名寺，山心灵隐寺，位于六湖之滨，藏廉山叠翠之怀，曲水流溪环绕，青山翠岱拥抱。访乡中耄耋，据称寺建山心，名以灵隐，是因为杭州西湖灵隐寺僧人游方至此，见大廉山山脉雄峙，六湖秀色可餐，倦游小歇之际，梦见山中寺庙整肃，华堂钟鼓悠扬，醒后以为祖师显灵嘱之于此建寺，弘扬佛法。于是择址设坛，梵香祷告，四乡化缘，建成此寺，以西湖灵隐寺之名而称之，以承接西湖灵寺隐香火之脉。

来到寺中，见大雄宝殿顶梁之上有隐约字迹，因顶梁使用岁月久远，梁上油漆斑落，加之香火熏燎，难以逐一辨认。经反复用心辨认之后，才看见顶梁的铭文是“大明崇祯戊寅陈罗张黄捐款建寺”等字样。崇祯戊寅年，即崇祯十一年

台湾专家教授考察组在考察曲樟客家土围楼

（1638 年），由此可知，山心灵隐寺起码在 370 年前就建成了，是由山心诸姓乡民捐款集资所修建，而不是由杭州西湖灵隐寺的游方僧人化缘所建。

在寺庙的一个墙角处，还发现了一角残碑，问寺中的老者，他也不知是何碑刻，只知从进寺至今就有此残碑。经过细心的洗抹擦看，略微看到“永乐”二字，如果是山心灵隐寺的遗物，那么，寺的建成年代就要前推至永乐年间，那就是在 1424 年以前了。

据有关资料，明崇祯二年，天竺高僧海溟法师到山心灵隐寺讲经。明崇祯二年是 1629 年，天竺是我国对印度的古称。海溟法师来到山心灵隐寺后，曾经在寺中为僧众和信徒近百人讲了五天的佛经。在讲经期间，海溟法师抽空书写了《大明智经》一卷，送给山心灵隐寺作传世范本。接着，又为山心灵隐寺书写了嵌名门联：“灵通大千世界，隐开不二法门。”随着岁月流逝，世事沧桑，海溟亲手书写的《大明智经》原本已经失传了，但是，海溟手书的门联字迹在人们的仿描中保存了下来，至今仍然嵌刻于寺门两边。

海溟法师离开山心灵隐寺前，专门在寺前种下一棵茶树留作纪念。从崇祯二年（1629 年）算起，这棵老茶树已有 380 多岁，可以算得上茶树中的“超级老寿星”。如今山心灵隐寺前的老茶树树干已经碗口般粗，树高盈丈，树冠如罗伞。这株老茶树每年都按时开花，守寺老人告知，树的叶、根可以入药，有清热解毒、止疴除湿的作用。

三宝岩仙祠

来到六湖水库边的三宝岩山脚下，仰头一望，就会看见三宝岩仙祠有如悬在山崖中间。

由于三宝岩仙祠是建在三宝岩洞口的，洞口自身就有上、下两层，建祠之后也就成了三层。原来仙祠只有两间土房，现存的规模是村民们集资建的，三间连体，还建有凉亭一座。祠边原有泉水井一口，可供祠中师傅及往来之人日常用水。因这些年砍伐森林破坏了植被，泉水已经枯竭了。祠中用水只能到山脚下去挑。

据老人介绍，三宝岩仙祠是为了纪念成仙的吴道全而建的。吴道全是曲樟人，未成仙前，经常钻进到三宝岩内与洞中的仙人下棋，每次下棋的时间长则十天半月，短时也有三五天，时间长了，也就修炼成仙。他从三宝岩洞中成仙后，直接从洞里进入大海，渡海游方去了。曲樟的乡亲们为了纪念这位土生土长的仙家，就在三宝岩洞口建了这座仙祠来供奉他，还在祠中为吴道全塑了一尊仙像。

三宝岩的得名，相传是因为岩洞中藏有金龟、银鹤、银蛇三宝，为此还引来无数图宝之徒前来探险挖宝，但他们一无所获。吴道全成仙后，还专门仙驾返乡告诉乡亲，洞中三宝是全体村民的福佑，任何人不得私自挖取，并在岩边刻有劝诫之词。

三宝岩的洞口就在神案下面，要入洞内，就得俯身从神案下钻进洞内。洞口不大，约一米高、二米宽，但有一块长卧石从洞内伸出来，使得洞口的形状就像张开的大嘴，这块从洞内伸出来的长卧石就像舌头，占据着中间的位置。人如要进入洞内，只能从“舌边”的空隙爬过去大约二十米之后，才能站立起来。一位老者告诉我们，自他记事起，就很少见有人钻进洞内去玩，一来是因为太难进入，二来是听传说洞内可通大海，怕进去之后掉进大海出不来了。

三宝岩仙祠的洞口旁有一口已枯竭的泉井，泉井边的岩石刻着一组字：“上十里下十里不知金银在哪里。”句读后：“上十里，下十里，不知金银在哪里。”这“上十里，下十里”刚好就是从山上到山下六湖水库边的路程。

三宝岩下有一泉井，泉井的水平面竟然比路面高出近一米，井水甘甜清凉，是三宝岩仙祠的主要水源。

闸口，走向大海写华章

石桥分合处，仙踪古今天

在明朝文人雅士评定的“廉阳八景”中，有一处位于乡镇的景点——“石桥仙艇”，指就是闸口的仙人桥，古人诗称：“石桥分合处，仙踪古今天。”

《廉州府志》“古迹篇”的记述：“仙人桥，在府治东五十里，新寮堡之前溪中，之南岸斗石联穹，北岸条石横架，上有巨人迹，南有石人来侍。西岸有地址如城池之状，过东又一石桥，桥架小溪，桥头有石佛石盘。俗传仙人撑石船引大廉山港北北通石康，至此闻鸡鸣乃止，又名石鸡桥。”

民国《合浦县志》的“古迹”篇也记述：“仙人桥，在府治东八十五里，新寮堡之前溪中，一石突起俨如巨舟，长四丈阔，半之上有巨人迹，南有石人夹侍。又一石桥驾小溪，桥头有石佛石盘，桥头西岸有地址如城池之状，过东又一石桥，桥架小溪。俗传仙人撑石船引大廉山小港北通石康，是夜此，闻鸡鸣乃止，又名石鸡桥。或出后人附会。”

在民间传说中，仙人桥和仙人船又有另外的传奇版本，有着各自的精彩传说。

一是仙人桥的传说。早在明代，闸口一青年领军抗击倭寇，因被奸细出卖，出征之时，所乘战船被倭寇设陷阱冲入山沟无法行驶，后青年羽化成仙，战船化成石船。石船形状极为逼真，船头船台恍若真迹，是历代文人雅士游览抒怀、言志寄情之处，明代将之列入“廉阳八景”。明代胡鳌的《仙人桥》中的“驰驱春日道，徒倚水云边。野酌真堪赏，山花亦自妍。石桥分合处，仙踪古今天。感慨伤前事，兵戒说昔年”即是指此，由此可证传说之事。

二是仙人船的传说。仙人船与仙人桥相近，是由一个优美的民间传说而产生。传说古传闸口有一美丽的女子，为追求婚姻自由，与情郎相约于仙人桥下，被巫婆施计，放水冲走了正在等待情郎的女子。女子痴心不改，情意永在，被冲下海溺死后。一缕芳魂夜夜驾舟溯江而上，来到仙人桥下守候情郎。久而久之，舟化为石。仙人船又称仙人艇，与仙人桥合称为石桥仙艇，同为明代“廉阳八景”之一。明代王一鹗在《石桥仙艇》一诗中描述的“驱石何年恍卧虹，中流系舸匪人工，遥知仙留芳踪躅，指点飞腾向此中”即指此传说。这首最生动传神地描写闸口仙人桥的诗歌，把仙人桥喻作仙女留下的芳踪足迹。

“驰驱春日道，徒倚水云边。野酌真堪赏，山花亦自妍，石桥分合处。仙踪古今天。感慨伤前事，兵戒说昔年。”人们不辞辛苦来看仙人桥，图的就是它的野酌，山花、桥、艇浑然天成，这也是仙人桥吸引游人的独特之处。如果没有独特的景趣，古人是不会骑马七八十里来到这里“伤前事”“说昔年”的。

古时候的仙人桥是什么样貌呢？“徘细桥畔树撑天，峭壁悬崖锁翠烟。百道流泉湾几曲，一犁春雨过前川。乘槎夜泛归何处，对弈闲评傍水边。洞口花开迷

插口仙人桥的石艇仙舟

合浦闸口独特的地质地貌景观造成斜亭独立

钓艇，桃源咫尺暂留连。”（清·林有声《游仙人桥》）这是一首描写仙人桥全景的诗。作者描写的角度应是仰视。从诗中可以想象出当年仙人桥的景色是何等清秀奇丽：哗哗奔腾的涧水自上而下乘势流泻，来到桥头便成了百股清泉逶迤流淌，飞溅的水珠雾气恍如一场春雨洒过，把石艇仙桥洗得碧绿翠嫩。这时，洞口的野花开得分外娇艳妩媚，游人流连忘返，不思归去，在游人眼中，哪怕陶渊明笔下的桃花源也不过如此。

合浦闸口那寮客家土围城门楼

古人如此在意于闸口的仙人桥，除了关于它的传奇之外，还恐怕因为它远离世俗凡尘的喧嚣。就传奇造景而言，珠乡有不少经典景点，如石康的铜船湖，石湾的糠头山，山口的永安城、烟墩岭等，都极具传奇色彩，而仙人桥的景致独具一格之处在于超越了传奇色彩，具有一种返璞归真的自然美：“异石凌空嵌，危桥望里悬。幽深不可到，奇突似将颠。泉韵和松籁，山光杂紫烟。偶来访仙客，莫待月明还。”（清·张之英《游仙人桥》）

到过仙人桥的人都知道，仙人桥也好，仙人船也好，都是石灰岩地质变化所致，加上河流千百年不停地冲刷激荡，可谓浑然天成。古人评论景点优劣，讲究山水一体，“石桥仙艇”无疑占有这一优势，因此能在珠乡山水景色中脱颖而出，列入“廉阳八景”，成为文人雅士咏景抒情的常用喻体。

观音山传奇

观音山位于闸口镇东，为大廉山余脉，面临大廉港（今称铁山港），背靠大廉山，倚峙大廉山脉，山势极为壮观。大廉山因汉代费贻守合浦，以清廉勤政、德泽珠乡而著称，奉召还京之日，郡民不忍离别，挽辕相送百里至此山下，是以“廉山”命名，以纪费守政德，遂有千古名山之脉，而闸口观音山承之。南揽北部湾铁山港海阔天高之万千气势，尽得山川钟秀、地灵人杰之福泽。

观音山之得名，相传因观音大士曾经过此山，点化青龙白虎而得名。五代十

风景秀丽的观音山水库

国时，中原战乱不断，青龙、白虎隐于山间古潭避祸，不时为争地而斗，祸患地方。观世音菩萨见状专程赶至山前，点化青龙、白虎潜心修炼，以待正果。青龙、白虎谨遵法旨，守护一方，行云布雨，以保乡民安居乐业。此后，山中屡有紫气升腾，乡中总有喜庆之兆降临。每当霞飞云蔚之时，彩虹便从潭中升起，更有铁山港波光浪景相映，海市蜃楼景象屡观，乡人将之视为观音圣殿现形，观音祥光瑞气降临之象，故在山间建庙以奉观音，于山中设坛拜祭，以为岁时祀。观音山因此成名，传诵后世。到了明朝，有尼师云游观音山，见山势雄伟，祥光拂临，遂立宏愿，建寺立庙以奉观音。庙宇既成，以普云庵称之，意指普度众生，云映佛光是也。数百年间，香火鼎盛，祭祀延绵，一方福泽，赖以护佑。

观音山普云庵正殿供奉观音大士文昌殿供文昌星君，各殿供奉三佛三帝各路仙家神圣，当年香火鼎盛时，乡人还在观音山下建一香纸作坛专供普云庵使用。几百年间，普云庵屡有兴废，几经更替。而近百年间仅轮换两任主持，前任主持十姑 90 岁仙游后，现任主持钟喜英接管庵堂事务。钟喜英 14 岁皈依普云庵，潜心礼佛行善，至今已 80 多岁，主持庵堂近 70 年，修行有德，为珠乡名尼。钟喜英于近年仙逝。观音山前又有瀑布、虎跳崖，是休闲度假的好去处。

香粉潭瀑布传奇

传古代有一条神龙自东海一路寻觅安身修炼之所，来到南海转至北部湾，溯大廉港（今之铁山港）而上，来到观音山下一水潭。但见潭水香气四溢，清澈可见，又听潭边溪流如琴弦回鸣，再看潭岸四周，花开五彩，树影婆娑。龙神大喜，尽情在潭中游玩嬉乐。神龙身入潭中，顿觉倦意全无，神气倍添，便决意在此隐居修炼，以待正果。因潭水一年四季飘香洋溢，便以香粉作潭名，神龙便以香粉潭主居之。

却说这观音山上也有一白虎隐居修炼，每日均要饮香粉潭水解污排浊，更要在香粉潭中沐浴以洗腥秽，神龙据潭而居之后，难免龙虎相持，争斗不休。每起争端，便龙吟虎啸，巨浪惊天，波涛腾涌，周边村舍田地尽为所祸，百姓苦不堪言。一日，观音大士路过此潭，睹龙争虎斗之害，便以慈悲之心渡之，为排解龙虎修炼之争，观音大士以莲花点水为界，在香粉潭筑起水墙，东边藏龙，西边卧虎，各潜心修炼，待修得正果之日，龙、虎隐居修炼之所因聚气成穴，观音山下便有龙窝虎穴地理之传说。而香粉水墙则成为瀑布日夜倾泻，景观壮丽，流传至今，后人称之为香粉潭瀑。

据志书记载，闸口的香粉潭曾发现有金矿，引起了当地的淘金热，后当地村民认为淘金会破坏风水，强烈反对，为此事还告到了官府，由官府出面制止。合浦在宋代就有向朝廷进贡生金（即金砂原矿）的记录，香粉潭发现的金矿应是其中之一。

红娘子姻缘石传奇

闸口胜景香粉潭之下，有石名姻缘。

古传，香粉潭乃青龙神所居。青龙神独居香粉潭不知几百几千年。青龙神亦不知几百岁几千岁也。青龙神每奉玉帝旨意，为四乡八村布雨施露之余，常于月圆之夜化成人形游览于香粉潭畔，苦孤身只影之寂寞，叹人神相隔之孤渺，每每叹息，直达天庭，为月老所闻，顿起顾念之心，遂派红娘子为之说媒，引白龙城珍珠公主与青龙神相见，并以红线系之，以成其好事。

青龙神与珍珠公主二人同为水族，相见恨晚。郎情妾意，情投意合，遂择吉日成亲，共效人间连理、比翼鸳鸯之喜。成婚之日，红娘子亲临为之主持司仪。渡河之时，因水急浪高，将红娘子所乘之船推至河中礁石上搁浅，红娘子用脚踩向礁石把船推开，因用力过猛而在礁石上留下脚印一方，乡人为感念红娘子成全青龙神与珍珠公主姻缘之美德，遂将此礁石取名为姻缘石，并在礁石上塑红娘子神像以祭祀，千百年间，既成定例。民间有求婚姻者，来到姻缘石上红娘子神像前，焚香祈祷，必能如愿。山川毓秀，地灵人杰，此之谓。

大陂头江坝

闸口古代的水利工程众多，其中大陂头江坝最为出色。民国《合浦县志》为之作记称：“大陂头江在府东百里，距闸口圩五里，乾隆二十一年刘尚行、欧维基倡砌石陂，从善径凿石为圳。嘉庆九年圮，十年邑监生冯抡模倡捐修复，可灌田三百余亩”。跨江而过的大陂头江坝不但在水利方面发挥了重要的灌溉作用，也成了重要的交通要道。大陂头江坝自乾隆二十一年（1756 年）建成至今，虽然经历 250 多年风雨海潮冲击，依然完整傲立，由此可见古代建筑技术的高超及质量的牢靠。闸口大陂江头坝与闸口古港口、闸口古渡相邻，形成了独特的地理历史景观群，具有较高的旅游开发价值。

常乐，南流江边家国梦

话说常乐州

南流江边的合浦常乐镇，在五代南汉时期曾设常乐州。常乐州的设立时间，一般来说以五代南汉为始。

南汉的始创者刘隐，祖籍上蔡（河南），唐末任广州刺史，不久后升任行军司马、节度使等职而据有广州及岭南东道。刘隐还受封为大澎王、南平王、南海王，至乾化元年（911 年）三月病死，年二十八岁。刘隐死后，弟刘涉继任节度使，复改名岩，袭封南海王，此时岭南西道除柳、象、梧、昭、桂、贺、宜数州被楚占据外，其他全为刘岩所占有。后梁贞明三年八月十六（917 年 9 月 5 日），刘岩（后又改名龚、龑）称帝，国号大越，建元乾亨，次年十一月改国号汉，史称南汉。南汉自刘隐于唐天祐二年（905 年）为清海军节度使起据有岭南，至后主刘铱于宋开宝四年（971 年）亡，凡六十七年，称帝五十五年。

南汉从合浦县辖地划出部分设置了博电、零绿、盐场三县，这三县为常乐州辖地，州治就在今常乐镇。常乐州存在的时间不长，却跨越了两个王朝，至宋太祖开宝五年（972 年）撤销。由于时间短，而且又处于改朝换代急剧变化的时期，没有发生重大历史事件，志书史籍也只是做简单的设置记录，因此后人对常乐州的研究留下了诸多解不开的疑团。

据宋代地理总志《太平寰宇记》中的“太平军”篇记：“太平军，本廉州，皇朝开宝五年，自旧州理移西南四十里地名长沙置州，并封山、蔡龙、大廉三县为合浦一县。仍废常乐州，以博电、零绿、盐场三县并为石康一县来属。”

在《太平寰宇记》中的这段记述中，我们可以明确地了解到，常乐州是在宋朝开宝五年撤销的。撤销常乐州后，原常乐州辖的博电、零绿、盐场三县并为石康县。这里只提常乐州的辖区及废弃时间，没有提及设置年限。

在《宋史·地理志》的记载中：“开宝五年，夏四月，上按岭南图籍，州县多而户口少。命潘美、王明度地并省以便民。甲午，初废白州及常乐州。”这里虽然提到了废弃常乐州的原因是岭南地区“州县多而户口少”，但也没有提及设置年限。

《舆地广记》“廉州”条中记：“石康县：本常乐州，南汉立，及置博电、零

建于明代的接龙桥是合浦常乐老城中年代最老的建筑

绿、盐场三县。”

宋代李攸的《宋朝事实》中也记：“开宝五年，废常乐州，省博电、零渌、盐场三县，以其地为石康县来属。”

明代天顺本《大明一统志》“廉州府”则指明了常乐州治具体地点：“常乐废州，在石康县治。”

这些志书典籍虽然多有记载北宋开宝五年罢废常乐州后将常乐州原辖博电、零绿、盐场三县合并而成，隶属于廉州。但也没有提及设置年限。

明清之交的顾祖禹所著的《读史方舆纪要》引《一统志》的记述：

“南汉乾亨初，置常乐州，领博电、零绿、盐场三县。宋开宝五年，州县俱废，改置石康县。石康县治南有常乐废州治，是也。”

顾祖禹为我们提供了一条重要线索，就是“南汉乾亨初，置常乐州，领博电、零绿、盐场三县。”

“乾亨”，即 917 年，是南汉刘龑的第二个年号，时间至 925 年，存续了八年，后改年号为白龙。从这里可以确认常乐州设置的年限在 917—925 年。

清代吴任臣在其所著的《十国春秋》中，也认为常乐州是在南汉乾亨元年（917 年）设立的。吴任臣是清代著名的史学家，他所著的《十国春秋》是一部纪传体，记载五代十国史事，根据五代两宋时的各种材料收编而成，成书于康熙八年，共 114 卷。史家称《十国春秋》广采博取，赢得清代学者的高度赞许，清代大臣、学者、文学家纪晓岚也称赞：“任臣以欧阳修作《五代史》，于十国仿《晋书》例为载记，每略而不详，乃采诸霸史、杂史以及小说家言，并证以正史，汇成是书。”可见《十国春秋》在考证南汉历史方面具有较高的权威性，其认为常乐州是在南汉乾亨元年（917 年）设立之说是可采信的。如是，常乐州于南汉乾亨元年（917 年）设立，至宋开宝五年（972 年）撤销，存在时间为 55 年。

此外，也有一些研究者提出了常乐州的始置时间与唐代岩州的罢黜时间大体相近，而岩州一度改名常乐郡，常乐州的始置是南汉时将岩州改名之说。此说论者认为与南汉国君避讳有关。南汉正式建国脱离中原王朝的国君是刘隐的弟弟刘陟，他在乾亨二年（918 年，即后梁贞明四年）“僭行郊礼，赦其境内，及改名岩”。国君既然改名岩，那么国内凡带“岩”字的州县自然应当更名以避讳。地名避君讳，在中国封建社会是极其普遍的现象，也是基本制度之一，岩州避刘岩讳改名常乐州一说，能很好地解释州名更改的原因。

常乐三县何处觅？

唐至五代时期，常乐州周边设置的行政区域有：东边有大廉县；北有灵山

合浦常乐老城北门遗址上的老街

县、蔡龙县、南昌县；西有安京县、宋寿郡；南是廉州（海门镇）府。这些州县大都有地望可考，分别属于今之灵山、浦北、钦州、博白、合浦等县。而大廉县则在闸口、公馆、白沙及石康一部，常乐州一州三县的区域范围就初步显现出来了：大致在今常乐、石康及石湾一部。根据这样的区位，常乐州所辖博电、盐场、零绿三县的地望就有了一个可参考的方位。

博电县，是常乐州治所在，在今合浦县常乐、石康镇一带。

盐场县，《读史方舆纪要》“廉州府”篇载：“《广志》云，盐场废县亦在府东南。”嘉庆重修《廉州府志》记：“按《南齐志》，越州有盐田郡，领杜同一县，疑即五代之盐县，当在今县东南界。”今考廉州东南之盐场，明清有白石、白沙二场，宋代则仅见有白石一场，则南汉盐场县在白石盐场的可能性较大。

零绿县，应在石康与石湾一带。谭其骧的《中国历史地图集》标注零绿县在石康与闸口之间，而闸口自唐设大廉县后，属大廉县境，大廉县撤销后其地并入合浦县，闸口自然也入合浦县。因此，零绿县地望在石康与闸口之间的可能性不大。

又据唐代杜佑所著《通典》记载，合浦郡地曾设安乐郡，安乐郡辖岩州、理安、乐县。土地与合浦郡同。又称岩州，或为唐安乐郡。领县四个：常乐、思封、高城、石岩。近来有研究者考究，岩州就是常乐州，到了南汉因避开国君主刘岩的讳字而改常乐州。高城县于唐武德五年置，属廉州，治所在今玉林市境内，如是，常乐州的行政区域范围又是另一个概念了。

南流江边养蚕人

在常乐至合浦县城出海口西门江这段南流江河岸的两边，土壤气候地貌都相同，却只有常乐是自古以来的蚕丝之乡，古时候在生产力不发展、农村经济单一的环境条件中，往往一种物产就会决定一个行政区域的设置，如合浦史称还珠古郡，就是因为地产珍珠。由此联想，南汉刘氏王朝既然能在合浦设媚川都专事采珠，在常乐设州专事丝绸生产也就理所当然了。

合浦作为汉代“海上丝绸之路”始发港所在地之一，除了以南流江作为主干道的内陆水路运输通道这一区域地理优势之外，还具备必要的物产支持：珍珠产业、陶瓷产业和丝麻产业。正是因为有了这些产业的支持，合浦才得以持久地发挥“海上丝绸之路”始发港的作用。其中丝麻产业出口贸易的持续时间最长。在史料的记述中，至清光绪十五年，廉州府还在北海港出口广西丝5400余斤，因此获得了朝廷奖励。由此可见古代合浦丝麻产业的发展状况。

据明代《廉州府志》记载，当时廉州府纳入税务征收管理的养蚕桑树就有6122株。到了清代乾隆年间，朝廷更是在廉州府大力发展蚕桑种养业。为了鼓励农村大量养蚕种桑，还由朝廷编写印发了指导蚕桑种养的书籍免费发放。其中对制种育苗的记述尤为详尽：“五月取初黑桑椹，拌柴灰少许，以手轻轻揉搓。次日用水淘净，用沉实者晒干，除去水气，择肥地晴而种之。冬月苗生，以火焚之。逢春复发，锄去冗苗。俟长至笔管大，另行移栽。五步一行，每行五步一株。”由此可见当时廉州府的蚕桑种养技术已经很成熟。而常乐镇自古以来都是廉州府的蚕桑种养基地，至20世纪60年代，合浦规划建立的十大基地之一的“蚕桑基地”就设在常乐镇。至今，蚕桑种养还是常乐镇农民创收致富的重要途径之一。在相关资料中，常乐镇曾经有过从事养蚕的村民1000余人，种植蚕桑的面积约为5000亩的业绩。但是，由于近年来乡村里的主要劳力外出打工的多了，劳动力的缺乏在很大程度上制约了蚕桑业的发展。

为了寻访常乐的蚕桑业状况，我们终于在立冬后的最后一茬蚕茧养护结束前，来到了常乐知名的养蚕大户张大叔的养蚕棚，进行了全程拍摄。

来到张大叔的家时，张大嫂刚从桑园摘桑叶回来，而张大叔还在桑园忙活。

张大嫂知道我们的来意后，一边张罗着叫人去通知丈夫，一边带我们来到养蚕棚前。张大叔的养蚕棚建在路旁的一个果树园里，是一座三开间的瓦房。张大嫂边走边告诉我们，由于这是今年的最后一茬蚕茧了，因此得特别小心。为了减少外界的污染，养蚕棚的外墙都用遮阴网围了起来。一般情况下，都是不会让外面的人进到里面去的。但为了让摄制组了解真实的情况，才“特许”我们实地零距离进行接触拍摄。

合浦常乐的蚕桑业历史悠久，是合浦“海上丝绸之路”始发港产业的重要见证，至今还在发展传承中

来到养蚕棚，张大嫂把棚里的蚕室门打开，只见一地白花花、密麻麻地挤在一起的蚕宝宝，一动也不动静静地躺在地上，一下子就把我们的好奇心牵了起来。张大嫂看到大家好奇的样子，就为我们解释说，这是上午刚喂了桑叶，蚕虫们都吃饱了正在睡觉，只要在把桑叶撒进去，那些蚕虫就会起来吃食的。张大嫂一边说，一边将刚摘回来桑叶撒进去，果然蚕儿们马上就对刚落地的桑叶立即进行了“围攻蚕食”。此情此景，正应合浦民间俗语中形容懒人的一句话：“你真是一条蚕虫，就知道吃了睡，睡了吃。”张大嫂告诉我们，这种“吃了睡，睡了吃”的生活习性，就是蚕虫最佳的生长状态。

大家都在饶有兴趣地观看蚕儿“蚕食”桑叶的时候，张大叔从桑园回来了，并高兴地接受了摄制组采访，热心地向我们介绍种桑养蚕过程中的各个生产管理环节。在采访中我们了解到，张大叔不但是这一带养蚕时间最长、养蚕规模最大的养蚕户之一，而且还是种桑、育种（蚕种）、养蚕、收茧一条龙生产经营的能手。因此，他养的蚕儿不但病害少，成活率高，而且长势好，成茧率高。今年的最后一茬蚕茧，也是丰收在握了。

在采访中，张大叔不止一次告诉我们，其实养蚕的收入并不低，而且成本投入也不高，关键在于掌握种桑养蚕的基本技术，而种桑养蚕的技术不比其他农活复杂，也不需要重体力劳动去管理，当地又有传统的种养技能优势和习惯，容易

常乐的养蚕专业户张大哥和他的育蚕棚

为大家接受。以张大叔现有的种桑养蚕技能，每亩桑园的养蚕量每年收入都超过8000元，他现在种养的面积约三亩，还能够自己育种（蚕种）。因此，生产周期的经营是轻松、效益可观的，值得推广。

近年来，当地蚕桑业发展急剧下降，原因有多方面：一是种桑养蚕的环境恶劣，由于农药和化肥的普遍使用，对蚕桑的生长造成了威胁，增加了种桑养蚕的经营成本和风险；二是在育种（蚕种）方面，过去大部分当地蚕桑种养户都能够自己育种，这样就能保证种源的质量和数量供应。但是近年来种养面积锐减，育种成不了气候，种养户只能向外地购买，这在质量、数量及季节安排方面都无法保证，在一定程度上影响了种养的积极性；三是种桑养蚕为技术活、精细活，需要相应的经验来经营。但近年来青壮年都外出打工了，大部分人不愿意守在乡村干这一行，养蚕户越来越少，更令人担忧的是，长此下去势必造成种桑养蚕的技术脱节，那就会导致种桑养蚕业后继无人了。

谈起这些的时候，张大叔说，最好是政府出面，划出一个种桑养蚕的范围来给大家发展，这样不但可以扩大种桑养蚕的面积，也有利于种桑养蚕技能的交流传承。

这就是张大叔的期待，也是南流江边养蚕人的期待，更是合浦在新世纪“海上丝绸之路”建设中焕发光彩的期待。

石康，南流江边古风存

合浦石康镇是珠乡最具传奇色彩的建制镇之一。宋代在这里设置了石康县，及太平军传舍（相当于今外交部办事处）。《宋史·地理志》、清代《续通典》州郡典记载：合浦郡，军事，开宝五年废封山、蔡龙、大廉三县，移州治于长沙场，置石康县。太平兴国八年，改太平军移治海门镇，咸平元年复县二，合浦（上有二砦）、石康（下本常乐州并为县）。这里是说，宋代开宝五年（972 年）石康设县，至明代成化八年（1472 年）撤销，时间整整五百年。其间设立过长沙盐场署、还设有两个"砦"。"砦"同"寨"，是守卫用的栅栏、营垒。由此可知石康县的军事地位。

更重要的是，宋代在石康设置的长沙盐署，负责十九个州的盐运专卖。宋代周去非在《岭外代答》中记："广右漕计，在盐而已。盐场滨海，以舟运于廉州石康仓。客贩西盐者，自廉州陆运至郁林州，而后可以舟运。斤两重于东盐，而商人犹艰之。自改行官卖，运使姚孝资颐重，实当是任。乃置十万仓于郁林州，官以牛车自廉州石康仓运盐贮之，庶一水可散于诸州。凡请盐之州，曰静江府、融、宜、邕、宾、横、柳、象、贵、郁林。"

《岭外代答》还记载："朝廷岁拨本路上供钱、经制钱、盐钞钱及廉州石康盐、成都府锦，付经略司为市马之费。"

明洪武初，海北盐课提举司迁入石康县西，成化中迁于府城内，领白沙等十五盐课司。这个海北盐课提举司管辖十五个盐课司的盐业生产和漕运业务，驻在石康的时间长达百年。

从以上记述中可知，石康在宋代不但是重要经济物流通道，还是重要的盐业中转基地。石康盐业中转基地的经营所得，还是朝廷买马的主要经费来源之一。由于有了这个盐业中转基地的经营，推动了石康社会经济的发展，石康一度是富庶之地。

宋代的廉州团练使陶弼，在《寄石康县曹元道》一诗中写道：

屡与南僧谈瘴溪，独推君县好封圻。

不同合浦人民众，虽接交州寇盗稀。

曹元道是石康县县令，陶弼是负责州府治安的军事长官，他在诗中称"独推君县好封圻"。"封圻"是指疆土，也代指管理一方的官员，陶弼称赞曹元道治下的石康县"虽接交州寇盗稀"，当然不是阿谀之词。

范成大与杨万里、陆游、尤袤合称南宋“中兴四大诗人”，曾任吏部尚书，官至参知政事，他写有一首《水乡酌别但能之主管，能之将过石康》诗：

南郭河桥市井喧，绿荷香处有江天。
一帘梅雨炉烟外，三叠阳关烛泪前。
马耳西风君并海，船头北渚我归田。
后期只恐参商似，且醉金槽四十弦。

这是一首送别友人的诗，这位友人但能之原在荆州为官，因奉调到岭南任职，范成大曾任静江（今桂林）知府、广西经略安抚使二年，知道石康县是但能之的必经之路，因此特别以“能之将过石康”辅题。由此可知，宋代的石康是官道要枢，来往官员的首选之路。宋代安南使臣到京都朝贡，回程时京城官员向安南使臣推荐改走水路：“自郁林州水路可至廉州，其处亦有回脚盐船。自廉航海一日之程即达交趾。若由此途，则从静江而南二千余里，可以不役一夫而办。”（《宋会要辑稿》）指的就是石康凭借南流江“庶一水可散于数州”的盐运通道。

合浦石康华昇淀厂遗址留下的淀缸，建于清代，石康华昇淀厂被誉为广西化学工业的先驱

合浦石康长沙坊是合浦盐运机构所在地，古树里的石狮子，见证了悠久的历史

石康古城遗址位于南流江边的顺塔附近，站在石康古城遗址前，如果不是知情人的介绍，很难将之与一个城池或城堡联系在一起。因为能辨别古城遗址的唯一标记，就是那微微隆出地面的黄土脊——剩存的古城墙基。只有这黄土地异于周围的黑土地，才时时提示人们这里曾经承载过的历史。新中国建立之初，文物考古部门在石康古城遗址的南门附近挖掘出一门铜炮，铜炮身上方刻有“南汉□□□年造”的铭文。铜炮身上的铭文向人们透露出一些重要信息，那就是石康在南汉时期就是战略要地。

在史籍的记述中，石康还有许多历史传奇景观，仅《读史方舆纪要》中就记有多处：

登高山，在废石康县治东，旧为士民登眺处。又东二十里曰白石山，又十里曰三山，有三峰峭立，与白石山相接。铜船湖，在废石康县治东登高山下，俗传马援尝铸铜船于此。又西北四十里有糠头山，一名军头山，相传秦尉陀尝驻军于此，偶乏粮，以糠头散给，因名。俗呼狼头山。思乡水，源出废石康县北境之思峒山，西流接武利江，还入县界，合于晏江。以其去而复还，因名。晏水，在府东北二十里。源出废石康县界，西会于廉江。亦谓之晏江。

北海电视台专题片摄制组在石康古城遗址拍摄采访

《大明一统志》卷八二“廉州府”：“白石山在石康县东三十里。山石皆白。”

清代《渊鉴类函》一书中记：“廉州府石康县有金鸡水，相传金鸡浴于此。”

如今，石康圩还留存有长沙坊，应是长沙盐署衙门的旧址。长沙坊内的老榕树中夹着的石狮子应是长沙盐署衙门的旧物。

罗公祠内还有明代的绘画遗迹，有明代的龙泉井，罗公祠前还有较为完整的古戏台一座，这是北海唯一一座保存格局完整的古戏台，很有考古价值。

还有明代水利设施杨家陂；清代银锭井；合浦一代太极宗师金承珍之墓就葬在石康水库旁……

石康的千秋古韵就这样时时牵动着人们的悠悠情思。

北海电视台专题片摄制组在石康古城遗址拍摄采访

忠烈有祠祀罗公

在石康 500 年设县的建制史，有两

个人是众所周知的：一个是接待苏东坡的石康知县欧阳晦夫，时在宋元符三年（1100 年），他因热情接待苏东坡而留名珠乡；一个是明成化三年（1467 年）的石康知县罗绅，他为护境安民而殉国，石康民众立庙建祠，奉若神明，扬名至今。

罗绅是江西宜春人，天顺初年任石康知县。罗绅任石康知县之时，正是多事之秋。除了倭寇侵扰之外，各种战事不断，护境安民成了首要政务。为了保境安民，罗绅一方面加紧训练县兵，一方面组织团练，由其子罗鉴统领，以保地方安宁。天顺六年（1462 年），一支外地武装队伍突然围攻石康县，兵多勇壮，攻城甚急，罗绅即命儿子率兵出城迎敌。由于罗鉴率领的县兵、团练平日里训练有素，出城接仗便斩杀围城之敌两百余人，致使围城之敌闻风丧胆，溃不成军，仓皇撤兵败退。罗绅父子因此成了这支外地武装队伍的眼中钉，敌人欲除之而后快。一个月后，这支外地武装队伍又卷土重来，罗绅又命罗鉴领兵迎战，战不数回，敌军挡不住罗鉴神勇，很快又败退了。为了把敌军赶出县境，罗鉴率军一直将这股武装追至博白县境，不幸中了敌军的埋伏，罗鉴中箭负伤，回到石康不久便身亡。惧于罗绅父子的威名。此后几年间，敌军不敢轻易侵优石康县。

成化三年（1467 年）十月，这支外地武装队伍得知罗鉴已于五年前中箭负伤不治的消息后，再次纠集兵马围攻石康县。罗绅率军民守城苦战，终因寡不敌众而城破被俘。罗绅面对掠城敌军毫无惧色，厉声斥敌：“朝廷命我封疆守土，今日城破，一死何惧，但不得残害无辜百姓。”敌军见掠城所得不多，便将罗绅及城中吏属乡绅及有功名者掳作人质索赎金。在解押途中，罗绅对敌军首领说，带这么多手无缚鸡之力的吏属乡绅及随行无益，不如我一人留下，放其他人回去筹赎金来赎我。敌军首领听了觉得可行。于是就留罗绅作人质，其他人等全部放回，限期筹集赎金换回罗绅。但石康经此次敌军掠城之后，十室九空，众人回城后虽然多方努力，也只筹集到白银三十两。敌军以三十两白银换一个知县的命，赎金太少不值为由，将罗绅杀害了。罗绅被害的消息传回石康县城后，城中吏民尽出城迎其遗体，史书记称“家祭巷哭，如丧考妣”。可见罗绅深得民心。

罗绅父子护境殉国死难后，石康民众专门为其父子建了一座祠庙以作祭祀，取名为“罗公祠”。罗公祠中安放罗绅父子的神像，世代香火延绵。到了清乾隆十八年（1753 年），合浦知县廖佑龄在石康扩建罗公祠，罗绅的事迹代代相传，罗绅被演化为保佑石康平安神灵。流传最广的就是罗绅脚踢日寇飞机炸弹的神话。说的是抗日战争中，日寇飞机轰炸石康时，有人看见罗绅骑着高头大马，将日寇飞机扔下的炸弹一一踢到江里，使之不能伤害石康民众。据说有人在日寇飞机走后专门去罗公祠验证时，发现罗绅的塑像还满头大汗，脚上的皮靴因踢炸弹踢歪了还未穿正。也有人称在夜间经常见罗绅骑着马出来巡逻，土匪不敢到石康侵扰。传说虽奇，正见民心所在。《廉州府志》把他列入《名宦志》立传，嘉其“清介公勤”“一门忠孝”。

顺水顺风看顺塔

位于合浦县石康镇顺塔村的顺塔，塔高约 24 米，七层楼阁式八角形空心砖塔结构，形式与文昌塔一样。高七层，八角形，是一座叠涩出檐平座空心砖塔。其造型从底层向上逐层收拢，一层比一层狭，一层比一层小，并在塔心设阶梯逐层次第回旋往上，可登至顶部。塔身结构全用青砖对缝粘砌，表层抹灰浆，每层叠涩出檐上置平座，开着东西通风门，即坤门与凤门，其余是作装饰之用的假门，塔内有阶梯盘旋而上。

石康顺塔的建筑年代是明天启五年（1625 年），此时，石康撤县已经 153 年，而且原来设在石康安仁里的永安千户防御所（永安城）也于此前撤销，移到了山口重建，即今山口永安村。此时，石康不再是县一级的行政中心所在地，为什么要建一个与廉州府城的文昌塔规格一样的顺塔呢？更令人不解的是，石康曾经有县级建制的 500 年中都没有建塔，为何却在 150 年后大兴土木呢？

天启年是明代宦官专政最猖獗的年代，臭名昭著的魏忠贤在此时独断专行。而天启帝朱由校则一味沉迷于木工玩乐，魏忠贤趁机与朱由校的奶妈客氏狼狈为奸，残杀忠良，淫乱朝纲，致使天灾人祸连连，民不聊生，天启朝仅七年而终。

石康顺塔，寓意顺风、顺水、顺人意，是合浦“海上丝绸之路”之南流江的文化遗存标志

在此期间，驻守廉州珠池的太监为了讨好魏忠贤和客氏，拼命逼索珍珠，擅权虐民，造成廉州珠池的珠螺全部“失踪”，史称“合浦珍珠史上的第四次大迁徙”。除了人祸之外，廉州府又连年天灾不断，异象丛生：天启元年（1621 年），廉州大洪水；天启二年（1622 年）十一月，彗星出现，星大如斗，尾拖带数十里，状如连珠，

从东北方飞至西南方而消失，时已黄昏，光芒照耀如白昼，房屋窗户都能辨别；天启三年（1623 年）正月元旦起，月明如昼，光环呈五色。是年冬天，西门外突发大火，烧毁了西门金肃桥及两岸的数百间民房商铺，这是廉州府城建成以来最大的火灾。在一连串天灾人祸的袭击下，廉州府衙采取了一系列措施，其中包括参考了“形家（即风水先生）之言”，先后改建理刑衙门，改建海北海南道分署衙门。天启四年（1624 年），又在海角亭附近建了一座接龙阴桥“以锁水口”。石康的顺塔就是在这样的背景下，于天启五年（1625 年）建筑的。石康顺塔选址在州江口附近，除了因石康当时作为朝廷的盐运中心，寄托着往来于南流江的商旅船只行人平顺安康，顺风、顺水、顺人意的寓意之外，又与海角亭附近“以锁水口”的接龙阴桥相为照应，可见用心之良苦，寓意之深刻。

顺塔建好后曾遭雷电损毁了顶层，在长期的风雨侵蚀中也曾一度发生明显倾斜，但随着时间的推移，又慢慢自动移正，这也是一件奇事。

清知府周硕勳为此作《书石康塔碑后》记之：

> 乾隆十九年甲戌孟春，余按部往灵山，与石康老僧以塔碑拓本示余。按碑文，石康古县治旧有綦龙墩、龙兴寺镇下关水口，故人民富庶，科第蝉联。迨县废而墩与寺俱废，殊有今日盛衰之感也。邑侯胡公创建兹塔，士庶以公造福无涯，为立祠尸祝焉。胡公讳可成，别号敬完，楚南人，黔中乡贡进士。撰文则鄰宦吏部侍郎黄公仕宏，勒石则南宁府通判洪崙、永南县知县赵俊，勷事则衿者林中琦等以下十七人。旹崇祯三年仲秋立。窃尝叹州县之政，非法令所及者，世不复议明季怀庙。时中原多故而合邑官民犹汲汲焉，以培植地方为急务吁不可及也。已惜文？陋或出假错不足录。又按，世纪石康塔或于天启五年乙丑，而碑立于崇祯三年，阙疑可也。綦龙墩为鸡笼二字之说亦俟考。

石湾，江流入海诉沧桑

汉风韵遗古迹在

合浦石湾是一个历史遗迹众多的乡镇。秦汉之际因南越王赵佗驻军而名的糠

石湾江河滩的十里五彩石滩。石湾的得名来源于此江湾河段的石头多、河滩长

头山；汉代因马援训练水军而名的伏波滩；三国鼎立之际，孙吴与曹魏政权逐鹿的古城战场；两晋间因灵觉寺（东山寺）的铜钟变龙相斗而名的钟湾。特别是2003年，广西文物工作队在上古城头村旁的大浪村，发掘出四周边长220米左右、占地面积约为50000平方米的古建筑遗址，还出土了属西汉早中期的泥质陶和夹质陶。这个古建筑遗址于2013年被国务院公布为第七批全国重点文物保护单位，这个南流江边的古镇因此名声大振，引起了广泛关注。

石湾，因南流江到这里之后，被遍布江岸的石头拦住了流水而转弯改道，故名石湾。这段江流的西岸分布着汉马村、汉马坡、汉水村、汉水江等村庄、地名，据民间传说，这是因为早在汉代，有一匹神马来到这里，就伏在山坡上再不肯离开。后来，人们认为这是神马带来的吉祥之兆，于是就聚居在这里，形成了村落，因此就以汉马为地名和村名。于是也就有了现在的汉马坡、汉马村、汉水村、汉水江。

汉水石滩曾经是南流江众多的古渡口之一，河对岸就是石康的大崇古渡口遗址。汉水石滩正处于南流江大转弯的弧形河道下游，由陆地伸出的这段长达五千米的河床，在挡住了南流江的入海激流的同时，也将大量经过南流江千百年间冲荡形成的鹅卵石拦在了河滩上，因此形成了十里石滩的景观。据有关史料记述，石湾镇就因此而得名。站在这个石滩上，人们能真切地感受到古往今来南流江河床的巨大变化。

古城人家说古城

沿着汉水江段顺流而下，转过江湾的不远处就可看见江岸边的两座村落，这两座村落都以古城头为名。不同的是，处于上游的叫上古城头村，下游的叫下古城头村。据村里的耄耋老翁介绍，这两个村落在古时候都是城堡，后来因年长月久，城堡崩坏了，只剩下古城头这个地名了。

驱车前往下古城头村，来到了一座簕竹围拱门前，只见里面的人们正在忙碌地做酒席，准备为一位八十一岁的老人家庆贺生日。老人家耳聪目明，思路清晰，很健谈。他了解了我们的来意后，立即向我们讲起了古城的由来。

他说，古代有一个将军，奉皇帝的命令骑着一匹马来到这里寻找适合建皇城的地方。谁知，这匹马到了这里之后，并没有停下来，而是继续往南跑，跑到了廉州府城的地方才停下来，最后就在停马的地方建了皇城，这就是廉州城。而这里后来虽然也建了一座城，但不是皇帝来住，而是军队来住。说到这里，老人家不住地叹息道：“都怪我们这里地方窄，比不上廉州府地方阔啊，皇帝当然要在廉州建皇城啰！”

听了老人家的诉说，看着他还沉湎在错失“皇城”的感叹中，我们转过了话

石湾江口村因其在南流江进入廉州府城西门江的分流江口而名，始建于明代，客家移民迁移到此开基立业。因多为周姓，又称周江村。85 岁的村民在指说古村变迁

南流江边的石湾老街

题，问起老人家的家庭情况。原来老人家姓花，他的家族是什么时候在这里居住的，连他自己也说不清。他扳着手指数着辈分告诉我们，他现在是四世同堂，到他曾孙这一辈，已经是前后八代人在此生活。关于古城的传说，他是听祖父说的，也没有见过古城的样子。老人家一边说，一边指着簕竹围内的房子告诉我们：但有一样是确定的，当年祖辈兄弟分家的时候，就是以古城内的一条墙基为界，他的这一房分得的就在这条墙基的下方，以后就世世代代相传下来了。随老人家指的方向望去，大小几十间房屋在簕竹围的环绕中，俨然一个家族的王国领地。

趁着老人家讲述"皇城"的空隙，他的儿孙们不时向我们介绍大树下的一块大石碑，还带着得意的口气告诉我们，这是他们祖上留下来的山林置产碑，当年这里许多高大的松树林都是他们祖上的产业。为了证明所说不假，他们用水冲洗干净之后，又拿来石灰洒到石碑上，以便让我们看清楚。细看之下，这是清同治元年（1862 年），村中诸姓人家共立的永宁社碑，碑中记载的是建社立碑的诸姓及社址山林界至。从中可知，当时村中居住的姓氏还真不少，因此人口也有很多。在察看石碑的时候，我们又有了新的发现，原来这家人用来堆放木料的垫石石块形状各异，有的已看不出是什么，但有的还能明确地分辨出是古建筑的础座。更令我们感到意外的是，还有的是拴马桩的石柱，这些拴马桩石柱不但形状大，还经过了雕刻工艺。老人告诉我们，这些拴马桩原来有不少，但年长月久用作其他，不是损坏就是丢弃了。从这些拴马桩的形制及雕刻做工看，不是一般人家所能使用的。而老人家园的地势与周边的环境有着明显的差异，就像一个凸起的平台，使人依稀感觉到这就是一处城基旧址，不禁对史籍中记述的古城顿生出许多联想……

兵岳岛上说兵乐

南流江流入合浦后，又有九条跨县境的其他江河汇入，形成了更强大的江流。在接近入海口约 10 千米的地段，南流江分成了五条主要的入海支流，因此形成了南流江冲积平原三角洲这一地理地貌。在强大水势的作用下，南流江入海口及沿岸河汊被分割成多个冲积岛屿，面积最大的岛屿达 2.34 平方千米。由于这些

上图为石湾兵岳渡槽，下图为石湾垌心渡槽

冲积岛屿的生态环境优良，海产资源丰富，逐渐成为人们垦荒择居的家园，成为见证“海上丝绸之路”重要起点历史变迁的重要地理人文标志。石湾河段的兵岳岛就是其中之一。

兵岳岛的得名，因古代军队曾驻扎于此地。由于南流江合浦流域自古就是东南亚一带进入中原的指定通道，朝廷曾在廉州设太平传舍作为官府迎来送往的机构。而兵岳岛正处于南流江进入廉州府城的分汊河口，朝廷在岛上驻扎军队以作府城的防御护卫。而当时又不时有朝廷权臣或外番使者沿南流江往返，为了迎接这些权臣使者，廉州府城的官员就动用岛上驻军的仪仗来举行迎接仪式，鼓乐迎送。每当此时，驻军的仪仗就用鼓角吹奏、击鼓敲锣为乐声，长此以往，当地老百姓习惯了这种鼓角吹奏的声音，将之称为“兵乐”，这个岛也就被称为兵乐岛，即士兵吹奏乐声的地方。据史料记述，明末清初实行禁海迁海，移民上岛居住，形成村落，就以兵乐岛作村名，后因方言“乐”“岳”相近而称“兵岳”。

兵岳岛上有引洪潮江水库的水入岛的兵乐渡槽，蔚为大观。

兵岳渡槽总长 304.4 米，槽身段长 255 米共 17 跨，设计灌溉面积 3 平方千米，设计过水流量每秒 2.55 米，渡槽顶兼做交通桥。

汉水纤夫古道

汉水江石滩曾经是南流江众多古渡口之一，河对岸就是石康的大崇古渡口遗址。汉水滩正处于南流江大转弯的弧形河道下游，由陆地伸出的这段长达五千米的河床，在挡住了南流江的入海激流的同时，也将大量经过南流江千百年间冲荡形成的鹅卵石拦在了河滩上，因此形成了十里石滩的景观。据有关史料记述，石湾镇就是因此得名。站在这个石滩上，能够使人真切感受到古往今来南流江河床的巨大变化。同时，面对着奔腾入海的南流江水，也激发了人们的一个思考：当年那些在南流江上航行的帆船，是怎样逆流而上通过这个大江湾的呢?

在村民的带领下，我们得以发现其中的秘密：河湾中间显露出一条用石垒起的长坝。随行的老人家指着河湾中的长石坝告诉我们，当年就是在这里，人力把船逆流拉过江湾的。

被发现的这段石垒堤坝，坝面宽约 2 米，此时露出水面的堤坝高约七八十厘米，这段河床可见的堤坝共有三部分：最长的一段距河堤围约 80 米，与堤围平行修筑，可见长度约 200 多米；另一段则是横江修筑，可见长度约 80 米，这两段堤坝并没有连接在一起，而是在二者之间留有五六十米左右的空间，可让江水流通；再有一段则在上游 200 米处，可见的堤坝只是一个露出江面的石垒墩台。

合浦石湾河段中用石块垒成的长堤是古代南流江上的纤夫拉船逆行的通道

由此可测知，这三段堤坝在江中连接的长度超过 500 米。

从河床的现状观察可见，这一段河道弯度大，江水落差大，江面湍流急。船只通行的环境相对复杂，险情隐患突出，容易引发事故。在这里，顺流而下的船只尚可就水势驾驶航行，逆江而上的船只就只能靠纤夫人工牵引拉动前进了。因此，在这里修筑一条便于纤夫们行走、牵引船只前进的通道，也就势在必行了。汉水围河段的这条纤夫古道就是在这样的社会环境中应运而生的。而这条纤夫古道的修筑，生动地体现了古代合浦人民在利用南流江、开发南流江、改造南流江过程中的聪明才智。

纤夫古道全部用石块填入江中垒起来，位置稍偏向于江流转弯的内侧，一定程度上起到了减轻河流急转的弯度，起到减缓水势的作用，利于纤夫在牵引拉船逆流前进时的直线行走，有效地减少因江流转弯、水势湍急而造成的阻力。

最教人称奇的是，在纤夫古道的下游段，横江修筑的长度约 80 米的堤坝与纤夫古道成 90° 排列，并稍微凸出江心，而二者之间又相距五六十米，在江流中留有一个缺口。这个缺口吸引了一部分顺流而下的江水进入纤夫古道的内侧后，再循江岸流出，由此卸去了一部分急流的冲击力，在很大程度上削弱了上游江水对横江河堤的冲击压力，又能在横江堤坝的下游形成一段水势相对平缓的江流，这样就为纤夫们牵引船只逆江而上时留有一个缓冲区，能够松一口气停歇一下，为下一步拉船冲过水势湍急的江流湾角积蓄力量。

由于这段纤夫古道全部用石块修筑，坚硬的石块填入江中构成堤坝，不但不会被江流冲击损毁，根据水流石进的原理，堤坝也不会因江流的冲击而空底变形。这就是汉水围的这段纤夫古道至今还能大部分毫不畏缩横卧江心的原因。

这段纤夫古道一横一直的结构还产生了另外一种功能，就是在这一横一直的堤坝所围起的江流之内，形成了一个小型的避风港码头。平时往来的船只可以进入码头内进行交易卸货，遇到风暴时又可进入码头内避风。由于这样的功能便利，这段纤夫古道周边的宾秋、汉水、木水等村庄也因此形成圩地，成为“海上丝绸之路”合浦始发港南流江黄金水道上的土特产贸易的中转集散点之一。

更重要的是，位于汉水围的这段纤夫古道不但是南流江黄金水道货运历史的物质存证，更是至今为止唯一被发现“海上丝绸之路”合浦始发港人造工程遗址，将为“海上丝绸之路”合浦始发港南流江黄金水道的考据提供物证支持和新的切入点，意义是非常重大的。

星岛湖，洪潮入海聚星岛

1996 年 5 月 5 日，中央电视台电视连续剧《水浒传》外景拍摄在合浦星岛湖正式开机后，《水浒传》剧组的大批人马进驻星岛湖，一时间，合浦星岛湖成了旅游观光的热点，大批游客涌来合浦都是为了一个目的，争先一睹扮演水浒人物的演员。在此后一个多月的现场拍摄中，整个星岛湖都进入了梁山泊水寨的氛围——硝烟迷漫，战马嘶鸣，鼓角相闻。合浦星岛湖便成了新的一个品牌景点，星岛湖因此有了一个响亮的名字——中央电视台电视剧《水浒传》星岛湖外景拍摄基地。星岛湖借此获得了广西壮族自治区人民政府定位的自治区级旅游度假区和国家水利部授予的“国家水利风景区”称号。

中央电视台电视剧《水浒传》星岛湖外景拍摄基地，是经中央电视台选定，由合浦县政府投资 3000 多万元人民币建成的，主要景点区有苏杭水街、涌金门城楼、水浒城寨、忠义堂、断金亭、梁山后寨、五台山文殊院等，这些景点分布

合浦星岛湖是拦截红潮江建水库而成

在湖区的不同岛屿上，相互呼应衬托，景点占地面积达11公顷，以水浒城寨为中心，分为东西景区。

梁山水浒城寨是外景基地最大的景区，建筑景点包括寨门、箭楼、烽火台、忠义堂、断金亭、跑马场等，城寨建在湖中央一座开阔的山头上，湖两岸用粗大的树桩筑成壁垒，沿山脚湖岸建了瞭望塔和箭楼。依山而建的跑马道曲折蜿蜒，山顶上的“忠义堂”前有一处宽阔的校场，场中央立一根粗大的旗杆，旗杆上高高飘扬着一面“替天行道”的杏黄大旗。厅堂两旁的木制兵器架上排列着刀斧枪箭各式兵器。南侧还建有一道城寨回廊。在景区内拍摄了电视剧《水浒传》中许多集中的大场景，如梁山好汉聚义排座次、鲁智深大闹朝廷招安情节等。

东景区的主要景点是五台山文殊院，鲁智深醉酒大闹五台山文殊院大雄宝殿的情节就是在这里拍摄的，可惜经过两次火灾之后，已焚烧无存。

西景区的苏杭水街是当年拍摄潘金莲与西门庆情节的景区，包括了水街、石桥、宝塔等仿古建筑。这些建筑格局都是按《水浒传》所描写的风格特色修建，楼阁建筑都是榫卯相接，不用一颗铁钉，充满了古色古香的气氛。西门庆情挑潘金莲、武大郎沿街卖烧饼以及水浒人物活动的一些情节都是在这里拍摄的。

与苏杭水街隔水相望是涌金门，涌金门原是杭州城里到西湖游览的通道门楼。星岛湖建的涌金门即参照此格局建筑。为了配合电视剧中的其他情节拍摄，还在涌金门建了城墙城楼。《水浒传》第三十九集“魂归涌金门”全集都是在这里拍

星岛湖共有大小岛屿 1026 座

摄的。剧情是宋江被招安后，与方腊大战涌金门，“浪里白条”张顺等梁山好汉战死，这是电视连续剧《水浒传》中最惨烈的激战场景。“浪里白条”张顺戏战李逵的情节也在这里拍摄。

此外，林冲落草的一些情景是在断金亭拍摄的；《水浒传》压轴戏之一第四十集“血染乌龙岭”是在东景区拍摄的。星岛湖的湖光山色因此成为中央电视台电视剧《水浒传》中的经典情景。

合浦星岛湖能成为《水浒传》的外景拍摄基地之一，主要得益于湖区内由 1206 个岛屿组成的胜景，而这一胜景的形成则源于洪潮江。

洪潮江源于灵山县鹤龟山，干流全长 106 千米，流域面积 458 平方千米。洪潮江汇合数条二级支流后，南流至合浦县北部的石湾与乌家交界处入境，县境河段长 23.3 千米。洪潮江在南流江公鹅滩分流处汇合，继续向西南流入南流江入海干流，古代曾是“海上丝绸之路”南流江黄金水道的重要航线之一。1960 年以前，10—20 吨船溯江可达灵山县升平。浦北、灵山、钦州相邻山区的农副产品及竹木器具，都通过洪潮江进入廉州府城，廉州府城内的上、下柴栏街，乾江古圩（古代称乾体市）的木栏街都是由此得名。洪潮江水库建成后，所有航线断航。

洪潮江水库是 1958 年开始规划设计的，1959 年 10 月动工兴建，当时全县只有 74 万人口（含浦北及北海市福成、南康、营盘三镇），水利工地的劳力就达 21 万人，总投资额达 1675 万元。1960 年 6 月基本完成了主坝工程和溢洪道分工程，后停工缓建。1962 年底复建，1964 年 4 月竣工蓄水，5 月 1 日正式启闸放水，库区控制集雨面积为 400 平方千米，总库容 7.03 亿立方米，有效库容 3 亿立方米。水库工程设计灌溉石湾、环城、沙岗、乌家、西场 5 个乡镇的 25 万多亩农田，有效灌溉面积 14 万多亩，保证灌溉面积 10.7759 平方千米，养鱼水面 6 万多亩，同时也减轻了下游环城、党江、沙岗、西场等乡镇 10 多平方千米农田的洪涝灾害。

洪潮江水库建成后，库区淹浸许多山岭，不少山岭顶部露出水面，形成大小岛屿逾 1026 个，故有“千岛湖”之称。后因浙江淳安千岛湖景区游船纵火事件，为避讳改名为“星岛湖”。

洪潮水库最壮观的景象就是大坝溢洪道泄洪。洪潮水库共有主副坝共八座。大坝就是主坝，主坝长 345 米，高 34.3 米。大坝东西两侧分别建有溢洪道，最大溢洪流量为每秒 1310 立方。每当泄洪分流的时候，水势倾泻直下，水声震动山谷，水花奔腾喷射，水汽腾空弥漫，好一幅“飞流直下三千尺，疑是银河落九天”的壮观奇景。这时，就会有许多经不起诱惑的鱼儿成群结队地向水声、水花处游来，结果被成群地冲下坝底，成了渔夫的网中猎物，即使是十几二十斤的大鱼也一样在所难免。见过了洪潮水库溢洪道泄洪的壮观之后，天底下的瀑布也就不足为奇了。

夏天里，走进库区的山坡小路两旁，到处都是熟透了的捻子，一串串挂满枝头，在阳光的照耀下，就像紫色的玛瑙珠一般晶亮可爱，诱人垂涎。路途的疲劳一下子全都随着清甜香浓的稔子汁流走了。吃饱了捻子就跳进清澈见底的大坝平台中冲凉。平台是用石块砌起来的，砌在水中是为了测量库水深度。细心朝水中的石缝望去，但见小手指般大小的虾在缝中悠闲自得地爬行，根本就不在乎与人共游。吐一口唾液在水中，也会引来十多条小鱼游过来抢食嬉戏。这时，把未吃完的捻子揉碎了，放进水中，顿时间会有更多的鱼群游过来围抢，只要你眼明手快地把草帽捞下去，十有八九都会有鱼儿自投罗网。这种感觉就是如此令人欢愉，乐而忘忧。

秋天来到库区，便是库区丰收的季节。山上的龙须果爬满了山冈，到处都可以闻到随风飘过的果香。抬眼去，一群群水鸭在水库中悠悠飘游。风声响处，三五只鹧鸪猛然飞起，寻迹搜索时，见黄鼠狼、野猪突然蹿出。一时间，山冈上响了呼喝声，赶山狗奋勇争先，蛇突狐蹿间，就是一幅活生生的秋猎图。这就是“长在深闺人未识”时的洪潮水库，野性中带有娇媚，恬静中蕴含奔放。它的山水之间没有滚滚红尘的喧嚣，自然纯朴是它的本色，因此才有这纯净无比的水，翠绿无尘的树，才有了鸟语花香、芬芳铺绣、蝶舞蜂歌、鱼跃虾戏、鹰翔鹤舞的洪潮水库胜景。

“血染乌龙岭”拍摄记

俗话说：四月八（农历），晒腊鸭。珠乡正是晒腊鸭的时节。太阳一清早就出来倾情“大奉献”，把巨大的热能倾放大地，使得气温“热情”高涨。这气温对合浦人来说不算什么，但对从北京挥师南下来到珠乡拍摄电视连续剧的《水浒传》众英雄好汉们来说，已是感到热浪逼人、高温难耐了。

此时，这些《水浒传》英雄好汉们正在潘引来副导演等人的指挥下，齐集星岛湖“乌龙岭”，要在这里开展一场声势浩大的攻坚战。拍摄现场上，战马嘶鸣，旌旗猎猎，兵卒涌动，刀光剑影，烈焰腾空，浓烟盖岭，好一派“烽烟云涌日色昏，战旗翻卷蔽群岭”的古战场气氛。这一天是6月3日，《水浒传》的压轴戏之一“群雄大战乌龙岭”正在拍摄中。

乌龙岭一战是宋江招安后的最后一场大战，也是水浒众英雄命运所归的转折

星岛湖中的水浒城寨，为中央电视台《水浒传》拍摄景区之一。2016年，中央电视台40集电视剧《沧海丝路》摄制组也在星岛湖景区考察选点

点。乌龙岭上，阮小二自刎，孟康、解珍、解宝阵亡，扈三娘、王矮虎夫妇殒命，李滚、项充战死，马麟、燕顺捐躯，郭盛、吕方与敌同归于尽，武松被魔剑断臂，宋江奉诏征战以来死伤的59名正偏将领中，有12名在此役中魂归天国。由此可见，大战乌龙岭是何等壮烈。要拍摄好这一场神惊鬼泣、昏天惨地的大战场景，布景、烟火无疑是"头等大事"。

按照潘引来副导演的意图，乌龙岭大战场景必须是烈焰冲天，烟火蔽地，满目焦土，漫山火光，硝烟腾空。为了达到这种惨烈的效果，布景、烟火人员早早就在选定的"乌龙岭"上搭好了"枯木林"，还在这些"枯木林"上挂满了棉纱，以便开拍时浇上汽油燃烧作火阵。为了确保安全，一大早还开来了一部消防车待命。

这天，从早上6点钟起，演员们就得化妆，脸上贴的、头上扎的、身上挂的，一丝不苟。化完妆，就要在现场待命，一俟布景、烟火达到效果，随时都要投入拍摄。在山上现场拍摄，没有风扇，没有遮阳伞，在如此暑热中闷等，是相当辛苦的。好在这班"水浒英雄"个个都是义薄云天、神勇豪爽之辈，为了宋大哥的报国大志，最大的苦、最大的危难也能承受，区区暑热又岂在话下？

最苦差的就是导演和那些烟火、布景人员。为了取得良好的视觉效果，潘引

星岛湖中的苏杭水街，为中央电视台《水浒传》拍摄景区之一

1995 年，中央电视台在星岛湖拍摄《水浒传》时的现场情景

来副导演指挥着烟火、布景人员一次又一次地在“乌龙岭”上“放火烧山”。在这样的暑热天气中“放火烧山”，可不是一件好玩的事。平时放火，点了火人可以离开。但此时此地放火，人不但不能离开，反而要一次又一次地观察效果、确定地势。火在山中烧，人在火边烧，这种滋味不是常人可以理解的。这从潘副导演身上被烤得红紫的手臂可以看出，为一个良好的视觉效果，导演、演员、工作人员所付出的代价是巨大的。面对这样的拍摄场景，不能不使人对导演、演员和拍摄人员那种认真负责、为艺术不惜献出一切的高尚精神肃然起敬。

6 月的星岛湖，正是树林茂盛之际。南国的肥水沃土滋养这些红花绿树拼命生长。尽管潘副导演和烟火布景人员早就考虑到这一点，事先就运来了一吨汽油作放火助势之用。谁知，一桶汽油泼下去，一股烈焰腾空之后，除了只留下一小块“灼痕”，山坡上仍然是一片春意盎然。有的松木反复几次泼汽油燃烧之后，也只是“灼伤”而已。不一会儿，一吨汽油将完，拍摄现场依然是“野火烧不尽，春风吹又生”。

一次又一次的泼油放火、一股又一股的冲天热浪，使得烟火、布景人员“满脸尘灰烟火色，两鬓苍苍十指黑”，一个个宛如深山里的卖炭翁。但他们全然不顾这些，仍然在反复地试验着，在熊熊烈焰和滚滚浓烟中忘我地工作，继续“放

晚霞映照中的星岛湖

火烧山”。

作为现场拍摄“主帅”的潘副导演此时更是心急如焚。众多群众演员在等候着，已经整装待发的“水浒众英雄”从早上6点至今，一直都等候着他“击鼓升帐”，调兵遣将。来到星岛湖拍摄基地开展工作后，“聚义厅”藏龙卧虎，“文殊院”神机妙算，“苏杭水街”谈笑风生，“涌金门”大战告捷，一路上都是快马报捷、凯歌频传。岂料，正当为宋江大战“乌龙岭”布阵调兵、运筹帷幄、功德圆满之际，却被区区野草芳树难住了。从上午一直烧到下午5时多，拍摄现场仍然“面不改色”。真是“汽油烈火枉自烧，潘导无奈草木何”！

“原来还担心火烧起来后控制不住火势，专门请来一辆消防车做准备，现在可好，烧了2000斤汽油连个火痕也没有，更不用说漫山大火了”潘副导演指着青草绿树中的灰烬，连声感叹，“想不到星岛湖的草木这样难烧，比方腊还难解决！”

然而，难归难，既然能在“乌龙岭”上设兵布阵，就一定能够班师凯旋。潘副导演一边指挥继续进行烟火效果试验，一边思寻锦囊妙计。“有了，请防化连，用火焰喷射器来强攻。”一言既出，电波频传。潘副导演四方呼叫，南宁、湛江、报社、电台不停地联络着。不一会儿，湛江的一个防化连的驻扎地点查了出来。“不论什么时候，晚上9点、11点，联系上了就马上出发。如需要，我们可以派人去接，或者我专程去联系落实也可。四个小时的车，就是半夜也要去！”

“不论付出什么代价，一定要达到剧情效果！”

“千方百计，一定要争取防化连的喷火器来帮助！”

在熊熊的烈焰旁，在一股股腾起的云烟下，在一阵阵山风吹来的热浪中，就这样，为了一个美好的视觉画面，潘引来副导演汗流浃背地呼叫着；烟火、布景人员忍饥挨饿地忙碌着；几百名群众演员在苦热困闷中等候着；“水浒众英雄”披盔戴甲，整装待命……

星岛湖边，“乌龙岭”作证：在炽热的骄阳下，在冲天的烟火中，一群电视艺术事业的追求者们在这里忘我地工作着。他们在这里流淌的汗水，必将会浇灌出中国电剧艺术园地中一朵光彩夺目的奇葩！

乌家，古驿门前兵车过

说起乌家的历史，老一辈人大约想起的就是“牛圩”。因为当年的乌家牛圩确实大有名堂，曾经是合浦最大的牛市场，每到圩日，乌家牛圩牛的买卖数量都在四五百头之间，由此可见规模所在。乌家牛圩起于何时已没有准确的年代记载，但在20世纪60年代还在运行使用，到了20世纪80年代后，就被县城附近的东圩牛圩所代替了。

乌家为什么叫“乌家”呢？据民间传说，这个地方的山林里特多乌鸦栖宿，地名因此而来。后来有人居住聚成村落后，觉得乌鸦这个名称不好听，于是就谐音改为“乌家”。此说虽然较符合历史上许多古村落的取名习俗，但无法说清村落建制的历史。

另外还有一种考证认定的说法，就是认为乌家的得名起源于古代的驿站。因为在史籍的记载中，早在明代，朝廷就在这个地方建立了乌家驿站。

驿站是古代朝廷设置在各州县，专门负责各种政治、经济、文化、军事等方面的信息传递任务，以及专用物资传递运输的机构。驿站的机构运作组织严密，等级分明，手续完备。驿站设驿丞掌管驿站中仪仗、车马、迎送事务。驿丞设置没有定数，视不同情况而设，或有或无，或多或少，驿丞职级不入品。最早的驿站形态出现在唐代，到了元代成为专门的传递机构，但元王朝只在两条大干线上

合浦乌家的四帝庙

四帝庙的梁柱雕刻古色古香

设驿站，到了明代才普遍设置驿站，乌家驿站就是在明代永乐年间设置的，当时的主要作用除了负责传递朝廷对州府下达的信息指令之外，还是朝廷监管安南的专用通道。朝廷对廉州府城信息指令的陆路传递都要经过乌家驿，再进入还珠驿到府城。明代在合浦设置的驿站只有三个：乌家驿、白石驿、还珠驿。到了明崇祯年间，为减少经费开支，崇祯帝在大臣建议下大量裁撤驿站，导致大量驿站工作人员失业，成为流民，这其中就有李自成。崇祯此举，也算是自掘坟墓。乌家驿、还珠驿被裁撤，白石驿因为盐务管理的关系而得以保留。到了清乾隆年间，又一度启用。由于古代驿站所具有的行政形态基础，许多圩镇都是由古代驿站起家的。

在这一点上来看，今天的乌家镇就是由乌家驿起家的。古代的驿站建制，初时非常简陋，有的甚至只用土块垒起一个土垒框架，供马匹停留添加草料，明代的驿站规定每六十里至八十里设马驿一所，在冲要的地方，每所备马三十匹、六十匹、八十匹不等，一般的马驿，每所备马五匹、十匹至二十匹。每匹马颈上悬挂小牌，分别写明上、中、下等级，以备选用。因此乌家驿站又有乌家马驿之称。这些荒山原野中驿站，由于缺乏维护修建，在合浦方言中是“麻里乌土”或“乌里单兜”，形容非常形象的。明代广西参议张简的《望乌家驿在灵山》诗中，就描述出这种荒凉孤陋的状态：“山路崎岖传舍遥，晴云阁日到山椒。数声牧笛林垌外，瘦马驮诗过板桥。”后来聚居的人多了，形成村落，以乌家为名也就顺理成章了。

乌家驿在当时还有一个重要功能，就是在军事上的物资信息传递。这与乌家驿所处的地理位置有关，除了对安南的交通作用，还是朝廷管控海疆安全和盐务的交通要点。朝廷在离乌家驿不远的西北方向地方设有丹竹营，据《丹竹营》中记：“夜静山营月正高，角声吹动海门涛，凤凰无数惊飞去，满眼丹岗落翠毛。”由此可知，丹竹营是海疆边防军事基地。而乌家驿往南二十五千米就是清代著名的乾体水师营，为此，清代又在乌家驿所在地一带设置了乌家汛。汛，是清代兵制，凡千总、把总、外委所统率的绿营兵均称“汛”，其驻防巡逻的地区称“汛地”。为防御土匪流寇对廉州府城的侵扰，还设有乌家铺，作为边防墩台。因此乌家驿又被史志书籍称为边疆军事驿站。史籍记述中多有提及。

《明实录·宪宗实录》“大明宪宗纯皇帝实录卷”之三记：“广西流贼入广东石康等县，杀乌家驿驿丞林安等，执海北盐课提举司提举邹贤、翁良等，并劫虏官民男妇共四百二十余名口，劫去海北盐课提举司、石康盐仓、乌家、白石驿印四颗。”这里记述的是明朝时，义军攻入石康县城及合浦县境，杀乌家驿丞林安，俘海北盐课提举邹贤、翁良等，缴获海北盐课提举司、石康盐仓、乌家驿、白石驿官印四颗及大批食盐。

《明实录·英宗实录》“明英宗睿皇帝实录卷”之二百二十七记：“廉州府平银驿于风云铺隶钦州，乌家驿于界首铺隶石康县。”从这里可以了解到，明代乌家驿在行政建制上曾一度属石康县。

顾祖禹的《读史方舆纪要》卷一百四记：“环（还）珠驿在府治东。又府东永安所城内有白石驿，府西又有乌家驿。”《舆程记》：“自驿东北九十里为废石康县之白石驿，又东九十里为化州石城县之息安驿，自环（还）珠驿而西七十里为乌家驿，又西七十里至钦州太平驿，入交趾之道也。”这里的记述印证了乌家驿边疆军事驿站的地位。

清康熙年间，四部尚书杜臻奉旨巡视了防城、钦州（时两地均属廉州府辖）之后进入合浦县境。他经历了防城、钦州的崎岖山路颠簸之后，来到乌家汛台考察，再行至乌家驿所小歇。这时，他放眼望去，尽见南流江入海口三角洲平原一马平川，心情不禁顿然开阔明朗，他在日记中写道“前悉平坦矣”。

这就是从乌家驿到乌家镇的建制历史。

沙岗，天赐胜景聚七星

全长287千米的南流江，流经合浦入海的干流约100千米，奔腾不息的南流江南北贯穿合浦全境直泻大海，在合浦海岸冲开了六大入海口，创造了长达100千米的壮丽雄阔的江海汇合入海口地貌景观，也造就了广西最大的三角洲——面积550平方千米南流江三角洲，以及广西第二大平原——面积达128平方千米的南流江冲积平原。在这个冲积平原的江海汇合入海口处，一些具有沧海桑田特征的地理人文环境也就应运而生，沙岗镇就是其中之一。沙岗镇的得名，来自远古时代南流江入海江流冲积而成的沙岗。而类似这样的地理地貌环境在北海、合浦并不只是沙岗一地，还有沙田镇、地角镇、外沙等。这正是诸多江河汇集入海“合浦”的独特地理地貌景观。

沙岗镇作为一个临海的建制镇，虽然海岸线短，但江海汇合的地理环境造就了一处让人充满猜想和向往的岛屿——七星岛。七星岛位于该镇东南约6千米处，

沙岗北域的江湾木桥

地处南部的洪潮江和南流江汇合后入海口，三面环江，一面濒海，呈长条豆荚形，东北—西南走向，最长 4.11 千米，最宽 0.6 千米，全岛周长约 12 千米，面积 2.34 平方千米。七星岛是合浦唯一一个岛屿，也是全县第一大岛。

关于七星岛的得名，有人认为该岛的地貌如天上北斗七星的形状，故以七星为岛名。也有人称，这是天上北斗七星君天庭斗棋时遗落在这一带海岸的七颗棋子，遗落在七星岛的这一颗排列第七，故称七星。持此说者举例言之有据：在七星岛周围还有五星，如流星、蓝星等。在古代的星辰崇拜中，七星在天为神君，赐福人间风调雨顺、五谷丰登。在人间为七瑞，护佑百姓安居乐业、福寿绵长。以七星为地名，就是一种寓意寄托，反映出珠乡人民对生活的美好祈愿。

七星岛上有三多：

一是树多。为了防御台风和海潮的袭击，岛上的居民都有护林的良好意识，因为防护林的好坏直接关系着岛上的水土保持。岛上的树木多，构成了一道天然的防护带，最多的时候，岛上植树达四万株，每平方千米超过一万株。在今天的生态环境中，恐怕没有哪里的居民会像七星岛的居民那样“富有”，平均每人拥 20 株以上的人工植树。

二是鹅鸭多。七星岛四面环水，其中三面是南流江支流入海江河，只有一面是海水，因此形成了七星岛四周丰富的生物繁衍链条，岛上的居民充分利用这一优良的河汉海滩环境大养其鸭，鸭多蛋多。踏上七星岛，到处都可听见鸭群的欢叫声，看见鸭群追逐的情景。有人开玩笑说，如果岛上的鸭群造反，恐怕单靠岛上的居民是“镇压”不住的。合浦著名的狮头鹅，原产地就在七星岛。

三是鸟多。七星岛上鸟多，不单是指数量而言，品种也是数不胜数的，有海鸟类、候鸟类，也有“土著类”。过去，七星岛有人以打鸟为业，随便在沙滩上摆下一张网，撒几把谷子，一天抓一两百只各种种类的飞鸟不在话下。如果是候鸟迁徙的季节，成群结队的候鸟降临七星岛歇脚。这时，七星岛便成了鸟类的天堂，各种各样的鸟儿在这里展示群体风采。现在，七星岛上的居民爱鸟意识加强了，各种鸟类也多了起来，有时还可以看见成群的野水鸭与家养的鸭群和平共处、友好为生，共同繁育后代。这也是一种特有的生态景观。

沙岗镇除了七星岛的海岛风情景观之外，还是北部湾乃至两广最早的农耕崇拜文化遗存地之一，最具标志性的文化象征就是羲农庙。

沙岗羲农庙在合浦五寺十三庵七十二庙中，最独树一帜的历史文化特征。沙岗镇为什么会有羲农庙存在，一直都是相关学者解不开的谜团。

沙岗羲农庙建于清嘉庆十八年（1813 年），到了道光二十年（1840 年），乡绅以开垦的田地作为羲农庙祀田，咸丰九年（1859 年）进行了维修扩建，光绪三年（1877 年）又进行了扩建。由于缺乏资料记述，沙岗羲农庙的具体规模格

南流江沙岗河段入海口的大江山水闸

合浦沙岗七星岛

局无法得知其详，但从多次维修扩建的情形来看，当年的羲农庙香火是非常鼎盛的。民国时期合浦著名的学者林朱赞曾经对沙岗羲农庙做过考究，他认为羲农是上古教民耕稼渔农的首神，中原建庙祭祀羲农的现象非常普遍，但在廉州府及周边一带唯独沙岗有建，而且规模宏大，他因此慨叹这是一件值得传颂赞扬的农耕文化事典。

羲农，是伏羲氏和神农氏的并称。

羲，是伏羲。伏羲是古代传说中的中华民族人文始祖，是中国古籍中记载的最早的王，是中国医药鼻祖之一。他根据天地万物的变化，发明创造了占卜八卦，创造文字结束了“结绳记事”的历史。他又结绳为网，用来捕鸟打猎，并教会了人们渔猎的方法。伏羲去世后，留下了大量关于伏羲的神话传说。

农，是神农氏。神农氏是中国古代神话人物。他亲尝百草，以辨别药物作用。并以此撰写了人类最早的著作《神农本草经》，教人种植五谷、豢养家畜，使中国农业社会结构完成，神农氏的出现结束了一个时代。因以农业为主，他的部落称神农部落。

目前，现存的伏羲庙和神农庙极少，并且都是建在与伏羲、神农踪迹历史有关的地方。最早的伏羲庙始建于明成化年间，位于伏羲的故乡甘肃天水。最早的伏羲庙记述见魏晋间医学家皇甫谧的《帝王世纪》。最早的神农庙相传为唐贞观六年（632 年）所建，位于神农氏的故乡山西省晋城，已毁。现存的于民国十二

沙岗七星岛河段的“千亩红树林，万只鹤虏栖”景观

年（1923 年）重修，2001 年重建。而敬奉羲农共祀的羲农庙更是不多见。沙岗羲农庙建成的意义正在于此。

如果能将七星岛的天赐胜景与羲农庙的历史文化资源结合在一起，在七星岛附近选择合适的地方重建羲农庙，使之相得益彰，这又将是珠乡旅游文化事业发展中的一件盛世盛事。

新中国成立后，为了保障沙岗群众的生命财产安全，政府先后在沙岗沿海修建了总长 26.1 千米的堤围。从 1997 年开始，沙岗围海堤与西场围海堤合并建设成合浦西沙联围海堤，至 2004 年完工建成。西沙联围海堤东起上洋大桥，西至西场桥江，总长 38.7 千米，堤围内总面积 95.8 平方千米，附属水闸 99 座，保护人口 4.95 万，耕地 2.7 平方千米和鱼虾塘海水养殖面积 1.8 平方千米，是中国西部沿海同类工程中建设规模最大、标准最高、堤线最长、保护耕地和人口最多、经济效益最好的项目，被誉为“千里南疆第一堤”。

合浦西沙联围海堤有效地保护了堤两岸的自然生态环境，形成了稳定的河床，有效地解决了入海江口的泥沙淤积问题，江河流速趋于稳定常态化，更有利于沿入海口连片红树林的生长，过去经常被洪水冲散的红树林，至今已生长成数千亩的入海口海上森林。这茂盛的海上森林与卧龙般的海堤彼此衬托，连同堤围内大片的海养虾塘景观，形成了“堤、路、林、塘”四位一体的景观效应，吸引许多慕名而来自驾游的观光者。而茂盛的红树林成了群鸟栖宿繁衍的乐园。当你漫步在宽阔的海堤上，不但可以尽情地欣赏如卧龙般伸延的长堤，如碧涛奔涌般的红树林，如星罗棋布般的海洋虾塘，上千成群放养的海鸭，还有那在红树林之间的港汊中穿行的渔舟。最令人惊喜的是，就在你有意无意间的一声激情呼唤中，惊起了安歇在红树林中的海鸟。顿时，成千上万的海鸟突然群起飞腾，袅袅展翅向大海而去，就这样牵着人们的情思，带着人们的神往，去感受这个惠民工程，以及今天的海湾美景所蕴含的时代奇迹和魅力……

西场，大风江畔汉战场

珠乡的乡镇都各自有着鲜明的历史文化特征和物产资源，而在一定程度上，这些乡镇的得名往往也会与此有着这样那样的关系，西场镇就是其中之一。

据《宋史》记载："廉州白石、石康二场，岁鬻三万石，以给本州及容、白、钦、化、蒙、龚、藤、象、宜、柳、邕、浔、贵、宾、梧、横、南仪、郁林州。"这里是指，在宋代，廉州白石、石康两个盐场每年要向朝廷上交三万石的海盐。为了加强廉州盐务生产的管理，到了宋代元丰三年（1080 年），朝廷专门建立了白石场和石康盐署，这两个盐场增强了盐务管理的功能。到了元代，朝廷为了加强廉州盐业的管理，专门设置了海北盐课提举司。盐课提举司是掌盐税的官署，官署衙门于明洪武初（1370 年前后）迁石康县西，明成化中（1475 年前后）迁于府城内，领白沙等十五盐课场，计有廉州府境内的白沙、白石、西盐白皮、官寨丹兜四场。这里要特别说明的是，当时白石盐场的经营管理范围是包括西场海域在内的。

康熙十九年（1680 年），朝廷将白沙、白皮、白石三个盐场合并成立了白石场盐场。白石场盐场的辖区包括了今北海、钦州、防城海域的生产区。康熙五十六年（1717 年），朝廷因为白石场辖区太广阔，又将之分为白石东场（合浦）、白石西场（钦、防）两个盐场。

从以上史籍记载中可以了解到，起码在宋代，西场一带就是朝廷定点生产海盐的产区，明代有了相应的管理机构，西场由此得名。清代西场盐场正式定名并单列经营运转。

虽然西场当年产盐的盛况已不可见，但从史籍的记述中可知，西场的大观港就是盐丁们过往的专门渡口，由廉州府直接管理。开始时用竹排撑渡，后因涨潮或风大时，波浪汹涌无法过渡，于是就由廉州府拨款建造了两只渡船，派出两名专职船工负责撑渡。每年还拨专用经费。由此可见西场盐业生产的盛况。

说到西场大观港，就不能不说汉代的伏波大将军马援。

大观港位于合浦西部的西场镇，是大风江的入海口处，与钦州海域接界，与龙门港相通，直达交趾，也是通往东南亚各国的重要港口。钦、邕乃至滇、蜀、黔的货物从该港口进入合浦珠市交易后，换取所需的农具或舶来品（如琉璃、水晶、玛瑙等饰品）回去，或以这些地区的土特产转入合浦后，通过南流江漕运航线进入中原，大观港不但起着合浦西门户的屏障作用，还是连通合浦与西南的重要交通枢纽。

大观港之所以被历代认识重视，处于军备边防重要基地位，东汉马援远征交趾以大风江港口为中转兵站起了开拓性的作用。

据《汉书》记载，东汉伏波大将军先后三次以合浦为基地集结军队对交趾、日南等地用兵。其中一次就是从大观港启航的。当时大风港江阔波汹，加上汛风时常刮过，造成江面运输很不安全，北方士卒很不习惯。而一些海盗乘机抢掠运粮的船队，常常因此阻误军事行动。马援决定想办法另辟通道。经过了深入勘察之后，发现大观港出海口上游的不远处有一个叫作赤蚝墩的地方，当地的渔民经常到赤蚝墩上取蚝捕鱼，长久以来形成了一条水路通道。于是，马援就决定由此开挖一条人工运河，与钦州龙门（时属合浦）的七十二泾相通，这样就可以从西场大观港直达钦州县城，既可缩短海上航行的路程，又可以有效地防备海盗的掠夺，更重要的是，减轻了士兵的晕船引起的疲劳，增强了部队的战斗力，同时还保障了粮饷的供给安全。于是，经过了几个月紧张的日夜施工之后，一条长约4000 米、宽约 20 米、深 1.3 米的人工运河开凿出来了。马援凭借这条人工运河，实行海、水、陆路并进直捣交趾。从此以后，大观港就成了一个重要的海、水联运港口码头，成为廉州湾连接钦州湾海路进入交趾的咽喉水道，历代均是合浦海防重地，并在“海上丝绸之路”的对外贸易交往中发挥中转港口的作用。

今天的大风江古港失去对外交通的功能，原因是多方面的。首先是汉代对交趾的用兵结束，港口的军事作用退居次要。在对外贸易方面，唐以后对外海上通道东移，特别是宋初越南宣告成立独立的国家，朝廷已无兴趣去插手交趾的事务。马援开凿的人工河使用率日渐减少，最终淤塞了。到了明清时期，倭寇和西方列强开始窥视我国南方沿海，屡次扰边挑衅，于是大观港口又成了威震一时的海防

南流江西场段入海口处的西沙联位海堤

西场入海口的红树林景观

军事要塞。炮台守将的官秩为正六品，相当于今天的军分区司令职级。今人知者不多了。

明清期间，朝廷在合浦沿海一带设置了五大炮台，其中规模最大的东炮台就设置在大观港。当时大观港的东炮台位于大观港东岸，建于清康熙五十六年（1717 年）。炮台高 3.3 米，周长 146.7 米，装有二千斤大炮二位，一千斤大炮二位，五百斤大炮四位，由一名千总率领 38 名士兵常年驻防。炮台设有官署 3 间，兵房 14 间，火药局 2 间。清代的千总官秩正六品，由此可见东炮台规格之高、地位之重要。

西场还有花大雨师的传说，而西场高楼寺的得名就是因花大雨师的事典传说而来。

据志书记述，古时候西场有一名善祈雨的花大雨师。这位花大雨师年轻时就去拜名师学习祈雨之术。但当他学成回乡后，村里人大家都不相信他，因此没有请他施法祈雨。平日里闲来无事，他就随放牛娃们一起放牛。而放牛娃们见他无聊的时候，总是嘴里不停地嚼动，于是就问他嘴里嚼的是什么。他就向放牛娃们炫耀说，这是槟榔。由于合浦不产槟榔，放牛娃们都不知道槟榔是什么，从什么地方来。花大雨师兴趣所到，就告诉放牛娃们，这是他施法术从很远的南海摄来的，并当场做了现场演示，真的就把槟榔摄来了。此后他就天天和这帮放牛娃一起施法摄取槟榔作乐。时间长了，南海人发现槟榔经常出现被偷的事件，于是就向官府投诉。经过官府调查后，查出是花大雨师所为，于是立即派出官差把花大雨师缉拿归案，关进了南海监狱。

合浦西场高楼寺女子舞狮队巾帼不让须眉，她们正在表演高架舞狮

合浦西场的民间山歌表演四排车

却说南海那时候正逢连年干旱无雨，南海官员多次请来法师求雨都无济于事。花大雨师知道后就向南海官员请求说，自己能够为南海地方求来得下雨，但条件是求得下雨后必须释放自己。南海官员开始并不相信花大雨师的承诺，要求他拿出担保条件。花大雨师说，祈雨时自己就坐在用木柴搭起的高架上，点燃高架他再作法，如果求不来雨，自己就会被烧死高台，与他人无干。南海官员听了花大雨师所说后，就同意让他一试。花大雨师果然求得了雨，南海官员也守诺放花大雨师回到西场。花大雨师经此之后名声大振，请他去施法求雨者络绎不绝。而每次施法求雨时，他都会坐在用木柴搭起的高架上，点燃高架后在火中施法，后来，人们就在他施法的地方建起了

高楼祠纪念花大雨师。后人将“祠”谐音作“寺”，这就是高楼寺的由来了。

在革命斗争的年代里，西场又是中共合浦地下党开展活动的堡垒地区，大批有志青年因此走上革命道路，为新中国的建立做出了积极的贡献，庞殿勋烈士就是其中卓越的代表人物。

庞殿勋（1917—1950 年），合浦西场镇人。1939 年加入中国共产党。抗日战争开始后，在西场地下党的领导下，他积极参加抗日救亡活动，任西场“青年抗敌同志会”军事负责人和军事教练。

1940 年 4 月，西场区委发动群众召开“反汪救国大会”，并揭露奸商运米资敌的罪行，庞殿勋遭逮捕，被关进县监狱。后经党组织多方营救出狱。1945 年 3 月，庞殿勋协助西场党组织领导人发动西场武装起义。他带领部分队伍，在内线的配合下，逼使国民党自卫中队 70 多人全部缴械。起义后，庞殿勋任新组建的南路人民抗日解放军第三支队西场大队副大队长。1946 年初，庞殿勋随广东南路人民抗日解放军第一团到越南参加华侨武装自卫斗争。庞殿勋先后任越南北部东北区“华侨民众自卫团”第一大队大队长、“越南国家军队独立中团”第一小团团长。1947 年 9 月，庞殿勋奉命率第一团返回祖国参加解放战争。1949 年 5 月，庞殿勋任粤桂边区人民解放军第三支队第二十八团团长、七支队参谋处主任，率领部队转战于十万大山和六万大山。

1950 年 4 月，中国人民解放军粤桂边纵队第四支队第十二团奉令撤销原番号，改为中国人民解放军广东军区灵山县大队，庞殿勋任大队长。4 月 12 日，原暂编地方第三、四、五等三个武装大队奉令撤销原番号，改编为中国人民解放军广东军区第八军分区独立二十四团，庞殿勋任团参谋长。全团 1800 多名指战员进入合灵边境剿匪，庞殿勋率二十四团一部到合浦石湾剿匪，6 月，在白花塘战斗中光荣牺牲。

现石湾烈士纪念碑下建有庞殿勋烈士墓以纪念这位珠乡先贤、杰出的国际主义战士。

党江，“稻蛋基地”美名扬

20 世纪 60 年代初，珠乡出了个名堂很大的乡镇（时称“公社”），那就是被称为“稻蛋基地”的党江，关于这个“稻蛋基地”，当时还流传着一些逸闻趣事。

20世纪60年代中期，合浦县委、县政府为恢复国民经济而制订经济发展规划，要在全县建立十大基地，“稻蛋基地”就是其中之一。稻，指水稻，广种水稻保障粮食供给；蛋，指鸭蛋。党江湖汉江河众多，当地群众多有圈养群鸭的习惯，养鸭多，蛋自然也多，“稻蛋基地”因此而名。

由于党江地处北部湾海防前线，当时正是抗美援越（南）时期，加上“美蒋”经常叫嚷“反攻大陆”，国内外形势十分复杂，“备战备荒”也就成了日常重要工作。

而当时又正是我国卫星、导弹制造、发展初起的时期，导弹作为一种尖端武器，其知名度家喻户晓，老幼皆知。由于“导弹”与“稻蛋”正好谐音，于是，党江的“稻蛋基地”就被谐称为“导弹基地”，一时间这个谐称广为流传。而外地工作的合浦老乡，在向别人谈起家乡的建设成就时，都会特别强调“稻蛋基地”这一条，因此在当时产生广泛影响，使用频率之高，使许多人初听都以为党江就

合浦党江有“广西粮仓”之誉，农民在丰收

党江是著名的“合浦鹅”繁育基地

是一个海防军事基地。

到了20世纪60年代后期至70年代初，又在“备战备荒”的环境下，大搞沼气运动，一时间，凡是有条件的地方都要挖沼气池。那时候以生产队为单位，一个生产队最少也有百来户人家。沼气池的规模也是要随人数而定的，于是，各个生产队的禾坪、晒谷场或靠村的山坡空地纷纷大挖沼气池。大的沼气池直径达五米、深六七米。如此深坑遍布乡村，于是“导弹基地”到处都在挖“导弹地下发射井”的传闻又蜂拥而起。据当时的“敌情通报”，这些“导弹地下发射井”确实引起了境外情报机关的注意。这真是一场笑话，可在当时的时代背景下，这样的笑话流传却是正常的。加上20世纪60年代初，“美蒋”经常派飞机到沿海捣乱、散传单，造成了一定的紧张气氛，“导弹基地”的传闻也就越来越传奇。

“导弹基地”既属传闻，党江的“稻蛋基地”却是名副其实。党江镇地处南流江下游三角洲，海岸线长21.45千米，属滨海冲积平原，大部分农田是清朝道光初年后把潮滩围垦而成的。党江镇被南流江入海汊道分割成三片，地势平坦，土壤肥沃，适宜种植水稻，是广西四个商品粮生产基地之一。

“海上丝绸之路”始发港开通了连接中原水运网络之初的功能，是为了军事之需。这就是在北海“海上丝绸之路”始发港研究中经常提及的“秦军运粮水道”。此后，历朝历代除了大力加强商贸文化的对外交往之外，还非常重视海岸军事设施方面的建设。军事要塞遍布在南流江的各个入海口，并且要配备有不同规模的炮台。

如清康熙年间，在各个入海口增设的炮台就有大观港东炮台、冠头岭炮台、八字山炮台、乾体炮台、泥江口炮台等五尊。泥江口炮台位于总江古渡南两千米的泥江村，装配有一千斤大炮一尊，五百斤大炮四尊，驻兵25名。炮台高1丈，周围11丈。泥江口炮台的东侧是驻乾体三汊港的乾体水师营，有八字山炮台和

合浦党江镇内横空跨江的高速公路和铁路

乾体炮台；西侧是大观港东炮台，正南面有冠头岭炮台、地角炮台，形成了实力强大的始发港海岸炮台群。因此，党江成为清代广西百里海疆军事要塞中的重要一环，为拱卫国家海疆安全发挥了重要作用，见证了党江自古以来就是海防重地。

相传汉时，伏波将军征交趾驻军合浦训练水师时，船队曾经党江河口入海出发。党江民众因此建有伏波庙祀之。

党江在老一辈人的称谓中又称党屋，这与党江最早的居民形成有关。原来，党江这一带最早是疍家聚居的地方，疍家人在这里耕海为生，在社会生产条件十分落后的环境下，疍家人只能仰潮上下，采海为生。也就是说随着潮水的涨退，只能在近海的滩涂上捉鱼捞虾过日子。后来有了些积累才能够制造小船小艇出海捕鱼。而出海的小船小艇往往经不起大风大浪的侵袭，多有船翻人亡的事故。每当这时，等候在江口边的亲人只能焦急的等候着，而等来的又多是出海亲人的噩耗，因此伤心欲绝，放声大哭，景况十分凄凉。长此以往，人们就把此江称为“凄凉江”，由此可见古时候疍家人创建家园的艰难。新中国建立后，人民有了安定的生活环境，为了避晦，就按“凄凉江”的谐音改称西洋江。

经过疍家人艰苦卓绝的努力，在这一带建起的房屋被称为“疍屋”。后来慢慢聚成村落，迁移到这里的人多，形成了圩市，靠采海为生的疍家人越来越少。而疍家在古代是一个受轻视的群体，“疍屋”的称呼已不合乎居民的特征，于是人们就以党江的“党”与疍家的“疍”谐音相近，而改“疍屋”为“党屋”。再后来，随着时代社会的发展，党屋扩展成一个大圩镇，就以党江为名了。党江天后宫就是疍家人民间习俗的文化见证。

由于南流江的多条分支流经党江入海，因此将党江木案、渔江、沙冲、马头、企坎等地分割成岛，造就了党江沿海汊道甚多的地貌，因此形成了众多古渡口，其中的泥江口古渡、倒流古渡、木案古渡曾是重要的交通渡口。新中国成立后，经多次并岛成陆，已将入海水道整治为干流、东水道、西水道。但分布在沿海乡村的汊道仍然众多，乡亲们因陋就简，在这些汊道江面建造了木吊桥，这些木吊桥全部用粗大的树干打桩架梁，立柱铺板，古朴实用，因此又成为江湾乡村一道风情独特的风景线。

南流江流经党江入海口形成众多港口，这些港口群海域也是北部湾重要的渔农产业基地。新中国成立后，人民政府为了保障人民群众的生产发展和生命财产的安全，修筑了大量堤围。这些堤围组成了较为完整的防洪排灌体系，为人民群众的安居乐业提供了有效的保障。全县修建的堤围海共有 113 个，堤围海堤总长达 362 千米，占广西海堤总长的 46.5%；海河堤保护人口 46 万人，保护耕地 32.95 平方千米，均占全县总人口和总良田的一半以上。平方千米以上的堤围八个。其中，党江主要的堤围海有更螺入海口的海堤围、南域海堤围、百曲围海堤围，这三个海堤围的海堤长度共 97 千米，保护耕地面积达 68200 亩，惠及人口约 45000 人，是功德无量的惠民工程。

景色优美的党江堤框田园风光

合浦党江更螺围入海口风光

海堤围外，日夜奔腾入海的南流江上百舸争流，浩瀚无边的北部湾天水一色，云低涛生；海堤围内，村社烟树中，鳞次栉比的楼房倒影在棋盘般的田框之中，喧鸟归林，渔歌晚唱之际，组成了海湾框围的乡村牧歌，成为“海上丝绸之路”始发港畔别具风情的景观风光。

始发港畔军威壮

“海上丝绸之路”始发港开通了连接中原水运网络之初的功能，是为了军事之需这就是在北海“海上丝绸之路”始发港研究中经常提及的“秦军运粮水道”。关于这段历史，《淮南子·人间训》中所记的秦始皇“又利越之犀角象齿翡翠珠玑，乃使尉屠睢发卒五十百为五军；一军塞镡城之岭，一军守九疑之塞，一军处番禺之都，一军守南野之界，一军结余干之水，三年不解甲驰弩；使监禄无以转饷，又以卒凿渠而通粮道，以越人战……”

由于有了这条“以越人战”的“秦军运粮水道”，此后，南越王征讨蜀国入侵者军进合浦，汉代的马援征交趾“伏波水道”，三国时吴政权发兵收复交趾，唐代高骈的海门屯兵，宋代扼“交广海路”咽喉之地的廉州海路，明代构建琼廉互为屏障的备倭、抗倭门户，清代设置扼安南至雷州海道之咽喉的乾体水师营等重大军事布局，都围绕着北海“海上丝绸之路”始发港展开。历朝历代除了大力加强商贸文化的对外交往之外，还非常重视军事设施方面的建设，因此形成了广西百里军事要塞中最强大的始发港海岸要塞。

乾体炮台旧址，今乾江中学古榕根须包裹的砖石即炮台的建筑遗物

始发港以东设置有：

白龙千户防御所城，明洪武初创建，周长 1.1 千米，高 6 米，东西南三门并城楼，为廉州水师右营龙门营的协防要塞，承担东至珠场司汛，水路 15 千米，西至冠头岭、三汊口汛，水路 50 千米的防务。最高驻兵员额达 1026 名。

永安千户防御所城，建于洪武二十七年（1394 年），城高 6 米，周长 1.5 千米，有军船三艘，旗兵 300 名。朝廷还在永安城周边建了烽火台（烟楼）哨所、炮台、汛兵（站）等，在城内建有守备（正五品军阶）公馆。

永安炮台，永安炮台设置在永安城海岸，炮台高约 3 米，周长 47 米。安装有千斤大炮一尊，五百斤大炮四

上图为老乡在指认红泥城遗址，下图为老乡在指认红泥城遗址

上图为禁山烽火台遗址，下图为八字山炮台遗址

尊。驻兵 54 名。

始发港口以东设白龙城汛，辖珠场汛（今铁山港南康境）、调埠汛（今铁山港营盘境）、陇村汛（今铁山港营盘境）、川江汛（今合浦白沙境）、沙尾汛（今合浦白沙境）、对达汛（今合浦沙田境）、砍马汛（今山口境）、英罗汛（今山口境）、山口汛（今山口境）、西山汛（今广东廉江境）。

铁山烽火台，位于合浦县公馆镇铁山高竹头村。

涠洲防御千户所，地址在今北海涠洲岛，后并入合浦永安。

涠洲六营：涠洲左部大小兵船 12 艘，灰斗船五艘，东船二艘，艚船二艘，哨船一艘，乌船一艘。涠洲右部大小兵船 11 艘，灰斗船四艘，福船一艘，艚船四艘，哨船二艘。牙山营大小兵船 17 艘，灰斗船六艘，艚船六艘，哨船二艘，乌船一艘，东船六艘，八桨船一艘。万历十八年（1590 年），设游击一员镇之。万历二十八年（1600 年）移于永安。

明代石康防御千户所，地址在石康安仁里，后迁至合浦山口，即今永安。

始发港口设置有：

安南都护府行营，唐咸通三年（862 年），五万余南诏联军一举攻陷交趾，唐朝军队几乎全军覆灭。接着，南诏联军又乘胜进攻，直逼邕州。咸通四年（863 年）六月，唐王朝废除了安南都护府，设安南都护府行营在海门镇（今廉州）。咸通五年（864 年），朝廷任命骁卫将军高骈任安南都护（从二品），驻军二万五千“治兵于海门”，即整编训练军队。高骈到职后，连战告捷，收复安南，救援邕州，斩敌三万余，招降敌兵一万七千人，平定了南诏联军叛乱。第二年又从海门发兵围交趾，十天便攻克了交趾。这就是著名的高骈海门屯兵。

明代廉州卫，地址在廉州府城东。下设防御千户所城，周围 1.5 千米，城墙阔 5 米，护城河长 1.7 千米，配有先进的军器。廉州卫的兵力 5600 人。

北海镇标及城守营，驻廉州府城内（今合浦县体育场），康熙初年设。专备战舰一艘，大小兵船 11 艘，牙山营大小兵船 17 艘，兼辖钦州布防兵船二艘，防城布防大小兵八艘，龙门港布防大小兵船 16 艘。所辖各兵种船将近 80 艘。廉州府海巡区域东起虎门西，南至海南，西至白龙尾（今越南清化外海）。

乾体水师营，驻乾体三汊港（今乾江），乾体营总的军事火力配备为战，32 艘，大炮 15 尊，兵员逾千。

八字山炮台，驻乾体，设二千斤大炮二尊，一千斤大炮二尊，五百斤大炮二尊，驻兵 40 名。

乾体炮台，乾江中学内，设一千斤大炮一尊，五百斤大炮四尊，驻兵 35 名。

三十里战壕。光绪十年（1884 年）七月，法国军队向清政府派驻越南的清军发动武装挑衅，清政府决定正式向法国宣战，这就是历史上的“中法战争”。为防御法国军队发动进攻，侵扰廉州城，清廷命令总兵李起高（合浦平田人）与北海总兵梁正源一起督办，修筑乾江港至冠头岭海岸沿途战垒，全程约 15 千米。

红泥城，白泥城。白泥城位于山边村与井头坡交界处，因采用当地白泥夯建，故用名白泥城；红泥城位于西背山（原乾江炮竹厂内），因采用当地红泥夯建，故称红泥城。红泥城、白泥城的城墙厚一米多，高三米多，各设大炮四尊。绕内墙四周设置有弓箭房和枪械库；中间为天井，战时可容数百人。

禁山烽火台。禁山烽火台有两座，建于明代初年，一在今乾体村公所烟楼村；一在今乾体村公所禁山村。每个烽火台有士兵二人守护。发现敌情，便在烽火台燃放烟火。

位于北海中山路海关旧址旁的地角东炮台遗址

冠头岭炮台旧址

党江泥江入海口，这里曾设泥江口炮台

始发港口以西设置有：

泥江口炮台。地址在今泥江村。装配有千斤大炮一尊，五百斤大炮四尊，驻兵 25 名。炮台高三米，周围 37 米。

冠头岭炮台。置兵 13 名，并筑炮台高三米，周围 27 米，门楼一座，兵防五间，火药局一间，安放一千斤大炮一尊，七百斤大炮一尊，五百斤大炮三尊。冠头岭炮台的军事辖区为四个村庄。

报警墩台。清代冠头岭至龙潭一带设有白虎墩、武刀墩、高德墩、安宁墩、独江墩等报警墩台。

地角炮台。位于市地角岭，建于光绪十一年（1885 年）。地角炮台共三座，分设主峰炮台与两翼炮台，地角岭形成了鼎足相峙之势，拱卫北海航道。

地角东炮台。位于北海市中山路旧海关旁，今大清邮局陈列馆旁。建制无考。

大观港东炮台。位于大观港东岸，建于康熙五十六年（1717 年），台高三米，周长 147 米。设二千斤大炮两尊。一千斤大炮两尊，五百斤大炮四尊。由一名千总率 38 名兵士把守。炮台设有官署三间，兵房 14 间，火药局两间。

第五篇

人文风采展华章

王莽与合浦

王莽是西汉末年杰出的政治家，他以定国公的身份把持朝政，建立了新莽政权（9—23年），却因更改汉朝年号，而背上了“篡汉窃国”的千古骂名，后世一直将之看作一个大奸大恶大邪大毒的权臣。其实，王莽也是一个有作为的历史人物，特别是在“对外开放”方面有着独特见识，这从他对合浦采取的施政措施中可见一二。王莽当政之初，就敏锐地认识到合浦地理位置的重要性，于是他就下令把“合浦郡”改为“桓合郡”。“桓”在古汉语中有“大”的含义，由此可见王莽对汉代合浦的认识和了解并不局限性限于“众水汇合入海之处”的释义。《前汉书·地理志》为此专在“合浦郡”条目中注释：“合浦郡，汉武元鼎六年开，莽曰桓合，属交州。”

王莽当政，对合浦抱有看重之意并不只在于对地理区位“大”（桓）的认识上，他还采取了一系列措施来提高合浦的知名度，其中之一就是把京中犯事的重臣贬往合浦，通过这些被贬的京都重臣加强对合浦的管治。王莽在朝控制了汉哀帝、汉平帝、汉孺子婴三个皇帝秉政用事，这就是史称其专权篡汉的时期。在此期间，他先后将一大批贵族王侯贬斥到合浦，其中包括哀帝皇后丁

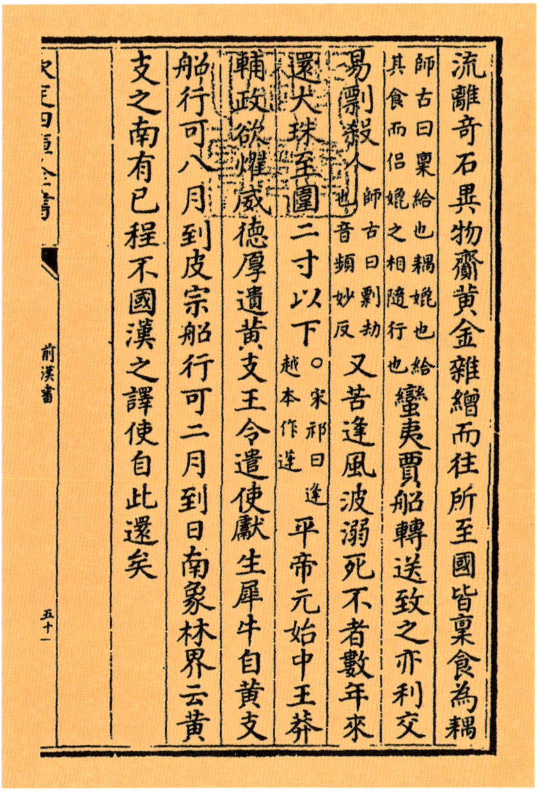
流離奇石異物齎黃金雜繒而往所至國皆稟食為耦師古曰稟給也耦媲也給其食而侶媲之相隨行也蠻夷賈船轉送致之亦利交易剽殺人師古曰剽劫也音頻妙反又苦逢風波溺死不者數年來還大珠至圍二寸以下○宋祁曰逢越本作逢平帝元始中王莽輔政欲燿威德厚遺黃支王令遣使獻生犀牛自黃支船行可八月到皮宗船行可二月到日南象林界云黃支之南有已程不國漢之譯使自此還矣

前漢書　五十一

《前汉书·地理志》中记：“平帝元始中（1—5年），王莽辅政，欲耀威德，厚遗黄支王，令遣使献生犀牛。自黄支船行可八月，到皮宗；船行可二月，到日南、象林界云。黄支之南，有已程不国，汉之译使自此还矣。”

氏一族、平帝国舅卫宝、中山王后卫姬，国丈傅晏、尚书令赵昌，定陵侯淳于长，御史董恭、高昌侯董宏等。这一大批官员及皇亲国戚来到合浦之后，不但带来了中原的经济、文化信息，也带来了先进的农耕技术，在很大程度上促进了合浦社会经济的发展。

汉代“海上丝绸之路”自汉武帝元封年间（前110—前105年）以合浦为始发港开通以来，都是由“中国往商者”自由贸易致富，缺乏严格的管理，没有建立对口管理机制——“自武帝以来皆献见。有译长，属黄门，与应募者俱入海市明珠，壁琉璃、奇石异物，赍黄金杂缯而往”。这里是说，这种贸易行为大都是含有礼尚往来的“献见”形态。因为当时从“合浦船行”至印度（黄支国）等东南亚一带，往返要数年之期，路途上“苦逢风波溺死”。加上汉武帝时汉王朝国力强盛，威加四海，此前又有“文景之治”作基础。因此，“海上丝绸之路”的商业作用还不是十分突出。

《前汉书·地理志》中记：“平帝元始中（1—5年），王莽辅政，欲耀威德，厚遗黄支王，令遣使献生犀牛。自黄支船行可八月，到皮宗；船行可二月，到日南、象林界云。黄支之南，有已程不国，汉之译使自此还矣。”可以视作汉代“海上丝绸之路”由非商业性运作向商业性运作，由民间或官方经营向官方经营的转折点。

这段记录有一个非常有意思的提法：“王莽辅助，欲耀威德，厚遗黄支王。”意思是指由此开始的汉代“海上丝绸之路”是因王莽“欲耀威德”而收买印度国王，强化成官营的。其实，这都是对王莽“篡汉窃国”的曲解。事实上，从这段记录可以清楚地证实几方面的变化：一是“令遣使献生犀牛”是汉王朝（王莽）的献品指定，而不是在此之前的由应募者“蛮夷贾船，转送致之”；二是航线指定，由黄支国（印度）到皮宗（印尼群岛至马来半岛），再到与合浦郡交界的日南、象林上岸后，进入合浦郡与中原漕运网络（灵渠接三江）；三是有固定的交接地点，“有已程不国，汉之译使自此还矣”；四是有专门的官员接送，“汉之译使”。王莽如此“欲耀威德”，使得汉代“海上丝绸之路”的运作模式由此而固定下来，并为后世沿用。比如东汉章帝年间的黄支国献狮子，三国魏晋时“徼外诸国尝赍宝物自海路来贸货”，及至南北朝，佛教传入中国达到鼎盛，所需的佛像、佛教用具等信物也是通过这个运输航线来到合浦后再传入中原的，于此来说，王莽功不可没。王莽被后世史籍作“欲耀威德”而记之，可惜这一段汉代“海上丝绸之路”的历史转折却被忽略了。

孟尝辞官之后

孟尝是一代名臣，“珠还合浦”的千秋佳话就是因他而名的。

孟尝是浙会稽人。他的仕途是凭实力一步一步升迁至合浦太守的。他由科举茂才出身，做过县令，是经推荐考核才当上合浦太守的。

孟尝少年时便显露出过人的才能。同乡有一寡妇至孝，侍奉姑婆过世之后，被小叔诬陷入狱。而县官又不加细察，偏听偏信，寡妇竟被判死刑。孟尝为之申冤至太守衙门，寡妇终得平反。此事在乡间传为美谈，由此可见孟尝胆识。

孟尝后经州郡考核推荐，由县令直接升任合浦太守。在任期间，因其廉洁勤政，革易前弊，遂有“珠还合浦”这一千古传奇典故。

合浦当时是疫瘴流行之地，马援征交趾驻军合浦时，士兵“十之四五”死于此病。孟尝在合浦任上也染上了此病，他因此“以病自上，被征当还”。也就是说，他以病辞官获得皇帝的准许。也许，孟尝辞官归隐是另有苦衷的，只是不为世人所知罢了。这从孟尝此后的遭遇中可略见一斑。

据《后汉书·孟尝传》记述，孟尝回乡后“隐处穷泽，身自耕佣。邻县士民慕其德，就居止者百余家”。从这个状况中可知，孟尝“被征当还”后，并没有

孟尝家乡浙江上虞的还珠亭碑座

孟尝家乡浙江上虞的孟尝亭对联

被任用，最后隐居在偏僻的山泽之地，开荒垦地，自食其力。他是在太守任上病辞“被征当还”的，却连基本的养老保障也没有，这是不正常的。更有意思的是，邻县的士民都敬慕孟尝的道德风尚，数百人迁来之为邻，使得一个荒野山泽成了“就居止者百余家”的村庄。如此高风亮节的一代名臣，却不被朝廷所任用，这又是不正常的。

孟尝有一个同乡名叫杨乔，当时在朝廷中担任尚书之职，这个职务相当于今天的中央政府部长。杨乔对孟尝所遭受的待遇非常不平，为此，他先后七次向汉桓帝上书，请求恢复孟尝的职务。他在书中义正辞严地为孟尝申述，他说，孟尝仁义凛然，品格出众，清行出俗，能干绝群，在合浦为政期间，使得去珠复还，当地的老百姓奉他为神明，设祠拜祭。他在太守任上，合浦珍珠完全由他掌握，积聚财产易如反掌，但他却能只身一人抱病回乡，洁身自好，至今靠开荒种田过日子。这样的忠臣没有得到任用，就像珍珠被弃于草莽之中，朝廷的宝物被掉进臭水沟。我对此感到伤心欲绝啊！这种用人现状不改变，只能令忠贞之士远离朝廷。我先后七次向您推荐孟尝，并不是因为我与孟尝的同乡关系，而是为了向朝廷推荐人才，营造起良好的用人风尚啊。请皇帝看在孟尝祖宗三代都是为国牺牲的忠臣之家，他本人也有“去珠复还”的美德政绩，恢复孟尝的官职，让他为朝廷争取更多的民心，建立更多的功德吧！

然而，桓帝听任宦官乱政，自己却沉湎于声色美酒，不理政事，奏章多为阉臣把持，杨乔的劝谏自然也到不了桓帝面前。直到孟尝七十岁病逝隐居地，始终都得不到复用。

孟尝因病辞官归乡、隐居山泽之后，合浦的吏民并没有忘记这位恩德在民的还珠太守。有一次，孟尝生病的消息传到了合浦，合浦的吏民即派代表给孟尝送去合浦珍珠一升，以作养病之资。孟尝在百般推辞不得收下这下升珍珠后，立即将之捐了出来，并发动当地的乡绅百姓修建了一座桥，并在桥下建了一座水闸，使长期以来受水患、干旱侵扰的状况得到了改善，农业生产有了保障，百姓安居乐业，于是就把这座桥命名为“还珠桥”。宋代诗人华镇作《还珠桥》一诗记之：

溪上还珠太守家，小桥斜跨碧流沙。

清风不共门墙改，长与寒泉起浪花。

流放廉州的三宰相

唐代张均

张均，洛阳人，是唐朝开国元勋燕国公张说之子。张说在武则天时官至凤阁舍人，因违背武则天旨意而发配钦州。唐中宗朝被召还，历睿宗、玄宗二朝，先后任中书门下平章事、知政事、中书令、兵部尚书、右丞相，至尚书左仆射、首席宰相，封燕国公。开元初年，因不肯依附太平公主一度被罢官。张说前后三次为相，掌朝廷制诰著作三十年，为开元前期一代文宗，品评文苑，奖掖后进，深孚众望，人称“燕许大手笔”。张均在才学上继承其父风范，在官场上却品格不正，他先后做过饶州刺史、户部侍郎、刑部尚书，自以为凭自己的才名可以当宰相。但因先后受李林甫、杨国忠抑制，不得为宰相，常怀不满。安禄山之乱，张均居然受伪命为中书令（宰相）。安史之乱平定后，按律当死。唐肃宗“于（张）说有旧恩”免其一死，长流合浦郡。也就是说，唐肃宗感念张均的父亲张说之旧情而不杀之。《流合浦岭外作》即是他被流放到合浦时所作。张均后来死于流所合浦，死后葬在合浦什么地方，成了一个千古之谜。

张均《流合浦岭外作》：

瘴江西去火为山，炎徼南穷鬼作关。

从此更投人境外，生涯应在有无间。

张均在诗中诉说了被流放到合浦的惊恐和无奈，更为自己将要客死他乡而悲叹。其实，张均被流放到合浦是其咎由自取。

唐代刘瞻

刘瞻，字几之。郴州市乌石矶人，唐大中元年（847 年）进士。史称其“奇伟能文，才思敏捷”。得当时丞相刘瑑赏识，推荐其为翰林学士，擢拜中书舍人、户部侍郎充承旨，出为太原尹、河东节度使。咸通十年（869 年）以中书侍郎同

三朝宰相履痕

中书门下平章事（此为丞相之职衔），加刑部尚书，集贤殿大学士。当时，同昌公主病死，懿宗悲伤怨恨，便归罪于太医用药无效，于是，杀医官韩宗绍、康仲殷等二十余名，株连两家宗族三百余人，全被逮捕，牢狱都塞满了。其时，朝廷奸雄当道，谏官皆视而不见，见而不语，只有刘瞻为保护无辜，挺身而出，上疏仗义执言："修短之期，人之定分。昨公主有疾，医者非不尽心。而祸福难移，竟成差跌。械击老幼，物议沸腾。奈何以达理知命之君，涉肆暴不明之谤。"铮铮而言，毫无忌讳，因此引起了懿宗的不满。而以京兆尹温璋为首的一部分官员却一味迎合懿宗，要继续追查所谓的"同昌公主案"，使得朝中人心惶惶。刘瞻又与之力争，更使懿宗大怒，一些平时与之政见不合的官员，如宰相韦保衡与路岩等趁机向懿宗进谗言，刘瞻因此被罢去相位，贬出京城，降为荆南（治所在荆州）节度使。而朝中与刘瞻交情深厚者，亦受牵连。朝中奸臣并不因此罢休，甚至假传诏旨，意欲逐杀。由于平日刘瞻为相以"有益人世"为旨，耿直当政，为人正直，为官清廉，深得民心，一路上得到民众的保护，奸臣们无法得手。于是他们又诬陷刘瞻勾结太医投毒，刘瞻再被降为廉州刺史。史载，当时"朝野无不惋惜，都城士庶，以少及长，闻之俱为涕泣"。

刘瞻被贬在廉州刺史任上，依然保持"鲠正廉约"的本色，施政清廉严明，很得百姓的敬重。明崇祯年《廉州府志》记载："瞻为人廉约，所得俸资，以周亲旧之窭困者。家不资储，无第舍，四方献馈不及门，行已始终完洁。"就是说，他任廉州刺史期间不但"家不留储"，还把自己的俸禄捐献出来，周济穷困的百姓。他没有专门的住房，使得想送礼给他的人找不到门口，始终保持了清廉品格。

宋代曾布

曾布（1036—1107 年），字子宣，南丰（今属江西）人，他是"唐宋古文八大家"之一曾巩的弟弟。少年时随曾巩学习，与曾巩同登进士第。此后，曾布得韩维、王安石推荐，受到宋神宗赏识，渐受重用。其间与吕惠卿协助王安石制定新法，计有青苗法、免役法、保甲法、农田法，大臣及朝士多反对新法，唯独吕惠卿与曾布始终坚定不移。后升为修起居注，任翰林学士兼三司使。因与激进派产生分歧，反对市易法，被王安石撤职，贬为地方官，先后出知饶、潭、广、桂、秦、陈、蔡、庆诸州。后复官翰林学士。哲宗元祐初，出知太原、真定、河阳及青、瀛等州府。绍圣元年（1094 年），宋哲宗亲政，经宰相章敦引荐，任同知枢密院事，力赞章敦“绍述”之说，与章敦一起主持对西夏的开边活动。但在开边、恢复新法和打击元祐党人的活动中，他的意见比较温和，常与章敦、蔡卞等人持有异议，并阻挠吕惠卿回朝任职。在立宋徽宗时，曾布作为新党温和派之领袖，附和向太后，排斥章敦，升任尚书右仆射兼中书侍郎。徽宗立，以右仆射独当国。崇宁元年（1102）受蔡京排挤，罢为观文殿大学士，迁知润州，累贬廉州司户。司户也称司户参军，是负责州的户籍、赋税、仓库交纳等事务的官员。曾布在廉州司户任上达四年之久。

曾布一生，有功有过。年轻时，他积极参与王安石变法，即使司马光当政复辟时，他仍坚定地维护王安石新法。在他自己当政时，恢复了被废除的大部分新法，这就是他的功绩所在。但同时排挤同僚，打击政敌。而最大的过错，恐怕莫过于力排众议支持徽宗当皇帝。他性格刚直，正如近代大学者梁启超所说的那样，是“千古骨鲠之士”，“其才其学，皆足以辅之”，称得上一个能臣。曾布是王安石变法的骨干力量，《宋史》将曾布列入奸臣传，这真是一个蒙冤宰相。

汤显祖合浦看珠池

提起汤显祖这位明朝伟大的剧作家，人们都会想起他的传世名著“临川四梦”——《牡丹亭》（又称《还魂记》）、《紫钗记》、《南柯记》、《邯郸记》。但是很少有人提起他来合浦看珠池的经历及他为此写的《阳江避热入海到涠洲，夜看珠池作，寄郭廉州》一诗。汤显祖的合浦之行对他此后的为官之道产生了深刻的影响。

汤显祖为什么来到合浦，又是怎样去涠洲看珠池，郭廉州又是什么人呢？这得从他的仕途失意被贬说起。

汤显祖合浦访珠池

汤显祖是明万历十一年（1583年）进士，先后担任南京太常博士、礼部主事。礼部在明代是负责仪制、祠祭、主客、精膳的机构；主事是礼部中掌管文牍，分掌郎中、员外郎的事务，握有实权的正六品官员。汤显祖在任上看不惯官场上的庸俗作风，一口气上书弹劾了宰相、大学士、御史等一大批官员，因此引起朝中权贵们的震怒，结果是汤显祖被贬为徐闻县添注典史。这是一个负责县衙文牍的小吏，加上又是作“添注”安置，也就变得可有可无、无所事事了。因此，汤显祖就是带着贬徙旅愁来徐闻上任的。

汤显祖来到徐闻后，由于心情沉郁，加上水土不服，很快就病倒了。好在徐闻民众素仰汤显祖的名气，对他怀有敬重之情，于是就安排他到涠洲岛去散心。汤显祖在涠洲岛上看到了传说中的珠池，感慨良多，写下了《阳江避热入海到涠洲，夜看珠池作，寄郭廉州》，全诗如下：

春县城犹热，高州海似凉。地倾雷转侧，天放斗微茫。
薄暮游空影，浮生出太荒。乌艚藏黑鬼，竹节向龙王。
日射涠洲郭，风斜别岛洋，交池悬宝藏，长夜发珠光。
闪闪星河白，盈盈烟雾黄。气如虹玉迴，影似烛银长。
为映吴梅福，回看汉孟尝。弄绡珠有泣，盘露滴君裳。

诗中描写了珠民的生活状况。其中“交池”就是珠池，涠洲岛的珠池早在唐代就有记载了，七大珠池中的望断珠池就是在涠洲岛。诗中所称的郭廉州，即是时任廉州知府的郭廷良。郭廷良在廉州知府任上，宽仕待下，清介自持，执法严正，建树颇多，廉州在郭廷良的治理下，史称“文运重光”“农耕兴旺”。汤显祖看了珠池，想起孟尝，写诗寄给郭廷良，除了抒怀之外，还充满敬仰之情。为此，汤显祖在回程的时候，专门从合浦上岸，改走陆路回徐闻。

汤显祖来到合浦后，却没有见到郭廷良。他在游览廉州风光古迹中却了解到另一位清廉太守的故事，这个清廉太守就是明万历六年的廉州知府周宗武。周宗武为官清廉勤政，在任上为老百姓做了大量有益的事情，还捐钱修建廉州城，兴修水利、扩建学府等。周宗武在任上积劳成疾去世时，家中一无所有，连安葬的钱也没有，是廉州吏民凑钱为之安葬。而周宗武的妻子则靠为人舂米、洗衣扶养孩子。汤显祖对此感触很大。他把周宗武的清廉事迹带回徐闻广为传诵，要求部下都要向周宗武学习，做一个清正有为的官员。这就是汤显祖的合浦之行，让人们从中真切感受到了“珠还合浦”的清廉吏风。

合浦版《梁山伯与祝英台》

明朝嘉靖年间，廉雷古道上匆匆行走着一个文儒书生。他要赶在太阳下山之前进入珠城，否则，就来不及到廉州府衙报到，很可能会失掉父亲千方百计为他筹谋的这份衙差——在廉州府当一名抄写公文的小吏。书生的名字叫陈紫英，广东肇庆府人。

却说陈紫英的父亲在肇庆府经商多年，虽然不是富甲一方，倒也是叫得起名的人物，他要儿子背井离乡到珠城谋事求职，并不是为了多挣几个银锭，而是希望饱读诗书的儿子能在官府中历练。他日谋得一官半职，也好衣锦还乡，光宗耀祖。因为陈家虽然有钱，但在陈父的眼中，“士农工商”，商为最下，要让儿子走进仕途，才是正道。陈紫英就是在这样的家庭背景下离开家乡，来到珠城的。

明朝的廉州城，经过了多次扩建之后，在钦、廉、雷、琼四府中，是规模最大的。陈紫英初出家门，虽有些思乡的惆怅，但很快就被珠城的繁华景象冲淡了。加上工余闲暇之时，吏属们便三五结伴相邀，到珠城的歌肆茶坊去品茗听歌，觅句对联，陈紫英倒有几分乐不思蜀了。

一日，陈紫英与吏属们在“卷珠帘”酒楼小酌，几杯落肚之后，趁着酒兴，有吏属提议，每人找一位歌妓陪酒助兴，不醉不归。陪陈紫英对饮的歌妓名叫云英，雷州籍人。前些年因家乡旱灾，造成饥荒，云英逃荒来到珠城，举目无亲，又没有别的谋生技艺，就到“卷珠帘”当了歌妓。两人同是他乡飘零，难免一见钟情，顿生情愫，两情相悦，不久便朝夕相依。那云英便脱去歌衫舞衣、洗尽铅华，收拾心情与陈紫英做一对神仙眷侣，不求富贵腾达，但求白发终身。小两口就这样双栖双宿，春去秋来，年复一年。陈紫英在廉州府与歌妓云英的事与被陈父知道了。想那陈父本来阶级观念就非常严重，原本指望儿子在珠乡搏个一官半职，以改变陈家世代经商无人为官的状况，却不料陈紫英竟然与歌妓在一起，这不但是难以接受的，简直是败祖宗之丑事。陈父盛怒之下，派人到廉州府向陈紫英下了最后通牒，要么马上回乡另择淑女择吉成亲，要么与云英在一起，永远不得入陈家之门，并断绝父子关系。

沉湎于温柔之乡的陈紫英，突遭此棒打鸳鸯，既无反抗之力，又割不断与云英的万缕情丝，两人几番悲伤哀怨之后，决定以死明志，到阴曹地府中去再续前缘，做一对永不分离的鬼夫妻。

主意拿定之后，俩人请裁缝订了一条能够俩人一起合穿的、有三只裤脚的大裤，买回毒药掺进酒中之后，俩人便把头发解开共同编成一条辫子，一起穿上那条三只裤脚的大裤，并用布条紧紧地相互绑在一起，然后喝下毒酒，躺在床上互相拥抱着共赴黄泉。

“双英”之死，在廉州府引起轩然大波，官府中人认为这是伤风败俗之事，有辱斯文礼教，败坏吏治名声风气，不准在廉州府治之所安葬，要运出三十千米之外弃尸荒野，以儆效尤。

但“双英”殉情却得到了“卷珠帘”歌妓们的深切同情，她们捐钱为双英特别订制了大棺材，还疏通官府，准许为“双英”购地作墓，将二人同棺同穴葬于廉城东郊十里外的鸡射岭，并为二人立了墓碑，名曰“双英坟”。珠乡的山歌手们便把此事编成山歌，传唱开来，流传至今。“双英坟”也成为一时胜景，演绎着千古悲情。

屈大均廉州访珠市

屈大均是明末清初著名的学者，是“岭南三大家”之一。合浦珍珠被称为“南珠”，即起于屈大均。

屈大均评价合浦珍珠的话出自《广东新语》。原文是这样的：“合浦珠名曰南珠，其出西洋者曰西珠，出东洋者曰东珠。东珠豆青白色，其光润不如西珠，西珠又不如南珠。”

“东珠不如西珠，西珠不如南珠”，屈大均此语一出，便成了后世评价珍珠优次的标杆，也是屈大均对合浦珍珠的巨大贡献。

其实，屈大均对合浦珍珠还有许多精彩的论述。他在记述珠池时写道：“合浦海中，有珠池七所，其大者曰平江、杨梅、青婴，次曰乌泥、白沙、断望、海猪沙，而白龙池尤大。其底皆与海通，海水咸而珠池淡，淡乃生珠，盖月之精华所注焉。故海珠生池中央者色白，生池边者色黄，以海水震荡，咸气侵之。故黄也。”他的这一论述也为后世所广泛引用。

屈大均探珠市

屈大均为什么对合浦珍珠的情况如此熟悉呢？原来，他曾专程对合浦珠市进行实地考察。

屈大均是哪一年来到廉州府探访珠市的，缺乏具体的史料记录。但他在《广东新语》一书中有这样的记述：“予尝至合浦，止于城西卖鱼桥，故珠市也。闻珠母肉作秋海棠或杏华色，甚甘鲜而性太寒……土人饷我珠肉，腊以为珍，持以下酒。”从中可知，屈大均来合浦时，是在珠市停留，还用当地珠民送给他的珍珠螺肉及晒干的珍珠螺肉干来下酒。屈大均文中提到的城西卖鱼桥即是位于廉州古城西门外、建于明代的登龙桥，今人俗称为上新桥。因为桥头有鱼市，故又称为卖鱼桥。更重要的是，这一记述为合浦古珠市的方位留下了明确线索。

屈大均在记述广东“四市”中，对合浦珠市也有详尽的描写：“一曰珠市，在廉州城西卖鱼桥畔，盛平时，蚌壳堆积，有如玉帛。土人多以珠肉饷客。杂姜虀食之，味甚甘美，其细珠若粱粟者，亦多实于腹中矣。”由此可见，屈大均当年探访合浦珠市是非常认真的，因此才掌握了大量的第一手材料，才能对合浦珍珠做出客观精确的评价，并为后世所认同、接受。

通过对合浦珠市的调查，屈大均还就合浦珍珠的种类提出了许多精彩的评价标准：“珠身以圆白光莹细无丝络者为精珠，半明半暗者为褪光珠，次肉珠，次半糙、药珠。大而稍扁者曰珰珠，所谓南珠海之明珰也。其曰走珠、滑珠、磥砢珠、官雨珠、税珠、葱符珠、稗珠。”“精珠……重一分者银六倒，二分者四十倒。肉珠二分重者四倒，合八百颗而成一两者曰八百子，则十倒；合千颗而成一两者曰正千，八倒。其重七分者为珍，八分者为宝，故曰七珍八宝，其价则莫可定云。”这些评价标准一直都为后世所沿用。

屈大均在探访合浦珠市期间，还收集到许多与合浦珍珠有关的民间故事和民俗风情。其所记的“龙珠”就是其中之一：“合浦人向有得一龙珠者，不知其为宝也，以之易粟。其人纳之口中误吞之，腹遂胀满不能食。数数入水，未几遍体龙鳞，遂化为龙。所居室陷成深渊，古今谓之龙村。”

此间，屈大均还写有《珠人曲》《珠池》《白龙采珠》等诗歌。其中《白龙采珠》诗云：“暮春争赛白龙池，挂席乘潮采不迟。千尺嬴筐垂海底，翻波不使巨鱼知。”是合浦珠民采珠情景的生动定格。

屈大均探访廉州珠市期间，还收集有廉州“三口浪马援射潮”“合浦灵觉寺铜钟斗金龙”“廉州铜鼓塘”等民间传奇，为后人了解合浦民风和珠市，寻觅合浦珠市留下了大量生动、准确而精彩的资料。

哀绝凄美双贞亭

廉州府城城西南三里处有文昌塔塔下有著名的国家重点保护文物汉墓群。这里长眠着两千多年前汉家征战将士和从京城贬斥来的达官贵人。两千年来，枯草荒丛，夕阳古塔相伴，没有人知道在此长眠者姓甚名谁，累累荒塚之上，也没有半片残碑为这些长眠者作记。然而，古塔之侧却建有一亭，亭中刻碑记事，为两个普通的女子立传作记。该亭名曰“双贞亭”建于清朝嘉庆年间，记述着一个哀绝凄美的故事。

清朝嘉庆年间，廉州府城中有一贡生，姓林名炳章。林炳章有一女，因排行第三，人皆以三姑娘称之。三姑娘自幼聪慧勤巧，深得林炳章疼爱，与诗友酒客相聚时，林也常将三姑娘带在身边，众人皆开玩笑，争与林炳章订娃娃亲。林炳章也不时教三姑娘一些书艺画工、诗词曲赋。那三姑娘悟性高，一学即会，众人皆称她有折桂之才，可惜是女儿身。也正是应了那句“红颜薄命”，三姑娘长到二八年华，正在待嫁之际，林炳章染病身亡，撇下一门寡妇孤儿艰难度日。

林炳章死后，上门提亲的人络绎不绝，来者多倾慕三姑娘美色和才艺，大有踏低门槛之势。三姑娘的母亲平日里很少外出应酬，根本就不知门外三尺的世态人事。在众多的提亲者当中，答应了一许姓子弟，并确定了迎娶佳期，只等吉日

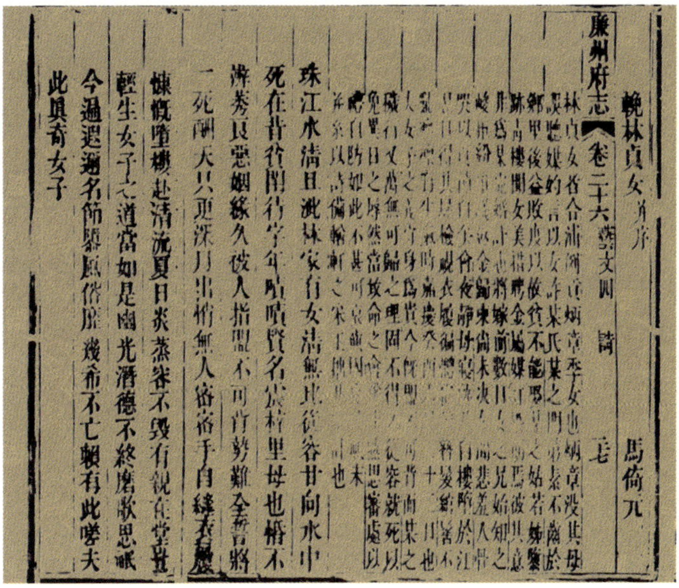

廉州府志 卷二十六 藝文四 詩 七

輓林貞女并序　馬倚九

珠江水清且漪林家有女清無比貌容甘向水中
死在昔衣閨待字年嘗賢名於村里母也將不
辨莠良惡姻緣久彼人指盟不可背勢難全吾將
一死酬天只更深月出循無人徐徐手自緯衣履
慷慨墜樓赴清流夏日炎蒸容不毀有親在堂豈
輕生女子之道當如是幽光潛德不終磨欷思祇
今過遐邇名節驚風俗靡幾希不亡賴有此嗟夫
此真奇女子

清道光年间合浦县令悼林贞女诗

民国重建的林贞女坟，位于文昌塔南侧

良辰，大红花轿临门，便把三姑娘嫁出去。

却说那三姑娘自小跟随父亲应酬于书社画坊之间，多少也闻知一些世事风情、人间炎凉。她知道母亲把自己许给许姓人家之后就暗中打听许姓人家的情况。谁知，不打探犹可，打探得来的消息使三姑娘如五雷轰顶。原来这户许姓人家不但没有儿子，派人来提亲并不是为了求女为媳，而是贪图三姑娘的声色才艺，已与青楼约定了高价将三姑娘买到青楼作妓。三姑娘得知许家的这一阴招，悲愤万分，本欲离家脱逃以求自由之身的，但一转想，母亲已领了许家的聘礼定金，并支付了弟弟的读书求学费用，如果自己一走了之，必然被许家逼索追债，到时岂不是连累了母亲及弟弟。于是，三姑娘决定以死相抗来保持自己的清白之身，以维护林家世代书香门第的声誉。

嘉庆十八年（1813）年六月二十二日，三姑娘一早便把屋里屋外打扫干净，并为外出求学的弟弟缝制的一套赴考的衣服叠好，又为母亲洗干净了床褥被铺，还一直陪母亲做针线活到深夜，直到母亲入睡之后，三姑娘才换上事先准备的衣服，自己将衣服上所有的袖口裤脚密缝严实，不留半点缝隙。之后，又将发髻梳起，结结实实地扎紧，一丝不乱。做完这些之后，三姑娘平静地来到父亲的灵位前上了三炷香，然后趁着夜色跳进了西门江。

第二天，人们在西门江出海口的沙洲上发现了三姑娘的遗体。令人惊讶的是三姑娘面色如生，身上的衣服整齐紧密，头发丝毫不乱。更令人惊讶的是，与三姑娘遗体并排列在一起的，还有一个与之年龄相仿的女子。更奇巧的是，经寻访得知，该女子也姓林，是党江倒流村人，也是为了逃避婚姻而自杀身亡的。乡人感念三姑娘及此林女的贞烈，于是将二人遗体运至文昌塔下，合葬在一处，并在墓旁建一亭，亭中竖贞女碑，记二女殉节之事，并取名为“双贞亭”。双贞亭占地面积约一亩，背靠文昌塔，面向廉乾大道（清代廉州府城进入乾体军营的专用官道）。双贞亭三面墙体建成大拱门形状，外建回廊曲栏，与西南方向的三界古庙为邻，又和廉乾大道牌坊隔路相对，构成了文昌塔、双贞亭、三界古庙、廉乾大牌坊景观群落，成为一时之胜景。可惜如今庙已被拆，亭也湮没，碑又失踪，牌坊无存，只有古塔孤耸于荒草古墓之中，诉说着当年的故事……

时合浦县令马倚元为之赋诗《挽林贞女》吊曰：

林家有女清无比，从容甘向水中死。
在昔贫闺待字年，渍渍贤名震梓里。
母也愊不辨莠良，恶姻缘久被人指。
盟不可背势难全，誓将一死酬天只。
更深月出悄无人，密密手自缝衣履。
慷慨堕楼赴清流，夏日炎蒸容不毁。
有亲在堂岂轻生，女子之道当如是。
幽光暨德不终磨，歌思袛今遍遐迩。
名节不亡赖有此，嗟夫此真奇女子。

齐白石的北海之行

在北海的历史人文景象中，齐白石在北海老街的行踪一直是一个处于“犹抱琵琶半遮面”的状态而“据说”之。在此之前，北海的地方史料都没有确切的资料来证实他的足迹。最近，笔者在搜集“海上丝绸之路”始发港珠市的史料过程中，终于找到了齐白石游北海的史籍记载，证实了一百多年前，齐白石来到北海的前因后果及其在北海留下的种种佳话。

齐白石到北海来的足迹，记载在他本人写的一篇日记《李苹夫刊印记》中。据该篇日记，齐白石到北海的时间是宣统己酉四月，即1909年农历四月。这一年齐白石46岁，他是应钦廉道郭人漳的邀请，在游历海南之后再到北海的。为了迎接他的到来，郭人漳还专门派军舰到海南“公干”，让齐白石得以乘回程的“顺风船”来到北海。当年，齐白石正是这样从海南搭“顺风船”来到北海，这是齐白石的第六次出门远游，也是他人生“行万里路”中的最后一次远游，至此画上圆满的句号。

齐白石到了北海后，郭人漳却因为要处理钦州的军务而未能赶回北海迎接他。为了等候郭人漳，齐白石只好在北海老街的客店里暂住，入住于沙脊街的遂安客栈。

齐白石为廉州太守题词

当时的沙脊街是楼、馆、局院、店的集中地，有“销金窟”之称。楼是茶楼酒楼，茗珍楼、镜春楼、宜仙楼、珠浦楼、流芳斋等当时在老街知名的茶楼酒楼，都位于沙脊街；馆即会馆、酒馆、旅馆、烟馆、赌馆、妓馆等；局院是太和医院（局）、爱群医院、广州会馆、电灯局、北海公局（相当于今天的民政机构）；店就是商铺，沙脊街的主要商铺不下百家，经营的业务无所不及，林林总总。沙脊街还有广西最早的电灯公司（保兴电灯公司），设立过广东省银行北海支行，还有北部湾最早的消防机构。在这些商业现象的背后，沉淀了丰富多彩的老街民俗元素。斯时，沙脊街生意之红火，有晚清王传缙《北海杂吟》为证：“风景繁华异昔年，层楼叠阁耸云端。剧怜海角无多地，照水红灯不夜天。”而齐白石却目睹了这灯红酒绿之中，有多少豪门夜宴，就有多少辛酸血泪。因此，他在日记中记下了老街的妓女们为谋生而站街揽客的情形。

由于受到干扰的缘故，齐白石在遂安客栈只住了两晚，就在郭人漳僚属的安排下，搬进了老街当时最高档的宜仙楼。宜仙楼创建于1906年，六开间砖木混合结构，以专营茶座为主，并兼营旅业、饼食、包办酒席，在当时有“北海第一酒楼”之称。齐白石在宜仙楼住下后，心情自然舒畅了许多，在有兴趣游览北海风情的同时，也与地方上的名流贤士进行了交流。此间，结识了廉州知府李莘夫，并应邀为李莘夫题刻了“二千石”和“管领珠官”印章。

李莘夫即李经野。李经野在廉州知府任上（1907—1910年）秉公执法，不避权贵，不与贪官污吏同流合污，为廉州人民做了大量好事。李经野免除苛捐杂税，减轻百姓负担，大力兴办学校，倡导文明。为便利交通，他还捐出一年的俸禄，牵头发起号召集资重建廉州西门桥，并亲书“惠爱桥”名，后人将此刻成匾额，嵌于桥顶，以志功德。当时，北海邮局由洋人把持，有一华籍职员因工作失误，洋人强行以外国的法律处理。李经野挺身而出，坚持以国权、人权据理力争，三次去邮局坚决要领回此人，按中国法规处理。李经野的凛凛正气，终令洋人低头。这件事在当时朝野振奋，认为李经野此举长了中国人的志气。而在齐白石看来，合浦海中盛产珍珠，又是“珠还合浦”典故所在地，故此，他为李莘夫题刻了“二千石”和“管领珠官”，以寓孟尝守合浦而珠还之意。李莘夫见了之后非常高兴，也将自己作的《春寒诗》题于团扇面上作回报。齐白石为答谢李知府的情谊，又将《春寒诗》刻在李莘夫的印上。还专门写下了《李莘夫刊印记》以志之：

> 宣统己酉四月，余为天涯过客。应廉州太守李莘夫先生篆刊古之“二千石”也，及“管领珠官”等印。太守以团扇自书《春寒诗》报之，余喜之。复感平生自以草衣阅人多矣，能工诗工书者，遇王湘绮先生及王悦公、樊鲽翁、夏天畸、余去非、汪无咎、李筠盦、曾子缉，独与李梅痴，咫尺神交未能相识，正与太守同，皆为恨事。因刊《春寒诗》于此印侧，已志钦佩；且欲附公寿俱金石也。齐璜并记。

“二千石”，原指朝廷给予太守（知府）一级官员的俸禄，这里代指对太守职务的尊称。“管领珠官”是指李经野的职责所在。合浦曾在三国吴时划出辖地设珠官县。李经野时任廉州知府，管辖统领廉州的军政事务，故以“管领珠官”赞之。“齐璜并记”中的齐璜，就是齐白石的本名。齐白石，本名璜，字濒生，湘潭县人。因世居县南白石山下，故号白石山人。

齐白石为北海老街宜仙馆客栈题的手书

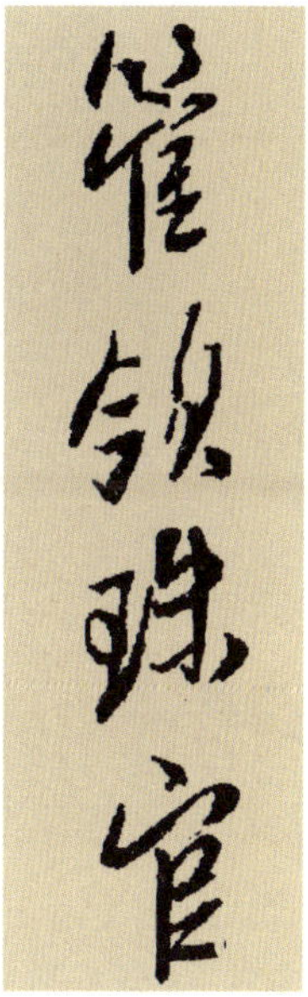

齐白石为廉州知府李经野题刻的“管领珠官”

对于与廉州知府李经野的这段交往，齐白石非常珍惜，他在日记中回忆说：“我从壬寅年（1902年）四十岁起，到己酉年四十七岁的八年间，游览了陕西、北京、江西、广东、广西、江苏等地有名的山水风景，所过之处，接触了许多难忘的事情，而与李莘夫的交往，就是我平生中最可纪念的事情之一。”由此可见，齐白石对李经野的敬慕之情。

齐白石是四月初六日从海南乘坐郭人漳专程派出的“伏波号”轮船至初七早上到达北海的。至十二日中午，郭人漳才来到北海，于十三日接齐白石到钦州。齐白石在北海老街前后七天，由此成就了南珠人文史册中的又一段佳话。而齐白石在北海留下的“二千石”“管领珠官”和“宜仙馆”等手迹，更是南珠历史文化中的精彩亮点。

彭元辅“一函三提督”

在珠乡的历史人文掌故中，最为坊间父老相传、引以为傲的就是“彭元辅一函三提督”。

“提督”在清代是总揽一省绿营兵军务的最高军事长官之一，秩从一品，这彭元辅是何等圣贤，竟有如此神通“一函三提督”，这又是怎么一回事？

彭元辅是合浦公馆人，道光丁酉科（1837年）举人。据地方史料记载，他在读书时就参与编修郡志和社会上的公益事业，又热心于扶危济困，在郡中很有名气。中举之后并不因此恃骄，而是继续醉心于郡中教育，甘守清贫，掌教海门

署名彭元辅题立的拴马石，是家族兴盛的标志

彭元辅题“望重廉江”匾额

书院，史称其“勤于课士，裁成甚众”，就是说他的子弟中多有成器者。彭元辅到了晚年更是好学不倦，多有著述传世，以九十余岁高寿谢世。由此可见，彭元辅并不是达官显贵，而是一个具有举人身份的教书先生，以他掌教海门书院的职务（教谕）来看，也只是相当于中学校长吧，而他能够“一函三提督”，主要源于其人格力量，当然也有一定的机遇。这得从冯子材廉州蒙难说起。

冯子材是名声显赫的抗法名将，镇南关一战打得法国内阁垮台，冯子材以军功升至提督，还受任为钦差大臣，先后总督云、贵、两广军事，获太子少保的封衔，人称冯宫保。但是，青年时代的冯子材却靠打短工为生。由于他身材矮小且皮肤又黑，初时是在北海三皇庙码头一带干些抬抬扛扛的活计，虽然干活勤快，却因食量大而难得东家喜欢。最后又到一家粥铺做伙计，怎奈食量大的毛病又引起老板娘不满，冯子材只好来到廉州府城另觅生计。谁知冯子材才进入廉州府城，就因事被误为匪盗而抓进监狱，后得彭元辅援手相救，保释出狱。时值廉州府匪患严重，府城防备甚严，正是招募兵勇剿匪之时，彭元辅将冯子材保释出狱之后，还为之写了一封推荐信给廉州知府沈棣辉，请予安置在军中为剿匪效力。沈棣辉见冯子材有彭元辅的推荐信，也就将冯子材接纳安排在军中。彭元辅在信中向沈棣辉推荐冯子材之外，还同时推荐了关松志、吴天兴二人。冯子材、关松志、吴天兴三人后来果然不负彭元辅所荐，都先后以军功升任提督，冯子材荣封太子少保，关、吴二人也获记名总兵，关松志还获赏“俊男巴图鲁”的称号。“巴图鲁”是满语，勇士之意，清代以此称号赐给作战有功的官员，一般是封给满族勇士的最高荣誉称号，汉族人士能获此殊荣者不多。

后来，冯子材以钦差大臣太子少保之显赫尊荣，仍不忘彭元辅的举荐之恩，专程到廉州府城拜访恩公，并为彭元辅捐了一个内阁中书的官职。但彭元辅坚持不受，仍然以掌教海门书院为乐趣。

关松志以战功先后任四川懋功副将、镇江参将、记名总兵，后入安南平乱，屡立战功，不幸病殁军中，安南朝廷为之建昭祠。冯子材为之致祭称："公之军威，不减当年令公温酒斩华雄本色，单骑降枭匪，有单刀赴会遗风。两广、两湖、大江南北，所到之处，鼠匪可除，勇往直前，荆霜无阻，大恶敢除；吊之为友，忠肝义腑，云开岭前，虎头山下，运筹帷幄，决胜千里。"

吴天兴先后任把总、副将、协镇（副将）、总兵、记名提督，赏蓝翎。

这就是彭元辅"一函三提督"的缘由。

辛亥功勋老人陈龙韬

陈龙韬先生是一个传奇人物。他曾任孙中山先生的总统府侍从兼总统府侦缉室主任，获孙中山褒奖的"革命有功"金章，并由宋庆龄女士亲手为其授勋，是国民党政府决议享受"终身恩饷"的孙中山有功卫士之一。

陈龙韬原名陈赓韶，字仲皋，1876 年出生于广东茂名的一个农耕家庭。小时候就跟随叔父到广州读书。14 岁那年，陈龙韬得了肠胃病，遍请医家均无明显效果。而当时孙中山先生在广州穗城双门底（今广州北京南路）开设了一间西医，名曰孙逸仙医务所。陈龙韬的叔叔得好友介绍，便带陈龙韬到逸仙医务所就医。由于孙中山先生对贫民就医经常赠药相助赠医，所以很有名气，求诊者极多，有时更是门庭若市。虽然诊务繁忙，但孙中山先生还是热情应诊，认真诊断，详细讲明服药时间与药量。陈龙韬在孙中山先生的医治下，很快就缓解了肠胃之痛，同时对身穿长衫马褂的孙大夫留下了深刻的印象。

有一次，他向孙中山先生请教中、西医的优劣之别，孙中山先生告诉他："中、西医各有千秋，但看学医者是否精益求精，你既学习中医，只需去关心自己的中医知识学得精不精，而不必去关心孰优孰劣。"孙中山先生还赠给他有关西医的参考书及多种进步新书，使他在学医的同时，也开始受到民主革命思想的影响。后来，孙中山东渡日本开展革命工作。陈龙韬留在广州继续读书，但仍与孙中山先生保持着通信联系。1909 年，孙中山授命黄克强在广州设立革命机关，并函荐陈龙韬与黄克强见面。黄克强不时派他利用来往港澳经商作掩护，购运枪械。此间，陈龙韬经常利用星期天到朱执信家中听革命的道理，深受感染，于是改名为陈龙韬，并加入了革命组织。

1912 年陈龙韬由凌霄（钦州人，1925 年任合浦县县长）介绍，参加了黄明堂的军队，当时孙中山被推举为临时大总统，号召南方各省组团支援北伐。陈龙韬受命潜赴阳春一带策动起事，几天时间便策动了七百人枪集结，准备届时起义响应北伐。谁知行踪泄露，被地方土豪劣绅以其“通匪谋反”的罪名向官府举报并通缉陈龙韬。更恶毒的是，官府还以陈龙韬是聚众叛乱首要人物为由，放火烧了陈龙韬的家。陈龙韬无家可归后，更加坚定了革命的信心。

1914 年，陈龙韬参加了朱执信任总司令的广东革命军第四军，开始了职业军人的生涯。同年，奉命到遂溪、海康做清军的策反工作，成功策反了清军统领、起义响应讨伐龙光济。1918 年，陈龙韬奉孙中山先生之命，赴漳州为粤军入闽做前期地下策应工作。1919 年，陈龙韬又奉孙中山先生之命，秘密潜返广州开展地下工作。1920 年，孙中山回到广州，国会召开非常会议推举孙中山为非常大总统，陈龙韬先生被任命为总统府侍从兼总统府侦缉室主任。1921 年，陈龙韬随孙中山返粤途中，至韶关时遭遇广州商团叛变，孙中山当即命陈龙韬参加肃清叛匪的战斗。同年六月，陈炯明率叛军攻总统府，孙中山由四名卫士保护上船脱险，陈龙韬与总统府参军、侍从副官等 30 多人殿后掩护，总统府则由薛岳率全营死守。此役战况激烈，史称观音山战役。

1924 年元旦，孙中山先生为了奖赏 1922 年 6 月 16 日观音山粤秀楼抗敌有功卫士，在大元帅府举行盛大的颁奖仪式，孙中山先生和宋庆龄亲自主持。孙中山先生对全帅府官兵卫士训话，由秘书记录，训话完毕，开始颁发功牌（即奖章），对每个受奖卫士发金质圆形功牌一枚，由宋庆龄亲手将功牌挂在每个人的胸前表示祝贺。受奖卫士共 62 人，陈龙韬是其中之一。

1924 年 6 月，孙中山为北上和谈，派陈龙韬先行北上探路，陈出色地完成使命后，于 10 月随孙中山北上。12 月底，孙中山扶病入京，为了及时了解广州方面的情况，孙中山命陈龙韬返穗。陈龙韬回广州后，孙中山于 1925 年 3 月 12 日不幸在京病逝。南京国民政府成立后，专门给予观音山战役的有功者“永久恩饷”（每月十五元大洋），陈龙韬是其中之一，成为民国功臣。

1927 年，蒋介石背叛革命，国民党内部四分五裂，钩心斗角，帮派争斗日甚。陈龙韬因反感蒋介石的所作所为，坚持辞去本身所兼各职，称病不出，陈龙韬先生能急流勇退，甘守清贫，洁身自好，其志可嘉。1934 年，蒋介石国民政府中断了“永久恩饷”的发放。

辛亥功勋老人陈龙韬 90 岁时画像

1938 年日寇攻占广州，陈龙韬携妻子儿女仓皇逃难，流亡澳门、越南等地。经过两年多的辗转，于 1941 年折返合浦，在廉州镇水洞口 21 号定居，以行医和当文书雇员为业。一个功勋卓著，享受国民政府“终身恩饷”，获孙中山亲颁、宋庆龄手授“革命有功金章”的民国功臣，就这样被蒋介石政府视如敝屣，沦为难民流落他乡。

新中国成立后，陈龙韬先生将自己的遭遇写成自传呈寄合浦县人民政府。县政府了解了陈龙韬先生的情况后，按有关规定给老人落实了辛亥革命老人待遇，每月发给固定的六十元生活补贴费。虽然有了稳定的生活补贴，解决了生活上的后顾之忧，但陈龙韬先生没有因此闲下来，而是继续利用自己的医学之长义务为街坊看病、写家信。1957 年，陈龙韬先生受聘为广东文史馆任职，但他舍不得离开合浦这个第二故乡，仍居住在廉州。1961 年 10 月，陈龙韬应邀赴广州出席辛亥革命老人座谈会和辛亥革命 50 周年纪念大会，荣获中央人民政府辛亥革命金质纪念奖章，陈龙韬先生的晚年才真正获得了“永久恩饷”，得以安度晚年至 90 岁高寿仙逝。

陈龙韬先生历经磨难，他的一生折射出中国近代史的风雨波澜。陈龙韬先生晚年安居，抚今追昔，于 81 岁高龄之时挥笔作传，以精纯的蝇头小楷为后人留下了一份辛亥革命老人的情怀，其间述及的史迹，弥足珍贵。

辛亥上将军赵声赋诗海角亭

在合浦海角亭积淀的历史人文中，有“万里瞻天”的苏东坡；有“驱去流谷之态，涵养孤忠之气”的范椁；有“易垢磨光，扬清激浊”的伯颜，这些历史长河中的先贤人物，都以各自的品格情操和精彩人生，为他们所在的那个时代谱写华章，也在合浦海角亭留下了亘古不变的风采，为后世所敬仰。然而，同样在海角亭留下了辉煌史迹的另外一位先贤人物，他却要立志推翻他所在的那个朝代，并为之献出了生命。他就是被孙中山领导的中华民国南京临时政府追认为“上将军”的赵声。赵声留在合浦海角亭的史迹是《海角亭口占二首》：

其一

临风吹角九天闻，万里旌旗拂海云。

八百健儿多踊跃，自惭不是岳家军。

其二

决战由来堪战胆，杀人未必便开怀。

宝刀持向灯前看，无限凄凉感慨来！

赵声（1881—1911 年），原名毓声，字伯先，江苏丹徒大港镇人。17 岁中秀才。光绪二十七年（1901 年）考入江南水师学堂和陆师学堂，清光绪二十九年（1903 年）秋，东渡日本考察，与黄兴结识，同年夏回国，任南京两江师范教员和长沙实业学堂监督。清光绪三十一年（1905 年），江南创建新军，赵声入九镇督练公所任参谋官、江阴新军教练。后历任随郭人漳至广西任管带，九镇三十三标二营管带、标统，清光绪三十二年（1906 年）次年加入同盟会。清光绪三十四年（1908 年）春，回驻广州，因郭人漳告密，被贬为陆军小学监督。时陈铭枢在陆军小学就读，曾得到了赵声的指教。清宣统二年（1910 年），赵声去顺德运动会党起义未成，被清政府通缉，悬赏五万元买其头颅，赵声只好匿名转移到香港租田耕种。清宣统三年（1911 年），孙中山特召赵声往槟榔屿研究起义问题，定于三月十五日发起广州起义（黄花岗起义）起义，赵声被推举为起义总指挥。后因诸多原因，广州起义（黄花岗起义）失败，损失大批革命精英，赵声积劳成疾，引发急性阑尾炎，手术后赵声病情日渐恶化，昏迷中连呼“出师未捷身先死，长使英雄泪满襟”，于 1911 年 5 月 18 日在香港逝世，年仅 30 岁。民国元年（1912 年），孙中山明令追赠赵声为上将军，迎遗骨归葬于镇江竹林寺旁。

赵声的《海角亭口占二首》是于 1907 年钦廉起义失败之后，在廉州府城的海角亭与同僚设宴时的感怀之作。这两首诗后来由邹鲁收录于《赵声遗诗》中，才得以流传至今。

诗中首句“临风吹角九天闻，万里旌旗拂海云”，开宗明义反映出时代变革前急剧的风云变幻和事件背景：1907年4月，经过筹划，孙中山确定了在广东西部的钦州、廉州（时钦廉属广东），广东东部的潮州、惠州四地同时举行武装起义。但是，由于各地革命者激奋之余，泄露了消息，加上各种报刊也大肆渲染革命党人即将起义的消息，致使清政府加大了搜捕革命党人的力度，如调广东水陆提督李兼任北海镇总兵，“会同署钦廉道王瑚办理该地清乡善后事宜”（《清实录·德宗卷》）等，就是要增强兵力以备镇压钦廉革命党起义。在这种敌强我弱的势态下，钦廉起义被迫推迟。

辛亥上将赵声赋诗海角亭

“八百健儿多踊跃，自惭不是岳家军。”钦廉起义被迫推迟后，同年9月，经过了一番准备，孙中山任命王和顺为中华国民军南军提督，主持钦廉军务，并派黄兴协助，负责在日本购置军火，准备大举起事。但是，正当军火即将从日本启运之际，设在东京的革命党总部发生了分裂事件，使得军火不能运出，而钦廉起义的日期已定在9月14日，箭在弦上，不发不行。迫不得已，王和顺率军按时起义，曾先进攻防城。15日，攻下了防城，捕杀了知县之后，又立即挥师直攻钦州府及灵山县城，但因清军兵力太强，双方激战了三天三夜，均未得手。加上先前倒戈的钦州守将郭人漳背约，按兵不动，致使起义军前后受敌，为保存革命力量，起义军退入粤、桂交界的十万大山。这次起义前后历时半个月。赵声在诗中感叹没有能像岳家军那样建立功勋。

其实起义失败的原因是多方面的：一方面主要原因是清军力量强大；另一方面，时任新军统领郭人漳初时表示响应起义，后来郭人漳却向两广总督告密，及起义军攻钦州时，郭人漳反戈相向率部阻击，致使起义军大受损失，转攻灵山而失败。

“决战由来堪战胆，杀人未必便开怀。”说的是廉州三那地方的郡民素用土法制糖，而地方官吏在征收糖捐后，又加征粮税。民众因不堪繁苛，于三月中旬聚众抗纳，举刘恩裕为首抗税起兵，当地有志之士群起响应，号“万人会”，这就是著名的“三那起义”。三那起义后，清廷派郭人漳前往镇压，时赵声在郭人漳部任第二标标统，赵声认为刘恩裕抗税起兵的队伍可为反清起义所用，于是就暗中派人与刘恩裕计议共图大事。而此前孙中山曾派人联系郭人漳，郭人漳口头上也支持反清起义，因此赵声同时也告知郭人漳，并得到了郭人漳的认可。谁知起义军进攻钦州，赵声约郭人漳接应时，郭人漳突然向起义军袭击，致使起义军惨败。赵声知事已不可为，于是单任匹马去到刘恩裕营中，劝刘恩裕及早转移，但刘恩裕不听赵声劝告，最后被郭人漳镇压。赵声虽然曾率军声驰往灵山救援，但事已无济。这就是赵声回师廉州后，与诸将校在合浦海角亭痛饮，席间赋诗而感叹“宝刀持向灯前看，无限凄凉感慨来”的由来。

辛亥起义总司令罗侃廷

合浦县城廉州是当年钦廉旧属辛亥革命的重要据点。1908 年，孙中山间派黄兴、胡毅生等人来到廉州府，策划并发动了为期四个月的钦廉战役，为合浦及钦廉旧属的革命根据地打开了局面，也因此聚集了一大批革命志士，如同盟会会员赵声、苏乾初、罗侃廷等。

罗侃廷（1887—1916 年），广西合浦总江口人，原名人炎，字绰双，“侃廷”本来是其妻子名。罗侃廷出世刚满一周岁，他的父亲罗书就去世了，母亲邓氏一手将他抚养长大。曾在党江螺江小学读书，十四岁考入县立高等小学。第二年，因族人兴办了家族学堂罗江小学，罗侃廷因此回到罗江小学就读。十七岁那年，他考入广州光华医科学校，在校学习期间，参加了孙中山领导的同盟会。罗侃廷参加同盟会时，有朋友劝他不要急于投身进去，先看准了时势再说。他大义凛然地回答：“为国何惜牺牲一身哉！”罗侃廷还将家中寄来的生活费，用作开展革命活动的经费。

辛亥革命前夕，罗侃廷和同县的苏乾初奉同盟会香港机关部的命令，潜回合浦廉州开展革命活动，以廉州城内的学前街攀龙书室作为秘密据点，发展革命组织，在清军中进行策反工作，还与苏乾初、丁守臣、卜汉池一起到农村中去组织农民队伍，随时准备响应孙中山的号召，发动起义，推翻腐朽的清王朝。

宣统三年九月十二日（1911 年 11 月 3 日），时机来临了，广东省宣布独立的通电传到了廉州府城。廉钦兵备道郭人漳也趁机宣布独立，自任“钦廉中等军政府”一等行政官，统辖一府一州三县（廉州府、钦州、合浦、灵山、防城）。原廉州知府许莹章、北海镇总兵陆建章见状自行离去。廉州府城处于群龙无首的无政府状态，罗侃廷和苏乾初抓住这一时机，立即发动响应革命的清军士兵及革命党人共 400 余人，宣布廉州起义，罗侃廷任起义军总司令，于 17 日发兵攻打县署衙门，并活捉了郭人漳派来接收衙门的清军分统杨尊任。次日，在小南门（今合浦县城青云路至解放路路口，百货大楼一带）将杨尊任枪决。随即，宣布廉州成立了革命政府——廉州都督分府，由苏乾初（合浦乾江人）担任都督。罗侃廷则继续率领起义部队进入北海市区，策动清军的响应起义，稳定局势安抚地方。

第二年二月，罗侃廷被任命为广东陆军第二师师二等委员，随即带职赴北京进入军需学校学习，是年六月毕业后，曾一度任团军需长，但不久便辞职。民国二年七月，广东组织讨袁军队，罗侃廷到香港欲发动志同者参与。此时，陈铭枢也在香港，二人一拍即合，于是在仓边街租了一间民房作为联络点开展工作。但开展工作不久，陈铭枢因被巡警逮捕入狱，罗侃廷只好另谋打算。而此时，时任广东陆军第二师团长的苏汝森邀请罗侃廷担任军需长一职。不久，陈铭枢得以出狱，罗侃廷知道消息后立即辞职，与陈铭枢等革命党人东渡日本，在当时革命党人创办的军事学校——大森浩然庐学习军事。

时值袁世凯党羽龙济光统治广东。1914 年罗侃廷从大森浩然庐学习结束后，由革命党组织委派，罗侃廷奉命与邹鲁、范其务、谭启秀等分赴广东各地联络军民，秘密商组织“讨袁驱龙”活动。罗侃廷则和邹鲁负责广州的事务。是年冬天，罗侃廷与数十名辛亥志士由香港回到汕头，并确定在 12 月 24 日举行起义。但是，由于载运枪械弹药的船只大部分被香港查获。为了补充弹药，罗侃廷组织革命党人赶制弹药，不幸事发被捕，于 1915 年 6 月被杀害于汕头。1921 年，国民党政府将罗侃廷的棺柩迁回合浦，安葬在廉州南郊风门岭①。当时国民党的重要官员，如邹鲁②、范其务③主持安葬仪式，并颁发了烈士证书给其家属。与此同时，汕头市也为罗侃廷修建了烈士墓碑。1985 年，合浦县政府还拨款对罗侃廷墓进行了重修。

① 即今合浦县炮竹厂后围墙附近。

② 时任两广盐运使，1922 年受孙中山之命，邹鲁与胡汉民、李烈钧、许崇智等全权代行大总统职权。孙中山返粤后，任命邹鲁为省财政厅长，政绩卓著，被誉为“理财经纶手”。

③ 时任两广盐运署缉私科长，1922 年任大元帅府参谋兼粤海关监督，曾任十九路军代表与日寇谈判。

罗侃廷墓是合浦县境内唯一现存的辛亥革命史迹。罗侃廷也是合浦县史料记述中，为辛亥革命立功、为“讨袁护国”而牺牲的同盟会会员，因此是珠乡极其可贵的文史遗产。

袁世凯的家庭教师张肇崧

张肇崧，字景斋（1867—1950 年），合浦县公馆南城关所营村（今曲樟）人。其祖辈虽世代务农，却以重书礼传家，家中竟藏有各种经典古籍五千多册，因此在当地也算是耕读相传的书香之家了。张肇崧在这样的书香环境中出生成长，为他以后的创作成果及出人头地成为袁世凯的家庭教师，打下了良好的文字基础。

张肇崧九岁那年，祖父又不幸逝逝。之后的三四年间，家中迭遭人祸天灾的变故，他的两个兄长和哥嫂及姐姐相继因病离开人世间，张肇崧原来兄长姐弟四人，而三人早逝，仅剩张肇崧一个。当时家中为了给哥嫂、姐姐治病，不但花光了所有积蓄，山林田亩也变卖筹款还债糊口，连家中的书卷都贱卖了。家道也因此中落，先前的殷实之家，此时连日常生活也难以为继，物质生活极其困苦。但是张肇崧并没有因此受影响而放松了学业，而是加倍努力抓紧自修。张肇崧曾想往邻村某塾师处求学，但因为家里交不起学费被拒之门外，只好由自己的父亲开蒙授课。而张肇崧天资聪颖，发奋读书，勤勉苦学，把家中所剩的经史书籍都认真学习过。

十九岁那年，张肇崧开始在邻村设学塾，自任塾师，就读的学童有四十多人。

三十二岁那年，张肇崧参加了科举考试，以优秀的成绩被录取为第一名。光绪三十二年（1906 年），张肇崧承担学使之命，奉派去广西边陲各府、州、县巡视学务，并兼任师范学堂监督。

民国元年（1912 年），张肇崧去河北探望在保定军官学校读书的长子张国元。张肇崧到了河北后，在一次聚会的场合中为袁世凯所赏识，不久就礼聘他为家庭教师，为其儿子袁克定，女儿袁复祯、袁元祯、袁经祯及孙子袁家融，孙女袁家锦、袁家第等人的家庭教师，还按当时的礼仪举行了拜师。1915 年 12 月 12 日袁世凯宣布复辟帝位后，张肇崧放弃袁府优厚的待遇，不再与袁府来往。

1917 年，张肇崧到河南安阳等地游历讲学，其间，足迹遍及山东、山西、陕西、河南、湖南、江苏、河北、湖南、湖北各省。

1929 年，广州为纪念原粤军参谋长兼第一师师长邓铿，在市越秀山麓镇海楼左侧筹建仲元图书馆（邓铿字仲元），公推张肇崧为筹建主任，张欣然由北京南下广州负责筹建工作。1930 年，仲元图书馆建成开馆，张肇崧荣膺首任馆长。张肇崧将自己所著的《鲁邹圣迹记（附登泰山诗）》《内子黄君淑斋六秩加一诞期寿言》《游昌平明陵记》《燕京纪游》《五岳游记》等书也赠予图书馆收藏。

曾被袁世凯聘为家庭教师的张肇崧

抗日战争爆发，张肇崧夫妇仓皇逃出广州，回到家乡合浦六湖垌南城关所营村老家避难，抗日胜利后，夫妇又到广州，重开仲元图书馆。1949 年，张肇崧夫妇再返六湖垌关所营村老家，1950 年 9 月 13 日在家中寿终，享寿八十四岁。

张肇崧的长子张国元，广东陆军中学毕业，并留校担任教官。宣统二年（1910 年），考入陆军军官学堂，毕业后留校任教官，后担任教育长。1923 年，到广东军政府任秘书，后任该部宣传委员。1926 年，重返北京陆军大学任教育长半年。同年任国民革命军总司令部军务处处长。次年转任国民军事委员会广州分会参谋处处长。1928 年 11 月至 1929 年 5 月任国民政府参谋本部总务厅厅长，后因反蒋被开除国民党党籍。1931 年 10 月出任陈济棠的第一集团军总司令部办公厅主任。1936 年 1 月授陆军中将衔。1938 年任第四路军总司令办公厅主任。翌年，任第十二集团军总司令办公厅主任。1942 年 5 月至 1946 年 1 月，任广东省第八区行政督察专员兼保安司令，并于 1945 年下半年兼任合浦县长。1952 年春病故。

豪沃村“进士”匾

曲樟豪沃村世雍祖祠的大门门楣上并列挂着三块题匾：正中是“世雍祖祠”匾；左边是“祖德流芳”匾，是客家人尊祖敬宗的体现；右边的是“进士”匾，匾上的铭文刻着：

钦命工部左侍郎提督广东全省学政附带加一级纪录二十八次何为

进士

同治十二年岁次癸酉恩贡生陈清瑞立

从铭文里可以查询到许多历史文化知识。

首先是“工部”。工部是掌营建之政令与工部庶务的机构，是古代的六部之一，相当于现在的国家建设部。工部的长官是尚书，侍郎是工部尚书的副官，也相当于国家建设部的副部长吧。

其次是“学政”。学政是古代学官名，管教育科举，简称学台，与巡抚、巡按属同级别正三品。“提督学政”是由朝廷委派到各省主持院试，并督察各地学官的官员，简称“学政”，亦称“督学使者”，俗称“学台”。清雍正年间始设，每省一人，是由朝廷委派到各省主持院试，并督察各地学官的官员，一般由翰林院或进士出身的京官担任。“提督学政”均是中央派各省主持乡试之官，三年一任。任职期间，均保持提学任职以前的品级，但与布政使、按察使等同，与督抚平行，不问本人官阶大小，在此期间皆按钦差待遇。因为是以本官职衔兼领学政，所以都在学政前加署本官职衔，以示尊威。纪晓岚、张之洞等都担任过提督学政。

再者，“附带加一级纪录二十八次何为”中的“何为”，是两个不同的字义。“何”是指姓氏的何，即工部左侍郎兼领广东全省学政姓何。这个何学政的全名

豪沃村“进士”匾

是何廷谦。何廷谦，字棣珊。安徽定远人，道光乙巳（1845 年）进士，授翰林编修，曾任多省学政和主考。官至内阁学士，礼部侍郎，著有《退思堂诗文集》《云路指南》等书。何廷谦还是知名的书法家，有多幅书法作品传世至今。

“为”是动词，替、给的意思。由此可知，为陈清瑞题匾的人是由工部左侍郎兼领广东全省学政的何廷谦。

豪沃村有此荣耀，确是村民们足以引为自豪的。

陂塍村“进士”匾

大廉山下的陂塍村老祠堂一进屏风门后，挂着一块“进士”匾，“进士”匾的铭文制式如下：

大总裁内阁学士兼礼部左侍郎衔霍

钦命大总裁经筵讲官太子少保户部尚书管理国子监事务翁

大总裁经筵讲官工部尚书兼管顺天府尹管理户部□□祁

大总裁内阁学士兼礼部左侍郎衔李为

进士

光绪壬辰科会试中第三百零九名贡士彭统祖立

陂塍村“进士”匾的铭文涉及许多古代官名职衔，其中有些不常见，如“大总裁”，总裁在古时有多种职能，元、明、清时，朝廷设立主管修史的官员，称总裁，相当于今天的总编。明清时期，中央编纂机构的主管官员也称总裁，后来

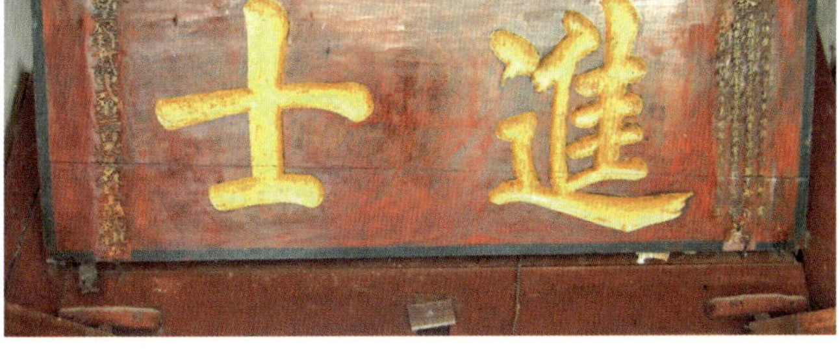

陂塍村“进士”匾

主持会试官员的也称作总裁，这里指的就是主持会试的官员职衔。

“内阁学士兼礼部左侍郎衔霍”中的“霍”，是霍穆欢，咸丰六年（1856 年）丙辰科二甲八十八名进士。内阁学士为明、清朝官制之一，官品等级为从二品。这里是指霍穆欢以内阁学士兼礼部左侍郎的身份来做监考官，他曾以宗室的身份任内务府副理事，由此可见地位之显赫。

“太子少保户部尚书管理国子监事务翁”中的“翁”，是翁同龢，咸丰六年（1856 年）丙辰科一甲第一名进士。“太子少保”是负责教导太子的官员。户部尚书掌管全国赋税、户籍、军需、粮饷大臣，清代为从一品，相当于现在的民政部长兼中央银行行长。翁同龢曾先后做过同治、光绪两帝的师傅，翁同龢与皇帝之间以师生关系相处长达 24 年。翁同龢在任刑部右侍郎期间，处理了很多案件，其中最有影响的是他为当时轰动全国、百余年来家喻户晓的杨乃武与小白菜这一冤案的平反昭雪。

“工部尚书兼管顺天府尹管理户部□□祁”中的“祁”，是祁世长（1825—1892 年），山西寿阳人，咸丰十年庚申（1860 年）二甲 30 名进士，授编修，数任乡试，会试主考官，督学直隶、安徽、浙江，历官侍讲学士、礼部左侍郎、吏部右侍郎、内阁学士、左都御史、工部尚书兼管顺天府尹。工部是掌管营造工程事项的机关，六部之一，长官为工部尚书。光绪中，先后督顺天、浙江学政，两次主持会试。

“内阁学士兼礼部左侍郎衔李”中的“李”，是李绂藻，清同治十年（1871 年）进士，光绪皇帝的老师，光绪二十六年九月升任礼部左侍郎。光绪二十七年春带本部官员去西安护从慈禧，得叙奖。光绪二十九年和三十年又兼署工部和刑部左侍郎。为光绪所赏识，钦命提督、江西学政，授抚标中军参将。

“进士”匾由主持会试的官员题额是常见的，但像陂塍村“进士”匾这样由四个主考官联署题额的，却不多见，从中可以使人感受到其中的人文内涵。

合浦科举进士略述

据相关史籍资料显示，明代廉州府文科举人 98 名，廉州府常科进士 15 名；清代廉州府举人 53 名，廉州府进士 4 名。

由于廉州府古属广东，又曾一度属广西，在一般的资料中，合浦（廉州府）

在各个归属时期的史料记述都是各记各的，因此单看一方的统计资料是不全面的。特别是一些统计往往又忽略了石康县的资料。加上有的廉州士子参加科举考试抱着不金榜题名不还乡的誓愿，他们未中功名时默默无闻，一登龙门天下知。在这种情况下，这部分廉州学子往往“被”登记在当时的所在地户籍了。明代天顺三年（1459年），举人赵贤登记在广州就是其中一例。这种现象在廉州府城籍的学子考生中为数不少。

到目前为止，从历代《廉州府志》《合浦县志》中查找的数字统计中，明清两代廉州府参加常科（文科）进士考试中进士者22名（不包括已知的恩科6名，及为数不少“赐授”类）。而在其他一些史籍资料中，记述恩科、赐授的资料庞杂，人数难以查证准确，后世又不考究查证补漏。记录廉州府志科举人才的资料也就只能残缺不全了。

明清时期廉州府进士名录：

陈颖，明永乐朝，官浙江德清知县；

林森，明永乐朝，官知县；

周英，明永乐朝，官福建瓯宁知县；

卢荣（缺）；

李昺，明永乐朝，官浙江德清知县；

韩珠，明永乐朝，官山西右参政；

朱惠，明永乐朝，官山西道监察；

沈福，官江西道御史；

裴衷，明景泰朝，官福建右参议；

郑菩，明天顺朝，官知县；

林荣，明成化朝，官礼部给事中；

包义民，明成化朝，官同知；

钟振，明嘉靖朝，官福建副使；

梁迪，清康熙朝，官平陆知县；

陈清瑞，清同治朝；

彭统祖，清光绪朝；

韩烈彪，清光绪朝（武进士），官长沙都司；

钟振河，清；

钟振澜，清；

明清时期举人共119名，其中文举85人，武举34人。

珠乡太极宗师金承珍

提起珠乡武术的奇闻逸事，金承珍是坊间流传最多的知名人物。行内甚至尊称他是珠乡太极运动的奠基人。

金承珍，1912 年生于合浦县廉州镇金屋村（今廉州埠民北至二甲社一带）。1934 年，金承珍考入国立广东省法科学院。当时，法科学院院长曾如柏先生向陈济棠推荐太极名家杨澄甫到广州教太极拳，并分别设馆于陈济棠总部、四集团军、广州公安局等处。教拳者除杨老师外，还有他的大儿子杨守中、外甥傅钟文等名师，后他的高足董英杰先生也相继来穗，真是高手云集，令爱好者向往。金承珍自幼爱好武术，曾从师学过南拳，后又学过太极拳。到了国立广东法科学院读书后，金承珍恳求曾如柏先生在学院设一太极拳班，以得继续学拳。杨澄甫同意了曾如柏的请求，设立了太极拳班，由金承珍任班长，并负责召集学员。金承珍由此得到了杨澄甫及其大儿子杨守中的悉心指导。

1936 年，金承珍于法科学院毕业后即东渡日本，留学于东京政治大学法律系。在日留学期间，因看书感觉到视力出现了障碍问题。经东京帝大医院眼科医生检查，证实是先天性视网膜色素变性病所致。后经进一步检查，医生认定可能会在 40 岁前失明。面对如此厄运，金承珍只好于 1937 年回国结束学业。在归国轮船上，他曾想产生过一死了之的念头。但是，执着于太极的眷恋和追求，他决定回到广州再跟杨澄甫先生学艺。但金承珍回到广州时才知道杨澄甫已去世，他就去跟杨澄甫的长子杨守中先生继续修学太极，精练推手。抗战胜利后，金承珍返回合浦廉州镇金屋老家。

新中国建立后，金承珍的夫人被安排到石康镇卫生院工作。而金承珍 40 岁后果如日本医生所言双目失明，生活难自理，也就随夫人迁至石康镇定居。

金承珍到石康定居后，又检查出患了颈淋巴结核，小儿子又患精神分裂症，老伴还有重度神经衰弱和脉管炎，一家三口，老弱病残，全靠夫人陈媛才微薄的工资维持生活，其艰难状况由此可见。

即使在如此艰难困苦的环境中，金承珍也没有因此在厄运面前低头而悲观失意，而是始终保持乐观豁达的态度，坚持不懈地修炼、创新、推广太极拳。在坚持修炼太极拳和太极气功过程中，金承珍的颈淋巴结核及和他一起练拳的老伴的重度神经衰弱与脉管炎也慢慢恢复健康。对此，他在一首诗中写道：“何由使我还健康？曾得真传太极拳。修练气功兼动静，自强不息治身心。”由此，金承珍

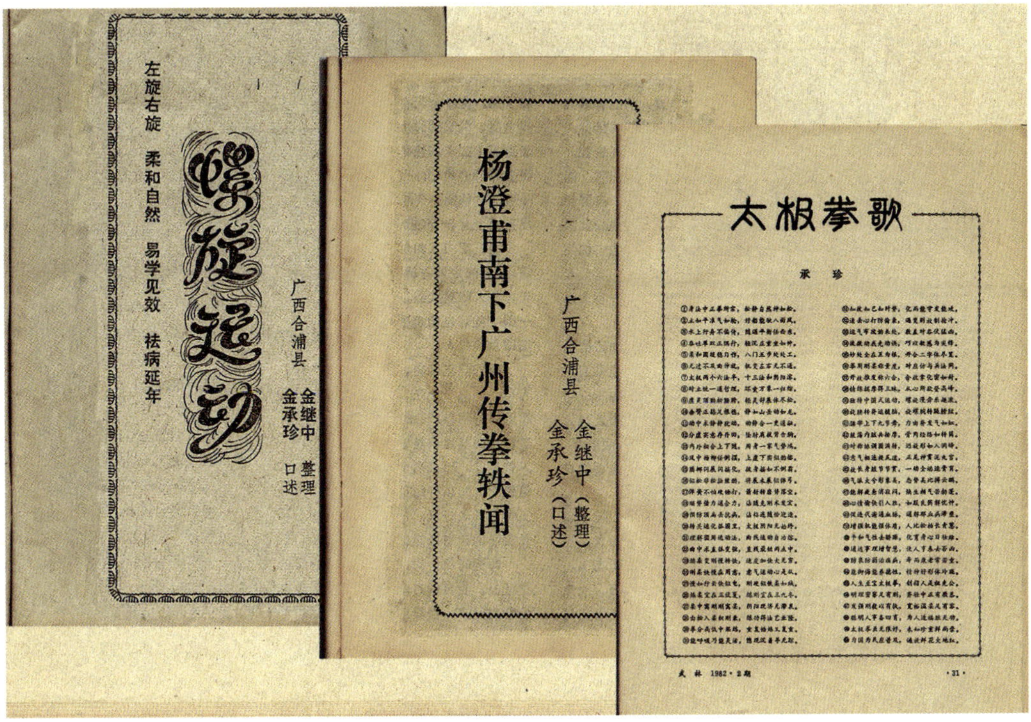

金承珍发表的部分著述

结合自身的经历和体会，在石康镇开展义务教拳，几十年间，学员遍及南宁、钦州、北海、合浦各地，有力地推动了太极运动的普及和发展，因此引起太极界的关注。1979 年，杨式太极拳名家傅声远专程从上海到合浦看望金承珍，并在合浦组建了永年太极拳社合浦分社，推举金承珍做名誉会长。此间，金承珍先后创作了有 120 句的七言《太极拳歌》和近 5000 字的《螺旋运动》等文章，以及口述的《杨澄甫南下广州传拳轶闻》《师训难忘》二篇于《武林》杂志上发表。

1988 年 10 月，金承珍逝世。他的弟子和学生曾自发捐资为他在石康水库旁修了一座陵墓，勒石志其生平。每逢清明重阳，他的子弟相约到墓前拜祭，以纪念这位身残志坚、传承太极的老人。遗憾的是，由于种种原因，陵墓今已不存。所幸，金承珍先 30 多年前创作的太极遗著因在《武林》杂志发表而留存于世，后人因此得以缅怀先生的武学、武德风范。

金承珍的个人传略被选入专门收录古今太极拳优秀传承人、有“世界上第一部太极拳百科全书”之誉的《中国太极拳大百科》一书。

地角木兰花　英姿绽芳华

北海地角女民兵连是特定历史时期的产物。从它诞生的那一天起，就承担着特定的时代使命。那时候，正是三年困难时期刚过去、国民经济处于恢复的起步阶段，而退守台湾岛的国民党当局在美国的支持下，叫嚣着反攻大陆，不断对大陆沿海频繁进行军事骚扰。1965 年 12 月 20 日，一架台湾飞机，由钦州那丽方向飞经乌家、廉州、福成、营盘等 7 个公社上空，投放反动传单后在公馆铁山港西南方向消失。事后，共搜到反动传单 3.14 万张。

当时，北海正处于抗美援越的前线，备战备荒是一项首要任务。北海地角女民兵连不但要承担起出海捕鱼、发展经济的生产重担，还要参加修水利、围海造田、修建海堤等艰苦繁重的工作。同时，也要和男民兵一样，站岗放哨，出海巡逻，参加国防工程建设。因此，不论是在抗洪抢险第一线，还是在三线建设的工地上，都可以看到北海地角女民兵连矫健的身影。这支年轻的女民兵连就在这样的时代风云里卓然独立，成为新时代妇女"不爱红装爱武装"、保家卫国展英姿的一种象征、妇女能顶半边天的一面旗帜，而被誉为"北部湾畔的红色娘子军"。

为了宣传表彰北海地角女民兵连的先进事迹，当时的中央电视台,《人民日报》《解放军报》及地方党报都给予了大量报道。当时的《人民画报》有一辑专访文章是这样记述的："她们不仅在保卫国防，巩固无产阶级专政方面起到积极作用，平时干起活儿也能和小伙子比个高低。一九七五年五月，公社领导让她们参加围海造田。修海堤缺石料，她们就抡起十二磅大锤开山取石，许多人手上打起了血泡，却没有一个人叫苦。五月的南方，已是烈日炎炎，暑气逼人，女民兵们站在齐胸深的海水中搬石筑坝，海水浸透了全身，头发和身上结了一层白白的盐霜，她们不怕苦累，仍然坚持劳动。女民兵们和社员群众一起，终于修成了一条一百六十米长的拦洪大坝，五十五米长的海堤大坝，造田八十亩。"这些简练的文字至今读来，仍然使人内心产生由衷的感动。

北海文艺界也组织力量以北海地角女民兵连的先进事迹为题材，创作的大量的文艺作品。其中存世至今的有：由北海市革命委员会、北海市人民武装部编绘，广西人民出版社 1972 年出版的彩色活页版画《不爱红装爱武装——北部湾畔女民兵连组画》(10 幅)；广西人民出版社 1972 年出版的连环画《北部湾畔女民兵连》(118 页)；1972 年北海贝雕厂以北海地角女民兵连为题材制作，参加第一届全国工艺美术展览的贝雕画《南海晨歌》（宽 1.7 米 × 高 1.1 米）等。由此组成了独具时代特色的、精彩的北海渔家人文史料，也是北海历史文化中的绚丽华章。

附文一：

辛亥风云中的珠浦人文

辛亥革命前的两次钦廉起义。辛亥革命前的 1907、1908 年两年间，孙中山亲自组织了两次钦廉起义。地方史料在记述这两次钦廉起义时，多把失败的原因归之为仓促行事或清军统领郭人漳的背信弃义所致。其实，这两次钦廉起义并不是孤立的，而是孙中山组织西南边境起义、建立海外后勤保障通道战略中的重要部分，是辛亥革命的"前奏曲"。

1907 年 3 月 4 日，孙中山接受了日本政府密赠的 5000 日元后，以此作军费和胡汉民等离开东京，取道新加坡抵达越南河内后，立即筹备广东、广西、云南三省的武装起义。孙中山认为两广和云南的边境与越南等国相邻，回旋余地大，群众基础也好（1903 年至 1905 年广西全省发动武装起义取得成功），又便于接收从国外输送回来的武器弹药和人员。按照孙中山的设想，建立两广、云南的军事基地之后，进可以控制南部七省，退可以固守西南边境与清政府对抗，以军事割据去影响长江流域和华北各省，起而应之，从而实现夺取全国革命胜利的目的，这就是孙中山的西南边境军事基地的构想。为此，1907、1908 年两年间，孙中山在西南边境共组织了六次武装起义，两次钦廉起义就是在这样的时代背景下产生的。

1907 年 4 月，经过筹划，孙中山确定了在广东西部的钦州、廉州（时钦廉属广东）、广东东部的潮州、惠州四地同时举行武装起义。但是，各地革命者激奋之余，泄露了消息，加上各种报刊也大肆渲染革命党人即将起义的消息，致使清政府加大了搜捕革命党人的力度。如调广东水陆提督李兼任北海镇总兵，"会同署钦廉道王瑚办理该地清乡善后事宜"（《清实录·德宗卷》）等，就是要增强兵力以备镇压钦廉革命党起义。在这种敌强我弱的势态下，钦廉起义被迫推迟，原先确定的东西策应起义，只剩下东部的潮州、惠州单边起义。起义军

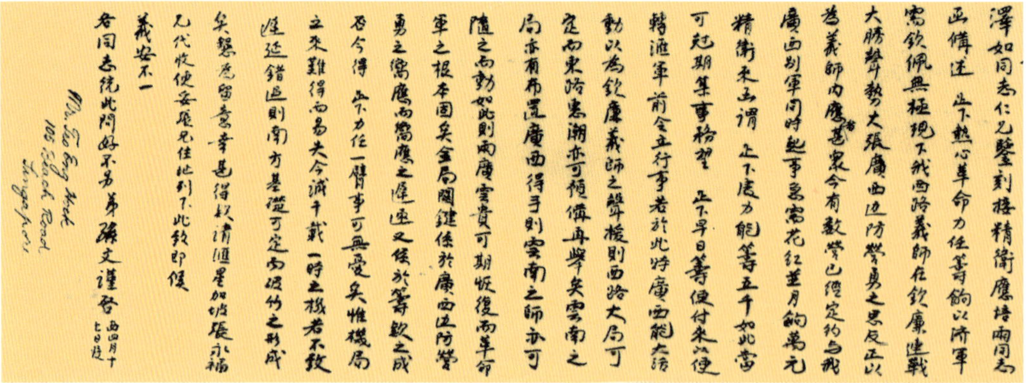

泽如同志仁兄鉴：刻接精卫、广培两同志函，备述足下热心革命，力任筹饷以济军需，钦佩无极。现下我西路义师在钦廉连战大胜，声势大张，广西边防营勇之思反正以为义师内应者甚众。今有数营已经定约与我广西别军同时起事，需花红并月饷万元。精卫来函谓足下处力能筹五千，如此当可赶期集事。务望足下早日筹便付来，以便转汇军前，令立行事。若于此时广西能大活动，以为钦廉义师之声援，则西路大局可定，而东路惠潮亦可预备再举矣。云南之局亦有布置，广西得手，则云南之师亦可随之而动，如此则两广云贵可期恢复，而革命军之根本固矣。全局关键系于广西边防营勇之响应，而响应之迟速又系于筹款之成否。今得足下力任一臂，事可无忧矣。惟机局之来，难得而易失，今诚千载一时之机，若不致迟延错过，则南方基础可定，而破竹之形成矣。恳为留意，幸甚。得款请汇星加坡张永福兄代收，使妥汇交。兄住址列下。此致，即候

义安不一

各同志统此问好不另。弟孙文谨启 西四月十七日

Mr. Teo Eng Hock
105 Beach Road
Singapore

孙中山先生关于钦廉起义的通信

虽然成立了军政府，但很快就被清军四面合围而失败。这样，计划中的钦廉起义也就胎死腹中。

同年9月，经过了一番准备之后，孙中山任命王和顺为中华国民军南军提督，主持钦廉军务，并派黄兴协助，负责在日本购置军火，准备大举起事。但是，正当军火即将从日本启运之际，设在东京的革命党总部发生了分裂事件，使得军火不能运出，而钦廉起义的日期已定在9月14日，箭在弦上，不发不行。迫不得已，王和顺率军按时起义，先进攻防城。15日，攻下了防城，捕杀了知县之后，又立即挥师直攻钦州府及灵山县城，但因清军兵力太强，双方激战了三天三夜，均未得手。加上先前倒戈的钦州守将郭人漳背约，按兵不动，致使起义军前后受敌，为保存革命力量，起义军退入粤、桂交界的十万大山。这次起义前后历时半个月，失败的主要原因是清军力量强大，郭人漳背约只是一个小插曲。

第一次钦廉起义失败后，孙中山并没有因此失去信心。1908年3月，他又再次派黄兴前往钦、廉策划新一轮起义。黄兴未到钦、廉之前，先在越南河南向法国商人购置了枪械，接着又在香港购得大量子弹，并在旅越华侨中组织了200多人的“中华国民军南军”。3月27日，黄兴率起义军由河内开赴钦州，一路奏捷，4月间进入廉州，七战七捷，不但击败了郭人漳率领的3000追兵，还缴获了郭的军旗坐马，枪支五百，起义军的队伍也扩大至600人。可惜当战况有利于起义军之际，弹药却接济不上，致使起义军在到达湛江时因弹药断绝而不能再战，只能解散队伍，一部分潜回十万大山以待时机，一部分乘船到达越南海防，进入河内。第二次钦廉起义从3月27日起至5月5日，历时40多天，

体现了钦、廉革命党人英勇善战、百折不挠的革命斗志和坚定信仰。

为策应这两次钦廉起义，孙中山同时还发动了惠州七女湖起义、广西镇南关起义、云南河口起义。由此可知，辛亥革命前的这两次钦廉起义是孙中山策划西南边境起义、建立军事基地战略中的核心战役之一。

陈铭枢，中国国民党革命委员会的主要创始人之一，著名爱国将领。

十六岁的陈铭枢考入广东黄埔陆军小学后，加入了孙中山领导的同盟会，并担任了联络员，全面负责对外联络任务。在黄埔陆军小学和南京陆军第四中学开展同盟会活动期间，陈铭枢因为负责对外联系任务，在许多辛亥首要人物的直接指导下开展工作，因而和这些首要人物建立了较为紧密的关系。不但对陈铭枢在辛亥前后的人生经历产生了重要的影响，也对他今后的人生道路有着重要的作用。

1911 年 4 月，广州黄花岗起义失败。满怀悲愤的陈铭枢曾赴香港，想联络有志之士再度起义，但没有成功。10 月 10 日武昌起义爆发，陈铭枢退学前往武汉，参加了保卫武昌的战斗，编入中央第二敢死队，被推为督战官（队长），在黄克强指挥下参加著名的琴断口战役。

1912 年 1 月，中华民国建立，孙中山在南京就任中华民国临时大总统。当天晚上，姚雨平率领北伐军中的同盟会员多人到总统府祝贺，陈铭枢也随同入府。姚雨平用客家方言与孙中山先生交谈时，也将陈铭枢介绍给孙中山先生，说陈也是客家人，孙中山先生亦高兴地与陈铭枢握手，并致慰问。孙中山先生的这次接见对陈铭枢的影响很大，奠定了他追随孙中山革命的信念。

苏慎初（1882—1936 年），字子奇，乾江人。清末秀才，后投笔从军，考入广东陆军速成学堂第一期。清光绪三十四年（1908 年）加入同盟会。同年，苏慎初组成反清暴动队，吸收了邓世增、卜汉池、钟继业等反清志士参加，展开对驻守合浦的清兵的袭击。1909 年任广东新军第二镇见习官，不久返高雷地区进行反清活动，为同盟会高雷主盟人。1911 年 4 月，广州起义爆发，苏慎初当时负责新军、防营及民军联络。起义失败后，返高雷地区策动各县光复，任高雷民军总指挥。高雷地区策动各县光复，任高雷民军总指挥。辛亥武昌起义爆发后，苏慎初于 11 月在西江起义，克复高雷地区，11 月 29 日，高州军政分府成立，林云陔为督，苏慎初为司令长，执掌军事。1912 年任循军第三路司令，广东军政府第三军军长。同年秋，循军改编为广东民军第二师，任师长。1912 年 10 月 18 日授中将。1913 年 1 月任广东陆军第二师师长。同年 8 月将陈炯明逐出广州，宣布取消广东独立，自任广东临时都督兼民政长。同年 8 月被北京政府授予陆军上将衔，授三等勋位（民国时期仅授69人）。8月18日，袁世凯通令褫革苏慎初军职。1915年冬，苏潜往肇庆一带，策动军队起义反袁，因事情泄露被追捕，曾被云南当局扣押数月。后释放。袁世凯死后，调北京，历任咨议、顾问等闲职，后任粤军总司令部高等顾问。1925年后，苏慎初返回广州湾（今湛江）创办同善社，从事宗教活动。后去香港，在香港逝世。

罗侃廷（1887—1916年），原名人炎，字绰双、侃廷（本为其妻名），广西合浦总江口人。在广州光华医科学校读书就投身革命。辛亥革命前，和同县苏乾初回合浦开展革命活动。以廉州城内学前街攀龙书室为秘密据点，发展革命组织。宣统三年九月二十七日（1911年11月27日），宣告廉州起义，任起义军司令。1912年2月，罗侃廷被任命为广东陆军第二师师二等委员，随即带职赴北京进入军校学习，六月毕业后，曾一度任团军需长。但不久便辞职，与一些革命党人东渡日本，在当时革命党人创办的军事学校——大森浩然庐学习军事。两年后毕业回国参加“讨袁护国”运动，由革命组织委派到汕头发动讨袁起义。途中，运送枪支弹药的船只被官府查扣。为补充弹药，罗侃廷组织革命党人赶制弹药，不幸事发被捕。于1915年6月被杀害于汕头。

苏乾初，乾江人，宣统元年（1909年）考取选拔贡第一名。但他没有留恋功名富贵，而是以苏用五、陈武的名字参加同盟会。后受命与在广州光华医科学校读书的罗侃廷（廉州府总江口人）潜回廉州府城内，在府学孔庙旁的学前街攀龙书院设立秘密据点，以教书作掩护发展革命组织。宣统三年九月二十七日（1911年11月27日），罗侃廷、苏乾初在府城廉州宣布起义一举攻下了府县衙门，以钦廉军政分府都督陈武（苏乾初）名义宣布反正，光复廉城，成立了革命政府——廉州都督分府。苏乾初任都督。苏乾初参与创建广西第一间新式学堂——乾体学堂。乾江中学成立之初曾受聘任校长。

苏汝森，字拔丛，乾江人。生于清光绪十二年（1886年）。1905年，苏汝森报读广东陆军小学。陆小毕业后，随进广州陆军学堂深造。后投苏慎初军中任标统（相当于营长）。并由苏慎初介绍加入同盟会，积极参与反清斗争，参与秘密谋刺孚琦及黄花岗起义之事，是广州辛亥革命的主要领导成员之一。武昌起义后，任广东陆军第二师团长，不久苏汝森以战功升为独立旅少将旅长兼两阳东路指挥使。民国三年（1914年）袁世凯窃国，龙济光趁机入粤主政，对军中同盟会员进行清洗。龙济光以电邀苏汝森公回广州述职之名，将之骗到督军府后，立即囚于狱中，不久苏汝森被害，时年二十九岁。

林翼中，1887年生，合浦人。乾体学堂肄业。1905年加入同盟会。1908年加入苏慎初组成反清暴动队，展开对驻守合浦的清兵的袭击。1911 年参加辛亥廉州起义。后入读广东高等师范。1915 年毕业后从事中学教育。曾参加“讨袁驱龙（济光）”运动。1925 年任国民革命军第十一师政治部主任兼师党部执委、秘书，参加第二次东征。1926 年任肇庆市政局局长、广州特别市党部改组委员兼组织部长。次年随陈济棠去苏联考察。回国后任黄埔军校政治总教官，广州特别市党部指导委员会常委、党部执委兼宣传部部长，广东省政府委员兼民政厅厅长，国民党第四届中央执委。1932 年任西南政务委员会委员、国民党中央执委会西南执行部委员、广东省党部执委等。1935 年任国民党第五届中央执委。次年随陈济棠赴欧洲游历。1937 年归国后，历任国民党中央执委会常委、三青团中央团部干事兼海外团务计划委员会主任委员、中央训练团指导员、内政部禁烟委员会常委、农林部政务次长、监察院监察委员、广东省临时参议会第二届议长、国民党第六届中央执委。抗战胜利后，参与创办私立珠海大学，曾任广东省参议会首任会长、监察委员等。建国前夕移居香港，任珠海书院监督、崇正总会副理事长。1984 年 11 月 20 日在香港病逝。

卜汉池，生于 1895 年，合浦人。行伍出身，陆军大学特别班第二期毕业。1908 年加入苏慎初组成反清暴动队，展开对驻守合浦的清兵的袭击。1911 年 11 月参加广东民军第二师（师长苏慎初），在第六团团长苏汝森部任少尉排长、连长。1915 年 12 月因反对袁世凯称帝辞职赋闲。1916 年 5 月任两广护国军江防司令部陆战队上尉队长。1921 年 6 月所部编入广西陆军第一师任少校营长。1922 年 6 月第一旅扩编为第一师，卜汉池升任中校参谋。1924 年 10 月所部改编为建国桂军第一师（兼师长韦冠英），升任上校参谋长。1925 年起出任国民革命军第十一师任中校副官。1931 年升任副官处上校处长。1934 年 9 月保送陆军大学特别班第二期学习。抗战期间历任陆军步兵中校、上校副旅长、少将旅长、少将副师长。1945 年 6 月调任第七战区司令长官部（司令长官余汉谋）少将高级参谋。1946 年 7 月 31 日晋任陆军少将，并退为备役。10 月 10 日获颁胜利勋章。中华人民共和国成立后，历任广州市政协委员、市参事室参事，广东省政协委员及文史资料专员。著有《对余汉谋第一军入赣防共初期的回忆》《第一次粤北战役》《第六十二军参加第四次粤北战役经过》等。

钟继业，1888 年生，合浦营盘（乡）人。广东陆军速成学校步兵科毕业。1908 年加入苏慎初组织的反清暴动队，展开对驻守合浦的清兵的袭击。1916 年 2 月，任广东护国第六军独立团团长。1918 年 9 月任海南岛儋县县长，为期仅一个月。1921 年 10 月任粤军第二独立旅二团一营长，驻防钦廉。1923 年 6 月任粤军独立团团长，驻防高、雷。次年任粤军第十四旅旅长。1926年元月任国民革命军陆军第十师补充团团长，驻防廉江。1927年11月调任广东廉洋水师统带。1930年8月到玉林任保安司令部参谋兼第一大队长。次年9月任第一集团军第二独立团团长。1932年10月任福建绥靖公署参谋。1934年9月回北海任第一集团军第三军垦区主任。1937年初离职，后集股创办合浦森发公司任经理，发展林业生产。在中站、赤壁以及三合口、婆围等地，种植了大批桉树、油加利树、相思树等，还在婆围种了许多果树。抗日战争开始，1939年5月任四战区广东第十一区游击指挥部参谋。抗战胜利后国民党军队整编，到曲江任中训团第九军官总队第七大队教官。1948年6月回合浦任水上警察队长，直到新中国成立前夕。1950年病故。

苏健今，乾江人。青年时深受康有为、梁启超新学思想影响，倾向革新。宣统三年（1911年）辛亥革命爆发，积极参加革命党人罗侃廷、苏乾初等领导的廉州起义，成立革命政府廉州都督分府后，苏健今功成身退。1917年28岁，全国招考60名公费留学生，报考者不下数千人，苏健今以优异成绩考取日本早稻田大学，攻理工化学4年，为合浦最早的留学生。精通英、日文字，对研究中国甲骨文、古籀文造诣尤深。毕业归国后在廉州中学执教英语、化学等课，兼任学监近10年。20世纪30年代，时任广东省主席的陈铭枢曾致函邀请其出任合浦县长，婉辞不受。1942年，发起创办乾体中学，任校董会董事长。

新中国成立后，苏健今是北海市中医院的主要创始人，先后任北海中医院医师、副院长，北海市第二届人民代表、北海市政协第二届委员、副主席，广东省政协第一届委员、农工民主党北海市支部主任等职。著有《中药今释》《妇科医案》《胡卢燕石斋诗文集》《石鼓文扶桑摹本考证》等。曾出席广东省首次“中医拜师会”，名列《广东省名医录》。

林朱赞，字赏亭，乾江人。1901年参与筹建广西第一间新式学校乾体学堂。当过高小校长、廉州中学教员。曾任粤军第二师司令部典军，后投身教育，辛亥革命时期参加苏乾初等人的革命组织，以教师身份，从中掩护并积极发展成员。廉州辛亥起义推翻清政权，成立军政府，任秘书长，檄文布告多出自其手。

黄质文，合浦常乐人，辛亥革命时参与同盟会的活动，辛亥革命后加入苏汝森部。龙济光杀害苏汝森后，黄质文亦遭猜疑而被扣押。得以脱身后，投陈铭枢部任第团长。后转陈济棠部任广东第一独立旅旅长、粤军第八师师长、第七独立师师长、第五战区高参室中将副主任等职。

1934年10月5日，中共中央红军为实施战略转移，向粤军寻求“借道”。

红军总司令朱德为此致信粤军第七独立师师长黄质文，信中称：“兹应贵总司令电约，特派潘健行（汉年）、何长工两君为代表，前来寻乌与贵方代表幼敏、宗盛两先生协商一切，请予接洽照拂为感！”黄质文接信后，随即在其防区江西寻乌县罗塘镇严应如旅部，安排双方代表秘密谈判。与潘汉年、何长工经过三天三夜的谈判，达成了五项协议，使中国工农红军在最危难关头得以“借道”，因此进行了举世闻名的二万五千里长征。黄质文因此名留史册。

附文二：

“一·二八”淞沪抗战中的合浦籍十九路军将士

京沪卫戍总司令官——陈铭枢。“一·二八”上海淞沪抗战打出了十九路军的抗日军威，打出了中国人民抗日救国的勇气，打破了日寇三个月灭亡中国的嚣张气焰，揭开了全民抗战的序幕，为中国抗战赢得了时间。在这场揭开了全民抗战序幕的，作为十九路军成名之战的战役中，这个十九路军中将领群体代表就是陈铭枢将军。

陈铭枢因成功调停“宁粤合作”，获各方推荐任国民政府行政院代院长。1931年12月28日，经选举任国民政府行政院副院长兼交通部长。此前所兼各职不变。陈铭枢还兼任京沪卫戍总司令官、第三战区副司令长官。

陈铭枢准确地把握调停“宁粤分裂”之机，将十九路军调入京沪一带布防，并促使蒋介石答应了扩编十九路军的两个条件：一是扩编一个师，编号为七十八师，师长为区寿年，旅长为翁照垣、黄固，辖六个团；二是中央每月拨一百万元经费给十九路军。至此，十九路军已是今非昔比，不但拥有六十、六十一、七十八三个师，韩德勤的第二十五师也拨归十九路军指挥。并且又用获得军费购买了大量当时最先进德国造机枪、步枪。陈铭枢运筹帷幄，善于把握时机，下令当时在江西与红军作战的十九路军调到京沪（南京至上海）设防。十九路军由一支杂牌军，成为雄踞京沪的精锐之师。这就是十九路军进入京沪的缘由，因此成就了十九路军的英名。

京沪卫戍公署参谋长——邓世增。号益能，合浦南康（今属北海）人。

1908 年加入苏慎初组织的反清暴动队，展开对驻守合浦的清兵的袭击。1923 年 6 月任粤军第一师炮兵营营长。1925 年 2 月任粤军第一师二旅四团团长，7 月任国民革命军第四军十一师三十二团团长。1926 年任第四军十一师副师长，同年兼任钦廉警备司令。1927 年 5 月任广州警备司令，同年冬任第四军参谋长。1928 年任第八路军参谋长兼任广州卫戍司令和广州市公安局长。1929 年春反蒋失败逃香港。1931 年 11 月任京沪卫戍司令长官公署参谋长。1932 年任福建绥靖公署参谋长。1933 年 11 月任福建人民政府第十九路军副总指挥，失败后逃往香港。1937 年 5 月任中将。1938 年春任钦廉地区游击队中将司令，9 月任广东省第八区行政督察专员兼保安司令。

十九路军驻广州办事处主任——沈载和（1889—1951 年），别名以甘，白沙乡那郊金花塘村人，就学于乾体学堂。1919 年毕业于广东省政法专门学校，后到粤军陈铭枢部任职。1925—1928 年先后任广东省三水县、开平县、封川县县长。后调任广东省印花税局局长。1929 年 4 月，任广东省银行副行长、行长。1936 年辞行长之职。淞沪抗战时曾兼任十九路军驻广州办事处主任，积极为与日军浴血奋战的十九路军筹集军饷。尔后，多方集资创办国华银行，总行设于上海，在汉口、广州、香港设分行。初任银行总经理，1942 年起任董事长。解放战争期间，总行董事会迁到香港。这期间，在香港的中共党组织和民主党派经费有困难时，沈利用在港金融界的关系，曾给予帮助。1943 年，陈铭枢、谭平山等人成立“三民主义同志联合会”时，沈也曾给予资助。1951 年 5 月 6 日，沈载和在香港去世。

十九路军团长——张君嵩（1896—1948 年），字岳中，广东合浦南康（今属北海铁山港区）人。黄埔军校第 1 期、陆军大学特别班第 2 期毕业。1927 年任广州卫戍司令部卫戍团长，参加镇压中共领导的广州起义。1931 年任第十九路军七十八师一五六旅（翁照垣旅）六团团长。1932 年 1 月兼任闸北军警联防办事处主任，“一·二八”淞沪抗战中，率部最先向入侵的日寇打响第一枪。此后参加陈铭枢发动的福建事变，任“中华共和国人民革命政府”第三军三师师长。抗战全面爆发后，任国民革命军师长、副军长，先后参加了粤北会战、长沙会战、长衡会战。抗战胜利后任第八军官总队中将总队长。1946 年任中央训练团将官班二组组长。1948 年 7 月任粤桂边区清剿指挥部副总指挥兼广东省第十清剿区司令，同年 12 月 19 日在广东湛江被起义部队击毙。后被国民党追赠为上将。

十九路军团长——钟经瑞，合浦人。黄埔军校高级班毕业后，任十九路军一五六旅第四团团长。“一·二八”淞沪抗战中，钟经瑞所部负责吴淞要塞的增援固守，在激战中击落日寇战机一架。2月7日，日寇增派战舰24艘，战机24架，出动野战炮40门，派出3000余名日军在坦克的掩护下，轮番向钟经瑞所部固守的阵地发起猛攻。钟经瑞率部与敌展开激烈的争夺战，在日寇海陆空的狂轰滥炸中，整整坚守了20多天，直至3月1日，接到转移阵地、退守二线的命令时，钟经瑞和全团官兵仍然不愿撤离，同仇敌忾誓与阵地共存亡。后经蔡廷锴亲自致电并上海民众慰问团派代表亲临阵地劝慰请求，钟经瑞和全团官兵才忍痛撤退，防守二线阵地。由于钟经瑞及所部全团官兵在吴淞要塞保卫战中的英勇表现，因此被誉为“一·二八”淞沪抗战中最能体现十九路军英雄气概的精神。钟经瑞参加“福建事变”时，任在“中华共和国人民革命政府”第一方面军第三军六师第十七团团长。后来任广东省第八区行政督察专员公署秘书。

十九路军团长——陈国勋，合浦人。高州讲武堂毕业，历任十九路军六十师团长，汕头市公安局长、广东第八区保安副司令。

十九路军副秘书长——许锡清（1899—1978年），字澄区，广东合浦南康圩镇（今属北海铁山港区）人。1919年考入北京大学物理系。1924任广州市区党务指导员。1925年冬，到陈铭枢所部的国民革命军第十师任职。此后，随陈铭枢部下任钦县县长、第十一军任监务处长、广东省铸币厂厂长、汕头市长、第十九路军总部副秘书长。“福建事变”时，任“中华共和国人民革命政府”经济委员会副主任委员。“福建事变”失败移居香港。1948年冬在香港参加中国国民党革命委员会。1950年由香港回广州，历任民革广州市委员会副主任、广州市文史馆馆员、广东省参事室参事、广州市建设局副局长等职。1978年3月在广州病逝。

十九路军旅参谋处长——林朱梁（1899—？年），合浦乾江人。1924年春由粤军第一师师长李济深保荐投考黄埔军校，同年5月入黄埔军校第一期第三队学习。毕业后任军校军需处服务员，第四期入伍生团区队长、摊长。1927年任广州卫戍司令部警备连长、少校营长，第八路军总部第二警备团中校营长、团副，十九路军七十八师旅参谋处长。1932年任第一集团军第二军上校副官处长，广东东区绥靖公署代参谋长，第四路军独立旅参谋长、副旅长。抗日战争爆发后，任第一八师九五九团上校团长，第七战区挺进第一纵队少将司令，军事委员会少将参议。1946年任国防部少将部员。1947年初退役，12月任合浦县长。后移居澳门。

十九路军团长——苏冠英（1900—1975年），合浦人。黄埔军校第二期步科及南京陆军大学第八期毕业。历任军校教导团和国民革命军第一军排、连长，营附，团指导员。1930 年任第十九路军六十三师三六三团团长，第一八三师三六六旅旅长。抗日战争时期，历任第六十五军一八七师五六一团团长，漳汀师管区少将副司令、海陆丰警备指挥所主任。1949 年初任增城县长，后辞职迁居香港。

李其林（1912—1939 年），合浦南康粪箕营村（今属北海铁山港区）人。16 岁在国民革命军中当兵，先后在十九路军中任班长、排长。在“一・二八”上海淞沪抗战中，李其林率领全排士兵与敌厮杀，不幸中弹重伤。在治伤期间，传来敌兵增援、前线吃紧的消息，李杀敌心切，伤未愈便私自出院重返前线。战斗中再负重伤入院医治，伤未愈又返前线参加战斗。战后他升任上尉连长。当时，曾以李其林英勇事迹为题材拍成电影《十九路军一伤兵》。此后，李其林历任连长、广东省税警总团中队长、税警总团大队长。1939 年秋率本大队在清远县与日军一个联队兵力的战斗中，李其林率领官兵顽强奋战，击退敌人多次冲锋，逼使日寇残部撤走时，李其林持轻机追击，不幸头部中弹，壮烈牺牲，时年 27 岁。

十九路军中尉——杨汉臣，字鸣武，合浦人。1916 年参加国民革命军，在第四军第十师三十团充当下士随师北伐，先后参加汀泗桥、贺胜桥、武昌城等战役。此后历任排长、中尉、六十一师第二团特务队中尉队副。“一・二八”事变时，杨汉臣在合浦结婚，闻讯后归队，奉命固守江湾，在 2 月 21 日的战斗中头部中两弹，为国牺牲，时年 27 岁。

十九路军排长——陈克强（1909—1981 年），又名锦君，合浦白沙人。中央军校第七期步科、日本陆军士官学校第二十期、陆军大学第十期毕业。历任第十九路军排长、参谋，第一集团军总司令部少校参谋，中央军校广州分校学生总队大队长。抗日战争时期，历任独立旅参谋长、团长，副师长、少将师长，广肇师管区少将司令、司令部少将参谋长。

第六篇

民俗风情绽异彩

* 春节例俗
* 元宵胜景
* 客家二月二
* 三月三鸡屎藤
* 春祭白龙池
* 惊心动魄的「上刀山」
* 天妃诞上令箭
* 清明客家扫墓
* 「千岁诞」夏祀仪式
* 端午节熬粽
* 七月十四中元节俗
* 客家蒸盖籺
* 中秋习俗
* 重阳秋祭
* 冬至记忆
* 除夕守岁

* 古代婚嫁礼俗
* 传承九代的银饰作坊
* 犹记当年《耍花楼》
* 撑船棹船《老杨公》
* 百年技艺——合浦牛角雕
* 百年技艺——北海贝雕
* 《金牡丹》事典
* 塔架烟花
* 廉州花山屐
* 手工织草席工艺
* 赖成己与「南蛇过垌」
* 珠乡狮话
* 合浦山歌——民歌园地中的一束茉莉花
* 珠乡石狗趣事
* 骑楼界至碑石

春节例俗

翻瓦面：珠乡合浦过年的民间俗例多，每年进入农历十二月的时节，过年的民间俗例就开始了。长辈们首先考虑要“翻瓦面”。翻瓦面就是要比较全面地整理一次屋瓦顶。因为一年积累下来，屋瓦顶上会留有许多杂物，诸如树叶、泥灰，甚至是猫鼠、小鸟的粪便。翻瓦面除了要清理这些之外，还得整理平日里猫鼠及其他小动物在屋顶爬走时搞乱的瓦行，捡拾一下漏雨的地方，修补残腐的行条。因此，翻瓦面是民俗年例中最重大的工程，但也是孩子们最期待的“乐事儿”。

每当大人们架起梯子爬上屋脊，揭开第一块瓦，就是孩子们等待奇迹发生的时候。因为墙洞、瓦筒里往往会藏有小鸟窝或老鼠洞，这就是孩子的天然宠物了。而父辈们为了满足孩子的期望，这时候也会特别留意细心察看墙洞、瓦筒的状况，

大年初一至初三的民间旺家祈福活动

家家户户的春联反映了人们的新春祝福，寄托了人们对生活的期待

抓获小鸟的几率也特别高。胆子大的孩子还会跟着父辈们爬上屋顶，去体验这难得的“探险”经历。

一般情况下，翻瓦面都不会对屋顶有大的改动，通常都会选择个好天气来完成。完成了瓦面的清扫及鼠洞、鸟窝的填补之后，就是压瓦面。压瓦面就是用青砖按一定的间距，在瓦面上摆出“品”字形状，这样做是为了防止瓦面在雨季时被风吹开。

如果是一些老房子，翻瓦面的工程量比较大，不时有需要更换的行条，被更换下来的行条上面往往都有虫的蛀洞。这时，有经验的大叔大伯走过来，在行条上敲敲打打之后，就用斧头劈开来，果见里面藏着一条条手指大小的木虫。于是就地生起火来煨木虫，一时间，在啪啪的炭响声中，焦黄焦黄的木虫就成了大家的美食，成了年例的遥远记忆。

经过翻整后的瓦面，上面整齐地排列着品字形的青砖，家家户户呈现出一派崭新的气象，时时都在提示着人们，年一天一天走近了……

制作咯咯鸡："咯咯鸡"是珠城民间艺人的杰作。这种泥捏的"咯咯鸡"看似简单，但是内藏机巧——公鸡有公鸡的叫声，母鸡有母鸡的打鸣。这全在于制作过程中设计的哨孔，如果设计不得当，别说是公鸡啼笼、母鸡生蛋的叫声不像，甚至连声音也没有，成了"发瘟鸡"。

"咯咯鸡"是用白泥先捏成鸡的形状。鸡身和鸡尾是分开来捏制的。捏好之后就挖出哨孔，这是最讲机巧的工序，"咯咯鸡"的声音是否逼真，关键在此。挖好哨孔后，就放进特别的火炉中烧焙。烧焙成型后，再用颜料在鸡身和鸡尾上画出公鸡或母鸡的形状。接着就用旧纸币压成百叶状后卷成圆筒，两头分别将鸡身和鸡尾粘接起来，晾干后，用手捏着鸡身和鸡尾往中一推，"咯咯鸡"就会发出类似公鸡或母鸡的啼叫声来。取其声音而名，这就是"咯咯鸡"。

"咯咯鸡"的另一个特色就是采用废弃不用的大量的金圆券。这些金圆券面值有红色的一千元，有蓝色的两千元，也有绿色的千元钱。由于这些废旧币的纸质好，有韧性，用来压成百叶状后粘成气囊，十分耐用，因此做成的"咯咯鸡"花花绿绿煞是好看。

那时候，"咯咯鸡"在除夕之后才能上市，小贩们用簸箕装着五颜六色的"咯咯鸡"，或在街头巷尾路口处摆摊，或一边捏着"咯咯鸡"沿街叫卖。公鸡的声音长而缓，"咯——咯——"地啼鸣着；母鸡的声音短而响，"咯咯咯——咯咯咯——"地叫喊着。一时间，整个街市都在"咯咯鸡"彼起此伏的声音笼罩之中。

桂香饼（上）和酥角（下）是合浦传统的春节美食

炸煎堆酥角：廉州古城的年味中，令人记忆深刻还有那街巷里炸煎堆、酥角的情景。煎堆和酥角是从广东传过来的传统年节糕点，廉州自古是广东下四府属地，因此，炸煎堆和酥角是廉州过年中的粤派特色。每年除夕的前一天，有经济条件的人家就会自己在家中炸煎堆和酥角，条件差些的人家就会两三家合起来制作。因为在物质贫缺的年代里，食用油算是奢侈品了，而炸煎堆和酥角需要的油又特别多，没有一定经济条件的家庭是承受不起的。正是因为这种物质贫缺的制约，反而在廉州古城的街坊邻里中形成了守护相助的风尚。有条件炸煎堆和酥角的人家炸好了煎堆和酥角之后，都会给没有条件炸煎堆和酥角的邻里街坊送去一些。每当此时，古城的街巷里到处都可闻到炸煎堆和酥角传出的浓郁香气，到处都可以感受到祥和温馨的气氛。

在关于廉州古城炸煎堆和酥角的记忆中，有一个情景特别难忘。斯时，古城的骑楼下，也会出现临时搭起炸煎堆和酥角的灶炉。围着这种临时灶炉忙碌的，都是一些年纪较大的女性。这些女性由于种种原因，都是没有结婚成家的独身女，在春节即将到来的时候，她们就会聚在一起凑份子钱，买回面粉、糖、油等材料，集中到某个姐妹的家中来炸煎堆和酥角。或许平时家中不用如此大型的厨具吧，这时就只能在骑楼下另起灶炉了。这些大龄的独身女在炸煎堆和酥角的时候也炸春卷，从中得到的乐趣也许只有她们才能领略吧。随着时代的推移演变，这种大龄独身女凑份子钱在骑楼下搭起灶炉炸煎堆、酥角和春卷的现象越来越少见了，近年来偶尔见有一两处，也都是五六十岁上下年龄的人了。不知情者无法体会到其中的岁月沧桑、人间情怀。

赛狮盛况：珠乡素有舞狮的传统，逢有喜乐庆典，必有舞狮助兴。民间更有舞狮赛会，甚为壮观。春节期间，舞狮拜年是一种隆重的仪式，各家商户在大年初一开始，就要请狮子到自家门前拜年。因此，每年春节舞狮拜年的时候，也就是各个狮队各显其能、大展神威之际。

珠乡人舞狮，分南狮和北狮。南狮是金毛狮子，珠乡人多舞此狮。南狮的装扮金碧辉煌，花团锦簇，工艺极尽夸张。南狮的眼睛、嘴巴、尾巴都会转眼，眼、嘴、鼻都有喷火装置，尾巴用软鞭类的道具制作，能够随舞狮套路由舞狮人操纵，做出各种风趣幽默的动作，这也是珠乡狮舞的特色之一。每当商户舞狮拜年的时候，孩子们成群结队跟在后面，一路欢呼雀跃，一路模仿着舞狮的动作，热闹万分。

廉州过年舞狮的另一个盛况就是迎春赛狮会，赛狮会由各公社（乡镇）出队。斯时，几十对狮子集中在体育场内，锣鼓惊天，鞭炮震响，群狮踊跃，奋勇争先，情景之热烈，教人热血沸腾，跃跃欲试。珠乡迎春舞狮赛会自 20 世纪 70 年代中期举办最后一次，至今已停办，只能成为一代人记忆中的“赛狮盛宴”。

蒸菜头糕和元麻籺：廉州古城人家过年，喜欢自己制作各式各样的糕点，除了炸煎堆、酥角、炸莶散、散骑马、稍叶籺、花生糖之外，还有元麻籺、菜头（萝卜）糕，而且元麻籺和菜头糕是大多数家庭都会制作的。菜头糕在于它的好兆头。菜头，也即“财到”“彩头”，新春伊始，图的正是一个好彩头。何况此时菜头正当上市，制作成本低，简单易做，家家都可以做。一般人家都是在除夕前就制作好菜头糕，过了初二才切片煎来吃。在老一辈的廉州人看来，菜头糕有消滞化气的功用，过年时油腻多，吃菜头糕有助消化。因此，菜头糕也就成了春节的时令佳品，亲戚邻里间，谁家蒸的菜头糕好，都会相互间赠送品尝，于浓浓的友情中共享“财到”“彩头”的好兆头。

与菜头糕的制作相比，元麻籺的制作就麻烦多了。事先得用一种叫作元麻的植物叶子晒干备用。到了除夕前，就要把元麻叶放在滚水中泡软，接着就要用力挤捏，反复把元麻叶里的水挤捏出来。元麻叶泡的水是黑色的，直到挤捏出来的水变淡，再用挤捏出来的水和入米粉、黄糖，搓成粉团后，再压成直径七八厘米大小的圆球，放进锅里蒸熟，元麻籺就这样炮制出来了。元麻的叶子本身带有苦味，正是这种芳香的苦甘味，才形成了元麻籺的特色。制作元麻籺是一件很麻烦的事，但老一辈廉州人过年对此总是情有独钟，乐此不疲。据称是元麻叶有杀虫清滞的作用。现在一般的年轻人都不懂得制作元麻籺了，只有每年春节将近，老一辈商户又把一袋袋的海绵状元麻叶拿到街市上叫卖的时候，才偶尔引来年轻人好奇的目光和询问。

元宵胜景

春节过后是元宵节，元宵节吃汤圆、赏花灯、偷青是众所周知的中国传统节日民俗活动。

合浦的元宵古俗甚为隆重，据古籍记述：“元宵灯市甚盛，每隔五家缚一灯棚，匾曰兴贤，挂红缯其下。多用杂色糊裱灯。剪红白纸缀成玲珑万眼，光彩夺目。”这里记述的是古代廉州府城内的灯市，除了每五户为一体的花棚之外，还有一个集中的灯市。这个灯市从西城门（即今廉州中山路与西华路交接路口）开始，经廉州府衙（今廉州体育场至中山公园）到钟鼓楼下（今廉州中山路与奎文路、水洞口、小被街），再延伸至武圣宫（今合浦师范附小西侧）。斯时，规模浩大，景物绚烂，景况热闹。正如《廉州府志》所记述：“灯市在上元前后沿市悬灯，玲珑夺目”，“花灯灿烂如火树”。而此时的花灯生意也格外红火，“鬻之者长

正月十五闹元宵，客家圩镇别具风情

衣洁履，招徕周至人家，生子必购灯悬堂上，置酒相庆，谓之灯酒”。“妾妇祈子者必摘灯带以归，藏诸闺中，明年生子则酬灯倍之。”这是说，在元宵之夜，廉州府城的妇女还会到灯会祈求生子，并选定一盏灯带回家放在房内，如当年生了儿子，明年元宵就会双倍酬灯。

元宵节这一天，廉州府衙还在郊外举行迎春活动，叫作迎春日。在元宵迎春日活动中，有一个很奇特的习俗，就是把稻草捆在牛腹下面，青壮年们就追抢牛腹下的稻草，据称抢到牛腹下的稻草者，当年养猪就能够快长快大。

而据《合浦县志》记载，元宵节晚上，府城内之关帝庙、万灵寺等还有放火焰之举。“其制法为用绸制人物串演戏剧场面数种，次第燃放，火起炮响，人物受火焰推动，变换场面……观者拥挤。”从中可知，合浦县城古时正月十五闹元宵，除了花灯之外，还有一个重头戏，那就是“放焰火之举”。这种焰火就是廉州一绝的塔架烟花。廉州塔架烟花早在明代就有记载，其中最著名、工艺传承时间最长的就是唐氏塔架烟花。塔架烟花是传统大型的烟花组合。塔架烟火综合了建筑造型，扎架工艺、雕刻美术、布艺泥塑、化工火烟等多门工艺技巧。因此燃放起来尽显鬼斧神工，蔚为壮观。在府城的几个地方同时燃放塔架烟花，合浦“元宵灯市甚盛”之胜景由此可见一斑。

到元宵节的第二天晚上，还会有百戏会演。而这时，妇女们就会结伴行走其间，据称可以驱走百病。

除此之外，还有舞狮队在衙门前表演，谓之“闹街门”。每年斯时，廉州城内花灯耀眼，热闹非常。在《廉州府志》记述中：“府署前有石狮，元宵夕妇人多摩之以祈子，或背倚城门以祈腰不痛。”这一记述反映了廉州元宵节的另一个古俗行为，就是每年正月十五元宵时，府城中的妇女们都会结伴来到廉州府衙门前，在衙前的这对石狮前祈福还愿，以求消灾祛病。妇女们一边抚摸着这对石狮子，一边祈祷早生贵子。而有腰腿病痛者，则在元宵节之夜倚城门摩擦，可除病痛。

提起元宵夜的花灯，最令老一辈廉州人缅怀的就是廉州花灯。廉州花灯的制作，工艺精良，用料讲究，形象美观。廉州花灯的制作分为两大部分：一是灯笼架的制作。由于花灯要求转动灵活，在制作过程中选料是第一位的。二是破篾。

龙狮迎瑞庆元宵

廉州春社祭祀的社王灯

选料要轻，除了常用的单竹之外，讲究者还要选用一种特别的茅竹来加工，因为这种茅竹空心，体积轻，有韧劲，用之制作的灯笼轻巧灵活。选定的材料之后，就要削成一条条细片，即“破篾”。破篾的工艺十分讲究，不但要把篾片削成面条般大小，还要大小长短均匀。这是最讲技术的。因为只有把篾片削好了，织出的灯笼架才工整美观，就为下一道装裱工序打下了基础。

灯笼架织好了，接下来就是能工巧匠施展身手的时候。灯笼的装裱有两个讲究：一是装裱，这就是为灯笼架穿新衣；二是绘画。装裱灯笼能否平整洁净，影响到形体的完整美观，这是一道很精细的手艺，得非常用心去制作，稍不留神就会形成皱痕，而且还要影响绘画的质量。灯笼上画的都是些吉祥的图案，或画龙描凤，或观音送子，或八仙过海。廉州扎花灯笼架的工艺以谢氏家族为最，灯笼装裱的工艺以花氏家族为最。遗憾的是，他们的后人都未能完整地传承这些工艺。

客家二月二

在合浦众多的民间民俗活动中，闸口的二月二久负盛名。闸口每年的二月二祭土地仪式从早到晚，得经过 10 多个小时，因此形成了完整的祭礼程序，成为一种极具闸口客家特色的民俗盛典，是珠乡民俗文化中最亮丽的华章。

闸口客家人二月二祭拜土地的程序有固定规例。除了确定主持、领祭、准备三牲祭礼之外，祭拜仪式更是环环相接，按部就班，不可造次。首先是要搭彩门，彩门要提前一天搭好。各个社坊的居民都会想尽办法把彩门搭得最好，彩门的用料讲究，构造宏伟，装饰豪华。除了全部都是红布围柱之外，还饰以彩旗彩灯，灯笼松柏，极显喜庆的气氛。彩门的横额写着“庆祝二月二佳节”等贺词，彩门两柱的对联则寄托了人们对生活的祈愿与祝福。如“圩圩街街万家春；老老少少庆佳节”“庆圣诞龙腾虎跃家家人丁兴旺；贺佳节达狮起舞户户福禄安康”“火树银花迎圣诞；喜炮瑞狮报街宁”“土地显赫保街坊；彩狮献瑞迎圣诞”。而在闸口新大街的街口彩门的对联则另有一番新意：“大道百花花山花海花无涯；宏达三春春风春阳春不尽。”这就是闸口客家人对生活充满信心的生动写照。而搭彩门处就是祭拜土地，祈求保佑风调雨顺、五谷丰登的祈福祭坛。平常年间，闸口的彩门就有近20座！

此外还要把各个土地社坊布置好。要在社王坛屋挂上社王灯，在土地的坛屋门前要贴对联，云“立坛崇享祀；宰肉庆丰盈”“一手黄金财主老；满头白发寿星公”等。在土地的神位坛座上的对联则是：“土旺人财旺；神安境亦安。”这些都是土地崇拜中特定的对联，有着特定含义和悠久渊源，是中国民俗文化的多元化标志。

到了二月初二这天，先是社坊范围内的居民给社王土地进香上供，之后就要等候瑞狮的拜祭。在等候瑞狮的时候，派有专人守望，各家各户就可以回家做事了。当瑞狮将到时，守望者就敲响铜锣通知大家。这时大家蜂拥而出，迅速集合到社坊前举行仪式。瑞狮是统一按顺序到各个社坊去拜祭的，拜了社王土地后再去祈福坛（即彩门处）行礼献瑞。这是为将祭礼开始的信息告知土地，同时也是为了表示对土地的尊重。瑞狮禀告了土地之后，就要到三帝庙和天后宫去接公众的土地公，因为这是闸口最老的两座庙宇，已经有400多年的历史，是闸口客家人来到闸口开发、繁衍生息的重要见证，请土地公在那里享受香火，是对土地公的敬重。

接土地公要在三帝庙举行起座仪式，起座仪式虽然简单但也庄重。先由祭事开卦请行，经请卦无碍后，就要为土地公移座，也就是将土地公和土地婆婆请进法座（专为土地公、土地婆婆特制的轿）中，法座内还要安放香炉。一切礼数完成之后，就是鸣炮请行。这时，土地公和土地婆婆安坐轿中在狮队鼓乐的护送下来到祈福祭坛，开始隆重的祈福仪式。

土地公和土地婆婆及其仪仗队每到一处祈福祭坛，都受到隆重而又热烈的欢迎。斯时，万千礼炮齐鸣，香烛高烧腾焰，供品陈列如山。待礼炮鸣放过后，祈福仪式开始。

祈福仪式由两名主祭执礼，领祭在主祭的引导下，依次行礼。行礼前领祭得先用圣露净手。圣露是象征性的，是用一个专门的洗手盘装进清水，清水里泡着一条杨柳枝或竹叶枝，这可能是源于观音大士玉净瓶的杨枝甘露吧。经过了圣露净手之后，就是要给土地公和土地婆婆行三跪九叩礼，读祭文，焚元宝，礼毕。祈福仪式结束后，各家各户就可以把自己事先带来的供品礼果取回，而二牲则留作聚餐或分发各户。

客家二月二，祈福拜土地

合浦客家二月二祈福拜土地，保留着敲锣召集、传递拜祭土地次序的习俗

合浦客家二月二祈福拜土地时的土地公公和土地婆婆出巡典礼

闸口二月二祭拜土地公的供品中，有两样是特别的：一是烧猪，祭典上用的烧猪不是通常的乳猪，而是成年的大肥猪，起码有 200 斤，一处祈福祭坛上供的烧猪有的达 20 头，摆在供桌上何其壮观。二是寿桃，闸口客家人在二月二专门为土地公制作了各种寿桃，这些寿桃不但制作精美，而且颜色形状多样，十分美观。仅此两点，足可体现闸口客家人祭拜土地的虔诚之心和悠久规制。

闸口二月二祭拜土地公还要举行盛大的游神典礼。游神典礼会在下午 6 时开始，至晚上 12 时结束，但是不能超过当天晚上 12 时，因为过了当天晚上 12 时就是二月初三，不再是土地公的生日。因此，闸口二月二的整个祭祀程序安排要非常紧凑，需要有很好的协调配合。在游神典礼的过程中，所到之处烟花礼炮齐放争艳，映红了天际，使闸口二月二之夜笼罩在红红火火的喜庆中。

三月三鸡屎藤

珠乡的春季，是一个食的季节，春节的美食还齿颊留香，元宵的汤圆啦，观音诞的糯米饭啦，清明的烧猪、生菜包啦，就连番上场了，而三月三的鸡屎藤粉又成了各家各户忙碌的“重点项目”。

鸡屎藤是一种藤蔓草本植物，名曰“鸡屎藤”。因为这种植物的叶子搓开后

每年农历三月初三，合浦民间都有食用鸡屎藤粉的习俗，斯时街上到处可见卖鸡屎藤的人

有一股很刺鼻的臭味，由于这股臭味很似鸡屎，这种美丽的藤蔓植物便得了这样一个很难听的名字。鸡屎藤的名字虽然难听，作用却不少，除了有多种医药疗效之外，还是一种应节的民间美食。每年农历三月三，是珠乡的家家户户制作鸡屎藤粉的日子。

为什么要用臭味很浓的鸡屎藤做成应节食品，而且家家户户都乐此不疲呢？各地有各地的说法。大多数人认同的说法是，三月三正是清明过后的阳春时节，既是万物生长之际，也是各种病虫滋生之时，而鸡屎藤具有去湿、除滞、杀虫的功用，服用鸡屎藤不但可以抑制各种病毒在人体中的生长，还能把小孩肚子里的蛔虫杀死。另外还有一个功用，就是能对肠胃起到清理作用。因为自春节以来，连环节俗带来的连环美食也使人们的肠胃有“超负荷沉淀”的现象，鸡屎藤的化气去湿、除滞杀虫功能正好可以在这时候“名正言顺”地发挥作用，登上岁时美食殿堂。由于鸡屎藤味苦且又有臭味，我们的美食先哲们便把鸡屎藤做成美食，于是有了鸡屎藤粉传世至今。

用鸡屎藤和米粉做成的鸡屎藤粉，据称有清热祛湿的功效

制作鸡屎藤粉的工艺并不复杂，最关键的工序有三道。一是把鸡屎藤叶揉出浆斗；二是把鸡屎藤叶的浆斗和米泡浸在一起，泡浸了一定程序之后，再去把米磨成浆；三是把米浆通过一种特制的工具（即有孔的勺子）去制作鸡屎藤粉。这三道工序看似简单，却也要讲究一定的技巧，不然，做出来的鸡屎藤就成了“鸡儿头”（即米浆黏在一起结块），要做出软滑的鸡屎藤粉起码要掌握几方面的技巧：

首先是鸡屎藤叶的浆料与米

的配合比例要适当，浆汁少了就没有鸡屎藤的气味，浆汁多了就会苦涩难咽。其次是磨米浆时要把握稀稠程度，米浆稀了做出来的鸡屎藤粉黏稠稠的“糊锅”了，米浆稠了做出来的鸡屎藤粉就口感粗糙。再次是落浆的速度。米浆磨好之后，得先把水烧开。水烧开了之后，就用一个特制的勺子来落米浆。这种勺子一般都是用椰子壳来做的，底部开几个孔，把米浆装进这个椰子壳勺的时候，就要用手不停地抖晃椰子壳勺，使里面的米浆源源有序地流进沸腾的开水之中。在高温作用下，米浆很快就变成了一条条均匀软滑的粉条，粉条的长短粗细全部靠手晃动椰子壳的力度掌握，因为晃动椰子壳的力度大、动作太快，流出来的粉条就粗短，反之就细长。更重要的是，把握力度不均匀，流出的粉条也就粗细长短不一，煮的时候火候把握不一。因此在整个鸡屎藤粉的制作过程中，这是最重要的质量关。这一关把好了，鸡屎藤粉的风味特色也就体现出来了。

粉条煮熟后，就得捞出来放在冷水中稍为泡浸，这叫作“过冷河”。目的是消除粉条的黏性，使粉条更显软滑爽口，粉条过冷河后就可以捞出来备用了。这时煮好糖水，再把鸡屎藤粉粉条放进去，散发着田野芳香的鸡屎藤粉就做出来了。

春祭白龙池

北海合浦祭海仪式，早在晋代刘欣期所著的《交州记》中就有记述：“去合浦八十里有涠洲，周回百里。”“合浦涠洲有石室，其里一石如鼓形。见榴杖倚著石壁，采珠人常祭之。”从刘欣期所记述的“采珠人常祭之”可以了解到两方面的信息：一是珠民们在进入珠池（断网珠池）采珠前，经常举行祭海仪式；二是当时珠民们祭祀的是被认作神物的如鼓形的石块和榴杖。遗憾的是，这里只记述了采珠人祭海的事，没有具体的行为经过。

同是晋代的徐衷在其所著《南方草物状》中，则记述有采珠祭祀是行为经过：“凡采珠，常三月。用五牲祈祷。若祠祭有失，则风搅海水，或有大鱼在蚌左右。”从这一记述中可以进一步了解到，珠民祭海的时间是每年三月，用五牲祭品，若祭祀缺失，就会遭到海里大鱼的阻碍，无法采珠。

徐衷所记述的珠民祭祀的“大鱼”是什么呢？

到了宋代，南宋四大家之一范成大所著的《桂海虞衡志》对此做了颇为详细的记述：“珠出合浦，海中有珠池，疍户没水探蚌取之，岁有丰耗，多得谓之珠熟。相传海底有处所，如城郭大，蚌居其中，有怪物守之，不可近。蚌之细碎蔓延于外者，始得而采。”“合浦珠池蚌蛤，惟疍能没水探取。榜人以绳系其腰，绳动摆则引而上。先煮毳衲极热，出水急覆之，不然寒栗而死。或遇大鱼、鲛、鼍诸海怪，为鬐鬣所触，往往溃腹折肢，人见血一缕浮水面，知疍死矣。”

通过史籍的查找考证，珠民们祭海祀奉的大鱼就是“鲛、鼍诸海怪”。在生产力落后的古代，珠民渔家无法了解及认识在海中作怪、阻碍采珠渔获的现象因何而来，又不知如何应对，就只能以满足海怪的需要而祭祀。在有神灵信仰之后，就去求助海神了。

到了明代，珠民祭海的礼仪规制有了明确的记载。有“中国古代科技百科全书第一人”之称的明代宋应星，在他的《天工开物》中是这样记述的：“凡廉州池，自乌泥、独揽沙至于青莺，可百八十里。……疍户采珠，每岁必以三月，时牲杀祭海神，极其虔敬。”

明末清初“岭南三大家”之一的屈大均在《广东新语》中载：“凡采生珠，以二月之望为始，珠户人招集赢夫，割五大牲以祷，稍不虔洁，则大风翻搅海水，或有大鱼在蚌蛤左右，珠不可得。又复望祭于白龙池，以斯池接近交趾，其水深不可得珠，冀珠神移其大珠至于边海也。”

白龙珍珠城是神话“珠还合浦”的起源地

城外的杨梅岭是神话“珠还合浦”“梅岭飞”起源地

杨梅岭上的杨梅寺是古代合浦珠民祭祀白龙珠池珠神的寺庙

清代李调元的《南越笔记》也对此做了考证复述。

至此，北海祭海仪式的礼仪规制及源起已经呼之欲出了：北海古代祭海行为出现在晋代，在明代形成祭祀形式和礼仪规制，并因此有了特定的内容和固定的时间地点：每年农历二月十五开始，官方确定的海祭地点是白龙珠池旁的白龙城。

惊心动魄的“上刀山”

“上刀山”在合浦又称作“过高架”或“攀天梯”，举办这种仪式的时间不受岁时节令的限制，在一般的民间祈祷活动中都可以举行。“上刀山”是一种带有明显的镇恶驱邪，以祈求平安的行为。“刀山”由两根粗长的大圆木和刀片扎架组成，规模有大有小，一般的“刀山”在20级左右，最高大的可达四五十级。“刀山”上每一级由两把钢制的刀片组成，每一级刀片的间距约40厘米（包括刀片宽度），刀片宽约10厘米，长约90厘米，刀片都是钢制并经过开刃的大关刀，具有一定的锋利程度，刀刃向上安置。因此，“上刀山”不但需要经过专门训练，还要具有相当的胆识。

“上刀山”仪式有着严格的规定，首先要做的就是“启神”。“启神”就是将举行“上刀山”的仪式禀告神灵，祈祷神灵起驾护佑，起驾的神灵有天妃和关圣帝君。

“启神”之后就开始立“刀山”。“刀山”是一座用大关刀扎成38级台阶的巨型木梯，高度约15米，重量约一吨。如此高、大、重的“刀山”原以为立起来会相当费功夫，但在现场操作中只用了两条缆绳，在锣鼓声中单靠人力协调就轻轻松松、稳稳当当地把“刀山”立了起来。更令人惊讶的是，作为“刀山”支柱的两根粗大的圆木，埋入地下的柱础深度只有30厘米左右，整座“刀山”的平衡全靠拴在“刀山”柱顶的缆绳来固定维持。这确实是一种难以用常规模式来想象力学平衡的智慧。

“刀山”立起来之后，循例是要经过一定的祈祷仪式。仪式过后，就是在“刀山”下举行“打大翻”仪式。“打大翻”是合浦方言，即翻跟斗。举行“打大翻”类似于开路清障，也就是说，通过“打大翻”为即将上“刀山”的人驱走拦路的妖邪。“打大翻”的团队由四个人组成，先在一张长约1.5米、高约0.6米的长条板凳上开始翻跟斗，接着是每一轮过后都增加一张长条板凳的长度和高度，经过四轮之后，翻跟斗的长度已由四张长条板凳连接组成，高度也由四张长条板凳叠起，这时的难度已经非常大了，但翻跟斗的人能在板凳狭窄的空间上翻滚自如，动作刚劲，身段翻飞，令人眼花缭乱。最令人意想不到的环节是，四个人同时在一张八仙桌上翻跟斗，并做着各种单手支撑、头顶倒立的动作，精彩备至。“打大翻”的整个过程，有如一场超水平的杂技表演。

“打大翻”过后，接下来就是万众瞩目的“上刀山”。这次仪式共有三名勇士闯“刀山”。勇士们闯“刀山”之前，也要先由法师为之起令点符作法。三名勇士在上“刀山”的过程中，均无须任何防护措施，直至光着脚板一口气爬上了“刀山”顶端。这是一个有惊无险的过程。三名勇士爬上“刀山”顶端之后，就开始抛下绳索，为守候在“刀山”脚下的人们把准备好的物品拉过“刀山”顶，这就是贡品过“刀山”。据称，从家里带来的贡品经过如此的“过刀山”炼过之后，具有安家护宅保平安的作用，因此带贡品来过“刀山”的人为数不少，要把这些贡品通过刀山顶端“过炼”，工作量也是很大的。时间也较长，需要勇气和毅力来完成。

合浦民间祭祀中的“上刀山”，令人惊心动魄

完成了贡品“过炼”完成之后，只见刀山顶端的三名勇士开始一边做着各种动作，一边向守候在山脚下的人们撒放经过了“刀山”过炼的糖果饼干等物品，顿时引起了人们的欢呼雀跃，争相接取。而刀山顶端的三勇士则在有限的空间里时而做金鸡独立状，时而做童子拜佛的造型，时而做出罗汉倒挂的动作，时而作“一字马”翻转，这些惊险的动作引得仰视的人们发出阵阵惊叹声。就在人们目不暇接之际，却又见三勇士骤然间攀着拉紧“刀山”立柱的缆绳，沿缆飞身而下，还不时单手悬挂，或倒挂金钩做着动作，其情景毫无逊色于武侠大片中飞檐走壁的镜头画面。

“上刀山”开始时，先进行翻跟斗表演

待三勇士完成上“刀山”的程序之后，等候在一旁的人们又纷纷围拢到“刀山”下，只见他们排着队将怀抱着的小孩子从两把钢刀的间隔中递过。据称，以这样的方式让孩子们经过“刀山”的历练，会给孩子的成长带来好运。在这些人当中，不但有本地群众，也有从南宁、钦州和湛江等地专程过来的，由此可见合浦“过刀山”这一民俗的影响。

天妃诞上令箭

每年的4月29日是天妃诞辰纪念日。在此期间，北海城乡的天妃庙都会举行不同规模的纪念活动。其中，廉州天妃庙举行的祭祀活动历时近三小时，堪称规模最大，仪式最规范。廉州天妃诞辰祭典主要的礼仪程序有：一是行三献礼，三献礼分初献、亚献和终献，分别向天妃奉献鲜花、果品和元宝。三献过程中行三跪九叩礼、焚祝文宝帛、感恩天妃、祈愿国泰民安。二是敬请天妃法座起驾。敬请天妃法座起驾也有一定的礼仪程序，其中包括跳岭头和上令箭两个环节。

跳岭头是古代流行于合浦北部上八团（今灵山、浦北一带）一带的民俗祈愿活动，表演者身着盔甲，脸挂面具，手执刀、斧、戟、棍等兵器，驱魔赶邪。2006年，跳岭头被确定为广西第一批非物质文化遗产项目。近年来，引入天妃祭典活动中，独具特色风情，有着鲜明的地域特征，突显“海上丝绸之路”始发港文化的影响，丰富了天妃文化的内涵。

上令箭就是将一支铁制的令箭穿过表演者的双颊，以示受命持令箭为天妃出巡护法。上令箭在两广一带多有流行，其他地区称之“穿令箭”。在上令箭仪式举行前，要郑重其事进行香烛拜祭，取出令箭，要用茶水清洗及打磨后，恭恭敬敬地放入庙宇封令，到表演时再香烛拜祭，郑重其事地取出令箭，而且表演者要提前选定，沐浴净身，有的还斋戒吃素三天，并且只限男子才可上令。合浦廉州的上令箭仪式，与其他地区有着明显区别，即上令箭仪式的“膺令人”无分男女。

上令箭的人选是要有一定的程序来确定的，每次上令箭的人数虽然事先已有安排，但到了现场之后还要经过锣鼓鞭炮声的召唤，在锣鼓鞭炮声的召唤中不由自主随声起舞，据称这就是“感应”。只有感应到了召唤的人才能在上令箭时不会流血和感到疼痛，因此“上令箭”的人选往往在此时是有变动的。事实如此，

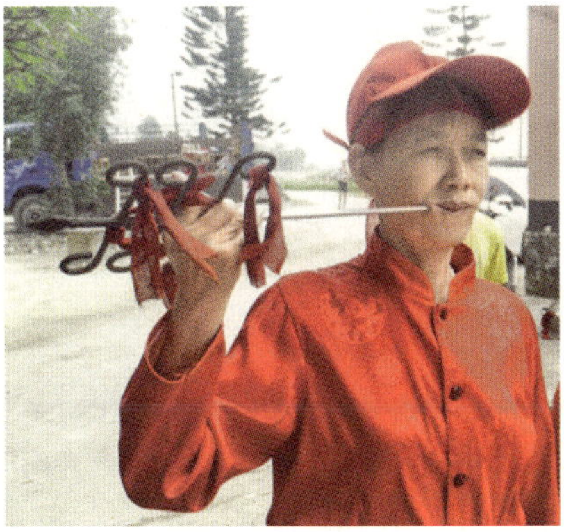

长达一米的铁制令箭穿过表演者的双颊

天妃诞合浦民俗上令箭的情景

在上令箭过程中，长达一米的铁制令箭穿过表演者的双颊时居然没有流一滴血，而且表演者也没有感到痛苦，还能穿着令箭，自始至终参加全程长达三个小时的祭典活动，而且仪式结束时把令箭拨出来，伤口立刻完好如初，不会在上令者面上留下任何伤痕。这真是令人无法想象，也正是廉州民俗文化的魅力所在！

敬请天妃法座起驾礼仪完成结后，接下来是天妃出巡散福。天妃出巡散福，要有仪仗队彩旗引路，鼓乐开道，鞭炮齐鸣。接着由四位信众抬着天妃銮驾启行，后面紧跟着护驾信众，组成了一支浩浩荡荡的巡游队伍。队伍所到之处，各处的信众们都会在天妃銮驾经过的地方手执焚香，默候祷告。天妃出巡散福的路线没有固定的限制，往往要根据祈愿请福的范围而定。小的天妃庙一般都在各自的庙堂范围内，出巡散福的路线就在一座自然村或一条街道。大的天妃庙则往往涉及多座村庄，整个乡镇乃至几个乡镇，出巡散福的时间就得一整天，甚至晚上也要挑灯连场。

天妃出巡散福的活动包括銮驾出巡、仪仗开道、鼓乐礼仪、舞生执凤羽、龠管、行云步、叠步护送、舞狮、奉香、文艺会演等环节。而文艺会演中的节目除了表演约定俗成的祭祀天妃舞乐之外，还有天妃信众自发组织的、大家喜闻乐见的娱乐形式和歌舞节目，如廉州山歌表演中的老杨公、仙姑也来献艺助兴。可谓雅俗共赏，各尽所兴，天地同春，仙凡共乐，人神欢庆。整个活动现场充满了喜庆祥和的氛围，使人真切感受到了天妃祭典活动通过宣传和谐、倡导尊老爱幼、行孝为善等方面的内容向社会大众传递的正能量。

清明客家扫墓

合浦客家民俗中，清明扫墓是一个重大活动。

客家人清明扫墓是从春分就开始的。为什么客家人清明扫墓要提前一个节气，在春分当日就开始了呢？这是因为客家人来自中原，作为一个以“耕读传家”为本的民系，很多民俗活动，特别是祭祀活动都与农耕有关。春分是一年农事的开始，而田地是祖宗留下来的立世之本，因此，在开始新一年的农事之前先向祖宗祈祷，是表示对祖宗的尊崇。春分扫墓也就成了一年之中的第一个祭祖祀典。客家人就是要通过扫墓的形式，将一年的农事及祈愿禀告祖先，以求得到祖先的指引、保佑。由于有了这样一种文化内涵，客家人的春分扫墓不只是一家一户、一村一乡的祭祀行为，而是一个姓氏宗亲敬祖崇宗的盛典，是全宗族的头等大事。每逢春分，不论身处何方的族中子弟，都会想方设法回乡参加扫墓祭祖活动，以表孝心。春分之日，在客家人居住的村场道路上就会出现祭祖的浩荡景象，到处都可见插着扫墓旗帜的车队。宗亲们从各地驱车百里甚至千里回来，不是为了显耀，而是要表示对祖宗的敬重。

春分扫墓，得从始祖墓祭起。一个姓氏有姓氏的始祖墓，一个宗支有宗支的祖墓，一个家族有家族的祖墓，只有拜祭了始祖墓之后，才可以拜祭宗支、家庭祖墓，否则就被视为背祖忘宗。这里是一视同仁的，不论身份地位、职务职业，只要违反了这一“定律”，就要被族中宗亲处罚，最严厉的处罚就是不准犯规者的祖先牌位进祠堂，由此可见客家祭祖的制度性、约束性是严厉的。

祭祀始祖墓的仪式是非常隆重的，必须要由辈分高、有德行的长者担任主祭，这是不可错位的。祭拜时严格按程序进行，跪拜、叩首、奠酒、进馔要遵照顺序，年长辈分高者在前，其他人依序列排后。主祭者宣读祭文时，大家都得跪在地上用心听宣，不得交头接耳说话，更不准乱走动。过去，祭拜始祖时是不准妇女参加的，近年来有了改良，妇女也可以参加了，姓名也得以写在祭文上。宣读完祭文以后，上香、奠酒、叩首、进馔、跪拜、鸣鞭炮、烧纸钱元宝，一切都有规矩的礼仪程式。在祖先的墓陵前保持敬重肃穆，是客家人表达慎终追远、敬祖崇宗的传统道德的体现。

祭祖扫墓的礼品是全猪全羊，香烛鞭竹也是必需品。仪仗队是一种象征，更是必不可少的。锣鼓钹、幡仗彩旗、罗伞唢呐更是一应俱全。每逢斯时，鸣锣开道，鼓钹喧天，唢呐高奏，鞭炮齐鸣，幡仗彩旗引路，罗伞舞动招魂。长长的山

清明客家扫墓场景

隆重的清明客家扫墓仪式

路上，到处都是长长的行列，从早到晚，络绎不绝。队伍过处，鞭炮腾起的烟圈在山腰间转悠，喧闹声在山沟里回旋，经久不息。

祭祀始祖墓之后，就把猪羊抬举回祠堂，焖鸡炖鸭、大块吃肉、大碗喝酒，男女老少，天地同春。接着第二天、第三天都是按此规例，各宗支、各家族、各家庭进行祭拜扫墓，宗支长的人家有时要连续进行为期一个多星期的扫墓活动，甚至持续到清明。

客家人的清明扫墓祭祖是缅怀祖先、敬重祖德、启示后人的盛典。

“千岁诞”夏祀仪式

合浦廉州有“千岁诞”夏祀仪式，这是合浦廉州特有的民俗崇拜现象。它起源于一个真实的历史人物，这个人物就是南明王朝的镇国将军朱统鉴。朱统鉴，据史料记述是明皇室隐王朱尚炳的后裔，时为南明镇国将军，统辖廉州府事。

1644 年农历十一月初一，清帝福临在北京即位，沿用大清国号顺治纪元，但此时廉州府仍属南明王朝辖地。顺治四年（1647 年）正月，清军提督李成栋令总兵马汉率师围廉州，于二月攻下了廉州城。七月初一，南明镇国将军朱统鉴率领军围攻廉州，经过了为期三个多月的拉锯战，最后于十月十五日攻下了廉州府城。朱统鉴攻下廉州后，对巩固南明王朝产生了巨大影响。第二年，清两广总督佟养甲叛清投明，南明永历帝抵南宁，设行于全州。时梧州、柳州、桂林尽归南明所有。顺治七年（1650 年），郑成功部队又从海路攻占钦州龙门岛（时属廉州府辖），桂、粤、闽、台、琼连接成片，南明王朝呈现一片生机。

而此时的南明王朝内部产生了权力争斗，清军趁机反攻，相继占领了广州、桂林、梧州，顺治九年（1652 年）又攻占了廉州，朱统鉴率军与清靖南王耿继茂部激战后夺回廉州。顺治十年（1653 年）二月，耿继茂部联合其他军队再次攻占了廉州城，朱统鉴部退守灵山（时属廉州府辖）。顺治十一年（1654 年），清平南王尚可喜、靖南王耿继茂联合起来围攻灵山，时南明军队主力正在攻打梧州、新会，朱统鉴成孤军之势，于同年六月战死于灵山。

朱统鉴战死后，跟随朱统鉴征战的珠乡杨姓子弟兵偷偷把朱统鉴的灵位带回廉州，在府城东两千米处杨屋岭建庙祭祀，于是就有了合浦千岁庙，并在长期

千岁庙祭祀的南明镇国大将军朱统鉴，曾驻守廉州与清廷对抗

千岁庙祭祀盛况

的祭祀活动中形成了以朱统鉴的诞辰、忌日等祭祀日作为固定的、独具特色的“千岁诞”祭祀。这个祭祀每年举行四次，分别是农历正月、五月、九月、十二月。在举行祭祀活动的过程中，除了常规的三牲五礼、香烛纸钱的奉祀之外，还进行特定的民俗技艺表演，包括上令、上刀山、过火塘（海）、炼油锅、施幽、漂花灯等过程。施幽则是通过在河边放灯的仪式，请僧侣为战死的朱千岁及其部属将士诵经祈祷，引导它们早归乐土。漂灯是女人们通过在河边放灯的仪式，向千岁老爷祈祷早生贵子。

端午节熬粽

农历五月初五端午节。合浦除了有赛龙船、吃粽子的习俗之外，儿童还用彩色绒线制作三角形香包挂于颈上，包内裹樟脑、雄黄，据说有驱邪消毒之效。老百姓喜用香茅、黄皮果叶、柚子叶煮水洗身，这个习俗相沿至今。

而公馆客家人的熬粽过节独具特色。

公馆客家人包粽用的粽叶叫露兜簕叶，民间俗称假菠萝、簕菠萝。露兜簕又是民间常用的一种传统中草药，具有发汗解表、清热解毒、利水化痰的功效。用露兜簕叶包粽子，就具有先天的清热化痰功能，这就是肥腻的公馆客家粽子百吃不厌，又不会造成肠胃闷滞的奥秘之一。由于露兜簕叶的叶脊和边缘两边都长着勾刺，被勾刺刺中之后，会使伤口流血并又痛又痒，因此削除这些勾刺是很麻烦的事。削除叶子的勾刺之后，就要将露兜簕叶扎成捆，放进一个专用的蒸柜里，将露兜簕叶蒸熟。这一工序有两方面的作用：一是蒸熟后的露兜簕叶既除去了苦涩味而又能保留叶子原有的芳香；二是蒸熟后的露兜簕叶体质软韧，在包粽子时易于折卷而不断裂，并且又可以保持露兜簕叶原有的新鲜质量，保存和使用都方便。制好了的露兜簕叶长短、宽度一致，这样，一条露兜簕叶包成的粽子就大小均匀、形状相同了。

端午节客家包粽子

端午节客家所用的露兜簕叶

端午节合浦客家包的三角粽

炮制好粽叶之后，接下来就是做粽馅。公馆客家粽馅的两道主料是五花肭尾猪肉和猪嘛蒌。五花肭尾肉必须选取本地饲养的黑花猪的五花肭，因为这种本地黑花猪的肉质好，细腻香滑而又有韧劲。选好了五花肭尾肉之后，就要切成均匀的片块腌制，腌制就是用公馆特制的豉胶（固体油酱）和高等的酱香窖酒进行配味。配味时得用力搓揉，以利于将酒味和酱油味搓进肉质里。

腌制好五花肭尾肉之后，就进入整理猪嘛蒌叶这一工序。猪嘛蒌（北海方言），学名假蒌、蛤蒌，是一种芳香浓郁的可食草本，叶子像红茹叶，但肥厚碧绿，香味扑鼻，具有开胃爽神、祛风除湿、止血利气、消火解毒的功效，是客家人专门用来包裹五花肭尾肉的天然香料。用猪嘛蒌叶包着腩尾肉夹放在粽子中间，一是可以消除猪肉的肥腻，二是中和糯米的湿热。煮透后的猪嘛蒌叶芳香渗透整条粽子，沁香齿颊，诱人食欲。因此，用猪嘛蒌叶作为粽子的配料，不但增加了粽子的风味，也利于消化，这正是客家粽子的特色所在。整理猪嘛蒌叶，要选择肉质厚、大小均匀的叶子。

包粽子用的糯米是要经过精选的。大廉山下的大廉垌盛产一种优质糯谷，客家人称之为大糯谷。大糯谷的米粒圆扁硕大，米色晶亮半透明，黏性很好，最适宜制作粽子。由于大糯谷产量低，对土质的要求讲究，因此不适宜大面积推广，产量也就少，也就成了客家粽子的专用米，这也形成了客家粽子独具风味的条件之一。

在腌制好五花肭尾肉和整理好猪嘛蒌叶之后，就要进入包粽子环节。这时还要对糯米处理一下，将少量的精盐和融化的豉胶汁倒入米中，均匀搅拌。这是为了使糯米在熬煮过程中更加均匀地入味，经过这样的处理，粽子熬好之后就不会出现味质不均匀的现象。原来，公馆客家制作传统粽子的工艺流程还有这样一个环节，对米的处理也有这样细致的讲究，不亲临其境是不能体会出其中所蕴含的美食文化精神的。

进入包粽子的工序，这便是一个令人眼花缭乱的过程。一条露兜簕叶在陈大哥和他母亲的手中简直就是一条飞舞的彩练，令人目不暇接，一卷二放三包四绕五拉六剪，一只一只对角方正的三角形粽子就出现在手中了。卷，就是先将一条露兜簕叶卷成两个对角状；放，就是将糯米放进被卷成的两个对角里，接着用一张猪嫲萎叶把肭尾肉包起来放在糯米中间；包，就是用力地握着露兜簕叶，将两只对角包合在一起，成为一个三角形状的粽子；绕，就是用特制的纵线紧紧地围绕着粽子包扎起来定型；拉，就是拉紧纵线，使包粽子的露兜簕叶不松动，没有隙缝，里面的糯米不会漏出来；剪，就是把捆绑的纵线头剪断，并修剪多余的露兜簕叶尾，以利于外形美观。

粽子包好后，放进锅中煮上五六个钟头，才是真正的熬粽。为了赶时间差，做粽人一般都是在吃了晚饭之后才开始包粽，包好的粽子放进锅里一直熬到天亮，刚好对上时间，就可以直接担到圩上去卖了。过去熬粽，都是以木柴为燃料，熬的过程中，要有人通宵达旦的守候。现在有了煤炭，客家人改造了专门熬粽的不锈钢煤炉，只要放足煤球，就可以“火到粽熟”，因此熬粽不再有守夜的辛苦。

这就是公馆客家制作粽子的传统工艺、传统风味和传统情怀，这里面包含着一种久远的守护，一种浓郁的乡韵，一种永恒的美食文化精神。

七月十四中元节俗

据广东三水人梁鸿勋于光绪三十一年（1905 年）编撰的《北海杂录》中记述：“七月十四日，为中元节。各街均举盂兰会，咸以布障盖街，店门均挂红檐，铺内张灯列花，以壮观瞻，街边则焚冥镪楮衣，所费不赀。”

从这短短的的几行字中，我们起码可以了解到百年前七月十四的节俗情形：在农历七月十四祭祀祖先的日子里，各街到处可见张布挂幔，居民的门前或商家的店铺里都张灯结彩。人们为了祭祀祖先，都在焚烧大量的纸钱楮衣，为了表达敬意，即使是花再多的银两也不在意。

而在廉州，此时“民间多采百花，编织花篮，满街花香，五彩缤纷”，热闹景象更是有过之而无不及。其间，廉州七月十四的节俗活动不但最为热闹，各个社坛唱大戏可以连续十多天，而且还会有烧街衣例俗。

据《合浦县志》记载：“中元节人家有烧衣之举。节前数日，购备纸张材料，集合妇孺而折之裁之。纸镪、纸袍、纸裳、纸冠、纸履，事事略具。市上只售纸履，其余必需自制。富户制作精良，月前即有纸工忙。十四日盛陈牲醴浆馔于堂，祭家神毕，然后烧之。甫后。其余给无主之鬼，谓之烧街衣，浃旬夜夜皆可举行。唯十四夜最多。届时备豆腐、豆芽、白菜、米饭等物置门外，堆集衣帛纸镪烧之。随祭随取，祭品四散，以施食于群鬼。市衢皆作兰醮，张灯结彩，所费不赀。学堂兴后始缀，商会移醮款庆祝孔诞。”

从以上的记述中可知，合浦古代七月十四的节俗活动不止限于七月十四当天，而是在农历七月十四前后的十天里都可以举行。“街边则焚冥镪楮衣”或“届时备豆腐、豆芽、白菜、米饭等物置门外，堆集衣帛纸镪烧之”的“烧街衣”例俗，都是一种慰藉无主孤魂的行为。因为古时来往于廉州府城做生意的人很多，其间难免有一些病亡的人，这些他乡病亡的人一般都是由义庄或同善堂处理。义庄和同善堂是由官府或民间集资修建的专门安置异乡病死者亡灵的慈善机构。不论广府人、本地人或外方人，凡病重危殆的都可移至同善堂安放，直至瞑目，就在该处备棺收殓。未及埋葬时也可暂厝堂屋，若无人举葬，同善堂也出资代葬。每逢农历七月十四，义庄也会为这些异乡之鬼“堆集衣帛纸镪烧之”，以作慰藉。“烧街衣”行为虽然带有迷信色彩，但其中多有行义施善的成分。因此，至今还能在一定的范围和群体中延续下去。

客家蒸盖粄

七月十四蒸盖粄是客家的习俗之一，合浦客家人蒸盖粄沿袭了闽赣客家的习俗。不同的是，合浦客家人结合当地的农耕物产条件，蒸盖粄被加入了新的文化元素，蕴含着对生活蒸蒸日上、层层高升的寓意。因此，这一年一度的蒸盖粄就是一次农耕祈祷的仪式。

客特色美食蒸盖粄

为了把盖粄蒸好，前一天晚上就把米浸泡在水中，浸泡大米的用水量也非常讲究，以超出大米两个手指为限。放的水过多，大米的淀粉就会随水散去，磨的浆稀，蒸出的盖粄软且淡，就不能蒸出多的层数；放的水少，大米泡浸不透，磨的浆粗，蒸出的盖粄软硬且容易夹生。因此，浸泡大米的用水量要控制到位。

过去，客家乡村的生活很艰难，缺油少肉是经常的事。客家人做盖粄的馅一般都是放一些炒酸笋，在盖粄的上面洒上薄薄的一层就行了，酸笋也是自己制作的。要做有肉的盖粄馅，最有效的办法就是到江里去筛蚬。筛蚬的工具很简单，只要一只畚箕、一只木脚盆即可。筛蚬时跳进膝盖深的沟渠里，捧起畚箕，随着流水晃荡，江水冲走了泥沙，剩下的就是江蚬和粗砂子了，这就是筛蚬了。筛蚬回来后，就把江蚬放在锅里煮，煮开蚬壳后，就用锅铲用力搅动，直到蚬肉脱出。然后将油锅烧热后，把蚬肉放进去爆炒至微焦黄色，再加进酸笋一起炒，再加些蒜头，就是最美味的盖粄馅料了。

蒸盖粄得讲究窍门，什么时候搅拌米浆，浓度如何，每一层米浆放多少，每一层蒸多少时间，都要讲究。最关键的是把握火候和每一层放米浆的要领，那时候没有钟表之类的计时工具，完全靠经验来掌握火势。特别是每一层放米浆的时候，动作要快，下浆要又快又轻，一次覆盖完成，这样才能使每一层的厚薄均匀、受热均匀，不会有夹生现象。擅长蒸盖粄的客家妇女，蒸出的盖粄可以达七至九层，而且每一层撕开来薄如纸，透明可见字，可以单独卷起来作卷粉。更重要的是，在这七至九层的盖粄之中，没有夹生现象，这才是最难的。

蒸好盖粄后，就要在最上面的一层洒上预先制好的蚬肉酸笋馅料，风味独特的盖籺就这样制作完成了，接下来就是放开肚皮来享受这一年一度的大餐，回味那无穷的乡情和浓浓的亲情。

在七月十四节俗美食中，还有吃桥板和喝鸭血粥。

吃桥板就是用米粉和黄糖以木模压出各种花纹，炊熟即成，每块宽 3 厘米、长 18 厘米，如桥板状的糕点。之所以称作桥板并用以配牲祭祖，就是寓意为祖先提供从地府返家领祭架“桥”。

喝鸭血粥，是因为鸭子是七月十四的必备祀品，即使是在一些不用鸭子作祭品的地方，七月十四祭祀也要用鸭子做牲品。据民间传说，由于鸭子会凫水，能够代替人间将祀品从水路送到阴间。用鸭血煮粥，有举家同享的意思。也有的说法是，七月十四用鸭血煮粥，有消除肠胃秽滞兼杀虫的功用。

中秋习俗

珠乡的中秋习俗丰富多彩，自明代起就有史志记载。如：

“八月礼物月饼用途为广，饼铺年中获利之厚，此月最多。月饼之外，有一种恩五，为儿童最喜爱，曰公仔饼。又一篾织笼中，置猪形之饼，谓之猪笼。”

“中秋夕烧番塔外，又有柚香，择大柚满身遍插长香，香上系以炮竹，入夜齐燃各香，以长竹竿插柚，竖于庭，由是宣祭。炮声时作。”

“中秋节旧有烧番（翻）塔之俗，是日各地儿童自为结合，十数人分任搜集烧番塔之资料。一面拾断砖残瓦以供结构；一面采竹头木屑供焚烧，择定地点，砌成直径数尺之浮屠，实以柴薪月转上时烧之。其光焰熊熊，与月色相辉映，儿童相顾而乐，拍手欢呼。火势稍杀，即以酒馔之，助其烈焰。至深夜柴尽始尽兴而罢。”

在这里，放焰火象征喜庆；烧翻塔是为了驱去污秽之气；剥芋壳据传能清除小儿的癞渣；插柚香、做柚皮灯是为先贤照路。在时代的更替中，这些中秋习俗虽然已日渐消隐，但是在民间之中依然有着生存的空间。在每年的中秋节里，只要你走进老街深巷，就会发现这些民间的中秋习俗还在延续生存着，并影响着人们的中秋行为。

烧翻塔，是廉州居民一个古老的中秋民俗。相传，中秋烧翻塔是为了把隐藏

合浦中秋习俗烧翻塔、点柚灯

中秋习俗拜月公公

在人间的病虫害除去，同时也有驱除秽邪晦气的作用。因此，每逢中秋，廉州居民都会用瓦片搭砌翻塔来烧，一边烧，一边把一些盐撒进去。盐经火烧之后，就会发生类似鞭炮叭叭的响声，还会助长火势，古人认为这样能对秽邪产生震慑、驱赶的作用。廉州的中秋民俗中还有吃柚子的习惯，剥柚子皮，据史籍记称是可以消除小儿的癞渣，这与烧翻塔习俗是相通。

合浦中秋猪仔月饼

廉州中秋民俗中还有一个重要的项目就是拜月。拜月除了要摆月饼、柚子之外，还有香烛、水果和茶。旧时人家在月亮升起的时候，就要在天台或门口摆好案台，陈列供品，然后焚香烧元宝，拜月的时间是要等月亮升到了与自家房屋最近的距离时才可结束。因此，小时候在拜月时常听到长辈说：“看月亮行到哪里了。”这就是要确定结束拜月仪式的时间。近年

合浦中秋大月饼

来，廉州这种古老的拜月民俗已日渐淡化，传统的拜月仪式也难得一见了。但在老街深巷里，每逢中秋佳节，仍然会有老一辈人在虔诚地拜月祈祷。

重阳秋祭

在珠乡客家人的节俗祭祀文化中，秋祭是最重要的祭祀活动之一。因为秋祭有着深层次的文化含义：客家秋祭是向祖先禀告一年来的收获成果，感谢祖宗的福荫，将收获的喜庆与祖先分享，表达对祖先的尊崇和缅怀。由于秋祭的时间与重阳节相近，珠乡客家的秋祭也就在重阳节举办，因此又多了尊长敬老的文化内涵。

重阳秋祭是珠乡客家人一年里的重大祭祀之一，是一个指定性的集体行为，宗族内的任何支系都要按时派代表参加，这里代表的是荣誉和责任。在举行祭祀仪式前，先要由宗亲们选定辈分高、德行好、家庭完美的代表来担任主祭和陪祭。举行仪式时，主祭和配祭都要正衣冠，正衣冠就是要穿起祭祀礼服。祭祀礼服是特制的长袍和礼帽，颜色有蓝、黑两种，以黑色为主。祭祀礼服装取黑色，是因为五行中，北方的泥土为黑色。而客家人是从中原迁徙南来，祖居地向北，祭礼的服装取黑色，这里体现的是不忘故土、以农为本的情怀，这也是珠乡客家祭祀的体现。

重阳秋祭仪式的第一道礼仪是净手。净手就是表示对祖宗的虔诚尊崇，心无杂念去祈祷，因此主祭和陪祭人都要将双手放进清水中洗一下。净手之后，就要引导各宗支代表按辈分高低排列，依次序向祖先行三跪九叩礼，敬奉贡品，宣读大祭祝词。这时，大家都得跪在地上用心听宣。宣读了大祭祝词要用中原古音，这是客家人的传统，表示不忘祖宗之言。这种古法古礼的秋祭仪式营造了庄严肃穆的氛围，使每一个参与者都从中感受到一种心灵的洗礼，由此增强了宗族的荣誉感和自强、自立的奋发意识。

重阳秋祭的过程中，瑞狮贺喜是最突出的亮点。客家秋祭的瑞狮，不只是由一对或者多对狮子组合，而是由一组狮子来贺喜。这一组狮子包括一对锦狮、一对貔貅和一对幼狮，共六只狮子。锦狮装扮得花团锦簇，是富贵喜庆的象征；貔貅的装扮虽然简单，但显得雄武威严，是家族声望显赫的象征；一对幼狮在装扮

重阳节既是敬老习俗，也是客家秋祭大典，非常隆重

重阳客家秋祭大典情景

上兼有锦狮和貔貅的特色，因此更显得天真烂漫，生气勃勃，是人丁兴旺的象征。而狮子在贺喜表演时，不仅充分发挥其群狮气势磅礴的效应，同时还利用群体优势，不断变换着各种表演阵势，如“双龙献珠”“三星拱照”“四喜临门”“五子登科”“六合同春”等，使得整个秋祭现场自始至终都充满着热烈、欢乐、吉祥、喜庆的气氛。

经过了祭祀程序的庄严肃穆，看过了瑞狮贺喜的精彩表演之后，就是宗亲的大聚餐，这是一种真正意义上的盛宴。秋祭的宴席场景是庞大的，往往都会超过一百多桌，两二百桌是常有的事。在这种宴会的餐桌上，珠乡客家人传统的美食（如扣肉、炖圆蹄、大小炒、白切鸭等）应有尽有，这也是客家传统美食的大展示。有的村场为了方便上菜，干脆采取了“大盘菜”的方式，也就是所有的菜式，除了汤水、酒和饮料之外，全部都集中装载在一个大菜托里。由于秋祭宴席的菜式丰富，大菜盘往往就堆得像一座小山，蔚为大观。就这样，上千名宗亲代表欢聚一堂，深情地缅怀祖德宗功，交流着过去一年的收获成果和心得，共勉新一年的发展大计和祝愿。

冬至记忆

每逢冬至的前一天晚上，长辈都会特别交代，冬至日一定要早起，把水缸清洗干净，然后趁早把水缸挑满。因为客家人视冬至为一年节气的起点，一年的开端和生命萌发的元始，而水是万物之源，在客家人看来，冬至日的水质是最好的，不但水味甘醇，且能清滞除秽。因此，冬至日又是客家人清洗旧物的好日子。客家人还认为用冬至日的水酿酒，不但出酒率高，且酒质醇厚，柔和爽口，回甘生津，后劲足，能久藏不坏。所以，客家人冬至酿酒也成习俗。在冬至这一天，人们将用于酿酒的坛瓮、谷柜搬出来清洗，一边清洗、一边讲述客家冬至的逸事传说。

冬至盛典之一：白糍粑。人们过去家景贫寒，冬至到时，人们就会把平时攒下的糯米、芝麻舂成粉，用卖破烂积下的几角钱买回几两半斤的土榨板糖，做白糍粑。制作白糍粑的工艺很复杂，得先做熟粉坨，粉坨是用滚开水和生糯米粉搅

冬至节令美食饭心粄

冬至节令美食饭心粄

成的，水越热，搅出来的粉坨就越软熟爽口。因此搅粉坨不但要用劲，还得冒着滚烫开水用力把生粉搅成柔软的粉团，这就是粉坨。然后用粉坨作皮，包上芝麻糖馅，就是软熟爽口的白糍粄了。趁热吃的白糍粄香甜软滑又爽口，放到第二天，粉皮变硬了，又另有一番风味，更能显出糯米的清香和芝麻糖的浓香，俗话称为“硬香”，这是小孩最喜欢的风味了。老人家咬不动这种硬香的白糍粄，就回锅煎一下，这样白糍粄里面的芝麻糖遇热后就回融化成了流质，一口咬下去，芝麻糖浆溢出嘴角，味道好极了。

冬至盛典之二：糯米饭焦。在珠乡民俗中，有上禾草棚煮糯米饭的习俗，据称是上禾草棚时煮糯米饭会使上禾草棚更坚固。客家人迁徙珠乡，也把这一习俗融入了自己的生活之中。每年秋收过后的冬闲之际，农村里都有把稻草集中堆起来给牛作过冬饲料的习惯。也就是在平地拣一个背风的地方，用泥砖和木柱搭起一座三面封闭、一面敞开的墙体建筑，然后横架木条于墙体上，再把稻草层层地堆放其上，这就俗称“上禾草棚”。由于上禾草棚很费劲，全靠一把禾叉去传递稻草，得有很好的堆放技术才能把稻草堆放得又高又整齐又结实，因此得请能者帮工，这样就有了煮大锅饭待工人。不知从什么时候起，为了让禾草棚堆放得又高又整齐又结实，就要煮糯米饭，寓意糯米饭的黏性能把禾草棚黏住而不会中途倒下来。相传下来，就着冬至上禾草棚煮糯米饭就成了约定俗成的习俗。

在今天看来，煮糯米饭是一件再普通不过的事。但在困难的年代里，能够吃上一顿糯米饭，那是非常享受了。那年头，冬至上禾草棚煮糯米饭没有任何肉类，一般都是加上猪油炒盐和蒜头就是美食了，如能煮一餐糯米糖饭，那更是奢侈的享受。

正是这样一顿难得的糯米饭，在珠乡客家人的手中也做成了令人难忘的美食——糯米饭焦。糯米饭焦的制作很简单，就是在煮好糯米饭之后，底层的饭往往会被烧得稍为焦黄，成了饭焦。起糯米饭时，这层饭焦黏附着锅底难以取出，富足人家的处理方法就是放水浸泡之后，用作喂猪。而一般人家则是在起完糯米饭后，再加上一把火，洒进一些油和盐，趁热把饭焦铲起来，捏成团，这就是糯米饭焦了。如此美味的糯米饭焦里有一种乡情的韵味，一种亲情的厚重，一种时代的烙印，一种感情的寄托……

除夕守岁

客家人称除夕为大年三十。大年三十拜祖是一年中的头等大事，这天一早，家家户户忙着张罗的都是与拜祖先有关的事，杀鸡啦，蒸扣肉啦，张贴对联啦等。其中最隆重的是各家各户把自己事先蒸好的大笼糕扛到各自的支系祖祠。大笼糕既表示团圆之意，也寓意五谷丰登，象征来年的好收成，因为一年的收获当然要先让祖宗享受。接着是各家把过年的美食摆上供桌，点燃香烛纸钱，诚心祈祷，这就是大年三十拜祖先。拜完祖先后，大笼糕就留在祖祠的供桌上，直至过了年初三之后才各自取回。每逢此时，人丁兴旺的祖祠里，供桌上的大笼糕堆积如山，蔚为壮观，就像是在举办大笼糕博览会了。

客家人过年最重一个“情”字，人情、亲情、友情、乡情都在年夜淋漓尽致地表露出来。除夕夜围着火塘守岁，最是令人难忘。

为了准备守岁御寒的柴火，客家人会早早地上山挖柴头，以备应时之需。斯时，各家各户的屋檐下堆满了各种各样的树头，整个村场到处弥漫着树根的芳香。

每逢除夕之夜，客家人吃过团年饭便在厅房烧起火塘。火塘是用烂铁锅做成的，有条件的人家就会做一个铁脚架把烂铁锅支起来，大多数人家则席地而作。火塘的位置一般都是相对固定的，年年守岁，火旺于斯，期待着来年的日子能像火塘一样，红红火火，旺旺盛盛，温馨热烈，代代传承。

夜幕降临，路上的行人越来越少之时，就是火塘旁围坐的人越来越多的时候。客家人围着火塘守岁并不局限于一家人，只要事先约好，大家都会准时来到。聚集在一起，一杯清茶，一支水碌竹（水烟筒），一盆自制的花生糖或五香炒黄豆，便摆开了守岁龙门阵。

火塘边的话题无所不及，全年的收成啦，来年的打算啦，哪个山塘的鱼肥，

除夕写春联，迎春接福祥

除夕贴福字，喜迎吉祥年

谁家的猪肯长膘，村头嫁女的阵势，村尾满月酒菜式如何，总之，一年间的新闻旧事都会在火塘边得到总结式的回顾。

客家人过年注重春联的撰写，谁家祠堂的春联写得好与否，也是火塘边的热门话题。有时为了争论某副对联的内容与格式，往往会通宵执着于此，相持不下。客家人的春联寓意深刻，往往一副对联就是一个家族的创业史，或者就是一个姓氏的英雄故事。因此，每年围着火塘守岁，总是围绕着春联话题拉开舌战。这时，便是一个长长的故事的开始，老人们一边嘬着水碌竹，一边把花生、豆粒放在嘴中慢慢地磨，沉湎客家人迁徙创业的经历中，回忆祖先开基择居的传奇故事。虽然这些故事在守岁的火塘边一年年重复着，但从老人们口中说出来，依然充满着诱人的魅力。

在讲够了春联中的故事之后，便是老人们的即兴发挥，这时的话题就会转向春节过后的耕稼生计中去。客家人的耕稼方式有其独特之处，一年四季无闲田，除了各家各户的耕作之外，还有许多属于宗族、村场的公共事务（如水磨、山塘、山林、宗祠粮田、果树、各类作坊等的管理事务）都是采取“开标”的形式去确定经营者的。这时，围在火塘边的晚辈要想参与竞争经营，就要虚心向前辈老者请教了。于是乎，话题的焦点也就相对集中起来。在客家社会中，老人或长辈本身就是一种权威的象征。因为宗族或村场中的许多事务，老人们往往有最终裁议权。从这种意义上说，一年一度的火塘守岁也是“一年之计在于春”的筹备会议，晚辈此时会受益匪浅。

话兴正浓间，远处传来了稀疏的鞭炮声。这时老人们的话匣便会一下子戛然收住，因为除夕与新年交更的时辰就要到了，老人们要回去指导烧鞭炮、给祖宗敬香的仪式，这个头等大事是不能耽误的。未尽的话题就这样埋进火塘的火灰里，留待明年再度点燃，到时又会有更多的祝福和寄托，一代又一代地传承下去……

古代婚嫁礼俗

雍正十年（1732 年）三月，朝廷专门给廉州府下了一道禁令，严禁合浦歌圩上进行“互歌婚配”，违禁者将以“伤风化”处理，重者甚至被处以充军流放及至处死。

当年合浦歌圩上“互歌婚配”是什么样的情形，朝廷为什么要如此高调地禁止呢？虽然目前对此没有相关的图片资料可参考，但从史籍中保存的合浦民间的传情歌谣中，可窥见一斑。让我们来听一听这些以歌传情者的心声表白吧！

新买纸扇白又红，一边画凤一边龙。

画龙画凤哥无想，单单想妹好姿容。

歌圩上的青年男子买了一把描凤画龙的纸扇。他在歌圩上寻寻觅觅，就是为了见到日思夜想的情人妹妹，要与情人妹妹“龙凤配”。而情人妹妹“互歌对答”更有意思：

鸭嘴无比鸡嘴尖，妹嘴无比哥嘴甜。

妹想同哥亲只嘴，三年无用买油盐。

一边是“单单想妹好姿容”的急切心情，一边是“妹嘴无比哥嘴甜”的考虑、犹豫，活灵活现地表现出歌圩上相恋男女的心态。

歌圩上的情感表达如此热烈，是因为这种情感表达最容易点燃青年男女心中的激情火花。因此，歌圩上的“互歌婚配”成功率也不会低。

蜘蛛牵网半边丝，无挂壁根无挂篱。

挂篱挂壁有人见，挂在哥心无人知。

这是女主角“犹抱琵琶半遮面”的相思诉说。她对歌圩上结识的情郎万般思念，就像蜘蛛网上的丝（思），千丝万缕缠绕心头，却又怕人知晓。而男主角的表述则是毫无遮拦的了：妹阿姨，阿哥相思你无知。月大思妹三十日，月小思妹了无期。他直截了当呼唤着与情人相见：妹又回，三朝七日你要来。三朝七日来一趟，莫让大路上青苔。这是多么急切的期待啊，三天七日的圩期，对这些热恋中的情人来说就是“了无期”的漫长。

在“父母之命，媒妁之言”的婚姻制度下，敢于冲破传统的盲婚哑嫁，是需要多大的勇气啊！很明显，这种歌圩上自由婚恋的“互配婚姻”，与封建礼教格格不入，难以被当时的社会环境所接受，官府下令禁止也就是必然的了。事实上，官府的严禁措施就是有了广泛的家庭基础。

通过合浦歌圩上的“互歌婚配”现象，我们可以了解到珠乡古代婚嫁礼俗的某一个侧面，此也见证了珠乡古代婚嫁礼俗的多元化。而这种多元化婚嫁礼俗的存在，是与廉州“俗有四民”（包括珠疍、渔疍、柴疍、蚝疍在内的疍民），从中原迁居而来的客家人，由全国各地来到廉州府城经商、聚居的商人（包括壮、瑶、苗等少数民族在内的俚人）的生活形态相依存的。这“四民”的婚嫁礼俗在长期的包容兼生中，产生了约定俗成、大同小异的礼制，也各自保留了独具特色的习俗，这就是形成北海古代多元化婚嫁礼俗的社会基础。

根据《廉州府志》及《合浦县志》的记载，民间婚嫁的礼制主要由以下几方面组成：

一、定亲旧习由媒妁说合，或父母做主，也有亲朋说合者；自由订婚者则极少。议成，取女方年庚（即女子的出生年月日）于男家，三日后如男方家中无异兆，议乃定，于是择日行纳彩礼，即所谓“下定”。男方以金银首饰、鸡、鹅、猪肉、烟、茶、饼食及定金送女家作为聘礼。女家酌领后也回送以种种饼果。男方则制备圆形银牌一个，名曰年庚牌，其径大约五寸，周围镌以龙凤花草，中刻男女双方之出生年月日及时辰，送至女家。聘礼送过后，男方另行择定迎亲合卺日通知女家。

二、迎亲时由男家备办烧猪、饼食、酒、米、爆竹、鸡、鹅等物，并为新娘备四人花轿一乘，为接亲人及送亲人备黑色大轿两乘，另备食格若干为接送嫁妆之用。来往具用高灯、头锣、罗伞、八音，以示热闹。新郎到女家时须谒祖，拜见岳父岳母及长辈，女家设筵款待。送嫁人到男家时，男家也设筵款待。新娘未到家前，男家先备婚筵、卺酒设于祖堂。俟新娘到家停轿于门前，请道上禳之，日“剪白虎”。然后由妇人之中所谓福命佳者二人，扶新娘下轿并撑阳伞遮护。新娘戴凤冠，着红色百褶裙，十指均套银质指甲，用红帕覆首，以纸扇掩面，下轿足不履地，步步接稻草席，扶至祖堂，偕新郎拜祖。然后将花烛点燃，行合卺礼，俗称“交欢”，于是新郎揭下新娘覆首红帕跨而过之。是日大宴宾客，应酬频繁。酒阑客散，新娘捧甜茶敬亲友。

三、新娘到男家第二天，下厨，捧水给亲属洗面，复敬甜茶，接受者回赠封包。是日新娘归宁（回门），新郎须随往。六朝、十二朝、满月新娘均须归宁，朝去暮返，例不越宿，满月后方可小住。婚后第一个年，新郎须亲住岳家拜年，并预备大笼糕分送岳家亲属。岳家设宴款待，并赠红包，名日“拜年钱”。

此外，古代的再婚、纳妾、童养媳、入赘等婚嫁旧俗，则不在此礼制之中。

由于存在着“俗有四民”的形态，民间婚嫁礼俗在遵循约定俗成的婚嫁礼制的同时，却也保留着这各自不同的精彩。

以客家人的古代婚嫁礼俗为例，客家是一个十分注重恪守传统礼俗的民系，在婚姻大事方面尤其如此。

在旧时，合浦客家青年男女之婚事，必秉“父母之命，媒妁之言”。客家俗话讲：“天上没云不下雨，地下没媒不成双。”青年男女无父母之允许，不可自行决定婚事，婚前亦不可私自见面。规矩十分严格。

当男子长到谈婚论嫁的年龄，父母向媒人说明婚娶要求，媒人带上男方家所备之礼（有猪肉、阉鸡等，亦有少量现金），至适当之女方家提亲。若女方家愿意，即将女子八字交给媒人。男方家或请算命先生合男女两人八字，合即成。若八字不合，则不成。

订婚之后，男女双方可互派人到对方“看屋”和人。一般是男方去女方家为多，看时可以进屋明看，亦可不让对方发觉，偷偷观察。

一切了解清楚，基本满意，双方父母再见面商谈婚嫁条件，包括礼钱、礼品、宾客规模等事项。男方依约准备，择日将礼钱、礼金诸物送至女方家，称为“过礼”。实即古礼之“纳征”。“过礼”之后请先生选择良辰吉日，报予女方家，是为古礼之“请期”。最后依礼举行迎亲大典，将新娘迎娶进屋。

按合浦客家婚姻习俗，在女方有“哭嫁”之俗。女子出嫁前三日，要与家人尤其是母亲相拥而泣，母亲教女儿“三从四德”诸妇德，做好媳妇；女儿则感激父母的养育之恩，以及与家人姊妹的难舍之情。出嫁之当日，需请有福、命好、家里“四眼齐全”（夫妻双全、有子有女）的妇女帮助新娘梳妆打扮，诸如拈汗毛、扎发髻、插花、戴花冠、盖头巾等。出门前，要由家人陪同，携带三牲祭品到祖公厅祭拜列祖列宗，向之辞行，并祝其保佑一切顺利，婚姻大吉。最后，由八至十位陪嫁女，送至男家。

在男方，要写“迎亲贴”敬请亲友，准备喜宴。择吉日请福命好之人帮助安床，每个床脚垫一个新红火砖（用红纸包）或是放一枚铜钱，床上铺好席子、被子、双枕，挂上蚊帐，床上撒花生、红枣、糖果等。一些地方还会将一箩谷子放在床上，铺床时要口诵吉言。

迎亲当日，男方派出接亲队伍，用四人抬的红花大轿，敲锣打鼓、高举伞旗、抬着礼架到女方家接亲。

迎亲队伍回到家门，先鸣炮恭迎，继而由两位全福人扶新娘下轿，轿前以两席铺地，轮流递进，直至家门，以寓传宗接代之意。

新娘入门之后，即行拜堂之仪。在房屋正堂准备一谷斗，内装大米，上置红枣、榄子、两枚红鸡蛋、两块糖果、一枝呈“丫”状的柏树叶等，插上香。斗旁两支红烛，两盏火油灯。新郎新娘在礼生的引导下，行合婚之仪。然后新人牵手至祠堂祭祖，向列祖列宗报喜（一些客地是新娘到家后，先向祖宗报喜，再行合婚之仪）。然后，两位新人手捧槟榔，拜认男方诸亲人。

而合浦疍家的古代婚嫁礼俗却又另有一番景象。

关于古代疍家婚姻的情况，明末清初的著名学者、有岭南三大家之称的屈大均在其所著的《广东新语》是这样描述的：“诸疍以艇为家，是曰疍家。其有男未聘，则置盆草于梢，女未受聘，则置盆花于梢，以致媒妁。婚时以蛮歌相迎，男歌胜则夺女过舟。”这里是说，疍家男女青年在相亲时，并不是以媒介为主，而是以船头的信物为介。未婚男子会在船尾摆放一盘草，而未婚的女子则在船尾摆放一盘花。疍家青年到了谈婚论嫁的年纪，就会以花草的摆放位置为标志去确定对象。确定对象之后，才去请媒人为之说合。但是在很多时候，疍家男女双方的相亲是借助对歌来进行的，婚时以蛮歌相迎，男歌胜则夺女过舟。这里显然有更多的婚姻自主的色彩了，而在封建礼制之下则往往被当作有伤风化之举。这就是为什么会出现本文开头所提及的朝廷专门行文廉州府禁止歌圩婚配的原因。

在老一辈疍家人的口述中，疍家结婚的时候，男方是划着篷船来迎亲的。疍家婚礼主要由以下几部分组成：一是求聘；二是过礼；三是哭嫁；四是迎亲；五是唱婚；六是拜堂；七是婚宴；八是洞房。

尽管合浦古代的婚嫁礼俗各有所异，但哭嫁这一环节是必需的。为了表达女儿对父母、家庭的感恩依恋，哭嫁歌也就成了出嫁女儿的一项必修婚嫁礼仪。而“俗有四民”中的哭嫁歌也各有特色，今列二种如下，以飨读者。客家人古代婚嫁礼俗中流传的《十二哭嫁歌》：

第一辞堂辞祖上，祖宗安位在厅堂。
第二辞堂辞祖婆，祖婆抱捱系女样。
第三辞堂辞捱爷，捱爷辛苦几凄凉。
第四辞堂辞捱母，捱母功劳系相当。
第五辞堂辞捱哥，捱哥情义长又长。
第六辞堂辞捱嫂，一条家务还你当。
第七辞堂辞捱弟，捱弟读书进学堂。
第八辞堂辞捱妹，捱妹生来像捱样。
第九辞堂辞捱婶，从细娇揽好心肠。
第十辞堂辞六亲，六亲百客各回乡。
十一辞堂辞祖地，辞开祖地过别方。
十二辞堂随身去，过了别处长长久。
过年过节捱归转，探望父母好应当。
人家生男防身老，捱母生女过别乡。
万望爷娘寿千岁，抱孙揽细在家堂。

在廉州民间古代婚嫁礼俗中流传的《新人辞祖歌》的节选《叹爷娘》：

爷娘生温（我）有拱（这么）大，生是女命在世间。
怎得生温（我）是男命，同哥共弟在家堂。
若是生温（我）同哥样，传香接祖点神灯。
十月怀胎娘辛苦，三年喂养几艰难。
涅（小）时搬尿又抱屎，搬尿又抱屎几糠脏。
十二月天洗屎布，冷得爷娘十指雪。
有天又放日来晒，落雨又发火来炘。

我睡干床娘睡湿，几多功劳在一番。

爷娘抚育温（我）拱（这么）大，深情义重如泰山。

温（我）无推闲共躲懒，缸中无水快去担。

等温（我）收头共拾尾，朝间夜晚无时闲。

今日分别回家去，爷娘情分记心间。

双手近前来作礼，辞别父母回家堂。

《叹弟弟》：

第九辞来我弟弟，辞别弟弟做人妻。

希望弟弟听娘讲，莫把学业来荒废。

学好本事敬爷娘，忠孝做人耀门第。

《叹妹妹》：

第九辞来我妹妹，妹妹今日又分开。

希望妹妹听教训，规规矩矩莫雷堆（不懂规矩）。

雷雷堆堆（不懂规矩）被人笑，父母伤心无人爱。

千言万语讲无尽，坐过花艇跟哥回。

合浦古代婚嫁礼俗中流传的哭嫁歌反映了民间婚嫁的礼俗和道德观念。歌调是平淡的，感情是真挚的，这是对亲情最真切的自然流露。哭嫁歌唱的不只是一个出嫁女的心声，还是珠乡百姓的家庭道德观念和婚俗礼仪，展示了千秋古礼中的乡音乡情乡韵。

传承九代的银饰作坊

在合浦县城廉州古城内，还保留有一间相守传承了九代的银饰作坊，它就是位于廉州埠民北的协荣银饰手工加工店。

协荣银饰手工加工店是一间祖传骑楼。来到协荣银饰手工加工店的铺面，最吸引人眼球的不是柜台里的琳琅满目的银饰品，而是挂在正面墙壁上的几副竹刻警言。其中的两副刻曰：“创业惟艰祖父备尝辛苦；守成不易子孙宜戒奢华。”“莫大殷勤思父母；好留榜样示儿孙。”这两副竹刻联已经使人能够真切地感受到九代相守传承的岁月积淀和坚持不懈的情怀。

作为一个祖传作坊，现在由李黄氏两兄弟共同经营。据业主之一的李黄宏钜先生介绍，这两副联都是祖父留下来的，就是希望子孙后代能把这个传统的银饰制作工艺世世代代传承下去。为了祖父的嘱托，李黄氏兄弟才能够在艰难的工作环境和狭窄的市场生存空间中坚持下来。

由于特殊的制作工艺，作坊的生产环境非常艰难。几乎所有工艺环节都需要手工来操作，而且来不得半点疏忽大意。

以银坯制作为例，其中的银坯锻锤和银坯锻炼都需手工完成。由于银饰品的体型一般都比较小巧，银坯锻锤不能像打铁那样用铁锤敲打，只能用特制的锤子轻敲细打。而作为造型过程的银坯锻炼，首先是要把银坯加热到适当的温度，由于银的熔点低，传统工艺是用煤油灯加热，而且要一边加热，一边锻炼。天气凉的时候还好说，夏秋酷暑季节可真是在上蒸下焗的环境中操作了。

银饰加工中有一个拉丝工艺，就是通过拉丝工序将银饰的部件拉成所需的粗细、大小，这也是要手工操作的。老式拉银丝机现在已经停产了，协荣银饰作坊现还在使用的两部人工拉银丝机已经是跨世纪的古董了：一部是纯手工操作的；另一部则是民国时期的结构形制，经过改良加工，增加了一只小马达，因为这种形制的拉丝机只能拉制较粗的银丝，所以大部分的银丝拉制还是靠手工，只有手工拉制的银丝才均匀适用。

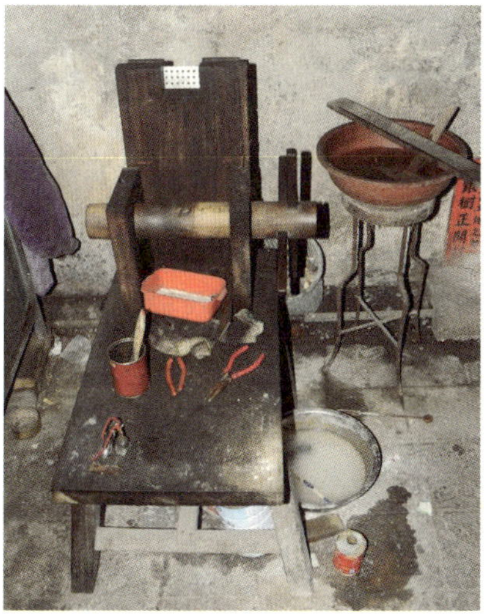

传承九代的银饰作坊传统的人工拉银丝机，已经是跨世纪的古董，但是还在使用中

传统银制作坊的情景

明代祖传下来的婚嫁首饰

银饰加工中技术性最强、难度最大的就是银饰花纹的设计与制作。这不但要心灵手巧，还要具备相应的美术涵养和文化积累，这方面的传承在很大程度上靠心领意会，这也是银饰传统手工制作传承中的瓶颈。好在李黄氏兄弟都各自带有徒弟，徒弟也都能够制作简单的部件和进行饰品维修，这是令人感到欣慰的。期待这间相守传承了九代的银饰手工加工店更好地发扬光大、传承延续。

在传统的银饰加工技艺中，有一种“玛瑙刀抛光法”，李黄宏钜先生的祖上曾经用玛瑙刀抛光法为官府加工过准备进贡给慈禧太后的银饰。玛瑙刀抛光工序在今天已是极少使用：一是玛瑙刀已十分稀有；二是玛瑙刀抛光法全部靠手工操作，是一种很累人的苦活。现在有了抛光机，大家都用抛光机来加工了。玛瑙刀抛光法也将成为一种绝技。但是为了对客户负责，李黄氏兄弟对一些贵重的银饰加工还是采取传统的玛瑙刀抛光法为客户服务，因为玛瑙刀抛光法做出来的效果要比抛光机做出来的效果好得多。为此，大李黄师傅还热心地演示了玛瑙刀抛光法。谈话间，大李黄师傅完成了玛瑙刀抛光法的加工程序，他把做出来的银饰品给笔者看时，果见光泽温润细柔，更胜一筹。

犹记当年《耍花楼》

“我演《耍花楼》那年是我第一次上台表演节目，也是改编后的《耍花楼》第一次在舞台上演出哦！”提起《耍花楼》往事，已经82岁高龄的蔡伟儒老师对半个多世纪前改编《耍花楼》的往事依然记忆清晰，情怀依依地向我们娓娓诉说起来。蔡伟儒老师最早参与《耍花楼》的改编，并第一个将新编的《耍花楼》形象在舞台上展示。

《耍花楼》是流传在合浦廉州方言地区的一个民间传说，及因此形成的一种赶鬼驱邪、祛病避凶、消灾解难的祈祷仪式。相传很久以前，合浦廉州地区出现了一个凶恶的魔头，经常在民间危害百姓。由于此魔法术高超，当地法师对它无可奈何。于是乡间百姓就祈祷天庭，请玉皇大帝为民除害。玉皇大帝闻祷后，就指派天神六郎下到凡间降伏魔头。但是六郎知道单凭自己的法力是不能降伏魔头的，于是就向玉帝请求增派王母娘娘相助。玉帝同意了六郎的请求，六郎即与王母一起来到了廉州。魔头知道六郎和王母来到了廉州后，就隐形潜入一大户人家的花楼（古时廉州方言称雕梁画栋的楼阁大宅为“花楼”）中躲避。六郎和王母追至此大户人家家中，进入花楼与魔头大战，为了使魔头无处遁形隐身，六郎和王母将施了法术的圣水洒遍花楼的每一个地方，魔头因此被降伏。后来，民间的巫师道公们就借助这个传说，将之演化成为赶鬼驱邪、祛病避凶、消灾解难的一种法事仪式，广泛流传，形成定制。为了突显仪式的神秘，巫师道公们在施行法事仪式的过程中，大肆渲染六郎和王母在花楼内大战魔头时遍洒圣水的情节，以达到吸引观者注意力和调动情绪的效果，故而取名洒花楼。后来，巫师道公们在施行法事的过程中又加进了一些类似舞蹈的动作，就谐“洒”音作“耍”（耍在廉州方言中有表演的含义在内，如“耍把戏”“耍猡骝戏”等），约定俗成，因此相沿称为“耍花楼”。

蔡老师与《耍花楼》结缘，始于一次男扮女装的反串演出。

20世纪50年代初，一位在北京文化部门任职的合浦籍领导回到家乡，出于对家乡民间文化的重视和热爱，他向合浦有关部门提出了把《耍花楼》从赶鬼驱邪、消灾解难的法事模式中解放出来，将之改编成群众喜闻乐见的文艺表演形式，参加中南区音乐舞蹈汇报演出的建议。在这位合浦籍领导的推动下，合浦有关部门立即组织创作班子，创作了歌舞表演唱《祖孙游廉州》。主要的情节内容是：家住农村的老祖父带着孙女去县城，要看看新中国成立后廉州的新变化，祖孙二

蔡伟儒老先生是将《耍花楼》改编成文艺作品、搬上舞台的参与者之一，他在讲述改编《耍花楼》的经历

人行至县城东郊外的清水江时，站在小岭坡上就望到了廉州。初见世面的孙女看到廉州后感到很新奇，于是就向祖父提出了一连串的问题。新编的《耍花楼》就是这样通过祖孙二人的问答对唱来展开表演情节，抒发对廉州新景象的向往与热爱。为了使改编后的《耍花楼》更贴近社会生活，更体现时代的精神风貌，在表演语言方面摒除了巫师道公故作神秘的半文半白的发音，采用了群众通用的廉州方言；在音乐方面，保留了《耍花楼》的主要曲调，借鉴移植了广东小曲中的一些音乐元素，如“得胜令”等。《耍花楼》因此完成了由法事仪式到民间歌舞表演唱文形式的华丽转身。

改编后的《耍花楼》表演程式确定之后，就要挑选演员。而开始选定的演员名单中并没有蔡老师的名字，而是另有其人，只是后来才临阵换将，由蔡伟儒顶替，而且是反串扮演孙女。正是这样一次顶替的反串演出，连蔡伟儒自己也没有想到，他与《耍花楼》结下了长达二十年的“未了情”。

改编后的《耍花楼》公演后，引起了各方面的广泛关注，《耍花楼》也成为各种文艺活动中的必演节目。1958 年，蔡伟儒参加合浦军分区举办的民兵文艺会演，演出的《耍花楼》获得了优秀奖。

1959 年是中华人民共和国成立十周年的大庆，为了迎接新中国成立十周年

民间的《耍花楼》表演者

新一代的民间《耍花楼》传承艺人

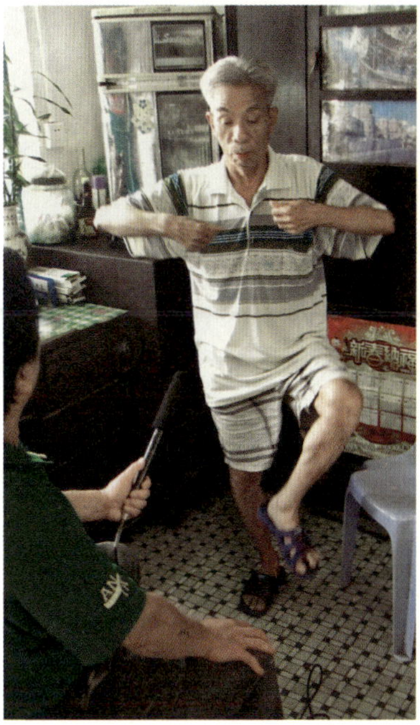

庞东生老师演示《耍花楼》的招牌动作

大庆，上级指定《耍花楼》作为十周年庆典献礼节目，并强调要重新改编，增加新的时代精神。这一次改编的《耍花楼》内容是歌颂人民公社的成就，而《耍花楼》经过了多年的表演实践、完善、提高之后，不论在内容和形式方面都更具艺术元素。为了更好地表现《耍花楼》的舞台效果，蔡伟儒和演出组一起，对《耍花楼》的表演形式进行了大胆创新，吸取了广东曲艺表演《十二群仙》的表演模式，由原来的祖孙二人表演改编成由十二个演员同台表演，还别出心裁地在结尾设计了由十二个演员组成的五角星造型。这次改编演出不但取得了圆满成功，获得了奖状，树立了《耍花楼》在合浦民间文艺中的形象，也为蔡伟儒的民间文艺之路打开了一番新的天地。不久，他被推荐去参加广东省民间文艺创作培训班，而这个培训班的名额相当有限，当时合浦属湛江专区，全专区仅得四个指标。

蔡伟儒非常珍惜他在广东省民间文艺创作培训班学习的机会，他一方面努力学习文化理论知识，一方面结合表演实际对《耍花楼》进行调理性的整理。由于他学习认真，成绩突出，还被推荐在培训班上讲《耍花楼》的改编及表演的体会。培训班学习结束后，不论在理论上还是表演实践方面都得到质的提升的蔡伟儒，满怀激情地投入了对《耍花楼》的深入研究中去。他首先将《耍花楼》的基本动作进行分解绘图并注明，接着又对《耍花楼》的改编过程做了系统的文字整理，还对《耍花楼》舞蹈动作的创作借鉴、音乐曲调的参考嫁接做了说明。

此外，《耍花楼》老艺人陈正彩于1960年被聘到广州群众艺术馆举办的舞蹈训练班担任教师。1962年舞协广东分会、广东省群众艺术馆和湛江专区文教局组织的由合浦、北海、钦州、高州、阳江等七个县市文化馆创作人员到合浦采风，编印了一本专题资料《耍花楼》。

与此同时，广东省、湛江专区及北海、合浦县城和相关乡镇都举办了《耍花楼》培训班。据民间老艺人回忆当年《耍花楼》的盛况是："一时间，凡有井水处都可以听到《耍花楼》的传唱声。"

正当蔡伟儒和他的同事们及热爱《耍花楼》的民间艺人们以各种各样的方式倾尽全力打造《耍花楼》品牌的时候，"文化大革命"开始了，《耍花楼》成了"封资修"的黑样板，首当其冲成了革命的对象。蔡伟儒等参与改编《耍花楼》的人员也就成了"封资修孝子贤孙"而被批斗，多年苦心整理的《耍花楼》基本动作分解绘图及有关文字资料被付之一炬、化为灰烬。

问起蔡老师对当前《耍花楼》的传承状况的见解，他老人家惋惜地说，当年对改编《耍花楼》发挥过重要作用的老艺人已经作古，知道《耍花楼》改编过程的人已经很少。近年来他看过一些《耍花楼》的表演，也只是其中的一些表面片断。而自己虽然也传带过一些爱好者、发烧友（包括他的弟弟在内），因悟性和环境（传承的条件）所限，学到的也只有两三成而已。即便如此，蔡老师还是深情地表示，只要有机会，条件合适，身体许可，他还是愿为《耍花楼》再做"前度刘郎"的。

在提及《耍花楼》的动作造型、套路及道具情景时，蔡老一一做了解答，还起身作了一连串示范动作。这时的蔡老师一下子变得年轻起来，娴熟的坐马桩走步、优雅的交叉摆手、转耍彩伞的曼妙身姿，表演起来还是那样得心应手，使人仿佛又见到了当年那个风华正茂、男扮女装反串孙女的青年蔡伟儒……

撑船棹船《老杨公》

《老杨公》是合浦山歌中的歌舞表演形式，起源于明代，是由一个民间传说演变而成的。

民间表演的老杨公有完整的请神仪式

各种版本的老杨公

各种版本的老杨公

老杨公为什么要带“鬼面壳”？原来，传说老杨公是南华佛的化身。南华佛本身是一个美男子，他要云游四海，普度众生，点化有缘人，但因为美貌，惹了不少麻烦。于是南华佛就戴了一个面具，化装成一个面目丑陋而又背驼的乞丐，这就是老杨公带“鬼面壳”的缘由。而老杨公的驼背则是一个篾织的半圆形小竹盖，平时用来装老杨公的衣帽，表演时穿起衣帽后，将这个半圆形的小竹盖往背后一塞，就是一个逼真的背驼了。民间艺人的表演没有固定的场地和舞台，因陋就简，就这样“简”出了独特的化装“行头”，这其实就是民间文化的原生态存在形式。

演老杨公时，一个很重要的模拟场景就是在港口码头，大部分的表演情节与动作都在模拟的港口码头场景展开。这是因为南华佛化身成为撑渡的老杨公，与蔡九姑而遇的地点就在港口码头。这就是老杨公的角色定位是撑渡佬，老杨公的主曲调叫《撑船调》的由来，也是“老杨公”作为经典、原生态的关键所在。缺乏或改变了老杨公的这些基本元素，它就不再是传统意义上为老百姓喜闻乐见的老杨公。

老杨公的服装造型，缀满补丁，为“百家衣”。为什么？因为南华佛化身的老杨公是一个面目丑陋而又背驼的乞丐，他穿的就是这种缀满补丁的乞儿装，这正是老杨公所蕴含的民间文化元素。

与老杨公搭档的仙姑，未成仙前是一个普通的渔家女儿，姓蔡，名九娘，在一次洪水中被冲进大海（也有传说称是受尽虐待的童养媳，因忍受不了婆婆迫害而投海）。南华佛认为九娘有仙缘，于是便化身老杨公去搭救。为了试探九娘的悟性和仙缘，就用对唱问答的方式去点化蔡九娘，蔡九娘终于通过“考试合格”，得道成仙。因此，此后的民间表演人物就固定成了老杨公和仙姑。诙谐、机智、幽默、反应敏捷、对唱敏锐是《老杨公》的演唱风格，动作活泼、写实是《老杨公》的表演风格。表演一出完整的《老杨公》大约需要三个小时，如果表演唱者即兴发挥多（根据需要），唱上半天也没问题。

《老杨公》表演中共有老杨公、仙姑和鼓师三人。先由仙姑上场且歌且舞，在鼓师的鼓点节奏下开始开场即兴表演。在开场的一个多小时里，仙姑一个人表演（按表演程序，仙姑完成开场表演之后才是老杨公上场），在又歌又舞中，全部歌词都是随口而出或是与观众互动的即兴对答。特别是表演到开坛请老杨公的时候，仙姑把手中的纸扇和手帕舞得飞花落英，眼花缭乱。而这时，老杨公也化装停当，戴上面具，焚香祷告，完成了“开坛”程序上场。

老杨公上场和仙姑的程序是不一样的，仙姑是在设定的地方开始歌舞表演，老杨公则是从表演场地的外围，一边呼叫着“撑船咯，棹船咯喂”的号子，一边用一条扁担作棹船状“撑船”进入表演场地。如果把仙姑的舞姿称作婀娜多姿，老杨公的舞姿则是刚健有力。仙姑的舞姿讲求腰、手、足的配合，而老杨公的动作则集中在双手作撑船状和头部动作。老杨公每唱完一段山歌之后，就作一次撑船的表演。这时，老杨公的头部急速地摆动，双手用力作摇桨状，腰部也配合晃动着，而双脚是有力地叉开站稳。最意思的是，老杨公用一个菜篮反扣在背后装成驼子，腰间还插了一把树枝，十分生动地反映出一个在风浪中搏击的老艄公形象。据传，这是南华佛专门打扮成丑陋的样子，以此试探仙姑的心意。

仙姑和老杨厘米别先后完成了“开坛”的表演程序之后，接下来就是老杨公试探仙姑的表演，这也是一个载歌载舞的表演过程。不同的是，山歌对唱完全是即兴的，一问一答的对唱没有固定的内容，完全靠表演者平时的积累和即兴发挥。老杨公和仙姑在这一环节表演中的时间与节奏完全靠个人的功底，两人的歌舞表演配合更是讲究默契、流畅。斯时，仙姑手中的纸扇和手帕，老杨公手中的扁担（船桨）更是舞得令人眼花缭乱，群情随之激奋飞扬：

撑船棹船棹……东江转，你妹呀，出力棹，哟嗬咳，牡丹花又红，姐妹美。

鼓连连，鼓连连，妹是仙花蔡九娘……

上弟渡船头托天，手执琵琶弹三弦。琵琶挂在娘胸上，便把西江月且唱。且唱西江月一首，独自怨叹想故乡……

观赏着老杨公和蔡九娘的山歌和舞姿，沉醉在原汁原味的老杨公神韵中的同时，也使人产生丝丝忧思，原汁原味的《老杨公》还能在这些民间老艺人的执着中传承延续下去吗？

百年技艺——合浦牛角雕

合浦牛角雕、北海贝雕画、东兴石雕，在 20 世纪 90 年代初曾被誉为广西民俗旅游产品中的著名“三雕”品牌。其中合浦牛角雕《群虾》作为广西标志性工艺品之一，被选送陈列在人民大会堂的广西厅。全国政协副主席、中国著名的科学家，有“中国近代力学之父”之称的钱伟长曾为之题词赞：“神奇角雕，合浦绝艺。”

但是，“三雕”品牌进入 2000 年以来，在市场体制变革的冲击下，都经历了由兴旺走向衰落的滑坡阶段。近年来，北海贝雕画在市政府的大力扶持下得到了有效的传承发展，知名度日渐回升，产销市场得以回归，有望重新成为北海文化产业的扛鼎品牌。而东兴石雕也正在朝着打造“石文化品牌”的方向迈进，气势正旺。然而，合浦牛角雕工艺品的生产仍一蹶不振，令人叹息。

合浦牛角雕是一种古老的工艺，据史料记载，在民间习俗中，牛角被认为有辟邪、镇灾的作用，开始时是直接把它摆在家里厅堂显眼的位置上，当作一种避邪饰品使用。到了明代，合浦才开始有牛角雕，当时只是在牛角上刻上些简单的

“广西传统工艺三雕”之一的合浦牛角雕，丰富的动物造型是其特色

避邪图案。到了清代，合浦牛角雕得到进一步发展，图案结构艺术化，合浦牛角雕由最初的避邪图腾转化成一门独特的民间传统工艺，不论是雕刻工艺和作品造型都形成了独特的艺术系统。随着对牛角雕工艺的不断传承和创新，合浦的牛角雕艺人们用自己的毅力和才智形成了以镂空雕刻技艺为主体特色的合浦牛角雕工艺技术，在国内属于独创，使合浦牛角雕工艺品生产技术在国内外具有领先地位。

为了保护和发展合浦牛角雕事业，1964 年，合浦成立了全国最早的牛角雕企业：合浦县工艺美术厂。此后，合浦牛角雕工艺进入了快速发展的传承创新期。

合浦牛角雕在制作技艺上，采用天然优质的牛角为原料，利用角质硬中带软、弯而不折、薄则透明、细则柔韧等特点，进行精巧的造型设计。然后采取圆雕、浮雕、镂空、镶嵌等传统雕刻技法，因材施艺，进行精雕细刻。再经过反复抛光之后，生产出一件件气韵灵动、栩栩如生、富有地方文化特色的牛角雕工艺美术品。合浦牛角雕工艺品经过特殊的工艺处理后，既保持了牛角的天然色彩，又呈半透明的橙红色，色泽鲜艳光亮、耀眼夺目，而且经久不变形变色，利于永久保存欣赏。

在产品设计上，牛角雕以动植物造型为长，其中热带鱼、虾、荷花等造型气韵生动、曲线优美、五彩缤纷的造型是合浦牛角雕的特色。除此之外，所雕刻的题材还十分丰富，主要有仿虾、蟹、鱼、鸟、虫、禽、兽、花草以及笔盒等。构图上汲取图画虚实相间、疏密有致、大胆取舍、工意结合等手法，艺术感染力强，每件成品都是独一无二的精品。

合浦牛角雕工艺品因此也一度成为出口创汇的指定商品，由此又进一步促进了牛角雕工艺品生产企业的技术革新和产品的推陈出新。如在 20 世纪 60 年代中后期，虽然中国的企业处于计划经济的框架下按计划指令生产，但根据周恩来总理努力生产出口商品为国家多创外汇的指示，合浦工艺美术厂接受了设计生产外贸商品的任务，其中一套产品就是根据外商指定需求，以“龙生九子”为主题的印盒。现在在合浦工艺美术有限公司（即合浦工艺美术厂）的展柜里，还珍藏着两只这个生产批次的出口商品——“龙生九子”中的赑屃和负屃造型的牛角雕印盒，由此可见当时合浦牛角雕工艺的水平。

为了适应特定历史时期生产出口外贸商品的需要，在当时相对封闭的市场环境中，合浦工艺美术厂的工艺技术人员，一方面对民族的、传统的工艺造型进行挖掘完善、推陈出新；一方面不断地开展创新设计造型，形成了以民族吉祥物和海洋题材相结合的牛角雕系列工艺品，并开始在全国的工艺品系统中崭露头角。

自 1981 年以来，合浦县工艺美术厂生产的南珠牌牛角雕工艺产品先后 14 次获省部级的优秀产品奖励，成为全国一流的工艺品，1991 年被国家定为首批全国轻工系统民族用品定点生产厂。1992 年 11 月，经国务院批准，由国家旅游局牵头，会同轻工部、商业部、纺织部等部门，在全国逐步挑选三百家左右生产旅游商品的厂家作为全国旅游商品的定点生产企业，给予重点扶持。合浦县工艺美术厂被列入“全国旅游商品定点生产企业”，并获得了“全国旅游商品定点生产企业”证书和标志牌。

在这样的时代环境下，合浦的牛角雕工艺品生产得到了长足发展，到了 20 世纪 90 年代中期，合浦牛角雕工艺品的产业规模已进入了千万元产值的行列，其中合浦工艺美术厂一家企业的产值规模就达到了 500 万元，产品近 400 种，年产量达到 3 万件。该厂的南珠牌牛角雕工艺产品畅销中国各旅游城市及香港、澳门，并出口东南亚、日本、欧美等。合浦的牛角雕工艺产品曾先后在巴基斯坦、加拿大、美国、日本等国展出，获得了广泛好评，还屡次在国内外工艺美术品展中荣获金奖。其中，《虾群》陈列于人民大会堂广西厅；《葡萄荔枝》获全国工艺品美术展金奖；还有以一大批牛角雕工艺品，如《荷藕虾趣》《荷花金鱼》《热带鱼》《福禄寿》《椰树双象》《雄鸡报晓》《合浦狮头鹅》等，多次参加广州中国进出口商品交易会，成为商家首选的拳头产品，为合浦的民间工艺赢得了声誉，提高了合浦旅游产品的市场知名度。

合浦牛角雕工艺品产业因此积累形成了品牌效应，具备了相当的市场凝聚力。北海、合浦的牛角雕工艺品企业也乘势发展到了近百家。

但是在企业机制的转换过程中，合浦牛角雕工艺产品因生产工艺的特殊性，也和许多传统工艺产品一样被市场利益的浪潮吞没了，企业得不到及时有效的支持扶助。作为一种百年的传统工艺，合浦牛角雕工艺品技艺如今却面临后继无人的境地，合浦牛角雕工艺品产业的发展也难以为继。时至今日，合浦原有的近百家角雕加工企业已所剩无几了，剩下的企业在艰难的守望中，守望着这百年的工艺，百年的历史文化传承。

合浦县工艺美术厂就是其中的缩影。这个曾经拥有120多名生产设计技术人员和广西工艺美术大师，也曾经是主要的民族传统工艺品出口商品生产企业，在巨大的市场经济挤压下瓦解了。如今只剩下二三十名人员通过自筹资金改制为合浦县工艺美术有限公司，苦苦支撑了十多年，在极其艰苦简陋的生产条件下，他们仍能以厂为家，以守护合浦的牛角雕工艺为荣。即使是在工资也不能按时发放的情况下，还是十几年如一日，不断地创新传承坚持生产，仍然保持着200多个传统工艺产品的生产销售。2009年，合浦县工艺美术有限公司的工艺师们又创作了牛角雕作品《奔腾》《鸟语花香》参加广西区博物馆举办的“贺祖国60周年大庆”比赛，传扬了珠乡百年牛角雕工艺的声誉，合浦的牛角雕工艺和品牌才得以较完整地保存下来，这真是不幸之中的大幸。

百年技艺——北海贝雕

北海贝雕工艺的效应积聚及品牌创立起于20世纪60年代至90年代初。

1963年，时任北海市委书记的马志福在广州出口商品秋季交易会上，看到了大连市贝雕厂的贝雕画（当时叫珍珠雕刻）后，回来即指示市手工业联社组织生产。1964年7月起，试制出《木兰从军》《水中桥影》《柳溪蝉声》等11幅贝雕画样品送广州秋交会，获得了外商500多幅6600多元人民币的订单。从此，

"广西传统工艺三雕"之一的北海贝雕，工艺技术有了创新发展

北海贝雕画进入国际市场，贝雕画产量逐年增加。到 1972 年，产值增至 41.48 万元。1973 年，北海市工艺美术合作社更名为北海市工艺美术厂。1987 年 7 月 1 日，工艺美术一厂、二厂合并为北海市工艺美术总厂，由此开始了贝雕工艺产品的规模化生产。1987 年产值达 249.09 万元，出口创汇 45.67 万美元。北海市工艺美术总厂的建立，标志着北海贝雕画的工艺设计和产品生产得到了系统化、规范化的发展。是年，北海贝雕画获自治区优质产品奖、全国工业优秀出口产品铜牌奖、全国工业出口创汇金龙腾飞铜牌奖。1989 年，贝雕画《捕》获中国工艺美术品百花奖二等奖。贝雕画《程阳桥》《真武阁》两幅精美作品，选送北京人民大会堂广西厅陈列。1990 年，贝雕画获全国轻工业博览会铜奖。是年，北海生产贝雕画 82663 幅，其中出口 30258 幅，出口金额 126.14 万元。

在这个效应积聚及品牌创立时期，北海的贝雕工艺产品以地方特色文化资源为依托，取得了丰硕成果，初步奠定了北海贝雕的工艺特色与市场地位。这个时期的经典作品有 1972 年广西北海贝雕厂出品，由钟正彰和孔祥云制作，反

百年技艺珠乡贝雕经典《蝶恋花》（杨开慧）

映广西民兵先进单位——北海地角女民兵连生活的贝雕画《南海晨歌》，规格为 1.7 米 ×1.1 米，题跋为“北部湾畔碧浪涛，海角英飒多奇志”。此贝雕画送到北京参加第一届全国工艺美术展览，因题材新颖，时代特色浓烈，人物形象逼真，雕刻技艺精美，获得好评。北海贝雕画由此引起重视，获国家拨款 13.4 万元扩建厂房。

此间创作的《杨开慧》，规格为 1.8 米 ×1.1 米，题跋为“忽报人间曾伏虎，泪飞顿作倾盆雨”。全画均为贝壳纯手工精雕而成，以广寒宫为背景，人物为杨开慧、七仙女、吴刚与玉兔，表情各异生动，细节都刻画得惟妙惟肖，且有题款留字，堪称精品中的绝品。

而以“八仙过海”为代表的民俗系列工艺产品，达到了当时贝雕工艺技术水平的高端，成为具有代表意义的经典作品。

凡此种种，为北海成为中国特色贝雕工艺标志产品四大区域生产地之一奠定了基础。

但是到了 20 世纪 90 年代末，贝雕市场急剧萎缩，贝雕工艺企业遭受到了严重的危机，大量职工下岗，技术力量基本流失，贝雕工艺传承严重断档。最教北海贝雕人心痛的是，经过了几代人三十多年积累的贝雕工艺技术和产业资源因此几乎损耗殆尽，曾经蜚声国内外的北海贝雕就这样销声匿迹了。虽然在此后的十余年间，北海的有识之士都在不断地呼吁，不遗余力地为北海贝雕的存在发声，为挽北海贝雕的颓势在做种种努力，但由于缺乏一个聚集的平台，这些力量显得太分散、太单薄了，大都力不从心。即使近年来，偶有北海贝雕产品在展会上露

百年技艺珠乡贝雕经典《南海晨歌》

露面，但在题材和内涵上再也不是当年那种浸润着浓郁、厚重的地方特色和文化元素的北海贝雕了。

关心北海贝雕的有识之士建议，要使北海的贝雕产品重新焕彩，从展柜走进市场，重要的是在产品的结构和设计形态方面进行市场适应性的调整，特别是在北海贝雕工艺的传承方面。北海贝雕工艺的传承是形成北海贝雕产品特色的先决条件，也是关系到北海贝雕产品能否在行业竞争中获得应有的市场份额的基础。

一是在产品结构的传承方面：要在恢复、整合原有的传统品牌产品的基础上，以文化创意方面的海洋性特征为导向，创新打造以“海上丝绸之路”文化特征的标志产品；以本土的民俗性特征为导向，创新打造彰显北海民俗特色标志的节庆产品，如疍家风情、客家土围楼、廉州民俗、老街事典等。

二是工艺技术的创新方面：在传承和弘扬北海贝雕工艺美术的传统性特征基础上，与时俱进地创新工艺技术的应用，特别是在电脑微雕技术广泛应用的条件下，充分运用创新的工艺技术去设计制作具有重大影响的区域历史事件系列作品，如北海开埠（百年海关）、十九路军在北海、侨港建镇、首批沿海开放城市、采珠节、六湖沧桑等题材的长篇画卷。

三是在题材和内涵的扩展方面：在新一轮的产品开发中，着手建立北海贝雕的素材资源库。北海在申报“中国历史文化名城”的过程中，挖掘和积累了大量的历史文化资源，这些都为开发研制北海贝雕工艺产品提供了非常丰富而宝贵的素材资源，为扩展北海贝雕产品的题材和内涵打下了坚实的基础。因此要善于结合产品的文化特征，将银滩、红树林、冠岭、珠池、采珠、珠还合浦、“海上丝绸之路”重要起点、汉文化景观、涠洲风情、外沙景物、疍家风物、客家风情、老街风情及人文典故等元素设计入画。

四是在产品的市场性方面：目前，北海贝雕产品在设计应用方面，存在着重装饰、轻实用，重会展、轻市场，重风光、轻人文的偏向，因此忽略了市场应用的需求，在很大程度制约了北海贝雕产品的经济效应的聚集及辐射。其实这是一种长期以来认识误导上的偏见。在北海的收藏者手中，有一套以唐代王昌龄诗句“寒雨连江夜入吴，平明送客楚山孤。洛阳亲友如相问，一片冰心在玉壶”寄寓入画的四幅贝雕挂屏。原是合浦某辛亥先贤的遗物，因岁月久远，这套挂屏至今只存后两句“洛阳亲友如相问，一片冰心在玉壶”的两幅，但该辛亥先贤的后人知道这一信息后，仍然愿出重金收购所存的两幅挂屏。这就是人文精神的聚集力量所在。这是值得借鉴的，并应用到北海贝雕产品的创新发展及市场经营中来，以产生更大的经济效益。

《金牡丹》事典

要了解《金牡丹》的来龙去脉，就得先了解廉湖书院童生参与“闹县学”的事件和廉州《金牡丹》的事典。

据《廉阳轶事》记载，廉湖书院的倡建者之一陈卿钦，字兰亭，六湖人。书中称其“性颖悟，文字为乡先辈所重”。陈卿钦的生活极为俭约却轻财好施，他在乡间开设课馆教育子弟，为了让子弟能就近读书深造，他与族中的乡贤一起，发起集资筹建廉湖书院和太邱祠。鉴于陈卿钦的学识和人品，投在他门下求学的学生很多，史称他“授徒传业从之游者多所成就”。而他在廉湖书院执教期间，发生了一起童生闹县学的事件。廉湖童生“闹县学”的事件发生在清代嘉庆末年，时有廉湖书院的十几名童生因陷入了“闹县学”的风波而被官府逮捕关进了监狱。陈卿钦知道自己的学生被关进监狱的消息后，立即赶到县衙，以自己的全家性命保释这些童生回书院继续学习。县衙基于陈卿钦的品格和声望，同意了他的保释请求。陈卿钦把学生领回廉湖书院期间，这些童生没有一人脱逃，至保释期满后全部重回监狱。在这些童生重回监狱期间，陈卿钦又挺身而出积极为这些童生向上申诉，终于得以无罪释放。后来，这批童生积极奋发，大多取得了科举功名。

客家妇女表演的公馆木鱼《金牡丹》

舞台上的《金牡丹》

至于《金牡丹》的事典传说，则来自“闹县学”的某童生与廉州府城中金家小姐的一段男女恋情。

据民间传说，在廉湖书院这陷入“闹县学”童生中，有某童生与府城中的金家小姐相识至相

民间客家山歌版的《金牡丹》，83 岁的廖梓材和其妻子叶素兰在表演

恋。“闹县学”事件发生后，这批童生全部被关进了监狱，某童生与金家小姐因此而断了联系。那金家小姐名牡丹，金家在廉州府城内是排得上号的富贵家族，金家祠堂（今廉州埠民北）在府城更是有四大祠堂之一的称号，由此可见金家的财势。金牡丹突然没有了那名童生的消息后很是焦急，在多方托人打听无果的情况下，有人向金家提出了一条“妙计”：就是出钱请散落在府城周边的乞丐及苦力都收拢起来，每天四处打探童生的下落。为了方便联系和传递消息，乞丐及苦力们一边走一边敲打着讨饭的瓷砵瓦碗，高声呼唤着金牡丹与某童生的名字，终于探听到了某童生因闹县学被关进监狱的消息。于是金牡丹就请其父出面，帮助将某童生保释出狱。后来某童生奋发求学，考取了功名迎娶金牡丹，有情人终成眷属。而陷入闹县学的童生们回到公馆后，将这段姻缘编成山歌后用客家木鱼曲调广泛传唱。因为此事是因金牡丹而起，故以金家小姐之名取名为《金牡丹》。《金牡丹》演唱时，在每段四句的后面，都以“你呀呢呀金牡丹，一对鸳鸯对凤凰，牡丹花”来加重唱腔感情作为结尾。

由于《金牡丹》以客家木鱼作为套曲，因此在表演形式上基本上是沿用客家木鱼的程式，故又称《公馆木鱼金牡丹》，以别于常规的客家木鱼。

塔架烟花

合浦与湖南的浏阳、江西的萍乡、广东的东莞并称为中国“四大花炮之乡”。而合浦的廉州塔架烟花综合了爆竹与烟花的多种技术精华，堪称中国烟花爆竹中的一绝。

廉州塔架烟花的应用历史可追溯到明代。据《合浦县志》记载："上元夕城内之关帝庙、万灵寺有放火焰之举。其制法为用绸制人物串演戏剧场面数种，次第燃放，火起炮响，人物受火焰推动，变换场面……"这是说，古时廉州府城内正月十五闹元宵，除了在今中山路一带遍搭花灯棚展示花灯之外，还有一个重头戏，那就是"用绸制人物串演戏剧场面数种，次第燃放，火起炮响，人物受火焰推动，变换场面"的"放焰火之举"。这个焰火，就是廉州塔架烟花。

廉州塔架烟花是传统大型的烟花组合。塔架烟火综合了建筑造型、扎架工艺、雕刻美术、布艺泥塑、化工火烟等多门工艺技巧，还可以根据需要，设计、演绎不同的故事情节民间传奇。在燃放的时候，故事情景一一展现，尽显鬼斧神工，蔚为壮观。在廉州塔架烟花技艺的传承发展中，最著名、工艺传承时间最长的就是唐氏塔架烟花。因唐氏塔架烟花的创立者唐河祖又名"老乌二"，因此，在廉州老一辈的居民中流传着这样一句歇后语："老乌二的烟火，一截到一截。"由此可见廉州"老乌二"塔架烟花的影响。

塔架烟花的制作，内架全用竹篾扎成，需要很高的扎架技巧，因为每一支塔架内都设计有不同的节目内容和人物造型，这些人物造型全是靠引线设置的机关牵引着，点燃引线后，随着引线的燃烧，架内的场景和人物就会依次脱落展现，

采珠节期间，燃放中的合浦塔架烟花

20 世纪 90 年代，唐家老二（前）应邀到越南表演扎制的合浦塔架烟花

稍有疏忽，就会造成光放烟花、不出现情景的现象。塔架内每一层还安放有蜡烛，随着场景的转换，蜡烛起到照明的作用。

传统的塔架烟花一般是以《三国演义》《水浒传》《西游记》中的情节为题材和人物造型，也有以民间传说来设计制作的。新中国成立后，唐氏的“老乌二”塔架烟花的生产销售并入了国营爆竹企业，因为工艺流程的复杂、制作技术的精细，能传承的人不多，塔架烟花的制作基本还是由唐氏的后人负责。由此，个体的经营方式得到了重要的依托和扩展，廉州“老乌二烟火”塔架烟花在很大程度上得到了发展和改良，节目内容上有了更新，制作工艺上有了改进，题材方面也与时俱进，加进了现代英雄故事等，燃放表演也更加精彩，成为主要节日或重大庆典中的头牌节目，不但经常应邀到省内外展演，还多次应邀出国表演。

廉州城内最后一次燃放人物造型的塔架烟花，是在国庆十五周年庆祝晚会上，节目内容是活捉美蒋空降特务、欢庆国庆，地点是在合浦人工湖边（今还珠广场）。那二层高的烟花塔架燃放之时，在烟花喷射中，一串串活捉美蒋空降特务的情景、劳动群众欢度国庆的人物造型和场面不断脱落变换，引来了观众的惊叹声、欢呼声和鼓掌声，至今仍历历在目。

20 世纪 90 年代，北海和合浦曾举办过珍珠节、采珠节，“老乌二”塔架烟花在期间也有过精彩的亮相。可惜由于种种原因，如今市场上已找不到塔架烟花的身影，知道“老乌二”塔架烟花的人也不多了。

据“老乌二烟火”塔架烟花的传人唐家三兄弟介绍，要制作一座塔架烟花，首先得有严密的技术配合和制作分工，而且技术配合和制作分工的得当，与人的技能天分有很大的关系。唐家三兄弟分工是固定的，老大负责人物造型及情景表演环节的设计，讲求的是心灵手巧，构思精细；老二负责整体造型的布局设计，讲求的是结构严谨，形象完美；老三负责烟火造型及火信配制，讲求的是色彩形象的设计，燃放线路的设置。因此，一座“老乌二烟火”塔架烟花的整体结构，不是任何一个单独环节所能完成的，只有三个人的完美配合才能制作出巧夺天工的塔架烟花。人才难得，这就是长期以来制约“老乌二”塔架烟花传承发展中的一个瓶颈。

“老乌二”塔架烟花的情景布局，主要有三个环节：

一是序幕情景。序幕情景主要是根据节庆活动的需要来设计内容。这是一个包罗万象的范围，如越南在抗美战争中，在鸿基击落了美军的飞机，为了庆祝，专门请唐家三兄弟设计制作了庆祝击落美军飞机的序幕。序幕多是标牌和彩带，通过文字来提示本次塔架烟花的主题。

廉州塔架烟花的传承人唐家三兄弟。左为负责人物及情景设计制作的唐家老大；中为负责造型设计的唐家老二；右为负责烟花火信设计制作的唐家老三

二是表演情景。表演情景多是群众喜闻乐见的民间故事和历史传奇。如《水浒传》中“武松打虎”;《西游记》中的“三打白骨精”等。“老乌二”塔架烟花最精彩的节目就是唐家三兄弟根据合浦民间传说而改编设计的“珠还合浦”情景表演。“珠还合浦”的情景表演可以说是“老乌二”塔架烟花的经典代表作。在表演的过程中，先是一只大珠蚌在灿烂的烟火喷射中出现，之后在明烛燃烧的光彩斑斓中张开，这时，一个美女出现在蚌体内，通过烟火效果展示明珠飞出来的效果，象征珍珠公主来到合浦。接着是一个“过彩”的环节，“过彩”就是通过烟火的燃放来转换表演情景，“过彩”的时间一般是在 100 秒左右。“过彩”十分讲究燃放烟火的色彩形象的设计和燃放线路的设置，既要通过色彩造型来吸引观众，又要准确地把握时限，“过彩”的时间一到，下一情景表演就得开始。“珠还合浦”表演的第二情景是太监闻讯来到合浦抢珠，表现手法是太监在烟火中出现，以喷射飞腾的明烛表示珍珠被太监抢到了手中。这时，是一次“过彩”的环节，之后珍珠就飞到了珍珠公主身边。第三情景是太监抢走珍珠，珠飞梅岭。第四情景是珠还合浦，夜明珠回到海中升上夜空。每一次的情景转换都通过“过彩”来调节时间。一个故事情景的表演最多可以设计到 9 层，而“老乌二烟火”塔架烟花的规模也要根据故事情景的表演内容而定。如“珠还合浦”的表演情景，其规模是四层，塔架的高度为 2.5 米，宽度 2.2 米，重量约 300 千克。如果表演情景多，塔架的全部重量会达到 500 千克。于是整个塔架的结构布局、线路安排、火信设计都必须精益求精，如果稍有差池，就会造成表演脱节，严重者会烧毁整座塔架烟火。

对此，负责整体造型布局设计的唐家老二自豪地说，在“老乌二”塔架烟花的制作及燃放历史上只有过一次脱节现象，那是要运到越南去燃放表演，因为当时路途太远，加上道路又崎岖，造成引线脱落所致。由此可见，“老乌二”塔架烟花的质量。

三是百花灯表演情景。宫灯表演是最能体现烟火的质量及设计水平的。这里主要包括了三方面：一是对火药的配方运用，二是对宫灯的造型设计，三是对明烛安放点的燃放设计。

火药的配方运用除了直接关系到色彩造型的效果之外，还关系到百花灯烟火喷放的范围，必须控制在 50—100 米。因为喷放范围过小，就会影响宫灯；喷放范围过大，就会影响安全，这里面的设计机巧是非常讲究的。

百花灯的制作工艺精良，用料讲究，形象美观。由于宫灯要求轻巧才能转动灵活，在制作过程中选料是第一位的。选料要轻，除了常用的单竹之外，讲究者还要选用一种特别的茅竹来加工，因为这种茅竹空心、体积轻、有韧劲，用之制作的灯笼轻巧灵活。选定材料之后，就要削成一条条细片，称为“破篾”。破篾的工艺十分讲究，不但要把篾片削成面条般大小，还要大小长短均匀，这是最讲技术的。因为只有把篾片削好了，织出的灯架才工整美观，就为下一道装裱工序打了下基础。宫灯表演情景是“老乌二”塔架烟花燃放表演中最绚丽灿烂的环节，也是最具艺术感染力的部分。

明烛的燃放设计则是为了衬托百花灯的燃放色彩效果，每一个环节明烛的数量多达百支，在这百多支明烛燃放的过程中十分讲究紧密衔接。

此外，塔架烟花中的人物造型制作设计除了讲究一定的艺术修为和技能水平之外，专用材料的选用也十分讲究。

由于“老乌二”塔架烟花的结构复杂性及其技术精密性，保护、传承成了一个大难题。而作为在全国具有唯一性的民间技艺“老乌二”塔架烟花需要较长的学习时间，在学习中不仅需要细致，又要耐得住艰苦，很多青年人难以坚持下去。而唐家三兄弟退休之前所生产制作的塔架烟花都是由国有炮竹厂经营管理，前些年国有炮竹厂改制后，生产制作塔架烟花的技艺基础已不存在，面临着失传湮没。对此，笔者曾协调热心企业支持唐家三兄弟重新制作一套塔架烟花，以留作传承保存，但最后因唐家三兄弟年纪大了、难以完成繁重的手工操作（如破篾、扎架等）而有心无力。对此，有关部门应当有所关注，在申报非物质文化遗产、举办培训班、收集整理、模型制作等方面及时采取有效的抢救措施，让廉州塔架烟花这一珍贵的民间技艺遗产得到保存、传承乃至发扬光大。

廉州花山屐

清末民初，廉州兴起一种时髦用品，那就是花山屐，山屐是廉州方言对木屐的俗称。据史料记称，木屐早在春秋战国时期就已出现，缘于晋文公请介子推的故事。晋文公多次请隐居于绵山上的功臣介子推来辅政，但介子推躲进深山不愿出仕，晋文公便企图使用焚山燎木之法迫他出来。不料，介子推却抱住一棵大树并被烧死。晋文公很悲痛，就用那株树的木料制成一双木屐，吧嗒吧嗒作响的木屐之声激励着重耳励精图治，不重蹈覆辙，终成“春秋五霸”之一。木屐因此流传了下来。

清代李调元在《南越笔记》中记：“粤中多尚屐，粤中婢媵多着红皮木屐，士大夫亦皆尚屐。沐浴乘凉时，散足着之，名之曰散屐。散屐以潮州所制拖皮为雅。或以抱木为之。抱木附水松根而生，香而柔韧，可作屐，曰抱香屐。潮人刳之为屐，轻薄而软，是曰潮屐。或以黄桑苦楝亦良。香山土地卑湿，尤宜屐。其良贱至异，其制以别之。新会尚朱漆屐，东莞尚花绣屐，以轻者为贵。广州男子轻薄者，多长裙散屐，人皆呼为‘裙屐少年’以贱之。”由此可见花山屐之流行。

廉州山屐的底部有凹，形状像桥拱，翻过来像两座山，因而以“山屐”称之，以别于其他地方的平底木屐。花山屐即是在山屐的上面用手工漆花描绘花鸟虫蝶、人物风景等图案，底色一般有红、绿、黄几种。日常用的廉州花山屐的选料一般都是苦楝木，有钱人家会选用质地好的木料，有的甚至是选用黄花梨。由于花山屐制工精细、用料讲究，价格就比普通山屐高出许多，因此不为平民百姓

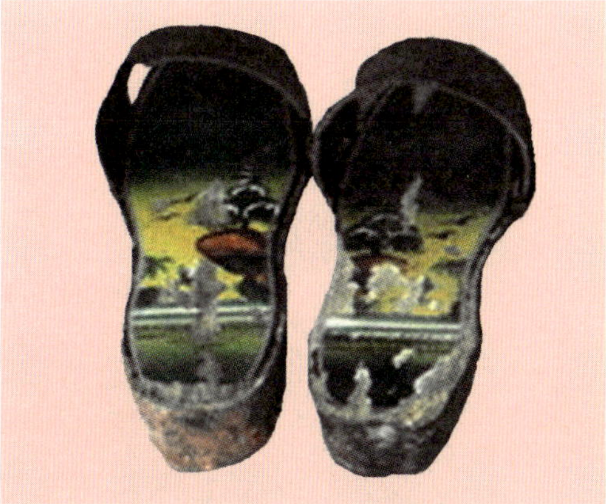

古代廉州有钱人家妇女常穿用的花山屐

合浦修山屐的老人

所常用，一般都是有钱人家的太太、小姐用的。有的时候也会用作嫁妆或定情的信物，一对花山屐往往就是一个女孩子一生的记忆珍藏。在 20 世纪 50 年代初还有散见于民间的花山屐，但至今已无可觅踪，知之者也是寥寥无几了。

手工织草席工艺

大廉山下的客家乡镇，原来是合浦草席行业的主要生产基地。20 世纪 60、70 年代前，这里的大多数家庭都种植织草席的原料关草，大多数乡亲都会织草席。但是，随着工业化生产的发展，社会生活用品代替品的普遍应用，手工编织草席行业迅速萎缩，以致濒临消失，曾经作为草席生产大县的合浦至今已找不到几户织席人家，看不见种植的关草，听不到织席的机杼声了。

所幸大廉山下的公馆镇扫管村委草塘村还有零散的织席人家在传续着草席生产，传承着传统手工织席的技艺。

由于织草席的工序繁琐，工艺要求细腻，编织一张草席往往要使用 10 多种织席工具，还要经过割草、晒草、捣平、漂洗、纺线、穿线、织席、编辫、剪边、晒席等 18 道工序，一张草席的产生，起码要经过以下的工序：

种草。每年农历二、三月份就要把席草苗像插秧一样插进水田里，到了农历八月份，席草长到 2 米左右就可以收割了。管理得好的席草可以连续收割六个批次，张大哥所种的三分地席草基本可以保证每天三张草席的原料供应。

割草。割草的时候为了保证质量和利用率，不能像割禾那样收割，而是要一蔸一蔸地割，这样便于分类。收割下来的席草要按规格进行分类，然后将席草一根根对半剖后再晾晒，晾干晾透的席草会有草香味透出，颜色由青转青白，做出来的草席才

大廉山下传承了五代手工织草席工艺的张大哥夫妇在织席

手工织席要经过挂席纲、穿席纲、压草等多种工序

均匀美观。这个工序是最费工费时的，而且是机器无法代替，但也是很多人不愿做的。

编席脊。准备好原料之后就要编席脊，也叫席纲，这是用来夹紧席草的。席脊是用两根麻丝搓成一条半毫米大小的细绳备用，也有些人家为了方便，就去市场上买现成的综线来代替。但综线是绵织的，易吸水分，易变形发霉，质量上远不如麻绳。因此，张大哥还是坚持自己制作细麻绳备用。

挂脊。织草席的第一项工序是挂脊。挂脊就是把细麻绳按照草席的规格串挂在席箔和支织架上，大约 2.5 厘米左右就要串挂一对细麻绳，一床 2 米长的草席一般要串挂 80 对细麻绳。这些细麻绳在草席中起经线的作用，草席织好后，这些细麻绳组成的

为了保证原料来源，张大哥在自家水田种了席草

经线突出席面有如骨脊，故称“席脊”，也叫“席筋”。

织席。织席必须两人一组进行，一般是男人负责压箱，压箱就是在织席的过程中不停地把席箱上下抬扣，将席草压紧，这是需要长时间的臂力配合的；女人则负责穿草，在男人将席箱抬起来的刹那，女人就得用穿草工具快速准确地穿过席脊。穿草的时候是有讲究的，席箱上推的时候穿的是席草头，席箱下压的时候穿的是席草尾，这样交替穿插，席面两边才均匀厚实。就这样，一根根细长的席草不断紧紧地穿过席脊之间，一张大床的草席起码要 3000 多根席草才能织成，同样的动作得重复几千次。

剪边。草席织好后，还要剪边。剪边就是把织好的草席两边多余的草稍修剪整齐，一张优质的草席就这样做好了。

目前，北海的手工编织草席工艺还能够在狭窄的时代空间中代代传承，就是因为有了民间的传统工艺守护者。对此，应将之列入北海市非物质文化遗产保护代表性名录，以利于保护传承。

赖成己与“南蛇过垌”

20 世纪 20、30 年代，广东的武术界有“南方五虎将”之称，这“五虎将”分别是：林耀桂（龙形拳门）、张礼泉（白眉拳门）、林荫棠（莫家拳门）、赖成己（老洪拳门）、黄啸侠（罗汉拳门）。其中的赖成己就是合浦人。

赖成己，原名祖仁，号成己，1888 年出生于合浦县公馆蛇地大路塍村。大路塍村是一个武学与医学并盛的客家村庄。赖成己自幼父母双亡，很小就独立谋生。在叔父辈的影响下，赖成己对家传武学医术兼修。二十岁后，赖成己只身前往广州，得以与广州的武学界接触交流，因此开展了传奇的武学生涯，引起了社会各方的关注，关于赖成己的各种各样传闻也就多了起来。赖成己在乡亲们的传说中成了一个充满神秘色彩的人物。

赖成己武学师承老洪门拳。洪门拳是广东洪、刘、蔡、李、莫五大拳之首，拳法是以龙、虎、狮、豹、蛇、鹤、象、马、猴、虎的象形与特性结合武术技法创编而成。赖成己自创的“南蛇过垌”也是对师承的创新发展。但是为什么如此厉害、独成流派的拳法功夫却取了一个与大懒蛇相关的名字？

在老一辈人的口中是这样流传的：赖成己最初自创这一套拳路的时候，是没有设定名字的，也没有固定的套路。为了能够不断地完善发展，赖成己经常在练习中不断地对拳法进行加强补充。在当时，赖成己所练的这套拳法在外人看来，已经到了炉火纯青的程度，看不出半点疏漏。但是赖成己自己却明显地感觉到，自己出拳的时候常常感到力点不是十分准确到位，好像稍微迟慢了一点，致使速度跟不上，影响了力量的集中迸发与准确搏击。至于什么原因，却又一时悟不出来。因此，每次练拳的时候，赖成己都是反反复复地练习出拳的招式。

珠乡一代武学宗师赖成己

有一天，赖成己又在反复练习出拳招式的时候，一个老翁也在一旁认真地观看，还不时作微笑点头或蹙眉摇头状。赖成己在练拳停顿的时候看见了老翁的神态，凭经验，他感觉到这是一位功夫老行尊。于是，赖成己就非常诚恳地恭请老翁指教。但是任凭赖成己如何恳切请求，老翁都是推辞，称自己只是一个不懂功夫的“看牛公”。在赖成己的再三恳求下，老翁终于在离开时向赖成己建议说，有时间的时候，到山脚下的田垌中去，用心观察南蛇是怎样过垌的。听了老翁的话，赖成己虽然一下子也弄不清这是什么意思，但他觉得老翁向他提出这样的建议，其中必有道理。

于是，从此之后，他每天都抽出一定时间，守在山脚下的田垌中，仔细搜寻和观察南蛇过垌时的情形动作。经过一段时间的观察之后，他发现了南蛇过垌时的一个规律动作：南蛇从山脚爬到田塍边沿的时候，不是马上就过垌，而是先伸出头来，吐着信子（蛇舌）四处探望之后才窜垌而过。这时，如果遇到响声动静，南蛇就会很快地缩闪一下身体，然后倏地发力，蛇的身躯像箭一般挺直、闪电般飞过田垌。至此，赖成己终于从南蛇受响声惊动发力过垌的动作中，悟出了自己感觉出拳的力点不到位，致使速度迟缓的关键：出拳的发力点没有把握得准确及时。于是他经过反复模仿南蛇受响声惊动发力过垌的动作之后，找到了出拳发力的最佳点，就是要在腰部缩闪的瞬间积聚爆发。经此之后，赖成己及时调整了练习套路，终于达到了发力如风，出拳如箭，气势如虹的地步。这一套拳法练成后，赖成己为感谢老翁的指点，专程找到老翁住所，请求为之起一个套路名称。老翁笑着对他说，这是你自己从南蛇的动作悟出的招式，是你的武学缘分，就以“南蛇过垌”为名吧。赖成己一听，果然在理，就将此拳称作“南蛇过垌”。后来有人不知来由，因“垌”与“洞”谐音，而讹作“南蛇过洞”。

《广东武术发展史》中，记述了赖成己的事迹：

赖成己的古稀嫡孙，讲起童年学武趣事时开怀大笑

该社建于民国二十七年（1938年）左右，社设合浦县廉州镇（原属广东省，1965年划归广西壮族自治区）。创始人是合浦县赖成己。赖自幼习家传南拳，后拜张茂廷专学李家拳、双刀、棍、钯，兼习骨科，曾在广州仓边路设医务所，业余练武不停。后又在李济深的第八路军总指挥部任医官和国术教师。当时广州荟萃了不少南北武林名师，如‘北方五虎将’‘南方五虎将’等。赖常与南北名拳师相互切磋，博采众

赖老先生表演家传拳法，虎虎生威

家精华，创编出‘南蛇过洞’象形拳。该拳意气神合一，气得手聚，刚柔相济，重意不重力，运动中处处带弧形，并运用圆圈劲、提劲、沉劲、弹劲、崩劲等突发劲，犹如大蟒似动非动，似静非静状态。结构紧凑，浑然一体，颇具实战价值。

2012年6月，广西壮族自治区人民政府发布桂政发〔2012〕48号文件，公布第四批自治区级非物质文化遗产代表性项目名录，赖成己的李家拳及“南蛇过垌”被选入其中，这是对赖成己的武学成就及武德修为的最好定论。

珠乡狮话

珠乡合浦素有舞狮的传统，逢有喜乐庆典必有舞狮助兴。民间更有舞狮赛会，甚为壮观。合浦什么时候出现狮子的？难以考证，但从合浦汉墓出土的多件琥珀圆雕狮子来看，自1975年至1992年间，合浦汉墓出土的各类狮子就有：1975年堂排一号汉墓圆雕狮子1件；1975年堂排二号西汉墓出土的肉红石髓圆雕狮子6枚；1978年北插江盐堆一号西汉墓出土的琥珀圆雕狮子2件；1990年黄泥岗一号新朝墓出土圆雕狮子1件；1992年凸鬼岭三十号B东汉墓内圆雕狮子1件。由此可知，合浦人早在汉代就对狮子有了认识。

合浦人爱舞狮，也善舞狮。特别春节期间，舞狮拜年是一种隆重的仪式，带有浓重的祭祀气氛，是敬祖崇德的表现形式。因此，舞狮人的身份有一定的讲究。在客家人聚居的地区尤为注重，四世同堂、子孙满堂的老者是掌狮头的首选；没有子女，特别是没有后代的人，是不得参与舞狮的。合浦人舞狮讲究排场，狮子装饰得越豪华，越能体现舞狮人家的气概与身份。

合浦人舞狮，分南狮和北狮。南狮是金毛狮子，装扮花团锦簇，工艺极尽夸张。南狮的眼睛、嘴巴、尾巴都会转眼，眼、嘴、鼻都有喷火装置，尾巴用软鞭类的道具制作，能够随舞狮套路由舞狮人操纵，做出各种风趣幽默的动作，这也是合浦狮舞的特色之一。北狮也称作“皮丘”，皮丘不讲究装饰，但头上有一独角。北狮讲究动作刚健有力，套路重点在狮头功夫，体现在狮头和角的摆动、冲击力。

舞狮在合浦的民俗活动中舞出精彩

不论是南狮还是北狮，都十分讲究狮艺。狮艺主要有两方面重点：一是套路，二是鼓点。套路是舞狮演示的情节，鼓点是配合、规范舞狮的节奏。全套狮艺的演绎就是一个传奇故事，一场精彩好戏。

一是狮子出世。这是一段体现狮子出世时各种动作形态的表演。开始时狮子是俯伏在地的，表现出一个狮子刚出世时生命的软弱，随着低沉而缓慢的鼓点，狮子开始蠕动，挣扎着站立起来。这时的鼓点声仿佛是幼狮的心跳，一起一伏的点击。不久，狮子已站稳了脚步，鼓声也随之变奏。由单一低沉缓慢的点击变成了双击、轻快的节奏，狮子的动作也就多了起来，时而卧地爬行，时而跪姿摆头，时而翻滚跳跃，时而摇头摆脑、左顾右盼，有时尾巴还要无力地摆动一下。这时的动作都有特定的含义，卧地爬行是幼狮生命力的表现，却又想要驰骋大自然的冲动；跪姿摆头是吮奶谢恩的表现；翻滚跳跃是倚母撒欢的表现；摆头摆脑、左顾右盼是幼狮来到世间，对大自然充满好奇的表现；尾巴无力地摆动是幼狮玩

合浦的高架舞狮，舞上了中央电视台

倦了想休息的表现。在这一情节中，各个动作可以重复。狮子出世的动作主要以反映幼狮弱小生命和初见世面时惊奇和拘束。比如幼狮摆动尾巴要休息时，如果指导师傅认为前面的动作做得不好，就会要求鼓手重复击鼓，鼓点从那个情节响起，幼狮动作就得从那一个情节起，重新表演。如果表演合格，鼓声就会作母狮呼唤状，安抚着幼狮休息。鼓声停止，进入第二个情节。

二是狮子采青。狮子采青也就是狮子自己去觅食，由于一开始缺乏捕食的能力，小狮子只好吃些青草、树叶或水果之类的植物充饥，所以叫狮子采青。狮子采青的动作变化是很大的，从以植物充饥无可奈何的表情，到发现小动物去捕捉过程中的扑空失望，直到捕捉到猎物的欢欣。总之，时而东张西望，时而扑地打滚，或干脆躺在地上睡懒觉，或翻滚欢腾，往返跳跃，此时狮子的眼、嘴、尾巴都要配合行动。如捕食猎物饱餐后，狮子会用尾巴“抹嘴”，抓不到猎物饥乏欲睡时，狮子会用尾巴遮住面部。在这一情节中，舞狮者的临场发挥是非常重要的。

鼓点的配合也非常重要，狮子进入什么样的状态，舞狮人的体力消耗怎么样，鼓点的节奏起支配作用。因为只有狮子完成了采青情节之后，才算是长大能够自食其力，可以单独生活，出去闯世界了。于是在鼓点的引导下，进入第三个情节。

三是狮子出山。这一情节主要是表现狮子出山的过程，动作套路是比较简单的，鼓点节奏也不复杂。狮子出山先要拜别父母，告别故乡，这是最具拟人化的表演。特别是在拜别父母的时候，狮子的眼睛会流出眼泪（当然这些眼泪是用道具装置产生的），浑身上下都会颤动，鼓点也就采取“拖”的点击来产生声音效果。狮子下山的表演中，最令人激动的场面就是狮子拜别父母时，四脚腾空轰然跪地的造型，鼓点戛然而止，狮子行叩头跪拜大礼，这时往往会引起热烈的掌声和喝彩声。狮子行完叩首跪拜大礼之后，鼓声会由远而近地响起，欢快而又轻柔，狮子踩着这样的鼓点节奏，一路上冲破各种阻碍，跨沟涉水，爬山跳涧，表现出勇往直前的气概，狮子下山是为了拜师学艺，做一个勇士。

四是狮子拜师。狮子出山之后，便四处寻师学艺，这一情节的舞狮套路主要是拟人的表演，先是模拟各种寻师的行为，狮子的动作有拜、拱、起立、摆尾、摇头、搔耳。这时，鼓师根据情节的演绎，用鼓点去渲染狮子急切拜师的心情，其中如狮子被师傅试探，狮子急于表现自己的动作，最后师傅同意接收狮子为徒，狮子高兴地起立绕场一周拱手致谢。狮子起立拱手致谢时是扮狮身的人托起扮狮头的人，动作十分讲究技巧，也是最精彩的部分。

五是狮子学艺。这一套路是整个狮子舞中难度最大、动作变化最多的。因为狮子要学习各种武艺，特别是在师傅指导下苦练武功，基本上与真的练武情景无异。对打、压腿、爬高、跳跃、腾空翻、扎马步等都要逼真地表现出来。此时，舞狮人的武功基础尤为重要。同时，鼓点节奏配合也要十分密切，快、慢都会影响舞狮者的发挥，而狮子学艺又是舞狮赛会中重要的评比阶段。这时，鼓师是不会手下留情的，尽量把鼓点的节奏拉紧。舞狮赛会比赛到了这里的时候，也是最吸引人的时候，观众和舞狮者融为一体，喝彩加油。但见全场呼喝声起伏，尘土飞扬，鼓声急促，扎马步声起伏震荡。为了要表现狮子学成武功的厉害，参赛者更是各尽所能，往往要换几个“狮头”才能完成狮子学成武艺出师的过程。在这一情节中，最怕的是鼓师和舞狮者有矛盾。因为鼓师可以挟私“报复”，利用鼓点节奏来使舞狮人疲于奔命。在历史影视剧中，舞狮人过度辛劳呕血的情节是有根据的。

六是狮子除奸。狮子学艺出师后，就要接受师傅的指令去民间除奸，这也是对狮子学艺的检验。狮子除奸的动作威武有力，扑、剪、扫尾、跳跃、腾空翻等动作表演之后有一个对打的情节，参赛队便会派出一个选手与狮子对打表演，这个选手要使出本队的看门功夫，因为这也是评比的条件之一。因此表演的鼓点急促，呼声震天，大有地动山摇、奸邪妖魔鬼怪闻风丧胆的阵势。当然最后是以狮子获胜为结局。由于狮子除奸也是要靠力气表演，因此也要换人接力才能完成。

七是狮子报恩。狮子学艺出师完成了除奸任务后顿生思乡之情，想要告别师傅回去见父母，这段狮子报恩的表演是相当抒情的。狮子拜别师傅却又不忍离去，除了手脚的动作之外，耳朵、嘴巴、眼睛的动作也很精彩，鼓点节奏起伏缓慢，渲染出难舍难分的气氛。狮子更是一步三回头，踢腿、抬脚、倒碎步、伏地再拜，嘴巴大幅张合，耳朵频作煽动状，情景很是动人。

八是狮子回山。告别师傅回山见父母的动作是轻快欢乐的，鼓点也是轻松清脆的。套路特点之一就是随意性较大，狮子走路的动作则是有些像扭秧歌的十字步，头部舞动时伸缩性很大，表现出归心似箭的迫切心情。此外，也多有一些添加动作，如用爪的动作、甩尾巴的运用、踢脚的动作等，由于这些动作不是比赛的规定动作，完全是舞狮者的即兴表演，免不了有滑稽、夸张之举，妙趣横生。如狮头和狮尾的表演者会突然间滚在一起在地上嬉戏，憨态可掬，教人忍俊不禁。但是，其中有一段动作是必须要按规定完成的，就是要带一些礼物回去孝敬父母，这也是一个高难度动作。因为所谓的礼物就是高高吊挂的一包生菜和一个封包，必须要叠罗汉或搭台才能取得。这时，鼓师和舞师人的配合要相当默契，动作与鼓点恰到好处。取礼物的难度视比赛的需要而设定，一般情况下三人叠罗汉就能取得，但为了保险多以板凳搭架去取。狮子取得礼物后，作欢欣鼓舞状，一路兴高采烈回山去了。

合浦山歌——民歌园地中的一束茉莉花

合浦山歌是南珠文化园地中，一束散发着浓郁的地方特色芳香的茉莉花，是珠乡劳动人民智慧的结晶。

合浦山歌起源于何时，没有精确的年代考证。据清初李调元编写的民间歌谣集《粤风》中收集的民歌中，可以肯定地说，合浦山歌起码在明代已经形成了自己的风格。如《粤风》中辑录的《妹相思》——“妹相思，妹有真心弟也知，蜘

在骑楼下唱廉州山歌的民间歌手

蛛结网三江口，水推不断是真丝”，就与合浦山歌中的《妹千金男女歌》如出一辙——“蜘蛛牵网半边丝，无挂墙根无挂篱。挂篱挂壁有人见，挂在哥心无人知”。此外《粤风》中辑录的《照梳头》《梁山伯》等民歌，也在合浦山歌中的“男女歌”中找到相同的句式和内容。由此可见合浦山歌在当时已具有相当的影响力。

合浦山歌的语言表现形式主要有三种。一是客家方言山歌，以公馆木鱼为代表；二是疍家山歌，以黎话（即沿海官话）为代表；三是廉州方言山歌，以西海歌为代表，《老杨公》是以廉州山歌为主的代表作。合浦山歌的流传主要由男女山歌手对民间山歌的整理收集。除少数的传统民间情歌经文人整理润色记入史籍保存之外，绝大部分山歌全凭歌手记忆，口头流传，并在即兴表演中加以补充、完善。民间手抄本的出现保存了大量合浦山歌和原汁原味的创作话本，也叫“话本山歌”。这些“话本山歌”基本上是口语化词句，根据民间表演形式的需要，有独本山歌，讲述一个完整的民间故事，如《双英坟》《林超德》；有按表演形式的话本，如《老杨公》；有对唱类的“男女歌”，有警世劝喻类的《全家宝训》《新人辞祖》；也有汇总词句类的《姑苏逼硬韵》《圈联男女歌》等。其中以“男女歌”话本最多，如《支离男女歌》共十余种。这些话本山歌多了几分山野气，少了几分书卷味，真实而又生动地记录了珠乡百姓各个层次的社会生活、民情风俗，赋予了合浦山歌丰富的思想内容，人们从中可以大致领略珠乡的历史风貌和精神文明。

合浦山歌的思想内容主要表现在以下几方面：

一是记事劝世。这是合浦山歌思想内容的主流。这部分山歌的产生和传播，专业歌手（俗称山歌佬）功不可没。这些山歌大多取材于本地的民间故事或神话传说，影响较大的有《林超德》《双英坟》《单眼仔娶妻》等，属于完整的话本山歌。《林超德》共有八场，讲林超德艰苦坚忍卖水为生，蒙冤受屈最后得中状元，其中得千金小姐帮助，最后花好月圆大结局的故事，劝喻世人积德向善、修身齐家。《双英坟》讲述的是清朝嘉庆年间，广东青年陈紫英与珠城名妓云英一见钟情，互定终身。最后因陈家父母反对，俩人以死殉情。殉情之时，俩人共同穿上紫英事先请人缝制的一条有三条裤腿的大裤，之后把二人头发抖散后再合在一起结成一条大辫，再用一条长绳缚在二人腰间，躺在床上，共同服毒自杀。俩人死后有人捐资殓葬于城东鸡射岭，并筑一高大坟墓，后人称“双英坟”，是合浦名胜之一。这个故事编成话本山歌，歌颂坚贞不屈的爱情，有“合浦的梁山伯与祝英台”之称，是不可多得的山歌传世珍品。《单眼仔娶妻》说的是富家子弟洪大顺为富不仁，以长相英俊的打工者梅瑞良冒名顶替去骗婚，最后弄假成真的故事，讽刺为富不仁者“赔了夫了又折兵”的丑行。这三个话本山歌不论在思想内容还是艺术成就方面，都堪称合浦山歌的代表作。

在公园表演的民间老山歌手

廉州山歌《老杨公》

二是反映道德观念、民俗风情。任何一个国家或地区的民歌，当地的民俗风情都是永恒的主题，合浦山歌也不例外。《老杨公》作为固定表演

眺岭头表演中唱山歌

形式的话本山歌，有固定的人物出场，那就是仙姑和老杨公。这种话本山歌不在内容，而是表演形式和场合。因为《老杨公》一般都是在民间喜庆、祭祀活动中演出，内容因事而易。如在说唱妇女十月怀孕的过程时，从“天中开桂一只月”，一直唱到“立冬小雪十只月”，反映了民间对妇女妊娠的认识，颇有产前教育的意思。《新人辞祖》除了哭嫁程序的山歌表现之外，“十辞调”更是反映了民间婚嫁的礼俗和道德观念。“十月怀胎娘辛苦。三年喂乳几艰难，小时搬尿又抱屎，搬尿抱屎几肮脏。”歌调是平淡的，感情是真挚的。为此，出嫁的女儿从一辞祖先唱起，一直唱到辞妹妹：“第十辞来我妹妹，姐妹今日又分开，希望妹妹听教讲，规规矩矩莫累堆。累累堆堆被人笑，父母伤心人无爱。”这唱的不是一个出嫁女的心声，而是珠乡百姓的家庭道德观念和婚俗礼仪。又如《十二排古人小曲》中，在十二月中排出历史人物、天文地理、民间习俗，又是别有一番时代气息：“正月排来是立春，盘古初开到如今，自从盘古分天地，一朝天子一朝臣。”这是总论，讲帝王将相：“七月排来是立秋，姜公钓鱼河边勾，不信但看朱洪武，皇帝细时放过牛。”排完十二月，便将中国历代朝廷更替、帝王贤臣名将历历诉说，从中反映出人们对道德标准的取舍和民主思想。

三是反映多彩浪漫的民间爱情生活。反映民间爱情生活的多彩多姿，也是合浦山歌的主题之一，更是合浦山歌最精彩纷呈的华丽篇章。合浦山歌说唱男女自由婚姻的真诚和幸福，敢于为在封建制度下为情抗争的叛逆男女们讴歌。这在《妹千金男女歌》中俯拾皆是。而在北海客家研究会收集整理的客家山歌中，这种对自由婚姻的大胆追求更是石破天惊：“敢吐山歌敢大声，敢放白鸽敢响铃。敢要大刀敢上阵，敢恋妹子敢同行。”这是多么豪迈的爱情宣言啊！在这类山歌中，女性也大胆抒发维护爱情的心声：“十指尖尖捧一杯，问夫今去几时回。路上闲花君莫采，家中还有一枝梅。”合浦山歌中这种对爱情至死不渝的执着追求，比起名门淑女、深闺千金那种“一种相思，两处闲愁”的无奈，在思想境界上真是天壤之别。这也就是合浦山歌在反映爱情方面折射出来的独特的民主思想光芒。

合浦山歌的思想内容反映了珠乡百姓的人生遭际及因此形成的人生观和道德观，直接表达了各层面人群的各种心迹，因此在内容和形式的并存延续方面就有了深厚的群众基础，也就是有了肥沃的生存土壤，使合浦山歌这棵艺术之树扎根其中，枝繁叶茂，成为珠乡群众喜闻乐见的艺术形式，因此具有强大的生命力。

此外，口语化的合浦山歌除了思想内容贴近生活，来自民间，取材民间，最直接地反映和代表群众心声等因素外，在表现形式方面大量采用修辞手法去增强山歌的渲染力和夸张感，从而增强了合浦山歌的艺术特色，这也是一个非常重要的因素。大量修辞手法恰到好处的运用，在不同场合和角度衬托了合浦山歌的环境气氛，使山歌语言流畅轻快、明朗活泼，更加突出了情节主题，产生了强烈的艺术效果，形成了风格独特的艺术特色。合浦山歌中常见的修辞手法见诸以下四方面：清新生动的起兴手法，诙谐幽默、生动活泼的谐音修辞格，精彩贴切的比喻和惟妙惟肖的夸张。

一是起兴手法的运用。起

不识字却能唱 20 年的民间女歌手

具有摇滚风格的民间女歌手

兴是中国民歌最常用的表现手法，分以物起兴和以事起兴两种，一般都是在每节民歌的首句使用，对民歌的内容没有实际的影响，有如陕北民歌中“山丹丹开花红艳艳”的以物起兴句。起兴是让民歌在演唱时有一个节奏调整，合浦山歌也是如此，不同的是，合浦山歌的起兴句往往兼有定韵脚的作用。如“妹千金，千金生得果鲜文”中，“妹千金”是起兴句，定了真韵。又如“妹亚姨，手提花篮去哪呢”中，起兴句定的是衣韵，这就是合浦山歌与其他民歌的不同之处。合浦山歌起兴的作用还体现在衬托和渲染气氛、吸引听众的注意力、调动情绪等方面。由于合浦山歌起兴句式也不是固定的，因此句式的艺术特色也丰富多彩。如话本山歌《单眼仔娶妻》的起兴句是“西江月，一渐低，望见单眼仔娶妻”，《边连男女歌》的起兴句是“太阳明朗今日天亮，庙祝推懒离别家乡”。由此可见，合浦山歌的起兴特征是不涉及内容，定韵脚，句式一般是三字句、七字句和六字句，八字句较少。

二是谐音辞格的大量运用使山歌充满了幽默诙谐、轻松活泼的气氛，因此产生了嬉笑怒骂皆文章的艺术效果。如“半夜界木得你照锯”中的“锯”谐“顾”音，“你是梧州猪皮鞋硬铮”中的“铮”谐“争”音，指人硬颈、喜欢争吵又不认输。《妹相思》中“妹相思，妹有真心哥都知，蜘蛛结网三江口，水推不断是真丝”，这个“丝”就是“思”的谐音，寄托了相思之情。又如《疍家歌》“疍船起离三江口，只为无风浪来迟。月明今网船头撒，情人水面结相思”中的“今”即谐“金”，意即和情人在海面上把金色的渔网散开，衬托出情人同舟捕鱼的欢乐。合浦山歌中的谐音辞格运用娴熟无间，随手拈来皆可谐之，教人忍俊不禁。“外沙抛船知无使讲”中的“使讲”即谐“驶港”。“搭船问价挨我讲”中的“讲”即谐“港”，指迁就。“象棋走子见姑行动”的“姑”即谐“车”。“挖井水浊逃落黄泉”中的“逃”是“掏”的谐音，意即一直挖到黄泉为止，掏井是合浦廉州方言。此外，“廉州卖碗有次街上”中的“次”即“瓷”，“杀猪洗脏在体育场”即是谐“在睇肉肠”。合浦山歌中的谐音运用，大多记录在民间抄本的《圈联男女歌》《姑苏硬逼韵》等话本山歌中。

三是精彩贴切的比喻。“蜘蛛牵网半边丝，无挂墙根无挂篱，挂篱挂壁有人见，挂在哥心无人知”，把蜘蛛网比作男女之间的万缕情丝，相见欲近却又怕人看见，挂在情哥的心头才是最可靠的，一个含情脉脉的娇羞女子在比喻中呼之欲出。在《妹又回》中又是这样比喻的：“妹又回，三朝七日你要来。三朝七日来一趟，莫让大路上青苔。”三朝七日的时间里，路上是不会长出青苔的，这是用青苔盖路来比喻情人相盼下一次见面的急切心情，“一日不见如三秋兮”，何况是三朝七日，这是带有夸张成分的比喻。也有暗喻的："远远看见白牡丹，无得近身也枉闲。想变蜜蜂飞去采，又怕蜘蛛结网拦。"山歌中没有具体的喻体，牡丹、蜜蜂、蜘蛛都是可以作喻的，靠听众或读者凭想象力去选择、猜想。用浅显常见的事物来比喻只可意会不可言传的内心世界，使合浦山歌更加显得情趣盎然，雅意精致，婉约动人。

四是惟妙惟肖、不露痕迹的夸张辞格的运用。通过丰富的想象去引出事物之间的矛盾和统一，夸张地把对事物的联想唱出来，引起会心会意的共鸣："好耐无唱大话歌，光头和尚走去，狂狂跌了一把梳。"光头和尚带梳干吗？这些日常生活中不可能的事在合浦山歌中却信手拈来，因为这种夸张辞格的运用刚好是在合浦山歌中"大话歌"形式之一，既是"大话"，再夸张也是合理的了。又如："鸭嘴无比鸡嘴尖，妹嘴无比哥嘴甜。妹想同哥亲只嘴，三年不用买油盐。"（《合浦传统情歌选》）一吻竟能留香三年，这样的夸张虽然离谱，但是在热恋情侣的心中不就是非常贴切的吗？大胆和贴切的夸张构成合浦山歌鲜明的艺术特色。

在合浦山歌中运用较多的修辞手法还有对偶，如"石灰画界你露白，棉胎踢烂被人看穿"，指事情败露。"蛾眉月出走天半，竹根尾吊落人村"，指办事飘浮不踏实。有衬托，如"新头纸扇白又红，一边画凤一边龙。画龙画凤哥无想，单单想妹好妖容"，用龙凤去衬托心上人的珍贵。有比拟，如"无忧心，无忧我妹另交人，槟榔棕树直直上，挨头到尾一条心"，用此表达一心无二的爱情。

合浦山歌在长期的演绎积累中，形成了风格独特的民歌流派，沉积着丰富多彩的思想内容，展现了鲜明的地方特色，保存了大量的山歌作品和民间说唱形式。特别是其中也记录了一些已经湮没的名胜古迹和民间习俗，如双英坟、伏波铜柱等，因此把合浦山歌当作一座民俗风情宝库言不为过，应该引起社会力量的关注和重视。但是由于合浦山歌在长期的积累流传过程中，除了极少数经典情歌被文人手抄本保存外，绝大多数都是靠民间歌手的口头流传或手抄本保存传世至今，这种口头流传和手抄本保存的山歌大多是以方言口语抄写记录，非方言人士很难听懂、看懂。加上民间歌手为了搞笑噱头，往往加进了一些低级趣味的语言，难免在一定程度上影响了合浦山歌的对外交流，也妨碍了合浦山歌思想内容奋发向上的主流趋势，削弱了合浦山歌的艺术特色和艺术成就。对此，将有着广泛、深厚的群众基础的合浦山歌整理完善，使之发扬光大、雅俗共赏，是一项长期繁杂艰巨的任务，更是抢救、保存南珠文化遗产中一件非常有意义的工作，需要各方面的社会力量共同参与，谱写新篇。

珠乡石狗趣事

在珠乡合浦的民间传说中，关于狗的传说别有一番精彩，其代表文物就是石狗，其中最具特色的就是保存在合浦县博物馆大门口旁的这尊。其从造型来看，头大嘴阔，身短脚长，虽然不是外形漂亮的宠物，却威武神勇，颇具威慑力。珠乡为什么要给狗雕石像，并把之作为图腾来崇拜呢？

原来，合浦古属百越，是乌浒族群的居住地，乌浒在《汉书》中又称作“蛮”，合浦属南蛮居地。据《后汉书·南蛮传》中记述：“昔高辛氏有犬戎之寇，帝患其侵暴，而征伐不克。乃访募天下，有能得犬戎之将吴将军头者，购黄金千镒，邑万家，又妻以少女。”即高辛氏受到犬戎的侵犯，高辛帝为了能抵御其侵害，贴出榜文称，有能取得犬戎吴将头、平定疆土者，不但可以得到千镒黄金，万户封邑，还可以得到高辛帝的女儿为妻。

榜文贴出后，王公大臣将军们无一作为，却得高辛帝饲养的一头毛色五彩的叫盘瓠的狗奋勇出战，咬下了吴将军的头献给朝廷。高辛帝见状大喜，却又因此为难，认为人狗不能相配，有反悔之意。高辛帝的女儿知道盘瓠立功回来后立即挺身而出，愿与盘瓠践诺，于是盘瓠背负帝女走进深山石室，共同生活了三年，共生子女十二人，男女各六名，并自号蛮夷，这就是蛮夷的祖先。后来蛮夷族人就把狗作为崇拜的图腾，刻石像以祀之，蛮越地区石狗的来历因此而起。现今石狗保存最多的是雷州半岛，专门建有石狗博物馆。

合浦博物馆收藏的石狗

珠乡合浦的石狗图腾崇拜，如今在沿海一带的渔村对狗图腾崇拜的风俗依然保存了下来，在沙田乡耙棚、营盘镇火禄一带的渔村里，也有狗图腾祭祀。不同的是，这种狗图腾不只是石雕像，而是陶瓷烧制或彩色泥塑，这些狗图腾的造型仿真度很高，生殖器特别明显，乍一眼望去与真狗无异。这种狗图腾一般都安放在村边的竹根围路边，定时烧香供奉。狗图腾在珠乡

到处可见的石狗雕像

渔村有如此高规格的待遇，则是起因于另一个传说。

据说当地渔村有一渔家，夫妇二人在一次出海捕鱼时遭遇狂风袭击，渔夫被狂风打落水中后埋没于波涛之中，渔妇幸得饲养的一条狗救了回来，以后就共同生活在一起，渔妇也不再嫁人，为了纪念这条狗的救命之恩，渔家便在村边为狗制作了雕像。笔者前些年曾到过这一带渔村，目睹了这个灵活灵现的狗图腾，还被吓了一跳。时过境迁，不知道这个狗图腾是否还能够保存下来？

在合浦古圩乾江一带，石狗的雕像到处可见，这些石狗雕像形态各异，惟妙惟肖，人们对这些石狗的寓意更是各有寄托：在村边的，据称有镇邪驱秽的功效；在街口的，据称是有守护一方安宁的作用；在社坛旁的，据称有预兆吉凶的功能；在门口的，据称能旺宅护家；在田头的，则可保佑风调雨顺、五谷丰登。可惜的是，珠乡的石狗图腾没能引起人们的重视，被废置一边，知道珠乡狗图腾历史的人也就很少很少了。

骑楼界至碑石

房屋界至碑石是古代人们用来证示房地产所有权的一种物证，广泛地应用于民间建筑物，特别是街市的民间建筑。这种界至碑石一直使用到民国后期。但是由于种种原因，随着城市改造建设的扩展，房屋界至碑石的历史价值不被人们所重视，以致损毁严重，日渐消失。今天能够见到的房屋界至碑石只有极少数，大多数都被废弃湮没了。房屋界至碑石作为中国古代建筑文化中的一个组成部分，特别是廉州老街骑楼的界至碑石，它的存世价值和意义应当引起注意，加以保护。

廉州老街骑楼的界至碑石在制作方面主要有石刻、砖刻和烧制几种。房屋界至碑石制作完成之后就镶砌在砖柱或墙体上，成为永久的建筑附件，既是房地产权的标志，也是房屋主人身份的特征。因为一般人家的房屋界至碑石制作规格大都是一块青砖大小，而有钱人家的深宅大院则往往用青石板刻字或专门烧制字体的特型砖。所以，当人们行走在骑楼老街的时候，看着几乎一样的走廊砖柱和规格大小相似的铺面，是不容易了解到屋主人的家势情况的，但通过界至碑石的形制，却能管中窥豹，这就是房屋界至碑石的另一个作用。

由于房屋界至碑石是用来证明房地产所有权的，因此在使用上有明显的标志

双姓共墙的界至碑石

性，在制作上也有鲜明的特征性。从现在发现的廉州老街骑楼存世房屋界至碑石来看，有着多种的存在形式。

一是作为创业的见证。这种界至碑石的体积较大，大多是用石料刻制，上面的铭文一般都是注明房屋建造者的姓氏，祖籍何方，何时到某地创业，建房屋的时间，属第几代裔孙，房屋的方位坐向等。这种界至碑石大多是直接埋在墙体的基础里，具有奠基见证的功效。由于是深埋基础里，因此此类界至碑石被发现的不多，但很有考证价值。因为界至碑石上的铭文，往往能够证实房屋建造的时间，甚至由此推算出老街建成的断代。

二是作为房产共有者的见证。这种界至碑石的体积大小不一，有青砖材质的，也有石料材质的。在建房子时直接嵌在墙体上或和砖砌在一起。这种界至碑石的铭文一般都刻着房屋建造者的人数和名字，建造者有父子两代人的，也有兄弟合建的。有的还刻着共建共用，迁离者不得争议，不能分割继承的字样。这样的房屋一般都是由当时具有一定实力的家族所建造，为了防止后代分家析产所采取的预防措施。笔者在老街拆迁现场曾发现一方此类铭文的界至碑石，用一块石板制作并上刻铭文，作为大门的门头板用，铭文的一面向上被砌砖覆盖，平时是无法看到的，只要一拆除或改建大门就会出现。由此可见前辈为维护、延续世泽家声的良苦用心。

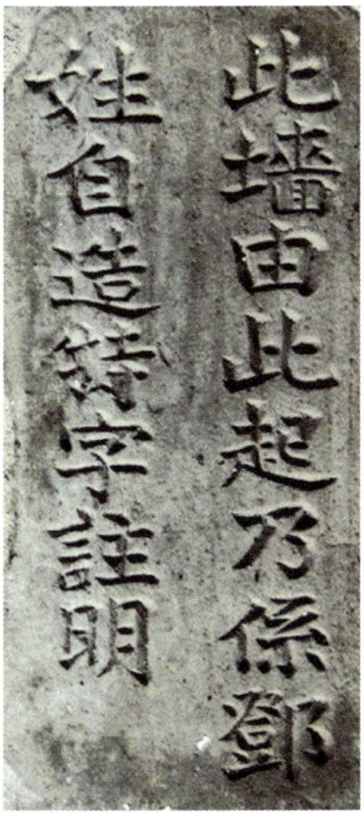

单姓自墙建造的界至碑石

证明买断房产的界至碑石

三是作为房产共墙的见证。这种界至碑石的体积较小，材质多是石料，一般都是两块青砖般大小，铭文向外砌嵌在山墙的底部。铭文多是两姓共墙，左右分别是两姓名号。这是北海老城和廉州古城老街中常见的一种现象。因为在没有形成固定的街道之前，这些地方都是“圩地街”。所谓“圩地街”，就是古代圩日的露天圩场。开始时，人们在这里都没有固定的摊位。随着交易产品的日益商品化，以及经营量的扩大化和多元化，于是就开始有了固定摊位的需求，由此逐步形成了商铺，后来发展成连片的商场。为了节省建造商铺的费用，大家采取共同出资、连片建造的方法。这样就出现了共墙的现象，为了明确界限，通过界至碑石的形式来公示，因此就有了共墙界至碑石的出现并存续。这是反映古代商业和谐及文明现象的一个反映。

四是作为独立房产的见证。这种界至碑石的体积小，材质多用青砖制作，直接砌在墙体上，作为明显的产权标志。北海老城、廉州老街的界至碑石多以此类为多。

五是作为房产交易变更的见证。如前所述，由于界至碑石在其形成、发展的历史过程中，已经在民间成为约定俗成的房屋产权见证。但是由于界至碑石在房屋中的放置位置不同，在进行交易或变更时往往会因时间流逝、世事变迁而忽略或找不到界至碑石的存在，因此作为房产交易变更见证的界至碑石也就应运而生了。这种界至碑石铭文是非常细致明确的，不但要有产权交易双方的姓名，还要请街坊甚至是里保来作证，他们的姓名也要刻在界至碑石上面。因此这种界至碑石的体积就比较大，都用石材刻制，并且都置放在明显的地方。

六是作为祖训的见证。在北海老城、廉州老街骑楼的界至碑石中，有一种较为稀见，就是祖训的存证。这种界至碑石上的铭文，都是祖辈为了维系家族的家声世泽荣誉而给后代留下的训示诫勉之词，由于铭文中往往将产权的继续与分割与遵守家规族规连在一起，明文规定不得继承家产的制约条件，因此具有一定的规范约束影响。这种界至碑石存量稀少，目前仅见一二而已。

房屋界至碑石还有一个重要的存世见证作用。随着时代的进步、社会的发展，大多数街道都进行过改造，相当一部分街道名称也随之更改变换，这时，房屋界至碑石的存在就会成为一种方位坐标，为人们提示历史的遗迹所在。

第七篇

家 文 化 传 世 长

* 客从何来
* 人口分布状况
* 农耕特征
* 祖先崇拜，建祠立祭
* 修编谱牒，传扬家风
* 过年礼俗，独具风情
* 兴学重教，风尚传扬
* 附文一：筹备合浦县立第五中学校募捐启
* 附文二：新建廉湖社学碑
* 历史人文，蔚为大观
* 土围楼文化，精彩厚重
* 祠堂文化，存史励志
* 客家传统服饰
* 民间文艺，精彩纷呈
* 物产美食
* 文选一：最忆中秋芋头饭
* 文选二：故乡水磨声

客从何来

明代王士性《广志绎》中记述："廉州中国穷处，其俗有四民：一曰客户，居城郭，解汉音，业商贾；二曰东人，杂处乡村，解闽语，业耕种；三曰俚人，深居远村，不解汉语，惟耕垦为活；四曰疍户，舟居穴处，仅同水族，亦解汉音，以采海为生。"其中，"杂处乡村，解闽语，业耕种"的东人就是从江西、福建迁移而来的客家人。客家人在万里流徙、千年传承中，始终以中原汉族的血脉为根基，秉承中原汉族的文化本源，因此客而有根，家而有源，基自中原，源自中原，自成一系。合浦客家作为客家民系的一支，当然也源出中原。

作为客家民系的一支，合浦客家的形成必然与客家南迁的时代背景和社会环境相一致，这从现有的合浦客家谱牒记事中可以为证。

《陈氏族谱》中记："及至北宋末年金兵作乱，朝廷南迁，我留居江西之族系为避战乱又大举南迁。考我陈何九公之先辈，出自江州义门魁公之后，其七世孙六郎由闽入粤，传至念一郎公生何九。明朝中叶，何九公迁粤西，先到廉州小住

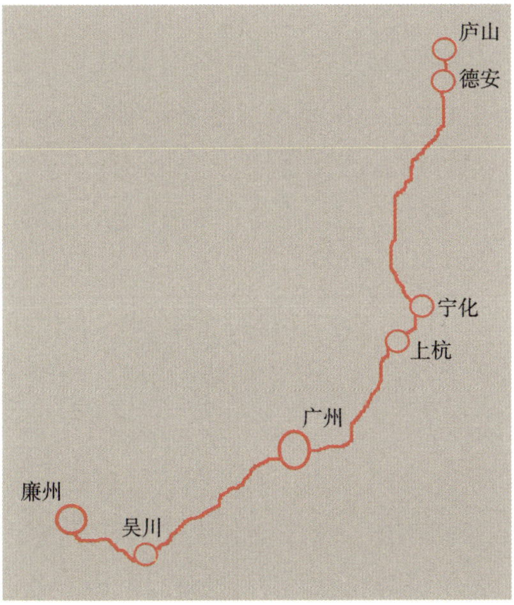

陈姓迁移廉州府线路示意图

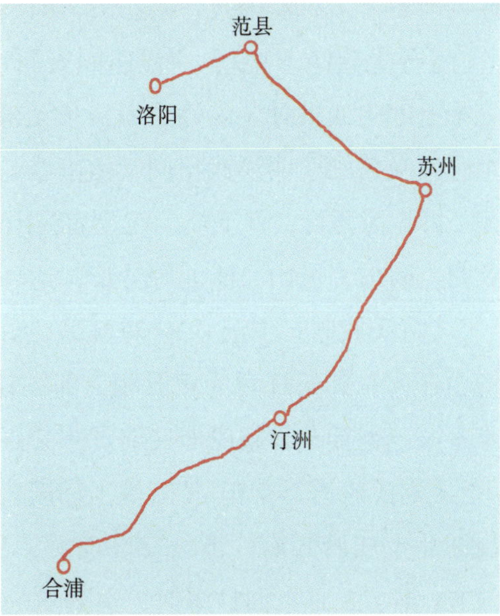

范姓迁移合浦线路示意图

数年，又从廉州西迁钦州……”

《范氏族谱》中记：“范茂林所生兄弟六人，除二祖元寿和晚祖元全留居福建宁化县石壁乡。其他福康宁庆四祖迁流两广，分别定居于陆川旺坡（元福公）、海南文昌（元康公）、博白新圩（元宁公）、合浦南山（元庆公）。”

《彭氏族谱》中记：“彭氏之族，于明正德年间由福建迁居广东廉州、钦州、合浦，至万历年间（1573—1620年），彭益自廉州迁陆川文里。广西合浦县公馆镇陂塍村公所由十多个村子组成，百分之九十五为彭姓，人口上万。白沙镇宏德彭屋有三百多人，也是民国时期由陂塍迁来的。……”

《廖氏族谱》中记：“公馆廖氏太始祖光景原籍江西，后分居福建、广东、广西等地。光景裔孙日恭公于清咸丰年间从福建迁居广东恩平，后经商到公馆街上立业。光景公裔孙玉琛公后裔益富公于清咸丰年间由广东廉江迁到合浦县公馆圩镇创基立业。”

《朱氏族谱》中记：“合浦香山全体叔侄敬献的楹联为：‘宗室本江西，亿万斯年，谨记衙前香山同血脉；支源迁博邑，千百余载，莫忘大旗陀角共渊源。’上联是说合浦香山朱姓氏族的宗室本源来自江西。下联则说合浦香山朱姓支源是博白迁徙而来的，与博白县的‘大旗’‘陀角’（相当于今博白合江镇和东平镇两镇的辖区）的朱姓氏族渊源相同。”

《张氏族谱》中记：张氏“明朝成化七年（1471年）迁居广东省廉州府石康县六罗。在石康县六罗定居后，将母骸骨安葬在地名麻地山穿江岭嘴，（在六罗族祠前右方）石磊为穴，墓乙山辛向，坤申方出水”。

《石氏族谱》中记：“福建同安石氏在广西已知各个分支……合浦献义公支三十七郎之四世孙（名讳失考）于元末明初乱世之际由惠州避走南雄珠玑巷，五世孙献义公则于明洪武年间又由南雄与周、莫姓二人义结金兰，沿北江而下至广州，再临海西行，直至今广西合浦县山口镇山角村定居。此支分布于合浦、北海、钦州、防城、灵山、浦北等县市，达一万三千之众。”

《黄氏族谱》中记：“合浦黄氏，明宣德、正统之时（1426—1449年）自广西博白迁入，其始迁者为黄君相，即福旺黄氏之始迁祖。从广西博白迁来。字派：唯永振色德接有日超庚旭文继贤才其兴家国胜……”

《刘氏族谱》中记：“刘姓，讳庆，字吾桂。妣余氏、石氏、吴氏、赵氏。官授湖北宝庆府知府、浙江宁波府尹，后调任河南府。生于明朝洪武四年辛亥岁（1371年）二月十四日未时，享寿70岁，居江西南昌府新建县仙嶂村。生五子：万渊、万习、万忠、万宗、万江。后裔分居广东梅县、曲江、翁源、乳源、高州、廉州……”

《梁氏族谱》中记：“梁姓在宋代时就出现在宁化，台湾中蛎市《梁氏族谱》记载：‘宋时，有梁孟坚为兵部左侍郎，居宁化石壁乡。’孟坚的先辈是由广东合浦县入福建南安、惠安，继而迁入宁化。宋末，孟坚六世孙永元，移潮州府程乡县永南镇；永利移潮州；永贞大子福，迁梅州松口山口乡。后子孙繁衍于闽粤。”

《李氏族谱》中记：“始祖李南英，北宋河南仪封县人，康定元年（1040年）庚辰科进士，宦游白州，晚年占籍南昌（属白州所辖之一县），其先辈居江西省吉安府。南英生子李时亮，时亮宋天圣二年（1024年）中举，嘉祐二年（1057年）进士及第，登章衡榜‘榜眼’，任廉州知府。李时亮生四子，其中念一、念二、念三……念一公支系现发居于博白、东平、龙潭及合浦、广东化州、吴川县各处约14万人。另一支则“明朝从江西太和县竹根村朱矢巷来仕于廉州府，后定居于此”。

从以上的客家谱牒记述中，可以清楚地理出合浦客家南迁的时间和路线。可见，合浦客家的形成不是孤立的，是中原客家迁徙的产物。其迁移路线基本循客家中原迁徙足迹而来，即河南—山西—江西—福建—广东—廉州府（合、钦、灵、防四属）—海南—广西。

人口分布状况

合浦客家的人口分布，基本是以（合浦）东片地区为主，纯客家乡镇有白沙、公馆、闸口、曲樟四镇。客家聚居较集中的乡镇有廉州、常乐、石康、山口、沙田镇。全县各乡镇，均有零散分布。

据2010年全国第六次人口普查统计，合浦纯客家乡镇的人口分布情形（户籍人口）：白沙镇115568人、公馆镇133778人、闸口镇43775人、曲樟镇25543人。合计超过30万人。

合浦客家聚居较集中的乡镇中，常乐78871人，山口79974人，廉州175880人，客家人口占30%—50%，估计不下10万人。

此外，加上20世纪50年代合浦客家1万多的水库移民，以及零散分布全县各乡镇的客家人，总数不会低于10万。

因此，合浦客家的人口总数应在50万左右，占合浦总人口50%以上。

合浦客家的主要姓氏有80多个，在合浦列入统计的160多个姓氏中占有一半。以姓氏集中聚居是客家的群体特征，也是家庭组织结构的主要特征。以姓氏集中聚居，成就了北海客家姓氏村落的现象。在张、李、范、彭、朱、刘等人口逾万的姓氏中，居住村落连绵十多里。在这些姓氏村落中的每一个家庭之间，都有着不可分割的血缘关系，维持着这种血缘关系的就是宗庙祖祠。合浦客家姓氏村落的辈分排列以始祖为源，有的大姓为了显示宗族繁盛，辈分排列至二十代之后。辈分一经排定，即入族谱，各支子孙必须按此入名，不得僭越。辈分排列的文字组合也多有讲究，祖德宗功、文治武功传承训示皆蕴含其中。如以“德汝绍先”排列者，虽只四字，但蕴含了四代人的寄托与期待。析而解之，就是说祖宗（德字辈）的功德福泽后人（汝字辈），子孙们（绍字辈）要继承祖先的业绩，后代（先字辈）更要敢为人先，传承光大祖德宗功。在这里，辈分排列中的每一个文字都有双重词性，既作名词，又作动词。如“德”字，作“祖宗功德”之“德”时是名词，作“德福泽后人”时是动词。可见，合浦客家辈分排列的文字组合除了有着明显的寄托内涵之外，也有着鲜明的教化意义。因此，敬老尊长爱幼的人文观念得以世代传承，自成习俗，淳化民风。

合浦客家人从中原辗转闽、赣迁徙而来，带来了先进的农耕技术和丰富的物种，改变了珠乡人口结构的同时，也改变了南珠古郡千百年间单一的物产结构。北海客家人在北海合浦定居后，形成了长期稳定的状态，极少有再向他方迁移的现象。即使有少数再度迁移，也多不超出合浦郡区域。在一定意义上说，合浦是中原客家迁移的流布终点，这在客家人迁移史上是一个值得探讨关注的现象。

此外，特别值得关注的是，合浦客家的迁徙历程中还有因支持国家建设而出现的水库移民现象，随着这种水库移民而出现的合浦客家居住地的调整分布，对合浦的人口文化结构产生了重要影响。

合浦客家的水库移民现象，是因20世纪50年代后期，合浦兴建水库工程造成的水浸区移民。合浦客家的水库移民有近5万人，广泛地分布在全县的13个乡镇。合浦客家的水库移民的二次迁移，不但生动体现了客家人天下为公的奉献精神，还在一定程度上改善了当地的人口文化结构和产业结构。

随着合浦客家的水库移民出现的另一个景观现象，就是水浸区形成的山光水色景观。库区中水浸的客家村庄和客家土围城，也成为一种别具特色的人文景观。凡此种种，都是合浦客家文化中值得研究的内容。

农耕特征

据史书记述，合浦“郡不产谷实，而海出珠宝，与交趾比境，常通商贩，贸籴粮食”。合浦古时农耕不兴，珠民的粮食靠珠市商贸调剂。这种状况至元朝的史籍中也有记述，元朝在廉州设立了采珠提举司和盐政机构，也只是注重了合浦地区的采珠业和盐政税收。元末明初之后，客家人从中原辗转闽、赣迁徙而来，带来了先进的农耕技术和丰富的物种，改变了珠乡人口结构的同时，也改变了南珠古郡千百年间单一的物产结构。

客家人从外地迁徙而来，在社会生产力不发达的时代，农耕是取得生存的唯一途径。而初到北海的客家人在当时属于弱势群体，只能选择远离都市城镇、交通闭塞、土地贫瘠、人迹稀少的偏僻的东部山区作为落脚点，聚村落而居，垦荒地而种，务农耕为业。只有这样，才能够尽量避免因生存繁衍而与本土居民产生冲突，这就是客家人在迁徙过程中，基本上都选择以山区作为安家立命的落脚点的缘故。因此，合浦客家人的农耕自成一体，体现着浓郁的中原特色。

合浦客家人居住的山区土地贫瘠，地少人多，使得客家人的农耕艰苦更甚，自耕自足是客家农耕的原则。为了实现这一目的，客家一年四季几无闲月。从早春秧苗下田到大冬的麦苗播种，从三鸟、猪牛的饲养到桑麻、蒲草的种植，一切都是按照自耕自足的需求去进行。为了配合自耕自足的需求，每一个客家村场都有相应的各类作坊，如织布（以麻布为主，制作衣服和蚊帐）、织蒲（蒲草凉席）、染坊、油坊、酒坊、磨坊（以水磨为主，是珠乡客家特有的景观）、米粉作坊等。客家特有的农耕方式也给珠乡增添了新的知名特产，如客家的麻织蚊帐、蒲草凉席、水磨细米等，都成为享誉珠乡的特产。

大廉山下的大廉垌是合浦客家的聚居地

春夏两季的耕作，客家人称为“钉田”。这是非常形象的称呼。客家人依山而居，人多地少田稀，

建成于乾隆二十一年（1756 年）的闸口大陂头江坝

客家山村里遗留的土法制糖工具

合浦客家粮食三大件——磨、兑、砻

四季耕作必须十分讲究农时节气。春夏两季插秧，客家人清晨即起，备足午餐。一口气干到日落西山才歇息。斯时从早到晚，人都是“钉”在田间，劳作异常坚毅艰苦。

合浦客家人的农耕，讲究的是精耕细作和立体复种。在同一块田，起垄种上红茹，再种上木茹或甜茹，垄边是各类蔬菜（如“香麦菜”等）。垄沟还养一些鲤鱼、草鱼之类。天道酬勤，一年四季，客家田垌都是收获的季节。

其他如黑叶荔、大糯米、大冬豆、青皮芒果、大肉芋、甜茹、猫爪豆、三角麦、禾麦、竹节果蔗、香麦菜等，都是珠乡客家特有的物产。这些物产的引进种植，对改善当地的农作物结构产生了巨大的作用。

合浦客家农耕文化的表现形态除了丰富的物产及因此而产生的生活习俗、逸事佳话之外，与客家的农耕有关的工具如水磨、砻谷土磨、谷柜、谷斗、米升等，水利设施如山塘、陂坝、水转等，都是珠乡客家农耕文化的表现形态中最具鲜明特色、最能体现珠乡客家人“以农为本”的物质创造。

客家人依山而住，开垦田园，首先要解决的问题就是水源，筑塘蓄水也就成了农耕的必要条件。在山场间筑起堤坝，积蓄山中的清泉，接纳天上的雨水，也就形成了山塘，这成了客家人最早、最实用的水利工程。客家山塘，不论大小，一般都建有一个钓鱼台（作为排灌的控制平台），钓鱼台上都安装有水闸，用于掌握蓄水量排灌。

客家人的山塘与客家土楼、客家祠堂一起，组成了客家文化的瑰丽景观。

珠乡客家地区现存最大规模的水利工程——璋嘉隧道，是客家人一锄一铲开挖而成的。这条三十千米长的排灌渠道，在客家人世世代代耕垦的田园山林中穿

桑麻产业的标志性工具——碾布石

黄麻脱皮用的工具——刮刀

合浦客家山村里各种各样的古井

客家山塘

过，为此，客家人做出了最大的贡献。

为了修建六湖水库，一万多客家人离乡背井又建新客家，在客家人贡献的田园中，一条六十千米长的湖海运河从六湖水库引出，至今运河沿线已成为极具旅游开发价值的观光景区。

合浦客家的农耕文化就是一幅绚丽多彩的画卷，在珠乡的历史文化长河中绽放出灿烂的光芒。

祖先崇拜，建祠立祭

合浦客家人通过尊祖敬宗、祭祀祖先的活动形式来加强内部的团结协力，以适应不同环境下的生存、发展的需要。

客家崇祖活动的序时有：春节期间，除夕日要给祖祠上供，除了香花、宝烛之外，各家各户都要把做好的年糕摆上案台与祖先共享，到过了大年初三行村（拜年）才取回来，带给亲友。有的甚至放到元宵节。大年初一是各家各户全家拜祖，初二是全族或全房进行祭祖活动。

客家人敬重祖先，最重要的表达方式是祭祖。诸多的祭祖活动中，最隆重、周期最长、参与人数最多的要数春秋两祭，春祭从春分开始，秋祭从九月九重阳开始。祭祖是全宗族的头等大事。斯时，不论身处何方的族中子弟都会想方设法回乡参加扫墓祭祖活动，以表孝心。

客家祠堂是客家人居住地最显著的特征。因为，有客家人居住的地方，必定有祠堂，祠堂越大，客家人就越多。而且，祠堂也是客家人姓氏地望的标志之一，只要一看祠堂门前的对联，这家祠堂的姓氏也就基本明了，客家祠堂的多功能由此可见。

客家人敬祖崇宗，宗庙祠堂的建筑也是一种明显的文化特征。在客家人聚居的地方，每个村场都有自己的宗庙祖祠，宗族之间还有各房的祠堂和祖祠。这些祠、庙的建筑格局和规格非常分明，不能越轨。宗祠下面是祖庙，祖庙下面是各房的祠堂。里面分别供奉始祖、世祖、房祖的牌位，不得掺杂，这是为了认祖归宗。祠堂里飞檐画梁，诗词楹联，各彰其事。祠堂结构为三进，前面均挖有池塘，大门均雕刻或撰写固定的对联，使人一看便知姓氏、辈分。因此，客家祠堂可以说是一个姓氏宗族的兴衰缩影。

客家人重视祠堂，与客家民系的生存历史有关。珠乡的客家大多始于明代，根在中原。经历了千年迁徙，万里流离，背井离乡，一路艰险，来到珠乡已是孑然一身。但是，随身不离的是祖宗的牌位，祖宗的居所就是祠堂。珠乡客家人基本来自中原，几经离乱，由河南到江西、福建，再到梅州，最后到珠乡。因此，珠乡客家祠堂的姓氏堂号源流与福建、江西、河南祖地的祠堂一脉相承，基本相同。

每一个客家祠堂都有各自的堂号，通过堂号去确定堂联，通过堂联可以了解姓氏地望，这就是客家祠堂最鲜明的特色，如珠乡的客家祠堂中，陇西李姓、淮阳彭姓、清河张姓、汝南廖姓、颍川陈姓、延陵吴姓、弘农杨姓等。根据这些地望去撰写堂联，也就是紧扣姓氏的地望、历史、人物及祖宗功德。如张姓祠堂的堂联是：清河世泽；唐相家声。这里包含了张良、张九龄等先辈名相。从联中可知各姓的迁移过程、耕读传家及祖先业绩。总之，走在客家村场，到处可见这些堂号堂联，无须多问，凭堂号堂联便可知居者姓氏及祖先功绩，不失为一大乐趣。

客家祠堂岁时祭祀是宗亲聚会议事的地方，平时的功能则类似村史、族史陈

合浦客家的老祠堂历史悠久、建制严谨、规模宏大，每一座祠堂里都蕴藏着精彩的人文传奇

列室。客家祠堂除供奉历代祖先牌位、观音大士神位和本祠始祖神位之外，更多的是本祠宗族衍生发展的历史记述。这些历史记述或用碑记、木刻的形式记录，或以亭台牌坊来反映。如公馆陂塍彭氏祖祠里就用“进士第”牌匾，陈氏宗祠就用“上将第”牌坊。而范氏宗祠则用撰联方式彰显其祖“义田助麦”的功德。身处客家祠堂之中，可以深刻地感受到一种厚重深远的文化底蕴。特别是祠堂的碑廊铭文，大多是记录先人艰苦创业及宗族中的英雄故事，对后代有警策激励的作用。随着时代的进步，客家人与时俱进，祠堂的重要功能也就要体现在对族中子弟、宗亲后代的教育激励方面，世世代代地延续着强大的生命力。

修编谱牒，传扬家风

合浦客家人十分注重修谱，每个姓氏都有姓氏族谱，每个宗支都有宗族家谱。修谱由族人集资进行，由族中长者主持。族谱详尽记载姓氏宗族的起源支派，族中大事、人物，均入谱记。因此，客家人的修谱过程保存了大量史实与典故，是地方文化史料的一个重要补充，修谱除了记载宗支衍生发展之外，还有一个重要的作用，就是训示，客家人把祖训当作修谱的开篇，如 ×× 家训等，这些家训都是教导子孙做人立世的道理。

修续谱牒是客家人社会生活中的一件大事。谱牒记录着客家人千年迁徙、万里流离的衍生发展经历，记录着家系排序，记录着祖先的功德业绩和道德规范，是子孙后代的行为准则。

客家人明文规定，修续家谱、族谱是子孙尽孝的行为。五年一续，十年一修，凡子孙后代不按此例者，小则视为不孝，大则被指违背祖制，要受惩罚。

客家谱牒有固定的格式，不可错乱次序。每姓的谱牒循例依次是先贤名言、概述、人物志、家训格言、续谱序言、历代修谱纪事、大事纪要及谱例、世次编等。当然，随着时代的发展，也有某些体例更新，但主体不能动，动了就不得通过评定。因此，只能在序言和后记中推陈出新。

主持修续谱牒者，一定是宗族中德高望重或辈分高者。参加修续谱牒者，要品行端正，道德良好，且有一定成就者。有前科或者名声不好的人是不能参与修续谱牒的。在旧时代，没有后代的人也不能参与修续谱牒。由此可见修续谱牒在客家社会生活中的地位。

除了序言之外，先贤名言是谱牒的开篇。这里，各姓氏都会找出姓氏中最显赫的人物语录来作先贤名言。虽然难免有牵强附会之嫌，但确实有警世劝谕、振聋发聩的作用，对激励子孙后代奋发图强是有现实教育意义的。

名言之后是概述。在一般情况下是由辈分高的长辈执笔，详细叙述本支系在当地世代繁衍的经过，教育子孙尊祖敬宗，弘扬族风。概述之后是人物志，每世次的杰出人物详列其中，洋洋大观，显示宗支人才辈出，耀祖光宗。宗支人才排列，要以辈分为序，而不是以地位高低为序，由此可见客家人的宗法族权意识。家训格言则是搬出姓氏中最具名望者语录，如张姓的张良、孔姓的孔子、朱姓的朱熹、苏姓的苏东坡等，总之，是各路圣贤大显神通。

在一般的谱牒中，最有社会价值的就是“续修家谱源流序”。这里详细地记录着一个客家世族在社会变革和时代潮流中的浮沉作为，其中往往保存着各个历史时期的地方民俗、风情人文，是地方史志重要的文献资料补充来源。许多地方史志漏记的史料，都可以从其中得到修正、勘误。客家人的许多风俗习惯、支系源流得以保存完整，“家谱源流序”功不可没。

客家谱牒的另一个重要组成部分是大事记要及谱例。大事记类似流水账之类，宗支规例不论大小尽列其中。包括除籍入籍，风水择课、地理日子，婚嫁习俗，

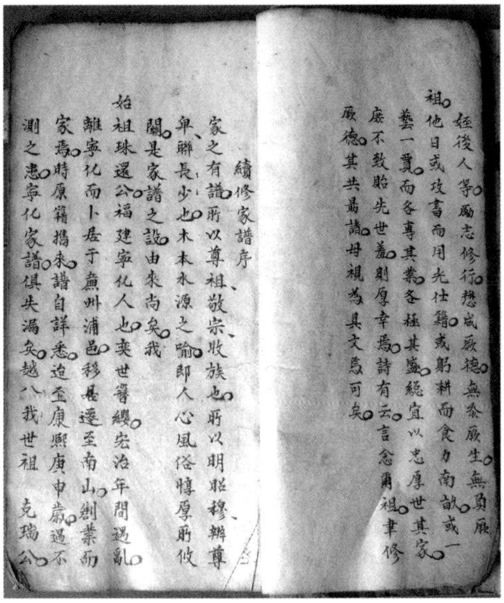

合浦客家族谱记载着珠乡客从何来，源自何方，“根”自中原

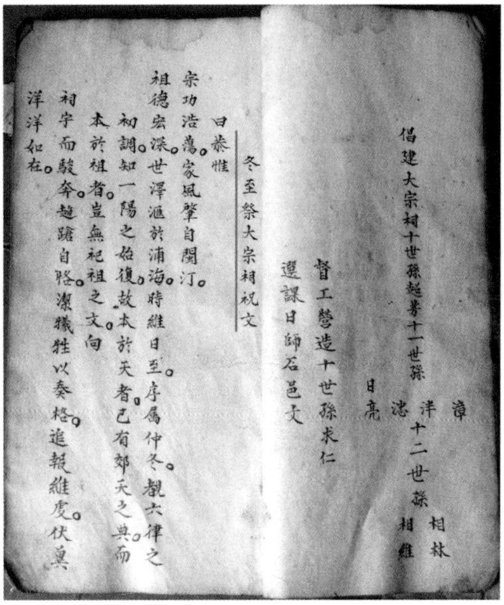

客家族谱中对祭文格式的记载有严格的规定

耕读礼仪。村场之间、姓氏之间如有争执，谱牒为证，争执各方也无话可说。大事纪要中，特色最鲜明的内容是办学。客家人尊师重教，在谱牒中专列细项，立下规定。有的谱牒甚至规定，子女不读书者，要追究父母的责任；同时也立下规定，族中子弟能读书者，如因家庭困难辍学时，可由祠堂租田中支付学费。

谱例是确定宗支姓氏取名字辈顺序的图谱。谱例一经确定就不能修改，字辈世次的长短，各姓氏可根据各自的人丁状况而定，有的姓氏支系字辈长达三十多世次。世次用字非常讲究，既要结合宗支的世系，也要体现出文化要素，上下关联，承先启后，能体现教化内容。因此，客家谱例也是一门综合艺术，读起来富于诗韵词格，又有哲理情趣，极具艺术效果。世次字辈一般传男不传女。近年来，随着时代前进，女孩子也可以按世次字辈取名了。由于严格地按世次字辈取名，客家人的称呼也就非常严格，按辈分称谓不可乱了亲情。因此，多有七十岁老翁也称呼二十岁小伙为“叔公”的现象，这就是按辈分称呼的缘故。

由于谱牒在客家社会生活中众多的作用，几乎在每个姓氏中都有保护族谱、家谱的动人事迹。特别是在“文化大革命”中，客家人为了保护自己的谱牒不被销毁，有人甘愿放弃官位前途，有人为之付出生命，也有人因此遭受各种劫难。为了表彰这些人的自我牺牲精神，他们保护谱牒的事迹就会在修谱牒时被记录在“大事纪要”或“序言”之中，成为后人传诵的佳话。

过年礼俗，独具风情

守岁习俗：合浦客家人过年，最重一个“情”字。人情、亲情、友情、乡情都在年夜淋漓尽致地表露出来。除夕夜围着火塘守岁，最是令人难忘。

为了准备守岁御寒的柴火，客家人会早早地上山挖柴头，以备应时之需。斯时，各家各户的屋檐下都会堆满各种各样的树头，整个村场到处弥漫着树根的芳香。

每逢除夕之夜，客家人吃过团圆饭，便在厅房烧起火塘。火塘是用烂铁锅做成的，有条件的人家就会做一个铁脚架把烂铁锅支起来，大多数人家则就地安放。火塘的位置一般相对固定，年年守岁，火旺于斯，含有期待着来年的日子能像火塘一样红红火火，旺旺盛盛，温馨热烈，代代传承。

夜幕降临了。路上的行人越来越少之时，就是火塘旁围坐的人越来越多的时候。客家人围着火塘守岁，并不局限于一家人。只要事先约好，大家都会准时聚集在一起，一杯清茶，一支水碌竹，一盆自制的花生糖或五香炒黄豆，便摆开了守岁龙门阵。

火塘边的话题无所不及，全年的收成啦，来年的打算啦，哪个山塘的鱼肥，谁家的猪肯长膘，村头嫁女的阵势，村尾满月酒菜式如何，总之，一年间的新闻旧事，都会在火塘边得到总结式回顾。

年夜祭祖：客家人把过年称为年夜，即从除夕夜起至正月十五的这段时间都属于客家年夜的时间范围。在这个时间范围内，客家人的年夜活动中最轰轰烈烈的项目是祭祖活动。而这个祭祖活动又分为三个阶段。

第一个阶段是除夕，客家人称为大年三十。大年三十拜祖是一年中的头等大事，这天一早，家家户户忙着张罗的都是与拜祖先有关的

扣肉是家家户户必备，寓意过日子“油水足”，富裕有余

事，杀鸡啦，蒸扣肉啦，张贴对联啦等。其中最隆重的是各家各户把自己事先蒸好的大笼粄扛到各自的支系祖祠。大笼粄既表示团圆之意，也寓意五谷丰登，象征来年的好收成。因此，一年的收获当然要先让祖宗享受。接着是各家把过年的美食摆上供桌，点燃香烛纸钱，诚心祈祷。这就是大年三十拜祖先。拜完祖先后，大笼粄就留在祖祠的供桌上，直至过了年初三之后才各自取回。每逢此时，人丁兴旺的祖祠里供桌上的大笼粄堆积如山，蔚为壮观，就像在举办大笼粄博览会了。

过年做糕，寓意生活步步高，寄托了合浦客家人的祈愿

第二阶段是大年初一祭祖。祭祖是要到始祖祠堂去的。客家人各姓氏都有各自的始祖祠堂，不论人口繁衍数量多大，始祖祠堂只有一家。因此，大年初一的祭祖场面是浩大壮观、轰轰烈烈的。村场中流行早行早得福的习俗，许多人家都希望给祖先上第一炷香。于是，一大清早通往祖祠的道路上便人如潮涌，依次排

做好的大年糕要供放到祠堂案台，让祖先分享，以示敬祖崇宗之德

大年初二的拜祖宗最为隆重，各家各户都要到祠堂里去拜祭祈福

队上供，摆出供品，燃放鞭炮、烟花。这时，香火烟袅，鞭炮声震，烟花腾空，人声鼎沸。这一天，不论居住的地方有多远，即使搭飞机、坐汽车、乘轮船，也要赶回祖祠前，焚香叩拜，以尽孝道。即使有特殊情况赶不回来的，也事先托乡中亲友代为准备供品上供。大年初一这天，从清早起到吃晚饭时分，客家祖祠香火旺盛，礼炮声震，极为壮观。此情此景可与任何盛典媲美。

第三阶段是年初二各个宗支祠堂的祭祀活动。客家人称为“拜厅下”，也就是拜祭宗支的先人。“厅下”的人数虽然少，但祭祀的阵势并不见弱。因为这里面有一个竞争对比的因素在起作用。每一宗支都趁此时显示一下各自的实力。而最能体现实力的就是看谁的鞭炮声响、持续时间长，哪家宗支祠堂门前的鞭炮屑积累得多。这时，各家拜祖先时，不再是各自燃放鞭炮烟花，而是集中起来统一烧放。于是，客家村场过年最壮观的情景出现了，村与村之间，姓与姓之间，祠堂与祠堂之间，顿时鞭炮齐鸣，硝烟升腾，彼此响应，争鸣竞响。由于客家村场大多依山脚而建，次第栉比，延绵几十里，山谷激荡着呼啸，田垌弥漫着硝烟，村落回响着欢呼，好一幅客家娱乐升平贺新春的民俗画卷！

客家人过年祭祖，其中没有封建迷信的色彩，而是纯朴地表达后人对先辈的缅怀之情。在客家人的祖庙宗祠里都铭刻着先辈开基创业的事迹以及报效国家的英雄故事。这些事迹与故事都用对联集中概括，也有用碑刻纪事，走进祠堂，有如走进族史、村史陈列室，往往会给后代以强烈的震撼和激励，客家年夜祭祖，其实也是客家人教育子女的一种集中体现吧！

行村习俗：“行村”是客家方言，意即去亲戚家拜年。

客家人过年，最使人回味的就是行村。客家人行村重情不重礼。每当年初二过后，在客家村场之间的阡陌道路上，便见三五结伴的行人挑着礼担，忽悠忽悠地穿行，晃啊晃啊地走过。一拨又一拨，从早到晚，络绎不绝，浓浓的乡情洒满田垌，娓娓的乡音飘遍村场，悠悠的乡韵牵动人心。

不知内情的人乍见行村的礼担，一定会认为里面装的礼品很多，过年送大礼嘛！其实，客家人过年行村的礼担里并没有什么贵重的东西，也不会装进太多的礼品，反而都是些极其普通的农家土特产，却又寓意深刻，祝愿美好。这些礼物是：一把大蒜和芹菜，几个萝卜，一条完整的猪腩尾肉，一块年糕，这几样是必需的。条件好的人家还会带上一两只阉鸡，若干桂香饼等。

在这几样礼物中，大蒜表示在新一年的作为中事事合算，芹菜代表子孙读书勤奋聪明，萝卜在客家方言中叫菜头，寓意好财头，一条完整的猪腩尾代表办事有头有尾，年糕即大笼粄，代表着举家大团圆，生活步步高。总之，客家人行村讲究的是心意和祝福，并不计较礼物的档次贵重，这些都是自种自养自己制作的土特产，没有谁会计较嫌弃。行村到了亲戚家，大家欢聚一堂，共话亲情。酒醉饭饱兴足之后，主人家送客时要回礼，回礼也是同样的物品、同样的祝愿。这时，如果客人家中有孩子升学的，就多加一把葱，寓意聪明上进；如果客人家有嫁女喜事时，就加些南豆，寓意婚后生一个男孩，因为“南”与“男”谐音。不尽的寄托和祝福尽在其中。

这就是客家人独特的行村习俗，带着美好的祝福，传送着浓浓的乡韵，酝酿着亲亲的乡情，维系着长长的源流，说着悠悠的乡音，挑着多彩的礼担，走过历史，走进时代，走向明天。这里有中原大地古老的文化神韵，这里有客家人千年迁徙、万里漂泊的不变情怀，这里有中华民族传统美德的人伦光芒。客家人的行村之所以能在市场经济环境中长久地保持它纯朴厚重、真诚情义的本色，就是因为它的生命力来自民族精神的传承。传承得越悠久，生命力就越强盛。

兴学重教，风尚传扬

秉承中原客家人兴学重教的优良传统，合浦客家的兴学重教风尚在北部湾地区独领风骚，自成一景，成为珠乡客家历史文化沉淀积累中最有凝聚力的元素。来到合浦客家居住的地方，走进村场寻访客家人兴学重教的事迹，你会听到许多动人故事。在公馆南山有一座建于 1939 年的学校，虽然已经历 70 年的风风雨雨，

建于清代曲樟的世雍学堂，是抗日战争时期的农民夜校，有59名有志青年从夜校走向革命。现为革命村史及革命烈士陈列馆

但这间学校的主体建筑依然牢固完整，这是珠乡最早由民间兴办的现代学校之一。当你向老一辈村民们了解学校来历的时候，老人们会告诉你祠堂变卖的一个铜锣供子弟读书的动人故事。

那是辛亥革命过后，珠乡的客家人中也有子弟参加过辛亥革命，他们从自身的经历深深地感受到没有文化知识的艰辛，认识到让子弟读书的必要性。而在这时，村中的一个子弟考上了县城的中学堂，却因家中贫穷而无法解决学费。村中的叔伯长辈们经过祠堂议事后，决定变卖祠堂的铜锣给这个子弟交学费。这个子弟果然不负众望，努力读书得以有成，当上了国民革命军的团长，于是就回乡办了这所学校。接着，这位团长还和陈铭枢将军一起，领衔发起创建了合浦五中（今公馆中学）。

在合浦客家居住地，你到处都可以听到类似的兴学事迹。以兴学育人为线索，还形成了珠乡客家地区人才辈出的人文现象。有了文化知识的珠乡客家子弟，走出社会以后如虎添翼，出人头地者比比皆是，于是便有了同一个学校里，往往会出现几个将军的现象。而这些得益于家乡兴学重教风尚浸润的有成学子，在外事业成功后又以兴学重教回报家乡，因此往往会引起连锁效应，合浦五中（公馆中学）创办时的参与者，更是一个典型的案例。

位于合浦县公馆镇的文治书院是清代合浦县23家主要书院之一，与廉湖书院、太邱书院同称为“珠乡客家三大书院”。中华民国建立后，客家三大书院同时改为学堂。其中廉湖书院改称合浦大廉区立高等小学堂，太邱书院改为私立太邱学校，文治书院改称合浦大廉区立文治高等小学堂。在岁月的风雨洗刷中，廉湖书院、太邱书院湮没了，文治书院却在时代的疾风骤雨中发展壮大成为合浦县立第五中学，即今天的公馆中学，这其中有一个人功不可没，他就是有“合浦五中之父”美誉之称的陈铭枢将军。

民国十五年（1926 年）至十九年（1930 年），先后任国民革命军第十师师长兼南路各军总指挥、第十一军军长、广东省主席的陈铭枢将军，牵头署名《筹备合浦县第五中学校募捐启》，发起建立合浦县立第五中学，并为该校题写校名——“合浦县立第五中学”。这就是合浦公馆中学的前身了。

当时，公馆一带虽然已经有了以区立文治高等小学堂为首的十余间小学，但由于民生艰苦，加上交通不便，离县城又远，而全县只有廉州中学和合浦一中（今北海中学），不但竞争激烈，且学费昂贵，一般人家是承受不起的，像公馆这样的山区，农村家庭更是难以承担了。因此，小学毕业后的孩子们能继续深造读书的，百中不及一。民国十八年（1929 年）八月，时任广东省主席的陈铭枢将军回乡了解到家乡教育断层、乡亲们的孩子失学严重的情况后，立即与时驻军公馆的粤军团长范德星一起邀请曾在文治书院读书的同学及乡绅贤达聚会，商议如

公馆客南山小学是合浦东三团抗日先锋大队旧址所在，现为合浦县爱国主义教育点

合浦公馆香山学校创建于清末民初，从大革命时期起，就是革命的据点，也是 1949 年中共合浦东南区委驻地

合浦县公馆中学的前身是建于清代的文治书院，1929 年由陈铭枢将军等发起筹资创建合浦县立第五中学

何发展家乡的教育事宜。聚会中，书院同学及乡绅贤达都提出将文治书院改为县立中学，并请陈铭枢将军领衔代为申请。陈铭枢将军当即慨然应允，起草了《筹备合浦县第五中学校募捐启》并牵头署名，向社会广泛募捐，还捐资一万五千元（银元）。在陈铭枢将军的带领和号召下，林翼中（农林部次长）、范德星（中将）、张枚新（少将）、黄质文（少将）、林国佩（广东省参议长）、陈介卿（合浦县长）等文治书院校友和乡贤们也纷纷解囊相助，合浦县立第五中学由此得以建成。

文治书院改为合浦县立第五中学后，为了确保学校的正常运行和发展，陈铭枢将军又和校友乡贤们商定，将学校前的商铺（位于今公馆中学大门前）和周边的土地（今公馆原老市场猪圩至老榕树一带）作为学校资产，所得的租金收入作学校经费，由此约定俗成，直至新中国成立，合浦县立第五中学由国家接办，改为合浦县公馆中学。公馆中学校园内至今还保留有“文治书院”门楼、“真如院”

太邱书院是合浦客家的家族书院

（真如，陈铭枢将军字号），以及陈铭枢将军手书的“合浦县立第五中学”题词壁匾，并建有陈铭枢雕像，以纪念这位“合浦五中之父”。

合浦客家人兴学重教的同时，还注重奖学。客家人对教育十分重视，奖学之风也非常盛行。如文治书院建立起后，还把公馆圩几条街划作文治书院收租，所收租资，用作书院开支，奖励勤学。客家人还制定了各种各样的奖学族例，从入私塾到庠生、科举，均有各种奖励。而且，这些奖励都由族中划出一定的钱银专用。珠乡客家人奖学族例被写进族谱之中，成为具有宗法束缚力的制度。

合浦五中和南山学校的建立，是珠乡客家人在不同时期兴学重教的接力传承和延伸发展。今日，合浦客家人捐资办校如长江后浪推前浪，方兴未艾，客家人居住的地区中，一幢幢耸立乡村之间的教学楼成了珠乡教育事业兴旺发达的标志，再创客家人尊师兴教的新局面，为珠乡之最。

合浦客家乡村奖教助学蔚然成风

在公馆镇，有一个只有 135 户、820 人的小山村，自 1982 年由 2 位村民集资成立村将学会以来，坚持奖学 30 多年，使 1300 名以上学童得到奖学激励。村里还办起了传授国学知识的四维启蒙学堂，建立了敬老机制，因此形成奖学励志、传承国学、和睦敬老三位一体的村风民俗。该村现有大中专毕业生 80 多人，每 10 人之中就有一名大中专毕业生，其中 78 名大中专毕业生都是开展奖学之后才考入各类大中专院校学习成才的。目前，该村从事教师职业的就有 20 多人，其中高中教师 6 人，就读大学的 17 人、硕士 1 人，成了名副其实的“书香村”，这个“书香村”就是合浦县公馆镇上联村委会活石江村。

合浦客家人兴学重教的文化现象，还在饮食文化中得到体现，那就是吃“开嘴粄”的古俗。

所谓“开嘴粄”，就是用木薯粉做皮，用菜做馅，包成饺子状，但不折卷边皮的，并在一头留有开口，露出内馅的一种糕点。

开嘴粄是专门做来给小孩子吃的。何故？

原来，客家人非常注重子弟的读书求学，当家里的小孩子到了读书年龄的时候，父母人就要忙着为之张罗入塾求学。开学的第一天，母亲一大早就来，专门做一碗开嘴粄给儿子吃，吃了开嘴粄，象征着去学校之后，勤开口读书，多学知识，肚中有料（有文化）的意思。古时候，客家人居住的是山区，子弟求学都是入私塾，私塾老师也注重此例，开学授课的第一天都会问："大家吃了开嘴粄没有？"孩子们就会齐声回答："吃过了！"有此一例，即使家里再穷困，父母也要想办法去邻居处借回一碗半瓢木薯粉，用菜叶萝卜丝做馅精心做一碗开嘴粄给孩子。

由于木薯粉是粗制的，总会带有一股苦涩味，所用的又是菜馅，在缺油少肉的情况下，开嘴粄肯定不是美食佳味。为此父母们想出了多种办法来炮制，其中流传下来最通用的就是用香麦菜的叶子把开嘴粄裹起来，然后才放时锅里蒸熟，这样，香麦菜的香味就会渗进菜馅内，菜叶蒸熟了也就紧紧地贴在开嘴粄的粉皮上，又香又脆，成了一种风味独特的客家食品。

附文一：

筹备合浦县立第五中学校募捐启

吾乡公馆圩，为合浦县东四区之中心。其西四十里至闸口，东六十里迄山口，为省道所经之干线（已完成），北四十里为新渡，滨廉州江，过江又通省道贯合灵两县之干线，南十里为铁山，则渔盐之所凑集，而濒海矣。往年余有建筑新铁（即新渡通铁山）公路之计划，工既鸠，以款中辍。地区之辽阔，与交通之孔要如此，而居民贫苳悍朴，文风不开，封守如故，余常心焉伤之。溯自清之末叶，罢科举，兴学校，圩之文治书院，首改为文治高等小学，余与范团长德星君，初入学校受业，即自此始，尔来二十有余年矣。至于今，环该圩四区继起之小学，不下十数，而以民贫苦，距县治既远，生活过昂之故，毕业学童，无力升学，计县治省立中学，及北海县立中学两校，为各区人文所聚，而吾东四区之就学于兹者，盖百不一二睹也。各乡儿童以无由上进，放学风更形衰落，是诚大可哀矣，今年夏，范君驻军本土，目睹斯状，慨然邀集昔日同学各姓绅董与彭校长乃裎君等，议决请改文治小学校为县立第五中学，就四区增筹校款，以充经常费，再拟扩辟校址，改造旧观，充实校费图籍，重聘良师，革新学制，以备四区小学升校之需求，图挽衰弊锢塞之学风。而经费浩大，地方力穷，无以为应，因为募捐之议，嘱余为之倡。余慨旧游之沦寂，子弟之无教，而感范君嘉惠四区宏造青年之伟举也，故乐书该校之关系，及改中之需助如此而为之发导，伏惟吾乡人士，暨四方君子，本同共执之怀，周菽粟水火之急，欣脱手以输囊，庶厚施于里梓，此吾乡之大幸，亦余之荣藉也夫！

民国十八年八月□日合浦县陈铭枢谨撰启

发起人：张杖新，陈明堂，陈德轩，林国佩，赖德辅，彭雨堂，范德星，李拂尘，陈泰英，沈以甘，陈荔倦，时松年，黄质文，林翼中，廖琴材，陈铭枢，陈玉篦，彭献廷，陈鸿材，陈介卿，廖品佳，叶灌泉，邹道溪，李五云，李耀武，李崇如，赖悦堂，陈镜如，彭少舫，陈雨田，彭珩伯，时楚香，陈光甫，张敬斋。

附文二：

新建廉湖社学碑

清代廉州知府何天衢

国家重奖文治，一道同风。既立学宫，复诏各道建设书院，延师儒以训子弟。而乡遂远郊，又为之立社学，社学即古之小学。成汤以训蒙士，文王以教小子而戴礼。所谓家塾党庠者也。以其距郡县学远故立于当社，俾一乡子弟往学焉。其有秀异者，则升于学谓之书社。越汉唐宋元明以乘，历代崇之。我世宗宪皇帝，御极之元年，诏粤东郡县咸成立社学，每社岁发币金二十四两，延师教课兼训官音。时南海社学一百二十，番禺七十余，其他郡县少亦不下数十。逮乾隆中，以粤音丕变，当事者始议裁汰币项而社学渐废。

嘉庆十九年，余来守廉，越二年六月，合浦诸生彭汉光等请曰："郡城东北百二十里，有大廉、六湖两垌，庐井万家，子弟之愿学者无从得师焉。请于两垌之交地名红岭建立社学，以惠额外弟子。"余闻之甚喜，亟为请于抚司，既得，报而乡人之好义者，诸生之与执事者咸各以其资来助，遂于二十二年正月经始，其明年六月落成。凡为门三间，讲堂三间，房七间，合十二间。庖福毕备，费制钱一百八十余万，复为拨置田亩以给诸生膏火。道光元年始克石为文，记其缘始，以示后人。因召诸生而告之曰："夫学莫大于立身，莫先于有耻。古人立身扬名可为我法于天下后世。而我未免为乡人是则可耻之大者也。故士之读书，非仅谨记诵文辞以钓名声干利禄而已，要在举圣贤所言皆通于心，而有之于身耳。非然者，安免如朱子所云：书愈多而理愈昧，读书勤而心肆耶！"

廉虽僻处海隅，然涵泳圣泽文明启久，足比隆他郡。且自唐宋以来，名世大儒多居其地，流风余韵迄今犹有存。士苟有志能博极群书，复更相激励以成其德，将举张文献之德，业傕清献、余襄公之经济，陈白沙之理，举海忠介之风节，裒而有之，俾百世下闻其风者，顽廉懦立亦分内外事耳。孟子不云乎：今曰举乌获之任，亦是乌获而已，若狗俗卑下无高远之识，阘阘汶汶，蔽于时流浮薄之名，震于无足重轻之士，靡然同风溺而不返，其何有追步前贤乎？今社学初定，故为论其大要，以警诸生，使无忘今日立学本意，又以告未来，使叹慕兴于无穷也。诸生勉旃凡职事，诸人例得书姓名于石。其前后拨置膏火田亩，租入之数，详载府学碑阴。

历史人文，蔚为大观

合浦客家历史人文文化是多元存在的，对后世产生着巨大的影响。

在清廉警世方面，有张锡卿"人生十务"。张锡卿字鼎臣，合浦公馆人。自幼家贫，投效湘军，随之转战川甘、楚、黔，累积军功获记名提督，赏巴图鲁称号并赏穿黄马褂。先后担任过游击、副将，官至贵阳镇总兵，官秩一品。史称其御后临民，恒得法，人多颂之。光绪十四年（1888 年），以母亲年老，申请回乡养亲获准。张锡卿不以显贵而骄恃乡里。在乡间居住十多年，都是土屋竹篱，躬耕田亩，种田养畜，自食其力，一般人都不知他就是功在朝廷、赏穿黄马褂的一品大员。张锡卿乡居期间，痛感自己年少家贫无得读书，于是就专门聘请一位老师来辅导自己的学业。他根据所学的知识，结合自己的人生经历，写下了"人生十务"作座右铭：一是处困务求穷泰；二是临财务求戒贪污；三是练兵务济恩

合浦客家人沈载和任广东银行行长时签名的北海纸币

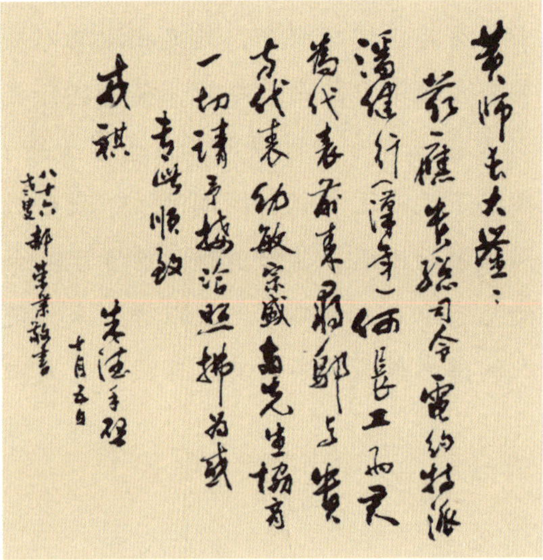

红军总司令朱德给黄质文的信（合浦书法家郝荣业书）

威；四是御敌务防毋懈；五是治民务施慈惠；六是待士务重谦恭；七是事上务饬礼仪；八是对下务除骄慢；九是交际务推诚；十是检身务守简约。人们见之，都为之感动、敬佩。

在人际交往方面，有彭元辅“一函三提督”。彭元辅是合浦公馆大廉人，道光丁酉科（1837年）举人。据地方史料记载，他在读书时就参与编修郡志和社会上的公益事业，又热心于扶危济困，在郡中很有名气。中举之后并不因此骄恃，而是继续心系郡中教育，甘守清贫，掌教海门书院，史称其“勤于课士，裁成甚众”，就是说他的子弟中多有成器者。彭元辅到了晚年更是好学不倦，多有著述传世，以九十余岁高寿谢世。由此可见，彭元辅并不是达官显贵，而是一个具有举人身份的教书先生，以他掌教海门书院的职务（教谕）来年，也只是相当于中学校长兼教育局长吧，而他能够“一函三提督”，主要是源于其人格魅力。

在抗击外敌、保家卫国方面，有抗法三英将关松志。关松志，字铁珊，合浦

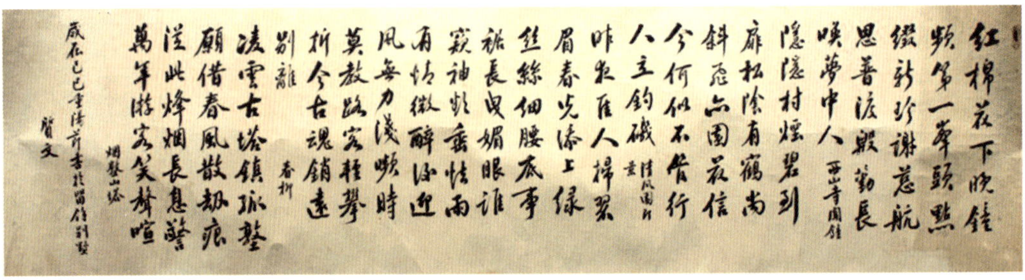

合浦客家民国中将师长黄质文书法《红棉诗》

公馆人，以战功先后任四川懋功副将（清代为总兵属官，相当今之旅长），镇江参将（总兵下的统兵官，秩从三品），记名总兵（清代为绿营兵最高长官，秩从正二品）。同治九年，梁天锡等踞河阳、保胜，全越南震动，越南王乞援，冯子材命关松志入越南平乱，越南王率大臣在郊外迎候，待以“天使”殊礼。关松志深入敌阵，侦悉匪情。以兵断其粮运，并节节截堵，屡立战功，越南得以安定。不久，松志病逝军中，越南举国哀悼，还为之建了昭忠祠。

在合浦客家历史人文文化中，还产生了一个光辉的历史人文圈，就是以爱国名将陈铭枢将军为核心的十九路军将士群体。

由陈铭枢而形成的十九路军客家将领有：邓世增（十九路军参谋长、中将）、沈载和（十九路军广州办事处主任，广东银行行长）、张君嵩（团长，后升中将）、黄质文（后升少将）、邓世汉（少校参谋）、陈国勋（团长，后升少将）、陈克强（排长，后升中少将）等二十余人。

而在辛亥革命、北伐战争、抗日战争和解放战争时期涌现出来的合浦客家将领群体，也有三十多名。可见合浦之历史人文，蔚为大观。

土围楼文化，精彩厚重

合浦的客家民居自成一体，保持着浓郁的客家民居特色，其主要的特征是以土城为中心布局，形成居住群落。

客家土围楼是客家人性格的象征，坚实、伟岸、沉稳而又宽容。一座土围楼就是一个家庭、一个宗支、一个姓氏的摇篮，更是一个村场甚至四乡八邻的政治、经济、文化中心。

合浦现存的客家土围楼，一般都是在清早期至民国初年建成的。而关于合浦客家土围楼的记述则可以追溯到明代。明代廉州知府黄文豪曾写有《咏土楼赋》一首，其中有“倚山兮为城，斩木兮为兵。接空楼阁兮跨层层，奋戈兮若虎视而龙腾，视彼逆贼兮若螟蛉。吁嗟，四方俱若此兮，何至坑乎长平。奈何弃险阻于不守兮，闻虎狼而心惊”等句。这首《咏土楼赋》是目前为止所知道的，最早描述客家土围楼的诗词，从诗赋中人们可以感受到客家土围楼的建筑特色：“倚山兮为城，斩木兮为兵。”这里的“兵”就是防御工事；“接空楼阁兮跨层层，奋戈

土围楼里装饰的青瓷花窗

兮若虎视而龙腾”，这里指的就是客家土围楼的规模格局，突出了客家土围楼战平结合的功能。

合浦客家人大部分是在明清之间由福建迁徙而来的，迁徙的线路主要有：一是通过南流江水路通道，直接进入北部湾大廉港（在未修建流湖水库之前，南流江其中的一条分支流入六湖垌后，再经闸口进入公馆的大廉港和闸口的榕根港），在大廉港畔的大廉垌及南流江沿岸的常乐、石康等地安居立业；二是由博白翻越大廉山入大廉垌，或绕大廉山余脉，经白沙进入合浦定居创业；三是由广东的梅、潮、汕经广州、化州、吴川进入合浦。从这三条线路进入的廉州府地区，在当时都是未经开垦的山区封闭地带，交通不便，人烟稀少，土地空旷，适宜于开垦家园定居。此外，还有一个重要原因，就是当时廉州府衙为防御山贼倭寇的侵扰，专门在闸口设置了关隘闸口，盘查户籍、严格控制进入廉州府城的人员，客家人在迁徙过程中没有户籍，也就只能就此停止了迁徙的脚步，这就是合浦客家人选择聚居东部山区的主要原因。

合浦客家人选择在大廉山下的大廉垌中聚居，最初的居住环境是非常恶劣的，主要是以茅棚为主。为了防范野兽的侵袭，有的就着树干搭窝棚居住。因此各家各户的居住点是分散、不确定的。随着垦耕土地的扩展，有了建立家园的物质条件之后，才能够建筑稳定坚固的家居。而中原民居的四合院建筑格局，特别是客家祖地福建的土围楼的建筑形态和特色，也就成了合浦客家民居的主要参照模式，在建筑土围楼的过程中，既结合了滨海丘陵及南流江冲积平原的地理地貌特色，沿海台风季节时间长、台风频率高、台风破坏的影响大等气候环境；也根据当时当地的社会环境条件，在保留客家祖地土围楼的基本建筑格局的同时，突出了与本地地理环境相结合的适应性，主要有几方面的特色：

一、依地形山势建筑，讲究地理格局；

二、强调多方面的防御功能：防兽、防风、防涝、防匪、防盗、防寇（闸口老圩的倭寇、石岭的日寇）；

三、突出土围楼的社会性功能，便于聚族而居的生活需求；

四、突出城墙的高、宽、厚度，讲究碉楼的设置，利于抵御外部的攻击；

五、就地取材，三合土材料特色鲜明；

六、城内保留四合庭院结构；

七、家族聚居，守望相助；

八、以土围楼为中心，聚城为乡。

客家的围楼建筑之所以叫土围楼，是因为全部的城墙都是用砂土等材料夯建起来的。当然，用来夯建城墙的砂土经过了特别配制，除了常见的用石灰、狗皮砂、黏土混合夯压而成之外，有的围墙还加进桐油和糯米粉、贝壳粉。用这样的混合材料夯建后的城墙坚硬异常，哪怕青壮汉子举着十字镐用力挖下去，也只见火星溅起，墙体上只留下一点点白色的痕迹。

合浦客家土围楼的围墙一般有二三尺厚，能够抵挡任何枪弹的射击。围墙四周均设有枪孔，以作防御抵敌之用。枪孔内宽外窄，呈竖长方形，内宽约 20 厘米，外宽约 5 厘米，高约 15 厘米，这样就有利于城墙内的人在向外射击时，能够左右上下摆动，机动灵活地寻找射击的对象。而在城外的人却找不到城墙内射击者的准确位置，即使是找到了，也很难进行有效的射击。因为城墙内的射击者往往是打几枪换一个位置，可以不受限制地随时走动。而城外的一方由于没有这种掩护保障，要想避开射击杀伤力，就得在枪炮的射程范围之外。这就是客家土围楼的防御优势。

土围城里的防御设施齐备，建有专门的台阶通道

土围楼的四个城角建有炮楼、瞭望台。碉楼呈正方形，要比围楼内的住房高出一到二层，是整个土围楼的制高点，主要是为了防务瞭望之用。碉楼的顶端设有大火盘，每当遇到战事，就在火盘点燃狼烟，以通知土围楼外面的住家做好防御准备。情况紧急时，就在碉楼顶上敲响铜锣，这时，四方八邻都能听到铜锣声，村场之间就能互通消息，守护相望。一些防御实力强大的土围楼还在碉楼的顶端设置土

土围楼里的拉栅门

炮位，虽然是自制土炮，但居高临下，增强了射程的威慑力和杀伤力，使攻城者望而却步。碉楼的墙壁上也都留有内宽外窄的射击孔，这些射击孔比城墙的大得多，这是专为安置机关枪之类的重武器而设计的，射击孔的视线可达围楼外四周的任何地方。因此，守卫碉楼的都必须是家族中的精英人选。遇有战事，碉楼就是见证英雄的舞台。

土围楼城墙上的跑马道

土围城里的天井，参照客家民居四合院的建制，一个天井就是一个独立的分支家庭

一般的土围楼的城门是圆拱形的，宽约 1.5 米，高约 2 米。城门共设有两道门，第一道城门是用 10 多厘米直径的圆木制作的拉栅门，每条圆木之间的相互间隔只有 10 厘米左右，平时只

土围城的城墙上设有各种各样的射击孔

关上这道拉栅门，通风透气又能观察城外的情况，也能防牲畜防小偷乱闯。第二道门是用粗重的荔枝木、红木等硬木板制成的，板的厚度也有 10 厘米，四周还镶有铁皮，门板上嵌有圆头大钉，有的还装饰了两只铜狮子头。关上大门后，再用三条横圆木作为上中下大门闩，这样，即使是再大力气的盗贼也无法撞开。这道门一般不关，只有遇到土匪抢村时才关上。城门口内侧各有一间小房间，分别是磨坊和舂坊。平日里，村中的伯娘、婶婆、姑姐们都来这里磨谷舂米，城门口也就成了村场的新闻发布中心。任何细小的逸事传闻，到了这里便成了特大号外。

土围楼外墙四周挖有壕沟，原是为了防水和排污的需要，后来却成了农田的排水渠，淙淙的渠水贴着城墙脚下流淌，不时有鱼游蛙跃，更有飘落的山花树叶飘荡而过，给土围楼增添了几分童话气氛。

客家人把土围楼称为“城肚”。“城肚”里不但有磨屋舂房，还有制作豆芽、豆腐、米粉、豉胶（固体酱油）和蒸酒的作坊，还有油盐烟酒店和磨坊、仓库、水井。不出城门，基本上可以满足日常生活之需。“城肚”里几乎就相当于一个自给自足的小社会。一些大的土城里面还有池塘。如遭围困，固守几个月没问题。

土围楼里的建筑格局很讲究辈分尊卑之分。工人有工人的工房，长者有长者的房间，甚至各房宗支的住房也按辈分顺序安排。主人的住房在第二层。工人及作坊、猪栏、厕所都在底层。二楼的房间和楼板都是木质结构，墙板和走廊多有雕花装饰，每一块雕花板都是一件精美的工艺品。

土围楼内最富丽堂皇的地方就是土围楼家族的祖公厅。客家人叫“厅下”。祖公厅设在最正中的房间，一般是三间连成一大间，这里安放着列祖列宗的牌位，是土围楼内最庄严权威的地方，处理族中事务、处罚违反族规的族人，都在厅下进行。

土围楼内都留有很宽阔的中央空地，这些空地铺上了灰砂混合土，农忙时是晒场，农闲时便是人们聚会活动的地方。逢有红白喜事，这里便是人们的宴饮之所。大锅的鱼肉、大桶的土蒸酒、整齐排列的八仙桌铺满了晒场。最诱人的是在月朗星稀的夜晚，孩子们或爬上碉楼顶，或搬来凉席铺在晒场上，看着叔伯咕噜咕噜吸着水烟筒闪动的火星，眺望天空中游移的行星，听着老一辈讲述客家人千年迁徙、万里漂泊的创业史和英雄传奇，在一代一代客家后辈的心中，激起无限的向往和敢为人先的斗志。

由于土围楼具有相对独立的社会性，住在土围楼里的客家人形成了相对稳定的社会群体，很少受当地文化、习俗、语言等元素颠覆性的影响和同化，在很大程度上完整地保留着祖地的生活方式和客家民系固有的社会生态。这样就有利于客家文化的保留和传承，这也是客家文化至今还能自成一体、传承发展的重要原因之一。今天，走进客家土围楼里，还能看到许多客家民系的文化符号，还能从中感受到客家人在经历了千年流徙、万里辗转之后，依然坚持着守望不变的家国情怀。

在这些客家土围楼里，大都设有各自的书院、学堂或学校。

客家子弟在土围楼里的书院、学堂或学校里读书，所受的教育是多元化的，重点是为了让子弟明礼数，于家，尽子孙孝义；于国，尽忠勇之心；于众，行仁义之德。因为客家人从自身的流离迁徙中深刻地认识到，要维系一个家庭、一个家族乃至一个姓氏宗族的血脉精神，就必须要有一种力量的支持，这种力量就是品德风范。这种品德风范的共识范围越广，认同程度越深入，其影响力和凝聚力就越大。要使这种道德品行成为群体遵行的标准，除了世代相传的行为相授之外，读书就是最好的教化方式。通过读书教化，能让子弟更多、更广泛地接受社会各方面优秀的品德风范，成为一个有用之才。因此，土围楼里的书院、学堂或学校，往往带有宗族的荣誉和权威，对子弟的教化具有较强的约束力，收到的效果也较为显著。

在合浦客家土围楼里，都会看到祠堂和学堂里存放、陈列的大量匾额楹联，如“进士”“文魁”或“慎独”“谨行”等各种各样的功名匾、寿庆匾、字号匾、

土围城有如一个独立的社会，农闲时活动的广场在农忙时就成了晒场

门楣匾、堂号匾、功德匾，以及相关的门联、柱联、厅联、堂联等。这些匾额或楹联浓缩着宗族祖先艰苦创业的事迹及宗亲的英雄故事，寓意深刻，蕴含有厚重深远的底蕴内涵和丰富多彩的人文史迹，见证了客家人迁徙、定居、奋斗、发展的历史，同时也饱含着对子孙后代的训勉和期待。每幅楹联都有着一个姓氏家族的历史记忆，每幅楹联都藏着一个姓氏家族的传奇故事，每幅楹联都有一个姓氏家族的独特寓意，时时对后代产生教化、警策、激励的作用。

由于有了祠堂和学堂，土围楼里的生活环境也就更加丰富多彩，做事行为也就更加规范有序。客家祠堂的岁时祭祀，入学学生的开学、奖学典礼等活动，也就成了土围楼里的的盛事盛典，成为一代又一代客家子弟行事做人的行为导向，为客家人崇文重教、耕读传家的精神传承提供了长效稳固的机制和平台，使客家精神得以世世代代传承下去，发扬光大。

因此，有学者把祠堂称作土围楼里的培育客家精神的摇篮，把学堂称作土围楼里的孕育客家风尚的园地。土围楼被称为客家人的精神家园。土围楼里的祠堂和学堂也就因此成为独具特色、富有象征性的历史人文景观。

合浦客家土围楼数量多，规格形制及建筑风格多元化，这与土围楼的建设周期有着很大的关系。因为不同的建设周期必然会受到不同的时代背景、不同的社会环境所制约、影响。综合起来，主要有三个不同的时期：

一是创立初期。在这一时期里，主要是为了解决家族的聚居安全问题。客家人来到合浦后，通过开垦田亩、耕种五谷、养殖禽畜，有了能够落地生根、休养生息的环境。家族的聚居安全问题也就成了首要之务。由于刚获得了以耕种为主的生存环境，尚没有能力对居住环境进行大规模建设改造，只能因陋就简，就地取材，围山筑墙，聚姓而居。这个时期建筑的土围楼，大多是依山势而建，主要是以防兽防盗为主。土围楼的建设在形制方面，没有规模格局上的讲究和限制，主要是依着山势，利用山石堆砌围墙，围墙所圈的范围就是围楼的面积，而围楼的面积则完全取决于聚姓而居的群体人数的多少。

二是完善时期。随着客家农耕的发展，社会生活状态的改善，特别是人财物方面的资本积累，合浦客家人在建筑土围楼时，注重借鉴祖地土围楼的城堡形制格局，土围楼里不但规划建设有相应的生产、生活配套设施，也随着家庭成员身份的变化，家庭因贫富差异形成地位差别，在居住条件的分配方面，也出现了距离。富足人家有条件选择居住的地点，有条件建起楼房，将土围楼城堡化。与此同时，家族或宗支的财产积累也成了常态化的发展模式。一些兴旺的家族有能力去筹谋建立属于自己家族的土围楼城堡，土围楼呈现家族化聚居的建制。在建筑型制方面，讲究规格布局及装饰，建筑材料不再是单一的就地取材（采用石块），而是采用由石灰、狗皮砂、黄黏土混合成“三合土”夯制墙体。按这种规格布局建筑的土围楼，讲究居住的条件和地理环境的协调，除了碉楼之外，一座土围楼往往建有多个门楼，象征四方通达，体现了主人的身份、财富及社会地位，更突显家族的性质。这类土围楼大都建成于清中晚期。

三是成熟期。辛亥革命前后，大量的客家子弟参加到时代的洪流之中去，涌现出了一批辛亥志士、北伐将领、黄埔军人，不少人因此功成名就。秉承客家人报国爱乡、落叶归根的优良传统，他们大多乐意回到家乡兴办公益慈善事业，推动家乡建设以光宗耀祖，土围楼的建设也在这一时期内形成了新的高潮。在这一时期建成的土围楼，不但突破了依山围城筑楼的规制格局，聚族而居的概念也淡薄了，代之而起的基本上是以家庭或近支家族为聚居群体。为了适应家庭或家族成员对高素质生活的要求，在功能结构上更加完备，土围楼内的各种生产、生活等配套设施，也更趋于社会性，一个土围楼就相当于一个小社会。在同一个自然村里，同时建有两三座土围楼的现象并不少见，这些土围楼都呈现出名人群体特征。如曲樟岐山背土围楼是陈铭枢将军的祖居地。其他还有——

白沙金花塘土围楼楼主沈载和：肄业于合浦乾体学堂后，考入广东省政法专门学校，1919 年毕业后，曾到陈铭枢部任职。此后历任广东省三水县、开平县、封川县县长，广东省印花税局局长，广东省银行副行长、行长等职。陈铭枢发起淞沪抗战时，沈载和兼任十九路军驻广州办事处主任，积极为十九路军筹集军饷。后集资创办国华银行，先后任银行总经理、董事长。1943 年陈铭枢、谭平山发起成立三民主义同志联合会时，曾给予经济资助。

曲樟排上土围楼楼主张枚新：广东黄埔陆军测量学堂、庐山军官训练团高级班毕业。历任营长、团长、副旅长、师长。1936 年 1 月授陆军少将，抗日战争时任第四战区司令部高级参议、中央军事参议院参议。

公馆创村土围楼楼主陈玉衡：广州烟草行的知名富商，1922 年广州合浦学会成立后，因经费不足，会址不够，1930 年陈铭枢将军带头发起募捐，购入广州市小北路 161—165 号的一栋三层洋楼作广州合浦学会会址。陈玉衡捐款 500 元。同年，他又与陈铭枢共捐白银三万两，建立了合浦第一间西医医院。

白沙油行岭土围楼楼主林翼中：1905 年加入同盟会，曾参加“讨袁驱龙（济光）”运动及第二次东征。此后历任肇庆市政局局长、黄埔军校政治总教官、广东省民政厅厅长、国民党第四届中央执委、农林部政务次长、广东省临时参议会第二届议长、广东省参议会首任会长。

合浦客家土围楼里，不但存留着大量客家人时代发展和社会生活的历史文化特征，还生动而又真实地见证了客家文化的传承、发展历程，其中许多史迹物证还是一定历史时期重大事件的重要见证。合浦客家土围楼里还保留许多科举功名匾，反映出北海客家人耕读传家、重教兴学的优良传统，还记录着大量的科举人文史迹，这些都十分难得。客家土围楼里还存留有许多反映客家人社会生活状态的传统物件，如为水磨坊配套的谷砻石磨、抗旱用的人工脚踏水车、救火用的人工水枪、运输用的独轮手推车（鸡公车）、人工打铁用的手拉风箱等，而这些传统物件在现在的日常生活中大多已经消失了。所幸在客家土围楼里得到了保留，为下一代提供了农耕知识教育的生动物证。因此，学者称土围楼是客家人丰富多彩的民俗风情、人文史迹、精神风尚的“博物馆”，引起社会各界的广泛关注。

1967 年的林翼中

近年来，中央电视台先后数次对合浦的

圆拱门和十字花砖窗融入了南洋建筑的元素

客家土围楼进行了专题采访报道，并在《客家足迹行》《远方的家》《故乡的年味》等栏目中播出。

在央视播出的《客家足迹行》专题片中，有一集专门介绍了六甘土围楼中的一棵参天古树——“顶天楠”。六甘土围楼中的“顶天楠”已有近四百岁的树龄。这棵“顶天楠”树干粗大，由五个大汉伸手合抱也围不过来，树高约三十米。据围楼中的老人介绍，这棵“顶天楠”的树龄比六甘土围楼的年龄还要大。当年李姓先祖就是因为感觉到这棵树的灵气，才在树下围城而居的。传说这棵“顶天楠”树上的枝叶指向土围楼的哪一个方位，那一个方位的宗支就会旺发。因此，“顶天楠”就成了六甘土围楼中的祥瑞标志，被村民视作神树。

六甘土围楼的南门楼下有一座欧式建筑小洋楼，这就是六甘对园。六甘对园的建筑风格与北海珠海路老街、合浦廉州埠民路老街的骑楼基本一致，而雕塑工艺更为精美细致、房屋结构别出心裁。对园的雕塑工艺采用梅花缠枝饰纹，造型精美对称，梅花缠枝的图案各不相同，精雕细刻，有如工笔画。所有雕塑图案不是镶嵌在窗上的圆拱券之中，而是安置在窗台下面，使整个外观造型更显雅致。对园的大门则采用客家土围楼门楼特有的圆木拉栅门，使整座建筑呈现出中西合璧的特色，具有很高的考古价值。

央视《远方的家》中介绍的曲樟曲木土围楼，是北海客家土围楼的经典之作。其结构布局不但体现了传统客家土围楼的严谨规制，祠堂中保留的牌匾也透露出浓郁厚重的人文氛围，给人以古典文化知识的熏陶。一方“春酒介眉”匾见证了客家人尊老敬贤的传统美德。这方“春酒介眉”匾是土围楼里的宗亲为家族的高寿老人所奉制。“春酒介眉”句出《诗经·七月》：“八月剥枣，十月获稻。为此春酒，以介眉寿。”这里的“春酒”，是古代在冬天里特酿的美酒，专门放置到春天才取出，故以春酒称之。“眉寿”，是指老人眉上生出的长毛，长寿的代称。用冬天里特酿的春酒为高寿老人致贺，表达对老人长寿健康的尊敬与祈祷。“春酒介眉”匾体现了合浦客家人敬老尊贤的优良传统。

在合浦现有客家土围楼存量中，最具文化旅游开发价值的客家土围楼有：

豪沃土围楼直屋城

豪沃村土围楼直屋城建于清代初期，墙体全部用三合土加土榨的黄糖混在一起夯实而成，坚固异常。豪沃村直屋城因其四个城角相对，与城墙成直角状，故有此称。直屋城的四角都建有炮楼。炮楼的建筑格局为八角形、五层，因此又称八角楼。1958年，修建六湖水库时，豪沃村的两千余村民则被分散到了其他乡镇的十多个安置点。直屋城被拆除水淹，只剩下碉楼耸立在水中央和伸出岸边的城墙。

水中碉楼的面积有半个篮球场那么大，露出水面的部分有四五米高，楼顶上长着一棵榕树。当时建碉楼的时候，为了观望的需要，设有很多观望孔和枪眼。楼的整体形状虽然呈四方形，但有八个不同的侧面，因此又被称为八角楼，人在楼内，可随时观察四面八方的情况。

水中碉楼的楼顶上生长着的榕树很茂盛，榕树气根像渔网般紧紧围住了露出水面的整个碉楼墙体，这些气根一直延伸至水面。气根包围住的墙体完好无损，窗门的框架完整，就连墙上的抹灰也没有脱落，依然平整光洁。被水浸淹的墙体却因波浪的冲刷，水蚀的痕迹已经非常明显，一层一层的夯墙层间隔分明，波浪冲刷了表面的灰尘之后，墙体的砂更加突出。透过清澈的湖水，可以清楚地看到水中的城墙状况，越是靠近水平线的墙体，水蚀的痕迹就越明显，墙体内没有生长其他杂物，墙体外的周边却长满了长长的水草，别具一番景致。

直角城是陈铭炎烈士的祖居。陈铭炎是革命战争年代合浦最早的中共党员，1936年在中山大学求学时加入中国共产党，曾任合浦广州学会会长。抗日战争时期，他历任中共广东惠阳县委组织部长、广东东宝联合县委书记、中共东莞县委书记、中共东江前线临时工委特派员、中共东江前线特委组织部长、主持特委日常工作的宣传部长等职务，为粤南抗日根据地及东江纵队的建立和发展做出了重要贡献。陈

抗战时期被任命为广东江南地委副书记兼组织部长的陈铭炎烈士

豪沃直角城

铭炎还被中共广东区委任命为江南地委副书记兼组织部长。他是在抗日战争中牺牲的合浦籍职务级别最高的中共领导人。

直屋城一带的岸线湖面生长着百亩野荷花。湖边的豪沃村古树名木丛生，村边有著名的陈氏“世雍祖祠”，祠门挂有进士陈清瑞的功名匾。“世雍祖祠”在抗日战争时期曾作为中共合浦地下党的活动据点，地下党组织在这里开办农民夜校，豪沃村有五十多名热血青年参加了革命，红色人文资源丰富。

山色远黛，湖水碧绿，云霓倒影处，碉楼水中央。那水中淹没的土围楼城堡，那岸边挺立的土围楼城墙，神韵犹在，风骨依然……

曲樟樟木山土围城

樟木山土围城的形状是围绕着山脚筑城，随着山势的走向而建成的正方形。城墙没有设置进入围楼大门，而是在城墙南北两端的炮楼内侧各开了一个月门，人们通过炮楼内侧的月门进入土城，别有洞天。原来，城墙里面还有一道“防线”，就是沿着城墙建起了一排夯土墙体的青砖大房，这排青砖大房的夯土墙体比城墙还要高。青砖大房的两头与炮楼相接，拉栊门就设置在青砖大房的正中，青砖大房与城墙之间只留宽约两米的空间，人在这样的间隔距离中，只能行走。换言之，如果发生战事，作为第一层防御工事的城墙即使被攻破，敌人也没有办法进入城内，因为青砖大房的夯土墙体与南北两端的炮楼自然结合成为第二道屏

樟木山土围城

障。而攻到了城墙下的敌人都挤到青砖大房与城墙之间的狭窄的间隔空间，想退也来不及，只能成为城里射击的活靶子。樟木山土围城这种一明一暗的双重城墙的防御构造，别出心裁，具有非常实用的防御功能。

樟木山土围城位于曲樟至公馆公路旁，依山临湖，与豪沃村直屋城土围楼相隔约两千米，隔湖相望一千米处即是樟嘉曲木土围楼，呈三城鼎立之势，互成观光线路。

塘背土围楼

塘背（旧称堂背）土围楼主要特征是依山围墙成城，也就是就着一个山嘴建起石墙围城。这类土围城注重城墙的坚固高大，讲究防御功能，城内的高大建筑物不多，但是围屋式（客家人称为“屋廓”）建筑多，因此，这种土围楼占地面积往往会有几十亩。塘背土围楼现存的围屋庭院基本保存，只要稍加改造就可以建成独具韵味的客家古民居风情旅游景点。

塘背村是一个有着几百年历史的客家村落，长期以来处于交通闭塞的深山之中，形成了自给自足的农耕社会，因此生态环境保护状态优良。虽然修建六湖水库后部分土围楼建筑和部分村场被淹没，但由此又形成了新的库区生态封闭环境，大量古生植物和野生动物得以保存并自然繁殖。在塘背土围楼旧址周边，现存有大量原始名贵树种，还有一些连当地老人都叫不出名字的杂果树，这些名贵树木

塘背土围城

的树龄大都在百年以上。而湖边山脚下，还生长着成片珍稀的椮木，更是难得的原始林木生态景观。至今，在这一带不但是白鹭的繁育栖息地，又是野猪的繁殖“领地”，还有湖中的野生荷藕，凡此种种，形成了五彩缤纷的湖光山色，丰富多彩的动植物生态乐园。

塘背村是革命战争年代大廉山革命根据地的重要组成部分，曾经作过中共合浦地下组织及其领导的武装队伍活动的堡垒户、地下交通情报站，因此存留有大量的革命斗争事迹和英雄故事。1949 年 3 月 15 日，中共钦廉四属特派员陈华根据粤桂边区党委指示，在堂背村召开六万山区党政军领导干部会议，传达中共华南分局和粤桂边区党委关于成立六万山地委和建立粤桂边区人民解放军第四支队的指示，宣布六万山地委和第四支队成立。陈华任六万山地委书记兼第四支队政委，符志行任第四支队司令员，谭俊任第四支队政治部主任，陆新任第四支队参谋长。这在钦廉四属地区革命斗争史上是最具标志性的重大事件。电视连续剧《北海风云》就曾在这一带拍摄外景。

塘背土围楼的对岸是大旺山村，北侧有六湖陈氏始祖墓园，乘船而上只需十五分钟就到陈家祠及陈铭枢故居，旅游资源极为丰富。

璋嘉曲木土围楼

璋嘉曲木土围楼是目前合浦客家土围楼中，建筑格局及现状保存得较好的土围楼之一。曲木土围楼呈五珠连环的格局。据称，开始时是按一个家族分支共同居住而设计建造的，每一个分支都有一个独立的庭落。由于初建土围楼时是按一父四子的居住格局来设计建造的，父辈居中，四房支系则按长幼之序排列，因此就有五珠连环格局之说，由此突出了人伦纲常的道德规范。为了适应这个居住序列的安排，在建筑设计方面就突破了土围楼中传统的房屋方形分布或凹形排列的格局，整个居住房屋一字排列，一条走廊贯通到底，而各房居室又自成院落。住在中央的父亲只要从居室走出来，在大门口向出入通道回望一眼，各房居室的格局一览无遗。这种规模宏大的土围不是一般财力可以支撑建成的，目前在合浦的客家土围楼中仅此一处。因此，璋嘉土围楼与塘背土围楼、豪沃土围楼共称为“璋嘉府、塘背院、豪沃殿”，由此可见其富甲一方。

曲木土围城

公馆六甘土围楼

公馆六甘土围楼是最典型并且最具当地特色的客家土围城之一。据村中老者告知，客家李姓先祖在明代后期就在六甘聚村开垦家园了。最早于乾隆年间开始创建六甘土围楼，不过当时只是一种聚族式聚居的土围楼。到了嘉庆、道光时期，即 18 世纪末至 19 世纪初，各宗支的人口繁衍增加了，宗支之间的经济结构也发生了差异，于是经济实力较强的宗支就辟地另建土围楼。这些新建的宗支土围楼或在原址建新的土围楼，或依附于原址周边而建。于是，在现存的六甘土围楼布

六甘土围城

局中，就出现了围中有城、围外有城的庞大的土围楼布局。在这个庞大的六甘土围楼布局中，不管宗支土围楼的建筑布局出现多大的变化，有一种建筑是不可变动的，那就是祖祠。虽然在各宗支的土围楼中都设有各房的厅下（宗祠），但祖祠的地位依然是至高无上的，是全族人岁时祭祀必到的场所。因此，六甘土围楼范围内的祠堂布局独具特色。

六甘土围楼位于大廉山主峰余脉，虽然地处偏远，但周边分布的客家古村落众多，且生态环境保存较完整，有利于客家生态古村落与客家土围楼文化旅游景观建设的优化组合。

公馆杨屋城土围楼

在合浦境内现存的近四十座客家土围楼中，公馆杨屋城土围楼是唯一一座以大型红砖为主要建材建造的土围楼。这也是杨屋城土围楼宗亲引以为自豪的家族荣誉的象征。因为在杨屋城土围楼的族谱记载中，土围楼内的杨氏远祖就是在中国历史上赫赫有名的杨令公杨继业。来到杨屋城土围楼的祠堂里，除了墙壁上的石刻堂联显赫地镌刻着“想当年我祖令公保家卫国为统帅”“宋朝称英杰杀敌锄奸世代忠良咏于今”等句在彰显着土围楼的宗支源自杨家将祖系之外，土围楼内

杨屋城土围城

的老人家还会言之凿凿地告诉你，杨屋城土围楼之所以是罕见的红色，就是因为当年杨家将功勋卓著，皇帝的物质赐赏已无以表达其尊荣，于是特敕杨家将府第可以享受皇家宫殿的荣耀，能够饰以红墙碧瓦装饰。后来，杨家将家族支系迁徙他乡，为了传承家族的荣誉，也将城堡墙体建成红色，据称目前全国墙体建成红色的客家土围楼仅有两处，这是客家土围楼存证杨家将历史人文的象征。20 世纪 80 年代，新加坡国会议长、三次代理总统职务的客家人杨锦成先生，凭儿时记忆中祖籍居地是一座用大块红砖建造的土围楼城墙这一印象，曾给杨屋城土围楼宗亲寄来有关宗支寻亲的谱牒材料，还委托有关人员到杨屋城土围楼寻根访祖，一时引起轰动。

与杨屋城土围楼相邻的有公馆园岭墩土围楼、公馆屋场嘴土围楼、扫管兰园村土围楼等，都是合浦客家土围楼资源相对集中的地方。

公馆园岭土围楼

合浦公馆沙艮园岭墩土围楼，建于清末民初。在形制上，是建有夯土城墙、城内以四合院住宅为主的土围楼。在外形规模上，与同时代、相同形制的土围楼没有多大差别，但在资金来源及筹措方面，却是北海合浦客家人在特定时代背景下“闯南洋”的史迹见证。原来，沙艮园岭墩张姓先祖自到合浦公馆开基定居，有一位子弟前往南洋创业发展并获得成功后回乡建造土围楼，以作叶落归根之所。但是，且不说当时邮路不通，战事频起的年代，直接从南洋把银元带回来更是风险重重，实际上是不可能的。为了解决这个银元的运送问题，这位“闯南洋”的子弟就想了一个办法：先在北海老街设立银号，然

园岭土围城

后再从南洋把银元汇入自己开办的银号，之后再将银元从银号中提出来供建造土围楼使用，既安全又灵活方便。据史料记载，清末民初北海老街曾一度成为中国南方的银元流通中心，流通最繁华的时候，官府曾申请调动军舰运送银元。从建造公馆沙艮园岭墩土围楼的资金来源及筹措途径中，可窥见一斑。由此也得知北海合浦的客家人在北海金融业的发展历程中，曾经有过不同凡响的作为。

公馆南山老屋村土围楼

南山老屋村土围城，又称南山老城，也是依据山形围墙建成的土围城，呈南北走向，占地面积庞大，内建有祖祠、池塘、水井、工作坊等配套设施。由于家族人口多，建城时以南门与北门为起点，修建了一条石板路作城内通道。这条石板路可通行牛车。以这条通道为中轴线，在城内划分为五个居住区，分别由祖父辈和四房儿子家庭居住，每个居住区都有分支的厅下，厅下前有各自的晒场作为活动场所。随着人口增加，家族财富积累增大，土围城内的三房子孙又在围城外再建两座土围城，因此有新城和老城之称。南山老屋村土围城是居住人口最多、范围面积最大、建成历史最悠久的客家土围城之一。

在革命战争年代，南山老屋村土围城是中共公馆区委武工队、南山武工队、合东南游击大队等中共合浦地下党领导的革命武装力量的活动据点、堡垒户。抗

南山土围城

战时期，中共合浦地下党组织在围城里设立了交通情报站“捷报站”（中心站）以及联络点、农民夜校，发动农民。1945 年夏，南山武工队在公馆大塘伏击日寇的浴血战斗；1946 年秋，合东南游击大队就是在这里整编后，完善了部队建制，成立了“手枪队”等革命武装队伍，由此成为中国人民解放军粤桂边纵队“珠江连”的前身；1949 年 5 月在围城内的祠堂召开成立中共合东南工委的会议，1949 年 12 月上廉乡人民政府成立，此为乡机关政府驻地。

在革命战争岁月里，南山老屋村与石湖土围楼、香山土围楼、南山老城、南山新城、屋场咀土围楼、杨屋城土围楼等相互连片呼应，成为中共地下党活动的坚强堡垒。

1950 年夏秋之间，数百名土匪趁解放军部队调防离开公馆之际。突袭围攻上廉乡政府机关所在的南山土围城，经过一个多星期的攻防战之后，为了保存实力，上廉乡中队掩护乡政府机关趁夜突围转移到石头湖土围楼。石头湖土围楼位于大廉垌中部，也曾作大廉乡人民政府机关驻地，城墙高大坚实，城堡里又有丰富的物资储备，易守难攻。为了夺取石头湖土围楼，周边的土匪采取了联合行动，倾巢而出，轮番围攻。土匪的意图很明显，就是要通过这种围困战，逼乡政府的工作人员和乡中队撤离，以占领石头湖城堡为据点。石头湖土围楼因此进入了一个多月的围困战状态。土围楼里的革命群众为了全力支持乡政府和乡中队的战斗，不但将储存的粮食物资无偿提供给乡政府机关和乡中队，还拿出保护城堡的枪支一起参加战斗。在长达一个月的石头湖土围楼围困战中，虽然激烈的枪战几乎天天发生，我方却没有发生伤亡事故，直到中国人民解放军剿匪部队进入广西，剑指钦廉，围城的土匪闻风四散，石头湖土围楼安全解围。如今，石头湖土围楼的城墙上还留有累累弹孔，为客家人忠勇报国、守护相助的英勇事迹存证。

闸口大贤第土围楼

大贤第土围楼位于曲樟与闸口交界的榄树下村。这座以大贤第为名的土围楼，是因为到这里开创家园的颜姓客家人，以孔子门下七十二贤之首的颜回为始祖。颜姓自中原转辗迁徙而来，开辟家园，建造了土围城，就以颜回为“大贤”而称之。大贤第土围楼属于依山势而建，围墙砌石，围楼内四合一庭院结构的格局，目前保存基本完整。虽然大贤第在岁月的冲刷中，已经找不到往昔家族引以为荣的大贤儒风痕迹。但是从这座土围楼里，走出了一位革命先贤，在共和国的史册上永存英名，他就是中共七大代表颜福廷，又名欧阳方。

颜福廷，1914 年生于土围楼内。1935 年在北平燕京大学读书期间，参加“一二·九”爱国学生运动和革命工作，改名欧阳方。1936 年加入中国共产党。

大贤第土围城

先后任中共湖南省委秘书、巡视员，八路军驻湘办事处中共中央代表徐特立的秘书。1938 年底，欧阳方根据湖南省工委指示，组建中共衡山县委，1939 年 2 月任中共衡阳中心县委委员、衡山县委书记。1939 年 12 月奉命由湖南赴延安。1940 年 2 月入马列学院学习，在中央党务研究室工作。1945 年 4 月至 6 月作为大后方代表团代表出席中共七大。1946 年任中共南京代表团副团长董必武的政治秘书，政治研究室研究员。1947 年受党委派到湖南省工委工作，历任特派员、中共湘赣工委书记、中共湖南省工委宣传部部长兼军事委员、统战部部长、参与领导湖南的武装斗争，是策动湖南和平解放的直接参与者。新中国成立后，1950 年 1 月 23 日参加第一次全国统战工作会议，受到了毛泽东主席的接见。此后历任中南军政委员会副主席邓子恢（后任国务院副总理）的秘书兼中南军政委员会研究室副主任、轻工业部教育司司长、水产部办公厅主任、计划司司长等；1964 年下放烟台海洋渔业公司任副经理；1979 年 7 月调任中国农业电影制片厂党委书记兼厂长，是中国农业电影制片厂的创建人之一，1984 年 8 月 6 日因病在北京逝世。南京梅园新村的中共南京代表团纪念馆旧址里还保留有颜福廷（欧阳方）的工作居室，供参观者瞻仰。

闸口福禄土围楼

闸口福禄土围楼位于 209 国道旁，依山向海，也是一座围山建城的客家土围

福禄土围城

楼。福禄土围楼的一个格局特色就是城门设置多，共有五个城门，这都与土围楼的建制历史有关。据城中的老者告知，福禄土围楼在创建初期并没有这么大，后来随着支系繁衍的增加，城中居住的人口越来越多，于是财富积累多的支系就另选地方扩建新的土围楼。由于新建的土围楼还是建在老土围楼内，为了解决出入通道的问题，就开辟了新城门，于是就出现了五门同城的格局。

至于城里的人为什么宁愿挤在一起也不走出围墙外建宽敞的新居呢？据传与城内的风水有关。原来闸口福禄土围楼创建初期的一段时间内，人丁并不兴旺，为了这事，族中的长者就四处寻找风水先生指点缘由，后来终于找到了一位能解决问题的先生。据此先生称，人丁不兴的关键是井泉开穴不对，开在了牛屁股上，每天吃的都是牛拉出来的尿，致使族人血气不足，造成人丁不旺。因此必须要重开泉穴以发人丁。而重开的泉穴就得开在牛脖子，取刺喉喝血，弥补元气之意。自从打开了这个井泉之后，土围城的人丁果然兴旺，族人便把此井取名为“牛血井”。福禄土围楼内至今尚存多口井泉，村民们仍然喜欢使用“牛血井”的泉水，还在井旁建了龙神位以祀之。

福禄土围楼内名木古树众多，有一株据称树龄达四百年的古铁木，据传此树能预示城中的相关征兆，因此被公认作“镇城宝树”。当年土围楼的村民为了保护这株古铁木不受砍伐，还组织了护树队进行巡查监控。为了防止盗树者偷伐，围楼里的人曾将铁耙齿嵌入树干内，使锯、斧无法砍割，得以生存至今。从“镇城宝树”和“牛血井”现象中，可以感受到民俗文化的强势聚力。

福禄土围楼是陈铭枢居住的地方。少年时代的陈铭枢因家庭环境的影响，体弱多病，不但身上长满了癞渣，还视力减退，父亲只好把他送到福禄土围楼舅舅家中养病。少年陈铭枢因此在福禄土围楼有过一段不寻常的生活阅历。后来陈铭枢身居军政要职，也没有忘记当年福禄土围楼乡亲的关照之情，专门制作了感恩匾额派人送回土围楼，可惜该匾额因保管不善而不知所踪。

闸口社边坡土围楼

闸口社边坡土围楼位于玉铁高速公路旁，这是围绕着一个小山包而建筑城墙围出来的土围楼。据城中的老人介绍，城中族人居住至今已是第十八代了。

闸口社边坡土围楼的创建过程，正是客家人迁徙合浦后，白手起家，筚路蓝缕开辟家园的生动见证。据城中的老人家回忆，社边坡的最早居民是赖姓几兄弟，来社边坡定居的初期，搭草结庐而居。后来有了些积累就建起了砖瓦房，有了安居之所。但由于社边坡地处大廉港与榕根港之间的海岸边，经常遭受到土匪和海盗的侵扰抢掠，不但造成

社边坡土围城

严重的财产损失，还屡屡导致人身伤亡。兄弟因此决议修建土围城以保族中安宁。由于当时尚没有资本积累，无法请人帮工，兄弟们就自力更生，自己动手。为了解决建城过程中的粮食供应问题，兄弟们先是大力开荒种地，广种五谷杂粮以备开工之需。经过了一段时间的开荒扩种之后，准备了足够的粮食才开始动工。在整个修建土围城的过程中，每天都是男的在工地挖泥担沙，夯墙砌石；女的就在家操持农耕，做后勤保障。为了加快建城进度，他们吃住都在工地。据老一辈代代口传的回忆，为了确保修建土围城的男人们吃饱，女人们一天要往工地送几次饭。由于田地限制，水稻种植量不足，大米紧缺，就用薯类杂粮代替。而修建土围楼的劳动强度大，男人们的食量也大，往往用鸡公车一车车地往工地送煮熟了的番薯、芋头。因此得安排专门的人力去负责挖番薯、芋头的工作。就这样通过全部靠人肩抬，一担沙、一担泥、一块石地建起了社边坡土围城。因此说，社边坡土围城的创建最生动地体现了客家人在合浦安家创业的艰苦历程，凝聚了客家人的坚毅意志力和建设家园的创造精神。

社边坡土围城城墙高大宽厚，主体保存完整。现为合浦县文物保护单位。

白沙虎塘村土围楼

白沙虎塘村土围楼是合浦为数不多、建于平底的土围楼城堡。城内部的建筑布局并不是传统的回字形结构，或凹字形结构，而是在门楼两边建走廊作通道，走廊呈拱券状，砖柱上都镶嵌着青釉花窗。这一建筑设置使人强烈感觉到城堡主人当时的开放意识，因为拱券状半圆顶走廊、青釉花窗都

虎塘土围城

不是客家建筑的传统特色，而是在骑楼建筑中常见的装饰，由此推想，城堡主人借鉴了具有南洋风格的骑楼建筑元素。除了拱券状半圆顶走廊、砖柱的青釉花窗装饰之后，门楼也不是着重于防卫的圆拱门，而是近似江南水乡的门楼，因此更显出小巧玲珑的格局。于是，这座古城堡的建筑特色也就显现出来了：传统客家土围城的稳重厚实中透露出南洋建筑的精致灵巧元素。据村民介绍，这座古堡的主人在民国初期曾经当过师长，长期住在广州，回来建这座城堡，觉得在外发迹是故乡的风水保佑，所以择地而建。风水之说也许是一方面，但从虎塘村古城堡的建筑格局而言，确实是有客（客家）洋（南洋）建筑元素结合在一起的风格韵味。

与白沙虎塘村土围楼相隔不远的陈氏城堡，则是一座近代建筑元素更加明显客家土围楼。首先外墙的颜色就鲜明地体现了近代建筑的风格。它不是传统客家土围楼的夯墙原色的土黄色，而是用批上一层石灰膏，类似今天的“刮腻子”。在陈氏城堡的土围楼布局中，前门没有设置碉楼，土围楼的门洞开得也不大，土围楼里面的门窗几乎都采用了拱券设计，与白沙虎塘村土围楼形成鲜明对比，给人一种崭新的感觉，在景观上产生衬托作用。

附：合浦现存部分客家土围楼名录

公馆创村土围楼	公馆六甘土围楼	公馆秀村土围楼
公馆南山土围楼	公馆岭背土围楼	公馆黄嘴土围楼
公馆长坡土围楼	曲樟塘背土围楼	曲樟樟木山土围楼
璋嘉岐山背土围楼	曲樟大王山土围楼	曲樟曲木土围楼
闸口那寮土围楼	闸口榄树下土围楼	闸口银坑土围楼
闸口福禄土围楼	公馆马江土围楼	公馆浪坡土围楼
公馆大岭头土围城	公馆香山土围楼	公馆老屋村土围楼
公馆石岭土围楼	公馆兰园村土围楼	曲樟排上土围楼
闸口社边坡土围楼	闸口大贤第土围楼	白沙虎塘土围楼
白沙草江土围楼	白沙金花塘村土围楼	白沙油行岭土围楼
白沙陈氏围楼	公馆径口土围楼	曲樟豪沃土围楼
公馆石湖土围楼	公馆竹联老屋场土围楼	公馆杨屋墩土围楼
公馆园岭土围楼	闸口大路塍土围楼（赖成己祖居）	香山土围楼

祠堂文化，存史励志

祠堂格局

明朝弘治年间的一个日落黄昏，珠乡大廉山脚下的坎坷小路上，走来几个衣衫褴褛、疲惫不堪的赶路人，他们在一个杂草丛生、荆藤缠绕、溪水潺潺的小山冈前停住了脚步，从腰间拔出砍刀，斩断枯树，劈开簕竹，搭起草棚安下家来。在这个新建的简陋“家”中，一位年长者从包袱里取出祖宗牌位和宗族谱牒，恭恭敬敬地摆放在刚用树干和藤条架起来的神台上，然后深深地躬身礼拜，接着，其他家人也依次行礼，他们都在默默祈祷着，告诉远在闽、赣的祖宗先人：又一个客家人的支系在千里之外的南珠古郡中扎下根来了。在这个家徒四壁的简陋家中，安放祖宗牌位和宗族谱牒祖先的位置也是必不可少的，这就是合浦客家人从中原到山西大槐树、福建石壁再南迁到珠乡合浦生存、繁衍、立祀祭祖的最初形态，客家祠堂的最初模型。此后，有客家人的地方就必有祠堂，成为客家村场的规制，客家祠堂因此成为客家人祖先安息的殿堂，客家人寻根探源的平台，展示客家人风采的橱窗，积淀、传承客家文化的集大成所在。

走进合浦客家祠堂，你就会惊奇发现，原来这里并不是那些宗教庙堂的模式，也不是所谓迷信活动的场所，而是一个巨大的陈列馆。这里除供奉大量客家人的祖宗牌位之外，诗词楹联、石碑木雕、墙壁画廊，到处都是一种历史见证。这些历史物件都在向人们诉说着这家祠堂经历过的沧桑岁月，时代变革。只要你用心寻觅下去，你就会被深深地吸引住，一起走进祠堂的昨天，走进客家人的历史。

客家祠堂最富丽堂皇的地方是寝堂，是安放客家人历代祖先神主牌位的地方，这里也是了解一个客家姓氏支系繁衍状态的陈列室。寝堂里的祖先神主牌位安放有严格的规制，以奠基创业的始祖为尊居上，其他以辈分排序安放。因此，逝去的先人在祠堂中的存放神主牌位是一件必不可少的大事，是支系繁衍的标志。在一些大姓的客家祠堂里，寝堂里安放的祖先神主牌位往往会有数千之多，这是多么具有震撼力的情景啊!

而在合浦的一些客家族谱中，就有明文规定，对一些违反族规、犯下十恶不赦罪行的奸邪之辈，开除族籍，其死后神主牌位不得进入祠堂的严厉惩处。由此可知客家祠堂的宗法制约力。

客家的祠堂曾经作为宗法制度的载体，有着绝对的权威，除了一些重大事件都在祠堂议决之外，甚至可以决定族中不肖子弟的生死。

精美的祠堂雕刻

合浦客家人最隆重的祭祀活动都要在祠堂举行，特别是春秋两祭大典，祠堂是检阅家族宗支繁衍实力的地方。

每个客家祠堂大厅的墙壁上都会镶嵌有世系名人列表和刻匾，这是客家文化中最亮丽的存在，因为这里展示的不仅仅是客家人的人文业绩，更展示出客家人的英雄情怀，是教育子孙后代传承和弘扬先贤道德风范的最生动的课堂。

祠堂议事决定了家族事务。客家人祠堂议事的习俗，流传久远。族中逢有大小事务，由族长及族中辈分高的长辈召集主持，小到子弟读书，大到宗族纷争，祠堂议事都有绝对权威。在封建社会，他们甚至可以决定人的生死。当然，宗族中的许多规章制度也都在祠堂议事中制订出来的，如村规、民约等。这对规范村民的行为起到积极作用。随着时代的不断发展，客家人祠堂议事的习俗依然保存下来，其作用性质不断完善。如客家人曾坚持封山育林中的“标山”的做法，就是通过祠堂议事的形式，强制推行封山育林，把看山护林落实到个人承包，对保护森林资源起了积极作用。

客家祠堂规格制度严密，祖有祖庙，宗有宗祠，支系有“厅”，不可越位。祠堂布局各有定例，高矮宽窄，水沟瓦檐，天井廊房，甚至门厅柱梁都要按规定办。因此，客家祠堂是民间建筑中最稳定的，不论经过多少次翻新修复，原来的格局式样都不会改变。

修祠规例

客家人修祠堂是一件盛事。首先是要确定日子。客家人修祠择日，并不像其他人看风水选取时辰那样完全听任风水先生的指点，而是要体现出对祖先的尊重。因此，选日子要由本宗支的全体宗亲集体商议。每家每户必须有代表参加。如果在外地工作不能回乡的，也要派代表或带口信表明意见。一般情况下，重修祖祠是不允许改变模样的，个别调整也要把图纸画出来之后，供大家参考选择。

确定了良辰吉日之后，就要“退座”。退座即是把祖宗牌位请下来，暂时移居别所，并要设置土地神位供奉。退座的工序包括拆除旧祠，重新挖基础。挖基础也要按原来的基脚开挖清理。

客家人修祠最重视屋梁的建造。斯时，就要到各地去选择好的木材作屋梁。确定了梁材之后，就要请工匠进行精工雕刻，务求精细。屋梁有上面、下面之分，不可错位。梁下面一般都要刻上修祠的吉时良辰，或用烫金描字，或朱漆题写。由于屋梁选材好，有的客家祠堂往往几经翻修重建，依然可使用原来的屋梁。

屋梁制作完毕之后，就要选择良辰吉日举行祭梁仪式。祭梁仪式是非常隆重的，本宗支内的宗亲都必须参加。如果无故不参加者，视为不孝，在宗亲中就会被看不起，今后宗族中商议任何事情，也都被排除在外。这一约定俗成的规定是非常严厉的，甚至可以拒绝缺席者的祖宗牌位进入祠堂。因此，为了慎重起见，在祭梁仪式举行之前，都会反复通知，力求无一疏漏。这时，各家各户都会准备祭梁的礼担，礼担里装好香烛元宝和发糕，统一集中到祠堂前恭候。

祭梁仪式过程中最重要的环节就是升梁。在传统习俗中，升梁是不准借助机械作业的。这也是为了表达对祖先的尊重。升梁必须由每家每户派出一名代表来做护卫队，并且用人工把屋梁安放在指定的高度位置。这样，就要事先搭好梁架，有几根屋梁就要搭几处梁架。比如，祠堂是三进的，就有三根屋梁；是两进的，就有两根屋梁，如此类推。搭梁架是一个非常巧妙的工程，整个过程不能用铁器，只能用竹、木材进行加固搭建。梁架必须是直立的，分三层结构，升梁时要沿着梁架托举直上。梁架的结构必须十分坚固，高度与屋梁安放的高度相等。搭梁架体现了客家人的技巧和气概，只有身临现场，才能真切地体会到这种庄重的氛围。

完成以上工序之后，就要按选定的吉日良辰举行祭梁。如上所述，选定了升梁的护卫队之后，要先进行排练以确保仪式顺利进行。护梁成员的手不能触摸已架好的屋梁，每人发一条毛巾包住屋梁，仪式结束后，毛巾由护梁成员带回保管存放，这是一种吉祥的象征。祭梁开始，先由宗亲中辈分高、德高望重的长者主持仪式，宣布祭梁开始。这时，炮仗鼓乐齐鸣。护梁队在主持的引导下，始终保持着平衡状态把屋梁抬到现场，安放在事先准备的两张八仙台上，每张八仙台上都放有一盆大米，大米里面有红枣和榄子，屋梁就四平八稳地安放在米盆上面，红枣表示红红火火，祠堂早落成，榄子表示子孙兴旺、揽接福禄。

安放好屋梁之后，还要给屋梁两头缚上用红绳系好的粽子和红布，每根屋梁两头各系一对粽子，中间用红布挂起来。接着就由主持宣读祭文，献三牲礼果，三拜九叩，奠酒上香。祭梁的三牲是整猪、整羊（黑羊）和全鸡。在整个祭梁过程中，其他人是不准说话的，要听从主持人的引导去完成祭梁程序。祭梁的队列也有讲究，主持人之后是护梁队，护梁队之后是长辈，长辈之后是妇幼青年。跪拜有序，秩序井然。

祭梁之后是“行砖脚”。行砖脚就是下基础。行砖脚要用祠堂原来的砖块。先从东边行起，按东南西北行完四处墙角。行砖脚时，其他人不准乱说话，由主持人高呼礼号，大家跟着重复。礼号都是些吉祥语，如“子孙兴旺”“基业永固”“福禄齐全”等。呼号声要整齐洪亮。大家憋足一口气，齐声呼喝，可谓震天动地，万众一心，奋发张扬，气势浩荡，场景动人。

行完砖脚，等升梁的时辰到之时，才举行升梁仪式。升梁仪式是修祠最重要的程序。时辰一到，护梁队齐心协力，四平八稳地将屋梁抬到架下，然后分梯次爬上梁架，接力式地把屋梁传递到事先设定的高度位置。接力梯次视祠堂梁高度而定，一般分三个梯次接力点，就像叠罗汉般一层一层地往上升递。每升递一层就齐声呼喝一次“升梁大吉”！直到升到顶层为止。在这个升递过程中，全部都靠人力完成，而且相互之间不得跨越位置借力，十分讲究整体的协调合作。

屋梁升到预设的位置后，就要固定屋梁，固定屋梁又是一个十分巧妙的工艺，不用铁钉钢丝，只有两块木板，一块夹片，轻轻一插一垫，悬于半空的屋梁便稳稳固定，这需要十分精确的计算才能做到。因为，砖墙的高度就得是屋梁的高度，多一块砖或少一块砖都会产生空隙，影响屋梁安放的平行端正。这是客家人千百年积累形成的民间技艺。

安梁完毕，接下来是燃放爆竹、烟花，鼓乐齐奏。宗支大的祠堂往往会持续一两个小时。这时，大家都要静候观礼，不可早退，因为仪式结束之后，家家户户都要带回一把祭梁时垫梁的大米、红枣和榄子回家保存，寓意吉祥喜庆长留家中。

老祠堂里的每一副楹联、每一块牌匾都蕴含一个人文传奇

升梁仪式结束后，由事先推选出来的修祠理事们负责监造，必须要在选定的日子内完工。因为，在选定“退座”日子的同时，也选定了“升座”（即祖先牌位回位）的日子。这容不得半点马虎延误。待到祠堂竣工“升座”之时，又是客家人的一个重大庆典盛事的到来。

祠堂对联

合浦客家祠堂中保留着大量的楹联，这些楹联鲜明地反映出合浦客家人的沧桑岁月和人文史迹。

在这些洋洋大观的楹联中，有以姓氏直接入联的，如李姓的堂号是陇西，这注明了李氏的祖地故里。堂联是“龙门世德；柱史家声”。从联中可以知道这是一个历史望族，并且都出现过许多“龙门”“柱史”大人物。而内行人一看便知，该联的主人姓李。这是有固定称谓和特指的，万万不可乱套，套错了就会引出数典忘祖的大笑话。

有以居住地名撰联的。客家人是迁徙民系，每到一个地方都要筚路蓝缕开创新家园。为了教育儿孙，继承和发扬先人艰苦创业的精神，以居住地撰联也是一种鞭策和激励。笔者祖居长汀，迁居珠乡南山开创基业后，每逢春联，便以居住地名撰联：“南风吹腊去；山色送春来。”用“南山”二字作联首，属于地名嵌字联。以居住地名撰联，富于乡情亲情，有浓郁的归属感。

祠堂楹联是客家人文历史的见证

有以祖先事迹撰联的。客家人是一个英雄辈出的民系。特别是各姓氏中的英雄人物或先哲贤达，更是各姓撰联的“热点”题材。这类春联中虽然多有将相功名、光宗耀祖的成分，但更多的是激励后人奋发图强的内容，如范氏的一副撰联是以范仲淹的事迹为题材，上联“兵甲罗胸将相功名隆远祖”，下联“义田助麦先忧后乐启后人”。这是教育后代要学习和发扬范仲淹的美德，这种撰联的教化作用是非常明显的。

合浦的祠堂楹联都会体现出各家各户的中原郡望。如范姓出高平，张姓出清河、颜姓出琅琊，陈姓、赖姓出颍川，朱姓出沛国，李姓出陇西，王姓出太原，黄姓出江夏，杨姓出弘农，廖姓出汝南等。虽然这些姓氏家谱的记载有些牵强，但说明了客家人心中的自豪，是客家人“崇正追源”“崇先报本”精神的体现，正是这种“崇正追源”“崇先报本”精神在一代又一代客家人中弘扬传承，客家人把对祖先的崇拜转化为强大的内动力，从而战胜困难、光大祖业、兴旺人丁，以此作为炫耀祖德、报效祖先的最好“礼物”。这种崇先报本意识的升华就是客家人的爱乡爱国精神，因此，珠乡客家人能够在战胜各种艰难困苦、建设新家园的漫长岁月中，坚守中华文化的礼乐教化，弘扬爱乡爱国的优良传统，形成独具珠乡客家特色的礼节、礼义。

在珠乡的150多个姓氏中，有一半姓氏属于客家人或与客家人有关。丰富的姓氏也就带来了丰富的堂号、堂联。春节期间，将堂号、堂联融入春联之中，加

祠堂的堂联是客家人世泽传承的记忆

以构思创新，既成为客家春联卓然独特的风格，也是客家人敬重先祖、思念故土的表现形式。

如合浦陈氏祠堂中有楹联云：

妫汭溯天潢源远流长派结颍川传一脉；

廉阳崇祖祀宗敦族睦泽承文范衍千秋。

“妫汭”，出自《说文》：“妫，虞舜居妫汭，因以为氏。”有虞氏兴起于燕山一带，虞是其部落图腾，即驺虞，神话传说中的一种兽。有虞氏聚居于燕山周围的妫水，辖有其地，遂以所居之地为氏，姓妫。

上联中的“妫汭溯天潢”，是指妫姓之显则肇始于虞舜时期。待尧将帝位传到舜以后，舜帝的后代便以尧帝封邑居住的地名妫作为姓，妫姓成为中华民族最为古老的八大始姓之一。

下联中的“廉阳”，是廉州的代称。古代以南为阳，廉州处于大大廉山之南，故有廉阳之称。“文范”是指陈寔，陈寔去世后，朝廷封谥为“文范先生”。

此外，在客家春联中，也多有劝谕勤读诗书、诗礼传家，或以农为本、忠直做人的佳联妙句，还有鼓励耕读工商兴家的。总之，各姓氏、各村场之间都会有体现各自特色的春联，表达着各自的愿望和期待。

其中人文事迹较突出的祠堂有：

1. 公馆陂塍祠堂：保存最完整、年代最老。人文事典：珠乡名儒彭元辅“一函三提督”即出于此。

2. 公馆南山塘面祠堂：规制最严谨，保存最完整。人文事典：合浦最早进入中国人民解放军正规军序列的“珠江连”整编所在地；合浦最早的乡级人民政府之一上廉乡人民政府机关所在地。

3. 曲樟曲木陈氏祠堂：建制规范，保存完整，结构严谨。人文事典：古井见证迁徙史迹。祠内有陈铭枢为之撰联。

4. 璋嘉陈氏祖祠：结构规范，规模宏大。人文事典：科举魁首匾牌收藏。

5. 公馆南山张屋垌范氏始祖祠（原祠重修）：存续时间最长，规模最大，规制完整。人文事典：因被诬是“反清复明”大本营而险遭清廷摧毁；从辛亥、北伐、抗日以来至今，历代将领不断。

6. 公馆陈胡公祠（原祠重修）：规模宏大，建制规范，结构严谨。人文事典：北部湾客家陈氏宗亲的祭祀盛典之所，央视四次到此拍摄。客家祖地到此取土，并将之加入世界客家墙。

7. 曲樟榄树下颜氏祖祠：保存完整、建制规范。人文事典：中共七大代表、董必武政治秘书、农业电影制片厂创立人之一颜福廷（欧阳方）的家祠。

8. 闸口那寮苏氏祖祠：结构别具风格、建制规范。人文事典：藏清代拔贡匾，这位拔贡生即廉州辛亥革命发起人之一廉州军政府分都督苏慎初。

9. 曲樟岐山背陈铭枢祖祠：规制原生态环境。人文事典：陈铭枢将军家祠。

10. 曲樟豪沃世雍祖祠：结构古朴，符合规制。人文事典：古有进士折桂，今有抗日将领英烈。合浦抗战时期牺牲的广东东江前线特委组织部长、广东省江南地委副书记陈铭炎的家祠。

陂塍古祠堂探秘

大廉山下的陂塍古祠堂是公馆客家彭氏的祖祠，就现有的建制及祠堂的存物，陂塍古祠堂的建成年代应是在清嘉、道年之间。祠堂为三间三进两天井制式，门前的梁柱、檐顶上的龙珠雕塑都带有明显的明代风格，整座祠堂至今还保存完好，是北海地区不可多得的古建筑。更为可贵的是，祠堂的建筑构件及里面保存的物件都体现出鲜明的珠乡大廉客家特色。

祠堂的大门前立着一条石的拴马桩，这是一个家族的象征，是族人彭元辅所立。彭元辅是道光丁酉科（1837 年）举人。据地方史料记载，他在读书时就参与编修郡志和社会上的公益事业，又热心于扶危济困，在郡中很有名气。中举之后并不因此骄恃，而是继续心系郡中教育，甘守清贫，掌教海门书院，史称其“勤于课士，裁成甚众”，就是说他的子弟中多有成器者。彭元辅到了晚年更是好学不倦，多有著述传世。以九十余岁高寿谢世。著名的民族英雄冯子材早年曾被官府误认为匪盗而抓进监狱，后得彭元辅援手相救，保释出狱。彭元辅将冯子材保释出狱之后，还为之写了一封推荐信给廉州知府沈棣辉，请予安置在军中为剿匪效力。彭元辅在信中向沈棣辉推荐冯子材之外，还同时推荐了关松志、吴天兴二人。冯子材、关松志、吴天兴三人后来果然不负彭元辅所荐，都先后以军功升任提督，故史籍又称之曰“彭元辅一函三提督”。因此，彭元辅是彭氏的骄傲，祠堂里也多有他的遗物。

也正是因为彭元辅功德的影响，彭氏祖祠的建制设置也尽显书香雅致的风格。走进大门，迎面所见彭元辅所书“望重廉山”匾。正是这“望重廉山”四字，不仅使人从中深切感受到了一代名贤彭元辅的大家风范，也感受到了他老人家对子孙后代的殷切期望。因为，“望重廉山”在这里可以解读为要珍惜、传承家族的先贤在大廉山具有的名望，也可以解读为要以廉山风范作为振兴家声、延续世泽的族风准则。祠堂里的其他匾额的铭文也从另一个角度印证了这一点。

如祠堂二进门上的“聪听彝训”匾额，就是提示子孙后代要时刻尊听长辈的日常训诫教诲，以利明于听取、明于辨察，懂得为人处世的道理。而祠中的另一块“笃庆堂”匾额，就是告诫子孙后代要厚实忠诚做人，专一信用做事。

祠中还挂有一块进士匾，这是族人彭统祖光绪壬辰科（1892 年）会试中进士的功名象征。根据匾中的铭文所记，这是由钦命大总裁经筵讲官太子少保、户部尚书、管理国子监事务的翁同龢，大总裁内阁学士兼礼部左侍郎衔霍穆欢，大总裁经筵讲官、工部尚书兼顺天府尹、户部侍郎的祁世长为彭统祖所立的。这些都是当时的显赫人物，由此足可“望重廉山”了。

祠堂中还有一副廉州知府专为彭氏所题的匾额，其序文曰：

> 余守是邦，德惭召杜，绩愧龚黄。道光戊申春，诸生从余学于郡之海门书院。与彭春园论文于院之西轩。余见其文词博洽，言语清醇，因询及至族之所尚。春园曰：敝族人朴拙，恒明读而已。余叹曰：三代之民不过是。春园起前揖而请曰：世风不古，民俗日偷，请赠一言为族人之准。余书此二言，虽理浅。然能如是而处世一斑也。

序文中的“召杜”即“召父杜母”指西汉召信臣和东汉杜诗。他们都曾为南阳太守，且皆有善政，使人民得以休养生息、安居乐业，故南阳人为之语曰：“前有召父，后有杜母。”事见《汉书·循吏传·召信臣》《后汉书·杜诗传》。后以“召父杜母”为颂扬地方官政绩的套语。

其联曰：“纯则从今也；愚当效古之。”落款“张百揆撰”。

张百揆是道光二十年（1840年）庚子科探花，时任廉州知府，后历任广东惠（惠州）、潮（潮州）、嘉（嘉应州）道道台，广东学政。张百揆以“纯则从今也；愚当效古之”自喻并赠彭氏，如其所言“余书此二言，虽理浅。然能如是而处世一斑也”。这也和彭元辅的“望重廉山”匾及“聪听彝训”“笃庆堂”的寓意相通，正是对彭氏后人的期待与鞭策。

客家传统服饰

服饰是对生活的一种诠释。合浦客家的服饰也从一个侧面反映出合浦客家的文化特征。那么，合浦客家传统的服饰是怎么样的呢？其中包含了什么样的地域文化元素？它和其他地区的客家服饰又有什么样的异同之处呢？这是一个很有意思的话题。

在缝制客家服饰的过程中，难度最大、最能体现缝制水平的就是纽扣。客家服饰中的纽扣是用布来缝制的。缝制客家服饰中的纽扣，先要将剪裁好的布块卷成圆条，而这些布块基本都是剪裁服装后用剩下的边角料，由此可见客家人善于精打细算过日子的生活态度。圆条的大小要根据服装的样式和需要而定，纽扣的花样则要看缝制者的手艺构思了。客家服饰中纽扣的缝制要分两个部分，一是纽，一是扣。纽，也叫纽门，是用布块卷成圆条之后，缝制成各种形状的纽门，然后钉在衣服上，用以和扣子结合在一起纽结衣服。扣，也叫扣子，就是用布块卷成的圆条缝制成各种形状的绳结，这就是纽扣的样式构造。

传统客家服饰中的纽，可以做成多种花样款式，有福寿纹状的，有祥云纹状的，有回环纹状的，还有鱼纹状的，等等。总之，这是最能表现客家妇女制衣手艺的环节，也是客家服饰中最精彩的部分。扣子的制作则相对简单，一般的有圆形、方形、棱形等。这种布制的纽扣在客家服装上组合在一起，穿起来一对

传统的合浦客家妇女服饰

比，马上就能区别出谁家的女人最心灵手巧，谁家的女人最会持家，甚至会“撑门面”。

用布来制作纽扣，这与客家人的生活环境有关。客家人从中原千年流徙、万里转辗而来，只能选择远离城镇的偏僻山区居住，经过艰苦的垦荒建立家园后，过着自耕自足的生活，一切生活用品都是自己生产制作，包括制作服饰的布料，也是用自己生产的丝、麻来纺成纱、线后织布，这是一种很粗糙又很结实的土布。织出布料之后，用自己种植的蓝根生产出的一种叫“靛”的染料来染布，而这种靛的颜色只有黑、蓝、青三种。特定的布料、特定的染料、特定的生活和特定的制作工艺，就这样决定了北海客家服饰的特色和内涵：那就是北海客家服装在样式结构方面以朴素、简洁为主，在颜色方面以黑、蓝、青为主，由此体现了客家人稳重、坚忍、耐苦、内敛的性格。正是在这种深沉、素净的服饰色调中，用布来制作的纽扣装饰其中，更显出其精致素雅的修饰美。在这里，传统客家服饰中的纽扣制作，不只是一种装饰的需要，而是客家服饰文化的积淀与创造，而创造与积淀这些文化元素的主体就是客家妇女。因此，了解和认识北海客家服饰的文化元素和内涵，要从客家妇女缝制纽扣开始。

合浦客家人的服装样式在整体上沿承中原汉族的样式，在经过赣闽祖地的文化熏染之后，形成了鲜明的客家特色风格。客家人来到北海定居之后，由于合浦特定的地理区域环境，特别是受合浦古郡所蕴含的古越多元文化元素的影响，在长期融合吸纳的过程中，吸收了壮、苗、瑶族服饰，疍家服饰的结构元素，因此，合浦客家服饰明显包含有壮、苗、瑶族服饰和疍家服饰的色彩，既有壮苗、瑶族服饰的宽裤阔襟，也有疍家服饰中的阔袖短裤，更重要的是在实用方面，体现了多方面优点的结合。因此，合浦客家服饰具有山海风格兼备的特色。

合浦客家服饰以适应农耕生活的实用性为原则。首先，男子的服饰虽然整体上保留了赣闽祖地客家服饰的样式，但是来到了合浦地区后，受廉州“俗有四民”生活环境的影响，在“杂处乡村”的农耕劳作中，吸收了壮、苗、瑶族男子破胸对襟上衣、短裤、束腰带的服饰特点，便于上山劳作，对中原男子宽襟大袖、交领、右衽，不用扣子扣上衣和长裤管宽脚的样式进行了改良，于是便有了对襟上衣、宽腰短裤的服饰。其中最明显的改良就是裤子，原来用于装饰的腰带改作实用性的裤带。这种改良后的裤子俗称“三瓣裤”，由于这种三瓣裤制作方便，几乎不用讲究裤管和裤头的比例，而且裤头相当宽，穿的时候只要把裤头折起来拉紧，把多余的部分塞进裤腰就可以了，如果上山或做运动量大的劳作时，再用布做的裤带缚紧，既宽松舒服，也操作简单，因其一般由三块布料制作而成，故以“三瓣裤”称之。这种三瓣裤男女适用，一直沿用至20世纪60年代。

而客家妇女的上衣则吸收疍家妇女服饰中宽襟短衫便于劳作的特点，不再是长衫阔袖，形成了合浦客家特有的服饰风韵。遗憾的是，今天已经很难见到这种风格独特的合浦客家服饰了，只有在偏僻客家山村里，在七八十岁以上的老人家身上才偶尔见之。舞台、影视、摄影等文艺作品中出现的合浦客家服饰与此大相径庭，说明样式风格完全异化了。

合浦客家服饰另一个值得关注的点，就是妇女所用的头巾，这也是从疍家妇女的头巾借鉴过来的。合浦客家妇女的头巾兼有中原及赣闽客家祖地妇女素色头巾的凝重和疍家妇女花布头巾的轻逸，而且头巾的装饰没采取客家传统的带子系法，而采用了疍家妇女头巾的系法。

合浦客家服饰是客家民系服饰中独具特色的一种，应当引起重视，进行保护、传承。

民间文艺，精彩纷呈

客家山歌。珠乡客家山歌是客家人文艺活动中的常见形式，客家山歌演唱范围很广，在祭祀、婚嫁丧葬等场合也有演唱，但表现形式不同。如在婚嫁场合则唱喜庆歌，在丧葬场合则辅以抛灯等工具进行表演。珠乡客家山歌中，表现爱情题材的最能反映珠乡客家青年对自由婚姻的大胆追求，石破天惊：

敢吐山歌敢大声，敢放白鸽敢响铃。

敢要大刀敢上阵，敢恋妹子敢同行。

这是多么豪迈的爱情宣言啊！珠乡客家山歌中这种对爱情至死不渝的执着追

求，比起名门淑女、深闺千金那种“一种相思，两处闲愁”的无奈，在思想境界上真是天壤之别。这也是珠乡客家山歌在反映爱情方面折射出来的独特的民主思想光芒。

客家女子敢于发出这样的爱情宣言的同时，也善于将之付于言传身教，具体表现就是通过客家山歌的传教方式，在潜移默化中输送到下一代的思想意识里。

如在客家山歌对唱中：

久无唱歌歌无来，唱首山歌摞（取得）心开。
唱起山歌心情好，只摞亚妹心开来。
河边洗衣刘三妹，借问亚哥何处来。
自古山歌从口出，那有山歌船撑来。
日出东方一点红，担担粪箕割芋蒙（芋头叶茎，用之制咸菜）。
抬头望见亚妹来，割伤手指无知痛。
崖家唱歌爱敬酒，哥妹情义怀中收。
山歌越唱心越暖，客家特色样样有。

由合浦客家山歌手廖梓材、叶素兰夫妇整理的公馆木鱼《金牡丹》联唱中，也直言不讳地表述对爱情的向往和追求：

客家山歌最声扬，首首山歌情义长。
句句唱得郎心事，字字唱出妹心肠。
客家子弟心最强，到处闯业又开荒。
到处安居被人赶，现在客家最辉煌。
叫崖唱歌崖就唱，唱介鸳鸯对凤凰。
唱介麒麟对狮子，唱介情妹对情郎。
开车开到海角亭，海角亭内会情人。
可惜出世太过早，风流留给后生人。

客家妇女除了在山歌中直白无疑地表达自已的爱情之外，还通过山歌进行家庭伦理的教化，其中经典的有《十二哭嫁歌》：

第一辞堂辞祖上，祖宗安位在厅堂。
第二辞堂辞祖婆，祖婆抱捱系女样。
第三辞堂辞捱爷，捱爷辛苦几凄凉。
第四辞堂辞捱母，捱母功劳系相当。
第五辞堂辞捱哥，捱哥情义长又长。
第六辞堂辞捱嫂，一条家务还你当。

第七辞堂辞捱弟，捱弟读书进学堂。
第八辞堂辞捱妹，捱妹生来像捱样。
第九辞堂辞捱婶，从细娇揽好心肠。
第十辞堂辞六亲，六亲百客各回乡。
第十一辞堂辞祖地，辞开祖地过别方。
第十二辞堂随身去，过了别处长长久。
过年过节捱归转，探望父母好应当。
人家生男防身老，捱母生女过别乡。
万望爷娘寿千岁，抱孙揽细在家堂。

合浦客家妇女之所以能够在山歌中表述自主意愿，是由她们独有的家庭地位和社会角色所决定的：一是具备农业生产技能，能够独立地承担农也生产；二是具备相对独立地处理家庭事务及对外交往的技能；三是具有相对独立的家庭权力，也就是通常所说的“妇女地位”。因此，客家妇女在北海客家社会中拥有不可代替的地位角色。而这种地位角色是合浦的客家妇女在直接参与社会分工及所承担的家庭责任中，以自身的生存技能和自主精神争取而来的。

公馆木鱼。公馆木鱼是客家山歌的基本调式。

公馆木鱼的基本特征是，根据客家方言的声腔定音调，一般七字句，两句押韵，句后拖尾腔，曲调抑扬顿挫，优美动听，富有浓郁的地方乡土特色，当地男女老少都会吟唱，成为家喻户晓的民间曲艺。过去由一人自敲木鱼演唱，后来增加二胡、三弦、扬琴、琵琶等乐器伴奏，并发展成对唱，群唱等表演形式。曲调以公馆木鱼为主，衬词为“那个呢呀……”或“依都呀……”等。

公馆客家木鱼快板表演

公馆木鱼《金牡丹》唱上了中央电视台

1956 年公馆区人民剧社

公馆木鱼的标志性作品是《金牡丹》。

故事典故。客家人在珠乡没有形成典型的乡土故事传奇，由于迁徙年代与地理距离遥远，加上通信联络不便，中原文化信息输入缓慢，因此，珠乡客家人故事传奇大都与风水、地理有关。乡间的生活奇闻异事也只限于口头流传，没有形成文字记录传世，如客家人居住的每一个村场岭冈，都有一个关于风水宝地的优美传说。这些传说大都是叙说客家祖先如何选择风水宝地，如何发展壮大，出了什么知名人物等。

比如大廉山灵杉。大廉山下有大廉垌，这里是客家人聚居的地方。大廉山是珠乡最高的山峰，海拔 555 米，由于在山顶能见几十里外的大海，客家人又称之为“望海嶂”。据史书记载，东汉费贻来合浦做太守，为官清廉，离任之时，百姓扶辕百里来至此山下，后人将此山称为大廉山，以作纪念。据说，大廉山上有参天红杉，秋天之时，落叶可随风飘至洛阳城。此事引起了皇帝的惊疑。一些风

祭祀活动中的民间乐手

客家木偶表演

合浦客家民俗表演《送嫁娘》

水术士趁机危言耸听，说此地当有王者出。汉帝听信风水术士的话，派兵到合浦砍伐参天红杉，以断王气。于是大廉山红杉的传说，自南北朝起多有文人骚客吟唱不绝，如“三秋合浦，九月洞庭枝”等令人动情不已（详见附录）。

童谣。合浦客家的童谣丰富多彩，大多与农耕生活有关，反映了客家以农为本的教化元素。

1.《月光光》[①]：

（1）月光光，照地方，马来等，轿来扛，扛晚人？扛老陈，老陈无哀夸，扛阿妈，阿妈爱屙屎，扛大姊，大姊爱炒菜，扛老妹，老妹爱喂鸡，扛老睇，老睇会烂叫，扛空轿，扛到八爷门口有张塘，闬条鲤鱼八尺长，阿公喊留来做生日，老睇喊留来捞新娘，捞只新娘高天天，煮饭臭火烟，捞只新娘矮趸趸，煮饭香喷喷。

（2）月光光，照屋背，鸡公砻谷狗踏碓，狐狸烧火猫炒菜，斑鸠死吃渌疤

① 以下均为涯话（粤西及广西南部等地的一类客家语方言）童谣，为保留原汁原味的效果，个别字词用与涯话音相同或相近的字代替，而不讲究文字意思。如“老陈无哀夸”，用“哀夸”而不用“在家”；阿妈爱屙屎，用“爱”而不用“要”。

客家舞狮人从小练成

客家童谣《月光光》

客家山歌合唱《我是客家人》

栽。点指笃笃，黄牛屎多。石狗庆哐，牵牛过径，径子弯弯，牵牛落山，山子曲曲，牵牛落屋，红鸡公，捡涟谷，捡了曼人个新舅男女做恩朴。拢谷齿切，担水淋麻，麻公开花，麻婆爆丫，无米煮，煮泥沙，无菜磅，磅屡巴，无床睡，睡树丫，无被遮，遮树叶，无枕头，垫木桍。

（3）月光光，亮堂堂，打开窗门晒衣裳，衣裳卯朴朴，好种竹，竹开花，种金瓜，金瓜几多岁，十八岁，鸡公砻谷狗踏碓，狐狸烧火猫炒菜，斑鸠死吃渌疤栽。

2.《月光庆咣》：月光庆咣，地螺吊颈，满公洗身，跌条汗巾，晚人捡倒，大哥捡倒，交还大嫂，大嫂命歪，交还阿斋，阿斋命短，交奔粥碗，粥碗穿窿，交还相公，相公打鼓，交还老鼠，老鼠爬沙，交还梳家，梳家会走，交还老狗，老狗死食，一棍打落去四脚臂直直。

3.《点子窝窝》：点子窝窝，放米落煲，鸭嫲食水，鸭仔唱歌，唱埋样歌，唱南山老大歌，屙尿噼啪啦，屙屎一坡捞，有钱买只红花女，无钱买只海老婆。

4.《点子农钮》：点子农钮，盆盆石狗，石狗庆空，牵牛过径，径子弯弯，牵牛落山，山子曲曲，牵牛落屋，红鸡公，捡涟谷，捡了曼人个新舅男女做恩朴。

5.《缺牙耙》：缺牙耙，耙猪屎，种金瓜，金瓜大，担去卖，卖无了，担转去炒，炒无熟，一棍打落去起只大卜碌。

6.《厌儿儿》：担塘泥，塘泥崩，打烂阿公厅，阿公骑马去告状，虵婆揽仔上树望，望埋西，望荔枝，荔枝跌落井，捡只大勺柄，荔枝跌落河，捡只海老婆，荔枝跌落缸，捡只猪仔不吃糠。

7.《算螺》：一螺考，二螺饱，三螺押屎落锅炒，四螺平平过，五螺单车货，六螺六相公，七螺生麻疯，八螺坐大椅，九螺不马屎，十螺足足，骑马去收谷。

8.《龙眼鸡》：龙眼鸡，飞低低，吾撑鸭，涯撑鸡。

9.《两姐妹》：两姐妹双踏碓踏死鸡麻赖老妹，阿姐得只比老妹得堆屎。

10.《落大水》：落大水发大风，阿虾五钓虾公，虾公秉秉跳，阿虾五，哇哇叫。落大水，发大风，鸡嫲带仔走落窿。

11.《埋西叫》：三四月埋西叫，蝉子叫；哀呢叫，哀个影 A 叫；老蟹有嚷又无叫，水中；水中拐蚂又叫，嘴阔；江口简阔又无叫，泥捏；泥捏吹鸡又叫，陇通；火筒陇通又无叫，竹卡；竹卡箫子又叫，眼多；米筛眼多又无叫，有筐；铜锣有筐又叫，铜打；铜打锁头又无叫，有匙；羊子有须又叫，四脚；四脚凳又无叫，木卡。

方言歇后语。客家方言语汇丰富，加上客家人天赋的语言才能和丰富的社会经历，客家方言中的歇后语推陈出新，一枝独秀，生动又贴切，既有客家方言的深厚严肃，又有当地方言的轻快俏皮。如“梧州猪皮鞋——硬撑（铮）”“立秋的拐蚂（青蛙）——光是喊”等富于哲理的歇后语，俯拾皆是，值得去搜集整理。

物产美食

清代卜宪义有《大廉杂吟》一组，其中对客家物产有生动、细致、形象的描述：

大廉山下旧为家，年去年来玩物华。

一掬旗枪初采得，轻敲火石试新茶。

写这组《大廉杂吟》的是廉州府廪生卜宪义。廪生是科举制度中的生员名称之一。清代科举考试中，经岁、科两试得第一名的秀才，才能取得廪生名义。廪生每年由州县发廪饩、银四两，相当于现在公费保送的大学生。

“轻敲火石”四字显出了作者的文字功夫，卜宪义不愧是秀才第一名。只有很悠闲的心情才会“轻敲火石”，心急了就不是“轻敲”，而是乱敲、猛敲来取火了。正是这个“轻敲火石”才体现出“试新茶”的优雅品位。这首诗除了向读者展示出作者对大廉山的情感之外，还告诉人们一个重要的信息，也就是自古以来，大廉山就是出产好茶的地方。这不禁使人联想到，至今廉山下的创村所产的“创村茶”，是否就是当年那“一掬旗枪”的品种呢！

大廉山还曾经是大象的家园。据《广东考古辑要》记载：“大廉山，群象践民稼，逐之不去，时太守胡公鳌并乡士大夫率其乡民捕之。”

明朝的正德年间及清朝的道光年间都有过“大廉山群象践民稼，逐之不去”的记录，这些情景在古代诗歌中也有所表现。

唐穆宗时著名诗人元稹，被贬岭南，曾到廉州大云寺，并写有《大云寺诗二十韵》，其中有“获稻禅衣卷，烧畲劫火焚。新英蜂采掇，荒草象耕耘”的描述。“烧畲劫火焚”，是指收割过后，村民焚烧田中剩余的稻草，以作肥料。这种方法至今在大廉垌中还普遍存在。“荒草象耕耘”则指人们用驯化过的象来代牛耕田。由此可知，古代合浦客家人就懂得驯养野象，为农耕所用。

提起北海合浦客家的特产，人们都知道有香山鸡嘴荔。其实，还有许多传统物产未被认识，如在一首客家民谣里所唱的：

南山芒果大乌豆，香山荔枝岭背蔗。

六甘甜薯廉垌糯，璋嘉杨梅创村茶。

民谣里所说的南山芒果，是指生长在公馆南山村委会一带及周边村落的老树芒果。这些南山老芒果树广泛分布在各个村场，据不完全的统计，百年树龄以上的寿星芒果树，至今尚有100多棵。南山的寿星老芒果树躯干大、枝丫繁盛，树冠都在200平方米左右，一棵芒果树就是一座巨大的罗伞亭盖。南山芒果要比一般芒果的成熟迟一个月左右。成熟了的南山芒果依然保持着青绿的果皮，里面的果肉却是金黄色，因此更加诱起人们的食欲。南山芒果一般都不大，重约二两。成熟透的南山芒果，果肉已经浆化，因此，吃南山芒果时，多是吸其浆液，别是一番芳香清甜。

客家三角麦（即荞麦）。每年的三、四月是青黄不接的“饥荒月”。为了顺利度过这段艰难时光，客家人选择种植荞麦。这是一种耐寒抗旱的过冬小麦，果实呈三角形，黑褐色，客家人称为“三角麦”。每年秋收之后，当地人都是空田过冬，客家则辛勤地在秋收后的土地上种上三角麦。在冬日的苍凉与凛冽之中，三角麦既给大地点缀充满生机的片片新绿，更给客家人心中带来几许生活的希望。

冬去春来，正当青黄不接的三四月，客家人将三角麦收割回家，将之脱粒、晒干、退壳、碾粉。三角麦的外壳特别坚硬，与里面的淀粉无法简单剥离，只有一起碾粹之后，经过箩斗才能筛出粉。所以三角麦粉呈灰色，就是麦粉中掺进了

客家大乌豆

客家三角麦（荞麦）

客家生晒龙眼肉

壳质的缘故。而用三角麦粉做成的食品特别耐饥，也更受客家人欢迎。

三角麦是客家人世代相传的标志特产之一。在过去贫穷的年代里，三角麦也是客家人赖以度过饥荒的主要农作物。因此，三角麦在老一辈客家人心目中，有着一种特殊的牵挂与情怀。

水碾米。客家水碾米是通过水磨坊碾出来的细米。将脱了壳的谷倒进大磨盘的石槽中，连糠带米一起碾，碾出来的米很细腻，煮饭又香又软又滑，客家人叫作水碾米。水碾米比火碾（客家人把机碾米叫火碾米）米好得多，价钱也贵些。那时，一般情况下，客家人是不吃火碾米的。因为在他们看来，火碾米一来粗糙，二来有“热气”。客家人到县城去探亲访友时，喜欢带上一小包水碾米去。的确，水碾米比火碾米口感好得多，原因很简单：一是连糠一起慢慢地碾，既能碾去表面的糙糠，又不损伤米的表层脂肪；二是水碾米新鲜，吃多少碾多少，米的成分能保持新鲜。

客家大笼粄。每年农历十二月廿五一过，客家人就开始做大笼粄的各项准备工作了。此时，山村里到处都可以听到砻谷磨米的声音，接近除夕的日子里，甚至会出现通宵达旦排队等候砻谷磨米的现象，由此可见客家人对制作大笼粄的重视。

客家人制作大笼粄有两种做法：一是生砣制作，一是熟砣制作。生砣制作就是将糯米磨成浆后，加板糖直接蒸煮至熟。生砣制作的方法简单省工，但有一

客家炸虾公粑

用猪肝和猪腩肉制作的客家名菜“老鼠钻棉胎”

客家名菜“大小炒”

个难点，就是很难确定是否蒸过心（即蒸熟了）。三五斤或十来斤重的小型大笼粄还容易把握火候，但要制作几十斤乃至上百斤的大型大笼粄，那就很难把握火候，容易出现夹生的情况。而且生砣制作的大笼粄与熟砣制作的相比，在色、香、味上有一定的差距。所以，一般人都采用熟砣制作的方法。

采用熟砣制作的方法，第一步就是先和粉捏成团，粉团的形状为圆筒形，粉团直径约一寸、长四五寸。捏成粉团之后，就放进水中煮熟，这就是熟砣了。做好熟砣后，再放进煮好的糖浆中搅和，直至熟砣完全和糖浆混合在一起。这时，要一边搅和，一边慢火熬煮，就是为了将熟砣和糖浆熬至合适的黏稠度。熟砣和糖浆熬好之后，倒进事先准备好的容器里，再放进锅里隔水蒸煮一段时间，通过高温蒸汽的作用让熟砣和糖浆更好地融合在一起，使大糯的香味和板糖的甘甜芳香更加集中，这样味道就会更柔和细腻、甘饴爽口。经过适时的蒸煮之后，大笼粄就可以出锅了。人们会在大笼粄上面贴一个福字，放进一些红枣。福字寓意新春福运当头，红枣寓意日子红红火火、百子千孙、人丁兴旺。这样，一个年夜大笼粄就制作完成了。于是一家人在一起贴春联、拜祖先之后，再把大笼粄放到宗支祠堂的供桌上，向祖宗禀告丰收的喜讯，让祖先享受收获的成果，寄托客家子孙敬祖崇宗的情怀。

冬至白糍粄。客家人重视冬至，有酿冬至酒、祭冬至祖、吃冬至食的古俗，把冬至这天当作祭天祈福的好日子，并称之为“完福”。做白糍粄也是冬至的盛典之一。制作白糍粄的工艺很复杂，得先做熟粉坨，粉坨是用滚开水、生糯米粉搅成的，水越热，搅出来的粉坨就越软熟爽口。因此，搅粉坨不但要用劲，还得冒着滚烫的开水用力把生粉搅成柔软的粉团，这就是粉坨。然后用粉坨作皮，包上芝麻糖馅，就是软熟爽口的白糍粄了。趁热吃的白糍粄香甜软滑又爽口，放到第二天，粉皮变硬了，又另有一番风味，更能显出糯米的清香和芝麻糖的浓香，俗话称之为“硬香”。这是小孩最喜欢的风味了。老人家咬不动这种硬香的白糍粄，就回锅煎一下，这样，白糍粄里面的芝麻糖遇热后就熔化成了流质，一口咬下去，芝麻糖浆溢出嘴角，味道好极了。

冬至上禾草棚煮糯米饭。在客家民俗中，有上禾草棚煮糯米饭的习俗。据称，上禾草棚时煮糯米饭会使上禾草棚更坚固。客家人迁徙珠乡，也把这一习俗融到了自己的生活之中。每年秋收过后的冬闲之际，农村里都有把稻草集中堆起来给牛做过冬饲料的习惯。也就是在平地拣一个背风的地方，用泥砖和木柱搭起一座三面封闭、一面敞开的墙体建筑，然后横架木条于墙体上，再把稻草层层堆放其上，俗称“上禾草棚”。由于上禾草棚很费劲，全靠一把禾叉去传递稻草，得有很好的堆放技术才能把稻草堆放得又高又整齐又结实，因此得请能者帮工，这样就得煮大锅饭招待工人。不知从什么时候起，为了让禾草棚堆放得又高又整齐又结实，就要煮糯米饭，寓意糯米饭的黏性能把禾草棚粘住而不会中途倒下来。一代一代相传下来，冬至上禾草棚煮糯米饭就成了习俗。

公馆扣肉。合浦客家扣肉，以合浦公馆扣肉最具代表。合浦公馆扣肉的制作，讲究的是原材料的组合。主要原材料有：本地土猪的五花腩，公馆特产的豉胶（固体酱油）、本地虾米干、公馆大肉芋头以及十多种香料。制作流程：先把本地土猪的五花腩洗净后，放进锅里慢火煮透，然后捞出来过冷河，之后用竹尖或铁尖将猪皮均匀地穿刺。穿刺之后就放进油锅里用慢火炸，炸到猪皮呈金黄色就将之捞起来，放进猪骨汤里浸泡，直到猪皮发胀发软，再第二次过冷河。过完冷河之后，就是剔骨、切件、切块、装碗。装碗时根据需要，放进炸好的芋片。装进碗里的猪肉是皮朝下，肉的一面向上。装碗后就要把事先配好的酱料用勺舀进碗里，还要一边用手出力挤捏碗里的猪肉，这样做是为了让酱料更好地渗进肉里，也就是“入味”。做完了这道工序之后，再把已经烹制好的虾米撒在碗面上，放入蒸笼。蒸了一个多小时之后，就可以拿出来晾凉，再倒碗。倒碗就是让猪皮朝上，这样，色香味俱全的公馆扣肉就做好了。

七月十四蒸盖粄。合浦客家人蒸盖粄，沿袭了闽赣客家的习俗。蒸盖粄最关键的是把握火候和每一层放米浆的要领，那时候没有钟表之类的计时工具，完全靠经验来掌握火势。特别是在放每一层米浆的时候，下浆要又快又轻，一次覆盖完成，这样才能使每一层的厚薄均匀、受热均匀，不会有夹生现象。有经验的客

合浦客家中秋的芋头饭

合浦客家月饼以用料精良，做工精细，品质优良而成为品牌产业

家妇女做的盖糍可以达九层，而且每撕开一层就薄如纸，透明可见字，可以单独卷起来作卷粉。更重要的是这八九层盖糍，没有夹生现象，这才是最难的。蒸好盖糍后，就要在最上面的一层洒上预先制好的蚬肉酸笋陷料，风味独特的盖糍就这样制作完成了。

中秋芋头饭一般都是在节日里才制作的。在缸无余粮的年代，能够吃上一顿大米饭已经是一种享受了。而芋头收获的季节，正是中秋节前后，客家人把芋头和大米合在一起做成芋头饭，既是应节食品，又能节约大米，还可以体现出一种农家风味，从中彰显出客家人生活的智慧和乐观。

由于山区贫瘠、地少人多的限制，客家人的农耕艰苦更甚，自耕自足是客家农耕的原则。为了实现这一目的，客家一年四季几乎无闲月。从早春秧苗下田到大冬的麦苗播种，从三鸟、猪牛的饲养到桑麻、蒲草的种植，一切都是按照自耕自足的需求去进行。

其他如黑叶荔、大糯米、大冬豆、青皮芒果、大肉芋、甜茹、猫爪豆、三角麦、禾麦、竹节果蔗、香麦菜等，都是珠乡客家特有的物产。客家的大冬豆是豆类中的上品，为民间所贵。青皮芒果肉色金黄，味极鲜甜。大肉芋产量极高，芋芒稍微腌制即可食用，不痒嘴。香麦菜原是苦旱作物，仅客家栽种度荒，现已成为时菜新宠。近年来，竹节果蔗虽已扩大到其他地区，但仍以客家原产果蔗为上品，遗憾的是，三角麦已绝迹多年，猫爪豆也少见，青皮芒果也所剩无几。

文选一：

最忆中秋芋头饭

身作客家人，常忆客家事，故乡的芋头饭最是教人思忆回味。

大廉山下大廉垌，大廉垌中特产丰，这是客家人辛勤创造的结果，其中的特产大肉芋就是一个优良品种。大肉芋不但肉质细腻，淀粉含量高，更重要的是产量高，生长能力强。一窝大肉芋的产量可高达十斤，一只芋头的重量通常都会高于一斤，这在地少人多、田少山多的客家山区，特别是在那个艰难的岁月里，一年中有一半时间是要靠杂粮来填充饥肠的，大肉芋有品质优势，当然成为种植的首选。客家芋头饭就是在这样的生活环境中形成的风味食品，更是少年时代期待的美食大餐。

在缸无余粮的年代，能够吃上一顿大米饭已经是一种享受了。只能过节的时候吃上芋头饭。而芋头收获的季节，正是中秋节前后，客家人把芋头和大米合在一起做成芋头饭，既是应节食品，又能节约大米，还体现出一种农家风味，体现出客家人生活的智慧和乐观。

制作芋头饭虽然不是什么高难技术，但是全凭经验老到，做出的芋头饭才能松软香醇、美味可口。第一次品尝家乡的芋头饭是在“文革”时期，那时，还未读完小学的我便因“家庭成分”问题失学了。为了避开“文革”中的动荡骚乱，父母把我兄弟二人送回了陌生的故乡，因此第一次在故乡度过了中秋节，也是第一次品尝到故乡的中秋芋头饭，故乡的中秋芋头饭在我心中留下了深刻悠长的回忆。

至今我还清楚记得中秋节那一天，祖母刮了半天米缸，量出了满满的一筒米，约有半斤多吧。她老人家很坚决地告诉我们，今晚就煮芋头饭过节，并叫我们帮忙刨芋皮。我们刨完了芋皮之后，祖母便开始她的经典之作。只见她老人家细心淘洗那从米缸中刮出来的大米之后，拿起菜刀把芋头切成片状。祖母刀法确实了得，她切出的芋片大小均匀、厚薄相当。祖母一边切芋片，一边告诉我们，只有把芋片切均匀了，炒起来才好掌握火候。切完芋片之后，祖母从油罐中捞出一块肥猪肉，在烧热的锅底转了几下，便当是煎出油了，接着就把芋片倒入锅中，挥起锅铲不停地翻炒。当炒到一定程度的时候，放进适当的水，然后把淘洗干净的大米均匀地铺洒在芋片上面，盖上锅盖之后，再加几把火，直到就把芋头和大米焖熟。这是制作芋头饭的第一步。

趁着焖饭的时间，祖母又分工让我们剥蒜米，这是最关键的配料。蒜米放多少没有固定的比例，但蒜米的制作一定要细致，剥了皮的蒜米要放在砧板上用刀轻轻地剁碎，直至成蒜蓉状。剁蒜蓉的时候不能用力太大，而且刀法要快，祖母说用力太大会把蒜米中的香油剁溅出去。因此，祖母剁蒜米的时候，舞动的菜刀就像是弹扬琴般好看。剁完蒜米之后，芋头和米饭也焖熟了，于是祖母便掀起锅盖，飞快地把剁好的蒜蓉散洒在米饭上，一边撒蒜蓉，一边快速地挥舞锅铲，把蒜蓉和芋头、米饭一起搅匀。在这个过程中，最关键的工序就是要把芋片搅烂，烂到和大米饭的颗粒差不多，芋头的松软、大米的细滑、蒜米的香味就会恰到好处地混合在一起，一锅喷香、松软、细滑的芋头饭就这样制作出来了。但这时还不能马上就吃，祖母又把事先煎好的猪油小心翼翼地淋在芋头饭上，盖上锅盖，再加两把火，祖母说这是回火，目的是通过加热使芋头饭的香味更加醇和渗透。

大约焖了十分钟之后，终于等到祖母的芋头饭“开宴”了，我们迫不及待地狼吞虎咽起来，祖母却在一边笑眯眯望着我们，一边呼唤“过节啦，多吃些啊”。当我们风卷残云般大慰饥肠之后，才发现饭钵里剩下的芋头饭只有小半碗了。这是一个没有月饼的中秋节，却是我终生难忘的中秋节。时至今日，每当芋头收获季节，每逢中秋佳节来临之时，祖母切芋头时那舞动的手腕，剁蒜蓉时那充满节奏感的动作，还有她老人家在腾腾热气中翻炒芋片和搅拦芋头饭时的身影，总会在我脑海中浮现。

故乡的中秋芋头饭使我认识了生活的艰辛和乐趣，更使我知道了客家人的生活信念和立世精神，激励着我在人生的道路上百折不悔，勇敢地直面得失荣辱、悲欢忧乐。故乡的中秋芋头饭啊，就这样永存于我心中……

文选二：

故乡水磨声

家乡在大廉山下，大廉山下的大廉垌土肥水美，这里养育着十多万客家后裔。史说大廉山是为了纪念东汉太守费贻的廉洁惠政而定名的，廉州也因此定名。大廉山高 554 米，登上山顶，可望百里以外的景物，也可望见北部湾的渔帆点点。因此，家乡人又把大廉山叫作望海嶂。大廉山下有六湖水库，以六湖水库为源，修筑的湖海运河直贯北海，南北长达 62 千米。湖海运河分支通过璋嘉隧洞流过大廉垌，灌溉着大廉垌的 1300 多公顷农田。渠水流过，滋润土地，充实河汉，浸灌山塘。逶迤弯曲的渠道长达 25 千米。在这大廉垌的百里范围内，家乡人沿水建水磨坊。于是，大廉垌内凡有人住的地方都有水磨坊，凡有水流的地方就有水磨声。吱吱呀呀的水磨声此起彼伏，通宵不歇，相互呼应。在月白风清的夜晚，举步于大廉垌中，濑濑水车响，吱吱水磨声，在空旷的田垌中回荡着。此情此景，仿佛使人感受到远古时代的深幽回音。

水磨坊的制作并不复杂，只要在水渠边盖一间房子，再引一小段水沟，流

合浦客家山村的水磨房旧址

量不要很大，在这段水沟下面装一个大水车，水车大小视磨坊的规模适当制作，利用水的冲力推动水车滚动，再利用水车的滚动来带动磨坊里的石碾子不停地围着大磨盘的石槽转，就这样转呀转呀的，直到把砻好的粗米磨成雪白的细米为止。砻谷也是利用水车的滚动带动石磨转动来脱谷壳。将脱了壳的谷倒进大磨盘的石槽中去，连糠带米一起碾，碾出来的米很细腻，煮饭又香又软又滑，家乡人叫作水碾米。水碾米比火碾米好得多（家乡人把机碾米叫火碾米），价钱也贵些。那时，一般情况下，家乡人是不吃火碾米的。因为在他们看来，火碾米一来粗糙，二来有“热气”。家乡人到县城去探亲访友时，喜欢带上一小包水碾米去。的确，水碾米比火碾米口感好得多，原因很简单：一是连糠一起慢慢地碾，既能碾去表面的糙糠，又不损伤米的表层脂肪；二是水碾米新鲜，吃多少碾多少，米的成分能保持新鲜。遗憾的是，近年来由于水利失修，水源枯竭，能做水磨坊的地方已经不多了。加上碾米机的普及，水磨坊日趋消亡已成定势。珠乡能见过水磨坊的，恐怕只有我们这一代了。

水车的构造虽然简单，但非常奇巧。偌大一个水磨坊，几十个转轴，上万片格板，十多个曲轴连动，居然不用一根铁钉，全部用木料制成，而且精确度非常严密，稍有一片格板不到点就会影响整个传动装置的脱位。整个传动机构都是靠水力来推动的，除了自身的平衡之外，还要具有平衡水力的功能，看似简单，其实里面却包含了复杂的制作工艺。因此，村中能制造水车的人不多，而且都是独家秘传。自古以来，家乡人都崇拜做水磨坊的师傅，掌握了一套水车制作工艺，等于拥有一个“金饭碗”。用家乡的话说：看水磨坊，是一个家家依赖的职业。

家乡的水磨坊有两大好处是当今无法代替的。一是节能和环保。它不像碾米机那样需要油料或电源来作动力，因此没有污染和噪音。二是信息传播中心。家乡人一般都不需专门去碾米。家里需要碾米，你只要把谷子挑到水磨坊就可以去做其他事情，或“做田”（家乡人把农活统称为“做田”），或赶圩，或探亲访友。等你的事情办完了，米也碾好。在这过程中，没有人中间“挤钉子”，也没有“调包”，更不会担心有人“偷”走。过磅不用怕短斤少两，而是按量计费，如果你不带钱，留下米顶数也可以。留多留少随意，没有人会斤斤计较。有的乡亲农事紧张，吃完晚饭就把谷子挑到水磨坊，第二天早饭时才去把米挑回来，一点也不误事。少年时候，最喜欢到水磨坊去玩，水磨坊并没有什么好玩之处，只是去听老一辈的叔伯们讲故事、讲家乡的典故、讲四乡八村发生的奇闻奇事。就这样从早到晚，痴迷于那五光十色的传说之中，常常忘了吃饭。水磨坊在我少年的心里，是弥漫着乡情和充满人间传奇的乐园。在这个乐园里，我懂得了什么叫作“人之初”，开始知道人间有许许多多的悲欢离合。乡亲们仁慈宽厚、助人为乐的品格深深地烙在了我年少的心中，多少年来一直鞭策着我努力去做一个无愧于大廉山、无愧于大廉垌的后生。

家乡的水磨声，吱吱呀呀地响过了漫长的岁月。她在我心中永远是一首歌，一首永恒的乡恋之歌。这首歌永远在我心中诉说着祖先的艰难开拓，诉说着乡亲们给我的关怀和鼓励，诉说着对昨天的依恋，对今天的热爱，对明天的祝福……

第八篇

千年古圩书香浓

* 传奇古方井
* 珠乡兴学教化第一坊
* 百年书香　教授摇篮
* 文武庙双楼
* 校园乡情文史教育纪事柱
* 校园古榕
* 校园景物
* 百年校史陈列馆
* 校史陈列馆中的石刻藏品
* 古圩老街
* 古圩老屋
* 古圩碑刻
* 楼上祠堂
* 天后宫
* 乾体军港
* 乾江『辛亥五杰』
* 抗日两烈士
* 抗日远征军少将冼伟智
* 民国三县长
* 乾江掌故——走读廉州
* 乾江美食——沙颗米

传奇古方井

在乾江公路进入合浦第五中学（乾江中学）的路口旁，有一块醒目的标志座碑，这就是由乾江大井村集资修复的“乾江古方井碑”。

乾江古方井蕴含着丰富的历史文化内涵和人文事迹，是与廉泉（汉甘露井）、东坡井（宋）齐名的合浦古代三大名井，建成年代无考。在民间传说中，乾江古方井因为水质优良，曾作为廉州府官署衙门的生活专用水源。官府派出专人到乾江古方井运送水的同时，为了确认乾江古方井的水源，还专门制作了一种特殊竹

签，竹签上刻有廉州府衙的专用印记和编号，一式两份，分存于府衙和乾体营署，并派专人管理。来取水者，必须从廉州府衙领取竹签，到乾体营署交换了编号相符的竹签之后，才到乾江古方井取水运回，回到府衙后，就以竹签为凭证验收。相传苏东坡居廉时，府衙也用乾江古方井之水供其饮用。乾江古方井的水还是做发糍、炸煎堆、蒸酒的上等用水，除了乾江的民众采用之外，府城的商家也慕名前来取水使用。

乾江古方井还承载了合浦人民对发展教育的良好期待。据《廉州府志》记述，传说明代张岳任廉州知府时创建县学宫，在建设过程中，因缺乏屋梁无法如期完工。就在大家焦急之际，张岳专门为之写了一篇祭文，请求神灵帮解决建学宫之材。一天晚上，乾江古方井忽然泉涌如雷，接着井中腾出了一批梁木，这批梁木正与建设县学宫所需之材相符。乾江古方井因此被视作灵井，一直被民间所珍重，被列为县级文物保护单位。

时今，乾江古方泉水充沛，水质清冽，即使是在冬旱的情形下，井内水面距井面仅三四十厘米，随手可汲，乾江古方井的神奇特殊之处，成为乾江古圩历史人文风情的一个景观。

珠乡兴学教化第一坊

隔着公路与乾江古方井相对，在进入乾江古圩的路口，耸立着一座古色古香的牌坊，牌坊正面额匾上题刻着“乾德大生”坊名。这就是有珠乡“兴学教化第一坊”之称的乾江“乾德大生”牌坊。

“乾德大生”牌坊的建立，有一段动人的兴学教化故事：清代嘉庆年间（1796—1820 年），乾体乡有一位饱学之士，名叫夏朝选。夏朝选参加科举考试中了举人后，没有留恋官场（按：中举后可候缺知县），而是回到乾体开设“子曰店”办乡学。他为人严谨，对学生管教认真，劝导各方忍让息争。乡人既服其理，也感其诚，更怀其德，都乐意听他劝告。从此日就月将，长幼老少，相规相戒，乾江乡中逐渐形成礼让谦和、敬老爱幼、守秩序雍雍穆穆的良好风貌。据地方史料记载，当时乾体乡间，兴学之风盛行，读书之声朗朗在耳。教化之礼肃然，男女在外各行其道，成为廉郡教化楷模。当时，有一位廉州知府到乾江视察时，

“乾德大生”坊

被乡间优良的道德风尚感动，于是特别为之题写了“俗美风淳”四字作为褒奖，并将事迹呈报朝廷。朝廷得报后，着令廉州府拨款建立牌坊以纪乾体乡风民俗之德。因为这个牌坊选址正在戌乾方位，与乾体地名同占一个“乾”字，所以，署牌坊的正楣为“元亨利贞”，门内楣为“乾德大生”，并在牌坊左右两旁的内外门楣上，分题“地灵，人杰，俗美，风淳”八字。“元亨利贞”“乾德大生”及“风淳”“俗美”“地灵”“人杰”等都是用花岗石匾刻制，“乾德大生”匾为阳刻，其余为阴刻。

牌坊正楣的“元亨利贞”，意寓“四德”——元，始也；亨，通也；利，和也；贞，正也。以“元亨利贞”四德，寄寓创生万物，而君子效法。门内楣的“乾德大生”，乾德，指聚帝王之德、上天的恩泽、人的品德（如《三国志·吴志·薛莹传》中称薛莹“乾德博好，文雅是贵”）。“大生”，指老年人逢十的生日，这里引申为民生大众。“乾德大生”，就是用天地之德、帝王之德、人的优良品德和社会公德来感化、教化民众，乾德后来用作乾体第一街名，也是借寓此意，并建立乾体牌坊。由此可见，“乾德大生”牌坊是乾江“地灵人杰，俗美风淳”的象征。

“乾德大生”牌坊的建立，对推动、促进乾体的兴学教化产生了很大的鞭策、激励作用。此后，仅同治、光绪年间，乾体乡所出的科举人才就有110余名，民国以来，乾江乡所出的教授就有220多名，几乎每一家都有教授，成为名副其实的“教授村”。

“乾德大生”牌坊于20世纪50年代末拆除，2013年由时任合浦五中校长的颜昌泉及乡贤苏秀成等发起募捐重建。

“俗美”石刻匾额现存于乾江中学校史陈列馆。

百年书香　教授摇篮

提起乾江书香文化的时代风貌和传承发展，乾体学堂及乾江中学的建立更是乾江乃至北海合浦教育史上的盛事。

1898年6月10日，清廷令各省所有书院改为高、中、初等学校，社学、义学亦已律中西兼习，改办学堂。1901年8月29日，清政府命自明年始，乡会试及岁科试策论，以中国政治史事及各国政治艺学命题，不准用八股程式，并停止武生童考试及武科乡会试。同年9月14日，清政府下兴学诏，令省城的书院改设大学堂，各府厅直隶州书院改为中学堂，各州县的书院改为小学堂。

乾体学堂就是在这样的时代背景下，于1901年与时俱进兴办起来的。

乾体学堂的建立之所以能够走在时代的前列，这与乾江的书香人文资源优势有着直接的关系，也是乾江科举文化成果的传承和延续。因为，在1898年清廷令各省改办学堂至1901年清政府下兴学诏的时间段里，乾江有一批科举人士正在朝廷为官；这批在光禄寺、布政司及相关府、州、县衙门中为官的科举人士中，仅在布政司衙门任职的就有六名。虽然他们职级品秩不高，多在五、六品，但布政司衙门的权责职能就是承接朝廷的政务、法令，并将之宣达到各府、厅、州、县，督促其贯彻实施。因此，朝廷的新政都要通过这个渠道去传达实施，书院改办学堂也不例外。乾江无疑在获取信息这一方面具有“近水楼台先得月”的优势。再加上府、州、县衙门中，担任州同知、府经历、县丞、县主簿、训导等职的乾江乡贤为数不少，他们都是循科举渠道入仕，深知“唯有读书高”的重要性，建校兴学也就容易达成共识了。正如创建者之一的林朱梁在《创建乾体学堂碑记》

合浦第五中学在校庆 110 周年庆典

中所述：“逢国政维新，首重学务，遂卒处于优胜地位，盖亦幸矣。”因此，乾体学堂的创建大都是这批乡贤署名发起募捐的。

发起创建乾体学堂的机构是严谨和庞大的。根据现存的《乾体学堂缔造记》碑文记载，发起募捐的机构设有：总理四人，由在光禄寺、布政司为官的乡贤牵头；协理二人，由县丞职衔的乡贤负责；襄助十人，全由县主簿、训导及其他有官职功名者组成；责成人（即督察监管），则由州同知、布政司等共二十一名有

合浦第五中学 110 年校庆庆典晚会上的老师风采

官职功名者组成。此外，又成立了六个行捐催收组：廉城行捐催收组、均安团行捐催收组、高德街行捐催收组、北海行捐催收组、南康福成行捐催收组、山口白沙行捐催收组。这些行捐催收组除了明确责任人之外，还设置有会同劝捐，整个募捐队伍将近八十人，分别负责乾体、廉州城、北海街、高德、总江、党江、西场、南康、福成、山口、白沙、闸口等四邻各乡的劝捐募款。募捐团队阵容之严整，声势之浩大，堪称空前，钦廉瞩目，足见乾体尊礼重教、崇文好学之风盛然。

为了调动人们捐资办学的积极性，募捐机构制订了许多行之有效的激励措施。如乾体学堂开办之经费，取于各户捐助，捐赠数额到一定数量者，就在学堂内设功德牌位以纪善行。因此，学堂两庑专设有功德牌位安放的地方，以彰显地方各界捐资助建乾体学堂的功德。这种功德牌位除为捐资者设立之外，对地方上热心公益的知名乡贤也设位供奉。神位牌上记有捐资者简介和捐款数目，由此体现出乾江人的感恩情怀。据老一辈的乾江先生回忆，当时学堂两庑都放满了捐资助学者的功德牌位，既有本乡贤良，也有外乡人士。从中可见当年创建乾体学堂的丰硕成果。虽然这些功德牌位后来被当作封建迷信的物件被焚毁，其中记录的信息也随之消失，但乾江人的捐资办学的精神是永存的。

乾体学堂日常的开支费用主要渠道有两条，一是地方人士的捐助，二是在开办费中提取适当数额买学田，委派专人管理，收取租谷以赡学。乾体学堂购置之学田，多在本乡境地，亦有购置于邻乡者，其中以党江小燕子学田为大，租谷收入最多。当时为了增加办学经费，开始时还设有一个拾粪捐，规定在乡公路拾猪粪的人（约 20 人），每人每年纳款铜钱一两百文，后增至每人每年铜钱 3000 文，约当银币二元。此项收入，属于无理需索，在乾体中学成立时便废除了。

乾体学堂还设有乡宾馆，作为捐资助学的常设机构。为了给乾体学堂输送足够的新生，乾体学堂创立后三年，乾江又成立海汇学堂和秩序学堂。

乾体学堂建成后，负笈来校求学者，除本乡子弟外，还有廉城、党江、西场、沙岗、闸口、公馆、白沙、南康、石康、张黄、小江等地学子。乾体学堂学风以“文体大吅，博古通今”为要旨。学堂的课程除设经学外，还添开中外历史、中外地理（称地舆学）及数、理、化、动、植物学科。学科讲义多用石印，也有学生抄本。图书方面，除经史子集外，还购有外国书籍，如严复译的赫胥黎作品等。随着学生数量增多，教舍规模也随之扩大，学生宿舍分为八个室，以“文体大旺，博古通今”作编号。“文体大旺，博古通今”正是乾体学堂当年办学盛况之写照，优良学风之传承。林翼中、沈载和、邓世增、莫丰绪、卜汉池、黄质文等后来成为民国知名将领，都是当时学子。乾体学堂培养人才基础之牢固、渊源之流长，由此可见。

乾体学堂之创立，带动乾体乡的教育事业如春花欣欣竞发。仅三年时间，乾体乡间便新增设了秩序学堂、海汇学堂、峙山学堂。海汇学堂和秩序学堂专为乾体学堂提供后备生源而设。其后，又建养正学舍、基督教德华女子小学。此外，乡间多设私塾，延请名师授课。乾江方圆不过一里之地，却拥有学堂六所，私塾近十家，文化教育事业之发达，实为地方之冠。

自乾体学堂创立至乾体中学建成，再至乾江中学、合浦县第五中学的沿革发展，其间，文人学者群体崛起。据不完全统计，自 20 世纪 30、40 年代以来，从乾江走出的具有高级职称的教授、专家、学者就超过 220 人。这些乾江学子分布全国各地，有教授、博导、研究员等。在一个村级行政区域里，涌现如此卓越的人才群体，确实是一个值得探究的历史人文现象。乾体因之有“海上丝绸之路始发港畔教授村”之美誉，名副其实。

乾江学堂的创办和沿革历史是：

1901 年创办乾体学堂。

1906 年改为乾体高等小学堂。

1933 年改办为合浦县第一区第一小学。

1942 年兼建乾体中学。

1951 年为合浦县第五中学（时属合浦 14 所公办初中之一）。

1959 年为乾江中学（时属合浦 6 所公办初中之一）。

1978 年为乾江中学（时属合浦 13 所公办初中之一）。

1990 年为乾江中学（时属合浦 13 所公办初中之一）。

2002 年至今为合浦县第五中学。

文武庙双楼

文武庙双楼位于乾江中学大门内两侧，原是乾体古景“八社六庙”中文武庙的藏经阁和吕仙阁，具体的建成年代已不可考。据乾江老人回忆，应与六庙之首的天后宫（也称天妃庙）的建成年代不相上下，约在明清之际。文武庙中祭文圣孔子、武圣关帝，故名“文武”。文武庙原为三进三间式。前进是门楼，二进是中殿，三进是大殿。文武庙建筑格局的独特之处，就是在前进大门两边各建有一座阁楼，左边吕仙阁，是供奉吕洞宾的；右为藏书楼，作为收藏经书之用，这就是文武庙双楼的来历了。

文武庙双楼

中法战争时期，乾江乡民在文武庙操练团丁以备抗击入侵之敌。曾将红泥城上的四门大炮安放在文武庙双楼下，有警报时就推上城堡御敌。平时，团丁乡勇们也在文武庙操练发射大炮之术。在一次操练中，一团丁不慎点燃炮弹引信，导致大炮爆炸，文武庙部分被炸毁，只剩下藏经阁和吕仙阁完好无损地保存下来。

文武庙双楼均为二层结构，砖木材料，楼高约十米。底层正面为一大二小三个拱门，二层为四周回廊，格栅窗墙，楼顶为四角四檐设置，檐角为木柱斗拱，回廊四面相通可行走，两楼之间正面相对，间距约二十米，虽然经过了几百年的风雨侵蚀，双楼的结构基本保存完好。这是合浦境内唯一原貌保存至今未被毁坏的原状砖木古建筑，也是最能体现明清楼阁风格的古建筑，特别是作为古代庙宇楼阁建筑的历史遗迹，在北海具有唯一性，因此有很高的科研考古价值。

光绪二十二年（1896 年）七月，清廷明令各州府推广学校制度，书院改为学堂，民间祠庙不在祀典者一律改为学堂。光绪二十七年（1901 年），在庙址设乾体学堂；光绪三十二年（1906 年），改为县立乾体高等小学堂；l942 年改为乾江中学至今。双楼一直作为图书室得以保存下来，成为乾江圩这个千年古港口边的标志性古建筑，这也是珠乡屈指可数的古迹。

文武庙双楼设有学校图书馆、珠乡名家书画阁。

校园乡情文史教育纪事柱

乾江中学内的乡情文史教育纪事柱是为了让学生生动真切了解乾江的历史文化而修建的，共有六根。每一根纪事柱都以雕塑的形式，记述了乾江历史上发生过的重大事件。

一、珠池渔歌：乾江海域是合浦古代十三个古珠池所在之一，也是后来合浦珠市的重要集散地，本主题要体现珠池风情，重点内容是珠女采珠、珠民生活、珠市交易（以物换物）。如唐诗中“领得卖珠钱，还归铜柱边。看儿调小象，打鼓试新船”及清代诗歌中“江浦茫茫月影孤，一舟才过一舟呼”的意境。

二、开边鼓角：反映秦始皇征岭南，设岭南三郡，开通南流江接三江水运网络连接中原。汉武征南越，设岭南九郡，乾江作为交通大动脉，为中国南方第一个出海口，在统一中国、拓边开疆上发挥重要作用。

乾江中学校园内的乡情文史教育纪事柱

三、丝路始发：乾江港由军事通道迅速向经济通道转型，成为海上丝绸之路始发港，珠市交易盛况，东南亚、印度等地商人到此开展贸易活动及文化交流的情景（包括佛教传入和佛教活动）。

四、海门瑞彩：表现乾江先辈的创造，如“赶鲜水”“勤礼婆”、屈大均笔下的围泊作业、天后宫的祭海、七坊八社、古方井与廉州太守的传说、渔港码头渔家生活劳作的情景。

五、乾体军威：重点反映明清时乾体军港、乾体水师营的盛况：“城西十里柳营新，大将星旗扫海尘。”以及展现抗法战争中的红泥城、白泥城、乾体炮台、八字山炮台、文武庙的大炮、乾江圩至冠头岭的战垒战壕及民团操练御敌。

六、百年书香：展现乾体学堂、乾体女子学校及其他近代学校群的建立，开北海汉语拼音教学的先河，乾德大生牌坊、苏慎初等杰出人物、教授群体的涌现、历史文化传承等。

校园古榕

乾江中学校园的古榕原是乾体炮台旁的社王树，至今已有三百年以上的历史，名列北海四大古名木之一。由于岁月久远，古榕的主干体几经生死，现在的树干是在根系上重新长起来的，重生的根干将炮台旁的社王建筑物笼罩了起来，因此形成了树干中间夹藏有古代砖石的奇观。古榕不但树冠巨大，而且不论从哪一个角度去看，树冠的形状都呈完整的宝伞形。更教人称奇的是，虽然古榕的古枝老桠纵横差参，但一年四季极少落叶折枝。因此，坊间传称，古榕是状元宝伞。20世纪90年代初，曾有广东商人前来求购，开价高达300万元人民币。根据老一辈的回忆，20世纪60年代初，时任广东省委第一书记的陶铸来合浦检查农业生产时，曾在古榕下召开现场座谈会，留下了一段勤政亲民的佳话。

校园古榕萌自明季，历明、清、民国至今，三百八十岁有余。

校园古榕倚观音堂茂发，傍文武庙蓬勃。承观音井甘露滋润，得接龙观香火熏陶，纳文武庙正气培育，接红白泥城军威茁壮，揽九头庙山势形胜而根通廉州府城气脉，枝接冠岭钟毓灵秀，躯干以巍然挺拔，树冠以罗伞张扬。历经“海上丝绸之路”岁月风雨，见证始发港古圩人间沧桑，实为乾体之风物胜景，堪称北部湾第一古名木。

校园古榕

明洪武初年，朝廷设水师于乾体以防倭，清康熙以来，朝廷先后设八字山炮台、乾体炮台、水师营、红泥城、白泥城、烟楼烽火台、冠头岭连接乾江卅十里战垒于斯御寇抗法，俱与古榕相傍。是时也，古榕朝闻水师螺号，夕染炮台硝烟，抚军旅出战征旗，听将士凯旋鼓角。一身枝叶，蕴含珠乡文韬武略；满盘根干，尽显英雄忠贞铁骨。

古榕之畔，乾体先贤创建粤桂最早之民办近代学堂。由是榕荫下有乾体学堂—乾江中学—合浦五中之相沿传承一百一十二年，有一百一十科举之士、二百二十专家教授、六将军五县长的佳话传颂。

古榕之下，树茎拥抱乾体炮台砖石为后世存证；古榕之阳，观音井涌泉不息犹在续写百年书香；古榕之侧，还看文武庙双楼侍立伴读盛世华章。

校园古榕因有此欣欣向荣三百八十余载之深厚底蕴所在！因有此横空卓立三百八十余载之神逸灵韵所在！因有此世代书香飘溢、福泽传承。

校园景物

校园福甫亭：合浦县第五中学校园内曾辟乾江公园，园内旧有福甫亭，位于今校园内东侧。亭旁有接龙观、八角亭。八角亭祀全村社王，即为全村土地神安位之所。还建有妙香室，可供乡人游息品茗、小酌，为“乾江八景”之一。可惜，沧海桑田间乾江公园已不复存在，福甫亭及八角亭、妙香室也被毁弃，一方胜景只留作老一辈人回忆时的话题。

2011 年，合浦县第五中学筹备 110 周年校庆庆典，得社会贤达响应支持，积极参与美化校园。校友陈铭青、苏秀成及社会热心公益人士钟霞慷慨捐资重建福甫亭，于 110 周年校庆之日落成，百年胜景得以重现。

立孔子圣像：合浦县第五中学（乾体学堂）建 110 周年校史陈列馆时，由校友捐资建于馆前，以彰斯文，以扬国学。

乾体炮台：乾体炮台位于学校古榕旁，约建于康熙年间。乾体炮台有千斤大炮一尊，五百斤大炮四尊，驻兵 35 名。炮台高一丈，周围 12 丈，兵房两间。现炮台已湮没，古榕下的石块古砖犹有迹可考。

观音古井：乾江古庙观音堂在乾江中学校园内，此井是观音堂的专用水井，

校园景物：古亭、古井、孔子雕像

后湮没。乾江中学建校 110 周年时重建。

观音堂香炉：观音堂旧物，遗弃多年。2011 年学校重建观音井时，将之移置井旁。

重修观音堂碑：观音堂旧物，共两块。该碑记载了乾江乡民于同治十年捐资重修观音堂的经过。碑中的铭文记有乾江大小进士钟振河、钟振澜时以廪生的身份参与劝捐。两匾现藏于校史陈列馆。

百年校史陈列馆

2011 年是合浦第五中学建校 110 周年纪念，该校为了提升“百年书香，教授摇篮”的品牌效应，进行了长期有效的保护、传承和弘扬工作，为把这个品牌做大做强做精做雅，决定修建校史陈列馆。

是年 5 月，应北海中华文化促进会之请，梅高（中国）创意咨询有限公司董事长高峻到学校举办励志讲座，为学校的百年书香氛围所感动，慷慨捐资 20 万元人民币为校园建设锦上添花。

学校决定在高峻先生捐资的基础上，建校史陈列馆。是年 8 月开工，于 12 月 18 日学校 110 周年校庆日建成开放。

走进校史陈列馆，迎面而来的是五块“缔造乾体学堂”碑，碑中记载了当年乾江乡亲筹办乾体学堂的经过。从碑文中可以了解到，发起创建乾体学堂者有州同知、光禄寺署正、布政司经历、布政司理问、守备、县丞、县主簿、中书、训导、拔贡等职衔及科举功名者五十余众。乾江的众乡贤还成立筹建团队，组成了以总理四人、协理二人、襄理十人组成的执行机构及十多个劝捐组，分别负责乾体、廉州城、北海街、高德、总江、南康、福成、山口、白沙、闸口及四邻八乡的劝捐募款。募捐团队阵容之严整，声势之浩大，堪称空前，钦廉瞩目，足见乾体尊礼重教、崇文好学之风盛然。

与“缔造乾体学堂”碑平行陈列的是“文体大旺，博古通今”牌匾。“文体大旺，博古通今”是乾江中学初建时期的校训。乾体学堂建成后，学生数量增多，教舍规模也随之扩大，学生宿舍分为八个室，以“文体大旺，博古通今”作编号。“文体大旺，博古通今”正是乾体学堂当年办学盛况之写照、优良学风之传承。

与“文体大旺，博古通今”匾相邻展出的是商务印书馆 1912 年版的《共和国教科书・新国文》，这是推翻清朝建立共和后的第一套白话小学教材。这套教材分为高等小学版、初等小学版和春季始用版，十分珍贵。陈列馆收藏了这三种版本的大部分课本。陈列馆里展出的课本包括清末、民国以及新中国成立后各个时期的中小学课本，比较全面地展示了各个历史时期的教育知识传播特征。特别是 20 世纪 70 年代初，学校恢复正常上课后，由于没有统一的新教材，大部分地区采取试用课本的方式。20 世纪 70 年代的中学试用课本，是特定时代的特定产物，带着鲜明的时代烙印。

陈列馆展出的各种文教用具，虽然在今天已经远离课堂，渐渐被淡忘，但是它们曾经留在史册上的痕迹依然存在。回校参加 110 周年校庆的老校友们来到陈列旧式书籍的展柜前，不约而同想起了当年手提着这些“书包”，赤脚“走读廉州”的情景。

陈列馆中还展出了各种地方文献古籍和乾江中学先贤的手稿，记载了学校走

百年校史陈列馆

过 110 年沧海桑田的人文事迹。其中包括乾江中学首任教导主任苏立桎的书稿，其中记录有乾江兴学的事迹和大量的乾江历史事典，是考证乾江史迹的重要文献。

校史陈列馆里有一个模拟的乾体学堂课室，里面陈列的书桌、椅子都是当时的物件，基本上再现了学堂课室的情景。

陈列馆里有一块岁魁匾残件。这块岁魁匾残件的主人名叫苏廷星，苏廷星是筹建乾体学堂的募捐小组成员之一。此外，还陈列展出了一套手写本的珠算教材，十分珍贵。这本珠算教材和当年的老式算盘陈列在一起，更使人感受到了浓郁的书香气氛。

为了强化校史陈列馆的书香氛围，陈列馆门前又塑造了 4 米多高的孔子雕像，雕像侧面建立了长 30 多米、高 3 米多的孔门七十二贤图画廊，与文武双楼历史纪事柱、孔子雕像连接在一起，与陈列馆相对成景，形成了一个书香气氛浓厚的小广场，更增添了陈列馆的儒雅色彩。人们一走近陈列馆，就能够强烈感受到走过110年沧海桑田的书香雅韵。

乾江中学的校友七将军是：

苏慎初（民国上将）；

苏汝森（少将）；

林朱梁（黄埔一期少将）；

邓世增（民国中将）；

莫丰绪（民国少将）；

卜汉池（民国少将）；

冼伟智（远征军少将）。

校史陈列馆中的石刻藏品

重修观音堂碑：观音堂旧物，共两块。该碑记载了乾江乡民于同治十年捐资重修观音堂的经过。碑中的铭文记有乾江大小进士钟振河、钟振澜时以廪生的身份参与劝捐。

俗美匾：“乾德大生”牌坊的旧物。2011年学校建校史陈列馆的过程中，经多方搜寻，发现此匾。

创建乾体学堂碑：缔造乾体学堂碑是乾体学堂的旧物，碑中记载了当年乾江乡亲筹办乾体学堂的经过、发起创建乾体学堂者和科举功名者的名单，以及乾江众乡贤成立筹建团队名录，整个筹建团队阵容严整，声势浩大，足见乾体尊礼重教、崇文好学之风盛然。

岁魁残匾：岁魁残匾长约1.6米，宽0.6米，是用整块樟木雕制的。原藏于乾江苏姓人家的柴堆中。残匾被虫蠹腐蚀严重，经过反复辨认后，依稀可见中间“岁魁”二字和左边“光绪三十年”的字样。在乾江120多名科举人士中，光绪年间具有贡生身份的苏姓科举人士有苏乾初、苏子倬、苏廷星、苏锡昆。其中，苏乾初、苏子倬、苏锡昆没有乡试的记录。苏廷星是贡生中唯一参加了乡试的人。据此而究之，这块岁魁匾的主人当是苏廷星。苏廷星是筹建乾体学堂的募捐小组成员之一。该匾由其主人自愿捐出。

校史陈列馆中的石刻藏品

戒赌碑（两方）：现藏于校史陈列馆的戒赌碑两块，原遗弃于街巷路旁。一块署名“合浦县正堂”，落款时间是“光绪十四年十月初二”。这块碑的文字语气较为强硬，文中有“严禁”“决不姑宽”等字，被弃放在窄巷之中。另一块禁赌碑的落款时间是“光绪二十九年九月十一日”，署名已无法辨清，只能从碑刻残留的字迹中知道，这是官府禁赌的文告，而且禁赌的对象不只是聚赌的群体，还有圩里暗中开设的地下赌馆。据碑刻：“乾体向无赌馆，切莫违抗私开，危害良民。自示之后，倘有敢违，一经查出或告发，定行拘案从重究办，决不姑宽。各宜遵之毋违。”

兴贤坊匾：兴贤坊石刻匾是乾江兴贤坊的门楼匾额，而兴贤坊在“六坊八社七宗祠”中的建制规模是比较大的，这将为考究“六坊八社七宗祠”的形制结构提供了实物参照，更重要的是，它见证了乾江古圩“六坊八社七宗祠”的史迹。兴贤坊石刻匾于多方搜寻学校史迹过程中被发现，现藏于校史陈列馆。

乾体公园石狗：乾体公园石狗一对，此为乾体公园遗物。乾体公园旧址位于乾江中学校园东侧。

古圩老街

乾江古圩的街道布局是很有特色的。圩内主要有乾德大街、水星街（小新街）、十字街、木栏街等四条街道，以乾德大街为中轴，呈东西走向，十字街、木栏街分别横贯其间，十字街与木栏街之间又有街巷相连。而水星街则于乾德大街东段南侧拐弯至十字街，与木栏街、十字街交叉路口相接，形成了一纵两横一个三角区的街圩布局。这样，在乾江古圩街道上行走，各个路口之间的间隔距离都大致相当，不会使人感到杂乱曲折。如果从乾德大街与水星街路口进入古圩街，随着右转路口一直走，转了一个大圈之后，刚好能走完所有街道，来到乾德大街与十字街路口，这真是一个最省时间的设计。由此可见乾江先贤设计古圩街区时的奇思妙想。

乾德大街以苏杭布料（兼经营布、衣、裁缝）、五金、日用杂货为主，货源来自廉州、北海的批发商，经营规模较大。其中知名的商号有：广源、永源、恒源、敬源、新发记、东记、全益、协昌、南国、崇兴、琼芳、广和、裕丰、荣丰、共和春、毅兴祥、谦益祥、信和诚、琨隆栈等。来到乾德大街，在众多的铺号招牌下行走，给人以商店林立、货如轮转的感觉，一派兴旺繁荣之象。

十字街靠乾江河而建，古时的出海码头就建在这里，街头又有天后宫（天妃庙），天后宫前有广场，渔家出海归来，商贩到来贸易，都在此上落，因此设置菜市，屠宰猪牛肉，贩卖海鲜产品、蛋类、蔬菜及副食品。每日里，商客贩夫往来不绝，行人如织。

木栏街近乾江河边而建。古时候，乾江河直接通往合浦北部以及浦北、灵山、博白的水路就是在这里启程的。上游浦北、灵山、博白等地的商贩，沿南流江运来木材及竹木制成品，到了这里的码头后，就地装卸货物，就地形成交易市场，木栏街因此得名。木栏街主要经营竹木器材和陶瓷，这些竹木器材和陶瓷都是从南流江上游的浦北、灵山、博白等地运来的。顺流而下的船排竹筏，汇集于斯，乡音方言相互呼唤，别有一番景致。乾江木栏街这种专业的市场商贸交流形式一直持续到 20 世纪 50、60 年代。此后，由于上游围江造地及下游堵海造田的影响，江河淤塞变窄，船只通行受阻，货物不通，木栏街专业市场才停止使用。但乾江木栏街作为“海上丝绸之路”重要起点对接南流江商贸交流的重要见证，永远留在了“海上丝绸之路”的历史记忆之中。

水星街以承接乾德大街连接十字街之便，经营范围更是五花八门，有药材店、

古圩老街

当铺、花轿铺、榨油坊、金银首饰坊、染布坊、饮食业、旅业等。古代的水星街既是连接廉乾官道的枢纽街道，又是通往“海上丝绸之路”始发港码头的必经之路，因此是乾江古圩中最繁华的街道，古色古香的商铺随处可见。特别一提的是，当时水星街街道的路面全部用花岗岩石板条铺成。千百年来，“海上丝绸之路”的车队马帮碾踏而过，在水星街的花岗岩石板路面上留下了长长的车辙，也留下了深深的岁月痕迹，成为“海上丝绸之路”始发港千年古圩中的一道风景线。

古圩老街商铺密布，除了乾德大街的知名商号外，水星街、十字街、木栏街的知名商号有：药材店有则生堂、仁寿堂、杏济堂、济生堂、同益堂、太和祥、保平安；酒店有大同酒家、嘉兴酒楼、高楼馆、妙香室；糕饼店有陈嘉兴、陈益志、小蔡、小四哥。

乾江古圩老街的商贸集市繁荣，得益于其水路交通便捷，出海口可直通北海、海南、广州、香港、钦州、防城及越南，经廉州西门江沿南流江北上可抵达浦北小江、灵山武利、博白沙河、玉林等地。

古圩老屋

走进乾江，最令人感动的就是那些经历了数百年的岁月风雨，至今依然为人们遮风避雨的青砖老屋。

乾江老屋独具特色，老屋前必有老树，老树下必有老屋。乾江老屋的进式深，四、五进深的深宅大院比比皆是，深宅大院之间形成了深幽窄长的胡同。胡同的地面用青砖或石板条铺成。岁月的车轮在这些青砖或石板条上碾下了深深的沟痕，见证着老屋的沧桑阅历，诉说着世事的更迭变幻。

乾江老屋的青砖勾灰墙体，那精工构造的屋檐，那斗拱牵梁的门楼，那描龙画凤的门楣，那卷棚顶的屋顶，还有那镂空栅格、重檐窗遮，到处都飘溢着古色古香的神韵，流淌着岁月的余音。这里的每一块青砖瓦、每一扇门窗，无时无刻不在引起人们的思乡情怀寻古幽思。

据《清史稿》和《廉州府志》记载：康熙九年（1670 年），朝廷裁撤了广东师营，在乾江设乾体营。乾体营相当于今天的海军司令部驻地，乾体营驻军最多时达千人，拥有铁壳兵轮近三十艘，海防管辖地包括广东东莞虎门至越南清化附近海面。穿行在老屋之间细细寻觅，在这些高大的深宅老院中，何处是乾体水师营的衙门府院？哪里是汉时明月照临过的伏波楼台，唐宋春风吹拂过的海门营垒？

乾江老屋的另一个特色就是进深深远，普通的民居也有四、五进结构，而且每一进之间都形成独立的庭院天井。这些庭院天井由走廊组成，一幢老屋就是一个独立的家族城院。各个庭院由天井隔开，天井有独立的侧门。每个庭院就是一个独立的家庭，平时出入可以不走大门，从各自的天井侧门出入即可。这样的宅院结构，可能考虑到一个家庭中有多个儿子居住的需要吧。按此格局推论，那些四进、五进的深宅大院，或许就是四世同堂、五世同堂之家了。

作为“海上丝绸之路”重要起点所在的乾江古圩，隐藏着了太多的历史谜团。那弯曲盘回的老街两边的深宅老屋，更是深藏着许多精彩和传奇。

最著名的古圩老屋是进士第与字山草堂。

乾江大小进士第的称谓，来源于乾江两进士的出身——大进士钟振河、小进士钟振澜。根据《钟氏宗支谱》的记载，乾江钟氏是于明崇祯元年（1628 年）由福建福州府永安都迁来的。据此，乾江钟氏在乾江开基立业繁衍至今已经 380 余年。两进士是乾江钟氏的第七代，二人是同祖父的叔伯兄弟。

上图为古圩航拍，下图为郭李祠堂

来到大小进士第所在，首先映入眼帘的就是进士第青砖围墙下的青石板路，以及进士第大门前的石条台阶。大小进士第原是相连的两座，其中一座因为没人居住，它的前进已损毁，后进如今用作祭祀先人的祠堂。虽然已是破落，但从现存的格局中还能感受到当年进士世家的气势。

另一座进士第的格局还基本保存，不同的是，这座进士第的大门与前一座的大门相比有着明显的差别，门前不但没有石条铺起的台阶，门口的大小也和古圩的其他民宅没有什么差异。带着疑问走进这间进士第，原来里面是另有乾坤：正门里是一个小天井，天井正面的青砖墙上镶有一块朱红石匾，上刻“鸿禧”二

左上图为进士第正厅的三石板路，右上图为进士第，左下图为宇山草堂大天井，右下图为宇山草堂大门

字。进入小天井左转，有一个小庭院，庭院的青砖墙上也镶有一块朱红石匾，上刻“天官赐福”四字。在进士第门楣上还可以看到两枚大钩钉，这是当年挂进士匾专用的钉子。据住在进士第里的老人介绍，这块进士匾约一尺高、四尺长，上雕刻“进士”两个大字，很是庄严。

进士第虽然长期缺乏维修，但青砖墙体和青灰瓦面依然完整坚固。特别是天井的金钱水漏和用三条长石板铺成的通道，鲜明地彰显了进士家势家风。

进士第对面百米外之处就是宇山草堂。宇山草堂的主人就是“乾江五文豪”之一的林朱赞。

宇山草堂的建筑格局基本完好，这是一座两进连天井，门庭另附的青砖大院。

宇山草堂的大门建在侧边，走进大门，迎面可见墙壁上依稀犹存的“字”字。走过大门左转，便是天井大院。宇山草堂的天井大院非常宽阔，天井地面全部是青砖铺成，很有规则。在天井里，有那犹带几分春色的龙眼老树，有石头雕花巨大的金鱼缸，有制工精致的石板金钱水漏；还有草堂正厅脊梁下的一对莲花雀替，这一切似在告诉人们草堂当年的往事。在宇山草堂蕴藏的遥远而又辉煌的记忆里，有乾江人的骄傲，有合浦历史文化的一页。当历史的烟云已经飘远，乾江古圩的许多人和事已日渐淡出人们的记忆时，字山草堂这座百年老宅以其曾经承载过的历史沧桑，还在厚重地叩击着时代的大门。这就是草堂历史建筑的价值所在。

知名的古屋大宅还有严福远旧居、苏立民旧居、李屋、郭李祠堂等。

古圩碑刻

乾江古圩里还隐藏有不少古碑刻，这里的每一块古碑刻都凝固着沧桑岁月，其中有的还是重大历史事件的证物。现存散落于古港老圩范围内的各种古碑刻就记录有丰富的历史信息，其中，《廉州府告示碑》就记载有清王朝初期在廉州府一带开展奖励垦荒的重大举措。这对加深了解、认识乾江古港老圩的历史有着重要的参考价值。

这块古告示碑以“特授廉州府正堂加三级纪录三次张”的名义发布。其中的“张”，就是道光七年（1827 年）廉州知府张堉春。据碑文记载，当时有监生张邱蔚、疍民扬文绣等开垦祖业粮田，却被土棍吴根才勾引上异路流氓周成昌、张志彭等，这干人侵占农田，并且毁田恃强采捕，因此被报官申告。廉州知府张堉春受理了这桩官司，并做出了公正的裁决，布告示众。从碑刻告示中还可以了解到，当时乾体行政区域辖属的范围“东至岸，西至那隆，南至冠头岭”，即包括今北海冠头岭至西场那隆一带。因此，这方古碑的铭文对了解清代的“海禁”、垦荒及廉州府的相关史迹，都有着重要的作用。

合浦县第五中学（乾江中学）校史陈列馆保存有五块古碑刻。其中三块是创建乾体学堂的纪事碑，记载了光绪二十六年（1900 年）乾江乡贤筹建乾体学堂的经过、参与人员及分工，见证了乾体学堂的创建历史；另外两块是同治十年（1871 年）乾江乡贤修建文武庙的纪事碑，记述了文武庙存在历史的同时，也见证了乾体学堂依文武庙创建的史实，这是非常珍贵的。

乾江古圩的天后宫是北部湾地区规模最大的天后宫，是合浦县保护文物。乾江天后宫长期以来被用于租作商店，严重损坏。宫内的一切设施已荡然无存，就连宫门前原来的一对雕塑石狗也踪影无存。所幸，记载天后宫修建的古碑刻保存完整，从碑文刻字中依稀可以辨认出，在同治三年（1864 年）三月间，村民们

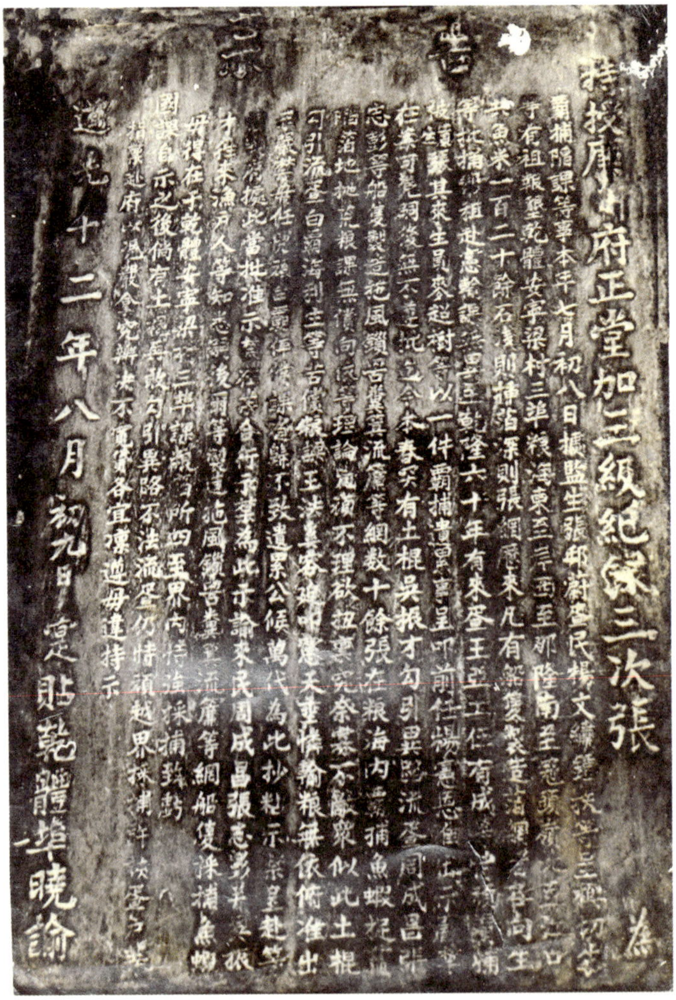

廉州府衙门立在古圩的碑刻

就开始为之捐资修建了。由此算起，乾江天后宫最少也有 150 岁了。乾江天后宫古碑刻为重修提供了重要资料。

乾江古圩的老街还有两块禁赌碑，一块于光绪十四年（1888 年）十月由兼有同知衔的合浦县令所立。一块于光绪十九年（1893 年）由官府所立。两块碑刻上的禁赌铭文言辞严厉，而且相隔只有五年，由此可见当时官府禁赌的力度，同时也能从中窥见古圩中赌风盛行之状。

“乾德大生”牌坊上的“俗美”石匾是廉州府于清嘉庆年（1796—1820 年）为奖励乾江兴学教化的业绩，特奖“俗美风淳”四字并拨专款修建的，在牌坊左右两旁的内外门楣上分题“地灵、人杰、俗美、风淳”八字。可惜，“乾德大生”牌坊六十年前被拆除。今年春节期间，乾江群众在清理街道卫生时发掘出“俗美”

石匾，使得消失了六十多年的“乾德大生”牌坊的遗物又重建天日，见证了古圩悠久的书香人文历史。

此外，乾江古圩的坊社寺庙及老街古宅还隐藏着为数不少的碑刻匾额，这些碑刻匾额记载着乾江古圩重要的历史事件，是宝贵的历史文化资源。

楼上祠堂

乾江古圩不但是汉代“海上丝绸之路”的重要起点之一的所在地，而且历代都是重要的军事港口。在宋代曾公亮的《武经总要》记载中，宋时朝廷就在乾江设置鹿井、三村二寨为军事营寨。到清代，朝廷在乾江港口设置了襟牵两广，遥控琼崖、安南的乾体水师营，承担东至虎门、西到白龙尾海域的海巡防务。在商贸交流和军事防务的推动下，乾江港口也是最早有居民到来聚居开发、建立家园的地方。

据乾体苏氏族谱记载，其始祖原籍中原，后迁至福州府福清县，于宋初迁至合浦乾江港口。据称，到乾江港口定居的苏氏一支，祖居地在陕西的乾陵和礼泉两县，为不忘故土，就以两县的第一字合“乾礼”作村名。后因方言混音而俗称作“乾体”“勤礼”。明朝万历年间，乾礼苏氏一支分迁灵山、邕宁一带。由此可见，苏氏是乾江古圩最先的开拓者之一。

现在，进入乾江苏氏楼上祠堂，就能够看到祠堂里面展示的关于一千多年前苏姓迁居乾礼的文字记述。

那扶苏氏旧宗祠对联：

由乾礼以迁居拮据开基忠孝传家根本厚；

自庚辰而重建维新栋宇簪缨继世子孙昌。

重修苏氏楼上祠堂记

吾乾体苏姓，源自中原世族，西周封土，春秋传姓，隋唐聚族于冀豫，播迁至浙闽，继而迁安于福建省福州府福清县牛田村，其中一支于宋初分迁至广东省廉州府合浦县乾体村开基，至今一千二百五十年矣。其间，先祖筚路蓝缕，垦荒耕海，由是聚村成圩，开港立市，安居乐业，生齿日繁，

楼上祠堂

泱泱望族。殆至明初，我乾体苏姓支衍钦廉，派分邕桂，泱泱望族，声名两粤。

维乾体苏姓，千百年间，辛亥领盟，民国将帅，黄埔军人，抗日英杰，累代俊才，为国前驱，文治武功，光耀珠浦。楼上苏氏，清季分支，接宗祠之香火，传千秋之俎豆，被祖德之福祐，子孙繁衍，士农工商，蔚成体系。书香犹盛，称誉乡间。祖恩浩荡，宗功绵长，四时香烛，祭礼备焉。裔孙供奉，至诚厚焉。

叹时世遭逢，楼上祠堂香火停奉，墙塌庭荒四十余载。其间失祀，如树之失根，水之塞源，楼上众亲莫不惜哉痛哉，苦哉念哉。祈祖堂重光，犹苦旱之盼甘露，陷暗夜之待霓霞。

至壬辰（二〇一二年）春，楼上众宗亲集资重修祠堂，整葺庭院，华堂肃穆，焕然一新。由是上不负历祖历宗家声世泽，下垂范楼上裔孙饮水思源。功德在焉，是以为记。

捐款重修楼上祠堂功德芳名附后。

楼上苏氏宗亲拜撰

时壬辰（二〇一二年）孟秋

天后宫

从乾江古港口到廉州府城西门古渡约四千米长的里河段旁边，沿途建有四座天后宫，分别是海角亭天妃庙、九头岭天妃庙（九头庙）、西门江天后宫、乾江古港口的天后宫，在这四座祭祀天后的庙宇中，规模最大的就是乾江天后宫。乾江天后宫位于乾江老市场旁，占地面积超过400平方米，为三进式三开间两廊布局，建筑格局为木梁结构。

布局豪华是乾江天后宫的特征之一。三进三开间之外还有廊房配套。而且，几乎所有建筑物都雕刻有工艺装饰。年代久远，经过岁月风雨的洗刷和人为破坏，宫内的设施虽然已损毁无存，但是仍然可以透过石柱雕梁、窗格饰砖、彩瓷和壁画，感受到这座庙宇当年的恢宏气势以及香火旺盛的景况。

工艺精致又是乾江天后宫的一大特色。来到大门，首先见到门厅上的七幅彩绘壁画。壁画的内容依然清晰可见，都是些平安富贵的美好寓意，寄托着渔者耕夫对渔樵耕读的祈祷。举目搜寻，大门架梁虽然已是腐迹斑斑，但古朴大方的造型还在，木柱上的如意莲花状雀替稳托着斗拱雕梁，依然紧扣一体。尽管架梁已是烟火乌黑，却更显出其沧桑阅历。

走进大门，只见两条合抱石柱卓然挺立，支撑起整进屋架，石柱由鼓形柱础垫起，柱础的棱角已被磨得圆滑残缺，一看便知是岁月久远的留痕。石柱上的牵梁架木早已毁损，只留下空洞的柱洞，使得这两条石柱更加孤空卓立，给人一种莫名的深幽虚缈之感。好在，厅堂隔墙还保存着一大副木雕镂空窗格，透过窗格洒进的斑斓亮光，人们得以看清宫内的陈迹遗痕。

乾江天后宫

天后宫的左廊房虽然被用作猪栏狗舍和卫生间，但结构布局尚算完整。仔细观赏搜寻处，门柱上方赫然镶嵌着一块琉璃刻花方框，这块方框是作什么用的呢，已难确认，但它的存在教人惊叹天后宫当年建筑工艺之精致。

进入大殿，原来供奉天后娘娘的圣堂堆满了杂货，右厢房居然圈养了成群的鸡鸭。只有大殿中梁上的红底烫金字铭还在醒目地告诉人们，这里曾经是气势恢宏的天后宫，民国九年（1920 年）由乡绅们捐资进行过一次大规模的翻新维修。此后，民国十六年（1927 年）又进行过再次维修。

乾江天后宫始建于何时，由于缺乏文字资料难以确定，但从宫内众多碑文刻字中依稀可以辨认历史的痕迹。其中一块碑刻记载，在同治三年三月间，村民们曾捐资修建乾江天后宫，同治三年是 1864 年，由此算起，乾江天后宫最少也有 150 岁了。

因此，乾江天后宫最具魅力之处，不只在于它的年代久远，还在于规模庞大、工艺精致和布局豪华，在北海当是首屈一指。因此也引出人们的思考：为什么当时要在乾江圩内建造如此大的天后宫呢?

走访圩中耄耋老人得知，现在天后宫前的菜市场，原本就是天后宫的祭祀广场，当年每逢渔家出海之前，都会在宫前广场举行祭祀仪式。而乾江港口就紧靠着广场。老人们对少年时代在港口戏水玩耍、捉鱼摸虾的记忆犹新，特别对当年宫前广场赶海鲜的繁忙景象向往不已。老人们兴奋地回忆：港口码头每当涨潮的时候，装卸的大船过了一批又一批，天后宫广场就如同圩场啊！

天后宫—祭祀广场—码头货场—港口航道—千年古圩乾江。如今，天后宫当年盛况虽然已不复存在，但站在天后宫大门前，望着这一古港口遗址，人们不由想起了《廉州府志》中对乾江古港的描述“乾江海口，是廉州门户，扼江海之交，秦汉至明，此港是中国对外交通贸易要地”，以及《岭外代答》的记述：“南安舟楫，自其境永安，朝发暮至，入乾体港，溯江上廉州。”乾江古港如此重要的历史地位，天后宫如此庞大的规模，不就非常明确地见证了一个事实：乾江古港曾经是合浦汉代“海上丝绸之路”最早的始发港之一。

乾江天后宫现为合浦县重点文物保护单位。

乾体军港

明、清之际是合浦边防军备最盛的时期，除了众多炮台、军营、战壕之外，军港的设置也颇具规模，康熙年间在乾体设置的军港更是气势恢宏，声威远播。

据清代游名柱《乾体营远眺》一诗中的描述：

城西十里柳营新，大将星旗扫海尘。
编竹重园皆壮士，临渊徒手半渔人。
三河入口谁能渡，一带平沙莫问津。
开道船楼铙鼓静，潮来港内可垂编。

“乾体”即乾江的别称，“城西”是方位。“柳营”即细柳营的简称，因汉代周亚夫在细柳营这个地方训练军队，连皇帝进入军营也要按纪律制度行事，因此“细柳营”指训练有素、纪律严明、具有极强战斗力的军队。清康熙年间，廉州曾设总兵府。清代的总兵职级是正二品，为绿营兵高级武官。二品武官当然是大将军了。“星旗”是指挥官的令旗，“大将星旗扫海尘”可见水师训练的阵容非常浩大。为什么要选择乾体港做军港呢？因为这里是“三河入口”处，古称海门。三河入口亦称三汊港，因南流江的三条分支在此汇入大海而名。这里海滩平阔，浪轻波柔，北方军士训练时易于适应，更有利于水师的调动布防。由此可见选择乾江港做军港是非常具有军事科学的。

遥想当年，乾体军港是何等大的阵势啊。

查阅史籍得知，当年乾体军港海岸边一带曾修筑有八字山炮台，安置八百斤重炮两尊、六百斤重炮两尊、四百斤重炮四尊、驻兵二十人。武器配备最多时，炮台达八尊、两千斤重炮二尊、一千斤重炮二尊、五百斤重炮四尊，还修筑了红泥城和白泥城城堡，城堡上设置有炮位，安放大炮。此外，还设置了烽火台两座：一在今乾体村公所烟楼村、距海边约五百米，距禁山烽火台约四千米：一在今乾江村公所禁山村、距县城约三千米。每个烽火台有士兵二人守护。海边烽火台的守兵日夜监视海面动静，一发现敌情，便在烽火台燃放烟火，向廉州府城报警。

清初，乾体营设游击一员、守备一员、千总二员、把总四员、兵一千三百六十六名、战船三十多艘，这是乾体军港驻军最多的时期，真是名副其实的“城西十里柳营新，大将星旗扫海尘”。

乾江“辛亥五杰”

苏慎初（1882—1936年），字子奇，合浦乾江人，是乾江著名的秀才之一。光绪二十六年（1900年）曾参与筹建广西最早的民办近代学堂乾体学堂。光绪三十二年（1906年）赴广州，考入广东陆军速成学堂第一期。光绪三十四年（1908年），苏慎初加入同盟会。随后，组织了反清暴动队，先后吸收了邓世增、卜汉池、钟继业等人参加，经常发起对驻守在合浦的清兵的袭击，因此被清廷追捕。1909年，苏慎初出任广东新军第二镇见习官，但不久又潜到高雷地区进行反清活动，并为同盟会高雷主盟人。1911年4月，广州起义爆发，苏慎初当时负责新军、防营及民军联络。起义失败后，返高雷地区策动各县光复，任高雷民军总指挥。同年10月10日，辛亥武昌起义爆发后，同盟会南方支部策划光复广东，决定由朱执信、胡汉民负责广州起义。广州以外地区兵分四路，由陈炯明负责东江地区、徐维扬负责北江地区、苏慎初负责西江地区、姚雨平负责潮汕地区。11月，苏慎初在西江率军起义，赶走高雷道尹彭言孝，克复了高雷地区，并于

电视台在乾体军港遗址采访

11 月 29 日，成立高州军政分府，林云陔为督，苏慎初为司令长，执掌军事。

1912 年，苏慎初任循军第三路司令、广东军政府第三军军长。同年秋，循军改编为广东民军第二师，苏任师长。1912 年 10 月 18 日被国民政府授中将衔。1913 年 1 月，广东民军整编为两个师，苏慎初任广东陆军第二师师长。同年 8 月将陈炯明逐出广州，宣布取消广东独立，被举为临时都督兼民政长，并被北京政府授予陆军上将衔，授三等勋位（民国时期仅授 69 人）。但他的都督仅当了三天，就被广东另一将领张我权赶下台。8 月 18 日，袁世凯通令褫革苏慎初军职。

1915 年 9 月，陈炯明由消极反袁转到积极倒袁，派马育航等人到香港与邹鲁密商，在香港成立了工作机构，随后又亲自前往香港，召开会议。陈决定返回广东，发动讨袁战争，根据与会者各自的籍贯和地位，做了分工：陈炯明负责东江地区，苏慎初负责高、廉、雷、钦地区，姚雨平负责广惠地区，邹鲁负责潮梅地区。是年冬，苏慎初潜往肇庆一带，策动军队起义反袁，因事泄被追捕，曾被云南当局扣押数月。后释放。袁世凯死后，调北京，历任咨议、顾问等闲职。后任粤军总司令部高等顾问。1922 年 6 月被陈炯明委任为廉州民团总办。1925 年 11 月底，陈铭枢率领国民革命军第十师驱走了邓本殷，12 月 1 日进驻北海，结束了八属军阀的统治。苏慎初返回广州湾（今湛江）创办同善社，从事宗教活动。后寓居香港，至 1936 年逝世，时年 55 岁。

苏汝森，字拔丛，乾江人，生于清光绪十二年（1886 年）。少时家贫勤学，光绪三十年（1904 年）考取秀才功名。光绪三十一年（1905 年），清廷罢科举，兴学堂，办新军。苏汝森报读广东陆军小学。陆小毕业后，随进广州陆军学堂深造。后投苏慎初军中任标统（相当于营长），并由苏慎初介绍加入同盟会，积极参与反清斗争，参与密谋刺孚琦及黄冈起义之事，是化州辛亥革命的主要领导成员之一。武昌起义后，任广东陆军第二师团长，当时，陈济棠在陆荣廷部当差不得志而投苏汝森部，苏汝森安排其任机枪连排长。不久，苏汝森以战功升为独立旅少将旅长兼两阳东路指挥使，率部驻两阳（阳江、阳春）及高州，从事地方绥靖防务，政绩甚佳，颇得当地人称举。

民国三年（1914 年），袁世凯窃国，龙济光趁机入粤主政，对军中同盟会员进行清洗，当时苏汝森驻兵粤西，近广西，战略地位重要，因不是龙济光之嫡系，又不肯与龙同流合污，被龙济光猜忌。龙济光的嫡系亲信趁机进谗。龙济光以电邀苏汝森回广州述职之名，将之骗到督军府后，立即囚之狱中。不久，苏汝森被害，时年仅 29 岁。

苏乾初，乾江人，宣统元年（1909 年）考取选拔贡第一名。但他没有留恋功名富贵，而是以苏用五（又名陈武）的名字参加同盟会。后受命与在广州光华医科学校读书的罗侃廷（廉州府总江口人）潜回廉州府城，在府学孔庙旁的学前街攀龙书院设立秘密据点，以教书作掩护发展革命组织，刺探清廷军情，在府城清军中开展策反活动，又派同县的丁守臣、卜汉池等前往灵山一带策划农民起义。苏乾初还专门约林翼中一起去联络发动绿林中人参加起义。宣统三年九月二十七日（1911 年 11 月 27 日），罗侃廷、苏乾初在府城廉州宣布起义，由罗侃廷任起义军司令。参加起义者约 400 人，一举攻下了府县衙门，以钦廉军政分府都督陈武（苏乾初）的名义宣布反正，光复廉城，成立了革命政府——廉州都督分府。苏乾初任都督，参谋长李时钦，军政部长邓世增，财政部长罗侃廷，民政部长廖杏斋（兼合浦县长），秘书长林朱赞，史称“廉州光复”。“廉州光复”后不久，清军反叛反扑，时任广东都督的胡汉民派军舰前来镇压平息。苏乾初则往广州投奔时任广东民军第二师师长的胞弟苏慎初。

苏乾初参与创建广西第一间新式学堂——乾体学堂。乾江中学成立之初曾受聘任校长。苏乾初亦是珠乡著名的书法家。

苏健今，乾江人。青年时深受康有为、梁启超新学思想影响，倾向革新。宣统三年（1911 年），辛亥革命爆发，积极参加革命党人罗侃廷、苏乾初等领导的廉州起义，成立革命政府廉州都督分府后，苏健今功成身退。民国六年（1917

年）28 岁时，全国招考 60 名公费留学生，报考者不下数千人，苏健今以优异成绩考取日本早稻田大学，攻理工化学四年，为合浦最早的留学生，精通英、日文，对中国甲骨文、古籀文研究造诣尤深。业归国后在廉州中学执教英语、化学等课程，兼任学监近 10 年。20 世纪 30 年代中期，时任广东省主席的陈铭枢曾致函邀请其出任合浦县长，婉辞不受。1942 年，创办乾体中学，任校董会董事长。

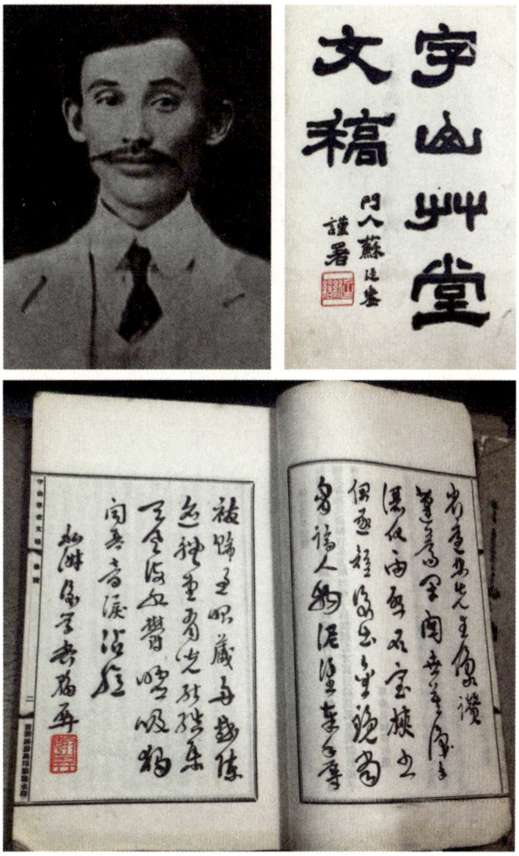

乾江“辛亥五杰”之一，廉州辛亥军政府秘书长林朱赞与他的《字山草堂文稿》

新中国成立后，苏健今是北海市中医院的主要创始人，先后任北海中医院医师、副院长，北海市第二届人民代表、北海市政协第二届委员、副主席，广东省政协第一届委员、农工民主党北海市支部主任等职。著有《中药今释》《妇科医案》《胡卢燕石斋诗文集》《石鼓文扶桑摹本考证》等。曾出席广东省首次“中医拜师会”，名列《广东省名医录》。

林朱赞，字赏亭，乾江人，1901 年参与筹建广西第一间新式学校——乾体学堂。当过高小校长、廉州中学教员。曾任粤军第二师司令部典军，后投身教育，辛亥革命时期参加苏乾初等人的革命组织，以教师身份从中掩护并积极发展成员。廉州辛亥起义推翻清政府，成立军政府时任秘书长一职，檄文布告多出自其手。

辛亥革命胜利后，林朱赞不恋官场，回乡建了字山草堂，用以开馆授徒。在字山草堂里，他写下了《字山草堂文稿》十卷，书中记录有大量乾江和廉州的重要史料，为后人考察合浦历史提供了宝贵的借鉴，特别是《请取消割钦廉改隶属广西书》一文记录了当时钦廉改隶广西之争的史实，对后人考证这一段历史弥足珍贵。林朱赞去世后，《字山草堂文稿》十卷由中山大学校长邹鲁署签刊行，由此可见该书的价值。

抗日两烈士

抗日排长苏立辉：在广东台山斗山公园广场的中央，有一座高大的抗日烈士纪念碑，这座纪念碑是台山华侨为了纪念抗日英雄苏立辉而捐款修建的。

苏立辉烈士（1917—1941年），合浦乾江人，保定军校毕业后，即在台山保七团任排长，抗战时期负责台山斗山三夹海口的防卫。而河的对岸就是日军的机械化精锐部队。

1941年9月20日，第二次侵犯台山的日寇乘汽艇在台山三夹海口强行登陆。当时，日军一次性动用了十多艘汽艇运载300余士兵疾驶而来。而守军只有苏立辉等七名战士，苏立辉接到的命令是要死守三夹海口，阻击住日寇登陆，保护台山人民安全转移。这天一早，日寇依仗着优势兵力和先进武器，向苏立辉的阵地发起了连番猛攻。苏立辉与六名士兵面对强敌，毫无畏惧，奋勇反击。第一轮反击就毙伤日军十余人，把日寇逼退至附近的文武庙登岸。接着，苏立辉又率领士兵沉着应战，打退了日寇的第二次冲锋。这时，两名战士壮烈牺牲，只剩下了苏立辉和另外四名战士。

不久，日寇发起第三次攻击，这次攻击的火力更加猛烈。苏立辉虽然屡次带领战士冒死突击，但都被敌人压了回来。经过了几轮突击之后，四名战士英勇殉国，阵地上只剩下苏立辉一人。

当日寇发现阵地上只剩下苏立辉一个人后，又发起了新的攻击。在激烈的战斗中，苏立辉肩上、脚上多处中弹负伤，他拼尽全身的力气，爬到已牺牲的战友身边，拿起战友的机关枪，但他已无力站立，只能伏在地上。日寇蜂拥而至，苏立辉抱着机枪猛地站立起来，全力扫射，击毙多名日军。不幸的是，苏立辉也中弹身亡，年仅24岁。这次战斗被称为台山抗日战场上最激烈、最感人的一次阻击战。

步兵少校苏汝慎：在广东清远县源潭镇的山坡上，有一座抗日烈士、步兵少校苏汝慎之墓。墓碑上铭文："陆军第一五九师四七五团击灭五指山之敌殉国连长追赠陆军步兵少校苏烈士汝慎之墓。"

据墓志："苏烈士汝慎墓志烈士，粤之合浦人，少怀壮志。九一八事起，愤倭寇之凶残，学万人战。于武校毕业后，历充本师排连长，参加淞沪、南浔、桂南抗战诸役，迭建奇勋，盖勇者也。民国三十一年夏六月，敌一〇四师团一三七联队，突窜源潭以五指山为炮兵指挥机关，经匝月之经营，遂成现代化之据点，

抗日两烈士纪念碑、墓，左为苏立辉排长，右为苏汝慎少校

自以为铜墙铁壁牢不可破。乃我忠勇将士目睹敌寇奸淫掳劫来此朝食而后快，七月一日夜，我四七五团官兵乘月色迷蒙之际，以闪电勇猛之行动，一举突入敌阵，将该据点守兵一中队及其指挥官以下悉数歼灭。我第一营第三连连长苏汝慎同志奋不顾身因以殉国。呜呼，孔曰成仁，孟曰求义。惟其义尽所以仁至，重比泰山，烈士其无憾矣。惟抗战方艰，寇焰正炽，听击鼓而思勇士，望河山而泣同胞。爰将烈士壮烈事迹立之于石，以垂久远，且励来兹。陆军第一五九师刘绍武撰民国三十一年七月七日清远师部。”

从墓志可知，1942 年夏，中国军队与日本侵略军在清远县源潭五指山展开了一场激战，连长苏汝慎在战斗中牺牲。苏汝慎为合浦人（合浦时属广东，故文中称“粤之合浦”）曾经参加过淞沪会战、南浔会战和桂南会战，屡立战功。这是国民革命军第一五九师少将师长刘绍武亲自为之撰写的墓铭志。

这次战役发生在 1942 年 6 月上旬，日军为策应湘北作战，出动飞机轰炸清远县、佛冈县，致平民百姓遭受重大损失。几乎同时，日军出兵 7000 多人，从广州自花县沿粤汉铁路攻占源潭，继而北上。中旬，日军又出兵 1000 多人由花县赤坭进犯清远县石角，占领石角、小坑一带。苏汝慎所在的部队奋起反击，打死打伤敌军 290 多人，将敌击退。接着，又向进犯的日寇发起攻击，收复了源潭。

战斗持续了两个月，苏汝慎在作战中英勇无畏，身先士卒，光荣殉国，牺牲后被追升为步兵少校。

2005年，清远市清城区政协曾前往广西寻找苏汝慎后人，后合浦县复函称，已查明苏汝慎为1931年出生，为广西合浦县廉州镇乾江街后背山街人，年轻时喜欢参加社会活动，行动秘密。抗战爆发后奔赴抗日前线，后无音讯。苏汝慎家中兄弟三人，其弟弟和长兄均已病逝，仅剩其弟弟后人在家中务农。

抗日远征军少将冼伟智

在合浦第五中学后面，有一座在乾江常见的青砖瓦结构的四合院民居，这里就是抗日远征军少将冼伟智的故居。迈进前门，走过天井，进入二进的厅堂，就看见案台上一张引人瞩目的大幅彩色照片，这就是当年的远征军少将冼伟智将军的遗像。他已于2010年1月3日21时25分在南宁去世，享年98岁。离开家乡70年后，他的英魂终于得以回到故居安息。

冼伟智1912年（一说1913年）出生于乾江，家中兄弟姐妹五人，他排行老大。冼伟智高中毕业时，作为家中的长子，就得面临着传宗接代的家族使命。而在当地，高中毕业是难得的文化青年，就更应该早日开枝散叶，光耀门庭，以传书香。为此，父母为冼伟智安排了一桩门当户对的婚姻。冼伟智却不甘过早地进入生儿育女的家庭生活，决心投笔从戎报效国家。他用离家出走的方式来抗争。由于乾江的文化教育走在合浦北海地区的前列，当时乾江有不少文化青年都到省会广州求学，并形成了一种风尚。冼伟智离家出走后也来到了广州，开始了他追求理想的人生之旅。

到广州后，冼伟智考进了由陈济堂兼任校长的广东军事政治学校第二期，就读于该校第十二期炮科，那一年冼伟智仅19岁。在十二期炮科的学习结束后，冼伟智又得以被推荐到昆明参加美军开办的军事学校，在校时与宋希濂是同学。在昆明军事学校的学习结束后，被分配到国民革命军第五军（军长杜聿明）荣誉一师任上校作战参谋处长。

1939年11月15日凌晨，日寇第五师团及台湾旅团主力在北海附近登陆，相继占领钦州、防城，又于11月24日攻占南宁。随后北犯桂南要隘昆仑关，并

抗日远征军少将冼伟智及其故居

占领了昆仑关及其周边高地。

12 月 16 日，国民党军第五军军长杜聿明奉命率部担任对邕（宁）宾（阳）路的正面攻击，意在先行击破昆仑关及八塘附近之敌。其作战部署是：以郑洞国荣誉第一师正面战斗；戴安澜第二〇〇师为总预备队；邱清泉新编第二十二师迂回敌后进出南宁以北，向六塘守敌攻击，以截断南宁、昆仑关交通联络，孤立昆仑关之敌，这就是抗战初期著名的“昆仑关战役”，冼伟智所在的荣誉一师也参加了此战役。

在战役中，冼伟智奉命带领炮兵第一旅第十四团第一营第二连连长林初耀（黄埔十期毕业）和其他炮兵营的连长潜到昆仑关附近侦察地形，观测日军在昆仑关之防御设施，并选定炮阵地和观察所。在我军发起攻击的前夜，冼伟智又再次带领工兵排协助炮兵修整阵地及炮位，对阵地进行伪装隐蔽。由于战前冼伟智率队对炮兵阵地进行了规范准确的设置，为中国军队炮击日军阵地、压制日寇发挥了重要作用。昆仑关战役经过 18 天激烈的阵地争夺战，双方伤亡惨烈，至 31 日大败日寇。荣誉一师在昆仑关战役中付出了阵亡 3000 余人的代价，协同友军击毙日军中村正雄以下 8000 多人，取得震惊中外的昆仑关大捷。

1941 年 12 月 23 日，中华民国政府与英国在重庆签署《中英共同防御滇缅路协定》，中英军事同盟因此形成。中国为支援英军在滇缅（缅甸时为英属地）的军事战局、保卫中国西南大后方，组建了中华民国远征军。1942 年 1 月初，日军对英军展开进攻，英缅军一路溃败。2 月 3 日，英方急忙请中国军队入缅参战。此时，冼伟智随第五军进入昆明，在干海子中美联合炮兵学校当教官，并任乌家坝飞机场翻译，相继参加了同古保卫战、彬文那会战、仁安羌救援战、曼德勒会战与缅北撤退等大型作战、后又在中国远征军卫立煌上将率领的二十集团军和十一集团军的阵营中，担任第八军荣誉一师炮兵上校兼中美炮兵联络官、少将参谋主任。

1944 年 5 月，中国远征军与盟军共同作战，向日军发起滇西反攻，第八军荣誉一师主攻松山阵地。冼伟智作为中美双方的炮兵“联络官”，在与美军协同作战中，炮兵作战的发射方位、时间大都通过冼伟智传达、由炮兵发射的。这次大反攻，中国远征军在龙陵、松山、腾冲大小几十个战场中以牺牲官兵 36800 多人的巨大代价，歼灭敌军 21000 多人。冼伟智在战场上亲眼见证日本侵略军战败投降的过程。

抗战胜利后，冼伟智任国民革命军第八炮兵副指挥官兼十三兵团特种兵纵队中将指挥官。在 1949 年的淮海战役中，冼伟智被解放军俘虏。被俘后，他曾担任解放军特种兵的教练，可是后来又被作为战犯投入了抚顺监狱。1975 年 3 月 17 日，全国人大常委会通过了《关于特赦释放全部在押战争罪犯的决定》。3 月 19 日，最高人民法院发出特赦全部在押战争罪犯的通告。冼伟智因此成了最后一批得到特赦的国民党战犯。冼伟智得到特赦后被安排在广西区政协任部门职，后经人介绍组成新的家庭，没有再生育儿女。对于人生的遭遇，冼伟智将军在接受媒体采访时，说得最多的就是“民族第一，抗战第一”。2005 年，纪念抗日战争 70 周年之际，冼伟智将军获得了国家颁发的抗日纪念章，这是国家对他抗日功绩的肯定与褒奖。

2010 年 1 月 3 日 21 时 25 分，冼伟智在南宁三〇三医院与世长辞。悼会上，他身穿印有“抗战老兵”的黄色风衣，安睡在玻璃棺材中接受亲友后人的祭唁。“抗战老兵”，正是冼伟智人生写照的盖棺定论。

民国三县长

陈濯涟（1891—1961 年），原名陈抹蕖，乾体人，父亲陈业超是清末秀才，也是乾体学堂创建人之一。陈濯涟小时在乾体学堂读书，青年时由于才学出众和写得一手好字，被孙中山的部将、时任琼崖（今海南省）宣抚使的黄明堂看中，

民国三县长之一陈濯涟故居旧址

聘他为秘书，在20世纪20年代中期曾先后任阳江、吴川和廉江三个县的县长，卸任后任广东印花烟酒局的秘书，1942年与苏健今等人发起筹建乾体中学，陈濯涟不但文才好，还是一位书法家，合浦和北海的诗社每有诗歌对联比赛，都邀请他做评委，是一位有影响的人物。

洪士祥，乾江人，1934年中山大学文科毕业，燕塘军校军事政治深造班、高级班毕业，曾任保亭县县长、广东第八区行政督察专员公署视察等职。

林朱梁，黄埔军校第一期毕业。广东合浦（今属广西）人。父从商贩，贫无地产。本县乾体乡高等小学、省立廉州中学毕业，广东陆军测量学校肄业，南京中央军校高级班毕业。充任广东江防司令部“广贞”巡防舰书记，西江善后督办公署上尉测量员。1924年春由粤军第一师师长李济深保荐投考黄埔军校，同年5月入黄埔军校第一期第三队学习。毕业后任军校军需处服务员，第四期入伍生团区队长、摊长。1927年任广州卫戍司令部警备连长、少校营长，第八路军总部第二警备团中校营长、团副。1932年任第一集团军第二军上校副官处长，广东东区绥靖公署代参谋长，第四路军独立旅参谋长、副旅长。抗日战争爆发后，任第一八师九五九团上校团长，第七战区挺进第一纵队少将司令，军事委员会少将参议。1946年任国防部少将部员。1947年初退役，12月任合浦县长。后移居澳门。

乾江掌故——走读廉州

提起古圩的书香氛围和人文色彩，乾江人说得最多的就是“走读廉州”的求学精神。“走读廉州”是指乾江学子在乾体中学未成立之前，无论读初中或高中，都要到廉州中学或海门中学。那时候去廉州就读的都是走读生，每天要走十千米的路程，朝去晚回。为了求学，乾江学子每天喝下两碗淡粥便赶着起程，没有时钟，更无手表，全凭看星星、望月亮来决定上路时间，他们每天行到洗鱼河时，刚好听到廉中的起床钟声。乾江学子们中午都没有午餐，也没有午休。他们分散在学校附近树荫间，枕石卧草，半复习半休息，便这么度过中午时间。直至下午课完归来，天色已晚。他们每天赶路去学校时，都是赤足走路，直到行至学校的大门口，才洗足穿鞋上课。这是为了节省鞋履之资，更是为了表达对老师的尊敬，因此形成了乾江学子走读廉州的优良传统。

乾江老人向记者讲述走读廉州的掌故

乾江美食——沙颗米

乾江自古就是廉州府城对外交往的重要海路通道，到了清代，朝廷为了确保府城对外交往的海路运输，专门设立了北海市和乾体市，乾体市因此成为廉州府城和北海的粮油食品供应地，以大米加工为主的粮油食品一时兴旺发达。由此催生了一批粮油食品加工特产，乾江沙颗米就是其中之一。

乾江沙颗米的制作原料，主要用当地特产的状元薯粉和红薯粉。这些都是农村最普遍的原料，而乾江沙颗米之所以能在市场上独占鳌头，形成品牌，经久不衰，主要是因为传统的制作工艺精益求精。乾江沙颗米的制作流程，主要有八个环节。

一是先将状元薯和红薯洗干净。在冲洗过程中，有一个环节要十分注意，就是要准确地把有病虫害的薯块拣出来。因为染了病虫害的薯块会有辛辣苦涩之味，会影响成品的质量。有人在外地市场上买了沙颗米回家煮，即使是很用心地去炮制，也还出现辛辣味，但又找不出根由，原因就在这里。因此，这是很重要的第一关。

二是将薯块打成浆。将薯块打成浆也是有讲究的，粗细必须协调。因为在粉质及纤维成分方面，不但状元薯与红薯的不同，即使是同一品种的薯块，老的和嫩的薯块也有区别，季节不同的薯块也不相同。因此在薯块打浆的时候，就得根据不同的薯块调节相应的细密度。

三是过滤。将薯块打成浆后要过滤。过滤的操作强度是比较大的，得两个人在一起配合，把浆液放进布兜里一边不停地晃动，一边酌量加水，通过晃动产生的挤压力，使粉质随着水的晃动流入布兜下的缸中，使之沉淀。

四是晾晒浆粉。粉浆经过一定时间的沉淀后就结成浆块，这时就要浆块捞起来晒干或晾干。晒干或晾干的浆块经过处理后，就成了细腻如脂的生粉，可以长期存放备用。

五是筛粉粒。筛粉粒就是将状元薯生粉和红薯生粉按比例混合搅匀后，用水将粉加湿到适当的程度，然后用竹筛子筛出颗粒。单用一只竹筛子，全靠着手腕把握筛动的力度和幅度，使筛出的颗粒大小基本一样，这是一个讲究力度和技巧的环节，并不是谁都可以做到的。

六是炒粉粒。炒粉粒就是将筛出的粉粒放到锅里，不停地翻动，炒至颗粒微黄干爽，这里的关键是要掌握好炒的温度和火候，因为温度和火候把握不好，不

乾江美食沙颗米

但会影响沙颗米成品的外观，也会造成沙颗米的内在质量，这是很重要的一环。

七是泡煮粉粒。将炒好的粉粒放进另一个锅中，用滚开水冲泡后，再用慢火边煮边搅动，以防止黏团，至锅里的粉粒把滚水吸干。经过泡煮的粉粒，不但质量结构均匀，而且生粉在制作存放时产生的一些气味，会随着慢火泡煮和搅动时形成的水汽消除，这样有利于保持薯类的原来风味。

八是把吸足了水分的粉粒捞起来放进竹盖子里摊开，层层摆在专门的木架子上晾干，颗粒晶亮的沙颗米就这样做成了。乾江沙颗米大多采取晾干的方式，是为了避免因强烈的阳光照射而产生“日头腥”，这也是乾江沙颗米制作流程中一个易被忽略却又很实用的窍门。

第九篇

苏东坡廉州纪事

梦兆北归

苏东坡在海南的流放生活中，家里的其他亲人都安置在惠州，只有幼子苏过在身边陪伴。有一天，苏东坡与苏过闲谈，突然有感而发地对儿子说：近来，我的脑中经常出现中原的景象，看来我在海南的贬斥生活很快就要结束了。说完，苏东坡立即叫苏过摆上香案，点起香烛，准备好文房四宝。接着，他在香案前净手焚香祈祷：如果能够一口气默写出自己平生所作的八章诗赋，那就预示着自己一定能早日回到中原。祈祷之后，苏东坡运气挥笔，一口气就默写出八章诗赋。当他叫儿子苏过拿来校对时，居然一字不差。苏东坡见状，禁不住大喜，笑着对苏过说，我们一定能够回中原了！

东坡井

几日后，朝廷命令苏东坡量移廉州的诏书果然发到了海南。这就是苏东坡在海南“梦兆北归”的传奇故事。

关于苏东坡“梦兆北归”的事典，北宋周辉著的《清波杂志》、南宋朱弁《曲洧旧闻》均记此事：“东坡在儋耳，谓子过曰：‘吾尝告汝，我绝不为海外人，近日颇觉有还中州气象。’乃涤砚索纸笔焚香，曰：‘果如吾言，写吾平生所作八赋，当不脱误一字。’既写毕，读之，大喜曰：‘吾归无疑矣。’后数日而廉州之命至。八赋墨迹在梁师成家，或云入禁中矣。”

从以上史籍所记中可知，苏东坡一字不差默写八赋，确有其事，并且与获诏南归的时间是很接近的。由此可见，苏东坡即使到了晚年，记忆力依然是相当惊人的，同时也反映出苏东坡渴望早日回到中原的迫切心情。

闻诏惊心

元符二年（1099 年）初，当了十四年皇帝的宋哲宗赵煦病逝，朝政由皇太后史氏代理。四月，朝廷颁诏：所有元祐老臣一律赦罪。苏东坡也在被赦之列。七月，皇太后还政，由赵佶继位，是为徽宗。元符三年（1100 年）二月二十一日，宋徽宗下诏：“苏轼等徙内郡。”秦观知道情况后，马上致书苏轼，告知朝廷大赦的消息。五月，在海南的苏东坡终于接到了朝廷“以琼州别驾量移廉州安置，不得签书公事”的诏令。“量移”是古代官员调任的一种程序，即到某一地方去等候任用。这就是说，苏东坡是以“琼州别驾”的官职来到廉州等候新的任命，但是还拖着一条“不得签书公事”的尾巴，那么就意味着今后的命运还会存在许

海角亭中的“万里瞻天”刻匾，为苏东坡手迹

多不可知的变数。所以苏东坡听传诏使到来的消息时，并没有感到欣喜，而是心中暗惊，因为此时他已是六十五岁的老人，再也经不起千里流徙的折磨。只有听完了宣读诏令全文之后，才由惊转为喜。这种心态在他写的《移廉州谢表》中得到印证："使命远临，初闻丧胆。诏词温厚，亟返惊魂。拜望关庭，喜溢颜面。"

苏东坡接到了正式通知后，他老人家的心情还不是十分踏实。他在启行前，还专门到昌化拜谒峻灵王庙，并写下《峻灵王庙碑》文，其中云："元符三年五月，有诏徙廉州。自念谪居海南三岁，饮咸食腥，陵暴飓雾而得生还者，山川之神实相之。谨再拜稽首，西向而辞焉。"在这里，苏东坡称"陵暴飓雾而得生还者，山川之神实相之"，他其实也是祈祷神祐此次北归能一帆风顺。

到了琼州后，苏东坡专门到琼州洞酌亭探访当年初过琼州时发现的双泉井，并应太守之请，写下了《洞酌亭诗（并引）》，其诗如下：

琼山郡东，众泉觱发，然皆洌而不食。丁丑岁六月，轼南迁过琼，始得双泉之甘于城之东北隅，以告其人，自是汲者常满，泉相去咫尺而异味。庚辰岁六月十七日，迁于合浦，复过之。太守承议郎陆公，求泉上之亭名与诗。名之曰洞酌，其诗曰：

洞酌彼两泉，挹彼注兹。一瓶之中，有渑有淄。
以瀹以烹，众喊莫齐。自江徂海，浩然无私。
岂弟君子，江海是仪。既味我泉，亦哜我诗。

一路风雨向合浦

六月十九日苏东坡从儋州起程，二十日渡海。垂暮之年始得北归，东坡兴奋之余，写了一首《六月二十日夜渡海》诗：

参横斗转欲三更，苦雨终风也解晴。
云散月明谁点缀，天容海色本澄清。
空余鲁叟乘桴意，粗识轩辕奏乐声。
九死南荒吾不恨，兹游奇绝冠平生。

"空余鲁叟乘桴意，粗识轩辕奏乐声"，在即将渡海赴廉之际，苏东坡以孔子和黄帝曾经有过的经历际遇入诗，使人仿佛又看到了那个当年高吟"大江东去"

的苏东坡。从儋州渡海过徐闻往廉州，随行的有儿子苏过。他们过遂溪海域时，遇到了大风，无法继续行船，东坡父子只好离船上岸，留宿兴廉村。在兴廉村期间，得到了陈梦英等人的热情问候和接待，天性豪放的东坡先生暂时放下了北归的急切心情，与兴廉村的乡绅村民们开怀畅饮，这从他在此间所写的《自雷适廉，宿于兴廉村净行院》可以看出：

荒凉海南北，佛舍如鸡栖。忽行榕林中，跨空飞栱枅。
当门冽碧井，洗我两足泥。高堂磨新砖，洞户分角圭。
倒床便甘寝，鼻息如虹霓。童仆不肯往，我为半日稽。
晨发一叶舟，醉几十里溪。醒来知何处，归路老更迷。

在兴廉村等待了十五天后，天刚转晴，苏东坡就急不可待地要赶往廉州安置地。但是老天爷偏偏又和他开了个玩笑，让他在途中再遭大雨。苏东坡面对风雨，不由感叹人生的变化无常。在连天大雨阻行程的环境中，苏东坡不禁涌起了几分苍凉的愁丝，挥笔写下了《雨夜宿净行院》寄托情怀：

芒鞋不踏利名场，一叶轻舟寄渺茫。
林下对床听夜雨，静无灯火照凄凉。

“芒鞋不踏利名场”固然是苏东坡做人为官的准则，但是，在经历了人生的种种波折之后，禁不住产生了“一叶轻舟寄渺茫”的孤忠感叹。

至七月四日到达廉州府城后，他写下了《记过合浦》一文，记述当时的心境：

余自海康适合浦，连日大雨，桥梁大坏，水无津涯。自兴廉村净行院下，乘小舟至官寨，闻自此西皆涨水，无复桥船，或劝乘并𩣡海即白石。是日六月晦（廿九），无月，碇宿大海中，天水相接，星河满天，起坐，四顾太息：“吾何数乘此险也！已济徐闻，复厄于此乎？”稚子过在旁鼾睡，呼不应。所撰《书》《易》《论语》，皆以自随，而世未有别本，抚之而叹曰：“天未欲使从是也，吾辈必济！”已而果然。七月四日合浦记，时元符三年也。

从当时苏东坡的行程猜测，此一路北归，他应是忐

海角亭的楹联：“海角虽偏山辉川媚；亭名可久汉孟宋苏”，其中的“宋苏”即苏东坡

忐不安的，长期的贬斥生活多少在他心中留下了难以抚平的伤痕，迫切想知道自己到廉州之后的结果。他在海南启程前往廉州时，曾经寄书秦观，其中提到："廉州若得安居，取小子一房来，终焉可也。生如暂寓，亦何所择。"从中透露出希望到了廉州能够安居的愿望。然而，廉州对于六十六岁的苏东坡来说，意味着好运的开始，还是噩梦的伸延？

海角抒怀　万里瞻天

苏东坡来到廉州后，得到了珠乡士民的热情接待。廉州府张太守，石康县令欧阳晦夫，地方乡绅刘几仲、邓拟经常陪着苏东坡先生谈论诗词时事，游览珠城风光。邓拟还把自己的园林——别居清乐轩（即今东坡亭），提供给东坡先生作为住所。

一天，在朋友们的陪同下，他登上了位于西门江入海口西侧小岭头上的海角亭，面对着海天一色的海门景色，回望雄伟壮观的廉州郡城，想到自己有生之年终于能够结束"投彼遐荒""烟瘴五年""凄凉百端，颠踬万状"的坎坷生涯，在百感交集中挥笔写下"万里瞻天"四字。此四字被后人刻木为匾，悬于海角亭正堂，流传至今。

苏东坡的"万里瞻天"表达了何种情怀？后人多认为此四字是吟诵海角亭海天一色壮阔景色的绝句。我认为，这是东坡先生在倾诉九死一生、万里蛮荒之后的感恩情怀。因为在苏东坡的心目中，这个"天"不是别的，即是下旨特赦东坡北归的天子宋徽宗赵佶。

为什么这样说呢？我们只要从苏东坡屡遭贬斥至海南及量移廉州这段时间的心路历程，就能从中体会到这种"瞻天"情怀。

宋仁宗嘉祐二年（1057年），二十一岁的苏东坡与父苏洵、弟苏辙同榜中进士，史称其一门同榜三进士。此后，他一生历仁宗、英宗、神宗、哲宗、徽宗五朝，先后担任过知府、太守、团练副使、翰林学士、龙图阁学士、礼部尚书。因党派斗争牵连，先后五次被贬，又因对"王安石变法"中的伤农条例提出反对意见，对司马光全盘否定"王安石变法"也表示不满，因而再度被贬往惠州。在惠州，他即兴写了一首《纵笔》诗，其中有"白头萧散满霜风，小阁藤床寄病容。

东坡亭中的苏东坡诗作刻匾

报道先生春睡美，道人轻打五更钟”。不曾想，“报道先生春睡美，道人轻打五更钟”句被宰相章惇读后冷笑道：“苏子瞻还快活呀？”皇帝一怒之下，把他再贬至更荒凉的儋州。

苏东坡在《至昌化军谢表》中记述这次贬斥的心情：“臣孤老无托，瘴疠交攻。子孙痛哭于江边，已为死别；魑魅逢迎于海外，宁许生还？”由此可知一代文豪当时的心情。

因此，久居海南的苏东坡突然听到了朝廷来使的消息，他当时会生出“使命远临，初闻丧胆”（苏轼《移廉州谢上表》）的错觉，一听到朝廷特使便如惊弓之鸟。因为在官场上一直夹在新政与旧政党派斗争之中的苏东坡，至此已经是在第十一个流放地贬谪生活了五年。在此之前，每一次朝廷来使都是宣布贬斥令的，苏东坡也因此从杭州一直被贬至海南。这里已是天涯海角，再有贬谪，已是无路可走，只有杀身之祸了。只有在最后当听到“诏词温厚”，原来是天子特赦后，才“顿返惊魂”。在此一刻间，苏东坡立即想到的是“渡海而北，遥瞻日月之光”。这里的“日月之光”是什么，很明显，是圣恩浩荡的天子皇帝。

接旨获赦的苏东坡马上渡海而北。但是，在途中又遭遇了暴雨的阻拦，归心似箭却困守船中，“碇宿大海中，天水相接，星河满天，起座，四顾太息”，“天未纵使从是也，吾辈必济”“已而果然”（苏轼《记过合浦》）。这里又一次表达了对“天”的感恩及以身报国的决心。

苏东坡这种感恩戴德的情怀在他的《移廉州谢表》中就有多次表露。如“荷先帝之厚德”“奉圣母之慈训”“释望阙庭，喜溢颜面”“承恩而近徙”等。由此可见，苏东坡的“瞻天”心情在此时此地是何等急切，又是何等明白。当他登上海角亭面对壮阔深远的海空，首先想到是什么？当他挥笔写下“万里瞻天”四字时，正是多年来辗转亡命于十一处流放地积郁的感情倾泻。他在仰天长叹：圣恩浩荡的天子啊，我苏东坡在万里之外的天涯海角向您叩拜谢恩，遥望您的天威龙颜啊！恐怕这才是“万里瞻天”的真实情感。

在此之前，苏东坡在海角儋州海边的槟榔树下结庐面海而居，天天面对着万里海天，却没有产生“万里瞻天”的情思，刚到廉州就如此触景生情，他的瞻天情怀是什么，再读《移廉州谢上表》《记过合浦》等，从中可真切触摸到东坡先生天涯谪臣、孤忠感恩的瞻天情怀，非触景之吟也。

什么原因使得苏东坡在廉州的精神面貌焕然一新？是孟尝“珠还合浦”的高风亮节，还是费贻留名大廉山的忠贞浩气？是马援平定边患铜柱纪功的英雄气概，还是高骈海门屯兵保国安邦的彪炳千秋？这时的苏东坡虽然已经是六十五岁的沧桑老翁，但他站在珠乡的土地上“万里瞻天”之际，珠乡的人杰地灵或许就是鼓起苏东坡胸中“大江东去”的千古豪情的动力与源泉吧。

也或许，海角亭卓立蛮荒的海隅给了他某些启示吧，千言万语之间，只有“万里瞻天”最能表达他此时此地的心态。从此，海角亭便有了“万里瞻天”这一深邃意境，并有了一块珍贵的镇亭之宝，也收藏了苏东坡“但愿人长久，千里共婵娟”的情感世界。海角亭自“珠还合浦”的律贪之义以外，又多了一层“万里瞻天”的感慨，成为人们凭吊前贤的寻梦胜景。

收到友人的劝谕诗

苏东坡在廉州小住的日子是快乐的。在廉州的两个月里，他在当地名士贤达的陪同下品廉州龙眼，吃合浦猪仔饼，和合浦僧人论佛谈诗。最令他欣慰的是，在廉州他见到了老朋友——时任石康县令的欧阳晦夫。欧阳晦夫热情地宴请东坡，席间欧阳晦夫为其弹琴，欧阳夫人为其缝制衣帽，恭行晚辈之礼，使苏东坡满是创伤的心灵得到慰藉。他在廉州的诗作也恢复了“大江东去”的风格。

就在这时，苏东坡收到了友人寄来的一首诗，这就是郭祥正的《寄东坡先生自朱崖量移合浦》，诗中写道：

君恩浩荡似阳春，海外移来住海滨。

莫向沙边弄明月，夜深无数采珠人。

郭祥正，北宋诗人，当涂（今属安徽）人。生卒年不详。字功父，自号谢公山人，又号漳南浪士。他的诗歌才华横溢、气势磅礴，语言朴实、格调清新，不论遣词造句，还是风格面貌，都深受李白影响。他与当时的苏轼、黄庭坚、贺铸、李之仪等多有交往，并有诗歌唱酬，梅尧臣曾称赞他是李白的“后身”。举进士后，熙宁年间曾知武冈县（今湖南武冈），签书保信军节度判官。他赞成王安石实行新法，然又为王安石所不满，后任汀州（今福建长汀）通判，知端州（今广东肇庆），又弃官隐居于当涂青山。

郭祥正，比苏东坡大一岁，二人的友谊由来已久，并有诗简往来。元丰七年（1084 年），苏轼到当涂，还在郭祥正居室的白壁上画竹石图一幅。郭祥正当即作诗答谢，并将家中一双铜制古剑赠送与苏轼，苏轼也即作诗回赠。

郭祥正在诗中，一开头就以“君恩浩荡似阳春，海外移来住海滨”的句子来为老友庆贺。也许是郭祥正太了解苏东坡的个性了吧，句子一转就是“莫向沙边弄明月，夜深无数采珠人”。“明月”，指合浦珍珠中的“明月珠”。这两句表面似是讲述合浦沿海疍家深夜采珠的情景，其实是郭祥正在诗中委婉地提醒友人不要锋芒毕露，免再招致是非。郭祥正担心苏东坡在廉州的日子过得一开心，一不小心又会祸从口出。郭祥正以兄长的口吻写了这首《寄东坡先生自朱崖量移合浦》劝谕苏东坡，可见二人之间的情感非一般。

后来苏东坡离开廉州北上，路过当涂相约与郭祥正见面。时郭祥正已从城内移居青山之下的小山。郭祥正知道东坡先生将到，专门为之准备好了房间，还预备了一些日用衣物和礼物，以及当时最著名的歙州李廷珪墨十丸、宣州诸葛丰鸡毛笔十支以待东坡。可是苏轼却已与常州一位老朋友相约在江边船中商量安家之事，没有时间去青山相见。郭祥正就将早已预备的礼物送至苏东坡船上，并上船与苏轼喝茶谈话，共叙衷肠，相约第二天在当涂城中再见。可是当常州朋友派来接苏东坡的信使来到渡口时，东坡已离开了当涂。谁料此一别，郭、苏二人便成永诀。

苏东坡离开廉州北上，到了曲江为友人所作的《题冯通直〈明月湖〉诗后》中流露的情怀，与郭祥正相似，可见郭祥正与苏东坡相交之深：

清代廉州知府李经野题的刻匾

老衍清篇墨未枯，小冯新作语尤殊。
呼儿净洗涵星砚，为子赓歌堕月湖。
闻道牂江空抱珥，年来合浦自还珠。
请君多酿莲花酒，准拟王乔下履凫。

“珥”是中国古代的珠玉耳饰。诗中的“准拟王乔下履凫”句，指王乔化履为凫而乘之往来的传说。见《后汉书·方术传上·王乔》：“乔有神术，每月朔望，常自县诣台朝。帝怪其来数，而不见车骑，密令太史伺望之。言其临至，辄有双凫从东南飞来。于是候凫至，举罗张之，但得一只舄焉。乃诏尚方诊视，则四年中所赐尚书官属履也。”苏东坡在诗中正是用珠还合浦和王乔履凫的典故来表达自己对人生的乐观豪放态度。

老友相聚忆恩师

苏东坡在廉州，生活过得丰富多彩。其中最教他高兴并难以忘怀的事，就是石康县令欧阳晦夫携妻儿过访。故人相逢，欣喜欲狂的苏东坡，一口气写下了二十多句的七言排律答谢诗《欧阳晦夫遗接䍦琴枕戏作此诗谢之》，表达了“见君合浦如梦寐”的惊喜心情：

携儿过岭今七年，晚途更着黎衣冠。
白头穿林要藤帽，赤脚渡水须花缦。
不愁故人惊绝倒，但使俚俗相恬安。
见君合浦如梦寐，挽须握手俱汍澜。
妻缝接罴雾縠细，儿送琴枕冰徽寒。
无弦且寄陶令意，倒载犹作山公看。
我怀汝阴六一老，眉宇秀发如春峦。
羽衣鹤氅古仙伯，岌岌两柱扶霜纨。
至今画像作此服，凛如退之加渥丹。
尔来前辈皆鬼录，我亦带脱巾敧宽。
作诗颇似六一语，往往亦带梅翁酸。

诗中的“作诗颇似六一语，往往亦带梅翁酸”句，既是对欧阳晦夫诗作的评赞，也是对欧阳修的思念。“六一”即欧阳修。“梅翁”是指梅尧臣。而欧阳晦夫是梅尧臣的门生，欧阳修则是苏东坡的恩师。中国成语中的“出人头地”，就因欧阳修与苏东坡的师生关系而起，苏东坡在二十一岁殿试中进士，因其文章笔锋太露，引起了一些人的质疑。当时的主考官正是时任枢密副使的欧阳修和梅尧臣。欧阳修读了苏东坡的文章后，当即对梅尧臣说：“吾当避此人出一头地。”意思是说，我要让一让贤啦，好让这个年轻人高出一头。这就是成语“出人头地”的来历。由此可见欧阳修和苏东坡相知之深。

苏东坡和欧阳晦夫的会见是非常动人的，这从他写给欧阳晦夫的诗中可见一斑。欧阳晦夫当时任石康县令。他知道苏东坡来到廉州的消息后，立即带着夫人和儿子赶来与之相见，还带来了上好的雾顶毛尖茶和琴枕。两人相见之际“挽须握手俱汍澜”。一相见，不禁手舞足蹈，热泪盈眶，共叙多年的离情别绪之后，两人又不约而同地回忆起了欧阳修，感叹“尔来前辈皆鬼录”之余，欧阳晦夫将自己写的诗稿请苏东坡指正。苏东坡读了欧阳晦夫的诗作后，称赞欧阳晦夫“作诗颇似六一语”，还高兴地为欧阳晦夫的诗稿写了一篇文章。苏东坡被贬惠州再到海南时身边只有儿子苏过，正如他自己在诗中所说，是“携儿过岭今七年”，如今在“珠还合浦”之乡见到故友一家，又得到欧阳晦夫一家的深情的接待，无怪乎苏东坡有“见君合浦如梦寐”的惊喜了。更令苏东坡感动的是，欧阳晦夫的夫人还即席为苏东坡缝制头巾。这次在合浦与欧阳晦夫的聚会，是苏东坡人生旅途中非常难忘的记忆。

中秋赏月　赋诗寄情

苏东坡在廉州居住时，正逢中秋佳节，这是东坡先生结束了儋州流放之后回来的第一个中秋节，品尝了“中有酥与饴”的合浦叉烧和莲蓉月饼，留下了许多衣食住行的佳话，合浦人制作的月饼更使他念念不忘。在农历八月二十九日将要离开廉州时，他写了一首题为《留别廉州张左藏》的诗，其中描述了合浦月饼：

编萑以苴猪，墐涂以涂之。
小饼如嚼月，中有酥与饴。
悬知合浦人，长诵东坡诗。
好在真一酒，为我醉宗资。

诗中的“编萑”是一种灌木条编的小猪笼，笼里装着用黑豆做眼睛的猪仔饼，猪仔饼的身上还涂了各种颜色的涂料。这就是东坡先生见到的合浦猪仔月饼了。从诗中可知，东坡先生当年见到的合浦猪仔饼几乎与今天的合浦中秋市面的猪仔饼没有什么太大的差别。

诗中所称的这个“真一酒”是大有来历的。东坡先生专门为之写了一篇文章：

余在白鹤新居，邓道士忽叩门，时已三鼓，家人尽寝，月色如霜。其后有伟人，衣桄榔叶，手携斗酒，丰神英发，如吕洞宾，曰：“子尝真一酒乎？”就坐，三人各饮数杯，击节高歌，合江楼下，海风振水，大鱼皆出。

1931 年的合浦东坡亭

袖出一书授余，乃真一法耳，及修养九事。末云“九霞仙人李靖书”。既去恍然。

从诗中可知，他一边品尝合浦月饼，一边喝真一酒，一边听珠乡民众在“长诵东坡诗”。这首东坡诗或者就是苏东坡在密州做太守时写的《水调歌头·明月几时有》吧。正因如此，东坡先生深切地感受到合浦民众的深情厚谊。也许是这个缘故，兴致之间，他又写下了这首月饼诗，与此前写的《廉州龙眼、质味殊绝，可敌荔枝》相照应，表达了东坡先生对珠乡合浦的深切感情。

东坡先生一生经过多次贬斥升迁，先后从京城到浙江杭州、山东、江苏徐州、湖北黄州、广东惠州、海南儋州，遇赦后量移廉州，在廉州留下的诗文有两首是以廉州风味特产食品为题的，在别处尚不多见，由此可见东坡先生对合浦特产的喜爱。苏东坡在《留别廉州张左藏》诗中，融入合浦月饼，不正是为了铭记合浦人的真情吗?

龙眼喻志　留诗廉州

苏东坡在廉州时，品尝了廉州龙眼之后，大加赞赏，专门为之作《廉州龙眼质味殊绝可敌荔支》一诗以赞之：

龙眼与荔支，异出同父祖。端如柑与橘，未易相可否。
异哉西海滨，琪树罗玄圃。累累似桃李，一一流膏乳。
坐疑星陨空，又恐珠还浦。图经未尝说，玉食远莫数。
独使皴皮生，弄色映琱俎。蛮荒非汝辱，幸免妃子污。

苏东坡在岭南期间，先后在惠州、琼州、廉州停留，品尝了岭南佳果而即兴赋诗。在广东品荔枝，他想到的是“每向华堂深处见”“苦恨人人分拆破”(《南乡子·双荔支》)，以荔枝来表达自己身不由己、任人摆布的困境。在廉州吃龙眼，他从“坐疑星陨空”廉州龙眼，产生了“又恐珠还浦”的感叹。这是因自身遭遇而出自内心的联想：廉州龙眼在偏僻的海角珠郡，虽然不能像荔枝那样可作为贡品，但是，“蛮荒非汝辱，幸免妃子污”。苏东坡以此表达守身自洁，不与奸臣权贵同流合污的铁骨傲气。

中国著名的油画家、合浦县人冼小前创作的油画《苏东坡》

在这首《廉州龙眼质味殊绝可敌荔支》中，苏东坡又一次真挚地表达了他对合浦人民的感谢和眷念。苏东坡一生的诗文浩瀚如繁星，但在短短的时间内，他为珠乡留下了如此珍贵、字字珠玑的诗文，从这些文采诗情中可以强烈感受到苏东坡在廉州生活的思想情怀及其对珠乡人文风情的感念心境。他留在廉州的文采诗情成为南珠文化中最绚丽的篇章。

题写法帖

苏东坡在廉州有一件很重要的事情，那就是题写《法帖》。

法帖是指《淳化秘阁法帖》,《淳化秘阁法帖》或称“官帖”，简称“阁帖”“淳化阁帖”。北宋淳化三年（992 年），宋太宗命翰林侍画王著将内府所藏自汉至唐的名迹，摹刻为《淳化秘阁法帖》十卷。法帖收历代书家一百零二人，计四百二十帖，每卷末篆题“淳化三年壬辰岁十一月六日奉圣旨模勒上石”十九字。《淳化阁帖》收录了先秦至隋唐一千多年的书法墨迹，是中国书法史的第一部大型图典。它的刊刻和流传具有极其深远的影响。它第一次大规模地将国宝级古代真迹普及、输入到民间，壮大了书法爱好者的队伍，对宋代书法开创新气象、增添新活力，促进中国书法艺术的发展起到了极大的推动作用。同时，法帖还为后人保存了大量已经绝迹的书法作品。因此，史家称："如若中国书法史缺少一部《淳化阁帖》的话，中华民族独有的书法艺术宝库将损失一大笔宝贵财富。"

苏东坡是宋代著名的大书法家，与黄庭坚、米芾、蔡襄并称为宋代"书法四大家"，并居首位，当然知道这部法帖的价值。而宋代的廉州府以廉州水道交通之便，成为朝廷重要的海外交流重镇，又是朝廷盐政的重要运输大动脉，文化事业发展也快，以"声名繁盛，富甲东南"而著称。苏东坡到了廉州后，在廉州府衙门的收藏经典中找到了这本《淳化秘阁法帖》后，就爱不释手地欣赏起来，还在每一册的后页都题写了评论。如：

第二卷题："唐太宗作诗至多，亦有徐、庾风气，而世不传，独于《初学记》时时见之。"

第四卷题："吴道子始见张僧繇画，曰：'浪得名耳！'已而坐卧其下，三日不能去。庾征西初不服逸少，有家鸡野鹜之论，后乃以为伯再生。今观其书，乃不逮子敬远甚，正可比羊欣耳。"

第六卷题："宰相安和，殷生无恙。"

第八卷题："希白作字，自有江左风味英，故长沙法帖比淳化待诏所摹为胜，世俗不察，争访阁下本，误矣。此逸少一卷，尤妙。庚辰七夕，合浦官舍借观。"

第九卷题："谢安问献之：'君书何如尊公？'答曰：'故自不同。'安曰：'外人不尔。'曰：'人那得知！'。"

苏东坡在廉州府题写法帖所作的评语，在当时的书法界影响很大。据有关史籍记述，后世的书法家在授徒时也多引而论之。可惜廉州府所藏的苏东坡题写的《淳化秘阁法帖》流落他乡，为民间所珍藏，至今已不知所踪。而后世知此事者，更是少知又少了。

访僧题诗　借禅喻志

苏东坡获赦后来到廉州后，曾经想与一位名叫郑靖的老友相聚，但这位老友外出未归。苏东坡在《与郑靖老四首之三》中叹惜："到廉，廉守乃云公已离邕去矣。……《志林》竟未成，但草得《书传》十三卷。……某留此过中秋，或至月末乃行。至北流，作木筏，下水历容、藤至梧。与迈约，令般家至梧相会。中子迨，亦至惠矣。”

苏东坡虽然见不到老友郑靖，却在访友探禅的东山寺留下了一段以诗会友的千古佳话。

有一天，苏东坡到东山寺去听经访禅。发现墙壁上有一句题诗云：“闲伴孤云自在飞。”东坡先生见了之后就向寺中僧人打听题诗者是何人。寺中的僧人告诉他，这是本寺僧人愈上人题的诗句。愈上人不但修行有为，而且诗也写得好，在岭南一带较有名声。但是愈上人已经到南岳寻师访道去了。苏东坡见“闲伴孤云自在飞”句，正好与自己渡海到徐闻所写的《夜雨宿净行院》的“芒鞋不踏利名场”句意境相合，心中不禁为见不到愈上人而惆怅。于是就行至愈上人的僧舍前，挥笔写了《合浦愈上人以诗名岭外，将访道南岳，留诗壁上云：“闲伴孤云自在飞。”东坡居士过其精舍，戏和其韵》诗云：

孤云出岫岂求伴，锡杖凌空自要飞。

为问庭松尚西指，不知老奘几年归。

苏东坡诗中引用的“为问庭松尚西指，不知老奘几年归”典故，原出唐人刘肃《大唐新语》：“元（玄）奘法师往西域取经，手摩灵岩寺松枝曰：‘吾西去求佛教，汝可西长；吾归，即向东。’既去，其枝年年西指，一夕忽东方，弟子曰：‘教主归矣！’果还。至今谓之摩顶松。”

这里是说，唐僧往西天取经前，门人问其何时能回，唐僧就用手摸着寺边松枝说：“我去西天取经，你就向着西方生长，我回来的时候，你就往东方生长。”唐僧离开后，这株松树的枝丫果然都是向着西方生长。有一日，松树的枝丫忽然转向东方了，弟子们说，这是师傅回来了。唐僧真的就回到了门口。后来人们就把这株松树称作“摩顶松”。

广西工艺美术大师、合浦画家邓敦伟创作的《苏东坡海角亭万里瞻天》

苏东坡在诗中也借用唐僧西行

的典故来表达要和愈上人谈经论禅的愿望。

苏东坡在这首诗中,《孤云出岫》并不是为了追求尘世间的安乐或喧闹为喻，来表达自己与愈上人“孤云自在飞”的相通之处，重申了“芒鞋不踏利名场”，“孤云出岫岂求伴”的坚定情怀；以“锡杖凌空”来宣示不受权贵世俗束缚的心境；又将自己的情怀通过“庭松西指”喻示，也要像唐僧西行取经那样，坚持自己的信念，同时也表达自己期待着愈上人早些回来，以便能够与之交往深谈的心愿，很有些惺惺相惜、相见恨晚的情愫。

苏东坡在东山寺与愈上人失之交臂，却因此结识了另外一位禅友，他就是苏佛儿。苏佛儿家住在廉州府城东南六七里处，当时已经八十二岁，是礼佛的居士。苏佛儿虽然已经八十二岁了，但精神饱满，双目特别有神。他告诉苏东坡，自己十二岁斋居修行，至今已经七十年了，还保持着童子之身。他还有两个哥哥，一个九十岁，一个九十二岁，也是持斋礼佛之人。苏东坡非常乐于与苏佛儿谈论人间生死之事和佛缘因果。苏佛儿对此颇有见地，很得苏东坡的赞赏。苏佛儿还专门向苏东坡讲述了一件自己的礼佛故事。有一次，他到城东去卖菜，有一个老人家劝他“即心是佛，不在断肉”。劝他只要心中有佛就行了，不一定讲究太多的形式，苏佛儿回答：每个人都有自己的礼佛方式、方式不同，但诚心是相同的。老人听后大加赞扬，连称“如是，如是”。原来，这个老人就是东山寺的住持大德。苏东坡对与苏佛儿的交往之情非常珍惜，后来还专门把此事写成《记苏佛儿语》一文，补入《东坡志林》之中，使之得以流传后世。

赏花悟情

据民间流传，苏东坡在廉州时，还得以解开了与王安石的一段诗联疑案。

当年苏东坡在京城任职时，正是意气风发之际。一日，他信步走进时任参知政事（相当于宰相职）王安石的书房，举目间，发现书桌有王安石新写的诗稿。出于本性使然，他走过去翻阅起来，见诗中有“明月枝头叫，黄狗卧花芯”之联句，便拿起笔改为“明月枝头照，黄狗卧花荫”。改罢，意犹未尽，又提笔写道：“参知政事老矣，明月如何枝头叫，黄狗怎能卧花芯？”

改完了“明月枝头叫”之后，苏东坡乘兴再翻王安石留在案台上的诗稿，见

合浦先贤、原中国人民解放粤桂边纵队七支队政委卢文画的《东坡亭》

第九篇：苏东坡廉州纪事

其中有“昨夜秋风过园林，吹落黄花遍地金”句，于是又随手将“秋风”改为“春风”，还在诗稿附句云：“春花不比秋花落？留与诗人仔细吟。”

却说王安石是何等人也，他不但是一位著名的政治家和思想家，同时也是一位大诗人，卓越的文学家，既是当朝宰相，又是“唐宋古文八大家”之一。苏东坡虽然也是一代文宗词祖，同列“唐宋古文八大家”之一，但在仕途上也只是一个礼部尚书而已。如此放肆，岂不是引火烧身？但是，王安石竟毕是“宰相肚里能撑船”，他回到书房，看了苏东坡的留言之后，只是淡淡一笑，在诗稿上写道：“黄毛小儿，少见多怪，须多读书。”写完即叫人送去交给苏东坡。

苏东坡看了王安石退回的诗稿后，百思不得其解，但还是坚持认为自己是对的，认定王安石搞错了，一有空闲就拿出来揣摩推敲。事实上，单从诗面解意，苏东坡的修改是对的，王安石原句显然是笔误。按常理，对这些很明显的错误，王安石是不可能固执己见呀？想来想去，苏东坡还是想不通。

后来，苏东坡先后陷入乌台诗集和帝后之争的党派漩涡之中，开始了长达二十年的贬斥生涯，直至公元 1100 年宋徽宗即位，才获赦得以从流放地儋州返回廉州候任。

苏东坡来到廉州后，在珠乡吏民官绅的热情招待下，心情愉快，身体也迅速恢复。一日，他在邓家园林中游览时，看到一只全身黄色的小鸟倒挂在树枝上，不停地叫唤。这种情景使他感到新奇，于是他问身边陪同游览的邓乡绅：“这是什么鸟呀？”邓乡绅答说：“这只鸟名叫明月，每当发情的时候，就倒挂在树枝上发出求偶的叫声。”苏东坡听了，顿时生出似曾相识的感觉，但一下子又想不起来，只好继续一边信步一边思考。

当苏东坡走到一个花坛旁的时候，见有几个小孩正在头碰头地蹲在一起玩，每人手上都拿着一束花枝，对着花枝上筷子般大小的花蕾呼叫着，声音就像乡间农户在呼喊家养的狗。他在疑惑间，又问身边的邓乡绅：“这些小孩在叫什么呀？”邓乡绅告诉他，这是珠乡特有的一种花朵，花蕾中藏有一些小虫子，如果对着花蕾大声呼叫，在声音震动中，花蕾中的小虫就会爬出来。大人们为了哄逗小孩，说这些小虫是小狗变的，只要大声叫，里面的各色小狗就会爬出来和小孩子一起玩，因此花名就叫“狗罗罗花”。苏东坡接过花枝一看，果然见有一些各色小虫下在爬出来。黄色者居多，当然是“黄狗”了。

再转到一块长满了野菊花的地方，恰好一阵秋风吹过，卷落了野菊花的花瓣散落一地，面对此情景，他突然想起了王安石“昨夜秋风过园林，吹落黄花遍地金”这句诗，才恍然大悟。至此，苏东坡顿悟，原来王安石当年诗中说的“明月”“黄狗”和“秋花”并非笔误啊！这时，苏东坡深为当年的草率而内疚和疼惜，因为他已经无法当面向王安石认错道歉，王安石已于十四年前病故，而苏东坡也于次年在回京的路上病故于常州。连在王安石灵前认错的机会也没有了，只有这一段文坛掌故在珠乡流传……

题清乐轩　寄珠乡情

苏东坡在离开廉州前，专门题写“浮屠不三宿桑下”等句，从这些句子中，可以看出他老先生对廉州的留恋之情：“浮屠不三宿桑下，东坡盖三宿此矣，去后，仲修使君当复念我耶？”

“浮屠不三宿桑下”是佛教说法，说的是僧人在化缘的途中，不可在同一棵桑树下连宿三晚，如果超过了三晚，就会使自己对这棵桑树产生感情，就会因感情产生眷恋而羁绊了脚步。后人以“三宿恋”指对世俗的爱恋之情。“东坡盖三宿此矣，去后，仲修使君当复念我耶？”这是说，我在廉州的日子里，对廉州产生了不愿离开的眷恋。我离开之后，刘仲几和张太守还会像我想念你们一样也在想念我吗？这短短的几句题词让人真切感受到苏东坡与廉州吏民的深厚友情。

苏东坡在廉州虽然只住了不到两个月，但他在珠乡民众的心中留下了永恒的传奇。千百来，珠乡民众对他的思忆连绵不绝，因此也在他的身上寄托了深

合浦民间画家画的东坡像

切的情感，许多民间传说故事也和东坡先生连在一起广泛流传。

赠砚传奇。合浦老一辈人流传着东坡赠砚的故事。据说东坡离开廉州时，为了感谢廉州吏民对他的热情接待，将随身所携的一方砚台赠给了刘仲几。此后的千百年来，这方东坡砚在民间辗转流传，后来被一财主收藏后秘不示人。直到20世纪50年代初，“土改”挖浮财时，这个财主被斗争，表示愿意献出一宝以减轻罪过。可是当他把东坡砚献出的时候，主持斗争会的农会主席却认为这是财主佬在欺骗群众，一怒之下就把东坡砚摔成两块，还将之扔进了池塘。据传，斗争会结束后，一个知情的小学校长半夜跳进了池塘，把东坡砚摸了上来收藏。后来，这个校长调离合浦，不知所踪。东坡砚从此无人提起。

巧解对联。据说苏东坡在廉州时，常到学宫去看望教师学子。有一次，一位督学到廉州后，因某事对教谕产生不满，就以现场面试学生为名，行刁难之事。这为督学出的考题是上联：“宝塔尖尖，七层四面八方。”而被抽去面考的学生大都是新生，看了这一考题后，都摇手示意对不上。督学正要以此来嘲笑教谕，这时苏东坡走进来为之解释说：“这些学生读答对了啊！”督学见是苏东坡开口，也不好发脾气，就问：“全部的考生都摇手势示意答不上，怎么说是答对了呢？”苏东坡笑着说：“学生们摇手是因为大家都知道了答案，但谁也都不愿说出来。怕被别人知道了跟着应答。这些学生的答案是：‘玉手摇摇，五指三长两短。’”考生们听了立即恍然大悟，欢声而起，督学也无言以对。

挖井惠众。苏东坡来到廉州时，发现廉州居民大都直接到西门江去挑水饮用，而西门江又是城中主要的排水泄洪河道，卫生状况不好，他就发动大家挖井取水。但是大家都不乐意，细问之下才知道，原来大家是怕挖井把城中的风水挖坏了，挖井人会遭“报应”。苏东坡了解情况后，就以城中已有的汉甘露井等三四口水井为例，反复向大家解释挖井不会影响风水的道理，并说明挖井取水卫生而又省工、方便的好处。为了打消大家的顾虑，他还拿出自己有限的俸禄，亲自监工，雇工人挖了一口井，请大家试用。因为苏东坡身体力行，廉州民众打消了这个风水之虑，开始挖井取水饮用，卫生状况大为改观。为了纪念苏东坡的功德，廉州民众就把苏东坡挖的这口井命名为“东坡井”。东坡井现为广西壮族自治区重点文物保护。

教织凉笠。苏东坡到廉州时，看到廉州的妇女外出劳作也和男人一样，头戴一种当地称作“山狗棚”的大竹笠。这种大竹笠虽然能挡风遮雨，但过于笨重，尤其是戴在妇女头上，不但显得粗重，影响容仪，而且还会给劳作带来诸不便。苏东坡就参照他在海南见的黎族妇女所戴的尖笠，用工艺加以改进之后，制成了圆顶折檐的竹笠。这种竹笠的折檐约有三寸，不但可以挡住阳光和风雨，起到保护眼睛的作用，又能够遮住妇女眼睛以下的脸部，使用起来既方便实用又美观，尤为适合疍家妇女，于是很快就在廉州府推广开来。人们为了纪念苏东坡，就把这种竹笠称为“东坡笠”。东坡笠至今仍是北部湾沿海一带渔民们喜欢用的帽子。

教制山屐。廉州近海且多雨潮湿，苏东坡居廉期间，经常到民间与百姓交往，了解到民间多有脚气病症，于是就是借鉴海南黎民所穿的木制山屐，教廉州工匠制作成底部两头有脚墩的木鞋，这种木鞋晴雨天均可穿，而且大都采取苦楝树木和鸭脚树木制作，对脚气病症有一定的防治作用，很受民众欢迎。廉州人把木鞋称为山屐，即由苏东坡教制木屐起。至今，廉州居民仍喜穿山屐，老一辈廉州人脚有湿疹者，都买山屐来代替其他鞋。廉州古代妇女有制作学士鞋的手艺，相传也是苏东坡所教。

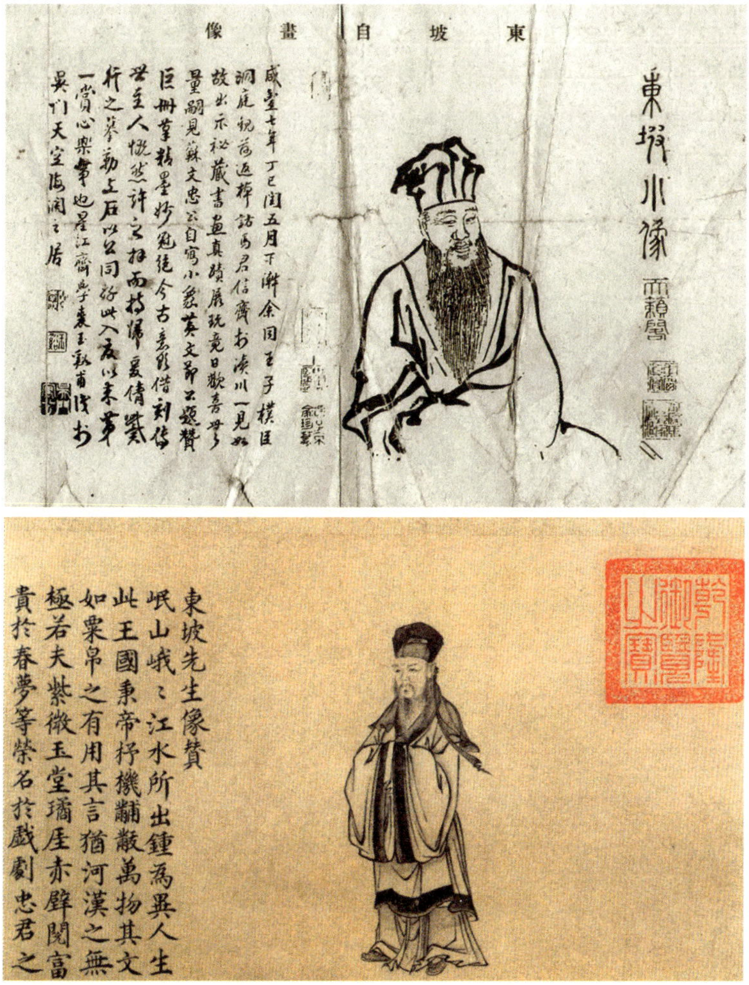

合浦民间收藏的苏东坡画像

建亭缅先贤

苏东坡去后，珠乡人建亭纪念这位先哲。东坡亭建于何时，没有准确具体的记载。清代乾隆年间廉州知府康基田在《苏公遗迹记》一文中称："宋元符三年，文忠自雷移廉，所居有清乐轩，长春亭，擅园池竹木之胜，与廉左藏及刘仲几诸人啸吟其中。今之亭与井是耶，欲问其处而风歇绝，荒烟漫草，寻访无由，盖胜迹之湮没久矣"。由此可知，至少在清代乾隆年间之前，东坡亭是"湮没久矣"。康基田"顾念公所居不可澌灭，乃鸠工庀材，捄之度之，不三旬而告成"。此时是乾隆四十一年，公元 1776 年。

东坡亭作为一种杰出的历史文化象征和珠城历史人文景观，在其后的岁月里，吸纳着各个时代的沧桑风云、文化精神、社会民俗，成为一个人格化的形象。"曾说东坡此地来，荷花今傍水亭开""登其亭，翼然而高明，树色波光，掩映于帘檐，几度间，为一郡胜概"，东坡亭当年的盛况可想而知。有联赞曰："沧海遗珠品重南国；雪浪旧迹人仰东坡。"把东坡先生与珠还合浦的典故相提并论。又有联赞曰："两朝政绩，一代文宗，人间威凤祥麟，浩气岂随春梦去；白浪珠

东坡亭

江，绿波南浦，海角蛮烟瘴雨，谪星曾感夜光来。”人们把苏东坡视为“沧海遗珠”“一代文宗”和“威凤祥麟”，把东坡亭及其在珠城的事迹称为“仙吏遗踪”，表达了珠乡人对东坡翁的敬重和思忆。

总之，走进东坡亭，就会深刻地感受到东坡先生“万里瞻天”的情怀，“芒鞋不踏利名场”的孤忠坚贞，“蛮荒非汝辱，幸免妃子污”的慰藉。作为人生流放终结、重新迈步仕途的第一中转站，也是最后一个中转站，东坡先生在廉州抒发的这种心境，是吟物，更是言志。多少年过去，这些仙吏遗踪至今仍然紧密地与珠乡人的日常生活联系在一起，并没有因为时过境迁而淡薄，这就是“品重南国”的人格力量。

东坡亭，与其说是为了纪念一个先哲，不如说是为了树起一种精神和品德。斯人去远，风范长存，人们至今还津津乐道地讲述着东坡先生当年在廉州的风韵雅事，把东坡亭与全国各地的东坡古迹联系在一起，“盖天地之正气，不容息灭；天理之在人心，无间岁时”，这就是东坡精神的体现。因此，古人在关于东坡亭的史籍中称：“廉之亭与井，直与惠之白鹤观，儋之桄榔庵，同一着美，山水为之生色也。”也许，这就是东坡亭留给后人的思考吧。东坡居廉州事，可详见《宋书》《合浦县志》《东坡志林》等书。

附文：

苏东坡量移廉州文稿

与秦少游书

某已封书讫，乃得移廉之命，故复作此纸。治装十日可办，但须得泉人许九船，即牢稳可恃。余蛋舟多不堪，而许见在外邑未还，须至少留待之。约此二十五六间可登舟。并海岸行一日，至石排，相风色过渡，一日至递角场。但相风难克日尔。有书托吴君，雇二十壮夫来递角场相等，但请雇下，未要发来。至渡海前一两日，当别遣人去报。若得及见少游，即大幸也。今有一书与唐君，内有儿子书，托渠转附去，料舍弟已行矣。余非面莫究。

答秦太虚七首（之七）

某启。近累得书教，海外孤老，志节朽败，何意复接平生钦友？伏阅妙迹，凛凛有生意，幸甚！幸甚！比日毒暑，尊候佳否？前所闻果的否？若信然，得文字后，亦须得半月乃行。自此径乘蛋船至徐闻出路，不知犹及一见否？示谕二范之贤，不惟喜公得婿小范，且以庆吾友梦得之有子为不死也。言之泪落不已。过蒙许与，恐不副所期，实能躬劳辱以佚厥考尔。

令子想大成，曾寄所作来否？借一二亦佳。文潜、无咎得消耗否？鲁直云，宣义监鄂酒。吴子野自五羊来，云温公赠太尉，曾子宣右揆。的否？未可知也。廉州若得安居，取小子一房来，终焉可也。生如暂寓，亦何所择。果行，冲冒慎重。

移廉州谢上表

使命远临，初闻丧胆。诏词温厚，亟返惊魂。拜望阙庭，喜溢颜面。否极泰遇，虽物理之常然；昔弃今收，岂罪余之敢望。伏膺知幸，挥涕无从中谢。伏念臣顷以狂愚，遽遭谴责。荷先帝之厚德，宽萧律之重诛。投彼遐荒，幸逃鼎镬。风波万里，叹衰病以何堪；烟瘴五年，赖喘息之犹在。怜之者谓之已甚，嫉之者恨其太轻。考图经止曰海隅，其风土疑非人世。食有并日，衣无御冬。凄凉百端，颠踬万状。恍若醉梦，已无意于生还；岂谓优容，许承恩而近徙。虽云侥幸，实有夤缘。此盖伏遇皇帝陛下，道本生知，性由天纵。旧劳于外，爰及小人之依；堪家多艰，鉴于先帝之德。奉圣母之慈训，择正人而与居。凡有嘉谋，出于睿断。悯臣以孤忠援寡，察臣以众忌获愆。许以更新，庶使改过。天地有造化之大，不能使人之再生；父母有鞠育之恩，不能全身于必死。报期碎首，言岂渝心。濯于淤泥，已有遭逢之便；扩开云日，复观于变之时。此生敢更求荣，处世但知缄默。臣无任。

记过合浦

余自海康适合浦，连日大雨，桥梁大坏，水无津涯。自兴廉村净行院下，乘小舟至官寨，闻自此西皆涨水，无复桥船，或劝乘蜑并海即白石。是日六月晦，无月，碇宿大海中，天水相接，星河满天，起坐，四顾太息：“吾何数乘此险也！已济徐闻，复厄于此乎？”稚子过在旁鼾睡，呼不应。所撰《书》《易》《论语》，皆以自随，而世未有别本。抚之而叹曰：“天未欲使从是也，吾辈必济！”已而果然。七月四日合浦记，时元符三年也。

提举玉局观谢表

臣轼言：臣先自昌化军贬所奉敕移廉州安置，又自廉州奉敕授臣舒州团练副使永州居住，今行至英州，又奉敕授臣朝奉郎、提举成都府玉局观、在外州军任便居住者。七年远谪，不自意全，万里生还，适有天幸。骤从缧绁，复齿缙绅。臣轼（中谢）。

伏念臣才不逮人，性多忤物。刚褊自用，可谓小忠；狷狂妄行，乃蹈大难。皆臣自取，不敢怨尤。会真人之勃兴，与万物而更始。而臣独在幽远，最为冥顽。迨兹起废之初，倍费生成之力。终蒙记录，不遂弃捐。此盖伏遇皇帝陛下，正位龙飞，对时虎变。神武不杀，岂非受命之符？清净无为，坐获消兵之福。聪明不作，邪正自分。使臣得同草木之微，共沾雷雨之解。臣敢不益坚素守，深念往愆。没齿何求，不厌饭蔬之陋；盖棺未已，犹怀结草之忠。臣无任。

记苏佛儿语

元符三年八月，余在合浦，有老人苏佛儿来访，年八十二，不饮酒食肉，两目烂然，盖童子也。自言十二岁斋居修行，无妻子。有兄弟三人，皆持戒念道，长者九十二，次者九十。与论生死事，颇有所知。居州城东南六七里。佛儿尝卖菜之东城，见老人言：“即心是佛，不在断肉。”余言：“勿作此念，众人难感易流。”老人大喜，曰：“如是！如是！”

乞致仕状

臣轼先自端明殿学士兼翰林侍读学士、朝奉郎、定州路安抚使，蒙恩落职，降授承议郎、知英州，遂贬宁远军节度副使、惠州安置。经涉四年，蒙恩责授琼州别驾、昌化军安置。又三年半，该陛下登极大赦，量移廉州安置。又经皇子赦恩，移舒州团练使、永州居住。臣以老病，久伏瘴毒，顿赴道途。未至永州，特蒙圣恩，复授臣朝奉郎、提举成都府玉局观，外州、军任便居住。臣素有薄田，在常州宜兴县，粗了饘粥，所以崎岖万里，奔归常州，以尽余年。而臣人微罪重，骨寒命薄，难以授陛下再生之赐，于五月间行至真州，瘴毒大作，乘船至润州，昏不知人者累日。今已至常州，百病横生，四肢肿满，渴消唾血，全不能食者，二十余日矣。自料必死。臣今行年六十有六，死亦何恨，但草木昆虫贪生之意，尚复留恋圣世，以辞此宠禄，或可苟延岁月，欲望朝廷哀怜，特许臣守本官致仕。臣无任。

峻灵王庙碑（摘录）

……至元符三年五月，有诏徙廉州，自念谪居海南三岁，饮咸食腥，陵暴飓雾而得生还者，山川之神实相之。谨再拜稽首，向西而辞焉……

洞酌亭诗（并引）

琼山郡东，众泉觱发，然皆洌而不食。丁丑岁六月，轼南迁过琼，始得双泉之甘于城之东北隅，以告其人，自是汲者常满，泉相去咫尺而异味。庚辰岁六月十七日，迁于合浦，复过之。太守承议郎陆公求泉上之亭名与诗。名之曰洞酌，其诗曰：

洞酌彼两泉，挹彼注兹。一瓶之中，有渑有淄。
以瀹以烹，众喊莫齐。自江徂海，浩然无私。
岂弟君子，江海是仪。既味我泉，亦哜我诗。

六月二十日夜渡海

参横斗转欲三更，苦雨终风也解晴。
云散月明谁点缀，天容海色本澄清。
空余鲁叟乘桴意，粗识轩辕奏乐声。
九死南荒吾不恨，兹游奇绝冠平生。

予来儋耳得吠狗曰乌觜甚猛而驯随予迁合浦过澄迈泅而济路人皆惊戏为作此诗

乌喙本海獒，幸我为之主。食余已瓠肥，终不忧鼎俎。
昼驯识宾客，夜悍为门户。知我当北还，掉尾喜欲舞。
跳踉趁僮仆，吐舌喘汗雨。长桥不肯蹑，径度清深浦。
拍浮似鹅鸭，登岸剧虓虎。盗肉亦小疵，鞭箠当贳汝。
再拜谢恩厚，天不遣言语。何当寄家书，黄耳定乃祖。

自雷适廉宿于兴廉村净行院

荒凉海南北，佛舍如鸡栖。忽行榕林中，跨空飞栱枅。
当门洌碧井，洗我两足泥。高堂磨新砖，洞户分角圭。
倒床便甘寝，鼻息如虹霓。童仆不肯去，我为半日稽。
晨登一叶船，醉兀十里溪。醒来知何处，归路老更迷。

雨夜宿净行院

芒鞋不踏利名场，一叶轻舟寄渺茫。
林下对床听夜雨，静无灯火照凄凉。

与郑靖老四首之三

到廉，廉守乃云公已离邕去矣。……《志林》竟未成，但草得《书传》十三卷。……某留此过中秋，或至月末乃行。至北流，作竹筏，下水历容、藤至梧。与迈约，令般家至梧相会。中子迨，亦至惠矣。

合浦愈上人以诗名岭外，将访道南岳，留诗壁上云："闲伴孤云自在飞。"东坡居士过其精舍，戏和其韵

孤云出岫岂求伴，锡杖凌空自要飞。
为问庭松尚西指，不知老奘几年归。

欧阳晦夫遗接䍦琴枕戏作此诗谢之

携儿过岭今七年，晚途更著黎衣冠。
白头穿林要藤帽，赤脚渡水须花缦。
不愁故人惊绝倒，但使俚俗相恬安。
见君合浦如梦寐，挽须握手俱汍澜。
妻缝接䍦雾縠细，儿送琴枕冰徽寒。
无弦且寄陶令意，倒载犹作山公看。
我怀汝阴六一老，眉宇秀发如春峦。
羽衣鹤氅古仙伯，岌岌两柱扶霜纨。
至今画像作此服，凛如退之加渥丹。
尔来前辈皆鬼录，我亦带脱巾攲宽。
作诗颇似六一语，往往亦带梅公酸。

欧阳晦夫惠琴枕

中郎不眠仰看屋，得此古椽围尺竹。
轮囷濩落非笛材，剖作袖琴徽轸足。
流传几处到渊明，卧枕纶巾酒新漉。
《孤鸾》《别鹄》谁复闻，鼻息齁齁自成曲。

瓶笙诗（并引）

庚辰八月二十二日，刘几仲饯饮东坡。中觞闻笙箫声，杳杳若在云霄间，抑扬往返，粗中音节，徐而察之，则出于双瓶，水火相得，自然吟啸，盖食顷乃已。坐客惊叹，得未曾有，请作《瓶笙诗》记之。

孤松吟风细泠泠，独茧长缫女娲笙。
陋哉石鼎逢弥明，蚯蚓窍作苍蝇声。
瓶中宫商自相赓，昭文无亏亦无成。
东坡醉熟呼不醒，但云作劳吾耳鸣。

廉州龙眼质味殊绝可敌荔支

龙眼与荔支，异出同父祖。端如柑与橘，未易相可否。
异哉西海滨，琪树罗玄圃。累累似桃李，一一流膏乳。
坐疑星陨空，又恐珠还浦。图经未尝说，玉食远莫数。
独使皴皮生，弄色映琱俎。蛮荒非汝辱，幸免妃子污。

留别廉守

编萑以苴猪，墐涂以涂之。小饼如嚼月，中有酥与饴。
悬知合浦人，长诵东坡诗。好在真一酒，为我醉宗资。

题冯通直《明月湖》诗后

老衍清篇墨未枯，小冯新作语尤姝。
呼儿净洗涵星砚，为子赓歌堕月湖。
闻道牂江空抱珥，年来合浦自还珠。
请君多酿莲花酒，准拟王乔下履凫。

梅圣俞之客欧阳晦夫使工画茅庵，居其中一琴横床而已。曹子方作诗四韵，仆和之云

寂寞王子猷，回船剡溪路。迢遥戴安道，雪夕谁与度。
倒披王恭氅，半掩袁安户。应调折弦琴，自和撚须句。

题廉州清乐轩

浮屠不三宿桑下，东坡盖三宿此矣。
去后，仲修使君当复念我耶？

第十篇

附　录

* 看今朝，合浦果珠还——重建合浦乌泥古珠池纪事

* 附文一：乌泥古珠池探秘——央视北海系列专题片拍摄随记

* 附文二：夜航乌泥古珠池

* 合浦采珠节

* 附文一：合浦『还珠女』雕塑

* 附文二：粤剧《珠还合浦》

看今朝，合浦果珠还——重建合浦乌泥古珠池纪事

看今朝，合浦果珠还，真无价。

——陈毅词《满江红·雷州半岛》

为了完成文化部全国公共文化发展中心组织实施的全国文化信息资源共享工程中，“八桂历史文化——八桂历史文化名城”系列电视专题片中的《北海篇·南珠》的摄制任务，摄制组再次前往全国唯一现存的海洋古珠池南珠培育基地养殖场——合浦东园乌泥古珠池，对古珠池的开发、马氏珠贝的培育，到插核、养珠、开珠、加工等一系列生产经营管理环节进行全程跟踪拍摄，这是在荧屏上第一次全程完整地展示合浦南珠的繁育生产过程。

由于乌泥古珠池南珠培育基地养殖场位于大海之中，因此需要乘船前往。大约经过了半个多小时的航行之后，一座大型棚架平台慢慢地飘到大家的眼前，这座操作平台由两个大型棚架组成，面积有 400 多平方米。时值退潮，整座操作平

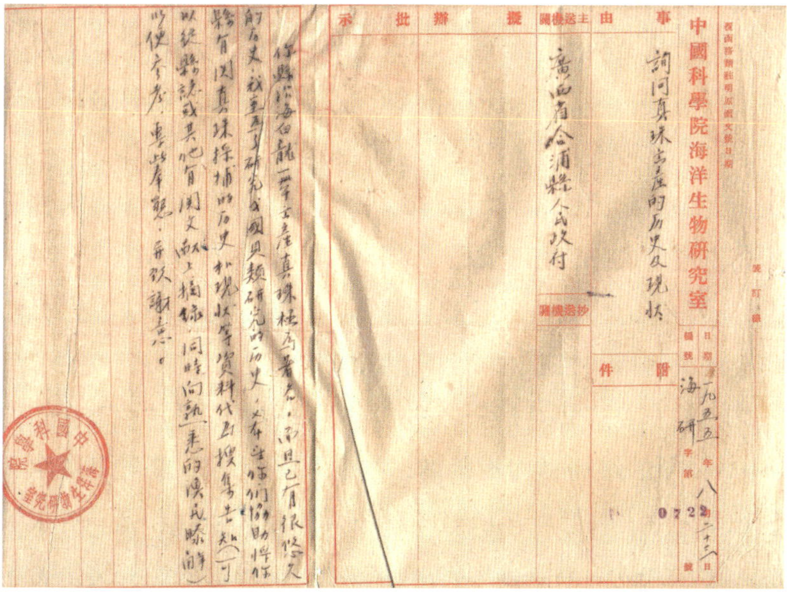

中國科學院海洋生物研究室

事由：詢问真珠生產的历史及現状

主送机关：廣西省合浦縣人民政府

日期：一九五五年八月二十二日

編號：海研字第0722號

你縣北海白龍一帶出產真珠，極為著名，而且已有很悠久的历史。我室專門研究我國貝類研究的历史，又希望你们協助將你縣有关真珠採捕的历史和現状等資料代為搜集告知（可以從縣誌或其他有关文献上摘錄，同時向熟悉的漁民瞭解）以便參考。專此奉懇，并致謝意。

1955 年，为了解珍珠生长状况，中国科学院海洋生物研究室致函合浦县政府

台高出海平面约 15 米。这就是乌泥古珠池南珠培育基地的创建者，东园家酒企业集团董事长黄炳权专门为合浦珠母贝插核而建的操作平台。

黄炳权花了 100 多万来搭建这个操作平台，其实是大有讲究的。原来，在传统的珍珠养殖过程中，插核一般是在岸上进行的。这样，就得把珠母贝从海中捞出来后，直接拉回岸上，插了珠核后再拉海中放养。这一来一回的运输，往往需要大半天，甚至更长的时间，珠贝会增加被污染受伤的几率，直接影响珠母贝的成活率，降低成品珍珠的产量。有了这个操作平台，在进行插核育珠的时候，就可以直接在珠池里把珠母贝捞上操作平台立刻插核，前后只需十来分钟就可以重归珠池，极大地缩短了插核后的间隔时间，有效地确保了珍珠贝的成活率。

操作平台的棚顶上插着一面宽大的五星红旗，在海风中猎猎飘扬，好似在向我们招手。在茫茫大海中看见五星红旗，令人感到特别亲切和振奋，摄制组也拿出摄像机，记录下这一难忘的景象。

来到了珠池中央，大家攀着棚架的木梯登上了操作平台，举目苍茫大海，顿生万顷波涛一掬中的感觉。只见远处的海域渐渐露出了若隐若现的弧形边缘，这就是珠池周边的沙洲了。这时的乌泥古珠池，在四周沙滩的围绕中就像一个巨大的锅盘，即使退潮时四周沙滩裸出，“锅盘”内还保留着一米左右的海水，这就使“锅盘”保持着正常的水深、水流、水温和适中的盐度，而且，其中又沉淀了丰富的微生物营养饵料，为珠贝生长提供了理想环境，由此构成了非常典型的珠池地貌环境。

乌泥古珠池是合浦古代七大古珠池之一，因其位于乌泥岛而得名，乌泥是当地疍家对碳化腐植酸氨积沉地质层（泥碳土）的俗称。由于当地生长着大量被称为海底森林的红树林，因地质结构变化的原因，大量的红树林被埋在地层深处成了碳化腐植酸氨，这种碳化腐植酸氨呈黑色胶状，当地的俗语称为乌泥。这一带的乌泥港、乌泥岛、乌泥村、乌泥珠池也就因此得名。由于碳化腐植酸沉积层中含有丰富的物质营养成分，非常适合红树林的生长，也为珍珠贝及海洋生物提供了营养条件，成为红树林胎苗、海草和海马、螃蟹、跳鱼、鲎等的栖息繁殖地。

乌泥珠池还具有得天独厚的优良自然生态环境。

乌泥古珠池的东北边海滩是著名的合浦山口国家红树林生态自然保护区，在这总面积 4000 公顷的红树林保护区内，生态系是世界上最富多样性、生产力最高的海洋生态系之一。枝繁叶茂的红树林不仅为海洋生物和鸟类提供了一个理想的栖息环境，而且大量的漂游微生物也为珠池里珠母贝的生长提供了丰富的食物来源，从而形成并维持着珠池食物链生态系统。

乌泥古珠池的西边海域有面积 500 多公顷的合浦海草场，这是我国目前已发现的品种最多、面积最大的一个海草场。海草不仅是珍稀生物的主要食物来源，也是众多幼鱼、幼虾产卵繁殖的重要场所和避难所；还能起到固定海沙，防止海浪侵蚀及净化水质的作用。

海草还是儒艮等濒危海洋哺乳动物赖以生存的主要食物。乌泥古珠池的西南海域是国家级儒艮生态保护区。儒艮又称“海牛”“美人鱼”，是国家一级濒危哺乳类保护动物，主要分布在北海合浦沙田镇至山口镇一带海域，以海草等水生植物为食。

海草与红树林、珊瑚礁并称为三大海洋典型近岸生态系统，是保护海岸的天然屏障。乌泥古珠池同时拥有海草场、红树林和美人鱼自然生态区，如此优越的自然生态环境聚集在一起，成就了乌泥古珠池“珠还合浦”的千年传奇。

1958 年 12 月《人民画报》刊登的合浦采珠的照片

1960 年第 12 期《人民画报》刊登的合浦采珠图片

为了配合摄制组的工作，黄炳权先生也专程来到操作平台，现场指挥员工采捞珠贝。按照以往采捞珠贝的方式，都是趁海水退去的时候，员工们走进珠池，在过膝或齐腰深的海水中捞取珠贝。但是，这次却见黄炳权指挥着员工们开着机动的小艇，在珠池的海面上提起一串串养贝笼，直接选取合格的珠母贝送上操作平台，供下一道生产流程——插核工序使用。这样捞取上来的珠母贝不但珠贝肥实均匀，而且贝壳干净，很少附着海中生物，不需要冲洗，就可以插核放养，既减少了工序环节，又节省了人工。更重要的是，减少了一道工序，就可以减少对珠母贝的一次摩擦损伤，也缩短了珠贝离开海水的时间，有利于珠母贝插核放养后的伤口复原，提高成活率和增强生长机能。显然，乌泥古珠池采用了不同于传统的新养殖方式。

这是一种什么样的养殖方式呢？趁着员工们都进入了插核工序，黄炳权稍有空闲的时机，我向他提出了这个问题。

黄炳权听了我的提问，随手拿起一串养贝笼告诉我，这是自上一个采珠年度（为了提高合浦南珠珠母贝的种质，确保南珠的优良品质，乌泥古珠池放养的珠母贝均经过三年的保育期，并且插核后的珠母贝放养周期为三年）以来所采取的新的浮法放养移动保育方式。那就是插核后的珠母贝在放入珠池时，不再是直接放在珠池底的滩涂上，而是悬挂在特制的立柱养殖浮笼里，让珠母贝与池底保持着一定的距离，处于浮动的生长状态。这样不但有利于促进珠母贝对波浪的生长适应性，还有效地避免了池底静态放养状态环境被污染，以及容易被其他海洋生物附着生长带来的病虫侵害，同时，也有利于珠母贝获得不同层次的浮游微生物作饵食，增强珠母贝的体质，有利于珠核的优育成长。

黄炳权说，虽然浮法放养会在很大程度上增加投入成本，但为了增强马氏珠母贝种的提纯复壮，保证合浦南珠的品质，这都是值得的。

的确，目前乌泥古珠池南珠培育基地已经形成了拥有培育面积达 1000 亩的马氏珠母贝繁育场一个；面积达 3000 亩的合浦马氏珠母贝放珠池养殖场一个；容积达 1500 立方米水体的马氏珠母贝种苗孵化场两个；年可繁育马氏珠母贝原种种苗两亿只（其中幼贝 1.3 亿只，小贝 2000 万只，中贝 1000 万只，大贝 500 万只，插核贝 500 万只，马氏珠母贝原种亲贝 2000 只）；年产优质三年保育期以上的合浦南珠 200 千克；年产有机珍珠贝肉 50 吨、马氏珠母贝壳 20 吨的规模，实现了千年乌泥古珠池的重生。

站在操作平台上，迎着海风，听着波声，看着珠池里若隐若现的珠贝笼，眺望苍茫中显露的海岸线，十年前和黄炳权一起寻访乌泥古珠池之旅的情景又浮现在眼前。

合浦南珠名重天下，得益于独步天下的古珠池。自古以来，于史籍中存名的合浦古珠池有青莺、断望、杨梅、乌泥、白沙、平江、乐民、永安、白龙、断望、对达、手巾、海诸、竹林、独揽沙等。其中尤以平江、青婴、杨梅、乌泥、断网、永安、白龙等七大珠池名重天下。这些珠池之间的海域直径距离约 90 千米，除了乐民池在广东廉江（古属合浦）外，其他都在今北海合浦县内的海域。

据史籍记述，合浦珠池在自然生态的年景里，平常的年产珠量在 5000 两至 8000 两，偶尔也有过万两的年采获量，这是一个自然环境中的生态平衡约数。

人为的破坏这种平衡，就会导致珠贝资源枯竭而出现珠“徙”他处的现象。如明代弘治十二年（1499 年），朝廷集中廉雷广琼潮惠肇七府的船工丁夫，在廉州珠池大举采珠，得珠二万八千两。弘治之后，又经历代滥采，致珠池凋零败落，珠贝濒于绝迹，至清康熙三十四年（1695 年）九月，康熙帝诏令廉州珠池采珠时，因仅得珠四两而作罢。合浦古珠池日渐湮没于千古烟云里，销声匿迹于万顷波涛中。此后知有古珠池者甚少，知古珠池所在者少之又少。

新中国成立后，在国家的支持下，合浦县从 1956 年开始对古珠池进行了挖掘开发，在古珠池海域先后建立了近 20 个珍珠养殖场，并于 1958 年取得了珠贝育苗，珠贝养殖获得成功。但是，由于种种原因，合浦人工养殖南珠的发展缓慢，经过了 30 年的努力探索后，至 1988 年，珍珠的年收获量仅为 194 千克。

进入 20 世纪 90 年代初，合浦、北海分别举办了合浦采珠节和北海国际珍珠节，有力地推动了群众性人工养殖南珠的积极性。1993 年，北海人工养殖南珠面积 845 公顷，产量 3608 千克。1995 年，全市南珠养殖场发展至 1977 家，养殖面积 2912 公顷，珍珠年产量 8831 千克，占全国海水珍珠产量的 45% 以上，达到北海珍珠养殖史的高峰。此后的十年间，北海的南珠养殖都处于等量发展，至 2005 年，放养面积 3333 公顷，产量 8000 千克。

但是，由于人工育珠规模的逐渐扩大，出现了珠贝捕捞过度的现象，再加上栖息环境的恶化，致使南珠的母体珠贝——合浦马氏珠母贝（廉州珠母贝）自然资源日渐枯竭，南珠种质的异化衰退状况严重。产量低、品质差，成为制约南珠产业可持续发展的障碍。以下的一组数据就很能说明问题：

1993 年，每亩产珠 0.3 千克；

1995 年，每亩产珠 0.2 千克；

2005 年，每亩产珠 0.15 千克。

从这组数据可看出，随着时代的发展，即使高、新养殖技术普遍应用也难以挽救南珠种质的异化衰退及产能弱化。而此时，外地人工养殖的淡水珍珠进入北海南珠市场鱼龙混杂，冒充南珠销售，最低价时，每斤竟然只售 4000 多元人民币。伪劣产品的泛滥，给北海的南珠产业造成了雪上加霜的灾难性冲击。

面对着一片萧条的南珠产业环境，如何保护南珠原产地的声誉，如何保护合浦马氏珠母贝的种质，如何保护南珠的品牌效应成了人们普遍关注的热门话题，合浦古珠池的开发利用也成为热点。

而当时，黄炳权创建的东园酒家经过了十年创业探索，由一个开始只有几千元资产的街边大排档，发展成为酒业、饭店、生态种养多元化综合经营的集团企

插核后的珠贝放进笼里，再投进珠池里，让它们在原生态环境中生长

业，正处于快速增长的时期。就在这个时候，黄炳权毅然做出了参与振兴南珠产业的决定。

虽然在此之前，黄炳权从没有过养殖珍珠的经历，即使是在下决心参与振兴南珠产业的时候，应该在什么地方选择切入突破点，也没有明确的思路。但黄炳权从自身的企业经营体会中得出一个基本看法：要实现合浦南珠产业的复兴，关键在于提高南珠的种质和人才聚集。为此，黄炳权又做出了一个令人意想不到的决定，在南珠养殖项目还没有启动之前，以高薪聘请了中国海洋大学的博士产研团队，并投入资金着手开展产业布局调研。对此，企业界的老朋友们都劝黄炳权说，产业布局调研应该是政府的事，而且这方面需要投入的资金大，且投资回报难以确定，风险大，还不如守着东园家酒高枕无忧地“弹世界”。面对老朋友的好意提示，黄炳权内心执着坚定地认为，作为一个珠乡人，看着南珠产业的萧条状况，不去出一点力帮一把，睡不着觉。正是这一颗执着的初心，黄炳权由此开始了十年焕发珠池生机之旅。

在进行深入反复的调研摸底中，黄柄权了解到当时尚属国营企业的合浦珍珠公司乌泥珠池养殖场，此时因长期陷入资不抵债的恶性循环，只剩下一个空壳，正处于停产等待着被改制转型的艰难处境中。珠池，对黄炳权来说，虽然是一个陌生的概念，但一下子就拉开了他的思路：就从重建珠池开始。于是，东园乌泥古珠池南珠培育基地养殖场的牌子很快就挂了出来。

2006 年的春天，我应黄柄权的邀请，一起去距合浦县城一百千米之外的乌泥珠池养殖场“探路”。虽然行前大家心里早有准备，但眼前的情景还是让人心底发冷：除了沙滩上被仙人掌丛包围的几间低矮破败的瓦房之外，这里再也找不到一丁点儿珠珍养殖场的痕迹。唯一能让人知道这里曾经养过珍珠的物件，就是斜挂在墙上，似乎随时都会跌落的乌泥珠池养殖场的旧招牌。当大家都被眼前的状况引发诸多困惑、种种顾虑的时候，黄柄权坚定的目光正停留在这块旧招牌上，就在这里，他感受到了古珠池深厚的历史文化魅力在召唤，感受到了古珠池巨大的品牌效应潜力正在蓄势待发。更重要的是，一种作为珠乡人的使命感在心底油然而生，激励着他立志振兴南珠事业的热血情怀。就在这里，黄炳权向我下达了重建乌泥古珠池的第一道“战地指令”：想办法找到乌泥古珠池的历史资料，以利于为乌泥古珠池立名，为南珠身世正本溯源。

在黄柄权炽热的南珠情怀感召下，我很快就从史料堆中找出了乌泥古珠池出产珍珠的历史记述，其中包括明代《廉州府志》“图经志”中标注的乌泥古珠池，明代的《天工开物》和清代的《广东新语》《南越笔记》中关于乌泥古珠池的记述。后来，我在陪同中央电视台先后五次对东园乌泥古珠池南珠养殖场进行采访拍摄的专题节目中，都以这些史料作为有力的经典原始见证，引起了广泛的关注，也算为乌泥古珠池的重建，尽到了一点心意，出了一份力。

此后，仅 2006 年当年，黄柄权就投入资金 3000 万元，其中建设投资 2500 万元，流动资金 500 万元，对乌泥古珠池进行了以生态修复为主的重建，首先在乌泥古珠池海域人工补种海草，改善海域生态环境，使乌泥古珠池很快就恢复了生机，并完成生产筹备工作，当年试验成功投产。第一期 3000 亩合浦马氏珠母贝放养取得了成功，成活率达 90% 以上。一个综合性合浦马氏珠母贝种质培育及贝苗繁殖基地由此初具规模。

在此过程中，有一件事坚定了黄炳权对合浦马氏珠母贝进行提纯复壮培育的信心。有一天，黄炳权在电话中告诉我，乌泥古珠池南珠培育基地养殖场的员工在退潮时清理珠池的时候，不时地捞到一些肥硕的珠母贝，当时员工们以为这是原来的养殖场遗落的珠母贝，于是就拿来煮粥，结果发现不但味道鲜美，个别的珠母贝中孕育有珍珠，员工们将积攒起来的十多只送给黄炳权品尝“新鲜”。黄

插核前进行切片的工艺，是为了保护插核后珠贝的生产

炳权打电话给我，邀我一起品尝。当时我正在外地，无法与他一起分享这难得的美味，但一个灵感闪过心头，我当时就建议他先将这些珠母贝交给受聘在东园乌泥古珠池南珠培育基地担任专家的刘博士看一看。结果，经过刘博士检测，发现这批珠母贝大部分是天然野生的马氏珠母贝，珠池内出现了天然野生马氏珠母贝回归的现象，这就证明乌泥古珠池又开始具有孕育野生珠贝的机能。

马氏珠母贝，又称廉州珠母贝，是孕育南珠的母贝。由于资源稀缺，野生马氏珠母贝被列入国家二级保护动物，不得捕捞，不得在市场上买卖，未经批准不得运出境外。而从乌泥古珠池天然野生马氏珠母贝的生长状况来看，天然贝表面极少有寄生物，而且贝壳特别厚，就像珠贝身上的铠甲，不仅能抵抗天敌，也能减少冬季低温的危害，在过冬的时候成活率就会高很多，有利于延长珠的生长期，贝体生长速度快，珠层质量就会明显提高。这正是解决合浦珍珠养殖多年来由马氏珠贝种群退化出现贝体小、贝壳脆、珍珠质量产量下降而开展马氏珠贝复壮提纯中急需的种质资源。

为此，黄炳权又一次投入大量资金，由刘博士主持，从源头抓起，对合浦马氏珠母贝进行提纯复壮。

首先是着手抓好合浦马氏珠母贝的培育，在基地建立了培育幼贝的专用培养池，池的外面罩上大棚以遮阳保温，池中则根据不同季节的气候温度，调整海水的咸淡度，还按照幼贝不同的生长阶段，专门为它们准备藻类微生物以补充营养。这样，幼贝在一个安静明亮且又少光照、营养充足的环境中健康成长，最大限度地确保了马氏珠母贝的生长环境。在经过了两三年的优化选育之后，以中挑出一些性状比较好的珠母贝做产卵贝，担负起合浦珠母贝传宗接代的重任，以最大限度地提高合浦南珠的提纯复壮，利于恢复和南珠的质量。

其次是组织人力、物力，定期到一些原非马氏珠母贝的养殖海域中收集、采捕未受到其他种类珍珠贝种质污染的原种亲贝，选取贝体体型大、贝壳厚、健康无病害、生殖腺发育好等性状良好的野生贝作为亲贝，并通过科学和严格的育种程序对马氏珠母贝原种进行杂交、繁育，并选取性状优良的子代贝作为亲贝来提纯、复壮。为了保证马氏珠母贝的种质和南珠的质量，乌泥珠池培育基地放养的珍珠贝还实行放养三年才采珠的保育措施，这是非常难得的。

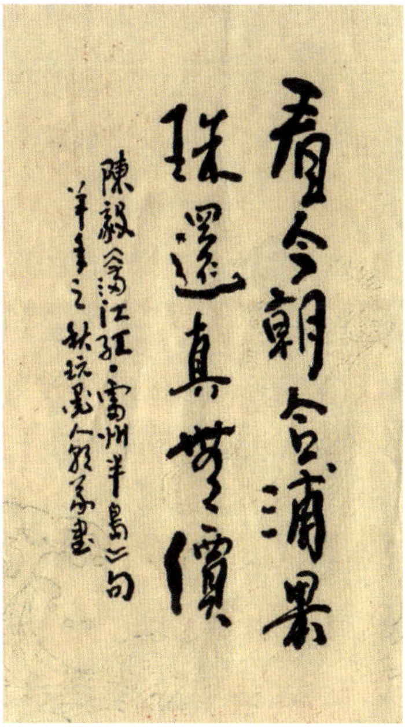

陈毅元帅诗句“看今朝合浦果珠还真无价”。合浦书法家书

在生态环境下“优生优育”的新一代合浦珠母贝，具有贝体粗壮、壳质厚、生殖腺适中、珍珠囊分泌性能好、气候水温的适应性强、抗击自然灾害能力强的优点。如在 2008 年那场半个世纪以来最寒冷的春冻中，根据相关资料显示，北部湾海域人工放养的大中小珠贝几乎无一幸免。即使是耐寒比较强的珠贝品种“海优一号”，冻死率还是在 90% 以上，其他品种的珠贝更是遭到了灭顶之灾，全部被冻死。而合浦珠母贝乌泥培育基地培育投放的 1000 多万只珠贝中，珠贝存活率超过 90%，创造了北部湾海水珍珠养殖在寒冻中的奇迹，成为有关各方关注的热点。又如 2010 年因寒潮影响，北海市南珠产量为 517 千克，仅为历史顶峰期的 7%。其中乌泥古珠池养殖场珍珠产量达 200 千克，约占总产量的 38.7%。由此可见，乌泥古珠池养殖场已经奠定了合浦复兴南珠产业的基础，成为南珠产业复兴的重要基地之一。

马氏珠母贝都是乌泥古珠池自主繁殖培育、经过 3—4 年生长的大贝。这些优质的珠母贝可以插直径 6—9 毫米的珠核，而按乌泥古珠池养殖场的规定，插核后的珠母贝放进珠池后，养殖的时间必须三年以上才采捕。优良的生态环境、优良种质的母贝、优良的插核工艺技术、优良的保育时段造就了优质的乌泥古珠池南珠。2010 年 7 月，乌泥古珠池出产的南珠获准使用地理标志产品专用标志。

在成功解决了合浦马氏珠母贝种质的提纯、复壮、繁育之后，从 2009 年起，黄炳权又投入资金，在乌泥珠池南珠培育基地开始了合浦马氏珠母贝人工刺激放精和排卵受孕的科研攻关，并取得了丰硕成果。为此，笔者在陪同中央电视台前往摄制专题片期间，就此问题专门请教了乌泥珠池南珠培育基地的首席专家——毕业于中国海洋大学的刘健博士。

刘健博士告诉我，合浦马氏珠母贝在自然状态下，成熟的珠贝在潮汐变化大的时候或者暴风雨前很容易排精、产卵，这是由于环境的剧烈变化让珠贝产生了应激反应。只有掌握了珠母贝排精、产卵的规律，才有利于让珠贝在受孕后期避开影响珍珠生长的不利气候和时间。由于合浦马氏珠母贝的受精过程是在体外完成的，一般公贝排精的时候精液成束状，母贝排卵时比较分散，利用人工刺激方式来促进合浦马氏珠贝集中排精、产卵，正好解决了这个问题，提高了受精率。而在自然条件下，珍珠的形成是很偶然的，一般是珠母贝受到某种刺激，比如说沙粒、伤口等，就会在受刺激部位形成珍珠囊，分泌珍珠质，珍珠质不断积累形成珍珠。通过人工刺激放精和排卵的受孕方法培育珍珠，就是利用天然珍珠的形成特点，采取人为的刺激，给珠母贝做手术，进行人工插核。这项技术为掌握合浦珍珠在自然生态放养状况下的成长周期提供条件，也为深入研究合浦马氏珠母贝的遗传资源现状，为资源的保护和持续利用提供科学依据。

新一代合浦马氏珠母贝就这样在人们为它们营造的“优生优育”环境中开始了新的生命历程。随着这项技术在生产中的不断推广，乌泥培育基地已经成为重

繁育基地的员工趁海潮退去时，到珠池捞珠贝，经常会收获到天然马氏珠母贝

要的合浦马氏珠母贝基因资源库。

繁育基地培育的成年马氏珠母贝

至今，乌泥古珠池培育基地已具备了常规性培育两亿只以上合浦马氏珠母贝的生产能力，除了满足自身的生产所需之外，还定期向北部湾海域放养经过提纯复壮的合浦马氏珠母贝幼苗。自从 2008 年起，东园乌泥珠池养殖场每年有 5000 万以上的纯种贝苗入海，为了更好地保护马氏珠母贝的种源，黄炳权不定期地和广西自治区水产畜牧兽医局、北海市政府、北海市水产畜牧兽医局一起，举办捐赠马氏珠母贝原种进行马氏珠母贝资源增殖放流公益活动。2010 年 11 月，放流首批马氏珠母贝原种贝苗 500 万只。为合浦马氏珠母贝的提纯复壮及大面积繁殖打下了基础。

《南越志》中称："国步清，合浦珠生，此实国家宝瑞。"

黄柄权就是这样，执着地用自己对合浦南珠事业的真情和奉献，默默地履行着抢救南珠资源、发展南珠产业的职责，由此取得了令人侧目的成果、令人敬佩的业绩，谱写了新时代"珠还合浦"的传奇。

如果你牵挂着合浦南珠，就去乌泥古珠池吧！那里有合浦南珠的千秋神韵；

如果你向往着合浦南珠，就去乌泥古珠池吧！那里有合浦南珠的远古心声；

如果你想拥抱合浦南珠，就去乌泥古珠池吧！那里有合浦南珠的乡恋深情；

如果你要读懂合浦南珠，就去乌泥古珠池吧！那里有珠还合浦的时代华章。

附文一：

乌泥古珠池探秘——央视北海系列专题片拍摄随记

在跟随央视拍摄北海系列专题片的过程中，摄制组使用频率最高的词语就是"为什么"。如为什么合浦的南珠独步天下，为什合浦汉墓群这么多，为什么南流江会成为"海上丝绸之路"的内路黄金水道，为什么北海老街独具特色，为什么“海上丝绸之路”始发港之一是在乾江古港出海口，为什么合浦会有那么多的古珠池？摄制组不断地提出那么多的“为什么”，并不是对北海历史文化质疑，而是要在摄制过程中发现、挖掘、解答产生和形成北海历史文化现象的种种原因，从而让观众在观赏时不会产生“为什么”的疑问。

带着这些“为什么”，摄制组开始了北海拍摄系列专题片的第二站：乌泥古珠池探秘。

探秘乌泥古珠池，就是要向观众展示珠池孕育南珠的独特地理环境条件。在近百千米的驱车路途中，为了让摄制组对珠池的形成有个初步的了解，我们就三大海洋防护生态系统（红树林、海草、珊瑚）对珠池的影响、珠池所具备

繁育基地培育的马氏珠母贝贝苗

繁育基地在乌泥古珠池海中搭建的面积为400平方米的操作平台

合浦乌泥古珠池，是目前中国已发现的唯一存在的天然古珠池

的适合珍珠生长的四个关键条件以及南珠生长必不可少的母体条件——合浦马氏珠母贝等诸因素之间的关系做了交流。话题告一段落，我们也来到了位于山口国家级红树生态保护区旁的乌泥古珠池。

合浦古有十四个古珠池，其中能在历史长河的冲荡中留存有七大古珠池：平江、青婴、杨梅、乌泥、断网、永安、白龙。七大古珠池也就成了合浦珠池的统称。这七个珠池除了乐民池在广东石城（古属合浦）外，其他都在今北海合浦境内的海域，乌泥池则是合浦古珠池中唯一一个存名存址至今的千年古珠池。

乌泥古珠池因位于乌泥岛附近海域而得名。

明代崇祯本《廉州府志》“珠部”的记载中，以乌泥池为首位：“乌泥池，至海猪沙一里，海猪沙至平江池五里，平江池至独揽沙洲八里，独揽沙洲至杨梅池五十里，杨梅池至青婴池十五里，青婴池至断望池五十里，断望池至乌泥池总计一百八十三里。”从上述记载中可知，乌泥古珠池处于诸珠池的中心位置。

“海寨”篇中记述：“此营堡类也，当入武经志，乃附于此者，为珠池而设也。乌兔寨至凌禄寨五十里，至乌泥池二十里，守军五名；凌禄寨至英罗十里，至乌泥池十五里，守军五名；英罗至萧村五里，至乌泥池十五里，守军五名；萧村至井村五里，至海猪沙十三里，守军五名。”由此可见，古代朝廷为了看护珠池，把珠池附近属于军事建制的“海寨”也“附于此者”，即是改列为珠池专设。

此后，明宋应星《天工开物》、明顾禹祖《读史方舆纪要》、清屈大均《广东新语》、清李调元《南越笔记》中，都对乌泥古珠池记述详备。新中国成立后至今，合浦县政府在乌泥古珠池设置了乌泥国营珍珠养殖场。前些年因企业改制，乌泥国营珍珠养殖场的经营处于断断续续、停顿之中。2005 年，东园企业接手经营后，投入了大量资金进行生态环境恢复工程，重建了乌泥古珠池，使之恢复了生机，不时地又有天然珠贝出现。

从海岸到乌泥古珠池的中心位置，乘坐机船要一个小时的航程。在等待退潮的时间里，摄制组抽空拍摄了刚露出滩涂的火山灰沉积岩层。由于火山灰沉积岩层含有丰富的物质成分，非常适合红树林的生长，也为珠池的形成及孕育珍珠贝提供了营养条件。火山灰沉积岩层上的红树林胎苗和爬行于岩层小洞之间的小蟹、跳鱼、小鲎等，吸引了摄制组的编导和记者，他们兴致勃勃地进行拍摄，直到退潮，船老大一再催促，大家才意犹未尽地登上机船，向茫茫的海中央驶去。

经过半个多小时的航行之后，一个大型的棚架慢慢地飘到大家的眼前，这就是专门建在珠池中央用于管理珠池的工作间，也叫守珠棚。这个守珠棚的面积有 130 多平方米，退潮时高出海平面 15 米。棚顶上插有一面宽大的五星红旗，在海风中猎猎飘扬，好似在向我们招手。在茫茫大海中看见五星红旗，令人感

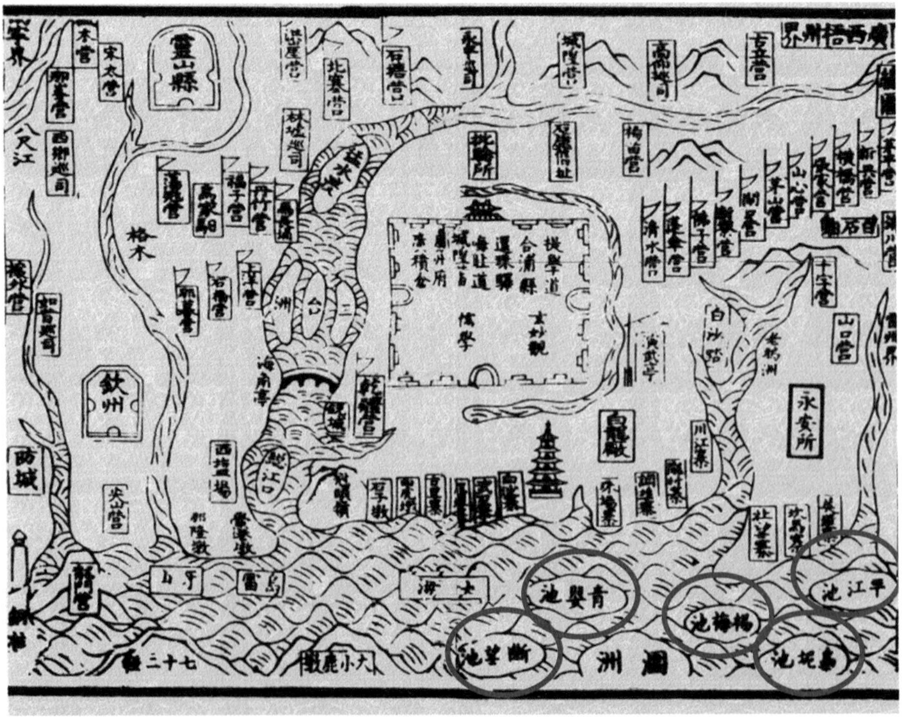

《廉州府志》中的珠池图

到特别亲切和振奋，摄制组也拿出相机，记录下了这一动人的情景。

来到了珠池，大家攀着珠棚的木梯登上了守珠棚。举目苍茫大海，顿生万顷波涛一揽中的感觉。尽情观赏间，远处的海域渐渐露出了若隐若现的弧形边缘，这就是珠池周边的沙洲了。这就是乌泥古珠池，四周高，中间低，像一个锅盘，不仅水深、水温、盐度适中，而且风浪也相对较小。涨潮时，乌泥池水深10米左右；退潮时，四周沙滩裸出，而中间常年不干涸，在这样环境的珠贝既可防夏天烈日暴晒，又能有效抵御冬天严寒侵袭。这里靠近山口红树林国家级自然保护区、海草保护区和美人鱼保护区，生物多样性相对完整，使珠母贝能得到较为丰富的生物饵料。而且，这里工业污染又相对较小，为珠贝生长提供了常态的理想环境，是天然海水珍珠最适宜生长的区域。正是因为这些天造地设藏于海底的沙洲，才形成了护卫珠池的堤围，为珍珠的生长提供了极好条件。

由于海潮退得很快，摄制组来不及休息就开始工作。为了更多地拍摄珠池在茫茫大海中特殊的地理概貌，编导李然和摄影山峰扛着摄影机不停地在珠棚和船甲板之间爬上爬下。加上珠棚的木梯每次只能一个人上下，其他人又帮不上忙，因此工作强度和难度都是非常大的。

不一会儿，海潮退去，珠池四周的沙洲明显地凸了出来，把珠池与周边的海域隔开来，形成了外围沙洲已无海水或只有二十来厘米的浅水，而珠池内仍然保持着一米左右的海水，这样就为珠贝的生长提供了常态的海域环境条件。

为了拍摄乌泥古珠池重建之后，生态环境得到恢复的实例，摄制组决定现场抓拍员工下珠池摸天然珠贝的过程。由于是在船甲板上抓拍，海水对船体尚有轻微的推动力，船体就会摇动，是无法用脚架拍摄的，山峰只好把摄像机扛在肩上，随着摸珠贝的员工移动。好在，不一会儿就有员工呼唤摸到了珠贝，接着又连续有收获，大约四十分钟左右，就摸到三四十只天然珠贝。按常规，摸得的天然珠贝都要集中驯养，以作下一代珠母贝提纯复壮的母本，但这次为了配合拍摄，乌泥珠池的老板黄炳权也只好“忍痛割珠”了。

在割珠开始，头几个珠贝都没有发现珍珠，扛着摄像机俯身取景的山峰已是满头大汗。当再次割开一珠贝时，一个亮点闪出，令围观的人同时呼叫：“是珍珠！”果然，这是一颗浑圆晶莹的珍珠。在一旁指导割珠的刘博士拿着这颗珍珠爱不释手地观赏，他告诉编导李然：这颗珍珠在市场上最少也值200元。在大家的赞叹声中，摄影师山峰来不及加入观赏，卸下肩头的摄像机，一屁股就坐到甲板上。为了拍好这组镜头，他实在太累了。

完成拍摄之后，已是日落黄昏，摄制组又把船开离守珠棚，对珠池进行全

乌泥古珠池培育基地与相关部门举办的“振兴合浦南珠产业研讨会”现场

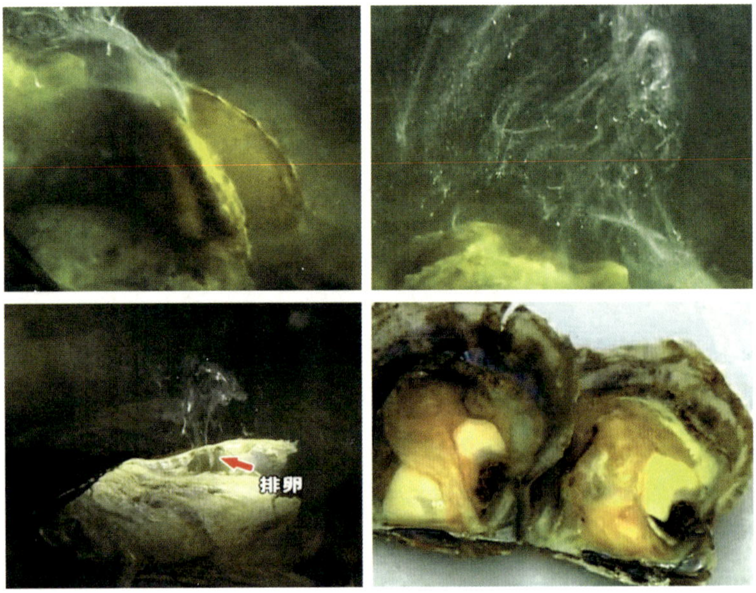

乌泥古珠池南珠繁育基地监测到的马氏珠母贝放精（公贝）、排卵（母贝）的情形

景环境抓紧拍摄，直到天黑不能再拍为止。在等候涨潮返航的时间里，摄制组在珠池员工的指导下，也要学着钓鱼，当一回采海郎。可惜，直到风起潮生，依然一无所获。

劳累了一天的我们，在一湾新月的陪伴下开始返航，回望夜色笼罩中，围绕着珠池周边的闪闪渔火组成了一个圆弧形，就像给珠池戴上了一条特大的夜明珠项链，珠池的轮廓更加明显，更加灿烂……

（原载《北海日报》）

附文二：

夜航乌泥古珠池

由于潮汐涨退的关系，要到乌泥古珠池去现场体验养珠采珠的情景，就得选好时机，早出晚归——要在早上乘着退潮的海水到达位于海中的珠池。当海潮退尽了的时候，珠池四围的沙洲会凸露出来，船就无法进入搭在珠池中央、用于日常管理珠池、插核采珠的操作平台。而从珠池回来，则要随着涨潮的海水乘势而归。只有这样，才能在白日里有更多的时间去观看乌泥古珠池千载沧桑留下的痕迹。正因为是这样的一个行程规则，才给了人们难得的夜航古珠池的神秘体验。

当余辉悠然间沉入海底，乌泥珠池四围的沙洲也渐渐地隐没在无边的苍茫中，远处传来了习习的风声，一阵紧似一阵，风声过处，明显地感到海水在涌动，船也开始摇晃起来，只听见船老在大声呼唤："涨潮啰！"操作平台上的工作人员很快就把探照灯打开，让光柱照射着操作平台旁的阶梯，好让在平台上等候的人们能看清路况，依次沿着阶梯下到船上。夜航古珠池的回程航行就这样开始了。

船缓缓地绕着操作平台行驶，平台上的工作人员则熟练地把探照灯照射在海面上为之开路，直到船已离开光柱的范围，只见平台上的工作人员还晃动着强光手电筒，画着圆圈，船上的员工告诉我们，那是"祝一路平安"的信号。在一望无边的厚重夜幕中，手电筒的圆圈光亮虽然是那样微弱、短暂，却在人们的心中留下了深刻、永恒的记忆。因为，那将成为你在茫茫夜海中点亮的、永不熄灭的记忆星座……

船在夜海中渐渐加速，回望处，正是渔民浅海作业开始汇聚时，但见四周星星点点的灯光渐渐地汇聚起来，沿着珠池的海域组成了巨大的圆形光环，彼此照应着闪烁，那是渔船上的灯火聚集在一起形成的景观效果。随着时间的推移，这个由灯火组成的巨大光环越来越大，也越来越灿烂，色彩也越来越鲜艳。船老大告诉我们，这是"合水流"（海水已涨到适当的位置，潮流不再激荡，趋于平稳，适合放网下钓），于是渔民开始作业了。

蓦然间，远处的光环中间闪烁处亮起了刺眼的光源，就像夜海间突然升起了一颗人造太阳，把闪烁的渔火都遮没了。正在惊异间，还是船老大过来为之解疑，他告诉我们，这是灯光渔船在作业。灯光渔船作业主要是在黑夜中利用船上安装的大量灯光源，吸引鱼儿纷纷聚集前来，然后用网围捕，这是成本较低的捕鱼方式。因此，近年来大量的渔民加入了灯光渔船的行列，而且随着机械化作业程度的不断提高，船上安装的灯光源更加强烈，夜海中也就显得特别耀眼灿烂。果然，随着一两处作业点的光耀灿烂，珠池周边的光环上，在不同的位置都升起了这样的“小太阳”。一时间，整个珠池海域都处在火树银花的包围之中，使得眼前厚重的夜幕下具有神秘色彩的珠池，与远处火树银花辉照下所展示的璀璨珠池形成了鲜明的景观对比，给人以强烈的视觉震撼。

正在神思向往的观赏间，船头方向射过来一束光亮，船上的员工见了也迅速走到船头，拿起强光手电筒与之打招呼，不一会儿，一艘小型的机帆船突突地开了过来，两船相会之际，大家都大声热情地呼唤着，呼唤声在漆黑空阔的海空中穿过突突的马达声传来，使人感到格外亲切。

两船相会过后，在暂时的静谧中，却传来了“梆，梆梆，梆梆梆”的声音，那是小艇敲着竹筒赶鱼进网的声响。这种梆声在空阔静谧的海空中飘过，很容易勾起人们的遐想：这无边无际的海空夜幕中，还掩盖着多少神秘的景象？举目望去，海天一色中已分不出何处何方，但见星辉在海空中荡漾；渔火在天海间燃放；一轮朗月当空窥照。

此情此景，不禁叫人骤然想起了明末

乌泥古珠池培育的合浦南珠

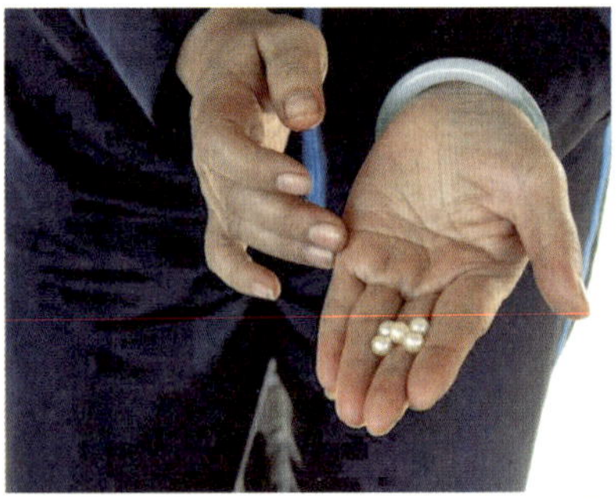

乌泥古珠池培育的质地优良的合浦南珠

央视记者在乌泥古珠池采访拍摄

育珠女工在精心插核

清初之际，有“岭南三大家”之称的著名学者屈大均的《珠池》诗：

珠池千里水茫茫，蚌蛤秋来食月光。

取水月中珠有孕，精华一片与天长。

想起了明代大戏剧汤显祖《夜观珠池作，寄郭廉州》中描述的景象：

闪闪星河白，盈盈烟雾黄。

气如虹玉迴，影似银烛长。

啊，合浦古珠池，水含媚色，波孕灵珠，夜蕴神韵。

千百年间，多少文人骚客曾倾情于它那“素魄生苹末，圆规照水隅。沦涟冰彩动，荡漾瑞光铺”（唐代莫宣卿）的神奇瑰丽；

曾为它的“昆池明月满，合浦夜光回”（唐代李峤）而祈祷；

莫不为他的“瑞彩晓涵川自媚，寒光夜映月交辉”（明代朱勤）而动情；

曾因它有过“玺书三年两次降，骊龙赤蚌皆愁颜”（明代顾梦圭）的劫难而悲愤；

曾为它的“千里茫茫月影孤，一舟才过一舟呼。舟舟过去何舟得，待得珠来泪已枯”（清代冯敏昌）而伤感。

今天，这一切都成了历史。夜色中的合浦古珠池，不再有谪臣苦旅的愁怨，不再有“以人易珠”的悲剧。它正以绚丽多姿的盛世新生，昭示着“国步清，合浦珠生，此实国家宝瑞”（南朝沈怀远《越南志》）的“珠还合浦”传奇新篇章的开始……

（原载《北海日报》）

合浦采珠节

首届中国合浦采珠节已经过去了二十多年了。这个会期只有三天的节庆，并没有在岁月的流逝中淡去，相反，在合浦人民的心中积淀着越来越厚重的思念与向往。今天的许多话题，还千丝万缕地牵连着采珠节的悠悠情怀；珠乡社会生活中的许多情景里，还明显地留存着采珠节的种种痕迹；在珠乡人民的向往与期待中，还时时地把当年采珠节的盛况做比较。合浦的历史上，从来没有一个经济文化活动能够像采珠节这样，最大限度地激发起珠乡民众的爱乡热情，最大限度地凝聚了珠乡民众的时代精神，最大限度地振奋了珠乡民众的创造活力，最大限度地在珠乡民众的心中树起了荣誉感和自豪感，最大限度地为珠乡民众留下了引以为傲的精神财富。

采珠节的表演团队通过主席台

采珠节的纪念品

采珠节的开贝取珠示范

采珠节的礼仪小姐

合浦采珠节的影响之所以能够长久地牵动着人们的思绪，关键在于它的精神。正是有了这种精神，才有了采珠节的盛世辉煌，才有了合浦南珠的新时代传奇，才有了我们这一代人聊以慰藉的南珠情怀。而这种精神正是今天合浦要实现“中国梦——南珠梦”，再造“珠还合浦”的辉煌所必需的动力。因此，今天我们呼唤采珠节精神的回归，并不是止于对曾经有过的美好岁月的怀念，或陶醉于曾有过的辉煌记忆，更重要的是借此激发起合浦人民曾经迸发出的勇于担当的豪情壮志和奋勇争先的爱乡情怀，为创造家乡更加美好的明天而再奋祖鞭，飞度关山。

首届中国合浦采珠节从名称的确定，到成为合浦前所未有、后所不及的盛世庆典而完满收官，前后只有 100 天。

那是 1991 年，首届北海国际珍珠节即将举行前的某一天，时任合浦县委书记沈北海在前往营盘乡检查珍珠节配套工作的落实情况时，就明确地指示当时的营盘乡党委书记吴卢金，要善于抓住北海国际珍珠节的契机，好好地筹谋营盘珍珠业的发展。是年，营盘乡珍珠养殖场已发展到 620 多个，养殖面积 5200 多亩，

采珠节开幕式表演节目排练的群众演员

从业人员超过5000名，成为广西最大的南珠养殖基地。

县委书记沈北海的话，当时就这样深深地印在了年轻的乡党委书记吴卢金的脑海里，重重地落在了他的心头上。

1992年3月初，在营盘乡的第十届人民代表大会第三次会议上，吴卢金提出了举办采珠节的设想，这一设想立即获得了与会人大代表的赞同。会后，营盘乡党委、政府召开了专题会议进行规划研究，拟定于1992年12月8日在营盘乡举办首届合浦营盘（白龙）采珠节。并于4月中旬向合浦县委、县政府呈送了方案报告。

但是，在当时的情况下，合浦县委、县政府出于全盘考虑，给予的答复是“暂时不同意举办”。正是这个“暂时不同意”留下的余地，为以后营盘乡继续争取举办采珠节打开了一条门缝，同时也在合浦县委、县政府的领导班子成员中触发了新的思考并逐步形成共识。而营盘乡也没有因此停止争取支持的步子，而是继续努力为举办采珠节创造条件。到了6月初，再次向合浦县委、县政府呈送了申办报告。

合浦县委、县政府接到营盘乡的申办报告后，对当时的环境条件做了详尽具体的分析权衡，初步认同了举办采珠节的可行性。由于时任县委书记沈北海当时正在广东顺德挂职，不在家，未能最后确定。

营盘乡党委、政府得到合浦县委、县政府初步认同了举办采珠节的信息后，立即按预定的方案启动筹备工作，并以营盘乡党委、政府的名义，于7月2日做出了在1992年12月8日举办首届合浦营盘（白龙）采珠节的决定。

接着，吴卢金又想方设法找到了县委书记沈北海当面陈情，极力争取支持。沈北海书记给予的答复是：想法是好的，按拟定的方案，朝12月8日的目标努力，认真做好各种准备。

沈北海书记的答复给了营盘乡党政领导一颗定心丸。当时已是7月底，营盘乡立即召开了全乡动员会，当天集资七万六千元，由此拉开了筹办首届合浦营盘（白龙）采珠节的帷幕。

其实，当时营盘乡党委、政府的领导并不知道，在北海市刚举办首届北海国际珍珠节的背景下，接着就举办营盘（白龙）采珠节，涉及的各方面因素很多，并不是靠一种良好的愿望就能实现，稍有不慎就可能引起消极的影响，甚至会对南珠资源的品牌开发产生错位的思考。

采珠节开幕式的“出海螺号”方阵

而他们更不知道，就在这个时候，沈北海书记的心中，已经开始酝酿着一个更成熟的方案。

采珠节开幕式的“疍家婚礼”方阵

正当营盘乡紧锣密鼓的开展筹备工作的时候，8月6日，合浦县委书记沈北海带着县五套领导班子及有关部委办局的负责人来到营盘乡召开现场办公会。就

采珠节游行表演的“疍家婚礼”方阵

采珠节游行表演的“老杨公”方阵

采珠节游行表演的“耍花楼”方阵

采珠节游行表演的“珍珠公主”方阵

采珠节游行表演的“采珠女”方阵

采珠节游行表演的“狮子”方阵

采珠节游行表演的“珠还合浦”方阵

采珠节游行表演的方阵通过当时的美人鱼广场

采珠节开幕式主会场——合浦县体育场

采珠节期间，县领导陪同贵宾观看采珠情景

采珠节期间，由合浦工艺美术师参与设计制作的“双龙戏珠”

是在这次会议上，确定了首届合浦营盘（白龙）采珠节升格为县委、县政府主办。

为此，沈北海对采珠节升格为县委、县政府主办的目的和意义，做了精辟的阐述。他指出：合浦南珠是不可复制的区域资源，采珠作为南珠文化中一种特定的产业现象，同样是具有唯一性的遗产资源。充分利用好这些宝贵的资源，让其最大限度地发挥社会效应和经济效应的同时，也能够为南珠文化的传承发展增添新的时代内涵。因此，举办采珠节，首先是对南珠资源的科学开发利用和对南珠文化内涵的充实提升。这一点做好了，就能够为合浦珍珠业的发展提供新的思路，开辟新的途径。反之，就可能会造成资源的浪费和损失。因此，采珠节升格为县委、县政府主办，就是为了确保合浦南珠资源得到最大程度的开发利用，同时，也得到最好的保护。

此后，沈北海在采珠节的筹办期间，多次强调了六个必须做到：

一是必须做到精品效应。采珠节的各项工作都要力求做到精益求精，每一个环节都要按精品的标准去落实完成。采珠节是否成功的检验标准之一，就是能否出精品，形成精品效应。

二是必须做到准确展示。采珠节的项目设计必须生动准确地展示出合浦南珠的历史风貌和时代特征。特别是在南珠民俗风情的展示方面，要把握好最具区域特征的闪光点。

三是必须做到讲求完美。采珠节所有的活动项目，都必须围绕着突出南珠物质形态的“美”、文化内涵的“美”、时代风采的“美”、社会生活的“美”去进行设计。

四是必须做到大造声势。要通过采珠节的举办，展示南珠文化辉煌历史的同

采珠节期间中央“心连心”艺术团慰问演出的节目

采珠节期间中央“心连心”艺术团慰问演出的现场

采珠节期间县领导与外商签署招商协议书

采珠节深圳新闻发布会

采珠节深圳招商会会场

时，更要大张声势地展示合浦人民在开放改革的时代潮流中继往开来、勇于争先、再造“珠还合浦”辉煌业绩的胆识和气势。

五是必须做到广泛参与。要动员全县人民积极参与，把采珠节办得丰富多彩、好戏连台，使采珠节成为全合浦人民的欢乐节日。

六是必须做到形成示范，建立品牌。举办采珠节并不是为了一次活动的得失，而是要通过采珠节的示范作用，打造南珠的品牌，建立南珠品牌的后续效应，以利于持续强劲地推动南珠文化事业的发展。

事实证明，确定了由合浦县委、县政府主办采珠节后，一系列关键性的工作也就按照这“六个必须”的要求，自始至终都贯穿到整个采珠节的筹备工作中去。因此才有了采珠节那气势豪迈、精彩华丽的亮相。

在确定采珠节名称的过程中，曾出现了一个小插曲，由此可见筹办工作的精心细致。最初确定的名称是：中国合浦采珠节。对此，当时在会上就有人提出，是否可参照上一年北海举办的“首届北海国际珍珠节”，取名为“合浦国际珍珠节”，以便于扩大影响，也可与首届北海国际珍珠节互为呼应。这个想法得到了一部分人的响应。但经讨论后考虑到当时时间紧迫，已经来不及做好邀请外宾的工作了。因此不能为了在形式上造势，而导致名不副实。于是，本次只冠“中国合浦”，留有余地，等到下次条件成熟再举办时，可考虑其他冠名形式。接着，又有与会者提出，“中国合浦采珠节”是确定为一次性的节庆活动，还是具有连续时效性的节庆？如果是具有连续时效性的节庆，应该明确举办的序次，如注明是第一届或是首届，这样就有利于为连续时效确立时间起点。这一提议得到了一致认同，确定为“首届中国合浦采珠节”，举办的时间为 1992 年 12 月 8 日至 10 日，为期三天。

1992 年 8 月 30 日，合浦县委、县政府召开了“首届中国合浦采珠节”动员大会。这时，距离既定的开幕日期刚好剩下 100 天。

在剩下的 100 天中，必须完成设定的首届中国合浦采珠节活动的六大板块任务：一是采珠现场；二是彩车巡游；三是商品展销；四是招商引资；五是开幕式表演及文艺晚会；六是发动集资。

在这 100 天里，合浦的每一天都是群情激涌的时光。

那时光，合浦城乡上下真正是心往一处想，劲往一处使，步向一处迈。

那时光，只要是采珠节的事，没有人讨价还价，推搪拖拉。县委、县政府一声令下，各部委办局、各乡镇部门立即行动起来，制作彩车的车辆不够，就从县炮竹厂、齿轮厂、糖厂、盐场等国营企业连司机一起抽调借用；开幕式表演方

采珠节合浦县城之夜

队的人员，全部都是由各单位各自为战，开展义务排练；商品展销由企业联合组织；采珠现场由营盘乡承担；招商引资以外经委、经委为主；只有发动集资会议，在深圳、钦州等地召开新闻发布会、座谈会等，才是由县领导出动。在采珠节凝聚力的感召下，整个合浦当时就像一台高速运转的列车，风驰电掣般向前赶。

那时光，在合浦的机关单位、乡镇学校里，白天上班，晚上加班。白天上课，晚上排练。人不分老幼，职不论高低，都以能为采珠节做贡献为荣。合浦城乡到处都洋溢着筹备采珠节的喜乐气氛。只要是采珠节所需的，都会得到各方面的大力支持和赞助，这就是一个真正意义上的全民欢乐总动员。这就是为什么亲身经历了合浦采珠节的这一代人，提起采珠节，至今仍旧记忆犹新、荡气回肠的原因。

那时光，没有以权谋私、以节谋私。没有强行摊派、占公为私。没有多占多取、斤斤计较。虽然当时的集资款不多，但有一分钱就做足一分钱的事，有一分力就干一分力的事。因此，当开幕式前夕，上级领导来视察检查时，看了开幕式现场（体育场）、商品展销会场（原定文化宫商品展销会场，因参展的企业多，展销会场就一直伸延至还珠戏院至军区招待所一带）、美食一条街、招商引资接待会场（还珠宾馆）及花车巡游的线路安排（集结点在还珠女雕塑小广场）等准备工作后，也禁不住连声称赞：想不到如此的上档次、有规模、够气势！

那时光，是合浦人民的创造力尽情发挥的最好岁月，许多存留到今天的行业品牌都是在当时创新开发的；许多合浦民间艺术都是在那时重新焕发光彩的；许多人也是在那时找到了奋发的支点，绽放了人生的光华。采珠节就是这样在合浦人民心中留下了许多永恒美好的记忆，在珠乡大地上留下了永不消失的旋律。

1992 年 12 月 8 日—10 日，首届中国合浦采珠节在合浦县城隆重举行。李鹏总理为采珠节题词“南珠之乡”。市领导和中外嘉宾 800 多人参加了开幕式。节日期间，共签订项目 56 个，总投资额 1.5 亿美元和 9.5 亿元人民币。

1992 年，合浦县的税利收入为 1.5 亿元人民币（其中税收 6200 万元人民币，占全县财政收入的 65%），却能够成功举办前所未有、后难以为继的首届中国合浦采珠节。

首届中国合浦采珠节的举办，开创了前所未有的新局面，并留下了五大宝贵的精神遗产。

一、高效的政府机制。只用 100 天时间就成功举办了合浦历史上难得一见的大型跨区域经济文化活动。

二、显著的经济效益。开创了文化搭台、经济唱戏的招商引资新局面，全面拉动了当时合浦社会经济文化的发展。

三、广泛的全民参与。在全县形成了人人积极参与，人人争相奉献，热爱合浦，为家乡争光的良性效应。

四、强势的南珠文化传播。这是第一次由政府主办的大规模、多元化、深层次，全面地宣传、展示南珠文化的社会活动。

五、盛大的全民欢乐庆典。全民自觉参与，各行业的巡游花车、各单位的表演方阵、各种形式的文艺演出、五彩缤纷的节庆装饰（彩门），应有尽有，争辉斗艳，百年难见。

六、精彩的开幕式表演。以丰富多彩的文艺形式，全面演绎了南珠文化的艺术精华和民俗风情，参与人数空前绝后。

七、高规格的社会认同。党和国家的多位领导人及自治区领导同时为一个县级活动题词，前所未有。

采珠节开幕式晚会上，粤剧表演艺术大师红线女献唱《荔枝颂》

八、精彩绝伦的文艺晚会。合浦粤剧团在采珠节献演了本土粤剧《珠还合浦》，之后已成绝版。而红线女在采珠节的精彩亮相，至今也成绝唱；合浦著名的烟花绝技——塔家烟花也得以重新焕彩。

九、强盛的企业品牌集群。采珠节期间挖掘、认定、授予的珠乡风味美食品牌，至今还是市场上的主体品牌。

十、大规模的创新成果。在采珠节精神的影响激励下，争先奋发，振兴珠乡成为社会风尚，由此诞生了一大批名产之乡，这些名产之乡有："糖蔗之乡"西场、"木材之乡"乌家、"鱼米之乡"党江、"蔬菜之乡"廉州、"黄麻之乡"石湾、"建材（碎石子）之乡"闸口、"蚕桑之乡"常乐、"水泥之乡"公馆、"果蔗之乡"白沙、"美人鱼之乡"沙田、"珍珠之乡"营盘、"粮油之乡"环城、"海养（跳鱼、班星鱼）之乡"沙岗、"桉树（油）之乡"福成、"木薯之乡"南康、"红树林之乡"山口，等等，这都强有力地推动了合浦经济的超前发展，为1993年合浦成为"广西十强县"榜首，1994年"全国农林牧渔部产值最高的百强县"第32位打下了坚实的基础。

五大精神财富：同心同德的奋斗情操；勇于担当的奉献精神；敢为人先的创新活力；珠还合浦的励志合力；真挚深厚的爱乡情怀。

这也是合浦改革开放中积聚的宝贵财富之一。

附文一：

合浦"还珠女"雕塑

1988年早春2月，合浦有史以来的第一座城市雕塑，在人们的议论纷纷，甚至是责难非议声中，在当时县城新区最繁华、最宽阔的街道——还珠大道东端耸立起来了。这座城市雕塑的名字就叫"还珠女"。尽管当时对"还珠女"雕塑的看法褒贬不一，还有好事者编撰了"合浦有个还珠女……"的顺口溜肆意演绎，传得沸沸扬扬。但是，"还珠女"雕塑真实地寄托了珠乡人民在那个岁月里特有的时代情怀，成为珠乡的标志性人文景观。

其实，当年建立"还珠女"雕塑，并不是谁头脑发热、一时冲动、突发奇

合浦“还珠女”雕像

想的作为，而是在特定的时代背景和社会条件下，珠乡人的感情归属和寄托所致。其中，此前合浦相继发生了一些相关的重大事件，在一定程度上也产生了关联性的影响，因此形成了推动“还珠女”雕塑建立的心理合力和行动凝集力。

1985 年 1 月 28 日，中共钦州地委根据中共合浦县委的调查报告，决定为合浦地下党受迫害的问题彻底平反。1 月 30 日，纪念合浦武装起义 40 周年暨为合浦地下党彻底平反大会在合浦举行。来自全国各地的抗日战争时期和解放战争时期参加革命的老同志、老战士等数百人参加纪念活动及大会。

老同志、老战士士们重新相聚合浦，除了深厚的战友情之外，还有着与合浦根据地人民的血肉深情。在革命战争年代里，中共广东省委、中共广东南路特委先后在合浦设立过中共合浦工委、中共合浦县委、中共合浦中心县委、中共钦廉四属［合浦（含浦北）、钦州、灵山、防城］联络机关、中共粤桂边地委、中共六万山地委等党组织，统一领导钦廉四属的抗日救亡武装斗争和解放战争。并于 1940 年、1945 年发动了两次抗日武装起义，形成了钦廉四属党领导的武装力量，建立了以大廉山革命老区为门户的白石水抗日武装根据地。至今，合浦县经认定的革命老区村有97个。这些老战士中的大部分人当年都在合浦战斗过。这次重回合浦，在他们心中都有一个共同的愿望，就是尽力为老区人民做一些具有区域象征性意义的事。建立“还珠女”雕塑的构思就是在这样的背景下产生的。也就是说，在此期间，老战士、老同志向县委、县政府提出了建立“还珠女”雕塑的建议。

在形成建立“还珠女”雕塑的建议、规划设计乃至实施的过程中，还发生了一个重大的事件：1987年7月1日，时属钦州地区的合浦县划归北海市管辖。而在此之前，于1985年夏在合浦福成乡境内动工，1986年建成使用的机场被定名为北海机场。这一前一后的两件事，都在合浦人的心里引起了震动和冲击。这从另一个方面也成了加快落实还珠女雕塑建设的推动力。

当时在对建立“还珠女”雕塑的造型设计征求意见中，大家的讨论很热烈，综合归纳起来，主要有几个方面：一是要蕴含鲜明的合浦历史文化元素，要突出“珠还合浦”的主题。对此，大家的意见基本一致：合浦是南珠故郡，珍珠的展示当然不可缺少。二是雕塑形象定位，虽然当时有种种提议和方案，但最后还是确定了人物造型：名为“还珠女”，以合浦渔家女的体态形象为参考原型。上半部分是手托珍珠的女神，寓“珠还合浦”典故。下半身为龙身鱼尾的螭吻（龙生九子之一），寓龙女化身献珠。三是在人物形象表现形式方面，这是争议最多的。最后能够确定为裸体的展示形态，由此体现了当时合浦在解放思想方面的勇气和智慧。这里还有一个重要的影响因素，就是当时参与提议和积极推动建立还珠女雕塑的老战士、老同志中，有相当一部分曾任高级领导干部和高级职别的知名学者、文艺家。如果没有他们的大力支持和推动，就没有今天这个全裸造型的“还珠女”。“还珠女”雕塑底座的“魂萦南天，珠还合浦”铭文，由中共中央宣传部文艺局原局长李英敏撰题，广西著名的书法家李雁书写。

由于还珠女雕塑设计理念蕴含着多方面的文化元素，在形象塑造方面既要突显“珠还合浦”厚重的时代沧桑感，又要体现龙女化身献珠的传奇浪漫色彩，更要展现合浦渔家的朴实健美形态。因此，在还珠女的人物原型选择方面，先后选择了A、B、C三人为参考原型。A是合浦文化局的干部，B是沙田海战的渔家女，C是在校学生。

A是第一个被确定为“还珠女”人物原型人选的（当时“模特”之称在合浦还未通行）。A是合浦文化局的干部，经常参与主持各种文化活动，当时在合浦是比较知名的文艺骨干。她的体型容貌和年龄都比较符合还珠女的造型要求。

创建时的合浦“还珠女”雕像侧面

首届北海国际珍珠节期间，1991 年合浦首次时装表演的珍珠女神

特别是 A 面部的表情线条鲜明，眼神中不时地流露出一丝丝思考中的忧郁感，由此更能体现出些许古典仕女的气质，较能符合还珠女期待着珠还合浦时应有的时代沧桑感神态。这在参与创作设计的人员眼中，是不二的人选。

但是，在参照 A 的体形容貌设计出的初稿，却出现了差距。原来，A 的体型偏瘦，这与既定的展现合浦渔家女的朴实健美形象出现了较大的差距。经过对比讨论之后，决定去沙田的海战挑选渔家姑娘，因为，当时的沙田海战是纯渔业生产区，比较全面地保留疍家渔家的风情人文生态原貌，渔家姑娘的体态贴合还珠女的造型要求。这次挑选的 B，是典型的疍家后代，确实具备了渔家姑娘朴实健美的身材形态。然而，参照 B 身材形态设计出来的画稿又出现一处不太协调的地方，这是因为 A 的面部轮廓稍显瓜子形，这与渔家姑娘朴实健美的身材形态在整体协调美的方面产生了不尽如人意的距离。尽管是这么一点差距，但在当时，大家都是带着极大的热情、高度负责和不倦的敬业精神参与的，没有任何个人的私心杂念掺杂其中。特别是当时工作环境讲究民主，大家都可以就精益求精的追求畅所欲言，不愿因一时的疏忽而在形象设计上留下瑕疵，这就成了共同的理念。因此，即使是存在一点点差距，大家都要争取做得更好。于是，又通过其他渠道找到了正在学校读书的 C。C 当时只有十六七岁，正在读艺校，面容圆润姣好，也具备一些文艺气质，与渔家姑娘朴实健美的身材形态比较相衬。遗憾的是，在拍了照片之后发觉，C 面部的神态显得幼稚羞涩，难以体现“还珠女”的时代沧桑感，还得重新考虑。

就这样，经过反反复复的挑选讨论之后，设计人员最终提出了一个当时比较流行的“三结合”的设计方案：决定采用A的面部神态特征，B的身材形态特征，C的面部轮廓特征，以此三合一进行创作设计。于是就有了今天还珠女雕塑形象。从整体形象而言，还珠女雕塑的三分之二侧面造型最为生动传神：单手捧着珍珠，双目凝视前方，眼神里蕴含着几许沧桑思考，微笑中充满着期待。了解并熟悉“还珠女”雕塑制作过程的知情者，看见此情此景，莫不为之惊叹：这活脱脱的就是A的形象神态啊！

可惜，此后A因公殉职，芳魂归去。而参与挑选还珠女人物原型的主要负责人之一，合浦知名的木刻版画家G君也不幸英年早逝。还珠女人物原型的重要主角和策划设计的重要参与者之一相继谢世，因此在“还珠女”雕塑的历史记忆中，留下了太多缺失和遗憾。即使如此，我们也不应该忘记他们的努力。

而“还珠女”雕塑在此后的坊间流传中，演绎出多个版本。“还珠女”也被以讹传讹变成了“美人鱼”。以至于时在今日，珠乡的一位青年看了还珠女雕塑后，百思不得其解地发出疑问：为什么合浦的这个美人鱼手里拿的是珍珠呢？文化传承的缺失，教人心痛的正在于此。从“还珠女”到“美人鱼”，这已经与当年珠乡的前辈们敢为人先而创造“还珠女”雕塑所寄寓的深切期待相去十万八千里。集珠还合浦的文化内涵和地理人文特征为一身的“还珠女”，就这样随着坊间的以讹传讹而被异化、俗化了。

“还珠女”雕塑的安放地点选在还珠大道的东端，正面向西，对着当时的合浦县政府机关、县人大机关、县政协机关驻地，因此曾有过种种议论。但这些都是坊间演绎派生出来的想当然。其实，当时选择这样的置向来安放“还珠女”雕塑，主要考虑的是，1986年建成的还珠大道是当时合浦县城内规模最大、最繁华的街道。还珠大道两旁规划建设的都是金融机构和珍珠商业街。事实上，后来合浦的银行及珍珠公司、商店都基本建在这里。因此，把“还珠女”雕塑安放在这里，就是为了让她能够目睹合浦翻天覆地的新面貌，亲身感受县委、县政府在新的历史时期里带领合浦人民再创珠还合浦的辉煌。今天“还珠女”雕塑身边的环境，依然是合浦县城最繁华的地段，这就是最好的见证。

“还珠女”雕塑凝固了南珠故郡的千古神韵，寄寓了珠乡人永恒的“中国梦”——“珠还合浦梦”。

附文二：

粤剧《珠还合浦》

粤剧《珠还合浦》是迄今为止，在南珠文化领域中最完整地记述“珠还合浦”这一神话传说的唯一性文艺作品，寄托着珠乡儿女为传承珍珠文化的真情相付，载负着珠乡儿女对弘扬真善美的执着追求。

“珠还合浦”的传说，自《后汉书》的记述至今，已有一千六百余年的历史。“珠还合浦”由神话传说演变为历史典故，其间，虽多有诗词表记等文章涉及，但都是寥寥数语的记述或感叹，没有出现过完整叙述“珠还合浦”故事的文艺作品。

最早对“珠还合浦”这一历史题材进行粤剧改编，是于1958年为庆祝中华人民共和国成立十周年开始的。当年在对“珠还合浦”的这一历史典故及传说故事进行粤剧创作时，一开始并没有以《珠还合浦》为剧名，而是命名为《珍珠劫》《宁海记》《还珠记》等。但由于起步阶段的经验不足，该剧在参加湛江

20世纪30年代的电影《珠还合浦》中的画面

1983 年合浦粤剧团演出《珠还合浦》剧照

1983 年粤剧《珠还合浦》恢复排练演出，特邀时任中国戏曲学院戏文系主任林涵表（左一）和马铁汉（左二）前来指导剧本修改，担任导演

地区会演和十周年庆典演出中，效果并不理想。

1961 年，中共合浦县委、县政府决定组织力量对“珠还合浦”题材进行集中攻关创作，参加攻关创作的主要骨干都是当时合浦文艺界的翘楚。其中，时任文化局副局长的黄衍清创作了《珠还合浦》的文学剧本之后，由下四府著名的粤剧艺术表演家、广西第一届戏曲会演“最佳文武生”奖获得者，最早以“珠还合浦”为题材，牵头创作粤剧《宁海记》。曾任浦北县群工粤剧团团长的倩影云以及陈冠英、曾次伯、镇山河等合浦粤剧界的骨干，结合黄衍清的文学剧本精心设计唱腔、配曲，完成了第一个粤剧《珠还合浦》的演出剧本。这是最早以《珠还合浦》题名的全本粤剧。此后，“珠还合浦”由历史典故登上了戏剧舞台，有了一个艺术载体——粤剧。这次改编重演后的粤剧《珠还合浦》剧本，成为此后历次改变重演的基础范本。

1962 年 4 月，由合浦粤剧团编演的粤剧《珠还合浦》在湛江演出获得成功，时在湛江考察的田汉观看了之后，还为此专门赋诗《读“珠还合浦”有感随笔》，表达了对粤剧《珠还合浦》的期待：“合浦唱珠还，源自唐汉书。名扬粤桂地，堪称一枝花。拨乱今反正，春来披新衣。虽有商榷处，愿君共扶之。”

粤剧《珠还合浦》在湛江演出成功后，至 1963 年上演了近百场。后来因限制古装戏的演出，粤剧《珠还合浦》也随之进入了“冬眠期”。直至 1979 年，为了庆祝 30 周年庆典演出，粤剧《珠还合浦》又重新进行改编整理，合浦粤剧团著名的老生艺术表演家陈家信被指定为改编整理的成员。经过这次改编整理的粤剧《珠还合浦》，在参加钦州地区文艺会演中，一口气就捧走了创作奖、音乐设计奖、导演奖、演出奖、舞美设计奖等五个奖项。1983 年，中央戏曲学院戏剧系主任林涵表应邀改编《珠还合浦》，同时指导合浦粤剧团进行排练。在此后的 20 世纪 80 至 90 年代间，也曾对粤剧《珠还合浦》做过一些演出性的调整。至此，自第一稿的演出本之后，前后共进行了九次修改。1991 年 10 月，北海首届国际珍珠节举办，粤剧《珠还合浦》是指定献演节目，因此又要进行第十次改编演出。

而这时，由于演员队伍的流失和演员年龄的老化，当年演出粤剧《珠还合浦》的团队已所剩无几，特别是在舞美服装、台景道具方面的专业人才更是缺乏。再一个就是台本的使用问题，是否还能找到二十多年前的剧本还是一个未知数。然而，还有一个更严重的困难，当年的服装、台景、道具早已荡然无存，制作的经费和制作技术如何解决？在当时的条件下，都是十分棘手的。而且，当年举办的国际珍珠节，政府的财政拨款极少，绝大多数活动要“自力更生”。

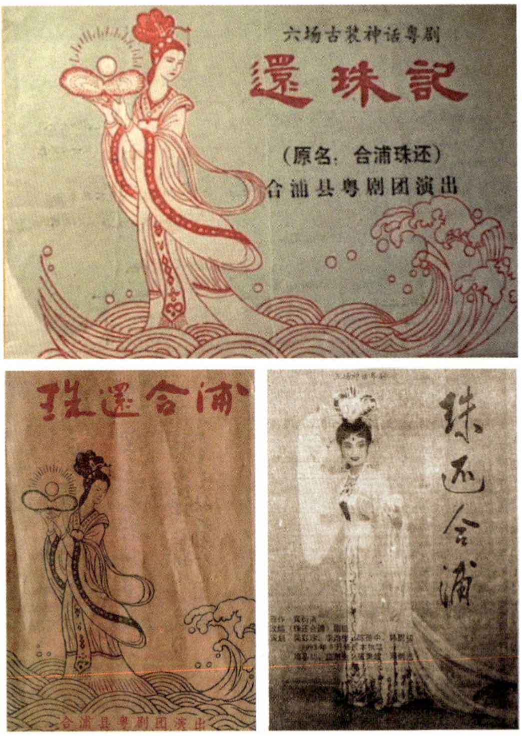

合浦粤剧团不同时期的演出海报

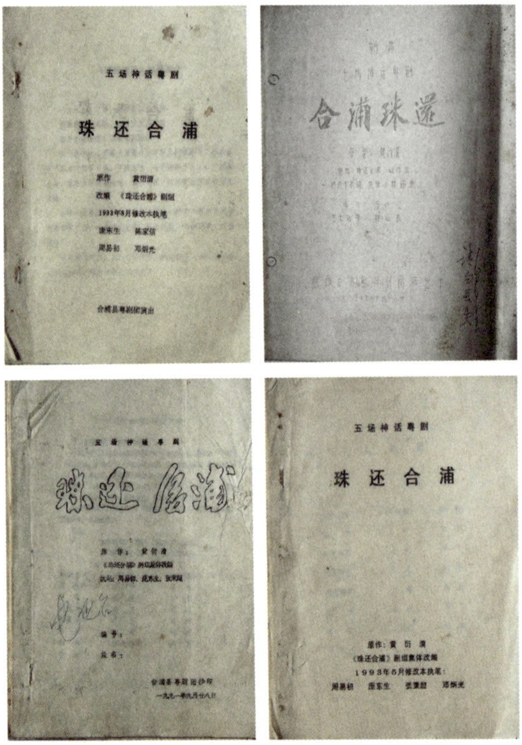

合浦粤剧团不同时期的演出剧本

合浦粤剧团不同时期的演出剧照

要在这种几乎是一无所有的状况下，在短短的六个月内完成排练演出，可见难度之大。

但是，大家也都知道，这是一个让合浦粤剧《珠还合浦》重放光彩的极好机会。因此，尽管是在困难重重、压力如山的环境中，合浦粤剧团还是义无反顾地接下了这个任务。

为了极早开展《珠还合浦》的排练及剧务准备工作，合浦粤剧团一时间“倾团出动”，找剧本改编的，设计制作台景道具的，准备舞美服装的，全部进入了自己动手、全民备战的“一级战备”状态。而当时一部分应邀到广东去参加春班演出的演员，也放弃了优越的待遇，闻讯赶回来参与准备工作。为了让沉寂二十年的粤剧《珠还合浦》重上舞台，当时合浦粤剧团的整个团队确是憋足一股劲，拧成一股绳，凝聚了一种精神。

如在赶制服装道具的过程中，为了节省资金，剧团的演员在完成排练任务之外，都自觉地参加到制作台景道具服装的义务劳动中来。而当时制作台景道具，大多是在库存的旧服装和旧道具中修旧利废，往往是将多件残旧的道具拼装成一件适用的。在赶制服装的过程中，由于团里衣车等工具不足，一些演员就把服装拿回家中义务赶工，而且因演出服饰的特殊需要，大部分都要靠手工缝制，在当时市场上还没有恢复戏剧服装道具生产的情况下，剧团的演员们就主动将服装拿回家中赶工，不少人的手指因此被针刺破了。由此可见大家的决心和信心。

在重排《珠还合浦》的过程中，合浦粤剧团的创作团队没有因为困难重重而降低对质量的要求。为了增强时代感，特别是要体现珠池孕育珍珠、珠民采珠的文化特征，在场景道具的设计中，突破了传统的舞台布景局限，大胆地将珠池情景搬上舞台，增加了珠池里（水晶宫）的嶙峋岩石、珊瑚石花、连绵海藻以及白玉栏杆、闪光的夜明珠、护卫珠池的双鲨等动态情景设置，生动有趣地衬托了金碧辉煌的珍珠宫。这种将实效情景与舞台效果相结合的场景特色，形成了浩大精美的场景环境，即使是放在二十年后的今天，就算耗费巨资也难以达到相应的效果。然而，就是当时在缺乏专项拨款、资金紧缺的困难条件下，合浦粤剧团的全体演员齐心合力，自力更生，按时完成了任务。这种精神在今天依然具有重要的借鉴意义。

依靠自力更生解决了部分台景道具和服装这一难题，就为《珠还合浦》重上舞台打下了基础。但是，这时剧团又碰到了一个“拦路虎”，就是音响灯光无法靠“自力更生”解决。为了解决这个问题，剧团的李锦森和陈家信两位老台柱扮演了粤剧“武训”的角色，通过与企业合作，帮企业培训文艺人才、代言企业形象等企业文化活动，争取到了购买全套音响灯光设备所需的赞助资金。

就这样，粤剧《珠还合浦》终于如期在北海首届国际珍珠节的文艺舞台上惊艳亮相了。

粤剧《珠还合浦》在北海首届国际珍珠节的文艺舞台上重放光彩，以其精湛的演技，绚丽的舞美，华丽的台景，引起了社会各界的广泛关注，由此奠定了粤剧《珠还合浦》在南珠文化的传承和弘扬中的历史地位及艺术水平，成为南珠文化的标志性作品。不久，粤剧《珠还合浦》被国家文化部选调进京，参加全国戏剧会演。进京会演后，《珠还合浦》被确定为全国少数民族优秀保留剧目。

1992 年 4 月，由中国戏剧家协会主办的《戏剧电影报》在“中国名剧”专栏对粤剧《珠还合浦》进行推介时称“全剧行当齐全，唱作念打并重”。1993 年的《影剧艺术》第四期，对粤剧《珠还合浦》做了专辑报道，一时间好评如潮，被称为“熠熠生辉的南国明珠”。这对于县一级文艺团体来说，都是难得的殊荣。主创者之一、合浦粤剧团的李锦森被北京戏剧学院聘请为专职教师，驻校授艺三年。由此可见，粤剧《珠还合浦》的艺术成就已经超出了粤剧剧种及地方文化的局限，获得了文艺界的普遍认可和赞同。

粤剧《珠还合浦》自问世以来，经过近半个世纪的演绎，已成为南珠文化领域中一朵盛开的文艺奇葩，经久不衰，多年来在区内外巡演，好评如潮。

合浦粤剧团老团长陈家信主持了粤剧《珠还合浦》的编排重演，推动该剧获“中国名剧”之誉

《珠还合浦》在创作手法上，首先突破了历史典故的写实框架。以“珠徙交趾”“尝到官、革前弊”“去珠复还”等为线索切入，巧妙地避开了历史背景和历史人物的局限，设计了珍珠公主、邓海生、钦差等剧情人物，紧紧围绕一个“珠”字铺开情节场景。通过海生与珍珠公主奇遇婚恋、钦差贪功割股藏珠、珍珠公主化珠献身、梅岭飞珠等精彩场景，使剧情自始至终充满着神奇美妙的浪漫主义色彩，自始至终处于大悲大喜的感情起落之中，产生了良好的神话氛围。

粤剧《珠还合浦》在南珠文化领域中的重要地位，主要见于以下几个方面：

一、塑造了鲜明的舞台人物形象。《珠还合浦》在南珠文化领域中，第一次塑造了个性鲜明、生动感人的舞台人物形象，这是该剧取得的关键性突破。自“珠还合浦”的历史典故形成并流传以来，关于此方面的诗词歌赋表记等各种文体记载中，都只有孟尝一个人物。即使在文艺作品中表现出来的，也只是抒怀感叹，如“珠还合浦世所称，危亭移建事更新”之类的咏物作。在这种意义上，“珠还合浦”在文学艺术形式上，只属于文人骚客们所有，并不属于人民大众所有。粤剧《珠还合浦》塑造了珍珠公主、邓海生及一大群珠民渔家，通过他们对生活遭遇的演绎，使历史典故真正走进渔家，成为家喻户晓的故事。珍珠公主、邓海生作为善良、正直的化身而成为神话戏曲的经典人物。“珠还合浦”这一政治理念与民间的良好愿望融为一体，并以神话的戏剧形式固定下来，产生了强烈的艺术感染力和深刻的现实意义。

二、精确而形象的戏剧主题。戏剧不同于别的文艺形式之处，除了用语言文字去塑造人物形象之外，还必须有精确而形象的戏剧主题。关于“珠还合浦”

合浦粤剧团在各个时期演出《珠还合浦》中的珍珠公主造型

的传说，在两千余年的传播中，都有一个政治主题——清官政治。从孟尝到家喻户晓的包公、海瑞，都是一脉相承的。关于此类主题的戏剧作品，比比皆是，而且都是以重大的历史事件为背景。“珠还合浦”的历史典故却缺乏这些重大的历史背景。因此，不能沿用类似的形式或方法去表现戏剧主题。

粤剧《珠还合浦》在众多的历史线索当中，准确地捕捉到了珠民渔家以采珠为生的艰险生涯，并以此为切入点，把剧情设计聚焦在珠民渔家的谋生遭遇上来，直截了当地把矛盾冲突集中在珍珠公主、邓海生与钦差、县官的身上，准确而形象地突出了“官逼民反”（珠徙交趾）、正义与邪恶抗争（珍珠公主化珠献身，钦差割股藏珠）这一鲜明的主题，使得思想性与艺术性在《珠还合浦》剧情发展中高度统一，准确而生动地反映出了生活在社会底层的珠民渔家们的

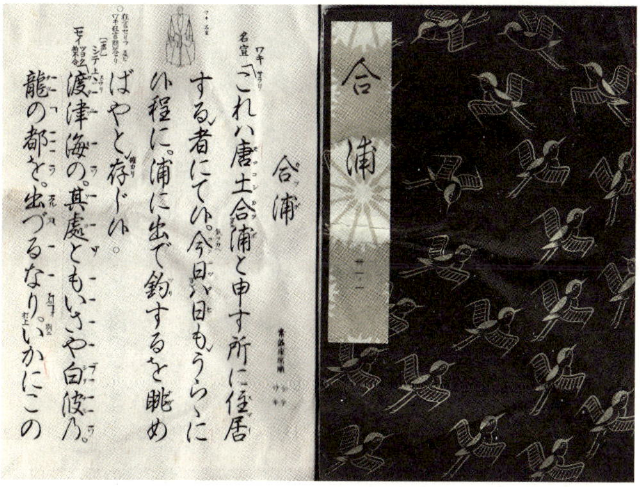

日本以珠还合浦为题材编写的剧本

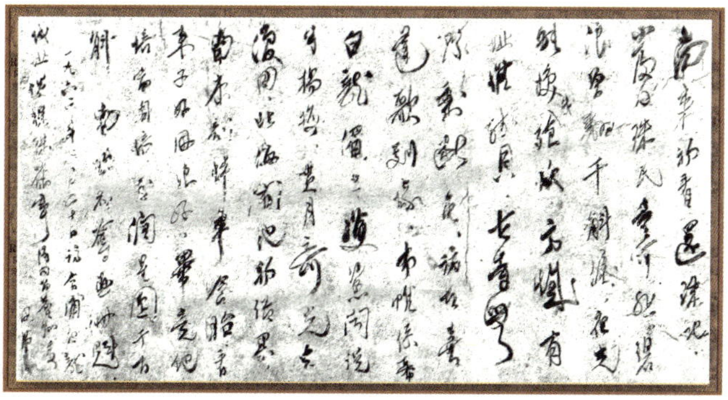

田汉为粤剧《珠还合浦》题诗的手迹

真实愿望。正如剧中珍珠公主所唱的那样：“郎去采珠妻织锦，珠女娇俏乐天伦。”这正是粤剧《珠还合浦》近半个世纪经久不衰的成功之处。

三、准确、完整地表述了“珠还合浦”的人民性。千百年间，对“珠还合浦”的记述，多是恩泽惠民之类的颂词，或是对清官政治、朝廷恩德的歌颂或期待，或是清官功德庇佑，这是封建社会中的现实，是正常的，理所当然的。粤剧《珠还合浦》的人民性就在于，让珠民渔家将命运掌握在自己手中。珍珠公主和邓海生是完全脱离于官府朝廷的独立人物。他们追求自由的爱情和生活，抒发珠民渔家对支配自己命运的强烈愿望。珍珠公主宁愿化珠飞去，也不肯成为皇家妃嫔的玩物；邓海生宁愿自己下海去寻夜明珠，也不愿逃离现实只求个人安宁；珠民渔家期待珍珠公主再回合浦，而不是把夜海重光的希望寄托在某

以“珠还合浦”为题材编拍的舞蹈《珍珠姑娘》：这张画是根据歌舞《合浦还珠》中的一个情节所绘。一位由珍珠变幻来的姑娘和渔民阿水为了追求婚姻幸福而对强暴作不屈不挠的斗争。画面描绘珍珠姑娘在水中翩翩起舞，人物舞姿婀娜，海底景色美妙动人。

一个清官、某一次朝廷恩泽中去。这正是粤剧《珠还合浦》准确完整地表述“珠还合浦”人民性的首创之处。

四、在南珠文化领域中，率先树起了浪漫主义的旗帜。《珠还合浦》作为一部神话粤剧，与其他南珠文化的表现形态不同的是鲜明的浪漫主义风格。在南珠文化的各种表现形态中，自然形态是实物，精神形态则是人们对南珠及其相关事物的认识和思想境界。在史籍中检索南珠文化的存在痕迹，唐人的诗歌唱诵也好，宋人的词章歌咏也好，总是浪漫不起来。即使是宋词“豪放派”的开山鼻祖苏东坡，面对合浦还珠亭，也只是浩然感叹一句“万里瞻天”，徒然生出“孤云出岫岂求伴”的愁绪。原因何在？那就是他们都不能将自己置身于人民大众的现实生活中去感受。粤剧《珠还合浦》取材于历史典故，通过艺术形象的精炼，将现实生活中的真情实感融入其中，将典型环境中的典型事件、典型人物浓缩在剧情需要之中，使故事情节生动精致，人物形象有血有肉，栩栩如生。同时将“珠还合浦”从千百年的典籍堆中和诗词殿堂里解放出来，使之成为老百姓喜闻乐见的艺术形式，这是一次有益的、成功的创作。近半个世纪的检验证明，粤剧《珠还合浦》堪称南珠文化中的一棵文艺常青树。其对南珠文化所产生的影响是具有深远意义的。

首先是为地方文化创造了一笔宝贵的文化财富，提高了地方知名度。粤剧《珠还合浦》在社会上广为传演了近半个世纪，并多次应邀到外地演出，已经成为社会文化活动中的一个传统保留剧目。其次是弘扬了南珠文化。粤剧《珠还合浦》作为南珠文化领域中的经典代表作，在以戏剧形式系统完整地演绎了“珠还合浦”这一历史典故的同时，通过生动的艺术形象和富于哲理的思想艺术性，塑造了《珠还合浦》众多人物形象，使之成为南珠文化中典型的艺术角色。这些艺术角色在进入社会文化活动中，不但生动地反映了珠乡人民的精神面貌、时代风采，也是一个弘扬南珠文化的过程。再次是填补了南珠文化的延伸扩展，开辟了新的园地。如前所述，粤剧《珠还合浦》使历史典故成为人民群众喜闻乐见的形式，不但为戏剧在南珠文化领域中的应用提供了成功范例，也为今后如何借助舞台戏剧形象去反映多层次的南珠文化形态，开辟了新园地。更为歌舞、影视等文艺形式去演绎“珠还合浦”提供了借鉴经验。这一影响在今后南珠文化的挖掘发展中，意义更为重大。

当然，粤剧《珠还合浦》也不是完璧无瑕之作。由于创作环境和创作时代的局限，还存在一些美中不足的地方，如唱腔设计有单调之嫌，唱段唱词不够流畅，表现人物内心世界的中心唱段不明显，语言对话中的口语倾向偏重，情

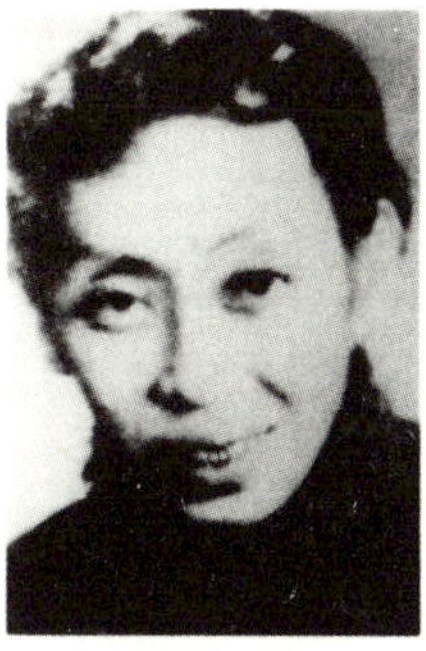

最早参与粤剧《珠还合浦》创作的编导之一倩影云

粤剧泰斗红线女与合浦粤剧团《珠还合浦》剧组合影

节铺垫中悬念较少影响了剧情高潮中的矛盾冲突等。但是这些都不影响《珠还合浦》的艺术价值及其在南珠文化中的地位和影响。相信，通过今后的不断提高，粤剧《珠还合浦》也会像熠熠生辉的合浦南珠一样，更加光彩夺目，更加优美动人。

2000 年，粤剧《珠还合浦》由北海市粤剧团改编后，参加广西第五届剧展，获“桂花工程”一等奖和 11 个单项奖。同年，北海市粤剧团携粤剧《珠还合浦》到澳门演出。

2004 年，北海市举全市之力，续办已经中断了七年之久的“北海国际珍珠节”，粤剧《珠还合浦》再度献演。

2007 年，“合浦珠还民间传说”入选第一批自治区非物质文化遗产名录。同年，粤剧《珠还合浦》献演。

2009 年 11 月，北海市粤剧团携粤剧《珠还合浦》参加“亲情中华——2009 南宁国际华人文化节”。

2010 年 7 月，北海市粤剧团带着《珠还合浦》等四台古装粤剧，代表广西首赴广州演出。粤剧泰斗、红派艺术创始人红线女观看了演出后感慨地说：“北海市粤剧团成功在广州演出了以《珠还合浦》为主的几台古装粤剧，这足以证明，粤剧不仅在广东有市场，在两广地区乃至世界的市场还很大，粤剧事业后继有人。”此后，粤剧《珠还合浦》作为北海市粤剧团的保留剧目，参加每年一度在广州举行的羊城国际艺术节。

2012 年 11 月，北海市粤剧团携粤剧《合浦珠还》参加第八届广西剧展大型剧目展演。

2015 年 9 月，广西北海市粤剧团携粤剧《珠还合浦》在香港九龙高山剧场成功首演。

这就是粤剧《珠还合浦》在半个多世纪的历练中绽放的艺术风采。

后　记

张焯绍

合浦有着两千多年的行政建制历史，悠久的历史创造了辉煌的文化。其中包括以“珠还合浦”“廉山留名”为标志的吏治文化，以“海上丝绸之路”始发港为标志的海洋开放文化和佛教南传文化；以万座汉墓葬群和汉窑群为标志的合浦汉文化；以七大古珠池为标志的珍珠文化。此外，还有古越文化、客家文化、疍家文化等。这些文化现象是中华民族在历史长河中的闪亮浪花。

合浦历史文化资源的积聚，是在开放吸纳和兼收包容中形成发展的，因此，其有着广阔的区域性、时代的延续性，对后世的影响及意义是深远的、可借鉴和发展的。

由合浦历史文化资源而产生的合浦文化品牌，是区域社会经济发展中的一座潜能巨大的资源宝库，也是合浦在发展区域经济中不可缺少的重要条件之一。科学合理地打造合浦文化品牌，有利于加强合浦历史文化资源的保护、开发、科研、利用，对合浦的社会经济发展有着重要的拉动促进作用。

合浦文化品牌正是依托于几千年来形成的博大精深、厚重多彩的合浦历史文化资源基础而存在的，其资源优势与文化内涵主要体现以下几方面：

一是“海上丝绸之路”始发港文化。“海上丝绸之路”始发港文化反映出中华民族对外开放的胸襟和追求。以合浦为始发港之一的“海上丝绸之路”见证了两千年前，中国海上对外贸易的主要商品、贸易方式和远洋航线。这条“海上丝绸之路”航线的贸易区域，正好与2010年建成并开始运行的“中国—东盟自由贸易区”基本吻合。由此见证了始发港之一合浦所在的广西北部湾地区，是中国最早开展海上对外贸易的地区，也是古代中国与东南亚、印度洋等沿海国家进行经贸文化交流的前沿区域。从“中国—东盟自由贸易区”的发展中，更能真切地体会到两千年前从合浦启航的这条“海上丝绸之路”的伟大影响和意义。

二是南珠文化。合浦因珍珠而名，珍珠成为合浦区域象征，因此孕育的珍珠文化源远流长，丰富多彩。从大廉灵杉到珠还合浦、从珠市开阜到“海上丝绸之路”始发港，从设媚川都到州以廉名，珍珠串起了合浦几千年的历史。周恩来总理曾指示：“要把南珠生产搞上去。”陈毅元帅为珠乡赋诗词：“看今朝，合浦果珠还，真无价。”胡耀邦称赞：“千州万州不如廉州。”李鹏总理题词：“南珠之乡。”胡锦涛总书记曾莅临珠乡合浦视察。温家宝总理题词：“弘扬南珠文化，振兴合浦经济。”全国人大原副委员长邹家华题词：“珠还合浦。”全国人大原副委员长程思远题词：“南珠城。”中共中央原副主席李德生，全国政协原副主席杨成武、荣高棠，解放军原总参谋长杨得志，全国政协副主席何鲁丽等都先后为合浦题词留字。田汉、吴晗、红线女等曾为珠乡赋诗、撰文、题字。这些都是南珠文化中的闪亮华章。

三是合浦汉文化。合浦汉文化是指自秦汉至魏晋南北朝期间，汉合浦郡辖地范围内的社会生活中所产生的物质形态和精神形态。这种文化形态包括四个结构层次：一、物化文化层次；二、制度文化层次；三、行为文化层次；四、心理文化层次。合浦汉文化具有特定的区域优势，即汉合浦郡辖区最广阔时涉及今海南全境，在发展北部湾成为中国经济增长新一极的今天，这一区域已成为“中国—东盟自由贸易区”的前沿阵地，大通道港口群集合部。通过合浦汉文化的资源大整合，有利于激活该区域的各种合作元素，有利于提高合浦的区域知名度，有利于增强合浦的区域竞争力。

四是以“廉山留名”“珠还合浦”为标志的廉政吏治文化。廉政吏治文化包括了汉代及汉以后以“珠还合浦”为标志的廉吏人文精神汇集。费贻守合浦而有廉州、廉江、廉泉；孟尝“珠还合浦”流芳千古的勤政吏风而有的还珠亭、孟尝祠、孟太守风流坊；廉吏文化不仅寄托了人们对美好生活的向往和期待，更重要的是，以“珠还合浦”为标志，催生了吏治文化的新领域，成为一种吏治标准，因而成为一个特定象征，所产生的社会影响远远超出了时代的局限和区域局限，成为一种社会普遍认同推崇的道德行为规范，其意义是多方面的。

五是廉州古城唐宋文化，唐宋廉州古城内城面积0.65平方千米，唐时为街城、宋筑土城墙，明清建砖石城墙，城墙周长2500米，护城河长3150米。城内历史景观及遗址遗迹众多，有广西最早的木桥、全国重点保护文物惠爱桥，五大古井，苏东坡遗踪。城内现存宋代府学宫孔庙、明代县学宫明伦堂、海门书院及明清以来的学府书院遗址30多处，东山寺、保子庵北山庵、武圣宫及有址可寻的古代寺庙20多处，还有魁星楼、天妃庙、古城墙遗迹，建于清同治年间、形成于民国初年的骑楼老街。至今，廉州古城遗址内，有史可证、有址可寻的古代景观遗址就有60多处，其分布的密集程度为全国少见。廉州古城承载的厚重多元而深远博大的历史文化，足以使廉州古城成为岭南地区最具代表性的历史文化名城之一。

六是以“俗有四民”为主体的民俗文化。明代王士性《广志绎》中记述：“廉州中国穷处，其俗有四民：一曰客户，居城郭，解汉音，业商贾；二曰东人，杂处乡村，解闽语，业耕种；三曰俚人，深居远村，不解汉语，惟耕垦为活；四曰疍户，舟居穴处，仅同水族，亦解汉音，以采海为生。”这里的客户就是商人，其特征是解汉语，业商贾，也就是讲中原话的商人；东人就是从福建迁移而来，又会讲闽南话的客家人，职业特征是农耕；俚人就是本土越人的后裔，不会说“汉音”，过着刀耕火种的生活。疍户，就是疍家人。合浦“俗有四民”有着悠久的历史和鲜明的文化特征，因此民俗风情丰富多彩，是合浦郡的历史文化中最精彩生动的一部分。

七是南流江文化。南流江古称合浦水，发源自北流大容山，流经玉林、钦州市的浦北县后，自北而南贯穿合浦境县汇入北部湾，全长287千米，流域面积9704平方千米，因此被称为北海、玉林、钦州三市共同的母亲河。南流江流经合浦境地入海的干流约100千米，入海口的海岸线长达100千米，自东至西形成六大古港口的同时，也造就了面积达550平方千米的南流江三角洲和面积达854平方千米的南流江冲积平原，分别成为广西最大的三角洲和广西第二大平原。

自从秦始皇在秦瓯之战中开通了秦凿渠，使南流江流域与北流江流域相接，并经灵渠与湘江、珠江水系连通后，南流江就以其连通中原水路网络、连接中原出海通道的优越条件，而有“海上丝绸之路”内陆“黄金水路通道”之称。以南流江连接中原水路运输网络为主轴，向北连接中原水运网络的南流江黄金水道为大动脉，形成了连接漓江、珠江、湘江水系的交通网络；向西为西南地区的商品进入大海开辟了一条新的通道，也为西南地区参与海上对外贸易提供了一个平台和出海口。因此，南流江的历史文化有着独特的地理区域特征及社会发展内涵。

为了充分挖掘发挥合浦历史文化资源的优势，以利于尽快地将合浦的资源优势转化为产业优势，形成旅游产业规模和产业链条，争取良好的社会经济效益的同时，有效地提高合浦县城的城市品位，扩展合浦县城的城区架构。结合合浦的区位优势、北海的旅游架构及环北部湾旅游发展趋势等国内外市场因素，对合浦历史文化资源进行整体组合，综合开发的条件和时机已基本成熟。因此，开展合浦历史文化资源的挖掘整理，打造合浦文化品牌，通过文化资源大整合，是对合浦历史文化和现代文化资源的科学整合和文化产品的高度提升，有利于激活该区域的各种合作元素，有利于提高合浦的区域知名度，有利于增强合浦文化的软实力和区域竞争力，能够为合浦经济社会发展提代精神动力和智力支持，从而为合浦提供经济增长的新平台。合浦旅游发展局组织编著《汉港珠郡》一书的目的和意义，也即在于此。

《汉港珠郡》，寓“秦汉名邦、海丝始发、南珠故郡”之意，准确、鲜明地体现出合浦行政区域建制的悠久历史，汉代“海上丝绸之路”始发港的地位和南珠原产地的区域特征，以及丰富多彩、博大精深的历史文化特色。

《汉港珠郡》的编著工作，得到了北海市旅游发展委员会的大力支持，谨在此表示诚挚的谢意。

（张焯绍，合浦县旅游发展局局长。）